李新吾　姜世星　刘元清　吴光权　龚蜀雄◇主编

大梅山研究

第二辑·上卷·荑江津风

湖南省民间文艺家协会梅山文化研究委员会
新化县古城开发有限公司 编
新化县梅山文化研究基金会

鄢　吉　阳昌石　康解文　罗佐林　廖京南　向光辉　彭水平　著

中南大学出版社
www.csupress.com.cn
·长沙·

图书在版编目（CIP）数据

大梅山研究. 第二辑：上卷、中卷、下卷／李新吾等
主编. —长沙：中南大学出版社，2019.12
ISBN 978 - 7 - 5487 - 3761 - 2

Ⅰ.①大… Ⅱ.①李… Ⅲ.①文化史—研究—新化县
②文化史—研究—安化县 Ⅳ.①K296.44

中国版本图书馆 CIP 数据核字（2019）第 205300 号

大梅山研究

第二辑

上卷、中卷、下卷

李新吾　姜世星　刘元清　吴光权　龚蜀雄　主编

□责任编辑　陈应征
□责任印制　易红卫
□出版发行　中南大学出版社
　　　　　　社址：长沙市麓山南路　　　　邮编：410083
　　　　　　发行科电话：0731 - 88876770　　传真：0731 - 88710482
□印　　装　长沙市宏发印刷有限公司

□开　　本　710 mm×1000 mm　1/16　□印张 80.25　□字数 1344 千字
□互联网＋图书　二维码内容　字数 6247 字　图片 294 张
□版　　次　2019 年 12 月第 1 版　□2019 年 12 月第 1 次印刷
□书　　号　ISBN 978 - 7 - 5487 - 3761 - 2
□全套定价　680.00 元

李新吾，新化人，作家，冷水江市文联原主席，中国傩戏学研究会副会长，湖南省民间文艺家协会梅山文化研究委员会主任。1985 年起抢救、整理、研究梅山文化，个人已出版小说、散文和传记 3 种 5 卷，合作著编《梅山蚩尤》《师道合一》《上梅山傩戏》等学术专著 5 种 7 卷，合作主编《大梅山研究》《梅山蚩尤文化研究》《梅山傩祭》等著作 6 种 11 卷。

姜世星，新化人，硕士，新化县人大常委会主任。历任乡文化专干、中学教师、乡团委书记、乡镇长、乡镇党委书记；2002 年12 月以后历任新化县政府党组成员、县移民局党组书记、局长，2006 年 7 月后历任中共新化县委常委、副县长、常务副县长。在梅山文化抢救、保护与研究、推广及文化旅游特色产业开发、经济管理等方面有一定的成功经验。

刘元清，新化人，在职研究生，新化县保障性安居工程投资有限公司董事长。历任新化县商业局局长、石冲口镇党委书记、新化县发展改革局局长、县政府副调研员等职务。曾多次被评为湖南省商业厅先进个人、娄底地区优秀企业家、娄底市优秀乡镇党委书记、湖南省改革先进个人、湖南省发展改革系统先进个人。2018年起兼任县古城开发有限公司董事长。

吴光权，新化人，高级会计师，工商管理硕士，中国工业经济联合会主席团主席、深圳工业总会会长。曾任中航通用飞机责任有限公司董事长、中国航空技术国际控股有限公司董事长、中国航空技术进出口深圳公司总经理、深圳中航企业集团董事长、江西江南信托投资股份有限公司董事长；积极倡导与践行"新国企"理念，是梅山文化研究基金会发起人。

龚蜀雄，新化人，中国建设银行湖南省分行原行长、党委书记。历任海南省分行副行长，贵州省分行行长、党委书记，湖南省人民政府参事室参事，湖南省第十一届人大代表，湖南省银行业协会会长，湖南投资学会会长，湖南大学兼职教授；曾荣获全国五一劳动奖章、全国劳动模范；是2008奥运火炬长沙传递站火炬手，梅山文化研究基金会首任理事长。

鄢　吉，湖南省作协会员、省民协梅研会副秘书长、新化县民协副主席兼秘书长。有数十万文字发表于各类媒体上，或获奖。曾创作出版长篇励志小说《苦苦奋斗》，主编或参与编辑的书籍有《当代梅山精英》《新化辛亥人物》《新化民俗文选》《宗贤典录》《新化地名故事》《娄商史话》。

阳昌石，1973 年生，现为新化县思源实验学校英语教师。1995 年娄底师范专科学校中文系毕业，已通过英语八级测试，口语流利，有外贸经验。

康解文，毛泽东文学院第十五期作家班学员，湖南省作家协会会员，湖南省诗词协会会员，现为新化新闻网（红网）总编辑，公开出版有长篇小说《祠堂劫》一部。

罗佐林，1958 年 8 月生，6 岁随父生活在资江"洞驳子"船上，伴资水成人，参加县航运公司，驾驶过"洞驳子""改良船"及小机动帆船、60 吨铜板船。1996 年改制登陆，创办湘中特产贸易有限公司。

廖京南，男，现年 57 岁，新化县第一中学高级政治教师。曾在《中学考试报》等国家级报刊发表论文多篇，在省、市、县教育系统组织的论文评选中多次获奖。

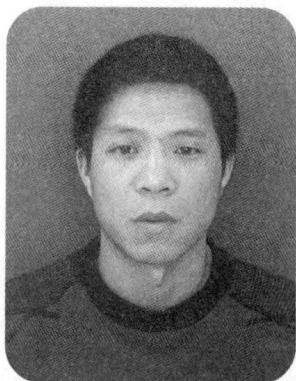

向光辉，字光远，号上官西泉，梅山右甲后裔，新化白溪镇人，中华诗词学会会员、中国楹联学会会员、娄底市作协会员，湖南省民协梅山文化研究会理事。

彭水平，1965 年 10 月出生于新化县吉庆镇，从教十载，育数千桃李，现为中共新化县委办公室副主任，热爱文学和旅游。

总　序

李新吾

　　本辑共分上、中、下三卷，是湖南省民间文艺家协会梅山文化研究委员会与新化县文化旅游特色产业发展领导小组办公室合作启动的《大梅山研究》第二批调研项目，也是在新化本土就地组织力量、就地选题调查，并由新化县古城开发有限公司与新化县梅山文化研究基金会联手推出的第一批学术成果。上卷《黄江津风》，是从文化交流通道角度记述资江新化段100公里河道两岸港口、码头、古城、毛板船及市镇近代风物与乡土人情的长篇调查报告。本河段古称"茱萸江"或"黄江"，全段本应包括上游（至新邵县境）冷江段的20公里，因其1969年被划归冷水江市管辖，需要多部门衔接，故暂未启动。中卷《上梅瓷脉》，是从文物考古角度记述新化、冷水江地域自宋代至今天的陶、瓷、砂器、窑口、器形、特色、重要人物、传承关系及部分材质、工艺的长篇调查报告。冷水江市于1969年由新化县析出，原与新化全境及新邵、隆回、溆浦的部分区域合称"上梅山"，书名中的"上梅"即指上述区域。下卷《紫鹊山歌》，是从方言与山歌音韵比较研究的角度确定核腔，以现代汉语同音字和国际音标为新化南部方言语音记词注音、现代汉语语义作注、五线谱记曲调的大紫鹊山区传统山歌实录本。紫鹊界梯田为国家自然与文化双遗产和世界农业遗产保护项目，区域含新化县西南的水车、奉家、文田、天门四个乡镇，总面积610余平方公里，人口10万余，方言自成一体系。

本辑三卷的面世，加上第一辑的上卷《湖南首届大梅山文化旅游协作学术研讨会论文集》、下卷《梅山巫傩手诀》，使《大梅山研究》书系的问世规模达2辑5卷，读者观此5卷书名，即可了解本书系大致的选题及编辑体例走的是由面到点、集点成面的路子。至于本书系的立项缘起与目的，第一辑中我们未置《前言》，没有交代，特借此多说几句。

毋庸讳言，本书系之所以能立项实施，缘起于新化县入选为湖南省首批特色产业发展重点县。其特色产业，是文化旅游；其特色文化，是三十余年来在地域文化研究学界日益热闹的"梅山文化"；其时，则是在2013年5月。而所谓"立项"，则只是笔者与当时的县委常委、常务副县长姜世星先生于2012年9月联手操办"湖南首届大梅山文化旅游协作学术研讨会"期间的口头商定，到2013年10月我会应邀落地新化后才付诸实施的、内部建立的工作项目。之所以确定必须公开出版，主要目的有三：其一，为地域特色文化产业的开发建设发掘、收集原始资料并保护信息源、固定证据链；其二，为方便海内外各社会科学者查询而建立可供共享的资料数据库，以扩大其影响；其三，为将来创建"中国梅山学"专门学科、支撑地域文化产业可持续发展奠定基础。书名含"研究"二字，一是要求从学术研究的专业角度去规范化地发掘、整理资料，二是为进一步系统研究做一点前期的基础性工作。"梅山"前面冠以"大"字，一是针对目前一些人将唐宋时期的"梅山"等同于今天的新化、安化两县乃至一座具体山峰的错位认知；二是"梅山"承载着丰富而重要的历史、民族、地域的多重特性与保护、研究、借鉴的重大价值。

其历史性，主要在于，"梅山"之称，在官修史籍中虽仅见于《新唐书》《宋史》《续资治通鉴》，但据考古发现，从旧石器时代晚期开始，就有原始人群在这片山地的河谷各段生息繁衍，且一直以原生形态独立存在至北宋中叶；融入宋王朝政治版图之后，山民先由荆湖南路的潭（今长沙）、衡（今衡阳）、邵（今邵阳）和荆湖北路的鼎、澧（今常德）、辰（今沅陵）各州分治，元代开始才由政令一统的湖广行省统治。明代以降"人文渐盛"，社会进入快速发展期，土著"蛮徭""生苗"文化与社会上层以儒家道统为主干的精英文化反复冲突融汇，促使"湖湘学派"在社会动荡中逐渐成型，催生出王夫之、陶澍、魏源、邓显鹤、曾国藩、陈天华、毛泽东等一代又一代影响中国近代社会历史走向的先贤。这样独特的地域性历史现象，古今中外都是少见的。

其民族性，则承载于《宋史》所谓的"梅山峒蛮"。这个原始土著族群，上承九黎、三苗、楚蛮、长沙蛮和武陵五溪蛮、莫徭血脉，北宋时部分族人入籍归化后，族称即此消失；其大部后裔分头向西、向西北和西南等处迁徙，成为当代苗、瑶、畲、侗、壮、土、仫佬、仡佬等兄弟民族的祖源之一，其文化基因还融入了远在陇南、川北的羌人和白马藏人的民间传统文化事象中。通览当今方兴未艾的"藏学""羌学""苗学""瑶学"等独立学科，"中国梅山学"的创建，除了能实实在在地梳理当地族群由"蛮"到"汉"的转化与融合过程外，最大的功能恐怕还是在这些互不相属的民族学子系间，横向构建起一条可供相互比较、彼此交流的桥梁。

其地域性，也是同样的跨界。古梅山峒区地处东亚大陆第二阶梯东沿、"半月形"文化沉积带的南端，当代分属湖南中部长株湘娄衡邵怀常8个地级市、新化安化隆回冷水江等25个县级行政区管辖；但因"半月形"山地连接南北两条"丝绸之路"，长江古源则将岷山与梅山的水路沟通，其历代先祖，从中亚、陇甘、中原与淮南源源不断地汇聚，成就了遗世独立且"旧不与中国通"（《宋史》语）的"梅山峒"；而其北宋以降持续迁徙的历代后裔，又绵延不绝地将族群血脉和文化基因移植到陇南、川北、鄂中、闽西、两广、黔滇，以及东南亚北部和西欧、北美、南澳诸国。当代学界兴起的"梅山文化研究"，起源地之一就有远在法国图奴兹市南郊的瑶人聚落。

这就是说，"中国梅山学"的核心关注点虽只是湘中一片6万平方公里左右的山地，但将要研究的这个地域文化体系，却有可能是一部中国南方的民族发展史。其所具备的保护、研究、借鉴价值之重大与特殊，是不言自明的。由于社会变革的频度激增，现阶段急需做的，是尽可能地针对残存于民间的"草根"文化资源，开展抢救性的发掘、整理、保护工作。这不仅需要当地动员全社会的力量，更需要更高层级的社会行政及研究机构的重视与介入。要实现这个愿望，当然还需要一个过程。在当下，我们应抢抓一切机遇，只要有合适的专业人手、能筹到启动的经费，就可以在民俗学的认识论与方法论的基本框架下，启动一个相应的课题项目；只要一个项目结题，能搭"顺风车"公开出版的，我们就毫不犹豫地搭"顺风车"。这些行为的主要目的，就是为了尽可能地缩短这一过程。从2012年起，我们搭上"湖湘文库"的"顺风车"，在长沙出版了《梅山蚩尤：南楚根脉，湖湘精魂》；搭上香港中文大学的"顺风车"，在台湾出版了《道教仪式丛书·师道合一：湘中梅山杨源张坛的科仪与传承》（上下册）；搭上香港科技大学的"顺风车"，在香港出版了《"家主"与"地主"：湘中乡村的道教仪式与科仪》；搭上上海师范大学的"顺风车"，在上海出版了《中国傩戏剧本集成·上梅山傩戏》（一、二卷）；还申请中国傩戏学研究会主持操办"中国湖南（新化）梅山傩文化国际学术研讨会"，在北京出版了《中国傩俗礼仪文化丛书·梅山傩祭》；联合中南林业科技大学三湘音乐舞蹈文化研究所和湖南省音乐家协会理论评论委员会，开辟"梅山论坛"，在北京出版了《梅山论坛首届学术研讨会论文集》。这6种8卷图书，虽然独立于《大梅山研究》两辑之外，却仍属这个书系中不可或缺的骨干性选题。

当然，建立专门学科，任重而道远，但功成不必在我。为了这个梦想，我们由衷期望，《大梅山研究》能在更多、更广泛的关注下，继续她的使命。

2019年7月谨识于冷水江通和佳园梅一阁

目 录

第一章
资江航运曾造就了"楚南望邑"的辉煌

一、新化县情概况

资江，又称资水，长江支流，为湖南四水之一。资江有两大源头，左源赧水发源于城步苗族自治县北青山，右源夫夷江发源于广西资源县越城岭。两水于邵阳县双江口汇合称资江，流经邵阳、新化、安化、桃江、益阳等市县，资江经邵阳市纳邵水，新化以下纳化江溪、大洋江、渠江，

资江风光(鄢吉摄)

安化以下纳敷溪、沂溪、沂溪、志溪，至益阳市甘溪港注入洞庭湖，全长653公里，流域面积28142平方公里。

资水干流西侧邻近山脉，流域成狭带状；上下游流域的绝对高程差距较大。发源地之一的城步县茅坪坳石井海拔500多米，武冈附近水面高程约310米，邵阳市附近水面高程约260米，新化县入境处水面高程约170米，桃江马迹塘附近约54米，至益阳约23米。从河源至益阳相差约492米。上、中游河道弯曲多险滩，穿越雪峰山一段，陡险异常，有"滩河""山河"之称。一是滩多，有72滩或79滩之说，其中老新化境内（包括今天的新化、冷水江、新邵的一部分地区）约有53滩。二是滩险，邓显鹤辑的《资江舟子谣》及船工歌谣中这样描绘："一滩高十丈，十滩高百丈，宝庆在天上。""十里一小滩，二十里一大滩，五十三个滩，滩滩鬼门关。"

资江从新化县东南部石冲口镇化溪管区浪丝滩入境，新化段历史上叫茱萸江或黄江①，略呈 Z 字形，把全县分成河东、河西两部分。干流流经石冲口、桑梓、上梅、梅苑、曹家、游家、油溪、白溪、琅塘，至西北荣华乡瓦滩出境，途经10个乡镇190余个村，穿过县境113公里，两岸古今共有60余处港口、码头。县境内河流全部为资江水系，由县境直接汇入资江的集雨面积为3122.5049平方公里，占全县总面积的85.7%。资江与20条一级支流、40条二级支流、24条三级支流联网，组成树枝状、平行式、汇聚式资江水系格局。庞大的资江水系犹如新化大地的血液系统，起着和人体血液循环一样的重要作用。

在资江的哺育下，新化这片典型的亚热带季风性气候的山丘盆地，滋生出了极为丰富的旅游资源。其中，大熊山国家森林公园被称为亚热带植物园，是史籍中的黄帝登临地，也是有据可考的蚩尤屋场；梅山龙宫规模宏大，堪称"世界溶洞极品"；油溪河漂流蜿蜒浪漫，号称"江南峡谷第一漂"；紫鹊界梯田气势磅礴，是农耕文化的杰出代表；奉家桃花源古迹犹存，恍如穿越时空的历史重现；三联峒古典与现代相结合，成为新崛起的旅游胜地；龙湾湿地公园是野生动物的天堂……目前，全县已建成国家4A级景区2个（紫鹊界梯田和梅山龙宫）；成功申报世界水利遗产工程、国家自然文化双遗产1处（紫鹊界梯田），国家级非物质文化遗产2项（新化山歌和梅山傩戏），省级非物质文化遗产1项（梅山武术）；资江北塔、

---

① 北魏郦道元《水经注·资水》载："资水自邵陵东北出益阳县，其间经流山峡，名为茱萸江。"清顾祖禹《读史方舆纪要》也有如此阐述。

罗盛教纪念馆、杨氏宗祠、维山古墓壁画等列入省级重点文物保护范围。2009 年以来，新化县连续六年被评为全省旅游先进县、全省旅游十佳县、全省旅游强县、世界遗产与风景名胜区保护管理先进单位。2013 年 5 月，在湖南省第一轮特色县域经济重点县评选中，新化以文化旅游产业组第一名的身份，被确定为湖南省首批文化旅游产业重点县。

　　新化自然资源丰富，交通便利，素有"江南煤海"和"有色金属之乡"的美称，其中煤储量 3.25 亿吨，是全国 100 个重点产煤县之一；石墨储量达 200 万吨，是湖南两大石墨矿藏带之一；锑、钛、金、硅、铁、钨、瓷土、石灰岩、玄武岩等矿产储量丰富，均富工业开发价值。县内水电资源得天独厚，可开发的水能达 6.6 万千瓦。新化是湖南省重点林区县、重点楠竹基地县和全国退耕还林示范试点县，森林资源十分丰富，天麻、银杏、杜仲等 800 多种中药材和金钱豹、白面狸、娃娃鱼等珍稀野生动物在县内广有分布。域内交通便捷，湘黔铁路和沪昆高速铁路均在境内设有客运站。娄怀高速公路已经通车，湄琅、龙武二条高速公路的建设正有序推进，建成后各乡镇均可实现半小时内上高速的目标。上述交通设施，加上即将开工的新化机场、新冷城际快速公路，构建了集铁路（高铁）、公路、水路、机场于一体的现代化立体交通网。

　　新化人崇文尚武，厚德重义。在恶劣环境中，梅山先民崇尚血性和自由，不畏强权，尚武好义，吃苦耐劳，敢为人先。近代以来，新化人民将家乡发展与祖国的前途命运紧密联系在一起，以巨大的自我牺牲谱写了慷慨激昂的爱国乐章。民主革命时期，新化县早期同盟会会员达到 41 个，是中国同盟会会员荟萃之乡。县域留存长征时期红二军团司令部旧址、抗日英烈陵园、万人坑等众多爱国文化教育基地。1959 年，新化人民以大局为重，积极支持行政区划调整和柘溪水电站建设。由于历史和自然因素，县域形成了水淹库区、高寒山区、石灰岩干旱区"三大贫困带"，自我发展的能力受到极大削弱。但近年来，新化县紧紧扭住发展为第一要务，理性应对严峻发展形势，科学调优县域发展思路，牢牢把握做好特色经济工作的主动权，各项工作取得了 21 世纪以来的最好成绩，成功实现了经济总量、运行质量、人均均量的同步提升，并建设了一批生产基地。目前，全县已建成了 12 万亩中药材、7 万亩水果、2.5 万亩茶叶、2 万亩特色优质稻（黑米、红米）、27 万亩玉米、155 万头生猪（其中 6.5 万头黑猪）、8 万亩蔬菜、36 万亩楠竹生产基地。新化县是全国粮食主产县、生猪调出大县、肉牛养殖重点监测县、重点林区县，湖南省商品粮生产基地县、优质稻生产基地县、中药材基地县、玉米生产先进县(面积排名第一)、瘦肉型猪生产基地县(出栏排名第八)、草食动物生产基地县(肉牛出栏排名第二)、水产养殖重点县、重点毛竹主产县,同时发展了一批龙头企业,打造了一批名优产品,并培育了一批合作组织。全县的农村基础设施建设、新农村建设、农业生态建设、扶贫开发、库区开发等各项工作均取得了显著成效。

目前的新化荣誉很多,相继获得全国文化先进县、湖南省特色旅游产业发展重点县、全国体育先进县、中国蚩尤故里文化之乡、中国梅山文化艺术之乡、全国武术之乡、中国山歌艺术之乡、中国民间文化艺术之乡、中华诗词之乡等殊荣,此外还是全国著名的文印之都、有色金属之乡等。2015年6月,新化县城又荣膺"湖南省历史文化名城"称号。

新化县城的历史文化,应该说是由资江养育而成的。由于特殊的山地环境,在往古(包括近代前期)艰难的交通运输条件下,资江再险,也仍是山地与外界交流的主要通道。以从宝庆(今邵阳)到益阳为例,船谣曰:"资江春水急茫茫,三天三夜到益阳。"就是说,从宝庆出发,走水路,涨水的时候三天三夜就可到益阳。即使是装载大宗货物的船只或船帮,一般也只需要六至七天就能到益阳。如果走旱路,就算从新化出发,跨越一百零八铺,按每天行走九十华里计算也需走半个月,并且绝不能携带大宗货物。水运是古代和近代运输中最重要最便捷的途径和方式。

资江作为新化的母亲河,在历史上,承担了与外界勾连和交通的重任,是新化与外界联系的生命线,是新化及梅山地区的发展和繁荣的主动脉。

从第二次鸦片战争开始,大新化地区(包括冷水江及其他划出去的地方)商品经济异常活跃。除城厢四关店铺林立,农村集镇及交通要道商业繁荣外,土纸、茶叶、木材、楠竹、玉兰片、茶油、薏米、棕片、五倍子、花生、土布、生漆等农副产品也进入流通领域并通过资江大量外销,煤炭、锑品、熟铁、石灰、鼎锅、陶器等工业手工业产品纷纷上市,并由水运运至长沙、武汉、上海、天津和国外(《资水滩歌》提及的新化外运的物资就有40多种)。资江两岸人们常以槽船、鳅船(又叫千家船)、洞驳船(又名动驳子)、摇橹船、洋溪古、排筏、毛板船等交通工具,由水路将这些土货外运各地,木帆船返回时,从湖区再运载回盐、稻米、豆类、百货、棉布、南杂等日常生活用品,供给资江中上游一带的居民,从而促进了当时新化商品经济的发展。尤其是18世纪末毛板船问世后,新化经济逐步进入了一段空前繁荣的时期。据《新化县志》(1996 年版)统计，中华人民共和国成立前，平均每年有 1500 条毛板船到达汉口，给梅山地区每年赚回数以百万计的银元，直接或间接靠毛板船维持生活的人在十几万至二十万之间。

民国前期，资江进一步发挥商品流通主渠道的作用。据《新化文史》第四辑和《新化县志》(1996 年版)以民国八年为例统计，通过资江水运，全县每年输出木材 1 万两码子以上(1 两码子合 1.2～1.5 立方米)，茶叶近 1000 吨，煤炭 20 万吨，瓷器 100 多万件，书写纸 10 万担，夹板纸 40 多万扎，玉兰片 150 多吨，柿子水 50 多吨；锑品出口量逐年上升，民国八年 (1919)外销 1.2 万吨，成为新化仅次于煤炭的第二宗出口商品。进口则以粮食为大宗，其次是棉纱、百货、食盐、糖等。据《新化工商统计》记载，民国十八年(1929)，新化每年销售成衣 1.04 万件，鼎锅、铁器 2 万件，帽子 8000 顶，鞋 2 万双，植物油 160 吨。据民国二十四年(1935)《中国实业志》载：新化每年输入货物合值银洋 370.52 万元，输出 461.04 万元。抗日战争前期，新化因后方安全和物产丰饶，招徕省内外大批商人和难民，又因山径小道沟通湘西 20 多个县市场，一时商业大兴，尤以织染、针织、旱烟等发展迅速。其中，青山的晒烟、沙江的蓝靛、锡溪的薏米、琅塘的石灰、白溪的陶器、化溪的煤炭、游家湾的船钉和船缆、锡矿山的锑……都远近闻名。

总之，清末至民国时期，新化作为一个群山绵亘的山区县，开发较晚的后起县，依靠资江航运的优势，一度异军突起，狂飙突进，经济上空前繁荣，商品经济相当活跃，工业手工业全面振兴，城市高度发展，优秀人才云集，声名远播江南，被誉称"楚南望邑""中国同盟会会员荟萃之乡"。

二、资江航运曾促进新化商品经济的高度繁荣

清末民初时期，新化版图庞大，平整肥沃的金石桥、坪上、龙溪铺、善溪等地没有划给隆回、新邵、溆浦等县，工业基地冷水江区没有单独建市，资江两岸数十万亩良田沃土没有被水淹，全县农业、工业体系完整，物阜民丰，在资江航运的推动下，社会商品经济一度进入前所未有的繁荣时期。

1. 资江两岸码头多，商铺多

当时新化最繁华最活跃的地方皆在资江两岸，人口最密集处也在资

江两岸，就如今天的公路铁路沿线一样。据《新化县志》（1996年版）载，清道光时全县有渡口45处，1954年时有渡口50处；历明、清至民国，境内共有港口20处，码头72个。几乎有村庄的地方就有码头，而有码头的地方，大都形成了小集镇，或街道、市坊。民国初年，新化县城及资江流域各口岸，"正式设立门面并向政府申请注册登记的商铺，县城有420家，白溪82家，洋溪76家，琅塘、澧溪、油溪、小洋、輋溪、游家湾、化溪、连溪、炉埠、麻溪、沙塘湾、球溪、栗溪等埠及锡矿山，均有数十至上百家，从业者达万余人"。民国三十四年（1945），前来县政府登记的行业有25个，商户2452户。

2. 城乡贸易活跃

随着商品经济的发展，市场交易日趋活跃。明代中叶后，新化县境内溪河十镇，已是"木商贾客，交易频繁"。民国前期，新化城乡贸易异常活跃，全县拥有39处墟场，满竹、潭溪、桃林、洋溪、半山等21市，是当时商业荟萃的地方。至民国三十五年（1946），全县集市已有80余处。县城当然是最早建立百货商店的，至民国十年（1921），孟公、洋溪、白溪、琅塘、游家也先后开设百货店，全县百货销售网点形成。新化人经营木材、土纸、玉兰片者较多，县城更是这些大宗商品的集散中心，主要庄号有曾光前于光绪年间开设的"永和庆"，拥有30艘毛板船的资本（每艘船折资本谷120石）；同顺和、集利、乾记等规模也比较大。城内一些区域形成了专业市场，如城厢南关号称"布市"，水酒铺集中在西石桥一带，烧酒作坊多集中于大码头附近。据民国十八年（1929）《新化工商统计》载：每年光销售成衣就有10400件、帽子8000顶、鞋2万双。民国二十九年（1940），城乡生产各色土布98000匹，百分之八十当地销售或自用，其余销往江西。

3. 工农业产品远销省内外

新化县境内的工业手工业发达，产品除供应本土外，皆远销益阳、长沙、武汉。清道光十二年（1832），全县有高天仁、万顺等商号72家，每年发出上千艘毛板船装载煤炭，大量的木帆船运送茶叶、土纸等土特产品，跻身于长江中下游各大城市，甚至远销俄罗斯及英国，形成"三苑"（竹、木、茶）、"二矿"（锑、煤）为主体的产业格局。民国前期，锡矿山锑品大量出口，最高年份近2万吨。民国二十四年（1935）一年销往武汉的煤炭就多达18万吨。云溪、汝溪、桃林等地产的土纸，中家庄和琅塘的精石灰，何思和化溪一带的陶器，洋溪的瓷器，等等，除供当地人们日用外，多由木船远运至长江中下游一带。同福锅厂的铁锅，畅销于两湖两广市场及东南亚各地。

4. 宝庆码头成为新化商品集结地

当时，水运的繁荣，将封闭的古梅山与"九省通衢"千里相连，武汉成了新化通往世界的重要窗口，宝庆码头逐渐成为新化的专用码头。尤其是毛板船兴起后，煤炭、木材、楠竹、瓷器、纸张、山货等新化特产有了广阔市场，一方面带来了新化商品经济的全面繁荣；另一方面，由毛板船队运送的煤炭、木材和矿石，为19世纪后期湖广总督张之洞在武汉进行洋务运动，建立汉阳铁厂和汉阳兵工厂，做出了重要的贡献。1937年，经宝庆码头运到武汉的大宗物资，按成交金额计算，分别为煤炭120万银元、木材80万银元、纸张60万银元、茶叶25万银元。清代的汉口，与北京、苏州、佛山合称"天下四大聚"，湖南帮在汉口各大商帮中，实力位居中游偏上，宝庆商人（主要指新化）则为汉口湖南帮的中流砥柱。抗战前，宝庆码头居民达四五万人，以新化人最多，当时新化县城只有3万人，宝庆码头不论是地盘，还是人口都超过新化县城，因此称宝庆码头为"新化第二县城"。

5. 外地商人云集新化

清代中后期，江西省和湘乡、衡阳、宝庆等地商人和手工业者纷纷来新化定居或贸易，主要经营药材、棉布、百货、南杂等商品，获利颇丰。清嘉庆十六年（1811），湘乡人朱吉发在县城南关设店经营缎帽、布匹、针线，为县内最早的百货商。随后，一批湘乡人相继设店。清末和民国时期，新化的百货店就基本上为湘乡商人操纵掌控。道光十六年（1836），以湘乡帮为主体的县城百货棉布网点应运而生，城厢南关因此称"布市"。抗战初，县城有百货、布匹商66家，大多为湘乡人经营。此外，民国时期县城内经营条子糖、片糖等糖果及各式糕点的南货业发达，较大的南杂店有青石街的大通斋、东门外的大盛斋等14家，都为江西、湘乡人经营。清末民初，县城内江西会馆和湘乡会馆相继建立。

6. 茶业发达，茶叶贸易红火

新化茶叶自古闻名遐迩，所产"渠江薄片"，"以多而香著"。五代毛文锡《茶谱》说："渠江薄片，一斤八十枚。"奉家米茶由于制作讲究、色、香、味俱佳，历来被选为朝廷贡茶。明代新化县交贡茶18斤，占全省13%，清代占全省10%。嘉靖二十二年（1543），朝廷额定新化苏溪司茶税官厅收茶税银3000两。清道光八年（1828），新化县苏溪关纳税商茶一万余担，全部运往西北销售。鸦片战争爆发后，由于福建岩茶之路中断，梅山地区的黑茶因物美价廉，逐渐代替岩茶运销西北，这样黑茶乘势大肆外销。民国时期，通过陆上茶马古道和水上茶道（安化—新化乐安冲—苏溪关—资江—武汉宝庆码头，再分两路：①甘肃天水—内蒙古—恰克图—俄罗斯圣彼得堡；②上海—广州—英国、美国），新化安化茶叶贸易活跃，北销至内蒙古及俄罗斯，南销至广州、上海，远达英美诸国；民国十九年（1930），新化正式开辟西成埠（今杨木洲）茶市，宝泰隆等8家茶厂的精制茶叶，销往国际市场。民国二十二年（1933），宝聚祥茶厂生产的"雀舌""珍宝"红茶，在巴拿马赛会上获产品优质奖。民国二十三年（1934），全县制茶12143箱（8500担）。新化茶在湖南的茶业地位常居第三位（见林惠琮的《新化茶史》）。"千猪百羊万石米，城内城外一船茶。""五里三路杨木洲，召集此处修茶庄。"长篇湘商史诗《资水滩歌》中也多次提及当时新化茶业的盛况。

7. 竹木资源得到开发

清代中叶后，新化森林得到大力开发，原木、原竹通过渠江、麻溪、栗溪、大洋江、油溪到资江河边集中，扎成排筏外运。当时水运方式有小溪河"洗江赶羊"，大河流"集中放排"两种方式。《新化县志》（1996年版）载，民国二十三年（1934），县内仅销汉口杉木就有600排。每排50两码，每两码约树木10根，价10元。民国二十四年（1935）《湖南建设汇编》载：新化年产杉木值24.6万元，松木值98.4万元，楠竹值2万元，均编扎成排筏运往益阳、武汉、九江、南京等地销售。民国三十六年（1947）《新化县林副产品报告》称：该年度生产杉木13.42万根，总产值55.87万元。

8. 玉兰片远销全国

相传，"玉兰片"为洋溪女子罗玉兰（另一种说法是刘玉兰）所首创，以笋去壳蒸煮而成，是著名的南方土产食品，被誉为"南参"。有冬片、桃片、春片之分，其中冬片用冬笋制成，也叫"宝尖"；桃片用清明节前长的春笋制成；春片用清明节后的春笋制成。按玉兰片质量来区分，冬片最好（"宝尖"属于其中最佳品），桃片次之，春片为下。民国年间，洋溪人罗次庄在汉口宝庆码头开设的陆安堆栈，为当时最大的玉兰片转运销售点。随后，新化人在武冈、城步、邵阳、新宁、黔阳、绥宁，甚至江西、福建等竹笋较多的地方，承包山地，就地生产加工玉兰片。玉兰片是新化著名的土特产，具有肉质肥厚，色白鲜嫩，松脆爽口，风味别致的特点，其中冬片、桃片主销东北、华北、汉口、上海、广州、香港、南洋群岛等地，春片则销省内，主要是长沙及滨湖地区。

9. 土靛大量生产

历史上，新化境内的云溪、富山、筱溪、禾青、球溪、白云庵、大石等地盛产土靛。其靛于春季下种，夏秋采摘靛叶，用石灰拌水浸入凼内，使溶解为靛水，捣和之后放干水分即成。土靛为青、蓝布染料，新化土靛年产量 500 余吨，除内销外，大都销往滨湖一带。中华人民共和国成立后逐渐被化学染料取代。

三、曾是全省工业手工业翘楚

民国时期，除了上述的商业繁荣外，新化工业、手工业的发展也跃入全省前列。那时，全县煤矿、炼铁厂逾百家，锑矿、造纸厂、织染厂和造船厂各数十家，瓷厂 7 家；从业者数万余人。此外，中家庄和琅塘的石灰名声远扬，土纸、土铁、茶叶、印花布、木材等，均居全省前列。以全盛时期的 1914 年为例，光"新化锡矿山矿区"的商工人数就超过 16 万人，《大公报》称其繁荣比省会长沙"有过之而无不及"，雄居近代湖南工业翘楚。而清末民初新化出产的锑品，因其与其他金属截然相反的"热缩冷胀"特性，成为汉阳兵工厂枪炮制造的决定性材料。新化的煤炭、铁矿和锑品源源不断地销往武汉，新化与武汉，千里相牵，血浓于水。1937 年，汉阳兵工厂撤退湘西时，负责设备转运的还是新化船民。

1."世界锑都"形成

《史记·食货志》记述："长沙产连锡。""连"即铅、锡矿石，新化"锡矿山"在明代以前就叫"珍连山"。明嘉靖二十年(1541)，山民首先在锡矿山陶塘小批量开采锑矿；清光绪二十三年(1897)，锡矿山锑矿迅速崛起，首建私营积善锑厂；然后，私营炼厂相继出现，造就了段楚贤、刘铁逊等巨贾。1898 年，湖南巡抚陈宝箴上奏朝廷，以新化人邹代钧为提调，成立湖南矿务总局，开始了新化境内锑矿的大规模开采。湖南省矿务局设官矿局于下连村�塘湾，并创一号官厂，官府直接采矿。锡矿山成为与水口山铅锌矿、黄金洞金矿并列的湖南三大矿之一。第一次世界大战爆发后，锑价猛涨，每吨高达 2000 银元，锡矿山的采矿公司增至 130 余家，炼厂 30 家，员工多至 10 余万，日生产锑 60 至 70 吨，产量占全球总产量一半以上，被誉为"世界锑都"。此外，新化境内还相继出现过圳上镇的"山溪锑矿"、天门乡的"天门锑矿"、炉观镇的"云溪锑矿"及"新民锑矿""人和锑矿"等。

2. 采煤业发达

从现已发掘的芦茅江遗址得知，北宋时期的采煤技术已发展到窑深数丈，不用支护，并历久不塌的阶段，新化境内至今留有"丈田弓""鸡笼门""葫芦口"等遗址，为湖南已发现的最早开挖的煤窑之一。明代洪武年间（1368—1398），境内当正村（今金竹山）北的赤石岭、羊角岭，潘溪村的布溪（今资江煤矿）所产无烟煤开始远销武汉、益阳。清中叶后，当正村、河东桑梓、大洋江一带的煤炭被大量开采。民国前期，境内有煤矿98家，采煤运煤者不下10万人。民国二十四年（1935），《中国实业志》载，新化运至汉口的煤炭达18.7万吨。抗战胜利后，采煤业逐渐恢复和发展，民国三十四至三十八年（1945—1949），煤矿增至176家，矿区面积达23269公顷，年产无烟煤10.4万吨，烟煤0.8万吨。当时，在资江河上行驶的毛板船运送煤炭到武汉，共有"四大装煤码头"：一是邵阳，主要装载牛马司生产的焦煤；二是冷水江的沙塘湾，主要装载金竹山毛易铺一带的柴煤；三是新化县城下的炭码头，主要装载从化溪、桑梓等地用其他小船运送过来的煤炭；四是由汝溪、洋溪、云溪、石溪等汇聚的大洋江，主要装载游家乌石的煤。其中，后面的三大装煤码头都在新化。

3. 冶铁业已具规模

新化境内铁矿的开采和冶炼早在宋朝就开始了。明代，民间开始利用与煤炭共生的铁矿石炼成土铁，再铸造成锅或农具，大都外销。《明一统志》载："宝庆、安化、新化皆出铁。"清初，朝廷恐开矿之处人多滋事，屡令禁采，生产停滞。清道光二十年（1840）后，禁令放松，冶铁业才逐渐复苏。同治年间，已具有相当规模，用木炭炼制土铁所产"广锅"成为知名品牌，畅销省内外。光绪年间，县东南部的金竹山、花桥、土主山等地相继建炉炼铁，处理历年积存与煤共生的铁矿石，炼铁技术大有进步。民国后期，全县炼铁厂逾百家，生产土铁3250吨。中华人民共和国成立初期，经过技术革新，1957年产铁6759吨。

4. 铸锅业名扬遐迩

新化县境内的金属制品，有工具、农具、猎具和生活用具，其中以造锅、铸鼎最著名。《中国实业志》载："锅鼎制造为我国旧工业之一，湘省中，以湘西之新化县制造最早，相传始于宋代，因境内产铁之故。"清末民初，全县各地大兴造锅铸鼎，规模较大的有同福（桑梓栗溪桥村）、同泰（球溪河边）、同兴（小洋河边）、宝兴顺（县城大码头）、宝太祥（县城）、湘新（县城）、宝昌（上渡）等7家，用白煤炼铁铸锅，铸锅产品分为汉锅与广锅两大类。汉锅较厚，销路只限于本省和湖北汉口市场，又称厚锅；广锅又称薄锅，系同福锅厂一家所产，专以洪水坪之优质铁矿为原料，产品质地细滑，色泽光亮，坚硬轻便，形成名牌，曾畅销于国内两湖两广市场及东南亚各地，产量亦居全省之首，员工最多时达到140多人。

5. 金矿业曾辉耀一时

明末清初，云溪、洋溪、炉观、金滩等溪河流域出现了民间自发组织淘金的现象。而古台山、黄铁山、土坪等地从明代开始就有当地瑶人用火烧水洗的土法掘采岩金，清代有人设立公司成规模开采岩金。民国二十三至二十九年(1934—1940)，全县开设玉振、宝兴、振声、高源等63家金矿公司，从业者数千人，平均月产黄金800余两，主要供应军需。民国三十二年(1943)，陆通金矿公司一家就雇工300多人，月产黄金50两。

6. 铅锌矿得到开采

新化县境内锡田、乐山等地均蕴藏铅锌矿。民国三十二年(1943)，政府批准开采铅矿备案的私营公司有富厚、大道、长乐、营富、济时、长裕、天通等9家。

7. 造船业兴盛

资江为当时新化县内商品流通的主渠道，资江上往来穿梭着洞驳船、鳅船、摇橹船、洋溪古，造船业和修船业赖以兴盛，船种、载量也不断增多改大。18世纪末，毛板船问世。毛板船是资江船民自行研制的一次性使用船只，大大地促进了新化造船业、采煤业和打铁业的发展和繁荣。民国时期，新化境内每年制作毛板船1000余艘，其他船只在1500艘左右，船员2万余人。当时境内制作毛板船的共有四大基地、30多家毛板船厂，四大基地分别是沙塘湾、化溪、大洋江(包括洋溪)、游家湾。造船业兴盛也促进了铁钉厂等配套行业的发展。俗话说："毛板船打(翻)了，都有三百斤钉子。"一艘毛板船光铁钉就有300斤，游家湾当时就以打制铁钉著名，有"马钉一条街"，共有铁匠铺160多家，伙铺200多家。

8. 土纸业历史悠久

新化的云溪、汝溪、桃林、洋溪、琅塘、过街等地是著名的土纸生产基地，生产的土纸类别多，主要有：烧纸、夹板纸、时仄纸，以及用于修谱、制雨伞、扇子的皮纸和包装纸等。民国二十四年(1935)《中国经济年鉴》载："新化造纸有槽户1000家，工人3500人，资本20万银元。"同年，《中国实业志》载："新化产时仄纸5200万张，价值67.6万元；夹板纸16

万块，价值32000元；烧纸90万束……"产品除供当地人们日用外，多由资江船运至益阳、长沙、汉口等地出售。民国二十八年（1939），县内有民生、洋溪、泥潭、云溪四家开始用动力打浆。民国二十九年（1940），出产时仄纸5万担、夹板纸160万扎、烧纸90万束，总额达79.8万元，槽户发展到2720户，从业者8160人，均为全省之冠。民国三十一年（1942），输出时仄纸20万刀，价值约720万元。那时，著名的纸庄有洋溪恒茂号、琅塘怡盛祥等。

9. 印刷业渐成规模

清末民初时期，新化的出版印刷事业极为显赫。在家刻本盛行的基础上，清初即有书商书局出现。乾隆十八年（1753），早期印书局文元堂曾刻印了中国最早的连环画话本《海蛇游记》。清光绪年间，县城出现文德堂、资怡堂等印书局，以后，又有镇梅印刷书社、唤民书局、群力书局等从事印刷业务。据《新化县志》（1996年版）及《梅峒觅珠》（杨德湘著，2005年版）等记载，清末县内有私家木刻印刷局（馆）16家，民国时期共有各类书局书社33家。其中规模最大的是陈御丞、陈石擎合办的"三味书局"，该书局雇工200余人，其中刻工100余人，在其所刻《读史方舆纪要》一书书口下端就有刻工姓名36人，并在长沙、衡阳设有分店，只销售自刻书籍，先后出版发行了《元史新编》《三通考辑要》《读札通考》等精美书籍；所印之书，以精审驰名全国，成为唯一与各省官办书局能够竞争的民间书局，深受藏书家重视，其刻书数量之多，版刻之精，在湖南刻书史上占有极为重要的地位。此外，新化邹氏创办的舆地学会，出版地图书籍也以精审闻名全国。抗战时期，县人邹兴钜、邹新陔从武汉将亚新地学社（前身为舆地学会）迁回新化县城薪庄，继续编印了许多高质量的地图。时任湖南《大公报》主笔的李抱一说，舆地学会与三味书局是新化关系湖南文化的两大事业（见《抱一遗书》）。

10. 制陶业发展较早

新化境内白溪何思、油溪青实的陶器生产最早，早有"半年不烧窑，全家老少愁"之说。该地陶土丰富，民间就地取材，用以制造缸、罐、钵、瓮等日用品，生产工艺世代相传，产品除供应本地外，均水运至益阳、岳阳、汉口等地销售。中华人民共和国成立初期，二地分别成立了白溪陶瓷厂、青实陶瓷厂，不久，上述两个陶瓷厂合并迁移至化溪并进行扩建，成立地方国营新化陶器厂。

11. 瓷器业兴起

新化境内清以前瓷业状况无考，但资江沿岸已发现的古瓷窑遗址至少有筱溪(新田)、油溪、半山等处。民国元年(1912),洋溪人邹承休从醴陵陶瓷学堂(日本人所办)学成陶瓷工艺回乡后,在茅坪、麻罗等地探明有符合瓷器制作要求的瓷泥矿,后由杨冠陆(新化人,黄埔军校骑兵校官,邹承休妹夫)出面集资,于民国四年(1915)在洋溪河东岸创建华新瓷业公司。此后,维新(在洋溪文昌阁)、裕和(在洋溪灵官殿)、永益(在槎溪太平头)、维山(在维山水口)、董家桥(在水车大同)等瓷厂先后创立。1951年,政府接管后组建国营华新瓷厂。以后,又相继出现了建新、高平等一二十家瓷厂。新化瓷业曾创造了辉煌,在全省排居第二位,产品远销欧美、东南亚等20多个国家和地区。近年来,电子陶瓷业又悄然兴起,产业规模正日益扩大。

12. 织染、针织业得到发展

光绪三十三年(1907),上梅城区创办织染习艺厂(后改习艺所),强制入城无业青年进厂学艺,聘请技师传授织染技术,从而促进了新化织染业的迅速发展。当时县城内比较出名的织染厂有"慈儿院""正光织染厂""楚华织布厂""宏大织染厂"等,其他乡镇如洋溪有"裕国织染厂",琅塘有"民生织染厂",白溪有"义成织染厂",等等。针织业也得到发展。民国十一年(1922),周天光在南正街开设华美袜厂,以后相继开办精益袜厂、绮华袜厂等三家较大针织厂,民国中后期兴起和发展了维新、锦云等十几家针织厂。

13. 新化石灰一向颇负盛名

由于新化县境内石灰岩和煤炭多,因而石灰厂散布全县各地,最有名气的当数中家庄和琅塘的石灰,产品远销滨湖地区。那时,石灰广泛地用作肥料及建筑、造纸原料,石灰年产及上市量约15000吨以上。

四、上梅古城曾是全省第一流县城

上梅古城有近千年的历史,明朝以前街道为十字形,到明正德年间(1506—1521),街道扩展为"四街九巷",以十字街为中心,"四街"分别是东正街、南正街、西正街、衙门前街。因北城门没有向外的交通要道,仅有一条狭窄的巷子称为北正街,以居家为多,没有经济活动。"九巷"为毕家巷、毛家巷、安家巷、戴家巷、续珊巷(或叫宿三巷)、仁贤巷、马家巷、居士巷、辛家巷,均为城内之街巷。清康熙十二年(1673)以后,县城又陆续向外扩建街道,分别有东外街、向化街、井头街、青石街、永兴街、大码头街等。至清末民初,整个县城有"九巷十八街"之说,其中"十"是指"十字街",再加上其他八条街,其实就是"九街九巷"的布局。

以前,一般街宽仅2.5至3米,泥土路面;两人骑马,不能并驾齐驱。民国二十七至二十九年(1938—1940),县政府对东正街、县正街、西正街、青石街、向化街、永兴街等进行全面整修,两边住屋各后退五尺,街道扩宽为6.5米,街总长达2257米,路面用青石板铺砌成龟背形,两旁设下水道,整齐划一,雨止路干。至民国末,古城直径二里,人口达二万多,街道两旁建筑多为二至三层砖木结构小青瓦屋面,临街为陈列式铺面。街上绝大多数为房居合一,楼居底商或前商后坊。一般是联榻或合墙,多以内天井采光、通风。住房一般为独门多户三合院或四合院平房,也有少数封闭式墙体、仿西式楼房。此时,向化街、向东街、东正街、十字街、南正街、西正街、井头街、永兴街与青石街拥有整齐划一的青石板街道,民国时期上梅古城被誉为全省第一流县城。

五、曾造就名噪一时的"辛亥新化潮"

清末辛亥革命时期,一扫新化先前"巍科显秩,寥若晨星"之颓象,形成新化历史上第一个人才鼎盛局面。1897年,新化建立了省会以外最早的现代学校——"新化实学堂","实开湖南七十二州县新学之先声",与长沙时务学堂"并时为两"。新化年轻学子受到新学熏陶,认识到清王朝的腐败,纷纷研求救国之道。20世纪初,新化籍赴日留学生达170多人,为湖南各县之冠。

革命志士中间,县人邹代钧在上海发起成立"强学会上海分会",发行《强学报》传播民主新思想,提倡变法强国;民主革命之大宣传家陈天华所著《猛回头》《警世钟》,敲响了专制主义的丧钟;谭人凤以其杰出才能促成和保卫了武昌起义的成果,黄兴誉之为"能争汉上为先着,此复神州第一功";武昌革命烽火一起,就有一大批新化籍同盟会会员蜂拥而至,襄助革命——曾继梧任炮兵司令,卿衡任标统,方鼎英、袁华选、高兆奎、周来苏、杨源浚等或参与戎机,或冲锋陷阵,战功赫赫;长沙光复时,曾杰、杨冠陆、卿衡、谭人凤、邹永成、周岐等参与其谋,冲锋在前,起到了中坚力量作用;革命军攻克南京时,邹序彬为江宁光复军参谋长,不久改任沪宁联军混成旅旅长,新化籍的张斗枢、邹天山、周来苏、余焕东同为李燮和沪宁革命军的"四参谋",为各路革命军出谋划策;湖南中部重镇宝庆府(今邵阳市)光复时,所依赖的部队主要是谭二式在新化组织的会党势力。此外,罗树苍在广州新军中发放"保亚票",密助谭馥组织"保亚会";罗仪陆奔走东北,助东北革命党起事;周岐战死山东烟台;李一球就义于汕头;戴哲文、曾广轼等众多新化人在广西、云南等地协助蔡锷开展革命活动……新化籍的同盟会会员和革命义士奔走呼号于神州大地,几乎有革命烽火的地方就有新化人,形成一股声势浩大的"辛亥新化潮",因此曾被孙中山先生亲切地称为"中国同盟会会员荟萃之乡",为推翻封建帝制立下了旷世功勋。

此外,抗日战争时期又是我县文化教育发展的一个巅峰时期。那时,由于武汉、长沙等大城市沦陷,新化教育因祸得福,不但不少外地学校纷纷迁入新化,而且大量的在外地高校任教的新化籍教师避乱回乡,因而新化教育顿时飞速崛起。那时迁入新化县城或乡镇的学校有湖南私立复初中学、成达女子中学、湖南私立枫林中学、湖南私立行素中学、省立六中、湖南大鹿中学、湖南私立青萍中学、楚怡高等工业学校等。在迁入学校的影响之下,新化本土有识之士也相继开办了私立毓新补习学校、县立女子中学、同大中学、私立维新中学、私立大熊中学、高平中学等学校,一时之间,新化成为兴教之邦,学校林立,学子众多(见杨德湘《梅峒觅珠》)。

六、曾涌现了一批著名的经济人物

清末民初,新化一改先前"民力耕桑而少事商贾"的局面,经济界出现了以著名的"三大菩萨"为代表的众多享誉省内外的经济人物。

1."金菩萨"

杨培甫,县城厢团上下村岭背后(今上梅镇花山村)人。清光绪年间,以官费生的身份入日本警官学校,毕业回国后曾在云南海关工作,不久返籍,在锡矿山开办"一而十"锑矿,并与县人合资兴建畴富公司。民国二十三年(1934),筹资办金矿,在桃源县冷溪南竹坪、罗家冲一带购矿地40余亩,从新化招去一批采矿工人开采金矿,定名为桃源长江金矿公司。杨自任董事长。同年在新化招退伍军人120人,成立矿警队,兴建4座碉堡,以保矿井安全。修筑洗金坝4个,每坝定额,日夜两班各需洗金12盘(次),每盘洗粉碎后的矿石800斤,4坝每日共洗矿石96盘(次)。民国二十五至三十年(1936—1941)为其鼎盛时期,采矿工人多达1500人,管理人员40余人,日产黄金16~18两。杨培甫办金矿致富,县人戏称"金

15

菩萨",在原籍兴建"寓园"住宅,纵横26栋、190间,面积5070平方米,围墙高筑,四面修有碉堡,有警卫30余人。原新化县政府(今上梅镇政府)也是他家的房产。其所占田产,年收租谷5000担,全由其妻掌管。为支持邹干于创办五年一贯制的行素中学,于民国三十年(1941)上、下两学期分别资助4000银元,民国三十二年(1943)又捐赠年收租谷1200担的湖田一处;此外,还捐款修建花山茶亭、地母庵。

2."银菩萨"

段楚贤,又名自立,别号震寰、蚩安,1889年出生于新化县安集乡橡木山(今冷水江市矿山街道办事处橡木居委会),20余岁时,他跟堂兄段汉卿一同到汉口学做毛板生意,后来经营铁厂、锅厂和煤矿。1920年起专营锑矿,此后一生中的大部分时间,均在锡矿山经营锑矿业,成为远近闻名的"银菩萨""锑矿大王"。锑像银子一样银白闪亮,而他作为当时锡矿山的垄断者和暴发户,全盛时期日进银元20000以上,他就像用银子铸成的菩萨一样,富甲全省,因而得名。1949年7月迁居香港,经营灯泡厂,创办过电影公司。1954年病逝于香港。

3."泥菩萨"

原城厢团花山村陈氏家族广有地产,据《中国近代农业史资料》记载,清末陈迪蒙(或名陈御丞)家有良田50万亩,他利用新化人曾继辉当湖南省湖田局局长的机会,大肆收购湖田和州田,当时益阳草尾(今沅江市草尾镇)一带的大通湖和钱粮湖两个农场,就是陈家开发和经营的。陈迪蒙参与创办"三味书局",刊印了大量医药书籍。民国时期,陈氏家族中的陈湘仲在县内有佃户800余家,年收租谷5000余石。因而被称为"土地菩萨"或"泥菩萨"。当时有民谣:"陈家的谷子段家的锡,杨家的金子马家的笔。"即陈家多田,段家开锑矿(新化以锑为锡),杨家开金矿,马家多读书人。其中陈家就是指陈迪蒙。

此外还有著名义商曾庆湘、"铁算盘"刘铁逊等。曾庆湘,贫苦出身,20年内在资江沿岸各埠设"益美祥商号"18家。光绪二十四年(1898)新化筹办"实学堂"时,他捐资1700缗(1缗为1000文),占当时办学基金的三分之二。还为"新化县自治筹备处"提供活动场所,为自费留学青年赞助学费。辛亥革命中出银洋800元赞助邹永成等光复宝庆府,邹代藩赠联云:"万金安用家人产,一语能坚志士心。"晚年更是倾力大办慈善事业,1925年竭尽全力创办"新化慈女院",首捐银洋2000元。

曾庆湘被尊为"新化义商"。刘铁逊则被称为"铁算盘",先代其养父在锡矿山管理三益采矿公司，然后组建美利炼厂，再拉曾叔式、蔡锷等人为股东，出面强迫华昌公司与美利炼厂合资经营，改名新化昌炼厂，刘从此名闻锑都。不久又独资或集股开办纯青、化成、鸿辉等炼厂。再设计迫使粤商韦志道贱卖志记炼厂，改名为修和洋行，然后挤垮了开利洋行。民国十九年(1930)，又独资或集股开办球益、天生和、大有庆、履祥吉等7家采矿公司，拥有锡矿山五分之一的矿地。此外，还经营商业，放高利贷。在锡矿山开设有协和兴等商号，经营绸缎、南杂、药材，在县城开设利源昌，做木材、棉纱等大宗投机生意，又合股开办惠康商号及履祥钱庄等。

七、新化武术进入鼎盛时期

清末民初也是新化武术的鼎盛时期，拳师辈出，尤以刘应朴、萧老四、发转子等最为著名，素有"朴少爷的拳、萧老四的尺(铁尺)、发转子的棍"的说法。清同治年间，新化刘举道，善梅山武术，因征战有功，被朝廷授予"振威将军"、补协台(清代侍卫处之总官，曾改称领侍卫府)之职。县人刘胜祥，中武考进士，后升为提台(对提督的敬称)。民间武林好手众多，《湖南湘技纪闻》载：新化人伍再明为显其能，相室中一桌，其木系坚木，铺置地面，并五指插之，洞木及土；伍再先(1807—1868)在湖北汉阳码头上船，遇一伙强人，他纵身一跃，轻如飞燕，瞬间已在桅巅。伍再先喜游历，性机敏，见多识广，阅历丰富，后来他根据实战经验改良了梅山老派黑虎教武术。民国时期，新化武术操练、表演、竞技之风盛行。著名拳师刘春祖(1867—1950)，从小随父练武，不但气力过人，且能识风辨器。他因张目对屋檐水练功失明后，身背一砂锅，无人能击破。有人在他吃饭时突发一流星，亦被他伸筷轻轻夹住。刘绍贤(1879—1953)弃文练武，功成，高丈余的练武楼，不需架梯，可飞身上下；一箩筐谷物，用左手托起，右手一拳，便从丈余外击进仓里；两牛相斗，挽住牛角一，可使两牛后退丈余。杨三恒(1846—1938)分别师从伍再先和其父杨建永，不但武技高超，而且为人稳重和蔼，礼让为先，有大哥风范，深为武林同道佩服。游石命(1860—1938)自幼练拳，善轻功，精技击，好武如痴，中年时曾在武汉"宝庆码头"传授武功并参与保卫码头的斗争；曾在谭人凤的影响下，率领儿子游国华及弟子们参加武昌首义，参与湖北军政府的筹建，先护卫谭人凤，后一度是孙中山先生的保镖。刘春山(1870—1948)，"朴少爷"次子，曾任湖广总督张之洞的保镖。刘春发(1872—1922)，"朴少爷"侄子，因武勇而得"记名提督"之武职。廖满山（1902—1974），民国二十年参加擂台比武取得第一名，获赠"御侮抗敌，誓复失地"的匾额。曾有人想试他功夫而偷袭他，他本能地反手一拳打过去，待发现是熟人时，将拳一偏，竟将墙壁打了一个窟窿。中华人民共和国成立后梅山武术振兴，更具有群众性的强身健体与专业性的竞技特色。全县城乡，逢年过节，舞龙耍狮，武术表演成风，部分乡镇中习武练功的青少年占总数的70%左右。因而20世纪八九十年代，新化先后获省人民政府授予的"武术之乡"和国家体委首批授予的"全国武术之乡"称号。

八、留下了资江航运的旷世壮歌——《资水滩歌》

在内河航运发达的近代社会，资江是新化与外界联系的黄金水道，而资江航运史却凝聚着资江两岸历代船工的沧桑和奋斗。资江新化、安化段水急山高，俗称"山河"。船进"山河"，船身倾斜，船头沉水，船尾趋高，起伏交替，形如跑马，船工无不胆战心寒。如果舵师稍有疏忽，略偏泓道，船工都要葬身鱼腹。因此，资江沿河一带的人们，至今流传下这样两句俗语："驾船的死了没埋，挖煤的埋了没死。"说明过去干这两种工作的人，随时有着生命危险。尤其是利润高的毛板船，自然风险也最大，就以民国二十五年（1936）三月份为例，当月新化发出毛板船300艘，触礁沉没的有130艘，损煤1万余吨，损耗近一小半（见《新化县志》1996年版第517页）。

资江航段迂回曲折，滩多水险，全程号称有72险滩，其中在新化境内就有险滩53处，平均比降0.5‰，30余处最险之滩，平均水深0.8米，平均流速为2米/秒。春夏季可行50~100吨级船舶，秋冬枯水期常有触礁之险。民国三十至三十五年（1941—1946），县政府几度规划测量，整治航道，稍有好转。

中华人民共和国成立后，1952年，邵阳专员公署投资10.5万元，统一组织对资水全线五次择要炸礁，炸礁石23061立方米，清方13145立方米，疏浚3049立方米，整修纤道244米，航道安全有所改善。1954年冬，湖南省帆船管理处组织船民亦运亦养，对梁箭、边鱼、新娥、豹狗等18处险滩进行淘泓疏浚。1956年县里拨款10万元，成立整治河道委员会，组织民工2058人，大规模整修麻溪以下100余公里航道，共炸礁24处、1450立方米，疏浚河道35055米，筑坝2处，新修马脑1处，共完成砂石工程6.3万立方米，多数险滩得到整治，急滩水深由0.3米提高到0.8米，航行条件大为改观。

1961年柘溪大坝建成，航道中断，外河运输受阻。大坝库区蓄水后，库区容水延伸范围广，淹没险滩多，可通船舶吨级增大，但事实上，由于受航行路线的影响，还有枯水季节水位下降、险滩出露的威胁，关键是现代社会日新月异，公路铁路飞速发展，交通工具一日千里，资江航运最终完成了它伟大的历史使命。但记录资江航运奋斗历程和毛板船故事的长篇湘商史诗《资水滩歌》（也称《毛板歌》），却得以流传下来。它真实地记载了资江航运的诸多史实和风土人情，全面地反映了行船习俗和船工苦乐，尽管用民歌形式表述有很大的局限性，但极具珍贵的文化价值。"头顶太阳，眼眸邵阳，脚踏益阳，身在汉阳。尾摆长江掀巨浪，手摇桨桩游四方。""船打滩心人不悔，艄公葬水不怨天。舍下血肉喂鱼肚，拆落骨头再撑船。"这些扣人心弦的毛板歌叙述的，正是新化船工们的豪情。

目前流传下来的《资水滩歌》版本较多。下面采录的，是新化县油溪乡中联村罗旺山（现年57岁，农民、渔民、小学学历）保存下来的罗氏《资水滩歌》。据手抄本上记载，该滩歌为罗氏五兄弟同乐曲，兄弟们在河中或田间劳作时常以祖传滩歌取乐，传承至今已有196年。

资水滩歌
（原题为《罗氏五兄弟滩歌》）

下水滩歌

天下山河水不凡，千里资江几多滩；
水过滩头声声急，船到江心步步难；
谁知船工苦与乐，资水滩歌唱不完。
宝庆开船下汉口，象鼻滩算头一滩；
竹子山塘把船放，艄公想起长河滩；
长滩只见长纤扯，景公塘里湾一湾；
婆婆岩上把鹰打，小溪就把姜来担；
小庙滩来出红枣，抬头望见枞树滩；
青荆滩上打一望，瞎神庙下小连湾；
石灰洞里歇一会，大连湾下大河滩；
兄弟同把花园进，出门又是小河滩；

栗滩行船如跑马，看见前面小南山；

七里塘下团鱼石，猪楼门内心胆寒；

干水要把短纤扯，大水稳舵莫乱扳；

柴码头上多柴卖，筱溪设立卖柴关；

晾罾滩下是球溪，榨滩下来连塘湾；

麻溪哪见担麻卖，沙罐出在沙塘湾；

干水象牯滩头放，马屎口里马披鞍；

鸳鸯滩上排云雾，忽然雷公打鸡蛋；

猫儿扑地老鼠石，炉埠果然好煤炭；

西风塘里西风起，皮箩岩下皮箩滩；

沙箩滩上纤维扯，一扯三碰难上难；

陡上岩里乌金好，岩下就是漩塘湾；

连皮加二乡里货，下河炭要秤加三；

开船有个三篙半，老鼠港里锡矿山；

学堂岩上来观看，十里茶亭口也干；

化溪姑娘三仙会，鲤鱼滩下竹林湾；

辕门柱子立一对，青滩航道在中间；

马蹄塘下杨家咀，一滩二滩三洲滩；

青峰塘里清风起，顺风相送谢家滩；

上渡港里歇一会，独石塘下月照滩；

新化县城来观看，四门扎起营盘关；

西门抬头打一看，衙门坐个知县官；

为人做了亏心事，到了官场也为难；

一连几下大板子，问你心甘不心甘；

东门抬头看下水，过河想起上渡观；

新化开船磨盘滩，宝塔对着塔山湾；

要管宝塔修得好，超过宝庆有湖南；

萝卜白菜袁家山，车盘溪对天子山；

日有千人来拱手，夜有万盏明灯观；

官门岩上牛角叫，晾罾滩下游家湾；

王爷滩下长风摆，白沙辇溪夜壶滩；

辇溪发风有雪落，丹滩转弯是卡滩；

城坪小洋鳜鱼地，鲤鱼脚下红岩山；

邹家有个螺旋眼，划到滩头心也寒；
香炉岩下把一望，鸡公洞里心窝滩；
邓家底下立字滩，横过底下张家湾；
唐古山下高桥滩，油溪对门石竹山；
且问翰林哪一个？翰林名叫伍香珊；
殿西何家挂镜子，美女梳头南殿湾；
中家庄上好地方，八扇槽门对东方；
自养女儿自招郎，十八满姑洗衣裳；
蓝的洗得蓝闪闪，白的洗得放金光；
鹅洋滩上抬头望，一眼看见东门山；
白溪河里江西客，曲蟮滩下石子湾；
石子湾来弯又弯，雷公响在思本滩；
祖师座下莲花庙，五马破曹观音山；
望花街上株木溪，杨家坊下铜锣滩；
铜锣挂在豺狗上，石连斛下千篙滩；
上风山来下风山，一路福星烟田滩；
好过潘洋并礼溪，槽船底下青水滩；
琅塘开船田最湾，杨木洲下白沙湾；
千兵洲上多沙子，鸡婆沮送枞树滩；
起目抬头来观看，苏溪立个厘金关；
舵公师傅快快放，快快放来把船弯；
请你先生来看观，你要多少过此关？
先生看了又看观，算了一番又一番；
大船要过三千几，此船只过二千三；
请你先生免一点，一免就是三百三；
喊起号子摇起橹，提转舵来放瓦滩；
大水放船要提洄，千水要往槽里板；
鸡公鸭婆数润溪，紧桨飞落猪婆滩；
洋桥有个晒谷石，抛打绣球是泥滩；
坪溪本是花花地，婆婆岩下担柴滩；
王爷公公来保佑，顺风相送过洛滩；
滩脑有个桂花石，野猪赶落排子山；
排子山上出美女，鸡婆塘里船难弯；

娇女只嫁排子山，门前做起假栏杆；

九冬十月当西晒，五和六月背阴山；

一叶扁舟河边等，等待滩脑把船翻；

猫儿听见泥鳅叫，老鼠怕了岩鹰叼；

白露赶落桐子塆，干水行船水滴湾；

磨家池里打一看，渠江对门斗笠湾；

铁匠勤打钥匙口，白水溪下是初滩；

湖泊塘里出锅子，两岸竹笼把鸡关；

火烧滩下纤难扯，桐油生产在神湾；

毛篙滩上千篙石，探溪有只狮子山；

牛弯亘在螺丝上，对马磨槽是烟滩；

烟溪对门碗米山，南坪鲤鱼跳上山；

黄牛怕了勾刀子，皮塘有座观音山；

皮滩哪有牛皮卖，尧家庄内排难扳；

婊子竹山望羊脑，杉木青龙曲尺滩；

舵子到了马蹬市，龙须只望柳杨滩；

狗屎屙在娼妇洞，黄连洞里鬼门关；

潺溪有座观音阁，大水弯船弯沙湾；

犀牛抱月蚂蚁洞，急水驰下飞云滩；

对口溪中齐观石，两溪相对无名滩；

猴子石前射箭紧，河水步前至景观；

大溶滩下漏罐子，鹅咀亘过杨泗湾；

杨泗庙里把神祝，卦打三巡三门滩；

鲤鱼穿鳃现手段，花花绿绿是榨滩；

横岩塘里丢鐾子，神仙赶落财富滩；

刷竹滩边头船口，东坪塘里船难弯；

陈口亘在乌龙上，纸钱排起八卦滩；

纸钱落地排八卦，乔溪黄沙一石担；

西洲对门生金竹，大鱼矶下小鱼滩；

渔翁晒美塘古坳，孟公脚下君王滩；

滩脑难放剪刀口，江南江北磨子滩；

好似边淘对麻溪，百花滩下老屋湾；

黄瓜滩下白沙上，虾子出在无子山；

小淹下边老鼠石，梅子塘下是庙湾；

斗米矶下中边滩，敷溪叫作肝肠滩；

云溪抬头望塘湾，粽子滩下汪家湾；

一朵莲花也结籽，马迹塘下是白滩；

头顶原来九官渡，脚踏洪门莲花滩；

有人葬得莲花地，至今纱帽在朝关；

上五滩来下五滩，龙宫望见栏杆滩；

猪婆卧在素山上，大云底下锦被滩；

好似狂风吹童子，和尚望见相公滩；

筲箕且把米来打，三塘街上把船弯；

新开港下黄丝洞，倒挂金钩茄子湾；

九峰抬头望沾溪，下边就是十动滩；

茶亭和尚无茶吃，美女晒花是须山；

书塘街上养鸥子，月门山下筲箕湾；

泥鳅港里抬头望，王婆滩下把牛关；

前峰洞里放流水，桃花港里横口滩；

牛栏塘中放排木，流水赶落五涪滩；

新口河中少交坝，桅杆寄在毛角山；

千驾要走泓水路，毛板要弯鳊鱼山；

到岸老爷打一敬，大家兄弟把心宽；

姑娘叫作三仙会，玉石碟子摆中间；

益阳开船往汉口，抬头望见鳊鱼山；

魏公庙里把神敬，王庄对门犀牛湾；

堤机关上把关过，宝塔坐在清水滩；

八母滩匕子望母，黄茅洲下何家湾；

沙塘街上把米买，开船又走金阳滩；

羊角抬起头来看，只见鞭把口又宽；

吩咐艄公紧把舵，来到毛角把口参；

三人河里松水过，开船又走邹塘湾；

橘子庙里算八字，姑嫂二人把花攀；

关公坛下白马寺，色子庙下是大湾；

轻轻出了临资口，牛屎仓里无人弯；

元潭坛匕观天色，阳雀港里把船弯；

仔细心中来思想，米关立在芦林滩；
鱼骨庙里香一炷，娘娘港下云头滩；
羊节港里来思想，土星土林两港滩；
若是风暴不好走，不敢过湖赊刀湾；
白鱼便把鳍来现，崇山港里船难弯；
陈口坛上抬头望，抬头望见磊石山；
张家套里把篷落，扎矶咀里买鸡蛋；
万寿湖里大龙坛，千水铜盆湖也干；
鹿角落在高山上，龙虎咀对龙虎山；
金泊港里抬头望，雷公湖里一鞭山；
南京港有癞子石，岳州有个厘金关；
北门港里来思想，想起当初七里山；
城陵矶下金河老，擂鼓三通过五关；
善湖港里躲风暴，港内又立险查关；
开边有个巨凳石，白罗套龙心胆寒；
就在鸭潭分南北，鱼矶地界是湖南；
王家宝贝来金宝，新堤立起过排关；
毛铺对门太平口，骨花洲上把心安；
六金口里出广粉，对门就是孤溪湾；
皇王便把厘金立，船湾宝塔洲过关；
龙口哪见龙开口，抬头一望石璃关；
嘉溪有个上甲口，鱼码头来把鱼担；
燕子窝里出燕子，上林花口把花观；
排洲对门青潭口，顺田一路空家湾；
东阁老走慈丘口，金口对门大金山；
涓口又把老关过，风暴船湾荞麦湾；
鹦鹉洲前抬头看，望见武昌确非凡；
洞宾神仙把楼坐，黄鹤楼下是蛇山；
河北锁里打一看，望见汉口有龟山；
汉口穿心八十里，不知街面几多宽；
有钱汉口真好耍，无钱汉子样样难；
问君走到何方好，花花世界玩一玩。

上水滩歌

唱了下滩唱上滩，转舵回家把心安；
把紧身上钱和米，一路莫把花心贪；
汉口开船走上水，南岸过河对栗关；
载船就把双票用，空船单票好休闲；
汉阳城边漂漂过，望见洋街殿四关；
武昌辞了都督府，涓口有个照票关；
二十四股回弯水，往返要到大金山；
金口上来慈丘山，东阁老来定江湾；
吩咐排头船莫急，上林燕子一石担；
鱼码头上孤独湾，上水嘉溪石璃关；
龙口宝塔大金口，大风毛铺也难弯；
新到锣洲听鼓响，擂鼓台前心胆寒；
城陵矶前把船看，芦苇洲前把船弯；
兵洲街上南京港，扯起风蓬进鞭山；
忽然一声雷公响，金泊龙虎旺高山；
铜盆湖里火龙舞，磊石港口脱衣衫；
白鱼便把云鳍现，只见娘娘又下凡；
红薯出在土星港，白米出在芦林湾；
阳雀元潭牛屎港，铃子一响上大湾；
色子庙里只一龟，骑着白马战江山；
关公坛上抬头望，只见姑嫂树又干；
南湖洲上西林港，八字哨上邵塘湾；
磨坊滩里愁云锁，出了毛角心又安；
沙塘街上打一看，只见甘溪港水干；
益阳关山船帮密，抬头又见鳊鱼山；
转身来到益阳市，直流三堡看风帆；
我在汉口几年整，身无半文转湖南；
从头仔细来想想，当初何必赊账玩。
益阳开船望家乡，手执竹篙向上撑；
龙尾滩上扯扳纤，毛角塘里定阴阳；
鹅公港里淘白米，新桥河里倒米汤；

少交俱里打中伙，桃花港里借歇场；
江内有个和尚石，叮叮当当到天光；
泥鳅港里晒谷石，前峰鹞子到书塘；
书塘有个读书子，须山美女晒衣裳；
十动滩上一扳纤，上边不远九丰塘；
倒挂金钩结茄子，三塘街上好灰行；
童子王婆盖棉被，天地枯柴栗山塘；
猪婆滩上是蝶埠，龙公王滩马迹塘；
莲花滩上鳜鱼地，粽子滩上福鸡塘；
大矶滩上一斗米，庙湾上来梅子塘；
安化小淹青山好，陶澍果然好屋场；
河草矶上坪里铺，黄瓜滩上老屋场；
白花树上麻溪地，边淘上来磨子塘；
曹操点兵江南地，一轮明月正相当；
塘古贯里粽子角，大鱼矶上金竹矿；
八卦滩上占一卦，只闻东坪茶又香；
沙洲滩上把柴买，果然到了鳌子塘；
柘滩上来一班纤，鲤鱼穿鳃三门塘；
杨泗湾里纤难扯，漏罐子上大溶塘；
犀牛抱月碧溪口，黄连洞内好歇场；
大柳杨来小柳杨，十个艄公九个亡；
龙须滩上现龙爪，马辔市里马恋王；
曲尺本是鲁班用，青龙滩上杉木塘；
羊脑滩上十八节，竹山一日到皮塘；
只见黄牛来下水，鲤鱼上山是南盘；
烟溪有个对马石，鲇鱼洲上横岩塘；
毛花滩上神湾地，高龙矶上湖泊塘；
初滩只见白水溪，虎骨上山渠江塘；
磨家滩上桐子坪，排子山对鸡婆塘；
石灰洞上屙屎岩，洛滩社溪何散场；
猴子关门担柴卖，坪口少个卖柴行；
泥滩哪见泥落水，只见横岩截断江；
四脚落地牛拉纤，褡褙勒肩痛肝肠；

寒暑裸体水中泡，助船上滩身代桩；

撑船号子滩头响，十曲纤歌九曲酸；

洋桥猪屎出讲义，润溪有个公管行；

瓦滩只见滩水响，抬头望见苏溪江；

苏溪有个水府庙，来往客人烧保香；

千兵洲上使把劲，送婆鸡子到琅塘；

槽船有个苏氏渡，潘洋有个御史官；

礼溪有个成进士，药店开在资生堂；

太湖湾里随弯走，千篙滩上石牛塘；

石连斛里莲花现，摇橹架桨汪家塘；

铜锣滩上无锣响，青荆对门杨家坊；

株木溪上思本溪，雷公打在次溪塘；

旧县滩无县官坐，抬头望见枣子塘；

白溪有个江西店，弯头看到好姑娘；

鹅洋滩上无鹅叫，石灰出在中家庄；

南殿梳头好美女，石笋出在尖石塘；

油溪哪见担油卖，黄牯坳对赵家庄；

邓家街上歇一会，车石鳜鱼在小洋；

剩滩有个团鱼石，转弯又是丹坪塘；

丹滩哪能担到底，卡滩也有船过江；

辇溪望见白沙上，油麻滩上长风塘；

王爷滩上来观看，游家湾里钉子行；

晾罾滩上抬关望，前面就是大洋江；

弯船扎草寨背后，猪头还愿牛角塘；

灶母岩里出木炭，只见煤炭上下装；

塔山湾里抬头望，新化城墙几多长；

宝塔底下歇一会，青石街上借歇场；

渔船来往争上渡，一网打进独石塘；

谢家滩上顺风送，青峰塘里青鱼藏；

过上三洲滩头水，杨家咀上马蹄塘；

马蹄日夜叮当响，响在春潭牛耳旁；

一对柱子辕门竖，竹林湾上鲤鱼藏；

三仙姑娘会化溪，路走十里有茶香；

学堂岩上鸡鸭落，起桨直到冷水江；

石头藏宝是锡矿，五湖四海把名扬；

漩塘湾里水旋转，码头上面好市场；

崖叫陡山山也陡，沙箩滩上纤路长；

皮箩滩边好篾箩，竹子出在西风塘；

炉埠紧挨老鼠石，上头有滩飞鸳鸯；

银鞍披马祥光照，照见象牯三丈长；

沙塘湾里沙罐好，宝庆汉口把名扬；

榨滩两岸白杨密，球溪晾罾晒鱼忙；

拣担干柴筱溪卖，卖给纤夫烤衣裳；

猪楼门内肥猪大，屠桌摆在七里塘；

小南山前栗滩急，小河大河浪滩宽；

石灰洞里瞎神庙，青荆滩里淹和尚；

山山枞树映水绿，红枣树下乐姑娘；

黄土栽姜是小溪，岩鹰展翅景公塘；

长滩滩水明月照，满肚相思望情郎；

上河滩上出楠竹，象鼻长长把竹装；

石灰浸竹造土纸，上水货船进邵阳；

解下褡裢算完账，卷起铺盖回家乡；

碎银买点小礼物，一家老少喜洋洋；

沿河时新枕边讲，梦里滩歌长又长。

参考文献

[1]《新化县志》编纂委员会. 新化县志. 长沙：湖南出版社，1996.

[2] 李文治. 中国近代农业史资料(第一辑). 北京：生活·读书·新知三联书店，1957.

第二章　化溪、桑梓段

悠悠荑江流过冷水江市后东赴新化，绕布溪半圈，穿越岩宝塘，淌过浪丝滩，经化溪右转进入桑梓新冷界村瑞塘口，再经田庄、向荣、满竹、栗溪桥、桑梓、大树、沿河、青峰诸村进入梅苑，流程16公里。这一带是资江新化荑江段之首，新冷之枢纽，河东西分属桑梓、石冲口与上梅三镇，两岸高山平地交织，河床时窄时宽，水面或缓或急，变化多端。水随山势，蜿蜒曲折。两岸村落，山环水绕，钟灵毓秀，历来被誉为风水宝地。据当地欧阳氏族谱记载，北宋末年，长沙人欧阳勋奉诏由江右来新化任知县，宦居荑江此段内桑梓镇青峰村之爆竹凼，后北上勤王，客死襄阳，但从此欧阳氏繁衍生息于这一带。宋孝宗淳熙年间，蔡太伯奉诏征讨苗蛮，子孙亦留驻此段地域，今桑梓向荣村建有两处蔡氏宗祠。

本段两岸人口聚居，码头众多；沿岸资源丰富，盛产煤铁；经济活跃，商业繁荣，采铸业发达。清道光年间《新化县志·食货》载：境内满竹等采煤处，铁矿呈露，民间取之以铸农器。清同治年间，栗溪桥河边兴办的同福锅厂，用木炭炼铁铸锅，名曰"广锅"。这种锅硫磷杂质含量少，质薄光滑，传热快，耐用，畅销两湖两广市场及东南亚各地。

发达的经济促进了文化的进步和发展。在这里，古朴的民风代代相传，民间文艺别具一格；文学领域百花齐放，文人学士各领风骚。这里地灵人杰，人才辈出，许多贤能志士为祖国的文明进步做出了杰出贡献。

古今荑江本段河道上的13码头及1滩如下。

布溪码头—岩宝塘—浪丝滩（又名浪石滩、螺丝滩、杨家滩）—化溪码头—石鼓溪码头—炉门前码头—金溪口码头—辕门柱子—栗溪桥码头—

马蹄塘码头—新塘码头—三洲码头（三丰码头）—青峰码头—农丰码头（沙洲码头）。

第一节　主河道与码头

黄江流经冷水江城区后，一路东进，过了宽阔的布溪码头，下到200米，有岩宝塘渡口。资水绕布溪洲半圈后，忽遇右侧百丈悬崖。划船至此，仰瞻突兀在前的石岩，直让人不寒而栗。再前行半里左右，进入浪丝滩。河道开阔，水流湍急，处处浪花翻滚，别有一番情趣。过了浪丝滩，水面又变平静，右岸，一山如狮侧卧，名狮子岭；左岸，地势平坦开阔，资水流经化溪码头。此码头西边为化溪村，地势平坦开阔，东岸对应的是狮子山脚下的小云村。化溪码头现在荡然无存，可古时是此河段内最繁华的码头。码头西面一碧万顷的菜地，古时店铺林立，集市上商品琳琅满目；渡口处，一年四季停泊着商船，盐、粮食等由益阳运来；陶瓷、煤、木材等则从此运往益阳等地。在运输的过程中，毛板船最流行。据渡口边居民曾右幸①回忆，民国时期，河边为大集市、多姓人杂居，大多是各行各业贸易商。本地盛产的煤、陶瓷，均经此码头装船起运。

石鼓溪码头（也有叫石古口码头），是东岸田庄村与西岸光义村联系的纽带。东岸田庄村背靠一字长蛇山，西岸光义村为高低起伏的山岭。现在通往码头的路是一条3米宽的水泥路。站在码头边，往上下游远望，视野开阔，心旷神怡。

炉门前码头是西岸的向荣村通往东岸满竹村的唯一通道。码头由52级3.5米长的石阶组成。石阶中间有一条斜坡道，可供摩托车通行。站在渡口边，见对面两山成对，下游山为旗山，如一面风中旗帜，上游山横卧河侧，一直由满竹延伸到田庄。据传说，旗山乃满竹画龙点睛之地。满竹北面山势雄伟，龙脉向南延伸，满竹凼为平地，中围48座独立的小丘，乍一看去，若海上停泊的48艘军舰，最南面旗山为首舰令旗，号令舰队，故此地历代孕育了不少达官贵人。东岸满竹世代为姜氏族人聚居，先祖姜发隆，原籍江西，明永乐年间，自豫章迁徙到湖南长沙，再迁到宝庆府新化县太阳乡十都满竹村。码头西面是向荣村，为南宋孝宗淳熙年间奉诏征苗统制参军蔡太伯的后人聚居的村落。现在，向荣村建有蔡氏宗祠两处。

① 曾右幸，男，1937年生，今石冲口镇化溪村人。

炉门前码头对岸下游约 500 米，为金溪口码头。金溪是从满竹流入资江的小溪，与资江汇合处建有码头。据当地村民杨宇珍①老人说，此码头附近原先为地主庄园，居住着一大户人家，主人常坐轿来码头边钓鱼。所以这个码头原先主要供达官贵人休闲之用。现在，此码头无渡船，但仍能见一小片石板路，是当年的渡口通道。此外，离河边不远处还留有一个巨大的半边炼铁炉残壁。村民们讲这是古代遗迹，但我们调研组怀疑这是"大跃进"时期留下的土炼炉，根据土质等判断，废弃时间还不是很长。

沿金溪口往下不到 500 米，可见江边长达 30 多米的排列整齐的巨石堆，仿佛人工修建而成的河堤。事实上，这些石头是岸边地底下生出来的活石，非常坚固。古时过往船只常常在此临时停靠歇息，石头犹如码头上的柱子，可以拴住船只。过往商人或渔民常站在河边石基上欣赏马蹄塘的奇异风光。《资水滩歌》中写道："辕门柱子在青枫，浪大河低像险峰。个个提神都到阵，左右开弓箭直冲。"写的是过这一段时，船夫水手全部上阵，左右摆开，持篙使船身直冲，才能平安通过。

从辕门柱子往下约 1000 米为栗溪桥码头。栗溪桥码头的得名来源于栗溪汇入资江处的一座古老的石桥。石桥至今保存完整，桥身上还有石刻蜈蚣。栗溪发源于桑梓镇坪溪管区坪烟村清水塘，流经荣玉、前程、石窖、曾家、集中、宋家桥。在宋家桥下 200 米处与坪溪相汇。坪溪发源于坪溪管区沙泥塘诸山泉，在坪溪田垄里聚集，过穿风洞，经火星与栗溪汇于宋家。汇合后的栗溪经八井、桑梓，于栗溪桥村栗溪桥码头注入资江。站在码头旁，感觉前面是一个大湖泊，黄江从上游流来，水面开阔；东面，桑梓村靠河一面有岩石山横挡，远远看去，不见出口，仿佛资水已到尽头。现在的码头边只有一只渡船，往来于两渡口间。古时的栗溪码头，总是停泊着很多货船，或上装铁锅诸器，或卸载造铁矿料。码头旁边，坐落着享誉江南的同福锅厂。此厂建于清同治年间，专业生产铁锅。"同福"为品牌名，产品畅销两湖两广市场及东南亚各地。据码头边的居民姜孝财②回忆，他于 1951—1958 年在此厂工作，当时老板为冷水江禾青人段邵武，厂里有职工 180 多人。矿砂是用船从冷水江三尖洪水坪村运过来的，

---

① 杨宇珍，女，78 岁，满竹村金溪口组村民，原为梅溪塘人，50 多年前嫁入金溪口后就一直生活在此。

② 姜孝财，男，1932 年生，桑梓栗溪桥村一组村民。

用木炭炼铁铸锅，产品质量好，"同福"品牌影响力很大，销售至广东、广西、云南、贵州等地，甚至卖往国外。1958 年，因全民大炼钢铁，同福锅厂停产。现在，当你漫步码头边时，只能看见资水缓缓东流，河边是一片片菜地。倘若细看，还能看见地边堆积的铁渣。

栗溪桥码头对面为向荣村的马蹄塘码头。村落中有一条水泥马路通向河边，在近码头处有十级石阶梯。从栗溪桥码头下来，山环水绕，到了桑梓村和枫林村两村相护的河道时，可见右侧一悬崖耸立，形如马蹄，因此得名马蹄塘。据原向荣村村支书蔡锡满①介绍，马蹄塘是原莫江河道上一个相当重要的码头，曾经人来人往，川流不息，河边形成集市街巷。俗话说："三站不离马，四站马蹄塘。"讲的就是古时从益阳南门口码头起，沿资江而上，每 120 里为一站。至安化马辔石为第三站，路程 360 里，再往上到新化桑梓的马蹄塘为第四站，路程 480 里。可见这里是一个重要的里程碑标志地。

马蹄塘码头（阳昌石摄）

从马蹄塘下 1 公里左右，到新塘码头。这是一个重要的茶叶运输码

---

① 蔡锡满，76 岁，原为向荣村老支书。

头。古时附近各村所产的茶叶，由此码头装上船，直接运往琅塘杨木洲茶厂加工。现在，渡口仍可见二十几级石阶梯的通道。

沿新塘码头下 1 里左右，就到了三丰村（现叫沿河村）与三洲村相对的码头。东岸叫三丰码头，西岸叫三洲码头。三洲码头得名于河中的三个沙洲，涨水季节，三个沙洲大部分被淹，河道变成了三条通道。涨水季节也正是上游放毛板船的季节。当毛板船到达此地时，走哪条河道非常重要。一旦走错，就会损失惨重。据河边老渔民李典友[1]回忆，当年常看到毛板船过此地时船毁人亡的惨状。三洲村有两大村庄，后庄为刘家院，以务农为业；前庄为李家院，由于地处河边，村民亦农亦渔，农忙时以农业为主，农闲时则以打鱼为业，并且划船捕鱼的行家里手甚多，最著名的是"红牌舵工"李运泰。李运泰为清末新化三洲村人，曾当过 30 多年舵工，在资江放毛板船数百艘，从来没有打烂过一艘船。因此，在宝庆船帮里久负盛名，船主和煤庄老板们对他青睐有加。李运泰的"红牌舵工"绝不是浪得虚名，是凭借着对河道的了如指掌，凭借着对驾船的认真负责，通过多年的磨炼才得来的。他有句驾毛板船的名言："船是在平水深潭中打烂的。"讲的是要熟悉河道和水域，哪怕在没有任何危险的平水深潭，都要走正确的河道，才能避免翻船。平日里，沙洲开阔，这里是造毛板船的好场所。三洲码头以制造毛板船而著名。从清朝末年的洋务运动时期到民国时期，武汉需要大量的木材和煤炭，而新化境内山多地广，既产木材，又产煤炭，还有铁矿，如何把本地产的木材、煤炭和铁运到下游去变成钱呢？有人便发明了毛板船。据沿河村村民阳季规[2]回忆，他爷爷是专业的毛板船制造者。当年在三丰村沙洲上大规模造船，造好的毛板船，被放至化溪码头、冷水江沙塘湾码头、北塔边的炭码头等处，装锅、煤下水，一只船可载 120 吨以上的煤，最多时可达 200 吨。五月涨龙船水时，毛板船如雨后春笋般出现在莫江上，浩浩荡荡，一眼望不到头尾。

三洲码头下游不远处为青峰码头，东面青峰村及沿江村人和西岸枫林村人凭渡口的摇橹船渡江。青峰码头处又汇入了资江的一条支流——双江。双江发源于冷水江市锡矿山北矿独树岭，流经北矿时，水被铁矿石染成红色，名曰朱溪。在温塘境内折向西北，入坐石乡转向西南，从曹家

---

[1] 李典友，男，1942 年生，三洲村九组人。

[2] 阳季规，男，72 岁，桑梓沿河村人。

镇水江管区展望村流入桑梓镇。在水江双升村有从祝家流来的小溪汇合，汇合处名"双江口"，以下的小河名双江。双江流经尖山涧、架桥、俄龙、洞沙等地，河床平直，流速较快，至沙田境内，迂回而下，改称"九曲江"。流经聚星桥一段，称为"陈家江"。流经西江湾村一段叫"西江"。经青峰村又名"青峰河"。双江在鸿盛店村境内又有从水江涧山岭发源流经大云、厂坪、明兴、戴岭、益星、集星、虾溪、鸿盛店的"维礼溪"与之汇合。在月池塘村有发源于曹家镇百井，流经同兴、集星、虾溪的溪流与之汇合。汇合后水面增宽，浩浩荡荡注入资江。

莫江流过青峰码头，迎面被雄伟秀丽的狮子山挡住，河水绕行，西进改为北上，到达农丰码头。农丰码头地处河东岸的狮子山南麓，与西岸城关镇沙洲渡口（也叫谢家滩渡口）相对。西岸沙洲渡口得名于西岸一个延伸入河中的沙洲，此处河床宽阔，平时西面呈现沙滩，涨大水时，沙滩被水淹没。早年的农丰码头亦为摇橹之渡口，两三只摇橹船终日在河东河西穿梭。现在，两只用动力的船仍然整天运营于两渡口之间，方便村民上街。过了农丰码头，资江流入新化县城。

第二节　地名来由、名胜古迹、物产与贸易

一、地名来由

1. 桑梓

桑梓，其义为故乡，源于《诗经》。《小雅·小弁》曰："维桑与梓，必恭敬止，靡瞻匪父，靡依匪母。不属于毛，不罹于里。天之生我，我辰安在？"古人在屋旁载桑种梓，游子见树引发对父母的思念，产生怀念故土的感情。莫江河畔桑梓镇的名字来源于一个孝子。相传，桑梓原名"洪店"。明代出一孝子，此子从军前满植桑、梓于屋旁陪伴父母。待其衣锦还乡时，父母早故，唯桑、梓二木茂盛，便以此二木为长，祭奠不息。后此地更名为"桑梓"。

2. 爆竹凼与满竹凼

桑梓镇境内，有两个分别名叫爆竹凼和满竹凼的小村落，其名字源于同一个神奇的新化出真龙天子的故事。传说古时四川一个著名的地理先生杨祝明，在新化北塔的河对面（今天的梅苑勤二村境内，现在叫"天子山"）的山上发现了一处天子穴。一位猎户暗中得知后，便回家骗母亲舂米，将母亲

活活打死在碓臼里，连夜将母亲的遗体埋在龙穴中。后妻子怀龙胎三年时天机泄露，被当朝皇帝派人剖腹。孕妇肚子一剖开，从其肚内跳出一个光溜溜的小男孩，与官兵对打了一阵死去，临死时对官兵说："只可惜我没呷娘三口奶，如果我呷了娘的三口奶，你们都不是我的对手！"

当时在青峰河与资江汇合处的西岸（今青峰村一组二组），满山遍野都是楠竹。"天子胎"被杀后，一夜之间所有的竹子全爆开了。爆开的每一个竹节中都有一个人骑一匹马，只不过因时候未到，所有的人只跨了一只脚到马背上。这一大批兵马就是为新皇帝打江山的，因天机早泄而一夜泄气爆死竹山。从此，这个地方就叫"爆竹囵"。据说，从此以后这儿再也栽不活竹子了，就是栽活了也不长笋。

另外，当猎人的妻子怀了真龙天子后，黄江水位提高，满竹囵里变成了一条河汊内湖。每到晚上，人们可以看到有48条战舰在湖内操练，这就是新王朝要用的运兵船和水师兵舰。新天子早夭后，江水突然消退，游弋在湖内的巨舰全部搁浅，48条船慢慢风化变成了小山包。从此，这儿就叫"满舟"，意为停满舟船的地方，后来又叫"满洲"，意为这儿有许多的沙洲（即48个水中山丘），近来就写成了"满竹"，取"满舟"的谐音。民间还流传有一首打油诗：民间早有一传说，天子山中聚天神。得道地仙寻穴位，丧良猎户害母亲。三年已得真龙孕，六月尚差假帝君。乱草稀稀空石墓，南柯美梦枉贪心。

3. 鹧鸪塘

桑梓镇辖区内还有个地名叫鹧鸪塘，这个地名始于元朝。在鹧鸪塘钟姓各家的神龛上，除却中间"天地国亲师位"的神位外，旁边还有三座神位："钟公通灵""黄君法显""周君法通"。"钟公通灵"是钟姓家主菩萨，"黄君法显"是地主菩萨，"周君法通"是护佑菩萨。黄、周二君葬钟姓祖山，现有碑记可考。

元顺帝至正年间，鹧鸪塘人烟稀少，仅居钟、黄、周三家。离鹧鸪塘东上三华里许，有邹家冲，居邹姓、米姓两家。米姓居邹姓的东面，另有其小地名叫米家塘弯里，简称塘弯里。钟、黄、周、邹、米五家交往密切，像亲兄弟一样。钟、黄、周共开田十数亩，邹、米助力修了一口小塘灌溉，以保收成。因小塘是合五家之力修好的，叫"五家塘"。驻扎在县城的蒙元鞑子兵经常欺侮汉人，十分凶残。有一天，邹家冲来了十多个元兵，见米家的少妇甚美，欲蹂躏之。少妇乃黄法显之女黄五娣，是米家的媳妇。五娣和丈夫、翁、姑与元兵力博，邹家人也赶到了，协力斗敌，终因寡不敌众，邹、米两家人均遇害。元兵又放火烧了两家的房子。邹家冲出谷约一里许，有石崖陡峭，人难攀越，崖顶长满荆丛杂木。起火时，一大群鹧鸪鸟惊飞于水塘上空，钟、黄、周三家知有祸，得免于难。今五家塘南北两端，各有天然石礅，仍常有鹧鸪鸟悲鸣于南北石礅之上，乡民说是邹、米两家人的魂魄在诉苦鸣冤，便称五家塘为"鹧鸪塘"。传至今日，已有六百八十余年。

二、名胜古迹

1. 招云古寺

朱溪河流经至鹧鸪管区月池塘村，小河右侧有一座高山，名曰招云峰，峰顶有一寺，原名轿云寺，建于明初洪武、永乐年间。此地钟灵毓秀，风景优美。寺周古木参天，北面群峰奔驰，南方维山鼎峙，东边双江如练，西侧波上扬帆。站立巅峰，感觉天宽地阔，心旷神怡。"招云"位列新化八景之一，古往今来，香客游人甚多。更为神奇的是，每逢旱季，总先由此处起云发雨，散降四方，驱旱魃，解民忧，故在清代晚期修葺扩建时，将"轿云寺"改为"招云寺"。

据曹家镇十里铺村支书彭绍海①讲：乾隆游江南时曾上山礼佛，于峰顶放眼四眺，群山连绵，村落棋布；千里江山，尽收眼底；顿觉心旷神怡，龙颜大悦。即赐匾给该寺，匾题："衡云入望。"此后该寺香火更旺。可惜此匾于"文革"期间拆寺时被毁。

招云寺历代居住着男性僧侣，暮鼓晨钟，焚香礼佛，十分虔诚。至20世纪50年代始换住女尼。"文革"时期，招云寺被毁，菩萨被烧，经书散失，寺四周古树被伐，女尼迁到山下居住。半山茶亭也一并拆毁。灵山成为荒岭废墟。20世纪90年代，桑梓镇月池塘村和曹家镇青云村有关热心人士动议复修招云寺，即组建复修委员会，负责筹款规划。1996年12月，新化县人民政府宗教办行文，同意恢复招云古寺为佛教活动场所。1999年，复修大功告成。

现在的招云寺，依照清末修葺扩建时的基础而建，占地700平方米，水泥砖瓦结构。进寺仍沿袭两条古道：南面顺山脊入寺，称一天门；北面坡陡，用石板砌阶梯式道路，依山盘旋从南面山门（槽门）前入寺，称二天

① 彭绍海，男，50多岁，现为曹家镇十里铺村支书。

门。进口有槽门，槽门高大，平顶，古色古香，颇具气势。内有两殿，前殿为圣帝殿，后殿为观音殿，共有佛像20多尊。殿东边有僧寮数间，整体形成四合院结构。水电贯通，生活方便。

2. 岩底洞九重奇观

坪溪流经的新干村境内，有一处露在地面10余米高，20多米宽的天然洞口——岩底洞。洞内地下阴河自东向西流经栗溪支流，流出地面后汇入资江。岩底洞全长约8公里，徒步探游能到达的范围超过3公里。洞内九重，多有奇观异景。第一重堂，即岩底洞入口处。洞口东面是坪溪大片农田，有条小溪流水入洞，洞前50米是坪溪一绝的"48步两条桥"的第一石拱桥，建于明朝。洞口前10多米处有一块像一张嘴唇的石头拦着洞口，站在洞门口细看，口成月牙形，左低右高，像一只雄狮张开长着利齿的大口，能吞下十头大象。溪水哗哗地从左下方流进洞内，右方空旷且高，呈倾斜面，可容纳200人左右。第二重堂比较阴暗，位置比第一重堂较高，与地表注入水流相隔，犹如美猴王的点将台，两旁有观礼台，台下有水流环绕，中间一块石壁，涉水攀登可上。第三重堂别有洞天，如入仙境。上有吊着的石钟和一串串倒挂的蝙蝠，下有星罗棋布的千丘田，蝙蝠被人声吓得四处乱飞，并发出"吸吸"之声。第四重堂是一条较长的河道，左边是一处高而圆滑，形似烧制砖瓦的大石窑，村民称之为瓦窑，地面到处是石钟、石鼓和石笋，敲击时发出"通通""嗡嗡"的悠扬之声。第五重堂首先向上是通天大道，再向下往前走，犹如进入诸葛孔明布置的八阵图，纵横九弯十折，很难分清东西南北和返回的线路。第六重堂有十八罗汉，在石壁上高低排列，形象逼真。第七重堂则是嫦娥奔月、仙女散花以及仙人仙树之类。第八重堂是进入形似两个大牛鼻子孔穴前的"无底洞"，水流成瀑布直下，深不可测，无法再进去探游。第九重堂是通向岩底洞的出口处侯家冲。前些年在洞口宽大的阴河出口处下方建了一座10米多高的蓄水大坝。春夏多雨时节潭水浑黄，秋冬时翡翠碧绿。阴河出口处像挂着一块滚动的大银幕，恰似花果山的水帘洞，秀美多姿。山顶上便是千年古刹狮子庵。左边有一华里多长的穿风洞，洞门口耸立着两座尖峰，俨然一对猴子守着洞门。当地人在赞美坪溪的风光时，有"三狮两象一麒麟，一对猴子守洞门"的佳句。

3. 狮子庵

在岩底洞阴河流出的地方，抬头可见半山腰有一块巨石，状如狮子张口伏地。狮子口前，建有一庵，名狮子庵。光绪丁亥年（1887），住在山脚的侯姓兄弟银光、银贞偶然发现山腰巨石，便扫除四周荆棘，即看到一洞，状如狮口。入内，见一尊金身古佛。于是下山与村人商议此事。众人觉得此地必有灵气，于是建庵安佛座。

狮子庵（阳昌石摄）

站在庵前极目四望，目及大峰岭发自白虎，西走小山坳，直向虎形山；南向石窖光辉，青龙旋绕；北靠红岩岭秀，长挹梅青；谷底清流潺潺，自文沫二村源源而来，过延宋二桥，滔滔而去。令人心旷神怡，神清气爽。

4. 石云山观

从栗溪桥沿溪左岸上行300米，可见一座石林，突兀挺拔，紫气缭绕，玄静虚明。这里曾经有一群古老的建筑——石云山观，是桑梓的道教圣地，260年前由聚居满竹、侯家、桑梓的姜、柯、侯三姓族人捐资修建。由柯公志柳道号常妙真人顶承玉虚宫道统在此启教，侍奉香火。历经常、守、太、清、一、阳、来、复、本、合、教、永、同十三辈传人。中经两次扩建修葺，毁于"大跃进"和"文化大革命"时期。

原石云山观倚石而建，坐北朝南，一正三厢，四合院结构。观门由条石砌成，有联：石室尊神惟岳降，云山紫气自南来。门前有小坪，进门是天井，穿过天井是南岳殿。南岳殿高大雄伟，殿柱林立，甚为壮观。右厢名关圣殿，正中供有关圣帝君，关帝左列雷公电母，右列道教历代祖师神位。左面有两厢，内厢是老观音殿，外厢是新观音殿，慈眉善目的观音菩萨稳坐莲台。十八罗汉，二十四位诸天排列有序。石林、古树和道观十分和谐，浑然一体。

如今，道观虽不复存在，但石云山观这个道教流派源远流长，在石云山观周边定居的桑梓村六组陈、阳两姓家族中，代代有传人。据2004年统计，有正职道士14人，另有尚未奏职，无度牒，但在伴行香火的道徒20余人。这一流派的道士以法事严谨、器乐整齐、服务周到闻名远近。他们的香火遍布冷江、上梅、梅苑、桑梓各地。人们把这一流派的道士统称为"石云山观道士"。

5. 南极庵

在朱溪河流经的俄龙村东面的一座小山坡上有一座庵，叫南极庵。寺院四周，古木参天，东、南、北三面均隔小田垄跟群山相对，西面山麓临朱溪河，青山绿水，风景如画。相传在几百年前，这里就有了南极庵。民国时期，当地父老募捐钱粮，屡有修葺，其中1946年的重修扩建规模较大，将原寺院修葺一新。寺院坐北朝南，分正殿和山门两部分。正殿正中为观音殿，莲台上坐着观音大士的大塑像，两边墙上陈列着许多大小不等、姿态各异的木雕，叫满堂佛祖。正殿左右两侧分别为尼姑住宅及存放经书之处。中隔一小坪就是山门（槽门），坪中左右石上有土地庙和焚香炉。整个寺院共占地约300平方米。

说起南极庵，还有一段有趣的传说。南极庵前约半里有一座山峰——化屋山，跟南极庵现址相对，据说古寺原来就在这座山峰上。山脚有个院落，住着几十户人家。有个风水先生说："山上古寺，压住了院落龙脉，寺不搬移，村居不利。二则山高水低，尼姑下山取水，坡陡路远，几多不便。唯有上首对面这个山头，叫狮子上山，在狮子头上建庵，真乃佛地也。"狮子头前右面有一弯弯小山，状如木鱼。风水先生说："和尚看经，木鱼咚咚。"左边不到二丈的石缝下渗出一小股清泉，四季长流，称狮子吐水，每天流出的水可供几个人饮用，确是建庵圣地。就这样，在几个父老的谋划下，在一个漆黑的深夜，人们偷偷将原寺中观音大士的塑像搬到狮子山头上这块空地上。次日天明，寺中尼姑到处宣扬："昨晚寺中菩萨飞出去不见了。"附近村民分头寻找，结果在此处找到了观音塑像。人人皆说，这是菩萨显灵，自择佛地。故此，就将前面山头的古寺移到了这里。从此，寺院比原来规模更大，信众日益增多，影响逐渐扩大到方圆十多里的范围内。每年农历八、九月间，来此烧香拜佛者，络绎不绝，殿内钟声、磬声、木鱼声、尼姑的念经声，相互交织，热闹异常。

寺中尼姑不多，常有三至四人，师父代代相传，后来的"梦田师""正果师"也相继去世，最后一位叫"德法师"。寺院拆毁后，她成为俄龙村一组的五保户，居住在队里的仓库房，原寺院的建筑材料全部运往公社修建农业中学。四周古木，也被当地群众砍伐，修建仓库，基石被抬去修山塘，寺院宅基地全部被开垦。如今，仅留下旧址，一块土地和香炉、土地庙的活石被凿平的基座以及山门前一棵两人才能合抱的大桂树了。寺毁山空，给后人留下"庵堂塝（岭）"这个地名及几个尼姑的坟丘，作为永久的纪念。

6. 太岐庵——梅山保存至今的最大的灶王庙

此流域内至今保存的最大的灶王庙名叫太岐庵，在石冲口镇马桥村。它建于清代乾隆年间。建筑占地面积一亩多，进入殿内，可看到灶王端坐在大殿上，黑脸黑胸黑衣，约 2 米高，目光炯炯，左右的神像也是一样的黑颜色。灶王座位后边是一棵修剪得很精致的栀子树，沐浴着从天井中泻下的阳光雨露。天井较大，约 15 平方米，铺有下水道泄水孔洞和集水池。

7. 卓望古寨

卓望古寨位于桑梓镇桑梓、鹧鸪、坪溪三管区接界的观音山上。传说很久以前，有对叫卓旺、卓玛的兄妹随作为巫师的父亲从西域来江南找"神山"。他们一行三人来到了梅山腹地，结识了一位爱好巫术的扶姓硐主，一起切磋巫术。卓旺的父亲还与硐主结拜为兄弟。后卓旺的父亲在练一种新的巫术时走火而亡。扶姓首领留卓旺、卓玛兄妹继续修炼，并派卓旺兄妹驻守盐井垴，在山上建了寨子，以坪溪凼里产的粮食作为守寨军粮。适逢张虎抗元，首次收复新化，其义军驻扎在坪溪凼里和四周山上，休整月余方走。走时卓旺兄妹还赠送了义军一些粮草。张虎失败后，蒙元官军包围了山寨。因山寨四周地形复杂，山势险要，官兵一时难以攻破山寨。可山寨的大部分存粮都送给了张虎义军，自己所剩无多，被围攻月余后，山寨粮食便告急。卓旺多次派人送信求援，均不成功。一天夜里，官兵派一小股部队偷袭山寨，正入卓玛设下的包围圈，这一小股官兵全部被俘房。卓玛命手下剥了官兵的衣服，穿上后趁黑混了出去。卓玛逃出山寨后命手下分散到各寨去搬救兵。但各寨都遭到官兵的分兵包围，自身都难保，哪里能分出手来救他们？又数日，山寨被攻破，卓旺与手下全部被杀。官兵在杀了"主犯"卓旺后，便从各寨退兵而去。卓玛见山寨被破，哥哥被杀，悲痛欲绝。卓旺托梦给她，要她将被害者全部埋在寨后的山坡上，将烧毁的山寨重新建起来。卓玛按梦中卓旺的嘱咐掩埋遗体，重修山寨。因原来的寨子没有名字，卓玛新建的寨子就以哥哥的名字为寨名，叫"卓旺寨"。但掌墨的石匠是外地人，不知内情，听卓玛说寨名叫"卓旺寨"，他听音画符，想当然地刻成了"卓望寨"三字。因他觉得此处山高望远，应是一个"望"字。卓玛本来不识汉字，听手下都读寨名为"卓旺寨"，也不觉得有错。（据老人口传，前几代人还在山巅看到过残缺的石匾，上有"卓望"二字）寨子重建不久，又有官军打上门来。这样，卓望寨几次失守，扶姓硐主又几次暗暗派兵帮她夺回来，拉锯似的反复争夺，真是好事多磨。后来在一次争夺战中，卓玛战死。卓玛被杀后，死不甘心，经常将魂魄附在体质较弱的妇女身上，让该妇女自称"卓玛"。后来，一旦"卓玛"出神，就能有求必应，为人消灾除难。久而久之，人们把出神的妇女就干脆叫"卓玛"，再后来随着大量汉人的进入，口音有所改变，"卓玛"叫成了"脚玛"，后来书写时为了图简单，"玛"字便丢了"王"旁，写成"脚马"。现在，在以卓望寨为中心的河东一带，凡妇女"出神"（即神灵附体），都叫该妇女为"脚马"。又因卓旺、卓玛兄妹建寨、守寨多磨多难，当地人习惯将卓望寨叫成"多磨寨"，以怀念卓旺、卓玛兄妹。

8. 马君四郎寨

朱溪河流经鹧鸪管区的第一个村子名叫尖山涧，村名来源于村东北一座又高又尖的山峰。山东南悬崖峭壁，猿猴休攀。北面与另一山脊相连，只有一条小路，崎岖狭窄。西面从山顶直至山脚，山坡陡峭。山南脚下是深涧，涧中有溪，溪水潺潺。因而便有了"尖山涧"的地名。明朝时，山顶上来了一个寨王。寨王来自四川峨眉山，擅长法术与武功，且足智多谋。时人不知其姓氏，只知他排行第四，常骑大白马进出山寨，故人们叫他"马君四郎"。马君四郎行侠仗义，仇视官府，在他所在地盘，百姓不用交租纳税。此事恼怒了朝廷。1521 年 8 月 18 日，朝廷遣吴君永道前来御寇（据吴姓 2012 年新修族谱）。马君四郎凭借山寨易守难攻的有利条件，顽强抵抗朝廷军队的多次进攻。马君四郎英勇奋战，即使受伤，也冲锋在前。据说，他有法术，曾两次提着被对方砍下的头颅向路旁一老妇借水，施展法术，让头颅重新愈合。但是，当他第三次被砍下头颅向老妇求水用时，老妇说："你这个没头鬼，怎么经常向我借水用?"老妇怒而不给。马君四郎的法术失效，最终倒下了，他骑的白马也倒下了。现在，马君四郎倒下的地方叫作"望倒尸"，年月久了，叫成了"伴倒尸"，马君四郎的坟墓就在那里。后人为了纪念他，在他的坟墓旁边建了白马庙。清朝末年，人们在他的坟墓边种了两棵柏树，现在已长成两棵参天古柏，陪伴着这位战神。山下的几个村庄，家家神龛上，都可见到"马君四郎"四个醒目的大字，马君四郎成了方圆数里的地主菩萨。

9. 银杏夫妻树

在栗溪河流经的塘冲村，有两棵古老银杏，杨氏谱中记载此树是杨姓迁入塘冲的始祖在明洪武年间栽植的，已历经600多年的沧桑。两株银杏，一雌一雄，拱护于白果院门口大道两旁，相距约15米。雄树高24米，胸径2米以上，树干四人不可合抱；在树干一丈高的地方树围7米有余，几个树枝，十分粗大，直径在60厘米以上，荫蔽地面积达420平方米。雌树略矮，清瘦苗条，估计在22米上下，胸径在1.1米以上，主干二人可以合抱，在一丈高的地方量主干，树围3.42米，枝条较雄杏少，荫蔽地面积250平方米。雌雄两树树荫重叠交合，如夫妻耳鬓厮磨，恩爱非常。可能是雌杏连年结籽，生育过频，消耗太大的缘故，她身体羸弱，上有枯枝节蒂，节蒂中空，如果再不采取措施，衰老加速，可能提早消亡，留下雄银杏当"鳏夫"。

春天两株银杏与万木争辉，独领风骚。夏日，夫妻树绿叶扶疏。树上蝉鸣鸟唱，点缀得白果院宁静祥和。尤其是在高温天气里，树下凉爽宜人，老人们来树下乘凉，向后生们讲述那像银杏一样久远的故事，更增添几分情韵。秋季，白果成熟，挂满枝头，雌杏在疲劳中享受做母亲的喜悦，雄杏在精神抖擞中体现做父亲的雄姿。当寒冷季节到来时，银杏叶片脱落，树干光秃，呈凛然不可侵犯的态势，下雪结冰时，玉树银花，形成冰霰，熠熠生辉，极为壮观。夫妻银杏四时可供观赏，实乃桑梓一绝。

三、工商贸易

1. 煤炭工业

早在宋代，新化境内民间已开始挖凼露天采煤。坑道开采始于清代。满竹人在大山岭一带掘斜井采煤，用杂树为坑木。以鱼口撑的方法支顶坑道。以后坪溪的陡岩、塘冲等地相继进行坑道开采，所采煤炭用作生活燃料。塘冲、满竹的煤炭，一部分装在毛板船上走资江水路销往益阳、武汉。

2. 冶铁铸锅业

清道光《新化县志·食货》载：境内满竹等采煤处，铁矿呈露，民间取之以铸农器。塘冲、坪烟等村也有少量铁矿。当地居民开采用土炉，以木炭为燃料，炼出筒子铁，也叫"猪屎铁"，打造农具，销路很好。

清同治年间，冷水江禾青的段太同将在遵路团三尖村洪水坪的协华锅厂迁至新化境内栗溪桥河边，改名同福锅厂。民国二十一年（1932），该厂把甄炉改为土高炉，日产生铁1吨，提高效率5倍。炼铁之后再行铸锅。清道光年间至民国时期，新化锅鼎制造行业进入了全盛阶段。县境内的禾青、球溪、沙塘湾、毛易、富山、小洋和县城资江两岸等地的地主豪绅，先后办起了具有近代规模的锅鼎制造业。有的占当地铁矿之利，有的借资水运输之便，有的则两者兼备。其中同福锅厂，是最负盛名的。

3. 同福锅厂

"同福锅厂"的厂名据传是从该厂创始人段太同（又名段吉隋，也称四老爷，现冷水江市禾青镇履福桥人）的名字及其所住地名中各取一字而成。

段太同是禾青人，既占有洪水坪铁矿之利，又建厂于资江边，得运输之便，所需燃料松炭与杂炭，每年上千吨，可向全县各地收集。同时，厂址距县城不到十里，驻城洽谈业务，也极为有利。工厂本身既采矿，又炼铁铸锅，所产铁锅质量好、销路广，本少利多。段太同的铸锅业，后来传至其侄子段绍抚、段绍民，其亲家李主一①也参加入股，锅厂规模越办越大，人员扩充到140多人（包括采矿），后又建起土高炉，成为全县锅鼎业马首。

当时新化县内铸锅产品，分为汉锅与广锅两大类。汉锅（一般采用金竹山、富山、矿山、毛易、满竹等地之煤、生铁为原料，所生产的铁锅较厚，质量不如同福的产品，销路只限于本省和湖北汉口市场，故称为汉锅）又称厚锅；广锅又称薄锅，系同福锅厂一家所产，专以洪水坪之优质铁矿为原料。该矿石含硫、磷低，含铁高。同时用木炭炼铁铸锅，所产生铁，属优质柴生铁。柴生铁所铸铁锅，种类齐全，规格多样。产品质地细滑，色泽光亮，坚硬轻便，不易生锈，耐磨损，每口锅的使用寿命，至少在十年以上。

同福锅厂对产品生产有独特的工艺流程。铸锅师傅大都是宁乡、益阳、安化、涟源、湘乡、双峰、邵东等地人，在铁锅铸造工艺上，从炼铁到出锅，都特别讲究。先取优质铁砂、木炭等原料，经锻砂、捶砂、筛灰、装胚、配料、入炉、添炭料、发炉火、鼓风、冶铁、除渣、浇型等工序，精炼

---

① 李主一，为国民党中将李文的父亲。

成长一尺八寸，宽一尺五寸五分，厚一分五厘，重四十一至五十五斤的硅铁板，作为铸锅材料。铁锅铸造过程，工序繁多，环环紧扣。

为促进生产设备的改革，同福锅厂于1940年建起了土高炉。炉高一丈八尺，底大顶小，形如瓮坛，用二至三个手拉风箱鼓风，生铁日产量一般为一吨，最高一吨半到两吨，比一般锅厂的小甄炉日产量提高三到四倍。同福锅厂的产品品种也不断创新，从三十多个发展到五十多个。规格最小的四码（每码重约半斤），最大的一百二十码。用双号记码，如四码、六码、八码、十码等。产品主要分元锅、耳锅两大类，大、小、深、坦，种类齐全且分类定向销售。盖有"申"字的，则销往两湖；加盖"浅"字的，则销往两广、云、贵与东南亚等地。其他还有南平、东平、西平等品名。

同福锅厂特别重视产品质量，产品出厂要经过严格的检验，检验合格者，每件都盖有"同福"的红印为记。同福品牌蜚声全国，是当时享有很高声誉的名牌产品，受到国内外用户的赞赏。

1958年下半年，全国大办钢铁，铁锅生产全部停止，人员集中于大炼铁，所有铸锅的技术力量随之转产。后因"钢铁元帅"下马，各地铁厂亦随之停办，全部资产和380多名职工并入冷水江铁厂。

4. 当地贸易

清末洋务运动时期，武汉一带大搞工业。工业的发展需要大量的木材和煤炭。

毛板船发明后，新化境内与益阳直至武汉等地的贸易交流日益频繁。民国时期，化溪码头成了此河段最繁华的码头，码头边的集市成了当时著名的贸易场所。街道旁店铺林立，商品琳琅满目。集市里可听到来自不同地方的口音。

古化溪和桑梓繁荣的贸易与毛板船息息相关。

第三节　居民姓氏与乡土文化

一、当地居民姓氏状况

此河段主要姓氏为欧阳氏、蔡氏、姜氏，也有侯氏、毛氏、谢氏、周氏、杨氏等族人散居，沿河两岸深入，共有59个不同姓氏的家族居住。

以下按各姓族谱所载《源流史》简述。

欧阳氏，始迁祖欧阳勋，宋时奉诏任新化知县，宦居青峰村之爆竹凼，其孙万七、万九之后均有衍居于桑梓、青峰、满竹、田庄、沿河村、鹧鸪塘、洞山冲，至今已传二十八世。

姜氏，始于明永乐年间（1403—1424），姜发隆自豫章迁满竹，历五百七十余年，在新化衍成望族。仅居桑梓者有五千多人，除散居于此河段满竹、栗溪桥、桑梓、田庄、新冷界、集中、曾家、洪潮、华山等九村外，桃江、武冈、东岭及台湾均有发隆公裔定居。

蔡氏，祖籍河南汝宁府，迁祖太伯公于宋孝宗淳熙年间（1174—1189）官统制参军奉诏征苗，编军宝庆卫。来梅山后，其子蔡均和留驻梅山车田，为后日做安身之计。故此河段化溪、桑梓向荣村乃至本县其他地方的蔡氏皆属蔡均和的后裔。繁衍八百余年，衍为新化望族。现在桑梓镇向荣村有新旧蔡氏宗祠（也即当地蔡姓两房分祠）。

侯氏，现居满竹栗溪之侯氏，由千三公迁新化浪思，至文誉、文广二公，见其地热且狭窄，河水湍急，不适于其裔繁衍，乃移民而居此地。

毛氏之文帧、文祥等公，自新化毛家巷迁入青峰，建毛家台，亦传有二十余世。

谢氏，禄廊公是迁入桑梓的谢氏始祖。据谱载，谢安第十九世孙元辅自建业迁吴西吉安府，历七传至万吉公，万吉由吴西迁湖南安化南岳庙，生龙、虎、豹三兄弟，谢虎生禄廊，迁居新化。禄廊公生八子，其中朝贵公裔居青山村，朝信公裔居鹧鸪塘，朝富公裔居大树村。

周氏，迁祖监卿，原籍江西吉州泰和县圳上。宋元丰年间（1078—1085）宦游南楚，遂留之。其裔散居于黄江此段青峰，满竹金家溪及本县小洋、白岩、周家坪、北塔、灶门岩、丛溪、栗滩、老谷凼、澧溪、横阳、迎官桥等地。

杨氏，明代洪武年间，杨氏天禧之后，必祚公由槎溪始迁坪溪，今硐沙、桑梓、栗溪桥、坪烟、塘冲、大皂、火星、新干、黄泥桥、满圣、青峰等村，皆有其裔衍居，可谓之为桑梓大族。

二、教育状况

早在元、明、清时代，黄江此段流域就人文蔚起。沿河化溪、满竹、桑梓、青峰等村，闾里多办私塾，博学的私塾先生甚多，培育出了不少人才。

光绪十年（1884），安集团在诚意坪建文昌宫，开办安集中心国民学校，设高小四个班，学生 212 人；宣统元年（1909）永清团在虾溪建文昌阁，开办永清中心国民学校，设高小六个班（今 1～6 年级）。

民国十八年（1929），陈深如、苏凤等在青峰（今沿河村）办乡村师范学校，先后招 6 个班，毕业 5 个班。民国二十三年（1934），师范改为青峰农业职业学校。至民国三十六年（1947），共毕业 12 个班，181 人。1950 年，农校改为农场，1953 年停办，原有学生分别转入茶陵、安江农校。

民国二十一年（1932），满竹村创办安集乡第八保国民学校，翌年，鹧鸪村创办永清乡第四保国民学校。桑梓、青峰、坪烟、塘冲、架桥、鸿盛店、大坪等村相继办起了保国民学校。民国三十八年（1949），仅桑梓镇境内有乡中心国民学校 2 所，保国民学校 10 所。中华人民共和国成立后，教育事业更是欣欣向荣。

三、历史人物

1. 欧阳勋（明《嘉靖县志》称杨勋）

欧阳勋，出生年月不详。北宋末年，欧阳勋奉诏由江右来新化任知县。谱载："欧阳勋知新化期间，善政卓著，深孚民望。出任之日，本拟携眷返籍，行时，百姓纷纷拦道，攀舆挽留。公不忍拂，遂留焉。择青峰之爆竹凼居之。"故凡新化欧阳氏，皆以爆竹凼为发祥地。宋钦宗靖康元年（1126），金兵南侵，宋廷诏全国勤王。是时，欧阳勋在新化举旗聚众，率义师数百人，荷戈裹粮，星夜北上，驰赴汴京。至湖北襄阳，欧阳勋突患急病，逝于军营。其部下遵其嘱继续北上抗金，仅数人扶柩南归，返回新化。新化百姓感其泽厚恩深，勤劳教化，遂效平叔子率，"民思其德而竖碑堕泪"，争相为其筑冢，以志不朽。故新化境内欧阳勋有坟茔多处。今白溪何思白石坪、琅塘团结山都有其墓葬。

2. 李子和

李子和，名作梅，字子和，号松山，明万历四十五年（1617）二月十五日生，新化县太阳乡十都松山湾（今桑梓管区西江湾村三组）人。邑庠生，敕修职郎，是著名孝子，社会贤达。

据李氏谱载：李子和慷慨有胆略，常散金结客，所交多奇人魁士。在明末清初社会混乱之际，他以睿智和勇气，保乡族不受兵灾劫掠，德莫大焉。清顺治七年（1650），宝庆（今邵阳）民众不服清朝的统治，发生"叛乱"，朝廷派续顺公沈永忠率兵镇压驻守。顺治九年（1652），明将李定国

新化欧阳始祖欧阳勋之墓(位于琅塘)(鄢吉摄)

率部从贵州至，宝庆复陷。沈永忠兵败，欲退保湘潭，溃兵四散。其部将李戴拥之顺资水下至新化，泊舟赤石，恰遇大风，舟被毁坏。"乱民"乘之"拥挤"，沈永忠坠江丧命，乱军无首。奏报朝廷，朝廷派张空拳总兵来新化收拾残局。

　　张总兵未发迹时，曾穷困潦倒、身无分文，浪迹武昌。一日，李子和旅次武昌，遇一髯须，状貌伟异，遂邀与饮谈。髯自述姓张名空拳，困守旅次，"一饭之莫饱，却期振羽而飞耶"。李子和欣然资助，勉励其云天展翼。髯问得子和里居姓名，郑重而去。后从军，累立战功，次第晋升，官至总兵。他一到新化，即先造访李子和，叙旧图报。李子和声泪俱下，力陈赤石地方子民无罪，不可牵累涂炭。张总兵深为感动，遂以"查明沈永忠系惊风坠水，与赤石子民无关"复报朝廷。新化避免了一场血腥屠戮。

　　明末清初，新化社会混乱，有军士强暴，两人获一美女，争持不下，行将拼杀。李子和以金赎出美女，访送她回家。李自成属下"匪首"牛万才部众掳掠新化百姓，章京侯进兵平乱，牛逃遁。章京侯暂屯兵新化，闻名请见李子和。李子和风度儒雅，宏谈阔论，知识渊深且道德高尚，遂相交结成莫逆。子和顺势向章京侯晓譬大义，委曲陈说其部下掳掠妇女之事。章京侯心动，又早闻其以重金赎女子访送还其家的高尚之事，便跃然而起曰："何可使子和独为善人！"乃谕乡民各认归所掠妇女。一天晚上，章京侯奉命移营北去，与李子和临别有约："凡有娥者，在门前束稻草燃之，带烟为号，以免兵掠。"兵至吉庆村，雄鸡初号，计一路，所过村墟，门前无不烟者，乃叹曰："嘻，何李子和亲眷如此之多也！"

清初，私盐禁令甚严，有九人获罪应斩，李为九人在官衙辩护："私贩所为在悬示之先，或在方悬示之始，不当斩。"九人皆得免死。李子和善骑，有良马当乘，某将军思而得之，不便启齿。子和曰："今一邑数万人，生命寄将军，于我敢爱一马耶。"遂牵马以献。

李子和行孝道，名贯古今，郡志有载。他视继母如生母。有一天，继母生病，李子和连夜上县城拣药，返回时已是深夜。当他走到一座山坳上时，他骑着的马忽然发出惊恐的嘶叫，原来是一只吊睛白额大老虎挡在前面，两只灯笼般的眼睛死死地盯着他。李子和试探地对老虎说："虎啊虎，子和若是你口中的肉，你就点三下头。若不是你口中的肉，就请你让开路让我回家去。"没想到那虎一连点了三下头。李子和只得叹了口气对虎说："只可惜我母亲重病在身，我现在要赶着回家给我母亲送药。你能不能让我把药送回家，再返回来送给你吃，好不好？"没想到那虎又点了三下头，然后退到路边，让李子和走了过去。李子和回到家，赶紧给继母把药煎好并喂完，又嘱咐亲人护理好老人，然后匆匆回到遇虎的地方。但那虎却不见了。他又等了一个时辰，才回家把这件事跟家人说了。大家都说："一定是你的孝心感动了那只大虎，它也不忍心吃你吧。"于是后人便在李子和遇虎处修建了一座"格虎亭"作纪念。1951年，其后人又修了一方3米高的石碑，其正面刻"格虎亭"三字，右面刻"李子和先生孝思感虎处"。石碑至今尚在。

李子和卒于康熙二十五年（1686）七月二日，葬甘棠遗化。后人为纪念李子和，将他在坪底居住过的地方命名为松山湾，在上梅镇住过的地方叫松山坪。

3. 欧阳辂

欧阳辂，原名绍洛，字念祖，一字涧东，远近称涧东先生，桑梓管区青峰村人①，清乾隆三十二年（1767）生。父早逝，家境贫寒，靠佣力养母。幼善诗，常与同里吴櫄、杨兴植等人唱和。乾隆四十九年（1784）中乡举，屡会试不第，乃游四方。南走粤北，北游燕蓟，出山海关，所到之处，与当地文人士子论文写诗，多为拜服。安化陶澍称其诗"炼骨入声，融神于气"。辂写作极为严谨。"戒自恕，一字未妥，一韵未安，必穷日夜探索以

---

① 此处据桑梓一带欧阳族谱所载，但另一说是新化炉观镇人。

求改。"清道光二十一年(1841)卒。有《洞东诗钞》10卷；《沅湘耆旧集》收入36首，编成3卷。

4. 李郁华

李郁华，字韦仲，又字果仙，晚号瓠叟，桑梓管区西江湾村人，清道光十七年生(1837)，咸丰九年(1859)恩科举人，拣选知县，候选主事。同治七年(1868)中进士，朝考后选翰林院庶吉士，实习期满授编修。历任实录馆、国史馆等处纂修。光绪元年(1875)出任恩科顺天乡试同考官。光绪五年(1879)任云南乡试正考官。历充毅庙奉移、奉安典礼随员及钦命稽察南新仓事务，稽察吏部、提督衙门事务，都察院掌河南道监察御史。曾疏请修筑广东、大连、旅顺、塘沽等地海防炮台。李郁华擅长书法，并喜写诗。著有《听松楼诗集》《瓠叟诗集》《苦李山房诗集》，大多散佚。光绪二十八年(1902)去世。

5. 段楚贤

段楚贤，又名自立，别号震寰、虬安，新化县安集乡橡木山(今冷水江市矿山街道办事处橡木居委会)人，曾经营铁厂、锅厂和煤矿，1920年起专营锑矿，湖南省矿业界的知名人物。他所经营的原新化锡矿山飞水岩锑矿业，在20世纪三四十年代，产量及质量均居世界之首，被人誉为"锑矿大王""银菩萨"。其父仲昭公，自小家境贫寒，后以其作店员的积贮及亲戚的资助，从老家橡木山迁到了冷水江的漩塘湾经商。漩塘湾在黄江之滨。不远处，有一码头，水路上可通邵阳、武冈，下经益阳入洞庭湖直达武汉，是冷水江地区一个重要的物资集散地。其父抓住当地产煤而又运输方便的有利条件，经营生铁(又叫"筒子铁""猪屎铁")，建有好几十排土高炉，同时又开铸铁厂。生意越做越旺，便又在田再湾、仁德冲等地买煤矿，作为炼铁及铸造的燃料，又开"大兴庄"做毛板生意。其经商最得力的助手，是同宗侄子汉卿公。他精明能干，能写会算，又善于经营，深为其叔父所器重。

段楚贤从长沙明德中学毕业后，在父亲的安排下，跟堂兄汉卿公一同到汉口学做毛板生意，借以增长见识。后来，其父兄相继病故，段楚贤因不熟悉毛板经营，就放弃了这门生意。不久，炼铁及铸造生意也相继停业。他于1920年起专营锑矿，此后一生中的大部分时间，均在锡矿山经营锑矿业，成为远近闻名的"银菩萨"。飞水岩羊牯岭今存麻石碉堡，即其所修。

段楚贤一生中做过不少利国利民的事。1921年，新化大旱，段楚贤设粥棚救济灾民。1931年，段捐积谷1.28万担，名曰"段捐积谷"。1940年，段捐款2万元(银元)优待出征抗日的军属。同年8月，段又捐款10

万元（银元），设立新化县奖学基金，凡新化青年考上大学者即可得到一定的奖励。此外，还将原复楚公司的一栋房屋，捐赠给锡矿山商工子弟学校作校舍。因此，段分别受到国民政府内务部、湖南省政府、宝永师管区、第六区专员公署及新化县的嘉奖，给他发了奖章和匾额。1948年夏，段捐800吨锑作迎解（迎接解放）经费。在唐生智与李觉等筹备湖南起义时，段也资助了1万元（银元）的活动经费。1949年8月，解放军49军147师的一个团第一次解放了锡矿山。几天后，段在香港指示源和炼厂资助中共锡矿山总支32两黄金，3000元（银元），并送解放军147师500元（银元），后来又支持中共锡矿山总支七支崭新的德造20响自动驳壳枪和几百发子弹，加强工人的武装力量。1950年初，国家发行折实公债时，段在香港写信授意留矿人员购买公债2亿多元（旧币）。

6. 黎玉昆

黎玉昆，名吉吾，同治六年（1867）十二月十八日生，坪溪管区新焕村人，清光绪年间例授五品同知衔。幼年，家世寒微而性情纯笃，及长，慷慨好义，有侠烈丈夫气概。生长在新化而成名成业则在沅江南洲。光绪年间，陈君石擎以其学博，委以洞庭垦务，修筑垸堤，开湖田数千亩。黎玉昆经理垸务近三十年，家计借以稍康。他天性友爱，季弟早亡，为之抚孤承祀，所置田宅与弟侄均分。叔父鳏居，迎之终养。群从兄弟，扶植携契，必使树立成家。左邻右舍有困难者，量力周赡。壬子年（1852），洞庭大水，垸堤溃决，田禾无收。黎玉昆奔走告贷，买大宗谷物以救饥民，又组织渔业，以济湖民得以不散。辛酉壬戌两年（1861、1862），新化苦旱无收，饿殍相望。他捐谷出赈，并约村内殷实集资，采办平价以惠乡间。洞庭地方曾经土匪横行，剿匪队长姜聘吾奋勇杀贼阵亡，负难成殡。黎玉昆集资含殓，送姜归里。后姜妻李氏告归，以所集余资如数交给李氏，借此款矢志抚孤，终能成立。戊辰年（1868）黎氏宗祠修建未毕，黎玉昆倡修谱事，前后捐了数千银元，谱祠均赖其力克底于成。

四、文化习俗

此河段乡土文化，绚丽多姿，源远流长。

1. 民风习俗

这里历来民风淳朴，村民勤劳节俭，重情尚义。

尊长。几十个姓氏，多聚族而居，形成院落村庄。村中年高德望者被尊为长者,民间矛盾纠纷,常请长者协调处理。民间婚丧喜庆,常请长者上座,相沿为习。

爱国。早在宋代,居青峰爆竹函的新化县早期县令欧阳勋(或名杨勋),就带领民众组成义师,北上抗金勤王。清代的李翰林,面对强侮,曾多次上疏清廷请筑广东、大连、旅顺、塘沽等地海防炮台,抗击帝国主义侵略。民国时,虾溪村曹德藩,一介书生,慨然参加县城抗日组织,筹划抗击日本侵略者。

习武重文。这里的人们历来有习武重文的传统。旧时每至冬闲,便组织同一院落或同一氏族的青少年学习武术。南拳北腿,刀枪剑戟,十八般武艺都学。春节时舞狮子,表演宋拳、凳拳、齐眉棍,以武术表演代替文娱活动。历史上出了不少武术人才。如清代石窖村扶定陛,"钦定五品军功,委以把总"。坪溪有一杨姓青年,赤手空拳,打死一只猛虎,不亚于武松。民国时,新干村有个杨文生,在军长李觉部下任警卫。一次,李觉在芷江被当地土匪包围,形势危急,杨文生单枪匹马,杀开一条血路,保护李觉突出重围。重文之俗,有句民谚形容:"不怕家庭穷,就怕后代冇(没)书文。"不论贫富,总希望子孙多读点书。清代,刘昌岳的母亲纺棉花送儿子读书,后来刘昌岳考上进士。

勤劳。黄江两岸多处山高坡陡,土地瘠薄,有些地方地势低洼易水涝。恶劣的生存环境,迫使迁来这里的祖先不勤劳则无法立足,更无以发展。千百年来,他们凭着双手在山坡上开出了层层梯田,挖出了几百口山塘。在栗溪、朱溪、化溪、梅溪几条溪流上筑起了不少堤坝,提高水位,灌溉农田。在低洼的地方垒起长城式的围堤以防水涝。

简朴。从衣着看,新化境内旧时乡绅男子身穿长袍马褂,女穿旗袍长裙,但为数极少。乡民多是粗布短装。男式对襟衣裳开襟于前胸,女式大襟衣开襟于怀右。女子做家务时,腰系青布花边围裙,两肘套袖,干净利索。男子下田劳动时,腰系家织白腰带,缠结于后,留一截下垂,状如狗尾。一说是便于擦手抹汗,一说是沿袭古瑶苗先人以狗为图腾的习俗。

饮食习惯。主食多为稻米拌红薯,辅以麦类瓜菜,一贯厉行节约,主张"算了再吃",绝不"寅吃卯粮",年年有点节余以备饥荒。

居室条件。古人深居溪峒,住板屋茅棚,因环境恶劣很难改变居住面貌。火星村八组柯家院对面的石灰岩洞里,至今还保存着古人居住过的痕迹。

重时令。历代以农耕为本,重视岁时节令。在立春时,农民要在门外焚香化钱，迎祀春神。农民很关注立春的天气，担心"雷打春，十间牛栏九间空"。立夏，古人认为该日宜雨，遍传"立夏不下，犁耙高挂"之类的农谚。夏至以酒牲祀于户，以祈拜。七月初七晚上要观天象，预测年成丰歉，"天河担屋加(脊)，家家有饭呷，天河盖屋角，家家少吃喝"。

重友情。乡民以诚为处世之本，重友情而好客。每逢客来，主人必迎于门外，入室，亲为泡茶敬烟，谊重者以好酒好菜招待。客去主送，旧时说："对不住，怠慢了。"路遇朋友亲戚，古时双手合拢作揖，今时握手问好。家有喜庆，设宴以待亲朋，请长辈至亲坐"上头"，敬酒敬茶，十分周到。亲戚朋友家偶有病痛，必亲临慰问，婚嫁寿辰，即登门祝贺。时至现在，社会发展了，这里的人更是诚招海内外朋友，以信誉立身市场经济之中。

2. 民间文艺

此河段两岸的民间文艺，富有特色。昔时，每至秋后，在很多院落中，都有请戏班唱木偶戏的习惯。木偶戏，演唱时排场布置简单，只要在一个比较宽阔的坪中用事先准备好的竹竿搭起一间棚子做戏台，下边围一人高的帷布就行。这样，外边的观众只能从帷幕上方看见木偶的表演，看不到下面弄偶的戏子。《薛仁贵征东》《薛丁山征西》《五虎平南》《罗通扫北》《三请樊梨花》《长坂坡救主》《三气周瑜》等剧目常被演出。

另外，旧时新化境内流传一种腊花戏，俗称"耍腊花"，演唱者一般有两人，节目有《耍蚌壳》《舞花灯》《十八摸》《十月怀胎》等，多在春节前后表演。中华人民共和国成立后则"取其精华，去其糟粕"，不叫腊花戏了。还有打渔鼓、唱土地者，有些艺人一唱就是几十年，唱遍了新化的山山水水。

3. 文学艺术

新化境内以诗词、对联、小说、散文、儿童文学创作和书法艺术较有成就。自宋朝建县开始，乡村办私塾之风日渐盛行。私塾先生教学，最注重对联诗词写作和书法研究。其中对联和书法在农村应用非常广泛。婚嫁寿辰，要用红纸写喜联贴个"满堂红"；老人去也，要用白纸写挽联，寄托哀思。春节要写春联，祈求祥瑞；庆太公要写神联，恭请祖灵保佑。修建桥亭、庙宇、祠堂，都要有对联。

自古以来，这里的读书人最重视书法，他们认为，"字是打门锤"。字写得好，人家才看得起你，才显得你有学问。境内前前后后，出了不少书法高手，如清代西江湾村的李翰林，民国时期坪溪黄泥桥的杨学三，中华人民共和国成立后西江湾的邬惕予、邬朝运。其中邬惕予先生的楷书被称为"邬体"，收入了汉字输入电子字库。

诗歌方面，自古以来，亦留下不少佳作。如清乾隆年间，欧阳辂著有《涧东诗钞》；清同治年间，李郁华著有《瓠曳诗集》《苦李山房诗集》。中华人民共和国成立后，湖南省作家协会会员、著名儿童作家李锦辉出版了《花蝴蝶》《大象拔河》。

"文化大革命"前，境内保存了较多桥亭庙宇，庵堂寺院，那上面有栩栩如生的绘画和雕刻、堆塑，反映了古人的造型艺术水平。

4. 民间信仰习俗

土地庙又称福德庙、伯公庙，多为当地乡民自发建立，是分布最广的小型祭祀建筑，沿江两岸各处村落均有分布。目前主要有以下土地庙：

上都枫林远大村水口庙，青峰莳萝殿庙，马蹄塘水口庙，西江湾坪底庙，满竹村肖家湾兴星庙，侯家冲真人殿兴福庙，栗溪桥水口庙，化溪官庄庙，上八都布溪庙，天龙山刘家殿庙，化溪村白马庙，化溪村春昌庄庙，农丰村封神庙。

除土地庙外，还有灶王庙。灶王庙是供奉灶王的小型建筑，灶王家族有灶王爷、灶君、灶公灶母等，是古代神话中的司饮食之神。古梅山人对饮食特别重视且很有研究，所以灶王庙的建造也颇为讲究。此流域内至今保留的最大的灶王庙名叫太岐庵，在石冲口镇马桥村，建于清代乾隆年间。

参考文献

[1]李新吾. 大梅山研究(第一辑). 长沙：湖南人民出版社, 2014.

[2]付城杰. 新化民间故事选. 呼和浩特：内蒙古人民出版社, 2008.

第三章　上梅段

　　莨江上梅段上起枫林管区光义村石古口码头，下至曹家镇勤三村的灶门岩，总长约10公里，水域面积105万平方米，陆域面积1.86万平方米；河面宽300~600米，最高水位173.14米，最低水位153.49米；平均流速1.5米/秒，泊位深0.8~4米，可停泊20至100吨级船舶。本段资江支流主要有珂溪、汝溪、大洋江、金家溪、曹家溪等。其中珂溪发源于天龙山北麓，经维山、石冲口、化溪、汝溪等地注入资江，全长20公里。汝溪发源于四都木头界，经四都、维山、科头、汝溪等，在北渡三江口注入大洋江，全长25公里。金家溪发源于科头乡棠棣袁家，经汝溪温水，向东北经冷水铺、黄泥坳、五里亭等，在立新桥附近流入上梅镇，流经西石桥、竹台下，原经菱角塘至通济桥注入资江，后改道从北塔下流入资江，本区内长4公里。1980年，在五里亭境内开凿了一个隧洞，将溪水引入资江，减轻了洪水对县城的威胁。曹家溪起源于仙姑寨，经新田、坪山垅、下田、梅树、花山等村，在地母庵附近注入资江，全长3公里。

　　资江略呈U字形贯穿城区，河道水面平阔，码头林立。清末，县城港口始建装卸码头，称大码头，沿108个石级台阶上下，原为过往船只停靠处。后来，化溪郭姓煤商在大码头上首200米处建一专供煤炭船停靠的码头，后人称之为炭码头。至民国三十六年（1947），县城港口有简易装卸码头5座，即大码头、炭码头、盐码头、余家码头、长码头，年货物吞吐量10万吨。20世纪六七十年代，新建客运码头。20世纪80年代重修原航运公司客运码头，新建候轮室可容1000人。至1989年统计，县城河边前后有码头7处，泊位7个，码头仓库2座。港口货物吞吐量27.2万吨，年发送旅客23.5万人次，达到历史的最高纪录。至今日，随着公路铁路交通的飞速发展，这些码头皆衰退并逐步退出历史舞台。

资江造就了千年古城上梅镇。原上梅旧城内古迹甚多，最早有承熙寺，尔后相继续建了学宫（文庙）、武庙、玉虚宫、城隍庙、东岳殿、濂溪书院、梅溪书院、北塔、火神庙、水晶阁、万寿宫（江西会馆）、湘乡会馆、三义阁、茹园、慧龙庵、天主教堂，等等，此外还有各具特色的宗祠、大院。这些名胜古迹，有的体现了我国古建筑的精湛工艺技巧；有的记录了古代劳动人民改造自然、造福人类的功绩；有的反映了祖国山川的明媚秀丽。而当时县城中整齐划一的青石板街道，雨止路干的排水结构，典雅秀丽的青瓦楼房，在民国末年，被誉为全省第一流县城。

此外，上梅城区的周边文化底蕴一样深厚，古迹遗存多，风云人物多，美丽传说多，更有那北塔底下湾毛板船的盛况，曾演绎了资江河段几多风云与故事。

第一节　主河道与码头

资江蜿蜒前行，穿化溪，过桑梓，然后进入今上梅镇枫林管区。西岸枫林管区内有石古口码头（或叫石鼓溪码头）、三洲码头、沙洲码头、万家桥码头，然后是谢家滩，接着是枫林码头，再下是月光滩（位于今县自来水厂一带），附近有月照塘。东岸对应的码头分别是三丰码头、青峰码头、农丰码头，然后是谢家滩，接着又有资江码头、白沙码头，到了城区附近东岸还有上渡码头。此河段地接县城，历来为人口稠密、水陆交通方便繁华之地，基本格局是村村有码头、村村通渡船。除枫林码头外，其他码头一般都规模不大，以摆渡为主，主要为方便两岸群众往来。随着现代交通的发展变化，码头功能日益萎缩，有的逐渐消亡，如青丰码头、桑梓码头等；有的已经演变为砂石码头，如三丰码头。

一、枫林码头

枫林码头位于今上梅镇枫林管区枫林村境内，枫林苗圃场下面。枫林码头原为这一带最大的码头，除具有摆渡功能外，当时还为过往艨船装卸焦煤，是新化境内主要的焦煤码头。码头前有渡石塘（也叫独石塘），那是一片深不见底的水域，塘边的悬崖下耸立着一块巨大的略成方形的磐石，据原航运公司船工罗佐林①介绍，这块磐石是上游船夫们行船的标石，船夫们通过它来查看水位，只有到了预定的水位，船夫们方可行船或放毛板船。此外，枫林码头附近还有一个大岩洞，岩洞洞口开阔，洞厅宽敞，曾有人认为这是一块风水宝地，自建坟茔，不吃不喝等死于此，后来坟茔和尸首都被暴涨的河水冲走，成为笑柄。20世纪八九十年代枫林码头改做水泥预制场，曾风光一时。现在的枫林码头由于地处偏僻被完全废弃，基本上不再有船光顾。

二、狮子山

沙洲码头的斜对面是狮子山，现在开辟为狮子山公园。其山由极像狮子的山头和延绵曲折的蛇形山体组成，雄狮阁、穿风洞险道等数十个项目和亭台楼阁点缀在山川之间、悬崖之上，是有名的城市休闲胜地。

相传很久很久以前，这里根本就没有山，只有一个资江水系中的深潭。一天，一条白龙从深潭中跃出戏水，登时水位暴涨，冲垮了下游的村落，惊动了天庭。玉帝派神仙下凡，将白龙制服并点化成蛇形山体摆放在深河中堵住直流而下的资水，使资水改道，下游不再发生水灾。神仙临走时将随行的雄狮留在此处，永远看住这条白龙。从此以后，这里就有了山，有了水，又因神仙的到来，给这里带来了灵气。资江边上的美女峰，又与下游的天子山依附在一起。传说美女峰本是一位皇后，但由于天子早夭，皇后就永远定格成"美女望夫"的样子。据原县政协副主席李典辉②介绍说，不远处"青峰"这个地名的来历，也跟这位皇后有关。青峰原名抢峰，当时这位皇后悲痛欲绝，每天在此凝神远眺，被一位无赖发现。他心存邪念，想抢夺这位美女回家做妻子，于是偷偷地爬上山峰，想从美女身后抱住她。皇后惊觉后一跃跳入龙潭，这个无赖也永远地化成了一座青山，当地人称之为"抢峰"。在新化方言中，"抢""青"近音，于是后来演化成"青峰"。

---

① 罗佐林，男，1957年生，原为新化县航运公司职工，后长期在资江河上从事煤炭、木材等贸易生意。

② 李典辉，男，62岁，原新化县政协副主席，本土民俗学者，有《新化人物史汇》等著作。

三、月照碧潭

月照岩，在今自来水厂内，曾被誉为"月照碧潭"，列入"新化八景"之一。明参政胡有恒诗云："明月何凭石上生，路人遥望尽含惊。一轮晴汉真堪侣，千古寒潭只此盈。岩雪送津涵兔魄，野泉流脉孕蟾精。嫦娥莫更嗟劳逸，岁事还应赖尔成。"清县令王国玉①诗云："石壁中藏月一圆，碧潭相映独娟娟。经年莫测盈亏数，彻底无分上下弦。岂是犀光能烛怪，若输蟾影自朝天。晕生莫问淮王术，欲并明珠送画船。"县人李天任诗云："古之女娲氏，炼石补天缺。遗落片云根，化作今明月。月净云归海，天清月吐穴。扁舟载嫦娥，霓裳歌舞切。四季永团圆，不生复不灭。千古多情人，从何感离别？"邑人李洵六言诗云："半面周遭似镜，中嵌圆好如环。试看影落潭底，浑疑月坠波间。"都是描写月照碧潭这一美景的名诗。

月照碧谭（鄢吉摄）

① 王国玉，字石友，辽阳人，康熙年间任新化知县。

四、孙家码头

孙家码头位于莫江西岸，月照碧潭之下，今火车站正对面的山脚下。据居住在火车站社区的孙铁炉[①]老人回忆说，当时这一带叫五里亭，又叫梅山田，主要居住着孙姓人家，有老屋院和新屋院两大院落。孙家码头位于岩壁之下，由几十个窄窄的石阶码头组成，基本上是孙姓一族的私家码头，船上的货物先卸在码头上，再通过肩挑手提等方式运送进来。外运的有梅山田所产的物产，内运的有日常生活所需的盐、铁、布匹、南杂等。

五、上渡码头

上渡码头位于莫江东岸，今上渡办事处上渡村境内，离资江一大桥不远。当时资江河面上没有大桥贯通东西，两岸群众通行严重不便，民国时期上渡村一带逐渐形成人渡码头。据水利局退休干部邹铁生[②]介绍，上渡码头规模小，但极方便，当时新化公立学堂（即新化一中前身）的学生及出行的工人和市民都由此取便径通往县城。该码头位于东岸，对岸正处在上梅中学的悬崖之下，只有一个下船的墩，没有形成正式码头。紧邻的是一个大沙滩，当时就叫河沙滩。人们上下船都在河沙滩上或岩石上进行，再沿河边陡坡峭路上山进城。从崇阳岭至盐码头这一带，约1000多米，一律停泊木排。那时一到涨水时节，资江带水，烟波浩渺，排筏林立，渔民穿梭，渔歌唱晚，很是壮观。

接下来就是上梅老城区。明湖南参政胡有恒《资江带水》云："石泉流脉下梅山，山下平看一带环。泛泛北来长自绕，悠悠东去几时还。溪烟浅渡绡纹薄，江月深涵练影闲。未信客愁牵不断，玩来愁绝也开颜。"清知县王国玉《资江萦带》云："资江绕出邑城东，大汉为池自此通。险越茱萸穷禹迹，滩留铜柱想神工。峰回水势迎轻棹，岸夹猿声送晚风。一派碧流萦若带，客帆南北不相同。"

《资水滩歌》更是详尽细致地描述了这一段水域：青峰塘里清风起，顺

---

① 孙铁炉，男，现年70岁，今住火车站旁的梅山亭老屋院，上梅镇师公教代表人物。
② 邹铁生，男，现年66岁，原为县水利局车田江管理所所长，现退休，从小就一直生活在新化县城。

风相送谢家滩；上渡港里歇一会，独石塘下月照滩；新化县城来观看，四门扎起营盘关；县府衙役两边立，台上坐个知县官；翻开案卷来判断，十桩案子几桩贪；钱权交易好结案，无钱有理结案难；新化开船磨盘滩，宝塔对着塔山湾；千人拱手开毛板，万盏灯照天子山……

　　莫江略呈 U 字形贯穿城区，把主城区划为城东和城西两部分。流入老县城附近后，水面平阔，水流和缓澄清，为渡口码头的兴起创造了得天独厚的自然条件。从古到今，老县城一带都是码头林立，水运繁忙。据原新化县航运公司职工罗时轮①和原东外社区街长兼支书贺美慈②介绍：当时江边的码头是新化最繁华的地方，也是新化日常用品及商业物资的转运地，是内外商旅的聚集地。古往今来，城区范围内共出现过五大码头，从上往下依次是盐码头（又叫余家码头）、炭码头、大码头、长码头、塔山码头，此外，城区之外的对岸也有几处村级码头，分别是袁家山码头、灶门岩码头等。

六、盐码头（又叫余家码头）

　　曾经的盐码头在喜家坪附近，今游泳池一带，主要是货用码头，也可渡人；紧靠炭码头，与大码头也相隔不远。这里最早叫余家码头，初时为余家一族私用码头，附近有余家坟山。码头小，主要负责运送小宗货物，后来才改成公码头，再后来演变成食盐专用码头。梅山地区本身不产盐，所用之盐除少部分通过官道或茶马古道由陆路运入外，大部分皆通过船只从资江运送进来③。码头附近设盐仓，在这里装卸，然后再转运各地。古代盐铁一般由官府控制并实行专卖政策，当时新化县衙实行"计口授盐"，盐少而贵，素有"斗米斤盐"之说。县人不堪淡食之苦。民国三十四年（1945），新化废除公盐专卖制，实行自由贸易，以商运为主，官运为辅，自由行销，这样，盐码头一度呈现一片繁忙景象。

---

① 罗时轮，男，81 岁，1956 年以前为私家船主驾船，1956 年进入新化县航运公司，1992 年正式退休，曾是新化县航运公司城关运输大队队长兼支部书记。

② 贺美慈，女，60 岁，原东外社区街长兼支书，世代居住在老县城向东街一带。

③ 据民俗学家、本丛书主编李新吾先生考证：古代新化最初所用为广西北海盐，北海盐经水路或陆路由广西先运至广西资源县或湖南新宁县，再沿夫夷江顺江而下，在当时的新化安集团麻溪村（今禾青镇）一带设盐店税卡，故当地至今有盐店街的地名。民国三十四年（1945）后，公盐专卖制被废除，安集团盐店税卡废弃，大量的其他海盐、池盐、湖盐沿资江溯江而上，涌入新化。

七、炭码头

曾经的炭码头位于喜家坪，今梅堤管理处一带。从杨家塘往下原是一条臭水沟，县城内的污水脏水由这条沟直接排入资江，两边是荒山野岭，人烟较少，有侯家院子、刘家院子、伍家坟山、叶杨氏民居等古迹。离资江不远处有通济桥，系小型石拱桥，上有木栏杆护桥。民国时期曾在通济桥附近兴建了一家铸锅厂，叫宝兴顺。水沟入江口旁边就是炭码头。据考证，炭码头原为化溪郭姓煤商在清末时期于大码头上首 200 米处建的一个专供煤炭船停靠的码头，后人称之为炭码头。该码头的功能有二：一是停靠从资江上游驶下来的煤炭船只，大多是邵阳、冷水江下来的毛板船，供其休憩；二是在此装卸煤炭。化溪、桑梓等地生产煤炭，但由于那里水域不宽，水流较急，就只好用乌篷船、洞驳船等将煤先送到这里囤积，小部分就地出售，供应县城居民生活取暖之用；其余的再装载到在此停靠的毛板船上去。

八、大码头

大码头最早为资江船运货物装卸码头，后来发展了义渡。分东西两岸码头，西岸码头长 70 米，宽 7 米，坡降 60 度；东岸码头长 150 米，宽 7 米，坡降 40 度。先为料石结构，后加混凝土，因系新化县城沿河最大的码头，故得名大码头。民国时有义渡渡船 3 只，20 世纪 50 年代末增至 4 只。1961 年废义渡，县运输社置机动渡船 1 艘，收费营运，日客流量达 1000 人次以上。1964 年由上渡公社经营，渡轮增至 2 艘，日客流量达 3000 人次。1965 年在此基础上增设车渡码头，初为人力撑渡，枯水季节改为钢丝绳索道式横渡，配渡工一人，年渡运 1200 余车次。1968 年架设木面浮桥式轮渡，1970 年配机船、拖船各 1 艘，渡口由县公路段管理，置工班，有渡工 9 人。1977 年资江大桥建成，车渡停运，轮渡减至 1 艘，由上渡乡企业办经营，日客流量仍为 1000 人次上下。

在县城河边众多的码头中，大码头保留时间最长，发挥功能最大，是一个久负盛名的码头。据居住在上梅镇喜家坪的姜泽湘①老人介绍，大码

---

① 姜泽湘，男，66 岁，祖籍湘乡，今属双峰县，出生在新化，现居住在上梅镇喜家坪一带。

头曾建有108级台阶，码头边上的趸船旁每天泊满了大大小小各式各样的船只，南来北往的旅客络绎不绝，候轮室坐（卧）满了乘客。早晨四点钟就有人提着行李，在码头闸门外排起了一条长龙，都想趁早上船占个座位，好度过一天漫长的旅行。随着旅客的骚动，附近的无业居民在码头上经营起洗脸水。一两条长凳上放着几个脸盆，每个脸盆里放条崭新的毛巾，旅客只要出二分钱，就可解决旅途洗脸的烦恼。这时，卖甜酒汤圆的，卖糖粑粑、发粑粑的，卖香烟、瓜子、桂花糖的小贩也夹在旅客中吆喝，把整个大码头搅得沸沸扬扬，好不热闹。随着水运的发展，旅客的增多，大码头附近的旅店、餐馆、百货店、理发店等也应运而生。清末及民国末年，离大码头不远的快活楼的兴盛便是明证。

20世纪六七十年代，县人民委员会先后对大码头进行了三次较大规模的改造、扩建，在原有石级阶梯的左侧建了水泥混凝土斜式起坡，设置拉坡装卸机械，并增设堆库16处，占地1.47万平方米。原航运公司客运码头，位于大码头下首100米处，因年久失修，设施陈旧，码头常被水淹，旅客深感不便。1988年，县交通局局长张长清积极向各方筹款，政府两次投资合计57万元，重建客运码头，新建的候轮室可容1000人。

61

拍于20世纪80年代的大码头（来自新化县档案馆）

大码头东岸原是一片开阔沙洲，后来逐渐聚居了资源村一些李姓居民，据一直居住在东岸大码头附近的老人李子剑①介绍说，大码头兴起后，

---

① 李子剑，男，现年72岁，原为新化县航运公司造船厂职工，一直居住在大码头东岸。

原停靠在大码头渡口的趸船（来自县档案馆）

这里出现了两家修补船只的船坞厂，1956 年公私合营，新化县航运公司成立，公司就以这二家船坞厂为基础，组建了造船厂。李子剑说："当时我们每家每户都有人被招进造船厂，政府要求我们那年年底就搬家，我们是急匆匆地搬走的。造船厂的师傅是从游家湾调过来的，那里原来就有造船厂。"该造船厂属于县航运公司的二级单位，鼎盛时期全厂职工人数达七八百人，航运公司上千条船只的制造与维修都在厂里进行。但到了 20 世纪 90 年代，经济效益明显下滑，濒临破产。2002 年左右被邹青山等三人收购，机器设备全部迁往游家镇堤上村，组建了青山造船厂。原造船厂旧址在进行城东防洪堤改造时被彻底摧毁。

九、长码头

长码头又叫王家码头，西岸位于今大汉龙城项目部（原化工研究所）一带，离大码头约 200 米；东岸位于今资源村一组和十组下面。据当地居民李玉龙①介绍：清末之前，当时还没有大码头，长码头是新化河边重要的水陆码头。码头皆用上千斤重的粗石磡砌，粗石码头一直延伸至河道中

① 李玉龙，男，现年 61 岁，上渡办事处资源村十组村民，世代居住在长码头东岸一带。

间，约百余米长，截断了约三分之二的河面，中间只剩下 5 至 10 米的河道没有合拢。现在每到枯水季节，静卧了数百年的粗石码头仍立在河中。连接两岸的是整齐有序的石阶码头（现在大部分已换成水泥码头，据说原来雕琢较好的石阶早被一些人偷偷摸摸地搬回家去了），上了堤岸就是一排排木房建筑，依山而建，形成街巷。长码头是中转码头，通过长码头运送的货物，主要是蔬菜、水果、种子等，转运于曹家、胜利、吉庆等地。20世纪 60 年代初，随着柘溪电站的修建，原河岸被淹没，东岸房屋建筑都往山上迁移，逐步形成今天的资源村格局。西岸原来也是繁华的街道市场，一直蜿蜒延伸，连接着向东街。西岸码头不远处有一对贞节牌坊巍然耸立，彰显了当时长码头的繁荣与重要。直到"文化大革命""破四旧"时，好几个红卫兵"小闯将"用绳子牵扯才将贞节牌坊放倒。后来河运中断，长码头繁华不再，这一带也逐渐衰落，差不多变成荒地，直到近年大汉龙城的兴建，才又恢复了昔日繁华。今天，这里还保留了一只划子船渡村民过河。

据《白溪风情》主编张汉良[1]介绍，长码头系新化籍名士、曾官至四川按察使的张慕庵所建。张慕庵，名大孝，又名张大报，白溪镇塘冲人，为明万历进士，曾先后担任安徽凤阳知府、四川按察使等职，《白溪风情》一书中称其善断疑案，剖决如流。张慕庵致仕（退休）还乡后，礼遇亲戚朋友，周济族人，并常帮助一些贫困的读书人解决灯油、伙食费用的问题。此外，他还做了许多公益事业，如建造了青峰别墅，修建了向化街（当时叫孝半街或勺把街），筑造了长码头等。但在民间传说中，张大报是个大贪官，并且草菅人命。在张大报督川期间，民众纷纷起义。张就大开杀戒，误杀了一个老和尚。这和尚临刑前发下毒誓："张大报呀张大报，此生我报不了仇，来世我要害得你家一贫如洗。"他死后一点绿光飞到了湖南，投胎张家，正值张夫人分娩，生下了儿子应公子。

这名应公子呆呆傻傻的，做出了许多荒唐的败家事，新化还广为流传着应公子"呷包子""吃鱼水"的故事。

某一年端阳节，荬江河上龙舟竞赛。应公子打发人买了几担包子从上游丢入河中，自己则躺在下游的竹排上，等包子流入口中。可是龙舟划得快，河水也流得急，虽然河面上尽是包子，但很少有流近竹排的。应公子把头伸出竹排，等包子流过来，结果一个也没吃着。有人问他，为什么不用手抓？他说："流到嘴里的算自己的福气，没有流到嘴里的是不该吃的东西。"

---

[1] 张汉良，男，现年 84 岁，住白溪镇联盟街 54 号，为白溪地方史志《白溪风情》主编。

传说应公子吃腻了山珍海味，没有一样菜称他的心。有一次吃鱼，鱼骨头卡了他的喉咙，便想到了新奇的吃法——吃鱼水（即鱼苗）。他打发人用高价买来几担鱼水，捞出来的鱼苗子不够一碗，他一餐就吃了个精光，还高兴地说："吃鱼水蛮有味。"随后又派人四处收买鱼水。这样吃了几天，又吃腻了，突然想到上回水上"呷包子"的事，便叫人从上游倒鱼水，他到下游的船上舀鱼水吃。可是上面倒下了几十担鱼水，他一条鱼苗也没有舀着。

还有应公子"吃铺子"的故事。张大报料到他的儿子应公子维持不了家业，将会挨饿受冻，特意在向化街买下三百六十间铺面，私自对各租户说："我死后，每户每年供应我儿子一天饭食，不收租金。"张大报被强盗杀死在洞庭湖后，应公子卖光了全部家业，各租户仍然按铺面顺序各请公子吃一天的好酒好菜。公子迷惑不解，他们与我无亲无故，为什么要请我吃饭？他一再追问，租户们都不说真情。他不耐烦了："你们不讲出原因，我就不来了！"一位租户只好吐出实情："你吃我一天的饭，可免了我全年租金。"这样，公子才知道请他吃饭的都是租用他家的铺子。为了表现他的慷慨，吃完饭后，他竟叫人拿来纸笔，大书一个"舍"字交给租户，如此吃一家舍一家，吃了一年的饭后，铺子全部舍光了。

干涸后可见的水下长码头（黎明明拍摄）

还有应公子修长码头的故事。应公子搬家住进县城后，河对门街巷里有赌场妓院，每晚他都要过去玩。渡船有时喊不应，划过来划过去，最快也要半个时辰。公子等得不耐烦，决心修一个长码头，直接伸到对岸，不用再坐渡船。有人劝他干脆修桥。他拗气说："人家修桥我偏要修码头。"这个码头，月复月，年复年，慢慢延伸，一到江中，因江流水急，怎么也修不好，不知费了多少工，耗了多少钱，码头再也不能延伸了。这个残存的长码头，至今还躺在大码头下面的河底。

十、塔山码头

塔山码头的西岸码头位于长码头之下，北塔之上，与长码头相隔不远，与之并排；沿河边往上，一路是麻石阶梯，直接连接向东街。东岸码头位于今上渡办事处塔山村的资江河边，据李典辉介绍，相传为张自茂出资修建，原名塔山义渡，半坡上曾有义渡亭。塔山码头石阶石梯规范整齐，全用麻石砌成，成斜坡状，一路沿坡延伸，原有108级台阶，约连绵半里之长。现在还完整地保存着50多级台阶。由于稍上的长码头一带是直水，水流湍急，不便靠船，而这一带地处回水湾，水流平缓，因而在资江一桥尚未开通之前，这里的繁忙程度一度盖过长码头等其他码头，并与官道相连，直通安化、益阳、常德等地。据《新化县志》(1996年版)载，此即古"宝安益驿道"：县城正东北过下渡之塔山湾—娘家桥—曹家坪—蜈蚣桥—垅山—吉庆岩—油溪桥—塘井边上黄柏界—安化梅城。昔日，由于地理的重要性，塔山义渡每天过往的客流量多达数百人，相连的官道上，贩夫走卒川流不息，走马抬轿者络绎不绝。传说，一些县令就是从长沙、益阳出发，沿着这条官道过塔山义渡，再沿石阶码头进入向化街，再入东门街，最后到县衙上任。还有一个县令卸职后，曾沿这条官道去益阳再准备回老家，结果在新化与安化接壤的黄柏界被土匪杀害，至今还有黄柏界土匪杀县令的传说。驾毛板船的舵工水手们，更多时候是把船安全驾驶到益阳后，在益阳的花花世界里好好地玩几天，然后再沿这条官道，步行回家。

据现住塔山村的李爱珍①和曹培四②两位老人回忆，由于这一带水流

和缓,塔山码头的主要功能有二:一是装卸从益阳、汉口等地运来的米、布、果蔬等日常用品和食物,再肩挑手提地运到县城;二是从县城向河东地区运送蔬菜、米、水果、南杂等日用品和食物。南杂货物一度供应到了今天的曹家、柘古、桑梓、华山、吉庆、坐石等广大河东山区。由于这里人流量大,沿着码头石阶向上,两旁整齐地建有一排排房屋铺面,形成完整的街巷。直到20世纪50年代,这里仍有伙铺3家,南杂店2家,面馆4家,饭店、理发店、铁匠店、铜匠店、屠宰店、碾米屋等应有尽有;渡口"划子"渡船最多时多达24艘,轮番有序地运送着过河人员。县衙曾有专门文告规定,塔山码头上下50米的河边不得长期停靠货船,货船只能即卸即走,以免阻碍义渡船只往返,可见斯时塔山码头之繁忙。据曹培四介绍,县衙文告以碑文方式竖立在义渡亭中,"文化大革命"时期,石碑沉入江底,不知所终。此外,塔山村内至今居住着刘、李、张、王、曹等十几个姓氏人口,不像长码头边的资源村主要是李姓聚居,这也从一个角度说明了这里曾经商品经济繁荣,人口流动性大。现在,这里仍保留了一处摆渡码头,每天都有一艘机动船来回往返,为塔山村村民提供出入县城的方便。

十一、快活楼

快活楼位于今天喜家坪梅堤管理站附近,在大码头十一级台阶的右边,又名东亚楼,或称洋楼子,是清末民国时期新化最有名的青楼。那时水运繁华,快活楼上灯红酒绿,人来人往,很是热闹。据罗时轮描述,顾客多为从邵阳、武冈、隆回、洞口等地驾洞驳船(或叫动驳子)的船工,也有不少游手好闲的本地公子哥儿。里面的风尘女子大多来自外地,也有新化本地的,最多时有几十个姑娘。尤其是抗日战争时期,北方沦陷地区的流民官兵涌入新化,这些人大多经历了流离颠沛之苦,失去亲人之痛,对利禄看得比较轻,花费虽不说如粪土,但一般也都大手大脚的,因而当时快活楼进入了空前繁华的时期,南来北往的人川流不息,据说当时厨房里的主厨一天的小费都能多到10块银元。据县商业文化促进社社长邓谊长[①]描述:快活楼极其豪华,吊脚楼式的宫廷建筑,独立成院落,里面雕

---

① 邓谊长,男,48岁,原住上梅镇永兴街,现住上梅镇李家院子,现任新化县商业文化促进社社长。

梁画栋，宽敞明亮，外墙石墩门柱，结实粗大，院外四角皆悬挂红色灯笼，极其醒目，是当时新化最好的房子，可惜毁于 20 世纪 70 年代末的一场火灾。他还认为，快活楼主要是旅社，服务于繁忙的资江航运，也是本地官绅们请客聚会的地方。

十二、兴汉仓

离快活楼不远的大码头边有一个兴汉仓，是民国末年国民党的一位李姓旅长纠集李姓族人兴建的。该仓主要经营毛板船，据说最多时拥有 53 条毛板船，一度是新化最大的毛板船仓。当时一条毛板船大概能赚 1000 银元，可见兴汉仓曾有多大的实力。1949 年，解放军开始进军两湖地区，但兴汉仓的主事老板不能把握政治形势，竟然于这年 5 月大量发毛板船去武汉。时值国民党官兵大溃败，人心惶惶，此时到武汉做生意，不是卖煤，而是被抢煤。巨大的亏损，基本上导致了兴汉仓的倒闭。兴汉仓是当时新化官僚资本萌生的体现，可惜昙花一现。

十三、北塔

北塔，又称"文塔"，位于县城北 2 公里的黄江之滨，为旧时县域八景之一，高大挺拔，雄踞一方，额名"北门锁钥"。2013 年新化北塔入选第七批全国重点文物保护单位，是目前古城具有历史记忆的标志性城市名片。据史料记载，该塔始修于清道光十三年（1833），道光十五年（1835）落成。但民间有另外一种传说，清嘉庆年间，这里原有一座木塔，因年久失修而坍塌，后募捐重修。建时不扎架，周围堆起土围，随塔升高，塔成将土运走，前后修了 20 年。塔身为青砖料石结构，据碑文记载："塔基压浆灌缝二十四层，中镇金色，四周嵌珠玉。"塔高 42 米，八角形，角上嵌石舫，状如翘角，覆铁瓦，铸铜顶，塔正门书"北门锁钥"四字，两边对联曰："正欲凭栏舒远目，直须循级上高楼。"塔中有螺旋砖阶直升塔顶，共 492 级；塔内七层，层层有壁画、书法及捐款人姓氏石刻。登塔凭窗，远处群山叠翠，脚下资水流碧，梅城古貌尽收眼底，历来名人登临，赋诗甚多。明胡有恒《登北塔绝顶》诗云："江流去处空，一塔锁奔欲。势镇县之北，气雄资以东。举头疑日尽，长啸直天通。拟更探奇胜，西南首望崇。"

新化北塔(鄢吉摄)

北塔是新化的"文塔",有一种比较普遍的说法是,北塔的修筑是基于风水的考量。当时流行"天空自有云来补,地空就靠塔来填"的风水理论,人们认为,资水从东南巽位入境,是新化的文脉,但从西北乾位流出,泄了脉气,导致全域人文不振,必在城北文脉结穴之处建塔镇锁,才能凝聚地气,以振人文。事实上也似乎如此。自宋熙宁五年(1072)建县至北塔建成的700多年里,新化共出进士22人,将才18人,举人70人;北塔建成后才200年,就出了进士22人,将才5人,举人227人,中国同盟会会员41人,黄埔生1207人,省部级干部22人,厅师级干部200余人,高级工程师1500多人,教授300多人。前后对比,竟有天壤之别,真是地灵人杰,应了风水上的"火曜连珠相遇,青云路上逍遥"①这句话。

---

① 参见2002年由国际炎黄文化出版社出版的《新化资永风光》第155页,及互联网"百度百科"和"新化在线"。

十四、慧龙庵

慧龙庵位于新化县城外萸江东岸锦石峰上，故又名锦石峰寺，现属上渡办事处，与北塔隔江相望。明崇祯年间（1628—1644），由县人王之鼎修建，并捐茶园山土四块，铸钟为记。相传在石锦峰下有一矶石，石下有洞，洞内潜伏一条孽龙，在将得道成魔之时，为一云游和尚识破，制于洞内，后复建慧龙古刹于矶石上镇之。寺内修篁老柏，翠盖参天。殿宇宏大，面积达13亩。正中建有大雄宝殿，两厢有僧寮、禅院、藏经楼、三霄殿等古式建筑，内藏经书5048卷及做佛事的物件，有大小佛像200多尊。清初时和尚达200多名。清代著名诗人欧阳绍洛颇喜此地，曾有《锦石峰寺小憩，忆璞年二十六七时此间游处，经岁不胜今昔之感也》诗云："古寺雨余苔满扉，老藤垂阴周四围。溪风吹酒坐来晚，山鸟狎人鸣不飞。旧社僧徒已无在，当时居邻今亦非。眼中故物定谁是？羡汝绵纹双石矶。"清光绪十七年（1891），该庵觉观大师着百衲芒鞋，跋山涉水不远千里至京城相国寺取回藏经《贝叶经》半套。从此，慧龙庵名扬三湘。

慧龙庵所藏佛像及经书在1966年被毁，后来寺庙改做新化酿酒厂（又名青山酒厂），昔年风景怡人之处，已是童山濯濯，不复旧观。今天成为城东防洪堤的一部分。

十五、袁家山码头

袁家山码头位于梅苑开发区袁家山村东岸河边，背倚一座石山。今天的袁家山码头，全无古意，水泥台阶外边安装有不锈钢栏杆保护，是袁家山一带村民出入县城的村级小码头。西岸码头背靠梅堤，也是整齐划一的水泥台阶码头。

十六、灶门岩码头

灶门岩码头，位于曹家镇勤三村，为方便两岸来往的村级摆渡码头。

今天的袁家山村级码头(鄢吉摄)

第二节　民国一流县城——上梅古城(上)

　　悠悠上梅，千年古城，写不尽的，是繁华；道不完的，是沧桑。上梅镇是一座有近千年历史的古城，是原新化县治的所在地，与分离出去的梅苑开发区连在一起，是全县的政治、经济、文化中心。

　　关于最初的新化县治驻地，有"白石坪说"和"松山坪说"二种看法。一种认为新化县治先定白溪白石坪(现白溪镇何家坪)，然后于宋绍圣初年由县令蒋允济迁至现址。另一种认为建县时就定县治于现址，然后搬迁至白溪白石坪，再于宋绍圣初年搬回至现址。总之，白溪白石坪曾充当过县治之所，直到明末何氏从江西迁入，地名才改为何家坪。现县址才是最长久的县治驻所。据说当时还通过取土称重比较，现县址松山坪的比别处重了三钱①。此外，松山坪形似金盆覆水，视野开阔，坐北朝南，远有维山为屏障，左有东泽龙池为护，右有西岭伏虎，符合太极生生不息、往复循

────────────

① 古代选址有取土称重之法，认为土重就能养厚道之人。据说，曹家镇小洋管区之城坪村，土质比松山坪还要重，也曾做过县址的候选，故名城坪村。但因地势狭小而最终被放弃。

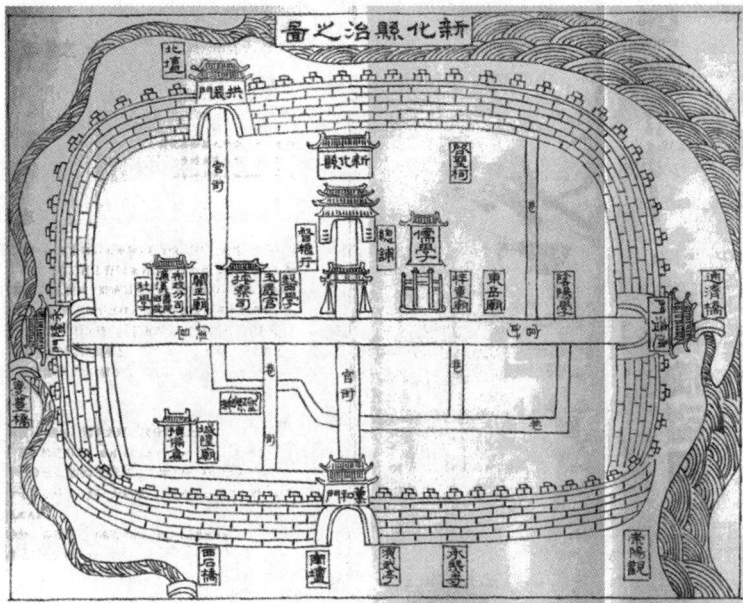

明嘉靖《新化县志》城区图

环之意。因此县治驻所就定了下来，不再迁徙。宋绍圣年间，新化县城街道为十字形。明洪武甲辰年（1364），总制胡海洋同湖广参知政事贺兴隆始建土城墙。明成化二十三年（1487）知县雷冲增筑城垣，架木覆瓦，使新化城市体系更加完整。明正德年间（1506—1521），两任知县郭辚和罗柏相继创砌石城，并将街道扩展为"四街九巷"，以十字街为中心，"四街"分别是东正街、南正街、西正街、衙门前街。因北城门没有向外的交通要道，仅有一条狭窄的巷子称为北正街，为居家之地。"九巷"为毕家巷、毛家巷、安家巷、戴家巷、续珊巷（或叫宿三巷）、仁贤巷、马家巷、居士巷、辛家巷，均为城内之街巷。清康熙十二年（1673）以后，县城又陆续向外扩建街道，分别有东外街、向化街、井头街、青石街、永兴街、大码头街等。至清末民初，整个县城有"九巷十八街"之说，其中"十"是指"十字街"，再加上其他八条街，其实就是"九街九巷"的布局。

据本土梅山文化研究者胡能改①先生考证：当时的街道很狭窄，一般

① 胡能改，男，1929 年生，历任区委书记、县人民银行行长等职，晚年笔耕不止，出版了《梅山客户》《岁月沉香》等著作，进行了大量的史志资料整理工作。

街道宽2.5至3米，泥土路面；两人骑马，不能并驾齐驱；两人打伞，要互相让路；抬轿进街，要前踩左，后踩右；县衙公堂，晴天灰尘满室，雨天遍地泥泞。民国二十七年至二十九年（1938—1940），湘潭人王秉丞就任新化县县长，决意改变县城环境，拓宽路面。在县政府经费极其紧张的情况下，王秉丞采取的方案是路从谁家门口经过，就由谁家自行拆房拆墙退后五尺，县政府负责铺上青石板。方案制定后，县长亲自出马做工作，首先得到了新化大乡绅"金菩萨"杨培甫、国民党县党部书记魏定光等人的支持。青石板先从独石塘运至大码头，再从大码头运至各街各巷。经过三年时间，分三期进行，政府对东正街、县正街、西正街、青石街、向化街、南正街、井头街、永兴街等进行全面整修，两边住屋各后退五尺，街道扩宽为6.5米，总长达2257米，路面用青石板铺砌成龟背形，两旁设下水道排水沟。为防崩塌，均用三合泥打底，两墙用石头砌成，用浆泥合缝。铺路的青石板长三尺，宽一尺，每隔三五户铺一块盖板石，盖板石凿有梅花孔，以防雨天水积街道；孔呈满月形，上大下小，孔眼寸方；一朵四孔，防止杂物入沟。青石板铺设整齐划一，线条优美，雨止路干。

盖板石上的梅花孔，体现当时新化的厚道与富庶（鄢吉摄）

至中华人民共和国成立前夕，古城形成了整齐划一的青石板街道，人口达二万多，街道两旁建筑多为二至三层木结构小青瓦屋面，临街为陈列式铺面。街上绝大多数为房居合一，楼居底商或前商后坊。一般是联榍或合墙，多以内天井采光、通风。住房一般为独门多户三合院或四合院平房，也有少数封闭式墙体，仿西式楼房，街道是清一色的石板路，古色古香，别致典雅。从民国中后期开始，新化县城一直被誉为当时全省一流县城。

县治旧有高大城垣。元代至正二十四年（1364）始建土城垣，为"干打垒"的土墙，后圮坏。明成化二十三年（1487），知县雷冲增筑城垣，高一丈、厚四尺，架木覆瓦。明正德十四年（1519），知县郭鳞改修石城墙 2500 余米，高 3.3 米，厚 4 米，有垛口 1000 余个，沿城垣设置巡警 2 个、铺 20 个。东南西北设四城门，东曰"通济"，南曰"薰和"，西曰"永隆"，北曰"拱辰"。城门上建门楼，左右有营房，雉筑巩固，民赖以安。此后，四城门先后在明崇祯，清顺治、康熙、道光年间多次整修。道光二十年（1840），南门外一场大火，烧毁了南城水晶阁，城垣石壁亦遭损坏，县人捐银 16000 余两，重修了水晶阁，并将石城垣补列整齐，加高到 8 米。道光二十七年（1847），增建女儿墙垛口 720 个，改建西门门硐及楼，增东北二门楼顶及南门石柱，四门增设炮台，费银 5994 两。同治八年（1869）亦有补修。到民国时期，城垣已破败不堪，县政府干脆拆除城墙，留墙基，其石料用于铺设街道，城垣旧址改建为环城路。1947 年拆除南门城楼。1950 年，残存的南城门石拱亦被拆除，至此，存在了 587 年的古城墙基本消失。

明洪武十四年（1381），朱元璋诏天下编赋役黄册，"近城曰厢"，故上梅城及周边称"在城厢"；清同治年间设团，更名为"城厢团"；清末民初更名为"城厢镇"；1949 年仍为城厢镇，1950 年为一区城关，后改二十区城关，1956 年为梅城区梅城镇，1961 年更名为"城关镇"，1995 年合并城关、燎原、北渡、枫林 4 个乡镇建上梅镇。1992 年始，古城河东部分地区划为梅苑开发区，上梅镇仅存河西部分。2004 年，中共新化县委、县人大、县人民政府、县政协同时迁往梅苑开发区新建的政府大楼，原来的办公场所拨给了上梅镇。2015 年，上梅镇辖立新桥、火车站、福景山、青石街、工农河、永兴、崇阳岭、十字街、东外、玉虚宫、园株岭、跑马岭、工农、北塔、五里亭、华新、坪山垅、上田、梅树、马鞍山等 20 个社区；燎原、新田、冷水铺、下田、花山、农科、毛家垅、枫林、沙洲、三洲、新塘、光义、接龙、大水坪、洪大、月照、万家桥、远大、横竹、团大、北渡、新渡、和兴、集丰、民主、庙边、集农、小塘、层丰、罗家塘、三湾、白羊坪等 32 个村委会。

新建的梅苑开发区于 1992 年经省人民政府批准成为省级开发区，2003 年经省编委批准，正式升格为副处级机构。2005 年 3 月成立新化县上渡办事处，下辖11个行政村，4个社区，辖区面积30平方公里，是新化县新的政治、经济、文化中心。

上梅古城人文璀璨，城区内有许多古迹，最早的有承熙寺，尔后相继建了文庙（学宫）、武庙、玉虚宫、城隍庙、东岳殿、濂溪书院、梅溪书院、火神庙、北塔、水晶阁、万寿宫（江西会馆）、三义阁、湘乡会馆、茹园、慧龙庵、天主教堂等，此外还有各具特色的宗祠、姓氏大院。承熙寺始建于建县之时，一般说法是"先有承熙寺，后有新化县"；文庙规模宏大，雕梁画栋，金碧辉煌；慧龙庵占地13亩，古木参天，有佛像200余尊，经书5048卷，尤其以该庵觉观方丈在清末步行至北京相国寺取回的藏经最为珍贵；北塔影响最为深远，当时就有"宝庆狮子新化塔，新化宝塔盖天下"的美誉。清末有"新化八景"之说，并绘有"新化八景图"，分别是"资江带水""崇阳夕霭""黎山潮信""月照碧潭""东泽龙池""水晶高阁""维山叠嶂""潮源仙洞"。其中五景就在县城及附近地区。

据一直居住在上梅镇喜家坪一带的姜泽湘老人介绍，老县城的特点可以用四句话概括："田内一丘田，庙内一座庙，城内三拱半桥，大码头五十四步台阶。"所谓"田内一丘田"，就是指老县城像一丘田，而南门湾内当时一直保留了一丘田；"庙内一座庙"，是指东岳庙内保留有柳公庙；"城内三拱半桥"，是指当时县城有护城河，护城河上东有"通济桥"，西有"庆丰桥"，南有"西石桥"，北为塞门，半桥洞；"大码头五十四步台阶"，是指大码头作为新化主要的水陆码头，从下往上，最初有54级台阶，加上后来延伸台阶及水陆相连台阶，共108级台阶，气势恢宏。清末民初时期，大码头一带店铺林立，货物往来，码头上熙熙攘攘、红男绿女、摩肩接踵，是全新化最繁华的区域。

上梅古城中的街巷取名，其实皆含一定深意甚至典故。如集贤街，就是清道光年间修北塔时乡绅名流集聚商讨之地；兴贤巷，就有"贤人兴起"之意；居士巷，别名"诸士巷"，巷内曾有罗、戴两姓"士馆"，专供本姓士子应考住宿，故名；仁贤巷，取"仁人贤达聚居此巷"之意；宿三巷取名更有典故，相传清朝上任卸任县官均须在此住宿三晚，办理移交事项；永盛巷，取"永远兴盛"之意；喜家坪，因为欧、曾等姓氏的人喜欢在此坪居住安家，故名；而更多地名如毕家巷、马家巷、安家巷等，皆以原住居民姓氏为名。

旧时古城有城墙，城内管理严格，秩序井然。晚上有人打更报时，并且声响不同：晚上十点左右为第一次更声，"梆梆梆梆""乒乒乒乒"……

这告诉大家，夜已深了，快关城门了，要进城的快进城，要出城的快出城；到了晚上十二点左右，打第二次更，"梆梆""乒乓""梆梆""乒乓"……告诉大家，这是二更了；到了二点至三点左右，打第三更，已是夜深人静；到了凌晨四点多打第四更；早上近六点时打第五更，标志着天快亮，可以起床了。打更既有报时作用，又有警示功能。

一、毕家巷

毕家巷地处东正街与迎宾路之间，与东正街并行，在县水利局后面。这里原有无数祠堂老宅、会馆古庙，是多姓祠堂集中地，现在还有肖家祠堂、魏姓祠堂、康氏祠堂、何姓祠堂等遗址，湘乡会馆也在此处。从清末开始，湘乡人和江西、宝庆等地的商人和手工业者纷纷来县定居和贸易，主要经营药材、棉布、百货、南杂等商品，获利颇丰。清嘉庆十六年（1811），湘乡人朱吉发在县城南关设店经营缎帽、布匹、针线，为县内最早的百货商。随后，一批湘乡人相继设店。清末和民国时期的百货店就基本上被湘乡商人掌控。道光十六年（1836），以湘乡帮为主体的县城百货棉布网点应运而生，城厢南关号称"布市"。抗战初期，县城有百货、布匹商66家，大多为湘乡人经营。此外，民国时期县城内经营条子糖、片糖等糖果及各式糕点的南货业发达，较大的南杂店有青石街的大通斋、东门外的大盛斋等14家，大多为湘乡人经营。毕家巷是当时县城内商业繁华之所，也是湘乡人聚居和聚会的地方，风味小吃相当有特色。当时，毕家巷的鼎盔粑（又名锅盔粑）与南门楼下的杯子糕、咸生馆的面条合称"新化三绝"。

据曾居住在游家大院的邹德义①回忆说，民国至中华人民共和国成立初期，毕家巷一带相当繁华，当时除了各族的祠堂外，警察局、大礼堂、工商会所等也都集中于此，原文工团剧院叫祁剧院，每天歌舞升平，红男绿女，川流不息。由于极度热闹，一些上了档次的青楼就聚集在此，供有钱的公子哥儿玩耍。当时的青楼都持有营业执照，富家子弟只要有钱，就可光明正大地来这里玩，还受到警察的保护，不必躲躲闪闪。

① 邹德义，男，56岁，从20世纪五六十年代开始一直居住在南门街一带，属于老上梅镇人。

二、东正街

东正街紧靠向东街，与毕家巷平行，原为古县城的东门街，许多地方还保留着青砖褐瓦，走马楼，风火墙，飞檐翘翅，彩绘描金，是目前新化古城保存较好的地方之一。东正街上清一色的青石板路，连同向东街长约1千米；街道上共铺设11排青石，中间一排稍高，左右各5排，形似龟背，呈对称流线型；路面宽约6.5米，行车过路宽绰有余；左右设下水道，水流通畅，雨止路干。街道两旁多为二至三层砖木结构或青砖结构小青瓦屋面，临街为陈列式板门铺面，多为酱园、面馆；马头墙临空翘角，错落有致的风火墙高高耸立；屋檐前置，瓦当细槽纹理鲜明，雨天时店铺和民居上雨水下泄，有如千龙吐水，蔚为壮观。今天，青砖围墙已是断垣残壁，却格外亲切，其中夹杂着一些新修的钢筋水泥瓷板墙面，拼凑成一道有几分别扭的现代风光。

今兴贤巷（鄢吉摄）

现在这一带相连相交的古今巷子有：兴贤巷、马家巷、郭家巷、民主巷等，此外还残留有欧阳祠堂、陈家祠堂、吴家祠堂等遗迹。

三、西正街

西正街与东正街相对，地处今天中医院前街，是一条刚被破坏的古街道。就在十年前，这里还是一条整齐的青石板街，两侧都是清末民初的建筑，青砖褐瓦，走马楼，叠山式风火墙，飞檐翘翅，彩绘描金。据居住在附近的袁顶甲老人介绍说，现在保留下来的古楼房确实不多了，并且还在

西正街上的民居（鄢吉摄）

拆。这一带原本是古城的繁华地段，以前的电影院、水利局、歌舞厅、广播局、供水电力单位等都集中在此，后来才陆续搬迁。据邓谊长描述，民国时期县城的红灯区就在这里，当时集中了十几家娼铺，也是经过政府许可办了营业执照的，但相较毕家巷那边的青楼，档次就低多了，是供一些普通人消遣的地方。西正街四通八达，与南正街连在一起，成枢纽状，南有毛家巷，内有游家大院；偏东有安家巷，巷内保存较好的有伍家楼；北有北门巷，代表性建筑有高屋里（刘仁寿堂）；居士巷（新化土话叫猪屎巷）就在北门边，但现在巷毁路不通，基本消失。

保存较好的高屋里(刘仁寿堂)(鄢吉摄)

四、湘乡会馆

清同治四年(1865),湘乡籍商人于县城内集资修建湘乡会馆,地址在毕家巷内,与袁氏宗祠紧邻。新化湘乡会馆建筑图纸源于武汉湘乡会馆,其主体建筑群需抬高前坪3尺。然而,当时文约(合同)明文规定,湘乡人不得动场外一寸土地。既受文约制约,土从何来?湘乡主事急中生智,发布告云:加价2厘,急购煤炭。四乡煤窑村民踊跃送煤,不到三日,以煤石填满抬高地面。馆内祀有"财神爷"。民国时期,湘乡人在会馆内办学,校名龙城小学。后于"文革"时期一度改办五一小学。20世纪60年代,五一小学合并到新化一小,改名为新化一小二教学部,简称一小二部。

据居住在迎宾路的邓一萍①女士介绍,他们一家原籍是湘乡县(今属涟源市)桃林湾,从她爷爷一辈始迁新化。她爷爷在清末进入湘乡人在上

---

① 邓一萍,女,现年88岁,原籍湘乡县(今属涟源市)桃林湾人,18岁嫁入同乡谢家,然后随婆家来新化经营织染厂,一直在新化县上梅镇居住近70年,现居上梅镇迎宾路43号。

梅镇开办的织染厂当学徒工，然后她们自家开织染厂，并从此在新化定居。当时，在新化的湘乡人一般要在湘乡会馆举行年会，只有那些有头有脸的大老板才有资格参加年会。她们一家苦心经营，在新化获利较多，慢慢地也有资格参加湘乡会馆的活动了，但在土改时期，她们家因此被划成地主，以至于其弟不得不逃亡香港，直到前几年去世都没能再见上一面。

五、向东街

向东街是靠近河边、东西走向的一条老街，在松山坪的范围内。松山坪，上梅古镇中最原始的名字，新化县城由此逐步发展而成。以前，老县城城外无街道，从康熙十二年（1673）开始才陆续向城外扩建，由东正街向东修建了东外街、向化街（新化话里向和勺"shuò"发音相似，故又叫勺把街）、集贤街等。据才去世不久的朱佛郎①介绍：清末民初，大码头一带逐渐成为县城最繁华的地区，于是，延伸到大码头上的大码头街兴起，集家坊、商贾、集市为一体，码头上船来帆往，街道上人声鼎沸。江西人、湘乡人利用水利之便，从武汉、益阳等地将一船一船的大米、百货、盐等商品运到大码头，再在松山坪的向化街一带建起一排排货栈或仓库，最后售往全县各地；新化的船家船工们，也从向东街启航，将一船一船的煤炭、木材、铁石运往武汉、长沙等地。

现在的向东街是新化老县城里保存较好的古街之一，两边是不可复制的明清建筑群，或用青砖砌，或以青砖砌墙、木材为主，或全用木材修筑，饰以马头墙、小青瓦、白粉壁，精巧玲珑的楼阁，镂刻精美的纹饰，加上小门、大堂、天井错落有致，青灰的色调与青石板街道浑然一体，风格典雅，彰显出明清江南水乡建筑的独特风格。那些斑驳陆离的"本源□货栈""兴祥□□"等老字号，在暮色中格外厚重；那些散落街边墙角的"晏□□合墙""王□□、晏语□堂合墙""本墙退官街三尺"等字样的石雕在诉说着昔日的辉煌与繁华。

向东街汇聚了各式名小吃，杯子糕、蒿子粑、穇子粑、马练王等令人闻之垂涎；山胡椒油风味的向东街牛肉面更让人口齿生香。众多的百年老

---

① 朱佛郎，男，采访时82岁，祖籍湘乡，从小就一直生活在新化向东街一带，著有《上梅绘志》，将新化古县城风土人情人物再现纸上，被誉为梅山"清明上河图"。2014年底病逝。

店在这里聚集：恒升庆斗笠店、油伞店、酒肆茶楼、美食餐馆、油榨坊、腊味坊、粮油铺、风水馆、正骨水师馆等店铺星罗棋布，用百年传承的手艺，服务着当地人。遍布的祠堂，户供的神龛，热闹的八音锣鼓，精彩的梅山武术，惊险的梅山走刀……古老的梅山技艺经常在这里会演。

向东街边的"云横梅岭"（鄢吉摄）

据朱佛郎先生介绍，最让一些老人怀念的是这里曾经存在的让人津津乐道的旧行当，比如"看西洋景"和"龙船卦"。"看西洋景"是在地上摆上一个大木箱，左右两边各开一个装有放大镜的小孔，木箱中有一些外国风景画或生活图片，也有外国女性洗澡的相片。在没有电影电视的时候，这可是新鲜玩意儿；观看需花一个小毫子(铜钱)，以眼贴小孔，由执箱者转动轴把，边转边高声吆喝，以此引来下一个观看者。"龙船卦"形如小木船，下有扶手架，可扛在肩上四处游走。船首有龙头，船舱内设木雕神像。若家有小孩夜哭不安神者，将小孩的衣帽、鞋等悬挂于龙船四周，敬香祈求神灵，然后将衣帽、鞋取下给小孩穿戴，借以保佑小孩平安。此外，还有许许多多今已不复存在的民间手工技艺，比如补瓷碗匠：匠人使用一个看上去像弓样的器械带动金属钻头，在破裂的瓷碗上钻出对称的眼洞，再用铜钉铆合裂缝。打草鞋匠：匠人用草织机或马凳将稻草编织成劳动用的草鞋。箍桶匠：木匠中的一种，专门为人整箍已散或将散的木器。铜匠：能制作和修补各种精巧的铜壶、铜杯、铜盆、锁具、烟具等物件。

若从高空俯瞰，古城俨然一幅现实版的"清明上河图"，斑驳的青灰色里，藏着许多神秘的故事。

其实，向东街不是古地名，是近几十年内才有的。原为东外街、向化街、集贤街三条街，20世纪60年代初向化街与集贤街合并，70年代，东外街与向化街合并，各取一字，叫向东街。同时，向东街及附近地区一起组成东外社区，主要由松山坪和喜家坪两大块组成，合称东门凼里。

邓谊长、邹铁生等认为，向东街一带其实是原县城最落后的地方。20世纪六七十年代开始，资江内河航运衰退，加上资江一桥的修建，义渡逐渐废弃，这一带就慢慢衰落。由于地处偏僻，地势低洼，有钱人大多外迁，这里就逐渐成为贫民窟。也得益于此，八九十年代大拆建时期，这些古建筑才幸免于难，较好地保存至今。

六、南正街与毛家巷

原南正街从县衙前经过，从原县工商局到南门广场(即五一广场)，与东正街、西正街成十字交叉，全长2038米，宽6米，是古上梅城内至关重要的一条街道。南正街南端1号是曾氏宗祠，当时曾氏家族中的曾继梧、曾继辉不单是新化士绅中的大户，在省内外也属于有影响力的头面人物，因而曾氏宗祠的地位重要而突出。第二栋是唤民书局，为李主一、方鼎英等筹资经营的印刷商行……这是一些能左右新化时局的巨擘。此外，南正街的商业也相当繁华。据居住在当地的邹德义回忆，南正街靠近南门口的咸生面馆的面条很有名，号称"新化三绝"之一。当地人叫"咸生面馆"为"涵仙面馆"，口味纯正，油而不腻，辣中带爽，分量充足，牛肉片罩住整碗面条，每天前来吃面的人络绎不绝。咸生面馆的老板姓游，中华人民共和国成立初因咸生面馆里面的历史事件被镇压。游家大少爷游克忠先在郴州师范学院任讲师，"文革"中被打成右派。邹德义说，咸生面馆正对面是他父亲邹宝生经营的新精益绸缎布庄，当时生意也相当红火。但南正古街早已被毁，现在这一带叫"天华北路"。

毛家巷与毕家巷相对，与西正街平行，延伸到老广播局及老县政府一带。毛家巷内原有游家大院，邹德义介绍说，游家大院原为"治行为江南第一"（曾国藩颂语）的游智开晚年任广东布政使时所建，青砖黑瓦，翘角屋檐，马头墙垛，里面的窗棂皆雕龙画凤，极其精美；整个院落为江南四合院结构，面积极大，桂花树、樟树、梓树、梧桐树、橘子树、葡萄等花草树木栽满整个院落，一年四季，鸟语花香，现已被拆得七零八落。毛家巷西段还留有一些破烂又低矮的老建筑，正等着被拆毁。

七、万寿宫与江西会馆

万寿宫与江西会馆位于东外街大码头附近，曾经一度为城关镇染化厂。清道光十六年（1836），县城"江西帮"商人在东外街通济桥侧建江西会馆，会馆临街建万寿宫，内祀许真君神像。许真君即许逊（239—374），字敏之，江西南昌人。当时，在新化县城经商的江西人将许真君带到新化，成为今新化道教的"五师"之一。民国时期，江西商人在万寿宫内创建豫章小学。1950年后，曾改为梅城小学，"文化大革命"后期曾在此建立新化染化厂。万寿宫为今县城内保存下来的清代建筑精品之一。

今万寿宫外墙（鄢吉摄）

八、肖家大院

肖家大院位于向东街内的左边，自成一体，形成完整的独立院落。据现在的屋主人肖振波①介绍，肖家大院本来叫兰园，为木质天井状院落，院内多雕梁画栋，尤其是那别具一格的神龛拜台，外带小门，里面有神台，绘八卦图，图案上置神像及祭品、香案等，极为罕见。以前这里居住着十几户人家，现代肖家后人多从这里走出去，大多移居海外。

兰园外门（鄢吉摄）

九、井头街

在今东外社区内，第二人民医院一带，地处向东街与迎宾路之间。因新化人读井为 jiang，故又叫奖励街。井头街因位于清澈、清凉的杨家塘井之上而得名，面积不大，街道狭小，与永胜巷、杨家塘巷相连。据《新化县地名志》(1983 年版)载，井头街起自东外街南口，向西南至三义阁县农资公司后面，全长 293 米，宽 3 米。现在，井头街一带保存较好，古建筑较多但少精华，大多是普通民居。街道里透着一股古典别致的风情，最典型的建筑是邹家院子。据居住在井头街的刘助仁②老人介绍说，邹家是世代名医，祖祖辈辈行善积德，土改时由于财产积累多，被划为地主，除有一支迁居海外，幸免于难外，留在新化的两兄弟都遭到镇压。现在这些房子如许多院子一样，都是县房产局管理的公房。

----

① 肖振波，男，现年 50 岁，一直居住在向东街内，为兰园屋产主人。
② 刘助仁，男，现年 76 岁，上梅镇东外社区居民，在井头街一带已居住了几十年。

十、杨家塘

杨家塘位于易婆山下，三义阁之脚，今优U会所至第二人民医院一带。三义阁所在地原是一座荒山，山下有杨家塘，塘边有杨家坟山。据姜泽湘老人介绍，这里有"荷叶遮金龟"之说，是说易婆山形似乌龟，原在梅山田一带，十八罗汉看到上梅城一带缺水，就下凡赶山，将金龟赶到三义阁一带安顿。从此，金龟的头变成杨家塘，滋润着上梅山人。金龟的四肢变成四口古井，分别是南门井、玉虚井、菱角塘井、上梅井。而这种"荷叶遮金龟"之地，据说是风水宝地，可出读书人。清代，杨家塘附近有一个叫杨琨的人，其母亲葬于此地，后来他读书高中进士，入选翰林。

杨家塘井（鄢吉摄）

十一、菱角塘

菱角塘位于向东街之北，处于向东街与地方电力公司家属楼之间，十四中学右下边。原为一片长满荷花和水葫芦的水塘，因盛产菱角，故名菱角塘。据从小就居住在县城十字街的王明发[①]介绍，菱角塘自建县以来就有，一向水光潋滟，风光旖旎，是县城边有名的风景名胜地，尤其是每到

---

① 王明发，男，1957年生，从小就生活在老县城十字街，是个真正"青石板上长大"的老新化人。

夏秋之季，满塘荷花，香飘四处，连向东街都能闻到香味。两旁古建筑密集，清代新化诗人欧阳涧东就在此旁建楼，安享晚年。塘边的那口老水井，清冽甘甜，县城内常有人提桶挑水，曾卖一分钱一桶。至今，这个井里的水还供人饮用。

今日菱角塘（鄢吉摄）

十二、澍园

澍园位于今电信局大楼一带，原为刘氏家族庄园，为大乡绅刘铁逊所建。刘铁逊，字绍烈，号克慎、笃前，生于清光绪六年（1880）。原籍不详，幼时被城厢团冷水村黄泥坳刘命侯（曾做过县令）收为养子，民国期间迁居县城南门墙上新筑别墅"澍园"。

刘颈后有一肉瘤，自称"钱坨"，读书不多，善于谋算，稍长即代其养父在锡矿山管理三益采矿公司。民国二年（1913），在长龙界组建美利炼厂，用氧化锑矿试炼纯锑成功。当时，锑冶炼属于华昌公司的专利，遭其干涉，刘拉曾叔式、蔡锷等人为股东，出面与该公司争讼于北京农商部，后经调解，由华昌公司参与美利炼厂合资经营，改名新华昌炼厂，刘从此名闻锑都。后又独资或集股开办纯青、化成、鸿辉等炼厂。刘为吞并掉粤商韦志道在谭家冲开办的志记炼厂，在其初建之前，即暗地里将该厂周围的田土山地全部买下，导致志记炼厂投产后，既无出入通道，又购不到堆矿砂和倒炉渣的场地，只好被迫停产，贱价顶给刘铁逊经营，改名为修和洋行。矿山冶炼规模日益扩大，但冶炼技术落后，德国商人施乃甫于锡矿山开办开利洋行，仿赫氏炉原理制锑氧炼纯锑，但"禁止外人参观"。民国九年（1920），刘铁逊为打破外商技术垄断，乔装工人混入洋行，费时数月，精心研究，后利用本地工料仿造，名为"土法氧炉"，原来废弃的锑矿、生锑炉渣及低成分的花砂均可直接投炉制炼，比西法炉的成本低但产量高，被各炼厂广泛采用，刘因之获利甚巨，并挤垮了开利洋行。

民国十九年（1930），刘铁逊为满足冶炼生产的需要，再次扩大采矿经营，除原有三益公司外，又独资或集股开办球益、天生和、大有庆、履祥吉等7家采矿公司，拥有锡矿山五分之一的矿地。此外，还经营商业，放高利贷。在锡矿山开设有协和兴等商号，经营绸缎、南杂、药材；在县城开设利源昌，做木材、棉纱等大宗投机生意；又合股开办惠康商号及履祥钱庄。钱庄规定借款月息高达1角。凡刘所办公司炼厂的工人，均可在其开设的商店赊贷借钱，只记一笔数，以后物价涨时按时价还，物价跌时就连本加息还。在农村，刘铁逊还占有年收租谷千余担的田土。他不仅做大生意，也做小买卖，只要有利可图。人们说刘铁逊是"专打别人主意，连骨头也要炸出油来"的"铁算盘"。

第一次大革命时期，刘铁逊反对矿山工会提出缩短工时、增加工资、发送福利的要求，企图以全矿山放炉停产的方式进行抵制，被工会揭穿其阴谋，逃亡外县，通缉未获。次年，返回原籍。土地改革时，刘因惧怕而逃居长沙，1953年病卒。

十三、南门湾及水晶阁

南门湾位于老县城南城门，也叫南门口，旧名"进宝"，明正德十四年（1519）建石城，始名"薰和"。中华人民共和国成立后亦称南门广场、五一广场，当时新化的多数重大政治活动都在此举行。"文化大革命"时期，曾在南门广场建毛泽东形象敬仰塔，塔外用水磨石建的栏杆围成花坛，栽上花卉，四周是毛主席画像。

旧时，县南门正对距县城十余里的维山（"维山叠嶂"为新化八景之一），其状如火旗。县城常有火灾，按风鉴家之说，须以水戢火，故永乐年间建阁于土城上，祀水神以镇之。景泰五年（1454）重修，名"水晶阁",并于其顶楼悬挂蓝色匾书"水晶阁",底楼悬挂红色匾书"静镇离宫"。为何要这样?当事人要进县衙,只需经过南正街、十字街、衙门前街,就可直入县衙。县境内民事纠纷与犯罪案件较多,民间流传"县府衙门对维山,十堂官司九堂奸"。有鉴于此,风鉴家建议将县府虚设于"水晶阁"下,以求案件减少,保民安定。清道光二十年(1840),南门外大火,越墙烧毁水晶阁。后来,县人刘金元捐资重修水晶阁,高46.3尺,长33尺,宽53.8尺,四角翘起,悬铃。除下面城门外,上有两层,巍然耸立,登高望远,可俯瞰全城。有县人陈海南所作的《重修水晶阁记》,石刊阁中。民国三十六年(1947),因新邵公路通车,将城墙旧址改为环城土路,水晶阁亦被毁。1950年,拆除残存的南城门石拱,水晶阁基址从此不复存在。

曾经,南门湾所产的杯子糕与毕家巷的鼎盔粑(锅盔粑)、咸生面馆的面条合称"新化三绝"。新化杯子糕,其状如元宝,大如婴拳,味香甜,色透明,分黄白二种。黄以红糖、米糖调色,称金元宝;白以白糖或糖精拌和,称银元宝。其形有凹凸两样,凹形称肚脐糕,方言称"比翅糕",质密而嫩,嚼之如炖蹄筋;凸形称杯子糕,一口咬开,满是蜂巢气眼,既耐嚼又爽口。最妙的是刚出笼时,热腾腾、香喷喷、甜津津。杯子糕最早是祭祀供品。据传早在千年前的梅山蛮时期,杯子糕即已出现在供桌上,后宋神宗熙宁年间,潭州大将经略梅山,设醮天大醮超度战死冤魂,祭品中就有杯子糕。杯子糕现身于街道小贩的零食担子里,则是近两百年间的事了。现在,新化杯子糕主要集中在向东街一带,品质则以西正街的为最。

此外,当时东门外有通济桥,西门外有庆丰桥,均有护城河,而北门无向外交通要道,为塞门。

十四、青石街

青石街,最早为连接南门至梅山田的一段弯弯曲曲的街道。当时为何不修直街而修弯道?从地形地势上看,青石街出口叫拱门坳,地势高于南门口。在冷兵器时代,若有敌来犯,占据拱门坳等于占据了制高点,加上一条弯街,有利于外围御敌。民国二十七年至二十九年(1938—1940),县府对这条街进行全面整修,两边住屋各后退五尺,街道扩宽为6.5米,路面用青石板铺砌成龟背形,因而叫青石街。该街总长达2200米,一度名气响亮,差不多代替了新化古县城。可惜1994至1996年青石街改造时,青石板路全部被毁，两边的楼房全部变成钢筋水泥的通楼广厦，青石街只留下一个名字，成为新化人一段永久的记忆了。

东正街上的青石板路面(鄢吉摄)

第三节　民国一流县城——上梅古城(下)

新化"旧不与中国通"，境内冈岭层叠，交通闭塞，风物独特，宋代以前，这里盛行巫傩之风。宋熙宁年间开梅山前后，佛教、道教次第传入，并与巫傩逐渐融合，日渐兴盛，县境内宫观庙宇纷纷建立。当时县城内外庙宇、祠堂较多，东有东岳殿，南有南岳殿，中有孔圣殿、火神庙、武庙、城隍庙、樊侯庙，还有承熙寺、慧龙庵、崇阳观、玄妙宫、洛伽庵等。此外县郊还有兴福寺(县城东70里)、天门寺(县城南80里)、功澄寺(今洋溪)、熊山古迹(今大熊山)、麒麟庵(今科头)、定慧庵(今上梅)、仙姑寨、栖霞庵(今自来水厂)、白云庵(今白云村)、万兴寺(今琅塘)、招云山寺(今曹家)、大凌峰寺(今维山)、黄龙山寺(今上梅)、西云山寺(今荣华)、天竺庵(今曹家)。清代前期及中期，新化的名山胜景，几乎都有佛教寺庵，呈现出"天下名山僧占多"的盛况。据史料记载，全县有或曾有大小寺、庵、殿、庙等宗教建筑达100多座,其中最有名气的当数承熙寺、东岳庙和玉虚宫。

古城老屋(曾文贵摄)

十五、承熙寺

承熙寺原址位于今上梅镇第三小学一带,为全县著名的早期建筑,也是最早的佛寺。关于承熙寺的始建时间,现有两种说法。一种认为建于宋熙宁年间开梅山前后,当时以"熙宁"二字分名,新化为承熙,安化为启宁。另一种说法是"先有承熙寺,后有新化县",承熙寺早在开梅山之前就已修建。此寺规模雄俊,佛像庄严。据说明朝时,有一尊护法山神于一个雷雨交加的晚上,从南海普陀寺飞来,故又称"飞佛寺"。据邑乘方志记载:"承熙寺,宋熙宁五年(1072)建。寺右有宋古樟树三株。"另载有正殿两重,加上山门、亭台,共计七重,四面环古树,环境清幽,居当时全县四十八庵之首。民国期间,改为新化县立女子中学,后改为城厢小学。寺西有巷通城内,名"承熙巷"。土改时,在今上梅镇第三小学后侧还保留一截殿宇。殿顶梁柱间,或隐或现地雕绘着各种用泥金描饰的花鸟图案。由此想见,当年寺内的面貌,定是飞金流碧,绚丽多彩。

十六、火神庙

火神庙在城内武庙东。新化原无火神庙，道光二十年（1840）城内外频繁失火，道光二十一年（1841），知县胡廷槐令监生李泽源、晏贻琳督建，邹汉勋有记。其正殿供奉火神祝融。木雕神像的四肢能转动，每当冬、夏两至，均要"打醮"换冬、夏袍服。庙内左殿供奉医神华佗，病患者可至此求医求方；右殿供奉送子观音，无后者可在此求子。1953年，火神庙改为新化电影院，即老电影院，在今中医院往上100米处。

十七、樊侯庙

火神庙后有一小庙，叫"樊侯庙"，供奉的是西汉樊哙。他是西汉开国元勋、大将军、左丞相，著名军事统领，吕后妹夫，深得汉高祖刘邦和吕后的信任。后随刘邦平定卢馆、陈豨、韩信等叛乱，为刘邦的第一心腹猛将，封舞阳侯，谥武侯。因职业屠狗，又在鸿门宴中生食猪肉，被奉为屠宰行业祖师爷，在各地供奉。该庙平时不开庙门，只到年底腊月初八，由本县屠户开门祭祀三日，享受三牲。

十八、孔圣庙（即新化学宫）

孔圣庙，又名文庙、学宫、孔庙，还有儒学、县学等称呼，在今县委党校与新化十四中处。新化有学宫自开梅山始，在县署之西南隅。绍圣初，县迁白石坪，学宫亦随徙。不久县城迁回，学宫亦迁回至县署之西。元至正末年毁于战火。明洪武三年（1370），知县张元善复创建，即濂溪书院遗址。景泰元年（1450）被毁，景泰五年（1454）改建于县署西南隅旧址。成化七年（1471）迁学宫于县署东垣之外，即今新化党校校址。后几经修复及重建，规模宏伟，设施完善，琉璃瓦、朱红墙交相辉映。清雍正十年（1732），创建尊经阁（图书馆）于其中。土改初，学宫保存良好，曾设县文化馆于此，"文革"中被毁。

学宫面向东正街，街旁近处立有"文武百官，至此下马下轿"的高大石碑。宫前有屏墙，墙两边开东西两扇角门，东门书"德配天地"，西门书"道冠古今"。只有生员中了状元，才可拆屏墙建大门。新化从宋代到清代无人中状元，所以屏墙中间一直没有正门。屏墙后有泮池，池内种植莲花，放养金鱼。过池上泮桥，便是"棂星门"，穿门而入，左为举人总坊，叫"青云得路"；右为进士总坊，叫"金榜题名"；前为戟门，戟门两侧有"乡贤""名宦"两祠。通过戟门，有一花圃，沿花圃中的石径步行十余丈便是石嵌露台。台边有石栏圈住，露台前方便是学宫主体建筑大成殿。大成殿上层由六根支柱支撑，殿梁上书有御批的"生民未有"匾额，后来又加上康熙御笔的"万世师表"，以后又相应加上"与天地参""圣集大成""圣协时中"等皇帝御批的大型匾额。明代进士邹廷望撰有《重修学宫碑记》，亦毁于"文革"。

十九、城隍庙

城隍庙原址在县署东大街北，明洪武十五年（1382）建，成化六年（1470）迁城内西南隅。康熙十四年（1675）重建，雍正四年（1726）重修，乾隆十八年（1753）重修，道光二十一年（1841）重建门台，咸丰七年（1857）修建后堂。邑人某在《迁城隍庙记》中说："城隍，郡县之土神也，祭祀五土之神，而复城隍焉为之立庙者？以捍牧圉，卫人民而专祀之也。"新化城隍庙的正殿正座为城隍爷，两厢侧殿有阎王、判官、小鬼等多尊神像。城中有人逝世，道士则率丧家孝子，手捧死者灵牌至此处报到，再回家做法事。民间有歇后语云：城隍庙里起内讧——鬼打鬼。其意原本于此。

民国时期，城隍庙殿内所有木雕神像被搬迁至火神庙后殿，城隍庙改为女子职业学校。土改后，原在湘乡会馆内的龙城小学搬迁于此，改为县办城关第二小学。1954 年，城关二小另迁他址，改建新化县委、政府机关。2007 年，县政府迁至河东梅苑开发区，现改为上梅镇政府机关大院。

二十、玉虚宫

玉虚宫为原县道会司驻地，主事官阶为从九品。旧址位于新化县中医院后面，地处中医院与县公安局之间，今留有玉虚井、太平石缸等遗物。新化玉虚宫始建于元朝末年，是道教正一派在新化最早的一座道观，曾一度成为全县的道教中心。此宫是按供奉的神位取名的，因供奉的是道教"三清"及玉虚神相（真武大帝）等众神，所以取名为"玉虚宫"。"玉虚"是道教的常用名词，在梅山峒区专指武当道派供奉的真武大帝。真武大帝，又名玄武，北方之神；据传他在武当山修炼四十二年，功成果满，被玉皇大帝封为荡魔天尊、玉虚师相、玄天上帝，镇守北方。武当山供奉玉虚师相的玉虚宫为真武大帝祖庭，各地的玉虚宫为真武大帝的行宫，是方便信徒祭奠真武大帝的地方，每年农历三月初三，是真武大帝的生日，各地真武观宇都要举行祭礼。此地每年清明前十天全县的道士都会聚在一起，这十日，玉虚宫道士云集，信徒塞室，祷唱震耳，香雾飘浮，一片繁忙。

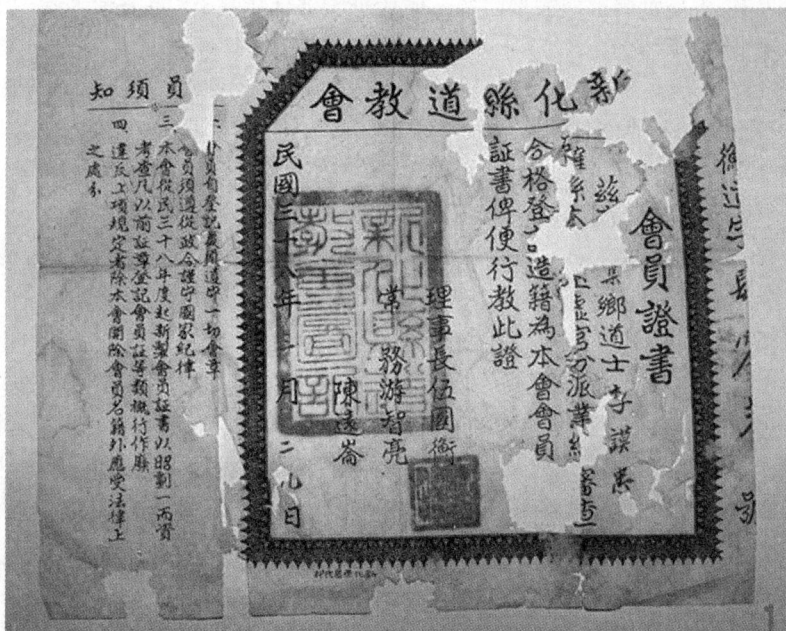

民国时期新化道教会员证（玉虚宫颁发）

二十一、东岳庙与柳公庙

东岳庙位于东正街上，从现在上梅镇天华北路（南正街）北十字路口，向东沿东正街老街大约走一百步，就是东岳殿遗址。东岳指的是东岳泰山，东岳大帝就是泰山之神。据《三教源流搜神大全》记载：东岳大帝是盘古氏九世苗裔金轮王少海与妻弥纶仙女所生之子，初名金虹氏。自上古三代就有对泰山神的崇拜，奉祀为东岳大帝。宋真宗大中祥符元年（1008），诏封东岳天齐仁圣王，大中祥符四年（1011）又尊为帝，称东岳天齐仁圣帝。东岳泰山的东岳庙是祭祀东岳大帝的祖庭，各地的东岳庙是东岳大帝的行宫。新化的东岳庙是东岳大帝无数行宫中的一座，民间普遍认为，到东岳大帝的行宫祭祀东岳大帝和到泰山祭祀的效果是一样的。新化东岳庙曾一度是本土巫傩师的联络中心，其"庙中有庙，庙中有墓"的特点仅见于新化，是研究道教与民间教派融合的不可多得的鲜活素材，其历史价值不可估量。墓主即新化本土师公柳君，庙中供奉的就是这位地主之神。当初建东岳庙时，此处已有柳君庙。据说柳君是庇护一方、很灵验的地主菩萨，当地人不允许拆柳君庙，于是只好在柳君庙外再建东岳庙，因而形成了"庙中有庙"的奇观。东岳大帝的生日是农历三月二十八日，这一天，新化东岳庙照例要举行隆重的祭礼，全县的巫傩师公都要到此聚会，东岳庙因此成为巫傩师公的联络中心。

据自小生长在这条街上的何续梅[①]介绍说："东岳庙中有柳君庙，庙前有柳君墓，后面还有两口井，每年全县的老师(师公)、道师都来东岳庙聚会。这些情况，街上上了年纪的人都知道。中华人民共和国成立后，街政府在东岳庙殿上建木器打铁社，1966 年后建糕点厂，2005 年卖给私人做煤厂。现在的小东岳殿柳君庙是一临街新建的一个长约五尺、宽约三尺、高约五尺的小砖庙，是 2001 年一些市民自发建的。因为柳君是本街的地主，不能没有祭祀的地方。我现在每天早晚义务给新修的小东岳殿柳君庙上香。"现在的小东岳殿柳君庙上方有"东岳殿柳君庙"字样，小庙两侧有对联是"柳君庙王佑本境，东岳圣帝保太平"，里面供奉有：上层为东岳大帝及两个随从；下层为柳君庙王及两个随从。何续梅还说："柳君的生日是农历四月二十八日，这一天信徒都要来祭祀柳君庙王。"

二十二、三味堂(西畲山馆)

三味堂全称是"三味堂印刷书局"，又名"三味书室""三味书局""西畲山馆"，由陈御丞、陈石擎于同治十年(1871)创办，位于北门外，今二小附近。"三味"出自陈氏家训"立身行己要有诗书味，和睦宗族要有家常味，处事接物要有人情味"。陈氏本新化世族，其选用名工雕刻善本，敦请名宿负校对责任，前后刻书数十种，今藏于县图书馆 14 种，影响深远。近人李抱一即说："新化有二大事业关系湖南文化，一为邹沅帆先生创立

---

① 何续梅，女，现年58 岁，高中文化程度，原为当地街道幼师。

舆地学会设武昌，初以新法为地图，全国取法于斯，今犹不能脱其矩矱，功在全国，非仅湖南已也。三味书局设在新化，所印书本次于思贤书局，中有《方舆纪要》甚精，盖图为邹改之先生精绘，大非旧本所能及。《续资治通鉴》《五礼通考》各书均佳……"其极盛时曾雇工200余人，其中刻工100余人，在其所刻《读史方舆纪要》一书书口下端就有刻工姓名36人，并在长沙、衡阳设有分店，但只销售自刻书籍。据新化本土文献研究专家杨德湘①老人介绍，陈氏刻书地为西畲书馆（在城北），但书肆设在陈氏庄园（今新化县总工会，位处青石街）。光绪二十九年（1903）三味书局迁邵阳，新化旧址仍刻书。其中颇负盛名的是刻魏源的《元史新编》95卷。该书早年在江苏兴化县付刻未成，后由魏源族侄、两江总督、南洋大臣魏光焘委托新化三味堂刊刻，而其中的渊源是三味堂主人之一陈能恒娶了魏总督的第八女。此外，中国工农红军的主要负责人之一王稼祥也是魏光焘的女婿，与陈能恒是连襟关系（中华人民共和国成立初，王稼祥曾派人将陈能恒的儿媳李池淑接往北京王家，为其料理家务，后来，李池淑在北京红十字医院工作直到退休）。而红军将领萧劲光又是王稼祥的亲外甥，当时萧劲光任红五、七军团政委，萧克任红六军团政委，二人极其相善。也因如此，1935年红军长征时萧克、王震等率领红军第六军团进入新化县城，军团部就设在青石街的陈氏庄园。

二十三、亚新地学社旧址（薪庄）

亚新地学社的前身是中国近代舆地学鼻祖邹代钧于清光绪二十二年（1896）在武昌横街头（今民主街）创立的舆地学会。光绪三十四年（1908）邹代钧逝世后，由其侄邹永萱接办，宣统元年（1909）改名亚新地学社，有职工近百人，曾主编印刷过《中外舆地全图》，开我国民间编制公开出版小比例尺地图和教学地图之先河。以后由邹兴钜、邹新陔相继接办，编印过中国第一本《世界地图册》和《中国分省精图》。民国二十七年（1938），武昌沦陷，遂迁新化县城（因邹氏舆地世家为原新化罗洪村人）西门岭下新建的薪庄，继续出版各种抗战地图。当时的薪庄位于今县人民武装部内，以前尚存一栋老楼，楼上走廊栏杆，均为"亚"字形木栏，涂以油绿色，十

---

① 杨德湘，男，84岁，原为新化县委政研室副主任，退休后致力于梅山文化研究20多年，编写50多种地方性著作，总计1200多万字，人称"梅山书痴"。

分雅观。抗战胜利后，1946年亚新地学社迁返武昌。中华人民共和国成立后，该社合并入上海地图联合出版社，邹新陔任社长。1953年迁往北京，改组为国营地图出版社，邹仍为社长。

二十四、永兴街

永兴街位于今南门湾旁永兴市场（老菜市场）前面，与今天的上梅镇镇政府隔街相望。东接天华中路，西接工农河街，从南门湾口一直延伸至建材市场，长约500米。原永兴街从青石街口至金家溪上的西石桥，全长348米，宽6米，是一条窄窄的古色古香的青石板路，现已被全部改造。

永兴街老照片（来自县档案馆）

二十五、科甲巷

科甲巷又名科家巷，北接永兴街，东接新华书店，西至工农河，南至城南市场（绿棚子），包括一小、老财政局、老税务局在内的广大区域。据居住在桑梓的柯石华①先生介绍说，"科家巷"本应该叫"柯家巷"，元末南京户部科给事柯新佑谪官于此，他的后人就在这里繁衍生息。以前这一带有柯家大院、柯姓祠堂。柯氏祠堂在一小那个位置。这里形成街巷后，历史上就一直叫"柯家巷"。新化柯家一度是"三世郎官第，五品大夫家"的名家世族，在胡能改的《梅山客户》里也有记载。后来柯姓族人不断辗转迁徙，在清乾隆"湖广填四川"时期，柯姓族人大举外迁，目前在四川重庆

① 柯石华，新化县桑梓镇侯家冲人，主要在家务农打工。

一带有从新化迁出去的族人达四千多人；现有一支约一千多人，散布于新化桑梓、冷水江岩口一带。柯姓人搬出"柯家巷"后，这一带再无姓柯的人。据柯石华解释，后人误以为"柯"是"科"，以讹传讹，遂成了"科家巷"，或者想当然地定名为"科甲巷"，这都是错误的。据说部分柯姓族人前段时间里找到新化县民政局，就恢复"柯家巷"这一历史名称进行过交涉。而据《湖南省新化县地名录》载，科甲巷曾名柯家巷，后因科举及第的人多，改名科甲巷。据至今仍居住在该地的余慧娟①老太介绍，此处民国时期最有名的古迹有"陈"姓大户"燕翼鸿基"（今新化县实验小学一带）与"有宜山庄"。"有宜山庄"是陈姓地主的庄园，占地几十亩，庄园内雕梁画栋，极是豪华，原有三门，现还剩下一扇槽门。庄前有一口古井叫"郭家井"，水质清凉，为古梅城之首。

科家巷一带的小巷（鄢吉摄）

---

① 余慧娟，女，现年72岁，早年生活在黄泥坳，中年嫁入科甲巷后就一直生活在这里。

现存"有宜山庄"槽门（鄢吉摄）

二十六、资江书院（濂溪书院）

资江书院，其名不一，已废者曰文昌、曰濂溪。康熙四年（1665），由知县资助，在城隍庙建立梅溪书院，岁久倾圮。乾隆十年（1745）将书院迁于庙右，乾隆十七年（1752）又扩大学舍，建考棚56间，平时作书院，考期作文场。乾隆二十八年（1763），知县捐私俸银100两，为建院之用。乾隆四十年（1775），继任知县再捐银30两，乡贤踊跃捐助，将书院与考棚分开，在考棚左边另建书院，更名为正谊书院。道光二十七年（1847），又迁建承熙寺（今上梅镇三校校址），因地处资江河畔，定名为资江书院，后又改办为资江小学堂，成为清代新化最高学府。

书院以忠君、尊孔、尚公、尚武、尚实为宗旨，采用个别钻研、互相问答、集体讨论相结合的教学方法。研习儒家经籍，兼学农田、水利、兵赋、刑律、礼乐。教材有通鉴、正史、唐宋诗文、本朝律令、考稿墨卷等。书院的管理者称山长，讲学者称主讲，均由知县聘请或地方公举，多为举人或监、贡生充任。入院学子为岁试录取生员和地方保送童生。入学年龄一般在 15 至 25 岁之间，学制为五年。

书院十分强调尊师爱生，碑载："师长生平，其行表里一心而要于不欺，其诲人始终一心而要于不倦，不以显晦异其情，不以远近异其志，生童不忘师之德泽，待功德者则祀之。"陈天华、曾继梧等名人，早年曾经就读于该书院。

二十七、崇阳岭及上梅中学

崇阳岭，即崇阳山，又名崇台，位于今天的上梅中学一带，东濒资水，南接福景山，西瞻县城，北枕三义阁，当时为县城郊东南最高点。岭上古木参天，绿荫掩映，鸟语花香，朝晖夕霭。道光年间《新化县志》载有清末名宿欧阳鹤的《崇阳夕霭·浪淘沙》："得失尽相忘，荏苒韶光，楚天江上暮云萤。好待夜来珠继照，笛韵悠扬。"这是崇阳岭风光的最佳写照。古人称誉此地为"秋水长忆千顷碧，夕阳残照一天红"。崇阳岭自古为游览胜地，"崇阳夕霭"被列为新化八景之一。崇阳岭上，中有崇阳观，西有玄妙宫，东有洛伽庵，是儒佛道三教融合之地。

上梅中学的历史最早可追溯到明代。明嘉靖二十五年（1546），县人在南门外崇阳观兴建文昌书院。但直接起源是民国二十年（1931），鉴于当时新化只有县立中学（今新化一中）、青峰农校等四所中学，招收学生的数量有限，而小学毕业生要求上中学读书者数以千计，众多落第青少年哭泣于榜下，于是在 1931 年，新化知名慈善家、教育家晏孝逊捐田 280 亩、银洋 500 元作开办资金，毅然创办湖南省私立新化上梅初级中学于青石街原丽则女师校舍。晏孝逊亲自担任校长，当年招收学生 117 人；又以全家田契（田租 2000 担）交省教育厅作学产抵押。次年，新化县县长彭义祜[①]指拨崇阳观为上梅中学校址。1933 年，县府批准将原中、西宫观房屋拨予上梅中学改建为校舍；仅留的洛伽庵，1953 年亦划归中学至今。

民国二十三年（1934），在崇阳岭建成教室 6 间，办公室、图书室各 1 间，一幢教师宿舍和一幢学生寝室也拔地而起，学校初具规模。在扩建校舍的时期，师生继承发扬艰苦创业的传统，课余时间，积极挑砖、担瓦、运土，兴建教室、厨房、食堂，新修草坪，美化校园。从此，崇阳岭上的朝晖夕照，萸江河面的波光帆影，六角亭边的爽人清风，洛伽庵里的飘香桂花，教室的琅

① 彭义祜，男，新化人，晏孝逊的师范同学，曾任新化县县长。

琅书声，运动场上的矫健身影，将荒寂的崇阳岭装点得如诗如画。

上梅中学创办以来，以严谨治校著称。主事曾广济①对学生既严格要求，又呵护备至。每当晨曦微露，寝室里有他督促学生起床出操的身影；上课时有他查巡教室的行踪；晚间自修有他检查学生温习功课的声音；每次周会，也有他即席嘉勉学生的演讲……学校越办越兴旺，学生成绩愈来愈突出。抗战前夕，毕业五个班的94人中，有83人考入省立高中，8人考入黄埔军校和交通技术学校。抗战爆发以后，一批省内外知名教师云集上梅，其中有省内文坛名宿，亦有从沦陷区逃难至新化的知名学者。严谨的校风，良好的教学质量，革命的传统教育，培养造就了大批人才。

上梅中学校内的六角亭及古樟树（鄢吉摄）

现在上梅中学内，还存有六角亭及众多古树。六角亭和荷花池是上梅中学首届毕业生捐资修建的，各矗立着一块硕大的石碑，石碑上用端庄的魏碑体篆工记事，同时整齐地镌刻着捐献者的名字。后来这些首届毕业生

① 曾广济(1901—1989)，新化县维山乡人，曾先后就读长沙明清中学和天津国立北洋大学，思想进步，回乡后1931年就任上梅中学校董会成员，公推总揽校务，为该校发展做出了贡献，同时上梅中学也逐步发展为传播革命思想的摇篮。

大半侨居海外，大都为欧美著名的学者。六角亭旁有一棵四人合抱的樟树，据县志记载，这棵樟树在建县前就已存在于崇阳观，至少已有一千年的历史，被称为新化最古老的樟树。

二十八、洛伽庵

洛伽庵位于崇阳岭东南端，西北距承熙寺五百余步，东北隔资江与慧龙庵遥相对峙，成鼎足之势，是县内清末96座庵寺中最大者。有佛殿两重，和尚三十多名，方丈之下设监院（库房负责人）、知客（客堂负责人）、僧值（又名纠察）、维那（寺院监察）、典座（斋堂负责人）等职，管理众僧。殿堂坐北朝南，殿前有两株大桂花树，正殿之前有洪钟巨鼓。庵后有僧塔十余尊，其中以僧悟微塔最为知名。同治《新化县志》卷第二十七《人物隐逸》有其小传：释悟微，不知何许人，康熙初来住洛伽庵，或言其曾中进士，为达官，尝联其庵云："未入斯门，早已相见了也；既来此地，不须更问何如。"悟微有自题像赞云：孤性寒崖枯木，门庭冷地严霜。点精金、成境铁，指东土、是西方。能令人灰心寂灭，实无有佛法商量。自家面目也不识，任他淡抹与浓妆。

二十九、南门井

有悠久历史的南门井（鄢吉摄）

南门井位于今天的南门湾旁边南门口，新化宾馆旁边，翔实历史无从考究，是古县城遗留下来的几口优质名井。井壁为黑灰色麻石条垒就，现井台为水泥粉面，井水清澈透亮，水质清凉，非自流，至今周围居民还保留着在井里用绳索取水的习惯。井旁有土地庙，过年过节时有人在这里焚香化楮进行祭拜。

三十、三义阁

三义阁旁保存较好的古民居（鄢吉摄）

三义阁，在原城南崇阳岭左侧易婆山上，又名三板阁，系木筑楼台。县人李天任有《闻三元士移居南城》诗云："杜门久不到城头，野日孤云水面浮。潇洒琴弹三板阁，招摇人近水晶楼。喜今七十皆同健，悲昔诸公两独留。倘有余怀宜晤对，塔山渡口问扁舟。"未久毁圮。清咸丰初年复修，为五层砖砌楼阁，初供文昌帝君，易名文昌阁。后于底层奉祀刘、关、张桃园三结义兄弟神祇，故又名三义阁。据梅堤管理站副站长阳吉胜[1]介绍，以前县人常将"三义阁五层、宝塔七层"相提并论，但三义阁里面是空的，无法登阁，而北塔七层皆为实体，里面雕梁画栋，且每层都有神像，可惜这些神像都毁于"文化大革命"时期。由于三义阁所处地势比北塔高，

---

[1]　阳吉胜，男，现年56岁，从小就生活在老县城的北塔附近，现为梅堤管理站副站长。

凭阁眺望，右俯资江环绕，左窥阊闾万家，后倚崇阳古观，面对北门锁钥，诚县城一大佳景。

此阁在"文化大革命"中被毁，废址位于今南门井之上。上梅中学至迎宾路中段左侧，2014 年底还残留一段古色古香的马头墙壁，一条曲径通幽的小巷走廊。

三十一、基督教堂

基督教在 19 世纪传入我国，1904 年由挪威传教士付乃生等人传入我县。新化基督教会成立于 1914 年，当时称"中华基督教湘中信义会新化分会"，会址设在县城青石街左教场坪（今老人民医院内），后来发展成基督

位于新街后的基督教堂（鄢吉摄）

教堂。挪威人在新化传播基督教的同时，还传授西方文化和西方医术，相继办有信义小学和信义医院（即原老人民医院）。当时的新化基督教会隶属于益阳桃花岭差会管辖，下设长老会、青年团契、弟兄会、安息日会等，在各乡镇设有分会。现在的基督教教堂坐落在新街旁边、老人民医院后面，是一栋红白相间的瓷板楼房，本县的基督教教众皆集中在此做礼拜。老人民医院后街，曾叫信义路。

三十二、工农河

工农河与永兴街、科甲巷相连，原是一条绕城河流。此河原名金家溪，发源于科头乡棠棣袁家，自上梅镇塔田坳入境，经立新桥、茅铺下迤逦下流，曾是县城西北部的护城河。20世纪七八十年代，工农河遭到严重污染，成为一条被称之为"龙须沟"的臭水沟；20世纪九十年代中期，县政府组织填土埋河，开辟一条新街，这就是今天的"工农河街"。据世代居住在郭家巷的退休干部辛初开①回忆说，工农河是一条沟河，从黄泥坳发源

现在的工农河店铺林立，早已无河（鄢吉摄）

---

① 辛初开，男，1938年生，老上梅镇东正街人，原为县人大干部，现退休在家，居住在东正街郭家巷人大家属楼里。

北流，经立新桥一带入科甲巷，这一段当时没有名字，后来就叫工农河，河上有西石桥。原来该河从竹台下流经菱角塘，在通济桥一带注入资江，但曾一夜之间改道，从竹台下经武装部一带进入周家坝，再从北塔下流入资江。周家坝是一个小型拦河坝，上设一碾米厂，坝下是一水潭。该河最后从北塔附近的"三板桥"入资江。"三板桥"为河中设三个墩，上盖三块石板，以方便来往群众过河。民国时期该河水流清澈，流水淙淙，河里有虾有蟹，可洗衣服，是小朋友捕虾捉蟹至爱之地，尤其是周家坝下面的水潭，一到夏天，这里人声鼎沸，热闹非常。

三十三、晏家院子

晏家院子有老晏家院子和新晏家院子之分。老晏家院子位于西正街老广播局一带，是一个井然有序的四合院落，现还残留半个院落。新晏家院子位于原湘运汽车站斜对面。据老新化人王明发介绍，新晏家院子相当大，连同晏家祠堂在一起，包括今天日益隆广场、茶厂、中国银行一带，向东延伸至今上梅镇派出所周边及电力局、上梅西路，紧邻原陈家山、陈家坪（位于新化一大桥河西端）。据胡能改先生的《岁月沉香》记载，晏姓在新化县城是个大姓，也很霸道，晏家人在自家门口一般称"老子"，出了

位于毛家巷、正拆迁的老晏家院子（鄢吉摄）

门称我姓晏，出了县称小姓晏。民国时期县长王秉丞拓修县城街道，晏姓乡绅晏华伯依仗家族势力，指着王秉丞的鼻子骂道："谁敢要老子拆屋？老子姓晏！"王秉丞客气地说："那好，请你到我住处坐坐。"这样，四个随从就把晏华伯推出大门。晏华伯被抓进衙门的消息迅速传遍县城，并引起轩然大波。为了平息事态，王县长派人请来晏孝逊。晏孝逊是新化有名的教育家，也是晏华伯的长辈，于是王秉丞对他说："敝人想扩宽街道，遇到了麻烦，想请先生出个面。"晏孝逊说："县长的麻烦，我知道，我明天就请石匠刻两块墙基石，一石刻'正街退三尺'，一石刻'巷街退二尺五'。晏姓人不会有异议。"从此，拆迁果然非常顺利。

三十四、仁园

仁园位于梅堤左侧下面的喜家坪一带，今上梅派出所后面。是一栋占地约900平方米、二层主体结构的旧式四合院，中为天井，仿西洋楼房，全青砖混木结构，地基用青石砌成，屋面重檐翘角，气派宏大。但由于这一带靠近河道，地处梅堤内侧，地势低洼，长期阴潮，又没有得到有效维护，部分青石已呈现出分化破碎的现象，而门庭上的对联"环资作带秀挹梅城；传世有书光分藜阁"格外显眼，意味深长而又分量十足。全院屋架

"仁园"槽门（鄢吉摄）

坚固，建筑宏伟，里面雕栏石砌，庭院幽深，昏暗潮湿，断楼残壁中现在还居住着四五户人家。据现居住在此的邹猛进①介绍说，这院子叫"仁园"，原是刘氏庄园，为刘修如所建。1949年，刘修如举家随国民政府远赴台湾，晚年退休后从事讲学和社会活动，成为台湾著名的社会学家，后病逝于长沙。

三十五、圣德堂

圣德堂位于仁园上首，大码头街末端，属于喜家坪地域。圣德堂原是一个帮会组织聚会的地方，敬奉刘备、关羽、张飞，以刘、关、张为神灵，专门管理码头事务；同时，圣德堂也是资水船工特别是大码头上工人聚集的地方。现在，圣德堂依然存在，但已是一个风雨飘摇的破败院落。

三十六、王爷庙

由于资江水运发达，又加上滩多水急风险大，极具不稳定性，因而船工及船主普遍信奉王爷公公，河两岸到处建有王爷庙（即河神庙）。据孙铁卢回忆，新化王爷庙祭奉的是镇江王爷。而据原东外街街长贺美慈和老船工罗时轮回忆，王爷庙位于大码头之下、长码头之上的河西岸，主要祭祀杨泗（杨四）将军，或称杨泗王爷。那时，船老板的兴与衰，都寄托在神灵身上。因此，每年六月初六杨泗王爷生日那天，王爷庙一带热闹非凡，所有船家都要用三牲福礼敬祭，祭品是一只雄鸡，一条鱼，一大块猪肉，祭完后这些东西就由船工们食用。每次行船前，船老板也必须置雄鸡酒牲敬请王爷公公，名曰"敬老爷"；同时请船工吃饭，名曰"打牙祭"；在吃饭时叫鸡头名曰"凤凰头"，只能奉敬给掌舵师和走上水船的头篙②吃。当然，梅山人信奉的是多神论，因而在王爷公公之下，各河各段，又信奉不同的河神：琅塘一带信奉何公爷爷；益阳一带信奉魏公爷爷；到铜柱滩要敬志公爷爷；到辖神庙要敬辖公爷爷；到泥滩要敬楠木爷爷……但黄江两岸信奉的主神还是王爷公公。

---

① 邹猛进，男，现年63岁，居住在"仁园"里，系"仁园"主人刘修儒外甥。
② 在资江上，无论是毛板船还是其他鳅船，都有一个掌舵的师傅，叫舵师；一个站在船头撑篙的，叫头篙。

位于路口的杨泗将军路箭牌(鄢吉摄)

三十七、五王庙

据原东外社区街长兼支书贺美慈介绍，松山坪、喜家坪、杨家塘一带，在阴司系统上属水府庙、中渡庙、银迎角庙三大土地庙王管辖，经历"文化大革命"都没被破坏。到了20世纪90年代，在城市开发的风潮中，

五王庙神像(鄢吉摄)

以上三大土地庙先后被拆毁。于是，在当地老百姓的强烈要求之下，由东外社区出面，在向东街靠河岸的巷口建三王庙。同时将以前拆毁的王爷庙一并迁入，组成四王庙。前几年，三义阁一带进行地产开发，该地的易婆山庙又遭毁坏，三义阁及井头街一带的居民强烈抗议，多次上访，于是又由东外社区出面，于2012年把易婆山庙迁并于一起，组成了今天的五王庙。五王庙宇极小，但由于集中的神偶多，煞是热闹，平时也有专人负责看守。

三十八、竹台

竹台原为陈氏地主庄园，名"竹台别墅"，位于今跑马岭下，现新化三中一带。在土地改革中，人民政府没收陈氏庄园建"大熊中学"，后发展为新化县第三中学。

三十九、怡园

怡园，又叫五美园，位于县城南郊上田村，占地20余亩，正面一排三座大朝门，正门上刻着两个大字：怡园；两旁门联上镶嵌"五耀文星圭连璧接，美承先德让水联泉"，句首嵌着五美两字。这是锡矿山大矿商杨咏仙全家五子聚居宅地。该园建于1924年，时矿业鼎盛，杨咏仙母亲田氏92岁高寿，膝下子孙五代同堂，人财两旺，故名怡园。该园现有住户十余家，第二进正堂曾用来办私塾。20世纪三四十年代常在此驻军和办学，先后在此办学的有成达女子中学、新化县立女子中学、枫林中学。1948年新化县人民自救会也是在怡园秘密成立的。

四十、梅山亭

梅山亭在县城南五里坪梅山上（今城南，原燎原区供销社社址后），据传为北宋熙宁年间建成，元毁。明永乐间知县萧岐重建，训导杨士珩有记。后圮，嘉靖知县余杰重建，刘轩有记；知县姚九功题其匾曰"问农亭"。清雍正末，知县李某重修，邑人谭绍程为之记，记不传；不久，亭亦圮坏。道光中，知县林联桂移置书院（今十五中学校址）左。从此，梅山亭之故迹被湮灭。《新化县志》中，留下了明代永乐年间杨士珩的一篇《梅山亭记》和嘉靖年间训导程凌云的《咏梅山亭》。

咏梅山亭

明 程凌云

梅山寻古迹，梅地筑新亭。一室斗来大，四窗照空明。
绕檐朝雾薄，入座午风轻。生香花色媚，得意鸟音清。
岩石堆云鬓，松杉列翠屏。对时为育物，寻泉可濯缨。
观望衣冠美，宴集笑谈倾。诗吟唐李杜，道讲宋周程。
地灵今复古，石刻世存名。公暇作胜览，岂替为民情？

四十一、梅山田

梅山田在今县城南部，火车站附近。因宋熙宁五年（1072）开梅山后，作为"王化为之一新"的新化正式纳入宋朝版图。吴居厚（1037—1113）以武安军（治所在今长沙市）节度推官的身份，亲临梅山，核实闲田给梅山徭民。徭民甚为感激，将他试行均田新法的地方命名为"梅山田"，地名沿用至今。

此外，据一向居住在上梅镇的姜泽湘、王明发、邹德义、阳吉胜等介绍，新化老县城一带在风水格局上是荷叶盖金龟，故多水井，历史上名井较多，主要有：玉虚宫井，位于今中医院后面的玉虚宫社区内，水质清冽，原一向有一位护井老人用辘轳提水，曾卖一至二分钱一桶；现在有老井新井两个水井，设电动机房全覆盖，用抽水机提水供应周边居民。菱角塘井，位于菱角塘内侧，由于老县城内玉虚宫井的水供应有限，曾一度是老县城的主要水源。南门井，位于今南门湾附近，曾是南正街、南门湾等一带的主要水源。杨家塘井，位于今天井头街第二人民医院旁，是向东街、喜家坪一带的水源。郭家井，位于今科甲巷文广新局下边，水量最大，曾最早用电动机抽水的方式供应过半个县城。此外，上梅中学下边、十五中旁边、老人民医院内等都有一口好水井，至今还在供附近居民提水淘米之用。

上梅古镇历史悠久，人文深厚，名胜古迹颇多，除上述古迹文物有部分资料或留有遗迹外，更多的只剩下一个名字，要么面目全非，要么完全消失，如居士巷、养园、茹园、止园、茅屋下、南岳殿、梅山田、玄妙观等等，此外还有园株岭、跑马垴、西门垴等古今地名，惜无资料可述。

第四节　周边的文物、人物及传说

一、周边文物

1. 寓园

寓园在今上梅镇花山村，由县人"金菩萨"杨培甫所建。杨培甫办金矿以致富，在原籍地兴建"寓园"住宅，规模宏大，纵横26栋、190间，面积5070平方米，围墙高筑，四面修有碉堡，有警卫30余人。其所占田产，年收租谷5000担，全由其妻掌管。

2. 地母庵

地母庵位于县城北的一座小山上，左临资水，右接花山，面向老年公寓，背倚游家杨坪，依山傍水之胜，仅次于右前方隔河相对的慧龙庵。地母庵供奉的是佛教的地藏菩萨。古有"天公地母"之说，故县人名地藏菩萨庙宇为"地母庵"。清末民初县人曾某有《游地母庵诗》云：上梅朴素尚农功，耕作咸安大古风。择地修庵栖地母，参天建塔夺天工。五层楼可仙人引，四面旁将日月通。好景任君凭领取，维峰南峙水流东。

今天重建的新地母庵（鄢吉摄）

3. 娘家村翁园

清末民初时期，茹江两岸不约而同地建有两座翁园，即曹家镇娘家村翁园和上梅镇北渡村翁园。娘家村翁园为民国初年商人张光泰所建，位于今曹家镇娘家村，离向红工业园较近，是一座气势雄浑的民国时期建筑群。江南四合院形式，外墙为青砖，砖缝由石灰浆砌成。正槽门为大石门，门柱上有一副石雕隶书对联："学绍两铭宏图大启，家传百忍骏业宏开。"门额有"翕园国维敬题"等字样，隶书有《乙瑛碑》《石门铭》笔意。联中的"两铭"是指宋理学家张载的《东铭》《西铭》二文，"百忍"典故出自唐初山东张公艺的故事。相传张公艺九代同堂，家庭和睦。唐高宗上泰山祭祀时路过张家，想向张公艺请教怎样治国安邦。张笑而不言，写了 100 个"忍"字，唐高宗心领神会。翕园主人在大门上雕刻这一副对联，是希望将祖先治国治家治学的优良传统发扬光大。据其后人张人昆①介绍，他的爷爷张光泰起初是一个担脚卖力的挑夫，据说还到过贵州担过脚，家底并不富裕，但他勤恳务实，省吃俭用，稍有结余后，就投资和人合伙做生意。后来在县城南正街开了一家永和祥铺子。从此张光泰家产越来越旺，于是回籍在曹家镇娘家村建了这座翕园。历经 6 年时间修造，民国八年（1919）才建成入住。翕园共 70 间房屋，建筑风格采取左右对称的形式，四面外墙为青砖结构，院内为两层楼木瓦结构，门窗上刻满了花草图案，石柱石鼓上也刻满了水鸟荷花等图案。

4. 北渡村翕园

北渡村翕园位于今上梅镇北渡村，距县城约 7 公里，清末宣统元年（1909）冬修建。此翕园是世界桥牌皇后杨小燕和他父亲杨开道教授的旧居。杨开道，教育家、社会学家，抗日战争时期曾回北渡翕园避难而长期定居。杨小燕，曾 5 次获世界桥牌冠军，多次与邓小平、万里等桥牌爱好者打过桥牌。中华人民共和国成立前夕，她只身前往哥伦比亚大学学习医疗护理，获学位后曾在美国的两家医院工作。后来，她与台湾船业巨头魏重庆结婚，并从此对桥牌产生兴趣，并逐步在桥牌领域中成为当之无愧的强者。此外她还是一位擅长笔耕的作者，已出版《精确叫牌》《简明精确叫牌法》等桥牌专著及自传《二女儿》。为此，许多欧美牌手称她是"龙一样的东方女性"。

5. 北渡村节孝牌坊

北渡村节孝牌坊位于今上梅镇北渡村，距翕园东面约 300 米，清光绪二十四年（1898）建，牌坊上书"杨拱星之妻曾氏节孝坊"。此牌坊系当时

---

① 张人昆，男，现年 74 岁，翕园主人张光泰的孙辈，现居住在翕园的附近。

长沙县训导杨继贞为十三世拱星祖妣曾氏①特修。继贞记云："节母曾氏，贞十三世祖拱星公配也。公鲜兄弟，节母归公最早，年十八，生子廷益，甫八月而公逝。时家不中赀，节母茹苦含辛，抚一子以及一孙卒臻成立，迨孙显化贡成，均曾孙芳裕、芳声并辉庠序，节母犹及见之。盖至明万历二十八年，距其生正德六年，寿九十乃卒云。今阅三百载，至于今又十一世矣，派衍通千丁，仁宦科名，指不胜屈，共徙蜀一派，犹有耀祠馆。专方面者，谓非节母积德之厚，曷克省此夫世族代兴之故，省享于后必开其先，或乃既危而后安，将绝而后续，此因天心之好，变而终不爽其衡考也。公之生既以一身承嗣，及其卒而子若孙又一线仅延，不省节母力为维持遗

北渡村节孝牌坊（鄢吉摄）

① 杨拱星，明正德、万历年间人。曾氏，杨拱星之妻，当时有名贞妇。三百多年后，至清光绪年间，其历代子孙长沙县训导杨继贞报请朝廷准修此节孝坊。

孤，不知作何状矣。噫，此所谓一发千钧。此与节母。在明时已获旌表，越清光绪十四年，乃荐木主入祀，于官祠礼也，顾贞犹隐，以坊表为亟，属冷官外系迁延不果，今年迈归里，乃轮薄金，肇造于家庙左縣之。孔道既以彰，潜德慰幽灵。且使后之人触目心感焉，其继起节妇，正节母风教之留遗所为，潜移而默化者，兹并列于左右方，俾附以传，工既竣，谨追述之。"①

6. 游智开墓和杨源浚墓

游智开(1816—1899)，字子代，上梅镇游家院人，曾官至四川按察使、广东布政使、广西布政使、署理巡抚等职(具体事迹见后)，1899年卒于家。阮元为撰《墓表》《清史稿》《清史列传》《近世人物志》等均有传。他的墓址在上梅镇上田村花亭子(环城公路)右侧的小丘岗上。现在坟毁已

位于上田村的游智开墓柱(鄢吉摄)

---

① 此文篆刻在贞节牌坊之上，为杨拱星十三世孙杨继贞所作。

为一片菜地，只留有墓表和两根石柱。石柱联云："缘衡岳正气而踵，本正学、明正道、立正名、成正果，忠岂忘怀，八十五年如一日；体天地好生为德，存好心、说好话、行好事、做好人，言犹在耳，三百六旬竟千秋"。

与游智开墓相隔不到一公里有杨源浚墓。杨源浚，字伯笙，上梅镇塔田村人，曾任国民党中将师长（具体事迹见后），1933年病故，终年55岁。墓址在塔田村（原华新瓷厂右前方），墓碑旁原有国民党二位政要——蒋中正和程潜的挽联二副。蒋的挽联是："大地起风云，每听鼓鼙思将帅；南天失耆宿，倍教袍泽动悲哀。"程挽云："江表岭南留战绩，维山资水护英魂"。

游智开墓边碑刻（鄢吉摄）

杨源浚墓（鄢吉摄）

7. 新化实学堂

新化实学堂后又用名"民立求实小学堂""新化县速成中学堂""新化公立中学堂""新化县立中学",今为新化县第一中学。该校创办于清光绪二十四年(1898)戊戌维新运动的高潮之中。当时,湖南巡抚陈宝箴、按察使黄遵宪、提学使江标都是维新派,浏阳谭嗣同更是运动的先锋。在戊戌维新运动中,湖南一改过往闭塞、守旧的风气,成为"全国最富朝气的一个省"。

邹代钧(沅帆)①,新化罗洪(今属隆回县)人,曾随刘瑞芬出使英、俄两国,深知兴学之利;加之与梁启超、李维洛共事,参与创办《湘学报》;又因受湖南巡抚陈宝箴所器重,曾任他为湖南矿务总局提调。他会同新化乡绅艾敦甫、彭延炽、晏孝仁、邹代藩、邹代立、邹代过、曾庆湘、萧湘柱等,锐意兴学,呈请湖南巡抚陈宝箴、湖广总督张之洞报北京学部禀准立案,定学校名为"新化实学堂"。租借城南曾氏宗祠(今电信局址),即于当年清明后五日开学。公推邹代钧为监督;公举晏孝仁、彭延炽为管堂,负责内部事务;聘罗永绍(仪陆)、谢钟枬(重斋)为经史、地、算教习;本县优秀子弟陈天华、杨源浚、曾鲲化、高兆奎、苏鹏、罗元鲲等50余人,被招收为第一批学生。学校与长沙时务学堂作桴鼓之应,实开湖南72州县的先声,也是全国最早创办而且延续至今的一所新式中等学校。

1898年8月"戊戌政变",政治形势急转直下,长沙时务学堂停办,新化实学堂也受到了影响。次年,新化实学堂改租县城西门刘祠(原电影院对门),继续办学。且以学堂不可无永久之基地,于是四方奔走,筹募捐款,选定县城资江东岸上渡江(村)为校址,于秋季动工修建三层礼堂楼房1栋及南北修建寝室12间,为学校的建成奠定了基础。光绪二十七年(1901),设"民立求实小学堂"(因当时朝廷兴学诏令中,县级只能立小学堂),以续创办实学堂之志。当时肄业学子有曾广轼、袁华选、晏孝逊等40余人。光绪二十八年(1902),呈请省衙备案,获准改名为"新化县速成中学堂"。清宣统元年(1909),又改名为"新化公立中学堂"。民国元年(1912),根据《普通教育暂行办法》,原新化公立中学堂改名为"新化县立中学",学制为四年。从民国十九年(1930)第十八班起,中学分段,高中、初中学制各为三年。因此,新化县立中学实为初级中学。民国二十八年

---

①　邹代钧,清末地理学家和地图学家,出身于舆地世家,曾出使英俄等国,著有旅行日记《西征纪程》,思想开明。

(1939)，增设女生部。民国三十一年(1942)，以女生部为基础，另立新化县立女子初级中学(校舍设城南)。

民国三十六年(1947)秋，新化县立中学开始招收高中班学生。1949年10月12日，新化县人民政府委派主任秘书(军代表)李孝先接管中学，兼任校长，遵循省府"暂维原状，逐步改造"的方针，积极稳妥地进行改造。1950年2月，将县立女子初级中学并入新化县立中学。1952年秋，奉令改名为"新化县第一中学"，并被确定为地、县级重点中学，在原邵阳地区范围内招生。

8. 龙王池

龙王池在新化城郊，河东岸的梅苑开发区，有一奇景"东泽龙池"。池广丈余，水深无底，盈而不溢，旱而不亏，有人用绳索系大石沉下，接连72根不到底。投石于水，叮当作响，良久方息，池中常见有鱼，但未闻有捕着者。取水而饮，清凉可口，沁人肺脾。人皆曰，喝了龙池水，可消灾除病，永保平安。旧时来此求水者甚多。明执政胡有恒作诗云："乐望池波净抹烟，传闻深处有龙眠。乾坤何地无神物，岩隙中间有隐仙。夜静冷空腾彩气，春晴暖水长腥涎。旱余却恐翻风雨，寄语渔郎稳泊船。"

位于城东防洪堤边的龙王池(鄢吉摄)

龙王池西濒资水，环境幽雅，水质优良，被誉为新化古八景之一。现在，龙王池被县自来水公司辟为水井，日产优质饮用水4000余吨。"龙泉水"从此流进寻常百姓家。

9. 梅山寺

县城之北，曾有古梅山寺。斐国昌主编的《中国楹联大辞典》一书中，记载"古梅山寺"联云："山径有尘经雨洗，寺门无锁任云封。"并注："古梅山寺在新化县北梅山上，为游览胜地。"该书载新化建县之前已有古"梅山寺"。但时隔千年，寺毁，遗址难寻。2001 年，僧人择城东狮子山公园右后侧滨资江北岸之青峰岩畔，仿古刹雄姿重建，仍曰"梅山寺"。前为山门，门上题"梅山寺"，门联仍用原有联语。入门，列有三层铁铸精制香炉，高 3 米。循级百余阶，为"大雄宝殿"，殿中供奉高 4 余米的释迦牟尼佛座像，金碧辉煌。现为梅苑新区的一道风景。

10. 南台山寺和塔

南台山寺位于县城东北，上渡办事处塔山村与七井村之间的南台山上，今火葬场之山顶。因山岗隆起如台，故名南台山，旧传为新化古名迹之一。南台山突兀黄江之东，远观山上宝塔威武高耸，孤峰兀立，实际上山顶开阔，由一寺一庵一塔三部分组成，于此登高远眺，高楼、公路、桥梁及河流，皆历历在目，实为县城周边一大胜景。每逢夏月，气冷冷而苍凉，风萧萧而徐起；秋天则"野渡秋风双桨外，半山红叶是南台"，周边清丽的风景令人流连忘返。而最精彩之处莫过于这里曾发生的"十六团出资，一夜建庵堂"的典故。以下内容是据现住南台山寺僧人释治明①讲述，并结合史实整理而成的。

据说新化河东界曾有一个著名村寨叫刘家院子，刘姓一族飞黄腾达，十几人在朝廷及各地当官，最小的官衔都在三品以上。但刘姓家人为当地一霸，专横跋扈为祸一方，如果刘家的牛吃了哪家的禾苗，马踏坏了哪家的庄稼，鸡吃了哪家的稻穗，这家人只能自认倒霉，最多向刘家哀求，尽量减免灾难。如有不满或去驱牛赶马，就会招来轻则辱骂，重则毒打。背地里人们叫刘家院子为霸堂院子，对他们恨之入骨。这年，在四川做官的魏祝亭衣锦回乡，带着随从从益阳过安化，沿河东官道准备进入新化县城的老家。刘家院子的老爷们知道后，决定给这位名头颇大、声誉俱佳的知县一个下马威。在魏祝亭经过刘家院子地段时，刘家人在官道上摆好官椅，并前后亮出朝廷三品以上的官袍七件。根据封建王朝的规定，三

---

① 释治明，男，1977 年出生新化县温塘镇，曾在福建普陀寺受戒入佛门，现为南台山寺僧人。

南台山寺(鄢吉摄)

品以上官袍是皇帝赐封的，下级官员一见到上级官员官袍就如同见到皇帝圣旨一样，必须立即全体肃立，自己洗手沐浴，装上香茶，恭恭敬敬行九跪三拜之礼方可。刘家前后挂出七件官袍，魏知县因此折腾了三个多时辰，人也折腾得精疲力竭，狼狈不堪。他暗暗发誓，不报此仇，誓不为人。

且说这个魏祝亭进士出身，同时又颇具正气。据王裕明的《魏祝亭生平考》记载："魏祝亭，清代小说作家，名魏崧，字维岳，湖南新化人，生

庵堂和宝塔(鄢吉摄)

于乾隆五十年，卒于咸丰四年，道光三年进士。历任四川乐山、大竹、隆昌、兴文、邻水、南充和南川等知县。著有《天涯闻见录》《壹是纪始》《四声综辨》《荆南苗俗记》《蜀九种夷记》《两粤奇俗记》和《藏俗记》，纂修《仁寿县新志》和《南川县志》。"他在四川为官任上，就曾关心民生，严厉打击过土豪劣绅，甚至为此曾一度丢官。

　　魏祝亭可是个精通堪舆风水的高手，他知道在明处斗不过刘家，于是决定从风水上制服他们。经过详细考察，他看准了南台山一带是刘家的龙兴之地，决定用佛塔镇住这一命脉，并利用了当地人们深恨刘家的心理，自己带头捐资二十千文（相当于二十两银子），其他钱全由十六团募集。他计算好日期，先将修筑寺庙和宝塔的砖瓦材料甚至碑刻都准备好，并偷偷运到离南台山不远的长码头贮存，然后到了预定的日子，连夜安排十六团的老百姓砍山修路，前半夜就把路修到南台山，把材料运上南台山，后半夜众人齐手，几个时辰就将塔和庵堂建好。结果第二天一早，刘家院子的人打着哈欠醒来一看，自己的命门山上一夜之间出现了一座寺庙。尽管刘家人倾巢而出，想毁掉这座一夜之间建起来的寺庙，但在明清两代，朝廷皆强调崇佛，并有一条不成文的规定，已经建立起来的寺庙，哪怕是皇帝下了圣旨，都可以抗拒不予拆除。依此，魏知县和当地百姓已做好了应对准备，刘家无可奈何。说也神奇，刘家被佛塔镇住命脉后，很快就出事了，刘家院子的灶具燃不起火，鸡不宁，狗跳墙，在外当官的人轻则被贬、充军，重则腰斩……在这种情况下，刘家眼看家运难保，于是屈服，向魏知县苦苦求饶。魏知县悲天悯人，答应网开一面，将南台寺的门转了一个方向，原来的寺门是面朝东方，正是刘家院子的方向，现在转了一个向，面朝县南萸江上游方向，刘家才保住了人口。但这塔和寺从此就屹立在南台山上了。

　　但南台山下刘家院子的人有另一种说法。据塔山村六组的刘宣新[①]老人讲，刘姓自北宋初年由始祖玉盛公迁入新化琅塘苏溪后，在新化各地繁衍生息、薪火相传了1000多年，实为新化第一大姓氏，一向比较强势。清顺治年间，新化上任一名刁横又自以为是的县令，他沿着官道锣鼓开道，一路旌旗猎猎、耀武扬威地走来，到处扰民，结果刘家院子的人忍无可忍，于是在官道旁边的秧苗田里插上一套黄马褂。知县一见黄马褂就扑地下跪，但刘家没人理他，让他足足跪了近一个时辰才作罢。知县怀恨在

---

① 刘宣新，男，现年84岁，上渡办事处塔山村六组村民，为当地刘姓族老。

心，到处物色堪舆先生来整刘家的风水。后来他从河北找到一个风水高手，看出了霸堂院子的奥妙——左倚南台山为青龙，右靠旁边的三座小山为白虎之势，因而兴旺发达，如果在青龙的七寸处镇上一塔，刘家自然就会失势。于是，知县运用一县之长的权威，向当时新化十六团摊资建庙，并将木材、瓦片、基石等材料连夜运到长码头做好准备，于是一夜之间，在南台山上盖起了一座庙宇。从此刘家院子衰落下去。当时的刘姓族长刘正纶代表新化刘氏与知县打起了官司。官司从宝庆府一直打到北京朝廷，知县给了皇帝一个二难选择，如果不对寺庙进行处理，新化刘氏自然不会放手；但如果朝廷下令把寺庙拆了，那就标志着新化十六团输了官司。最后皇帝下令，一方面收回刘家的黄马褂，另一方面维护官威，让寺庙保留下来，但让寺门转了一个向，不再面对刘家院子。由此而形成了今天的格局。

今仙姑寨（鄢吉摄）

11. 仙姑寨定慧寺

县城西南约3公里，有一名山叫仙姑寨，半山腰有寺名定慧寺。仙姑寨为县郊群山之首，登其顶，可远观资水横流，群楼林立。相传，当地有人清晨登临峰顶，在旭日东升之际，见一婷婷仙女端坐山巅，轻绕秀发，因而得名仙姑寨。清光绪二十五年（1899），人们在此修建了禅林定慧庵，山门石刻一联，曰："佛门耸峙容天地，善道康庄觉古今。"自此，仙姑寨香火旺盛，信士云集。现有名联："月满还亏，事到盛时须警醒；日高必落，境当逆处要从容。"

二、人物

1. 邓显鹤

邓显鹤，字子立，号湘皋，时人称湘皋先生，著名学者、文献家，因将王夫之的大量作品进行点校刊刻，显扬于世，湖南后学尊他为"楚南文献第一人"，而梁启超则称他为"湘学复兴之导师"。清乾隆四十二年（1777）生，县东下渡村（今曹家镇梓木冲）人。

鹤自幼聪慧，8岁能诗，18岁以县试第一应督学试，补县学弟子员，次年，补廪膳生员。因家贫谋养，"甫冠授徒安化龚氏"。清嘉庆九年（1804）应乡试，中甲子科举人。此后，屡赴礼部试不第，遂淡于仕途，乃远游燕、冀、齐、鲁、淮、扬、百粤，足迹遍华夏，博究群书，广交名士，其中曾参与编修《安徽通志》，撰《艺文志》24卷。

清道光六年（1826）应会试，大挑二等，选授宁乡训导，署理长沙府教授。讲学之余，以搜录乡邦文献掌故为己任。常言"洞庭以南，服岭以北，屈原贾谊伤心之地也，历代通人志士相望，而文字放佚，湮郁不宣，君子惧焉"。（曾国藩：《邓显鹤墓表》）乃奋志纂辑湖湘先哲散佚文献。衡阳王夫之（船山），明末清初启蒙思想家，史籍载于儒林册首，而邦人很少能知其姓名。邓显鹤广求其遗书，在其六世孙王承佺处得遗著38种，得邹汉勋、欧阳兆熊之助，刊刻《船山遗书》180卷，初使船山学术思想得以较完整面世（此书全稿后由曾国藩、曾国荃兄弟遵嘱辑完刊行）。"先生竟与顾、黄共垂不朽，刊书之功不可没！"（清王先谦：《续古文辞类纂序》）同期，还遍访资水沿岸郡县名流佳士，得名、清两代名家300余人诗作4000余首，辑《资江耆旧集》64卷，由两江总督陶澍资助，在金陵刊印。明代湘潭人周圣楷所著《楚宝》，录自《左传》《战国策》及诸家文史著述，被称为"湖广通史"，然对其某些失实及收集不全之处，时人亦多有责难。邓显鹤以极其严谨的态度，对该著进行校核补遗，著《楚宝增辑考异》45卷。"凡正确者一仍其旧，不敢以己意加损；审其字画伪柴灼然无疑者，即为更正；其有错忤不相条贯，未敢卒尔涂改，于每卷末附纂《考异》一卷，随条札记，以便省览，非敢纠谬，聊以存疑；遗漏之历史人物，则广为搜集，依例采入曰'增辑'，仍别为卷数附各卷之末。"（《楚宝增辑考异》例言）该著问世后，深为文坛赞誉，认为"所著该楚故，而天下之大文系焉已"（桐城姚莹），实为海内不可磨之书。在宁乡教所，邓显鹤还辑录明蔡道宪《蔡忠烈遗集》正续 4 卷。

道光十九年（1839），邓显鹤辞训导职返里，名故居为"南村草堂"，读《易》3 年，仍以全力从事湖湘文献搜遗及著述工作。寻搜异常艰苦，"荒山古寺，委巷农家，村学传钞，老僧粘壁，非亲至其地不休"，"偶得片语，如获异珍，惊喜狂拜，至于泣下"（《沅湘耆旧集》自序）。"东起漓源，西接黔中，北汇于江，巨制零章，甄采略尽"，凡得 1699 人，诗 15681 首，厘为 200 卷，辑为《沅湘耆旧集》，未几又辑《续集》100 卷，既有朝阁名流、林泉隐逸之作，亦有民谣农谚之章，实为湖湘历朝诗作之大观。

道光二十三年（1843），邓显鹤以六十五岁高龄，应聘出长宝庆濂溪书院。时值国家首蒙第一次鸦片战争之辱，邓痛心疾首，讲学之余，仍不遗余力，编纂《宝庆府志》（157 卷）、《武冈州志》（37 卷）。《宝庆府志》对宝庆所属州县舆地山川、古籍碑文，缕述无遗；历史记述、人物传记亦可信可征，特别是以破天荒的胆识为起兵抗元的本土民间义士张虎连做三条要讯并列入《大政纪》，以激扬"以天下兴亡为己任"之民族正气，被梁启超誉为"最称精审"之"当时名志"。此段时期，其主要辑著还有《易述》8 卷、《圭斋全集》18 卷、又补遗 1 卷、《周子全书》11 卷、《南村草堂诗钞》24 卷、《南村草堂文钞》20 卷、《杉湖酬唱诗略》《东湖酬唱诗略》《北湖酬唱诗略》各 2 卷，还纂辑《明季湖南殉节诸人传略》《明季湖南十三镇考略》《屈子生日考》《屈贾年谱》《张忠宣公年谱》《朱子五忠祠传略考正》《五忠祠续传》《邵州召伯祠从礼诸人录》《毛诗表》《湘皋自订年谱》等。此外，还校刊南梁顾野王《玉篇》及宋陈彭年《广韵》。

咸丰元年（1851），邓显鹤校刊《玉篇》《广韵》札记，将成书，突患肝病，犹校刊不辍，旋即病逝于书院讲室，终年 74 岁。《清史稿》有传。

邓显鹤一生高洁，重内行。事兄长显鹃白首不移，抚兄子勤于己子；笃重风义，喜赈济孤寒。其献身湖湘文献垂 30 年，一意表彰先哲，弘扬正气，辑著共 45 种，640 余卷，字数逾千万。近人梁启超誉其为"湘学复兴导师"。病故后，曾国藩为撰墓表，自称为"私授弟子"；左宗棠派专使赴丧，其挽联云："著作甚勤，四海声名今北斗；风流殆尽，百年文献老南村。"

邓显鹤的拓摹石刻(一)(鄢吉摄)

邓显鹤的拓摹石刻(二)(鄢吉摄)

邓显鹤的拓摹石刻（三）（鄢吉摄）

2. 游智开

游智开，字子代，晚年号藏园，生于嘉庆二十一年（1816），世居新化县城，家境贫寒，其祖与父皆名孝廉，世以教书为生。咸丰元年（1851）以廪生参加乡试中举，咸丰三年（1853）赴京会试，取得候补知县资格。以久候未补，费用难支，返家授徒讲学。同治元年（1862），他年将五十，始受安徽巡抚李续宜札调随营差遣，委办三河尖及固始县厘务。游视事后，为减轻商民负担，亲笔书写"宽一分"三字匾额悬于厘金局门口，即按原来税率降低百分之十。一日，两江总督曾国藩路过，见此匾额，深为诧异，下令查究。结果发现取于商民者少，而上交库银反较前增多，曾国藩亟称其贤，奏保游智开以知州留皖尽先补用。1865年游署直隶州知州，寻补无为州知州。他在和州亲自坐堂决事。有来告状者，辄殷殷告诫，随到随结，案无留牍，又不时出巡四境，延见父老，三年之内，下乡八十六次。1867年秋，曾国藩调补直隶总督，欲在两江选调八人前往，奏游智开的治行为江南第一。因此，游于 1868 年（在泗州任上仅四十五日）即奉调赴直，听候差遣。次年，署深州直隶州知州。治深一年，兴办义学数十所，并减征税收，地方人士刻有《去思碑》纪念他。1870 年改知滦州直隶州，当地士民在其去职时，遮道挽留者甚多，绘有"攀辕图"。1873 年游智开升任永平府知府，该地煮海为盐，贫民资为衣食。适奉部檄，议禁私贩，通行官引。游上书当局，谓"民无私贩，境多马贼，通行官引，非尽善之法"其议则罢。1885 年游智开擢四川按察使。次年正月，署四川布政使。五月，署理四川总督。游入川赴任途中，仅一乘一卒。一日，夜宿旅店，某县令后到，从者成群，呵责游另徙他处。游不与计较，从之。当夜该县令得知游为新任按察使，便来长跪请罪。游说："毋尔（不必这样），某邑瘠隘，不足辱公，当为公请治名城。"次年，英美等国洋人，擅自在重庆府外鹅项坳、丛树牌、亮风垭至垄等地建筑洋房。爱国群众忿洋人违背条约，构居险要，愤起将它捣毁。又忿信奉洋教首领罗元义之素庇教民，往索之，罗元义竟纠集教徒埋伏以待，杀其来者十一人，伤二十二人。群众更加愤恨，遂尽毁所有外国教堂和医馆。游智开据报，当即令将罗元义逮解到省法办，群众才缓缓散去，此即当时震惊中外的"重庆教案"。清廷惴惴，恐开边衅，游奏言处理此案，必须追究事件发生的根由，他认为洋人违约，构居险要，是事件发生的根本，教首罗元义激起众怒，是事件扩大的原因。因此，应以先收险要及预定款目为关键，非赎回险要无以服渝民之心，非严诛首犯，无以制洋人之口，非赔偿银两，无以为结案之具。罗元义身虽入教，仍是中国子民。自应治以中国法律，请饬总理衙门据理与争，勿许各国公使干预。当时中外人士皆恐启意外之衅，游智开持之益力，结果，处决了罗元义，略给赔偿，而案遂结。游在四川任职期间，闻滦州水患，即汇寄平时所积俸银五千金，以赈济灾民。

1888 年游智开调迁广东布政使，旋署广东巡抚。他在任内，拒绝当地豪绅富商送的例馈三十万金，裁革此种陋规而力止其增赌局。僧寺匿匪，即废而改办义塾，逐出奸僧，熔铜佛以铸钱。同乡亲友来求职者，他概以俸银数两赠为旅费，劝其回家仍操旧业。后因发现总督的亲信南海知县和香山知县等人贪赃枉法，当即予以参劾，事为当时湖广总督张之洞所阻，为此于 1890 年辞官归里。

1895 年，甲午战败之后，清廷思用旧臣，工部侍郎李文田为游解说其过去所劾，实为贪官污吏，游智开因又出为广西布政使。他的俸银所余，悉数捐予当地储粮备荒和修理书院，购中西要籍数千种藏之院中，以供博览，并扩充体用学堂，朔望必亲诣书院，为诸生讲学。灵川闹粮，上令发兵剿之，游以事由激变，办理不善，责在县令，而寝其事。1898年游引疾返里，两年后卒于新化，时年已八十五岁。

3. 魏景桐

魏景桐，字荫伯，县在城厢（今上梅镇南正街）人，清道光三十年（1850）生，同治十三年（1874）补郡学生员。适刘长佑任广西巡抚，调团练"安宝营"去备差遣。桐应邀前往，参与镇压柳州十八峒瑶民起义。光绪元年（1875）冬移兵灌阳县，旋入云贵总督刘长佑幕，因母丧假归。嗣后，复由谭继洵推荐入新疆布政使魏光焘幕掌管文案。光绪十七年（1891），知叶城县事。时县治初建，桐详订各项规约，使民、教相安。继与印人勘定国界，境内得以粗安。任满回籍。

光绪二十年（1894），中日甲午战争爆发，魏光焘率兵出关，景桐应邀偕行，牛庄之役，亲临前敌，手中弹伤，以无援而溃。战后南返，旋随魏光焘赴甘肃，镇压陇西回民起义，总理军务。水利川一役，率敢死队绕道百里，夹攻取胜。光绪二十三年（1897）分发知府，特赏道员。入云南，署理粮储道。光绪二十七年（1901），调兵镇压开远、广南人民起义。奏保记名海关道，补授临安开广道，监督蒙自关税务。

光绪三十四年（1908），魏景桐擢云南按察使，旋改广东按察使。宣统元年（1909），奉檄查办广西"奏参"案件，事竣，补授广西布政使。次年兼代广西巡抚。宣统三年（1911），以病请辞，未允，旋卸巡抚职。五月再辞，邀准卸布政使职，六月返籍。民国二年（1913）病故。

4. 杨源浚

杨源浚，字伯笙，县城厢团上下村（今上梅镇塔田）人，清光绪四年（1878）生，20岁就读于长沙岳麓书院。光绪二十九年（1903），赴日本留学，入振武学堂，光绪三十三年（1907）转陆军士官学校第五期工科肄业，并加入同盟会。光绪三十四年十一月学成回国。次年七月，在广西讲武学堂任学员队长，协助蔡锷训练新军。宣统二年（1910）十月调任广西干部学堂科长。次年赴北京，任清廷陆军衙门军制司台垒科科员、陆军工程队副军校。

辛亥武昌起义，杨参与汉阳保卫战。"二次革命"失败后潜往日本。民国四年（1915）底，蔡锷潜去日本，杨与石陶钧、张孝准三人护迎，并安全护送其离日返国。随后赴云南任湘黔路指挥使，领兵倒袁。次年袁死，即同滇军入湘参与驱逐张敬尧之役，后供职于湖南省政府。民国十二年

（1923），任湖南护宪军第七路指挥，率部经新化赴湘西招抚，驻防靖县、绥宁一带。民国十四年六月，辞职赴广东任孙中山大本营高级参谋、第六军第五师师长，驻肇庆府新会县待命。九月，参加第二次东征。平定陈炯明叛乱后，驻惠州整编。民国十五年七月北伐，任第六军第十九师中将师长，经江西、安庆于次年三月迫近南京，旋与第二军各师分三路对南京总攻，不日收复，此役杨功勋卓著。时值宁汉分裂，第六军军长程潜拒绝蒋介石去南京，蒋则暗调其亲信部队，挥兵直逼下关，然后通知程潜要求入城。程在兵力悬殊的情况下，只身潜离南京，乘轮溯江而上，投奔武汉，蒋闻讯即遣杨源浚速追强留，在九江两轮相遇，杨告程以来意，程示义无反顾，杨极表同情，以追赶不及复命。蒋介石疑其不忠，借整编为名解除其军权，委以军事委员会委员闲职。杨即称病离南京寓居上海，民国十九年（1930）回长沙，民国二十二年（1933）四月病逝，归葬新化塔田。时国民政府主席林森、军事委员会委员长蒋介石及程潜等分别送来挽联。

5. 卿衡

卿衡，号汉藩，县城厢团上下村（今上梅镇下田村）人，清光绪四年（1878）生。光绪二十九年（1903）考入湖南武备学堂，毕业后，分在湖南新军第二十五混成协任炮队排长。光绪三十二年（1906）调充该协第四十九标队官。宣统元年任督队官。次年，提充该标第二营管带，同时加入同盟会。

宣统三年（1911）十月，武昌首义。湖南革命党人以卿衡所部第二营士兵为主力分两路攻克长沙城，旋即组织首批援鄂军，以第四十九标各营为基础，添募部分巡防兵，组成湘军独立第一协，卿衡升为标统，随协统王隆中出发援鄂。卿参与反攻汉口、保卫汉阳诸役，在所部官兵伤亡惨重的情况下，仍指挥若定，坚守阵地，黄兴提拔其为混成协协统。返湘后，该部编为第四师，卿任该师第七旅旅长。民国元年（1912）孙中山在南京就任临时大总统，授卿衡陆军少将衔及开国勋章。

民国二年（1913），卿被谭延闿委充湖南守备第一区司令，驻潭州练军。民国五年，湖南起兵反袁驱汤，卿任护国军第一师第二旅旅长，以维持湘局有功，黎元洪授其三等文虎勋章，聘为陆军部一等谘议。民国六年，湘西兵乱，卿移军常德、大庸、慈利一带剿抚兼施，以功授二等文虎勋章，晋级为陆军中将，任常澧镇守副使兼湖南守备第三区司令。曾主张："使功不如使过，收集党徒，禁诘奸暴，而不咎其既往"，每获盗匪，必求实证，非罪大恶极无不轻释。民国七年六月，北军冯玉祥率第十六混成旅进入常德，卿与其对峙。民国九年七月，冯撤军，卿移驻长沙。随之，湘军发生内讧，谭延闿出走，赵恒惕任湘军总司令。这年十二月，卿返新化奔母丧，赵于次年一月，趁机将卿的常澧警备军5个营并归第二师第四旅邹序彬整编，削去其军权，聘为"高等顾问"。卿愤辞不就，将带回的卫队百余人枪交地方办理团防，民国十二年被推为新化县团防总局总办。旋即辞去，经营矿务。民国十七年，应湖南省府主席鲁涤平之邀，出任洪江禁烟委员，到职未及半载，不愿横征暴敛，毅然辞归。民国二十六年八月病逝，时年59岁。

6. 陈润霖

陈润霖，字夙荒，号立园，在城厢青石街人，清光绪五年（1879）生，19岁补县学生员。光绪二十四年（1898），就读湖南岳麓书院，与陈天华、杨伯笙同称"新化三杰"。吏器其才，于光绪二十八年被选为湖南省第一批官派出国留学生，入日本弘文学院习师范。学成归国后，任常德府中学堂学监。陈润霖认为培养人才应重视基础教育，而当时全省仅有省立小学8所，遂锐意兴办私校，变卖全部家产及其母亲的嫁妆，于光绪三十二年（1906）在长沙创立楚怡小学。命名楚怡，意即惟楚有才，怡然乐育。几年之内，该校由小到大，发展成为一所六年制12个班级的完全小学，有学生600余人，成为湖南省第一流小学。

辛亥革命后，湖南军政府成立，陈润霖出任教育司司长，不久，引退。民国二年（1913），受命创办第四师范。翌年春，该校与第一师范合并，乃创办楚怡高等工业学院，设机械、土木、矿冶三科，并建实习工场。同期，美国雅礼学会与湖南育群学会合办湘雅医学专门学校（后改名湘雅医学院），被推为董事长。民国五年，当选为湖南省教育会会长。五四运动中，陈润霖对长沙各校学生举行爱国示威游行极为支持，并以省教育会名义发出"快邮代电"，力陈湖南学生爱国激情，同时发出"呈省长文"劝告省长张敬尧不要伤害爱国师生。同年六月，与徐特立、朱剑凡、胡子靖等成立健学会，"以输入新思想共同研究、摘要传播为宗旨"。九月，又与毛泽东、何叔衡等新民学会会员组织"驱张"运动，随被省督派兵搜捕，乃避难北京，权任教育部参事。次年七月辞参事回湘。民国十三年，增办楚怡中学及幼稚园，使幼稚园、小学、中学到高等工业学校联成一气，构成楚怡三校一园的新体制，学生每年不少于2000人。私办学校能有如此规模，在全省乃至全国均属罕见。

陈润霖一生淡于仕途，谭延闿两次邀其任教育司长，鲁涤平邀其任浙江省教育厅长、江苏省教育厅长，均力辞不就，唯专心办学。主张教育要不断改革，并组织专门班子在校成立研究部，主持改革。小学一、二年级试行混合设计教育法，三、四年级试行分科设计教育法，五、六年级试行"道尔顿制"（按照学习进度，自己规划、自己学习），并在小学高年级增设英语课。为了因材施教，不限于按年升级，在小学生中，进行智力测验，作为施教与编级、升降的参考。由于教育方法的不断改进，楚怡造就的人才出类拔萃，分布在大江南北者数以万计，陈润霖成为当时全国著名的教育家。

民国二十七年，日军侵逼长沙。楚怡幼稚园、中学被迫停办。小学迁湘潭炭塘子，工校迁新化白沙洲，从新购地建舍，历尽艰辛。次年，陈润霖被选为湖南省参议会副议长，历时4年，呼吁共同抗日，不遗余力。抗战胜利后，他不顾年迈体衰，抱病冒严寒往长沙筹划复校，事未竟而疾大作，不得已返新，舟至筱溪而卒，终年67岁。举债以殓，祭于白沙洲校园。译有《比利时之新学校》《葛雷式教育》等作。

7. 杨培甫

杨培甫，县城厢团上下村岭背后（今燎原乡花山村）人。清光绪年间，以官费生入日本警官学校，毕业回国后曾在云南海关工作。其时，舅魏景桐升任粤臬，而清廷预备立宪，谋司法独立，臬司有专责，调培甫往赴粤任，清理积案。九月旋，奉云贵总督锡公电，调任蒙自关道路警筹备处长，与龚公磋商就绪，定名为"国际交通警察"，由中国主持，以杜法兵，培甫被任命为滇越铁路巡警正局局长，附路数十百里，名刑皆隶之。武昌首义，各省响应，滇长吏震恐，纷纷送眷安南。培甫绾警士数千一身，系全滇安危，昼夜动劳，他国无一兵入境地方，支残局者半载。迨蔡松坡入主滇政，因与培甫同学，稔悉其聪明才智，仍委铁路局督办。

民国元年三月，滇省民庭长李根源恁其能，遇事龌龊，有所掣肘，培甫遂辞督办，挈眷行。后蔡松坡任四川招抚使，复招培甫，但培甫婉谢而归。不久返籍，在锡矿山开办"一而十"锑矿，并与县人合资兴建畴富公司。民国二十三年（1934），根据李金山（新化水车人）建议，筹资办金矿，在桃源县冷家溪南竹坪、罗家冲一带购矿地40余亩，从新化招募一批采矿工人开采金矿，定名为桃源长江金矿公司。开业之初，各项基本建设开支浩繁，资金耗尽，无以为继，乃回乡向同村的陈舆学借得巨额资金，矿窿始采到黄金。旋即成立股东会，杨培甫占70%，陈舆学占20%，钟笃予、李华南各占5%。杨自任董事长，李文续任经理。同时在新化招募退伍军人120人，成立矿警队，兴建4座碉堡，以保矿井安全。修筑洗金坝4个，每坝定额，日夜两班各需洗金12盘（次），每盘洗粉碎后的矿石800市斤，4坝每日共洗矿石96盘（次）。民国二十五至三十年（1936—1941），为其鼎盛时期，采矿工人多达1500人，管理人员40余人，日产黄金16至18两。当时新化人开办的利华、富华、三才等公司及省建设厅开办的桃源金矿局，皆不及长江金矿公司。日本投降后，产量下降，物价暴涨，入不敷出，加之管理不善，而逐年亏损。杨培甫办金矿以致富，县人戏称"金菩萨"。1949年7月病逝于桃源冷家溪。

8. 高霁

高霁，名兆奎，字霁吾、霁坞，县在城厢（今上梅镇）人。清光绪七年（1881）生，17岁赴日本留学，在成城、振武两学堂毕业后，循序升入陆军士官学校。同学中与县人曾继梧、唐义彬、杨源浚、袁华选相友善，在其影响下，参加孙中山的兴中会，又是黄兴领导的"丈夫团"（日语表示坚实、优秀）成员，并于光绪三十一年（1905）加入同盟会。光绪三十四年（1908）学成归国，在清廷军机处供职，宣统三年（1911）任陆军部军需司辎重队副军校①，旋任保定陆军军官学校地形筑城学教官。辛亥革命，清廷委袁世凯派代表与南方革命军谈判武汉地区停战协议，高霁任清廷代表的信使，专车传递文件。旋即反正，投奔武昌参加革命，黄兴任其为战时总司令部参事。武昌起义胜利后回湘，在湖南都督公署任职。民国二年（1913）谭延闿委其为湖南军路局局长，自长沙东北郊四十九标营房起，沿照旧有驿道，达湘潭对河盐码头止，建筑我省第一条公路。是冬谭离湘，汤芗铭入省，以积欠费用过多下令停工。次年入京，任全国经界局评议委员，协助蔡锷工作。民国四年（1915）底，回湘参加护国之役。赵恒惕督湘，高被调任湖南铜元局局长，后于民国十年（1921）四月改任湖南造币厂厂长。民国十二年（1923），湖南"九一政变"，方鼎英率讨贼第一军进入长沙，任高霁为师长。同年冬，随方去南雄整编。民国十四年（1925），任黄埔军校教官，后升为教育处长。民国十四年（1925），黄埔军校停办，安排在军事参议院任中将参议。次年由南京迁居长沙。抗日战争爆发，被军事参议院委为点验委员，负责检查六（湖北）、九（湖南）两战区所属部队的人员、装备等状况。抗战胜利后退役，回新化原籍。1950年病逝于家中。

---

① 副军校，清末新军军衔制度中的一级。当时新建陆军军衔制度中军官分"区为三等，析为九级"，其中副军校为次等第二级。

9. 杨卓新

杨卓新，字华一，号祖谷、茂复，县中和团北渡村人，清光绪十六年（1890）生，光绪三十四年赴省考入湖南高等实业学堂机械科就读。民国二年（1913）参加留学考试，被选录赴美国，先入哈佛大学、威斯康星大学，后转入伊利诺斯大学电机系学习。学习期间，逐渐嗜爱数学，三年后转入色拉格斯大学，专攻数学。民国八年获数学博士学位，并应用"四元法"著《重力比较之理论》一书。次年继赴欧洲深造，就读于英国剑桥、伦敦大学。民国十一年（1922）转赴法国巴黎大学，专听居里夫人物理讲座。翌年赴德国柏林大学，时值物理学家爱因斯坦讲授"相对论"，杨卓新与爱因斯坦深入讨论，颇得要领。其在国外参加各种学术讨论，均有惊人见解，被推为各学会会员。

民国十二年（1923）回国，任湖南公立工业专门学校教务主任。民国十五年（1926），该校与法政、商业两专门校合并组成湖南大学，分设理、工、法、商四科，杨为理科学长。民国十八年（1929）改为院制，杨任理学院院长，后又兼任数学系主任，主讲数论、微分几何等课程。在此期间，亦从事哲学研究，探究宇宙之起源，且发展相对论，提倡"六维学说"，即除空间可分三维外，时间亦可分为三维，认为据此方可解释一些疑难现象；并认为人的思维过程，是一种电磁波的振动过程，有时振动受外界影响而变异，往往产生梦幻。

民国十九至二十年（1930—1931），杨代理湖南大学校长。抗日战起，参与发起组织湖南文化界抗敌后援会。湖南大学亦因之迁往辰溪县，教育部任命国民党湖南党魁李毓尧为校长，遭学生反对，李竟逮捕进步学生多人，杨义正词严谴责李之霸道行为，并指出如事态扩大不可收拾，后果之责不可推卸。当时教育部据此只好收回成命，李离任他去，被捕学生得救出狱。

民国三十二至三十三年（1943—1944），杨任湖南大学教务长，极力选拔贤能，深信后辈应强于前辈，学生应超越师长。湖南大学早期毕业生吴澍基留校助教，勤奋好学，对数学造诣颇深，深得杨卓新赏识。杨曾在土木系毕业生茶话会上说："我在美国考博士学位时的16道题，只需解4道即可，我解了8道，而吴能解10道题，他比我强，比我聪明。"

1951年，杨卓新赴北京参加科学院教学研究所主持的全国高等学校理学院院长会议，并与章士钊、王揖范、徐特立等老友参观游览北京。1952年，全国高等学校进行院系调整，湖南大学撤销，杨卓新转入湖南师范学院任教，因年老体衰，辞去一切行政职务，1960年退休。1963年病逝于长沙。

10. 杨开道

杨开道，字导之，北渡村人，清光绪二十五年（1899）生。民国五年（1916），从长沙明德中学毕业返家，以南北军混战未能继续升学，至民国九年始去上海沪江大学预科学习。半年后，考入南京东南大学（原南京高等师范），民国十三年（1924）毕业。同年秋，赴美国哀阿瓦农工学院肄业，次年获硕士学位，转入美国密西根农工学院深造，民国十六年（1927）获农村社会学博士学位。回国后任上海大厦大学教授并在复旦大学兼课。民国十七至二十五年（1928—1936），在北平燕京大学担任社会学教授、系主任、农村建设科主任、法学院院长等职。业余常为《益世报》《大公报》撰写政论文章。民国二十六年（1937），在山东济宁乡村建设人员训练处兼任教育长并兼济宁乡村师范学校校长。抗日战争爆发，避难回新化北渡村翕园故居。民国二十八年（1939），杨赴重庆，任财政部贸易委员会技术处处长。一年后，被聘为民生实业公司《新世纪》月刊社副社长兼总编辑。抗日胜利后，随社迁上海，在上海商学院任合作学系系主任，直至中华人民共和国成立。

中华人民共和国成立后，杨被调任武汉大学农学院院长，1953年调任华中农学院筹备处主任，1956年任中国科学院武汉分院筹备处副主任。1957年，改任湖北省图书馆馆长，1958年任研究员。曾被选为湖北省政协第一届常务委员、第三届委员，中国社会学研究会顾问，湖北省社会学学会名誉理事长等职。1981年7月23日，病逝于武汉，终年82岁。

三、传说

1. 天子山

古时候，四川有一个著名的风水地理先生，人称杨祝明先生，对《水经》《堪舆学》之类研究得很透彻，特别是看阴地十拿九稳。有一年，他带一徒弟出门探地，从昆仑山开始往南探，徒弟走阳地，杨祝明先生走阴地，一路踩过来到了古梅山峒莫江中游的南台山地界，只见从北而来的龙脉突然在这里抬起了龙头，昂首欲饮莫江之水（地点在今梅苑勤二村境内，今名"天子山"）。杨祝明先生断定此处乃龙穴。为了验证真假，他折了一枝花插在龙穴中心，说："明天如果花枝能生根则是真龙穴，反之则是假龙穴。"不料杨先生师徒的对话被一个躲在荆棘丛里打鸟的猎人听到了。待他师徒走后,猎人将杨先生插的花枝拔掉,代之以草叶。第二天杨祝明师徒再来此处看时,见昨日插的花枝变成了一株茂盛的草,心知有异,便咒道:"此地不发,是无天也;此地若发,是无地也。"等杨祝明师徒走后,猎人也上山去看"天子地"。见昨天他亲手插的草叶已枝繁叶茂,根系发达,知道这是一块"真天子"地,便盘算如何占有这块宝地。思来想去,为了使自家早出皇帝,他决意将生母杀死下葬。随即回家,骗母亲舂米,将母亲活活打死在碓臼里,即连夜将母亲遗体埋在龙穴中。

不久,猎人的妻子怀了孕,谷仓里开始嗡嗡作响。猎人自知龙穴葬准了,便将谷仓紧锁不让外人看。真龙天子在娘肚子怀了三年,只差六个月就要解怀了,谷仓内的响声愈发大起来。一天猎人的舅舅来看外甥,见仓内响声大作,甚是好奇,要求打开看看是什么东西在叫。开始猎人死活不肯,后来舅舅发火了。俗话说:"娘亲舅大,父亲叔大。"谁叫他是舅舅呢!猎人只好从命。可当他把谷仓门刚打开一条缝,一支闪闪发光的金箭呼啸而出,直往京都方向射去。但没有射中皇帝,只射断金銮殿的一根柱子。皇帝吓坏了,立刻请军师推算。军师算后惊呼:"不得了了,要出真龙天子篡位了!"军师要皇帝马上派人到江南查找一个扛蓝旗的孕妇,并将其杀死。于是皇帝派出了若干路人马到江南查访。其中一路来到梅山腹地,发现一个孕妇正用锄头把蓝色对襟衣扛在肩上往家走。原来猎人的妻子在地里劳动时身上溅了泥巴,回家时顺便将上衣脱下来在坝凼里搓了一把,摊在锄头把上晾晒,其状如蓝色旗帜。不想遇上的官兵认准她扛的是蓝旗,于是将她杀了,并将胎儿剖了出来。孕妇肚子一剖开,其肚内立即跳出一个光溜溜的小男孩,与官差对打了一阵后死去。临死时他开口对官兵说:"只可惜我没呷娘三口奶,如果我呷了娘的三口奶,你们谁都不是我的对手!"

俗话说:"一朝天子一朝臣。"在新天子孕育的同时,梅山大地也孕育了一批辅佐他的文臣武将。真龙天子被杀,这批人也自然成不了气候。在青峰河与资江汇合处的西岸(今青峰村一组二组),当时满山遍野都是楠竹。"天子胎"被杀后,一夜之间所有的竹子全部爆开。据说每一个竹节都有一个人骑一匹马,只不过因时候未到,所有的人都只跨了一只脚到马背上。这一大批兵马就是为新皇帝打江山的,只可惜早开了仓门泄了天机而胎死腹中,所有兵马也一夜泄气而暴死竹山。从此,这地方就叫"爆竹凼"。据说,从此以后这儿再也栽不活竹子了,就是栽活了也不长笋。

从爆竹凼往南有一座雄伟的狮子山。它一山坐二河：南面的资江和东面的青峰河。在狮子山陡峭的山崖上，每天早上有一美女端坐在山岩上，以资水为镜，整妆梳头。据说这个美女就是新天子的皇后。自从爆竹凼的竹子爆破了以后，这皇后就跳进资江自杀了，其灵魂化作了一座美女山，现在南北武馆旁边的山崖如果不是近年放炮开山取石破坏，那美女的形象还真的惟妙惟肖！皇后跳水后，原来清澈的青峰河变得浑浊起来，人们就称其为"清浑河"，后来，才改叫谐音"青峰河"。

当猎人的妻子怀了真龙天子后，资江水位抬高，满竹凼里变成了一条河汉内湖。每到晚上，人们可以看到有四十八条战舰在湖内操练，这就是新王朝要用的运兵船和水师兵舰。新天子胎死腹中后，资水突然消退，游弋在湖内的巨舰全部搁浅不能动了，四十八条舟慢慢演化成了小山包。从此，这儿就叫"满舟"，意为停满舟船的地方，后来又叫"满洲"意为这儿有许多的沙洲（四十八个水中山丘），近来就写成了"满竹"，取"满舟"的谐音。

辅佐新天子的军师出在科头的桃林，叫十麻子，能说会道。因天子未能出生，十麻子的聪明才智也无用武之地。关于十麻子的故事讲起来有几箩筐，这里只讲一个《吃狗屎》故事。

在新化的农村流传着一句这样的俗语："十麻子吃狗屎，头泡都吃腻了，还吃二泡？"这句话起源于一个布贩子，诨号叫做五麻子，他常以次充好，缺尺短寸，坑害买主；并且喜欢打赌，设圈套算计人。不少人都吃过他的苦头，恨透了他。十麻子听说以后，心想："我十麻子比五麻子多了五粒麻子，不信就制服不了他。"有一天赶集，十麻子看到五麻子又去卖布了，他便先用红薯拌合荞粉蒸熟，再用小竹筒挤出成一堆，曲曲折折堆在路边草地上，俨然像狗屎；又用锄头扒来一堆真狗屎，放在离假狗屎不远的地方。然后，他就在路边凉亭里等着五麻子从墟场回来。过了一袋烟的工夫，五麻子便扛着一匹布同赶集的人过来了。十麻子悠闲地招呼说："伙计，歇歇肩吧！"五麻子将肩上的布匹放下，十麻子忙递上一撮烟丝，两个人就一边吸烟，一边聊上了。十麻子放肆吹捧五麻子，五麻子喜笑颜开，劲火来了。这时，十麻子就指着路边真假两堆狗屎，说："伙计，你也是蛮狠的，这里正好有两堆狗屎，我俩今天打个赌，每人吃一堆，谁不敢吃就算谁输了。"五麻子一看十麻子这么说，眼睛转了几转，满心疑惑地问："赌么子彩呢？""赌五十两银子吧。"这时，十麻子把事先藏在袖子里的银子现了现："要是你输了，就把那捆布给我。"五麻子心里想，我天天跟人打赌，却从未见过这样种赌法，我就不信你真敢吃。他停了停，嘴边一笑，嘿嘿，是你先提要赌的，我何不就棍打狗呢？便妖笑道："要得，就赌一把！老兄，请你先吃吧。"十麻子脸一变，装出很惊讶的样子，推了半天，才无可奈何地捧起那堆假狗屎，对在场众人说："今天这个赌我打惨了，你们大家可别耻笑哦。"说完，闭住双眼，装出很恶心的样子吃了起来。眼看他真的快吃完了，五麻子心叫"不好"抽身想走，十麻子早有防备，一把拖住他到那堆真狗屎面前，大声说："吃！吃！"五麻子挨近狗屎，臭得直要呕吐，哪里还敢开口吃，只好连忙求饶。十麻子说："不吃可以，那捆布可是我的了，可不要耍赖。"说完，就要扛布走。五麻子没法。只好向十麻子求情。看热闹的人当然不愿轻易放过五麻子，纷纷帮腔要十麻子选一匹最好的布。十麻子故意打开布捆慢条斯理地挑选。五麻子心里越想越不舒服，发狠说："输就输！干脆你就把那泡狗屎也吃了吧，我再输给你五十两银子。""我头泡都吃腻了，还吃二泡？"十麻子拿出一匹布，掂了掂又放回去，拍拍手，回头对他说："今天，我不和你太过不去。也不想赚你那五十两银子。不过，我听说你做人太阴，不太凭良心。我只想让你晓得强中更有强中手。这回吃了我的亏，以后做事，就要记得凭良心才是。"五麻子又喜又羞，此后果然就收敛多了。

再说一个在燎原上田垄里的带兵武将。此人力大无比，但因不能派上用场，只好做贼偷东西维持生活。他个子高大，饭量也大，小偷小摸不行，只有偷大牛大马才能填饱肚子，偷完了近处的再偷远处的。有一天夜里他偷了一条牛扛上肩，因牛脚上有牛屎，便走进溪河里抱着牛身悬空清洗牛脚。不巧被一个路过的熟人看到了，问："你扛一个什么东西在洗呀？"这人灵机一动，回答说："我扛条风车，从亲戚家借来车谷的。"从此，"扛风车"就成了"做贼"的代名词。在下田垄里一带，乡人至今都忌讳"扛风车"这一词。

2. 三义阁

三义阁原是一座荒山，下面有口塘，叫杨家塘。临近杨家塘，有一座杨家坟山，据风水先生说，此地为荷叶罩金龟。杨家塘是金龟呷水处。清代，有个读书人叫杨琨，因母亲葬在这块宝地上，一下就中了进士，选入翰林。雍正年间，有位县太爷想害杨琨。他懂得一点"青乌之术"。知道杨琨中翰林，就应在"荷叶罩金龟"这座坟上。便在龟上建了这座阁子，企图镇住金龟。这名县太爷还假惺惺地说："以往新化的钱都流到江西去了，建了阁可阻挡钱往外流……"摆出一副为民谋利的父母官样子。再说杨琨因自恃其才，目中无人，夜行打着"博学鸿儒"的灯笼，因而引起了皇帝的注意。一天，他侍从雍正来到禹王碑前，雍正特意试探他，指着两旁的石人石马说："这叫什么？"杨琨一时脱口而出"仲翁"，误将"翁仲"说倒了。雍正便借倒词作成一首谑诗："翁仲如何作仲翁，十年窗下少夫工。从今不许归林翰，贬到江南做判通。"杨琨遭贬了，于是人们传说这与三义阁的建造有关。

3. 龙王池

相传梅苑开发区的龙王池乃龙王出生之地。许多年以前，这里搭有一座小茅房，住着一农户。四周乱石狼藉，石间是一块块小菜地。一天，茅屋中突然冒出一根毛茸茸的竹笋，农夫好生奇怪，天天用水浇灌。竹笋一天天长大，几乎与人一样高了，就是不见脱壳生枝，农夫更觉得奇怪。一天中午吃饭，突然天空阴云密布，狂风大作，一只狗猛扑进茅房叼着饭匙狂奔而出。农夫一家为抢饭匙追出屋来。就在这时，只听见天崩地裂一声巨响，茅房不见了，菜地没有了，留下一个黑咕隆冬的深不见底的大窿洞。这就是龙王池的形成。人们传说，那竹笋是龙角出现，叼饭匙的神狗则是龙王差遣的。龙王为感谢房主浇灌之恩，回归大海之前，差神狗引开农夫一家人，以免遭受灭顶之灾。

4. 北塔

城北方向一公里处的黄江河边，有座七层八角的宝塔叫北塔，始建于乾隆年代，改建于道光十三年(1833)，塔底九丈深，坐着四只金龟，塔门书有"北门锁钥"四字。据民间传说，此塔起因于清朝乾隆末年湘西苗民起事，新化是清廷镇压苗民的前线，被过境清兵骚扰得十室九空。这时有个姓周的和姓袁的两伙计从江西迁到了这里。姓周的名亮安，姓袁的名愈安，都是好善之人。他俩沿新化老城废墙踏看了一遍，抓起地下的黑沙嗅了嗅，觉得这里是块依山临水的宝地，于是就在园珠岭定居，开了两个伙铺，一来方便过往商旅，二来收留寡母孤儿。特别是周亮安乐善好施，一副菩萨心肠，越是穿着破烂的人他越好生收留款待，有家口的人还资助他们钱财，要他们起屋安身，耕稼立业，帮助别人建造的茅房就有九百九十一间。这事感动了神仙吕洞宾。一天夜晚，吕洞宾给周亮安送了一个梦，梦中送给周老板一个宝塔形态的钥匙，说是开城北门的。周老板醒来，手里果然握了个金光闪闪的钥匙，但城北哪里有门呢？想了许久想不出名堂，也就罢了。

第二天，太阳落山的时候，有个衣衫破烂、满身虱子、一脸烂疮的老叫花子，挑着一担臭气冲天的破烂大箩筐来旅店投宿。周老板热情接待这个老人，不但安排了好酒好菜，还安排了最好的房间让他住。可那位老叫花子用手擦着鼻涕，竟要住周老板的卧房。儿子一听很不高兴，周老板便对儿子说："在家千日好，出门一时难。老人家这么大年纪了，还出得几次门呀。与人方便，就是自己方便。"于是让出自己的卧房给老人住。次日，又好饭好菜款待老人。老人临走时，说是身无分文，要把那担臭气冲天的箩筐和箩筐里的破烂作伙钱，并连连说道："碰撞（方言，意为说不定）也有点子用的。"周亮安怕老人为难，便收下箩筐，放在楼上北屋的黑角落里。

不知过了几年，有一年大年三十晚上，半夜里忽然听得北楼一声巨响，一道银光直射天空，把整个梅城都照亮了。周亮安连忙带着儿子走上楼一看，原来银光是从那担箩筐里放出来的。这时袁愈安和邻居们也赶来了，都劝周亮安打开看看。不想那箩筐盖上了锁，想了许多办法总是打不开。这时周亮安忽而记起了吕洞宾托的梦，赶忙从内衣口袋里取出那钥匙，往锁里一套，"咣当"一声，两只箩筐打开了。只见箩筐里装满了白花花的银子，银子上面还有一块黄绢，绢上有这么四句话："金钱吊金州，江水两边流。金鹅飞宝地，建塔保千秋。"

周亮安和众人正猜测时，又听见城北河边一道金光直射牛斗，金光里还传来金鹅的嘎嘎叫声，隔老远就看见清澈的黄江河里，一条金线直从上游慧龙庵吊下来，两只金鹅展翅落在河滩上，直逼得河水从两边分流去，简直把人看傻了。周亮安对袁愈安说："伙计，这是天意，按照神仙吕洞宾的指点，我们应该是要用箩筐里的银子在金鹅落地的地方修一宝塔，保住这里的山水灵气，为子孙后代谋福。

于是，周亮安请来了三百三十位石匠，打了三百三十块山石，挖了三十三层底泥，三千三百名民工按吕洞宾送的塔形钥匙模样修了三年零三个月，还只修好了底座，那两箩银子就用得差不多了。周围的许多村民和船民听说是为地方保风水保财运修宝塔，都自动捐来了许多银两，结果还只凑合修了一座木塔。

这座木塔修成后，果然此地人杰地灵，家兴财旺，还出了几个太学士。道光十三年周亮安的后代又继承祖愿，拆了木塔，改建成七层砖石宝塔。袁愈安的后代还用家产专修了宝塔第四层，四角嵌镶珠玉，塔内有五百级螺旋阶梯，直上塔顶，以满足游人"正欲凭栏舒远目，直须循级上高头"的游兴。为了纪念吕洞宾，除塔门正中用石头刻有"北门锁钥"四个大字外，每层阁内都画有八洞神仙和本地山水的壁画，希望他下次云游天下时，记得再到此一游。

5. 货郎智除猪婆精

阳下江边有个阳下村，村东半里有穿岩。有一年，洞里来了个猪婆精，夜里呼噜呼噜睡大觉，傍晚时分常变作美女，伤害过路的人。人们十分害怕，即使大白天几个人一伙从洞边路过，望着阴森森的洞口也不寒而栗。村子里的人多次聘请高师除妖，也奈何不了她。有一天，村里来了个外地货郎。他在村里做了一阵买卖后，已是傍晚，准备到另一村子去歇脚。村人对他讲起洞里妖精害人的事，劝他歇在村里，明天白天再过去。但他不以为然，还说即使碰上妖精，他也不怕，自有办法对付。货郎挑着货担，哼着小调，路过岩洞时，果见有一个大洞。但他也不管那么多，只管赶他的路。走了不久，忽然听到后面有人喊："前面的老哥呃，请等伴啰！"他回头一看，见一中年女人走来，不觉心里一惊："嘿！莫非当真有妖精？"但他马上又镇定下来，管她是人是妖，反正我不怕。就答道："你赶上来啰！我等你。"于是索性放下货担，坐在路边崖上抽起烟来。那女子气喘吁吁地赶了上来，只见她手挎盘篮，头戴印花巾，好像是个走娘家的样子。货郎见她赶了上来，准备起身。那女子说："老哥，我走得急，累坏了，你干脆再等我一下，让我歇歇气好吗？"货郎心里想："看她要耍什么花样。"就说："好吧！反正有两个人走路，就不怕天黑了。"便又坐下抽烟。女子在一旁坐下，问这问那，缠住他不忙赶路。他心里戒备着，不觉到了半夜。女子说："我小时在娘家跟着我父亲学得一些戏法，我要个把戏给你看，好吗？"客商说："好！"于是女子将头巾揭开，头往胸前一低，那满头黑发把脸遮住了。绿森森的目光从头发缝中射出，血口大张，露出两颗大獠牙，长长的舌头，吐出缩进，鲜血欲滴，嘴里发出狞笑，一会收了戏法，问："老哥，好不好看？"货郎果然胆大，心里想："嘿！果真是个妖精！"就答道："不好看。""你怕不怕？""我不怕！""好！我再要个好的给你看。"说着将头摇几下，嘴巴鼻子就变得又长又大，伸到溪里吱吱吸起水来，两个蒲扇大的耳朵一扇扇地，把岸边的草都扇得动了起来。一会，收了戏法，问："好看吗？""也不好看。""怕不怕？""这有什么可怕的。"货郎说："我也要个把戏给你看看，好吗？""行！行！"妖精高兴地说。货郎说："不过，我要把戏有两个要求。第一要你配合，第二，我要把戏之前，你必须闭着眼睛，我喊要你开你才开，要不我就不要。"妖精一心想看戏法，就满口答应着闭上了眼睛。于是货郎迅速从货担里取出一挂大鞭炮，解开后在妖精的脖颈上绕了几圈，然后将烟火吸红，往鞭炮引线上一点，"啪啦！啪啦！"鞭炮一响，火光四射，烧得妖精又跳又叫，不要命地朝山上窜，"嘣"的一声撞在岩石上，反弹起很高，摔到悬崖后面不见了。

6. 杨泗将军的传说

杨泗，或作杨四，传说是水神。以前，新化人很信奉杨泗将军，在茣江河边建王爷庙，在岔路口为小孩打"将军箭"，祭祀的都是杨泗将军。关于他的传说有许多，这里撷取其中三种说法。

一是长沙斩龙说。传说杨泗乃宋代湖南长沙人，七岁那年，一条孽龙来到长沙县鼎功桥寻龙河里兴风作浪。住在河边的杨泗决心除掉这条孽龙，遂赴南岳烟霞洞拜师习武，师傅教会杨泗一套上天入水、隐身循迹的法术，还赐他一匹红鬃马和一把七星宝剑。后历尽周折，杨泗终于把孽龙除掉。孽龙除掉后，杨泗却再也没回来，百姓都说他成了神，于是立庙以祀。据说杨泗将军很勤勉，每年春天，他都要在水口把关检查，如果是兴云作雨的正龙，杨泗将军便放他过去；如果是害人的孽龙，便用宝剑将它斩为几段。正是因为他斩龙有功，被封为将军，能镇水。因而湖湘一带很多临水的地方都修有杨泗庙。

二是荆紫斩龙说。传说杨泗乃丹江荆紫人。丹江发源于秦岭南麓黑龙口，原来叫八百里黑河，河水常常暴涨，大浪滔天，航船被掀翻，渔民葬身江中。大家都说，这是水中黑龙王作的恶。黑河边住着母子俩，儿子叫杨泗，父亲和三个哥哥都被黑龙王吞噬了。这杨泗在船上长大，满月便会跑，五岁在浪尖上要，浪窝里睡，人人都叫他神童。母亲盼他长大能挡住洪水，除恶报仇，便给他起了个小名叫挡住儿。你道这杨泗是谁？他是黑龙王大太子。黑龙王宠爱美人鱼，荒淫无道，残害众生。杨泗多次相劝，却被黑龙王赶出龙宫。杨泗决定脱胎重生，与黑龙王斗争到底。杨泗七岁那年，有一天，他梦见鲤鱼丞相哭诉："黑龙王定于明天六月初六午时三刻起蛟涨水，掀船翻舟，好和美人鱼观赏淹死人的景象。我冒死把斩龙剑盗来，希望你能大义除暴。"杨泗醒来，果见胸前有把斩龙剑。第二天，他带上斩龙剑，又把砍缆绳的利斧别在腰里，直奔河边。午时三刻，洪水铺天盖地而来，杨泗跳上浪尖，斩龙剑一挥，水头落一丈，再一挥，水头又落一丈。他奋力打败虾兵蟹将，黑龙王亲自出战，尾巴一扫，卷起漫天迷雾。杨泗渐渐顶不住了。他且战且退，洪水步步紧逼。他忽听母亲喊"挡住儿、挡住儿"，身上顿时长了力气。他用尽全力，用剑和利斧斩杀了黑龙王，却没提防到潜伏水底的美人鱼，被她冷箭射死，鲜血染红了黑河。为纪念杨泗，人们将黑河改名为丹江，集资为杨泗盖了平浪宫，塑了神像，撰对联为"造就七岁神童子，威镇九江平浪宫"。

三是顽童说。传说，杨泗将军在成仙时还是一个九岁的孩子，宋代湖南长沙人，自幼父母双亡，随兄嫂一起生活，因在家里排行老四，大家都叫他杨四。杨四从小贪玩，当兄嫂要他帮忙做一点家务事时，总是想着去外面玩，为此兄嫂没有少埋怨他。九岁那年，他在外面玩耍时捡到一个龙王脱落的额角，爱不释手，天天拿在手里玩。一天，天气晴朗，他嫂子把家里的谷子挑出来晒，为了防止被鸡糟蹋，便要杨四在旁边看守。但是，杨四却无心呆守防鸡，一心想着去外面玩。于是，嫂子才走开，他就大声喊道："嫂子，天要下雨了，快来收谷子啊!"由于他手中拿着龙王的额角，所以他一喊，天立马就变了，乌云密布，好像真要下雨了。于是嫂子急急地从家里赶了出来，但是当她跑到晒谷坪，天气又转晴了。嫂子看见天气转晴了，就要继续晒。等嫂子一走，杨四又故技重演。这么反复几次，终于把嫂子惹生气了。嫂子骂杨四故意捣乱，顺手拿起晒谷的木耙向杨四打去，不料杨四来不及躲闪，被打中要害而死。杨四死后，玉皇大帝因小小年纪有缘捡到龙角，就封他做了将军，专职巡水镇龙。于是大家都称他为杨四将军或杨泗将军。杨泗被封为将军后，为人们做了不少好事。

当然，还有一说认为杨泗将军就是南宋农民起义军领袖杨幺的化身，这种说法主要流行于洞庭湖一带。

第五节　新化商业史上的神话——毛板船

早前新化商业并不发达，"民力耕桑而少事商贾"，但清末民初时期，新化发挥了资江主航道的优势，把大量的物资，包括工业手工业中的煤炭、锑品、熟铁、石灰、鼎锅、陶器等，农副产品中的土纸、茶叶、木材、楠木、玉兰片、茶油、薏米、棕片、五倍子、花生、土布、窑器、生漆等，大量外销，在运输中不断积累经验，创造发明了资江河道上独有的运输工具——毛板船。毛板船无疑是资江两岸人们智慧的结晶，在湘商史上写下了辉煌的一笔，在世界航运史上，也创造了一段精彩的传奇。同时，毛板船促成了宝庆码头的形成和发展，也成就了武汉三镇在近代史上的辉煌。宝庆码头是特殊历史条件下的特殊产物，尽管地处大都市武汉，离新化县城远隔上千里，但码头上上万户住户，百分之八十以上是新化人，因而曾被称为新化的一块"飞地"，新化人的"第二县城"。

资江航运承载着新化及梅山地区与外勾连的重任，最早的文字记载已见于出土的楚国"鄂君启节"。宋代文献也有"粮船从新化到潭州（今长沙）为十五日水路"的记述。据新化县志记载，清乾隆年间，新化开始大量挖窑采煤，煤炭主要运销益阳、长沙、汉口，然后靠卖煤换回粮食、布匹及百货。此外还有大量的地方土特产，以及手工业品和工业品，包括汉口人喜欢煨汤用的砂罐子，都必须通过资江外运，在这种情况下，资江的水上运输就变得极其重要，且运载量也日益加大。

据已82岁的原毛板船制造技师张财山①介绍，那时，资江河上主要运载船有洞驳船（或叫动驳子）、摇橹船、千家船（也叫鳅子船）及其他小型木帆船，还有竹排木排筏子等。摇橹船主要在资水两岸来回及就近客运。鳅船可载40吨，航路以邵阳至新化再至益阳为主。洞驳船一般分单驳子和双驳子，一人或夫妻两人操作即可，可载三至十吨，这种船大都行驶在新化至邵阳河段。

船名	载重	用途或通行地段
摇橹船	几吨的小船	过渡或就近运输
洞驳船（动驳子）	3 吨～10 吨	多从邵阳、武冈下来
鳅子船（洋溪古）	10 吨～30 吨	从洞驳船中改造出来
大驳子（舟驳子）	30 吨以上	可达武汉
毛板船	60 吨～120 吨	煤炭专用船，远至武汉
楼船（后来出现）	可至 200 吨，为资江上最大船只	装石灰、土纸或运猪、牛，最远至益阳
摆江船（后来出现）	数十吨	内河运送谷、米、盐

以上这些船只，远远满足不了市场需要，加之资江号称天险，在新化境内有名的险滩就有53个，滩上礁石森列，航道狭窄，稍一不慎，就有触礁烂船的危险。在这种情况，梅山地区特有的运煤船只——毛板船应运而生。

毛板船始创于何人何时何地？有好几种说法，但一般认为始于新化洋溪。嘉庆二年（1797），新化洋溪船民杨寿江、罗显章试制成吃水浅、船肚大利于水浅滩多河道航行的洋溪船，接着罗显章和陈冬生又在洋溪船的

---

① 张财山，男，现年82岁，荣华乡小鹿村七组村民，为当地一带有名的木匠师傅。13岁师从其父亲学木匠，制造资江上各种船只，69年的木匠生涯，曾参与制作过三十多艘毛板船。

基础上，制造一种载重30吨的新型船——"三叉子"，装煤专跑益阳、长沙、汉口，这就是毛板船的雏形。

嘉庆四年（1799），洋溪杨家边船户杨海龙搞运输蚀了本，回到新化，赊购了罗显章、陈冬生的"三叉子"船，运煤到武汉去卖。船到汉口，煤炭赚了钱，他见那艘"三叉子"已经破旧，返航又多费时日，就把它拆掉当木材卖了。汉口木材昂贵，卖木材的钱带回去再添一点就可再造一艘新船，既赢得了时间又可以及早还清赊船的欠款，可谓一举两得。

杨海龙轻装回乡，比驾船返航省了个把月时间。还清了买"三叉子"的赊账，手里买煤炭和造新船的钱都有了，就赶造新船运第二次煤去汉口。

这回他有了经验，既然把船当木材卖可以收回大部分造船的本钱，就索性省工省料，只要船能把煤载运到汉口就行了，又按装载煤的特点，在"三叉子"底宽肚大的原型上加以改进，造成了第一艘"毛板船"。

"毛板船"，顾名思义，就是用毛糙的木板造成船舶。传统习惯，造船力求坚固，船帮都用整条的杂木，船底用厚实的椆树板子，这类红木价值都很昂贵，修造也很费工力。改用廉价的松木板，木材成本低，造船的工价也节省了很多。反正到了汉口要卖掉的，所以也不用刨光滑、涂桐油，让它毛毛糙糙，能装运煤炭就行。后来不断改进，整艘船全部用八分厚的松木板拼钉而成，就是名副其实的"毛板船"了。

杨海龙成功了，十多年间积资数十万，"毛板船"也不断改进，从业的队伍不断壮大，遍布资水沿岸有煤炭资源的各地，采煤业也因此蓬勃发展。

成型的毛板船载重可达120吨以上，最小的载重也在60吨以上。船长五丈多，宽一丈二尺，吃水四五尺。毛板船与普通船的外形差不多，由头展子、二展子、头桅舱、前踩舱、二踩舱、三踩舱、主桅舱、进门舱、二龙舱、三龙舱、挨身舱、太平舱、火舱、前睡舱、后睡舱、大八十舱、二八十舱、三八十舱、鹅公舱、厕所等部分组成，有四根桡橹，另留有二根桅帆的位置，在山河里不用桅帆，到益阳后再装桅杆和风帆过洞庭湖。毛板船及船舱都很简陋，只是造船用的木料粗大，用马钉（一种外形似大括号的大铁钉）钉好粗木板后不加整修，在板与板的缝隙处抹些桐油石灰浆防漏，船表不上桐油，船体很毛糙，所以叫作"毛板船"。毛板船造船木料主要是用刚锯开的松树毛木板，因它仅用马钉钉制而成，不如鳅船、摇橹船、洞驳子结实，一旦不慎碰上礁石即碎裂，俗语以蛋壳比之。在使用机

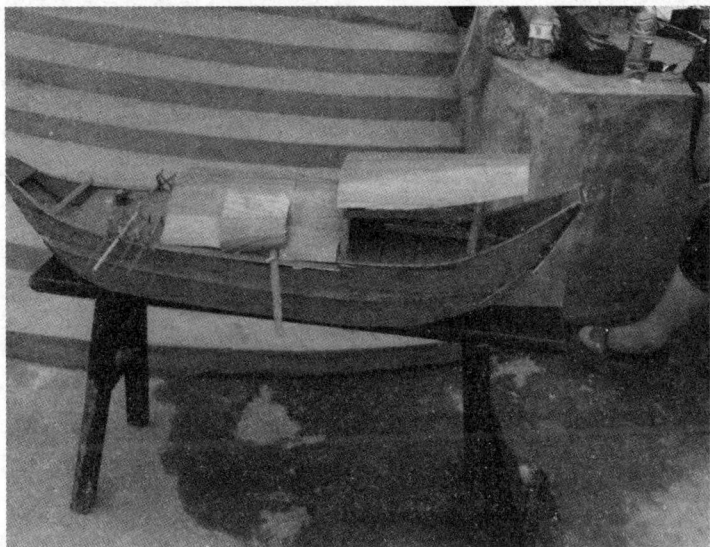

沙塘湾老木匠黄师傅做毛板船模（李新吾提供）

轮船以前，毛板船算得上是资江上的庞然大物。这是新化人的独创，是世界航运史上绝无仅有的专供运煤的"一次性使用"船舶，到达目的地后船板就可拆下来当作木板卖。其规模之宏大，影响之广泛，在当时是无与伦比的。

杨海龙发了大财，在洋溪买了400多亩田，之后定居益阳，在益阳又买了40多栋铺面，几百亩湖田。嘉庆二十三年（1818），他年逾古稀，捐出益阳的铺面与湖田的一半作为毛板行会基金，举荐陈冬生为负责人，创建了新化毛板公会。从此毛板行业与从业的船工水手有了组织，对行业的发展与员工的福利保障起到了良好的作用。1946年又成立汉阳县毛板同业公会，会员73户，其中汉阳武圣庙沿河有50户，其余分布在汉口朱家巷、宝庆码头一带。

从运输经营的观点来看，毛板船是最理想、最合算的运输工具。第一，它本身就是货物，到达汉口后拆板子卖了，得价完全可以再买一艘新的毛板船，这样就无须计入成本。第二，它的载运量大，用同样多的员工可以最大限度地运输更多的煤炭。经营者只需付出船工的工资和沿途的伙食费用，其余的赚头都属纯利润，通常能获利三倍。从资金启动到本利收回只要个把月时间，一千元就变成了三千甚至四千元，这种生意大家当然争着做，船当然也越大越好。

船大，载重大，吃水也深。资江滩多，滩中水浅不到三尺，枯水季节根本不能航行载重的大船。这不要紧，春夏之季雨水多，溪河经常涨水，只要水涨高七八尺，就可以放毛板船，所以河边两岸的人，都习惯地把涨到七八尺以上的河水叫作涨毛板水。一般从二月涨桃花水起，到五月涨龙船水，这段时期有四个月的时间，至少也能涨五到七次毛板水，足够放船之用了。

要等河里涨水才放船，这也是毛板船的特色。涨了水，水位提高，便于载重船航行。但涨水时水的流速加快，资江多峡谷，洪水被峡谷所束，奔泻更为湍急；而航道曲折，岩礁错杂，更增加了航行的凶险，能否顺利航行，就完全系于舵工的经验与机智了。

过去资江河道上没有水文标志，江上行船，特别是放毛板，每一个地方都有自己的测水点。资江黄江段习惯上主要有四处作为放毛板和行船的标记，一是把东门外大码头的石级作为标记，一个石级叫一个磴，高五至七寸，通常河水涨上了十一二个磴就可以放毛板了。可是水势太大也不能放船，船在那样大的水势中很难驾驭，更无法傍岸，所以大码头的水涨到了二十几个磴，毛板船也不能开，这叫水小了不能放，水大了也不能放。二是枫林码头前的渡石塘，上游船夫们通过渡石塘边的磐石来察看水位，只有到了规定的水位，新化上游一带方可行船放毛板。三是塔山码头边有扫篼碑，只有河里涨了"扫篼水"才能开始放毛板。四是游家镇大洋江江口有块毛板石，历来作为大洋江及资江下游行船放毛板的标石。《资水滩歌》中所唱"萝卜园底下湾毛板，毛板石上水位观"，讲的就是这一段放毛板都以该石来观察水位。

毛板船体积大，载重多，本来就不大灵便，又要在涨大水的时候放，船被水势所裹挟，稍一偏离主航道就会触礁撞岩，风险性特别大，打烂船是常事。做毛板船生意的弄不好就血本无归，倾家荡产。所以，不论是当老板或是当船工水手，放毛板船都有很大的冒险性，这也是毛板船的特色，同时也反映出梅山蛮子不信邪、敢拼敢闯的性格。

当老板的敢冒险，是因为毛板的利润特高，流行的说法是："十艘毛板打烂七艘，只要有三艘到达汉口就有赚头"，这话并不夸张。真的一河水能放十艘毛板船的大老板，当然是有赚不蚀的，倒霉的是那些资本并不雄厚的中小业主，一次只能放一两艘船，第一次船丢了，可能尽其所有加上亲朋好友的借贷，重整旗鼓再搞第二次；如果第二次仍然倒霉又打烂了船，那就一辈子也爬不起来了。不过做毛板生意赚了钱的还是多数，所以每年新化总有两千艘以上的毛板船放到益阳、汉口（中途沉没的不计算在内）。以平均每艘毛板载煤 100 吨计算，每年要输出 20 万吨以上的煤炭，以每吨煤炭 8 至 10 银元计算，每年要换回 200 多万元的现金或粮食布匹，这在当时是一个了不起的数目。

毛板船上的舵工水手有内河外河之分。载重船只从新化、冷水江、邵阳等地出发时，老板配置了一班内河舵工水手，这班人只负责走内河（即山河），将船只平安地送达益阳，就下船，在益阳街上玩几天后，沿陆路官道步行回籍，等天下雨时再放下一趟毛板船。益阳城里，老板已经安排了另一班负责专走益阳至武汉这一段的外河舵工水手在等待，船到这里，老板再请木匠在毛板船身安装上桅杆和风帆。这段水域相对水面平阔，有风力可借，习惯上称外河。外河的风险不像内河大，内河上的舵工水手是冒着生命危险在阎王爷鼻子下面抢饭吃的。

不过毛板船上的工资高，普通的船工褡裢子，每年只在春夏之交放得五六次船去益阳，就能赚得当长工两年的工资，下半年还可以干点别的。一般情况下，驾放一趟毛板船（从新化到益阳只需三天），舵工师傅能得到银元三四十块，"长守"可得二十来块，普通水手也可得十来块。也就是说，一个水手放一趟毛板就可得到十多担谷子的回报，一年放五趟毛板，就是一百多担谷子，还不要交粮纳差，比一个中等地主还强。年轻人十几二十岁下河拉搭褡，熬得十几二十年就有希望进档拿舵把子当舵工，这是水手们最高的愿望。正是因为这样，在没有别的出路的情况下，上毛板船拉搭褡是沿河人家年轻子弟最好的出路，就算再大风险，也不愁没有人去放毛板。

河两岸流行着这样一首滩歌："驾船要驾毛板船，骑风破浪走江天。一声号子山河动，八把神桡卷神鞭。船打滩心人不悔，艄公葬水不怨天。舍下血肉喂鱼肚，折断骨头再撑船。"

另外，还有两句流传很广的歌谣："灵滩洛滩的人不种田，一年四季靠翻船。"

为什么靠翻船？因为这两条滩上翻船沉船最多，船一出事，船里的货物行李漂得满江都是，可以捡"洋捞"，救得起落水的人，还可以得到一笔酬谢。所以一见有船航向不对头，滩边的小划子就准备出发救人捡财物。这样的小划子，灵滩洛滩沿岸有几十只。当然，划子第一是救人，所以尽管船出事的很多，但落水的人只要抱住一支大橹或舵扇就能保住性命，会点水的只要抱住块船板，挣扎一段时间，就有划子来救了。

凡是吃河路饭驾船的人，十个有九个曾经打烂过船落过水，死人的意外也经常发生，但船工们习惯了，认为是命中注定。他们常说："挖窑的埋了还没死；驾船的死了都没有埋。"就好像歌谣里常唱的："勇士无妨刀下死，将军难免阵前亡"一样，"明知山有虎，偏向虎山行"，这就是放毛板船的人的性格。

放毛板因为危险大，因而船上就多了许多忌讳和讲究：甲板部分叫踩舱，前面的舱叫龙舱，中间有屌舱和做厨房用的火舱，后舱叫睡舱，通常水手们在龙舱睡，长守和舵工师傅在睡舱睡。船上最忌讳讲不吉利的字，"翻、打、滚、烂、沉、洗、问"等都要用别的字代替。例如，翻个边要讲拨个边；打牌叫抹牌；洗脸叫抹面；水滚了讲水开了；烂了讲霉了；新化城里叫新化浮里。新化话讲淹死叫"问"死，因此连问答的问也避讳改为了"聘"，"我问你"讲成"我聘你"，"请问"讲"请聘"，等等。船工不仅在船上忌讳这些字，回到家里和日常生活中也忌讳不讲，久而久之，家属们也就习惯了，至今有些年纪大的新化人，仍在习惯性地避免使用那些避讳的字。

同船当船工行话叫弟兄，也叫褛褙子。驾驶毛板船，得十到十二个人（上百吨的船十二人），一个舵工师傅、一个"长守"先生、八或十名得力水手。十余个人同在一条船上，其命运与船相连。因此大家得各司其职，分工协作，默契配合。舵工师傅是毛板船的统帅。什么时候启航，什么时候停泊，以及在行驶途中的一切事宜，全由舵工师傅说了算。"长守"是毛板船的行政总管。在毛板船停泊待命时（无论载重与否），由"长守"负责"看潮"，就是负责安排水手轮流从斛舱舀出渗漏进来的水；观察河水的涨退情况，免得毛板船停泊时被搁浅；行驶时于船头掌棹；将停泊时泅水上岸张梨下锚；以及管理全船人员的吃喝等后勤服务事宜。

水手的职责主要是行船时负责荡桨，在毛板船的前踩舱到正踩舱的两边，安有相等的桨桩，是供水手架桨荡船的。但水手有级别之分，即头桨手、二桨手……以此类推。新手上船只可当末桨手。头桨手是水手中的头头，在行船时负责扬帆落帆，在荡桨时负责主喊划船号子。划毛板船的号子与驾"鳅舶子"船的号子大体相同。"噫呦唉哎嗨哟，驾船要驾毛板船，噫呀唉哎嗨哟。迎风击浪冲云天，噫呦唉哎嗨哟。一声号子山河动，噫呦唉哎嗨哟；十把船桡是神鞭，噫呦唉哎嗨哟。"主桨水手唱一句，水手们和一声，那调子还蛮好听的呢！

水手的日常工作，除撑篙划桨外，一是舀潮，就是舀出从船缝漏进的水，鳅船渗水不多，而毛板船每次要舀七十来屄斗水，一屄斗水有二十来斤，四个小时要舀潮一次，昼夜不得间断，非常辛苦。二是轮流做饭。船上做饭烧水都在火舱，火舱虽然不宽，却完全是间小厨房，锅灶菜橱一应俱全。

驾放毛板船十分危险，但船工们的生活倒是蛮可以的，毕竟大家是拿自己的生命在搏击，所以主家是不可以吝啬的。一日三餐都会有鸡鱼肉，水酒米饭任吃。但是，吃鸡吃鱼很有讲究，比如鸡鱼的头和尾是舵工师傅吃的；鸡爪鸡腿是"长守"吃的；鸡翅膀是主桨水手吃的；其他水手就是再嘴馋也不得乱吃，否则就别想上船当水手。

船老板的兴与衰，都寄托于神灵，靠河神保佑。因此，在造船、开船（放毛板船）、停船和到岸时都有许多讲究，都要祭奠"老爷"。

首先是开工敬神。这里有二点要注意。第一点是良辰造船。在决定打造毛板船前，主家得请高人测算，选定一个黄道吉日。打造一艘毛板船，对于主家来说，是一项十分重大的工程，一艘能装上 100 吨煤炭的毛板船，耗资（光洋）得上百元，所谓"起屋造船，昼夜不眠"，不选择一个好日子是万万不行的。

第二点是严避女人。选定黄道吉日请来掌墨木匠，敬神开工造船之后，就不得有女人踏上毛板船，特别是船头。传说船头就是王爷公公的头，若是被女人践踏了，是极不吉利的。如有不晓事的妹子踩踏了，得由其家长备上三牲供品，放炮敬神驱邪退煞。

起工造船时，掌墨师傅需测定时辰（就如建房奠基）开斧。开斧时掌墨师先选出三块长度宽度相等的板子平铺于地面，板下垫圆木象征船坞，船头朝向上游。然后，掌墨师来到船头处上供，供品是一块用开水焯过的钩刀肉（即猪排肉，重三到四斤），白酒（或水酒）三碗，雄鸡一羽，纸钱香烛若干。掌墨师点燃香烛，按天地河诸神之方位插好后，一手抓起雄鸡，一手拿着斧头，口念咒语道：此鸡不是非凡鸡，头既高来尾又低，杀了此鸡敬诸神，杀了此鸡避邪气……然后一斧割断鸡喉管，将鸡血分洒于船头板和纸钱酒肉之上，再从鸡脖颈处扯下一把毛粘在船头板上。此为"敬开工老爷"。

其次是完工敬神。当毛板船建造即将完成时，就像建房安主梁那样，在最后安定龙头方板时，主家同样得备三牲供品，用于敬献鲁班先师与河神，意在祷祝毛板船下水后能一帆风顺，为主家创造财富。此为"敬完工老爷"。

再次是起航敬神。毛板船是一种只能用于装运煤炭的专用船舶，其建造工艺较"毛"，船壁处难免会有渗漏，煤炭便可结块堵塞住渗水。船底如有些许渗水，这也无妨，因船舱下铺有很齐整的船舱板，煤炭是装在舱板上的。毛板船的舱与舱之间有比较坚固的船梁，船梁之下留有"过水眼"，渗漏进舱的水通过"过水眼"汇集到"斛舱"，舀出去就没事了。当毛板船装载满了之后，主家仍需备上供品，敬奉天神、地神和河神，祈求船货平安。此为"敬起航老爷"。

最后是抵达敬神。毛板船顺利到达目的地（益阳或者汉口）之后，于所到之日，主家还要备上三牲供品敬神。其用意是答谢天地河诸神的护佑，使船货平安到达目的地。此为"敬开心老爷"。毛板船是用枞树木板打造而成的。而毛板船的船舱板（煤炭的上下各有一层）却全都是上好的杉木板。这些木板在本地不是很值钱，可到了益阳尤其是到汉口后，其身价就大大不同了。因而，当年称煤炭和木板，只要到了汉口就成了乌金和黄金了。所以"敬开心老爷"主家是最乐意的。

上述祭祀活动，"开工""完工"由掌墨师傅主持；"起航""抵达"归舵工师傅主持。每次祭祀，主家得给主祭者封红包，少则银元两块，多则四六八块不等，全凭主家喜好。其他的人，如"长水"、水手、帮工等，就只乐得饱餐一顿了。但"敬开心老爷"时，主家会给放毛板船的人都发红包，舵工师傅最多，"长水"次之，水手们人各一份，也有看其表现拉开档次的。因此，抵达敬神被称为"敬开心老爷"，是很有道理的。

享祭的神灵也五花八门，有王爷公公、杨泗将军、地主公公、洞庭王爷、楠木王爷、开船老爷等。通用的祭词一般是："伏以起心动地，天地皆知，起心动地，神灵皆知。今有××庙××土地××人开船去××地（汉口），请起开船老爷保佑一路平安、顺风相送，滩滩有水，路路有泓，一路滔滔到××地（汉口）。"敬完神后，船工们饱餐一顿，叫"打牙祭"。在"牙祭"时叫鸡头名曰"凤凰头"，只能奉敬给舵师和走上水船的头篙吃。《下滩歌》中唱："每人半斤酒与肉，敬了佛神吃一餐（开船）""王爷公公来保佑，顺风相送放泥（灵）滩""老板水手把船上，祝告天地并三光""到岸老爷打一敬，大家兄弟把心宽（停船）。"

放毛板船主要有四个较大的码头，第一个在邵阳，主要是装载牛马司生产的焦煤；第二个是冷水江的沙塘湾，装载金竹山毛易铺一带的柴煤；第三个是新化县城的宝塔底下，也是船最多的码头；第四个是县城下游十五里处的大洋江，那里是莨江最大的支流入江的河口，县城以西几条大溪流两岸新产的煤都由此装上毛板船，包括有汝溪、洋溪、云溪、石溪等广阔的地域。属这几条溪的船叫小河帮，实力可以和沙塘湾、宝塔底下两个码头的大河帮抗衡。实际上宝塔底下的毛板船有很多是属于小河帮老板的，所谓大河帮、小河帮只是个大致的概念，船到了益阳，大河、小河都是毛板帮或宝庆帮（新化历来隶属宝庆府）的了。

毛板船上"祭老爷"的肉类都只煮个半熟，祭完再加工切片炒煎。鸡鱼的吃法和平常差不多，猪肉则另有风味。经过一番烹煮，猪肉的肥腻基本上到了汤里，加工时切成大块肉片，加上辣椒大蒜，再下锅炒熟，肉质松软，鲜甘而不腻，十分可口。川菜馆有名的回锅肉就是这样烹调的。在新化，因为船上吃得多，也叫"船拐子肉"。猪肉的分量基本上按每人半斤准备，山河行船，舵工水手共计十人，再加上一个"长守"，共计十一人，祭老爷的猪肉不少于六斤，加上一只两三斤的鸡，三四斤重的鱼，足够吃了。

船上吃上好的米，不吃剩饭，菜肴平常也丰富，那时候牛肉比猪肉便宜，小鱼比大鱼便宜，吃牛肉、小鱼比蔬菜多不了多少钱，有"牛肉鱼崽当小荤"的俗话。毛板老板多是大老板，只求船顺利到达汉口，并不计较船工吃多吃少，伙食都由长守记账，实报实销。不仅船工放开肚皮吃，有点关系搭船去益阳汉口的，船上也不收伙食费。所以凡是那地方从事毛板行业的人比较多的，亲朋好友搭毛板船去益阳汉口也就十分方便，只要敢冒点风险就行。

毛板船业的繁荣与发展，带动了资江两岸特别是梅山地区经济的飞速发展，尤其是采煤业与运输业（主要是小驳船与挑运）。据伍弱文在《毛板船：资江上的湘商传奇》一文中描述："当时资江沿河两岸的码头市镇如邵阳、新化上梅、益阳及相连的武汉等城市，都盛极一时。如邵阳市，就拥有北门、东门（柴）、河街（盐）、临津门、保宁街（金记）、米码头、泥湾等八个码头。"而这些码头的创建与兴旺，与毛板船的发展有密切关系。又如益阳市，是毛板船的中转站，千家洲、青龙洲、萝卜洲下三个收购点和集约店，专营上游运来的那些煤炭、矿石、木材、药材、土纸等，集成更大的毛板船队往下游运输。毛板船带来的巨利，使益阳市兴起了十五里路长的麻石商业长街，修建了三个有气派的码头即大码头、石码头、向家码头。而最突出的是汉口的宝庆码头。毛板船商崛起后，一些暴富的船老板或船工便在汉口置业定居，由毛板船商改为坐商，逐渐形成了汉口的宝庆街，再在宝庆街的基础上建起了"宝庆五属同乡会"会馆，并在会馆旁的汉水出江处建起自己的专用码头——宝庆码头。汉口人称这里的人为宝庆帮。宝庆帮是当时汉口最有实力的一支湘商队伍。

从 19 世纪末起就流传着一种说法："铁打的宝庆，银铸的益阳，纸糊的长沙。""铁打的宝庆"，是说宝庆加工毛板船的打铁业很发达，造毛板船时，用那种毛铁打造的马钉，把毛板钉成船。毛板船需求量大，刺激了打铁业的兴起，资水沿岸至今仍有很多铁匠铺和铁匠。这些铁匠的后代当今一般转为从事农业，只偶尔打铁，做些铁农具赶集销售。"银铸的益阳"，是形容益阳的贸易量大，银元流通多。当时的益阳、宝庆，由于毛板船业兴起，一时的商业繁华，把长沙都比下去了。

毛板船运输，盛于清末，衰于民国，止于1958 年柘溪水电站的建设。

第六节　曾经的"新化第一县城"——宝庆码头

宝庆码头，位于武汉三镇内，历史上共有四处：汉口宝庆码头是综合停船处，也是中心码头；汉阳月湖堤宝庆码头是停毛板船和拆毁毛板船的地方；汉阳鹦鹉洲和武昌白沙洲宝庆码头是停泊竹、木排的地方。其中月湖堤和白沙洲较为偏僻，影响力小；鹦鹉洲宝庆码头上的居民是宝庆人与安(化)益(阳)帮居民混居，而且这三处是随汉口宝庆码头的发展而发展起来的；汉口宝庆码头为四处中最大，且大多数居民是新化人，新化人习惯上所指的宝庆码头就是汉口宝庆码头。本书也是如此。

宝庆，是南宋至清末时期对邵阳市的历史称谓。清朝嘉庆年间，湖南宝庆府下辖武冈、邵阳、新化、新宁、城步 5 州县，这些地方皆盛产杉木、煤炭、土纸和竹笋等土特产。汉口是"九省通衢"，水陆交通发达，是理想的商品流通的大市场。于是一些新化人以杉木造船，然后载上煤炭、粗锑、精铜、竹子、纸张、茶叶之类顺水来到武汉，在汉江边找到了一个避风港。由于回程乃逆水行舟，因而跑汉口的煤船就设计为一次性的，最后连货带船一起卖，于是出现了资江上唯一使用过的运输船只——毛板船。船上的水手，大多留在汉口做了码头挑夫。久而久之，赚了钱的或出苦力的就在集家咀一带或盖房或搭棚子居住，并在附近建立了专用码头。因当时新化县隶属宝庆府，大口岸上习惯以府州为地方单位，新化人建码头和争码头都是以宝庆府的名义，所以就叫宝庆码头。

一、汉口的发展及宝庆码头的形成

汉口，武汉三镇之一，兴起的时间较晚，明洪武年间（1368—1398）还是"未有人住"的芦洲，天顺年间（1457—1464）始有居民。成化年间（1465—1487）汉水改道，汉水河由以前的多口入江变成一口入江，由此，武汉由武昌、汉阳双城夹江变为武昌、汉阳、汉口三城鼎立。汉口因汉水入江口水势平缓，深度适宜，且水面宽广，成为天然的避风良港。崇祯年间（1628—1644）汉口筑长堤后，既防水患而利于聚居，又可避风浪而适于泊船，故逐渐形成码头重镇，商贸日盛，在清康乾之世（1662—1796），已是"天下四聚"之一①。

汉水下段最早的码头是建于乾隆元年（1736）的天宝巷码头，此后，沿汉水北岸自上而下逐年有所修建，到同治七年（1868），已建立码头35个。从小硚口到集家嘴，地势平坦，江汉汇流，船只可以停港避风，水陆交通方便，因此工商业云集；长堤街、汉正街一带药材、布匹等栈铺星罗棋布，汉口城区的粮行商号、堆栈客房鳞次栉比……至于临长江码头的发展，则是鸦片战争以后的事。

汉口因商业而兴盛，外来人口构成了市民社会的主体，"茶庵直上通硚口，后市前街屋似鳞。此地从来无土著，九分商贾一分民""瓦屋竹楼千万户，本乡人少异乡多"，十分形象地展示了汉口外来人口高密度集结的社区特点。据统计，"19世纪这一时期，外来户增至占总户口的70%~80%，而堪称汉阳本籍在汉口营业的土著户则不过20%~30%"。居住在汉口的人可分为五类：①汉口或汉阳的土著居民；②来自武昌及周边地区的人；③来自汉口"城市化边缘地区的人"；④来自湖北中南部其他商业城市的人；⑤湖南人。汉口的湖南人大多来自湘江流域和资江流域，其中大部分又来自湘江沿岸的贸易城市长沙、湘潭和资江沿岸的宝庆。当时宝庆府出产的煤、木材、烟叶、锑锭、纸张、玉兰片、茶叶、石灰大量倾销汉口，众多民船川流不息地来往于宝庆各地与汉口之间。民船上一般设有长守，是船商委托的总管，总揽一切，到汉口后返回家乡。而舵师、水手因是临时雇用，船到汉口大多另谋职业，成为码头工人等社会下层职业群体。起初他们多单身在汉口搭建竹棚安身，至年关又回乡，具有很强的流

---

① 刘献廷.广阳杂记（卷4）[M].北京：中华书局，1957.

动性。后来在汉口定居的渐渐多起来，家眷也随之来汉口谋生。中华人民共和国成立前各个劳动行当中地缘关系均占有十分重要的地位，码头业也不例外，在工头取得码头搬运权后大都喜欢在自己家乡招募工人。宝庆码头一样具有"同乡聚居"的特点。

原宝庆码头旧址及江边水上人家（鄢吉摄）

汉口宝庆码头原是一块不毛之地，称回水湾，是船民公用放帆之处。随着汉口商业的繁荣，宝庆（主要是新化）一带的民船渐渐来此停泊，并逐渐建立了自己的专用码头。宝庆会馆的建立显示着宝庆人在汉口码头已站稳了脚跟。会馆最基本的特征在于它的同乡籍性和基层社会的自我管理组织性，其主要功能就在于为同乡籍的流移者提供服务，实施管理。会馆是通过"答神麻、笃乡谊、萃善举"等手段来发挥内部整合功能的。会馆把神明崇拜放在首位，是因为会馆神灵成为人们"联其情而洽其意"的纽带。在神灵崇拜下，才有了会馆的合乐、义举、公约等整合途径。这样，梅山地区的民间宗教也传入汉口宝庆码头。地处汉口低洼地带、类似棚户区的宝庆码头多遭水灾火灾的袭击，于是，从梅山迁来的正一教道士和巫傩师们的主要醮仪也与此相关；另外，宝庆码头大宗商品是煤炭，每当运煤船靠岸后，都要请道士打清火醮。因而在会馆支持下的码头宗教活动相当频繁，就如当时的新化县城一样。

二、打码头

道光二十八年(1848),新化籍商人何元仑主持在汉口镇汉正街南侧、汉水岸边修建了五层楼的宝庆同乡会馆。会馆由帮众共同出资,主体建筑前后三进,设有议事大厅、办公楼及学校,是当年汉口最气派和豪华的商帮会馆之一。会馆成立后,由历届会首(会长)组织经营,救济同乡,还在民国初年兴办了宝庆小学,并参与资助湖南会馆开办旅鄂湖南中学。1892年,宝庆会馆为纪念死于码头争夺的彭澧泉等两人修建彭公祠,每年清明都祭祀扫墓,放鞭炮、玩龙灯,非常热闹。彭公祠毁于抗战,故址在公坪巷25号。1953年宝庆会馆因属危房而被拆除(故址在板厂二巷)。

会馆是宝庆帮的管理机构,也是历次打码头的组织场所。首任会首是何元仑,他死后由他的三弟,人称何老三的当会首,其后会长依次为何征辉、龚希平、邹永延、艾菊庭、邹佛愚、刘汉光、刘国馨、邹光表等人。会长由绅士选举产生,以下设有庶务一人,管总务;管账一人,管财务;文牍一人,管合同契约、往来函件等。会馆统管"应山会""甲班公会""乙班公会""丙班公会"等,还有青洪帮等码头帮会。

"应山会"管会馆的收支。收入主要有会馆房产出租的租金,以及码头卸货的过磅费、码头管理费等。附设同乡互助会,集资入会,五块大洋为一会,负责同乡间的互助借贷,每年清明聚餐一次。会馆的支出包括办公费、招待费,资助缺少路费的过境同乡,办学,救贫救孤,安葬鳏寡孤独和路死街头者,节庆活动。争夺码头的开支大,是临时由会馆募捐的,不够时也由"应山会"开支。

"甲班公会",负责各栈行装卸,所以甲班工人赚钱多。加入公会,叫"买条扁担",要交一百块大洋。进了甲班的人,就有钱吃鱼吃肉,打牌赌博;不赌的人,就是小康之家。

"乙班公会",负责装卸纸张等,赚钱比甲班少些。加入公会,要交五十块大洋买扁担。"丙班公会",负责装卸煤炭等脏活,赚钱也少。加入公会,不但不收扁担钱,公会还招待三天伙食。丙班工人挑煤一担可得六十文(六个铜板)。当时流传一个顺口溜,叫"二米、三酒、六肉、十满足",讲的是丙班工人一天挑二担煤的钱可以购买一升米,挑三担煤就有多的钱买一壶酒,挑六担煤就有钱买半斤肉,挑十担煤基本上就够一家人的基本生活费了。

　　三班工人经常因为争活路和外帮工人打架，会馆一般不直接出面，甲、乙两班的买扁担费都用作打架时的经费，丙班工人打架靠的是人多势众。如遇外帮争码头械斗，则是全帮人齐上阵。

宝庆码头入口（鄢吉摄）

　　当时宝庆府下各县码头运到汉口销售的大宗物资，以 1937 年前七个月为例，成交金额分别达到：煤炭一百二十万银元、木材八十万银元、纸张六十万银元、茶叶二十五万银元①。新化人素以"霸蛮"著称，时有歌谣称颂说："头顶太阳，眼眸邵阳，脚踏益阳，身落汉阳，尾摆长江掀巨浪，手摇桨桩游四方。"凡事不服输，不信邪，做事不屈不挠。在湘帮中，宝庆商人的"霸蛮"精神，是新化人在武汉打出来的。民谣说"天上的九头鸟，地上的湖北佬；十个湖北佬，抵不过一个宝古佬"，可见晚清时期宝庆商人名气之大。新化民风强悍，蛮勇尚义，打架猛勇向前，是各宝庆码头的主力，历来在益阳、汉口驰名，外帮人称为宝古佬，自称为宝庆帮或宝帮。当时，由各地来到汉口的船只，都以同乡、同行等关系结成帮派，如从汉江口至永宁巷相继有渔船帮、黄州帮、荆州帮、江宁帮、徽州帮、宝庆帮等。这种帮与后来的青帮、洪帮，是截然不同的。

①　见王瑞燮的《天下湘商》。王瑞燮，湖南省新宁县第二中学语文教师，从 2004 年起对湘商文化进行探讨，写成《天下湘商》一书。

武汉三镇扼长江中游，是历代兵家必争之地，襄河（即汉水下游）一带河湾多，能避风浪，又靠近最繁华的汉正街，是民船装卸货物、停留靠岸的好地方，而宝庆码头地处汉水汇入长江口一箭远的地方，是一段黄金码头，因此觊觎者极多，"文打官司武打架"就成了普遍现象。而对码头的争夺就是对市场的争夺，也是商人、船民、脚夫对生存权利的争夺。汉口历史上为争夺码头，多次发生械斗，甚至各方还以重金交通官府，乃至搬请本地在朝大员出面，上演了一幕幕打码头的活剧。清嘉庆初年，宝庆人占据龟山头斜对面回水湾码头。由于宝庆帮船只路远，往返时间长，当初又没留专人看守，宝庆码头开辟后不久，徽帮便乘宝庆帮返船之机占领了码头，由此引发了两帮长达百年的码头争夺战，其中更是大战三次。

嘉庆中叶，宝庆帮与徽帮发生第一次激战。新化会首何元仑设计，活动新化籍侍读学士刘光南出面干预，恰巧刘光南乘船上京，路过汉口时遇徽帮阻其船只靠岸。刘光南大怒，便通过自己的权势，多方打点，最后以射三箭的方式，划定了宝庆码头上下游和内陆的界限，并亲书界牌，指定何元仑等人看守码头，将界内的非宝庆船只船民统统赶走。

徽帮退出码头后，并不甘心，其中的富商联络一批襄阳来的白莲教船民，组成襄徽联盟，想以武力夺回码头，经几次械斗，没能成功。咸丰六年（1856），湘军将领刘长佑将曾国荃请到宝庆码头，给宝庆帮壮声势，受到了何元仑的盛情款待，后称为"丙辰盛会"。丙辰盛会后，七十多岁的何元仑气势大壮，操练人马，准备随时找徽帮寻衅。徽帮不甘示弱，也暗中教习武功，率先袭击宝庆帮。此战最终以徽帮败退告终，宝庆帮趁机扩大地盘，横扫江岸，将上至大水巷，下至沈家庙，内至广福巷的区域全部划归己有，最终建成宝庆街等"四街十八巷"的格局。

1889年，徽帮依仗李鸿章等安徽人在朝为官，到衙门状告宝庆帮。当时的汉阳知府程庆煌是下江人，又得了徽帮一千两银子，便偏向徽帮，派人到宝庆码头拆房子，准备先拆房后赶人。宝庆帮集合众人，痛打了拆房的官差。程以宝庆帮目无王法，胆敢殴打公差，要重处宝庆帮。宝庆帮里有个叫彭澧泉的，献计到布政使蒯德标处反告程庆煌受贿，又四处扬言要进京告御状。蒯德标因此要程庆煌慎重审理。程不敢再有偏袒，想出一个极残忍的手段来判定码头的归属。他找到一双练武用的铁靴烧红，声称只要哪一帮中有人能穿上红铁靴走上三步，码头即归该帮。宝庆帮中有个姓张的理发匠自告奋勇，穿上铁靴走了五步后倒地，程只得将码头判给了宝庆帮。这位穿鞋的张姓老人是新化白溪人，船工出身，为了家乡人的集体利益，勇敢地献出了自己的生命。但程庆煌又宣布，宝庆帮殴打官差一事，用彭澧泉收押顶罪。后来彭死在了狱中。宝庆帮的人为纪念那个姓张的理发匠和彭澧泉，特意修了一个彭(张)公祠纪念他们。

抗战胜利之后，宝庆码头一度成为招商局和民生轮船公司的停泊码头，各省籍商帮民船也相继来此停泊，宝庆帮自家的船舶反倒难以靠岸了。眼见百余年的老地盘遭"侵占"，新化人沉不住气了。他们仿效前辈何元仑，备下厚礼，登门拜访奉命驻扎在武汉的国民党73军55师师长梁子禄和副师长周先仁，梁和周皆是新化人。历史剧再次重演。梁师长下令调来机枪连，在宝庆码头周边架上轻重机枪，虎视眈眈，外省籍船只见状，只好赶紧驶离，但轮船招商局因属国民政府官办，并不买账。梁、周又派兵抓走船上的大副和轮机长，扬言要将他们枪毙，于是招商局的船才开走。

其实，打码头现象不仅发生在汉口宝庆码头，汉阳鹦鹉洲宝庆码头的争夺战也一样惊心动魄。"鹦鹉洲，日晒黄金夜不收。"这句民谣道出了昔日汉阳鹦鹉洲木排市场的繁荣。早前，垄断武汉木业的主要是江西帮和黄帮(由迁居鄂东黄州的江西籍商人组成)。湖南木材商人于19世纪初才陆续涉足武汉。至太平天国运动期间及之后，湖南帮乘湘军之势而起，通过省内的湘、资、沅、澧四水，将木材运至汉口及汉阳鹦鹉洲，供各地商家选购。湖南帮实力鼎盛时期，号称"五府十八帮"。"五府"即长沙、常德、衡州(今衡阳)、宝庆和辰州(今怀化市沅陵县)五个主要木材产地，"十八帮"则为各府内再按地域划分的小组织，比如宝庆府商人又分大河帮、小河帮，前者以邵阳人为主，后者以新化人为主。湘军从太平军手中夺回武汉三镇后，计划建立并训练一支强有力的水师，需要就地采购大量的木材。不久，清廷废除实施多年的禁海令，刺激了航海帆船的大规模生产，湘军集团领袖发起的洋务运动，又让国内的矿山开发和近代工业得以迅速起步，对木材的需求空前强烈。宝庆帮等湖南"五府"木材商人，近水楼台先得月，在鹦鹉洲木材交易市场大展拳脚。这样，鹦鹉洲宝庆码头上打码头的故事也上演起来。

这里的最初冲突在宝庆帮与"江西帮和黄帮"之间展开，很快，江西帮和黄帮失势，再也未能卷土重来。然后，湖南木商(宝庆商人亦为主力)与武汉本土木商帮为争夺竹木市场，积怨与冲突又绵延了几十年，但湖南帮始终占据绝对优势。后来，鹦鹉洲上人烟日益稠密，居民逾万，三分之二是湖南人，其中尤以宝庆人最多。为保身家财产安全，"五府十八帮"共同捐资，在鹦鹉洲的洲脊上修建了著名的鹦鹉堤，又先后自鹦鹉洲尾桂阳宫起，到抵近老关的上宝会馆止，修建湖南各帮会馆达28座，名如宝庆会馆、四溪公所、清埠宾馆、同利会馆、二都宾馆、马埠公所、长衡会馆、永顺公所、西湖五属靖帮公所、辰州会馆、益阳宾馆、上益宾馆、桃埠公所、二里会馆、敷溪会馆、常德会馆等。武汉人因此称鹦鹉洲为"小湖南"。汉阳鹦鹉洲宝庆码头和竹木市场也就一直牢牢掌握在以宝庆人为主的湖南帮手中。直到1949年，打码头的历史才宣告结束。

三、宝庆码头盛况

在近代历史上，武汉经济发展曾处于全国领先地位，尤其是张之洞主政湖北期间，先后创办汉阳铁厂、湖北枪炮厂、大冶铁矿、湖北织布局、汉阳铁厂机器厂、汉阳铁厂钢轨厂、湖北缫丝局、湖北纺纱局、湖北制麻局等近代企业，占同期全国新建官办与官商合办企业的24%，为全国之冠。张之洞倡办实业，亦促进了民办企业的发展。据统计，至1911年，武汉有较大型的官办、民办企业28家，资本额达1724万元，在全国各大城市中居第二位。此外，宋炜臣的汉口燮昌火柴厂位居全国第一。在武汉现代工业发展的同时，传统商业进一步发挥它的优势，并由内贸型的商业重镇一跃成为国内屈指可数的国际商埠。1904年，汉口的直接贸易和间接贸易最高数字突破了1亿两白银大关，以致有人声称："汉口商务在光绪三十一二年间，其茂盛较之京沪犹驾而上之。"[①]武汉贸易的繁荣，自然离不开湖南各州县的参与。宝庆府属各县充分利用了当时内河航运发达的优势，纷纷在武汉抢占市场，建立了多处宝庆码头。而新化人捷足先登，最早占据汉口宝庆码头这个黄金地段并将其不断扩展壮大。

汉口宝庆码头由两个部分组成。第一部分是河边码头。当时在汉口沿河大道30余个码头中，宝庆码头是最有名的。那时，汉口的老码头以功能来划分，有石码头、煤码头、菜码头、鱼码头、粮食码头、水果码头等，甚至还有粪码头——专门为乡村输送肥料。各个码头被行帮及封建把头占领，如集家嘴下码头，主要起运煤炭、石灰，头佬是李大汉；流通巷主要起运食油和皮油，头佬有刘文雄等"八大罗汉"；沈家庙主要起运药材

---

① 见周福安的《清朝末期武汉经济圈的形成与湘商的发展》。周福安，经济学者，湖南新化人，曾有多篇经济学论文被《新华文摘》、人大复印资料中心等收藏。

和酒坛，头佬是胡玉清；大水巷码头起运棉花，头佬是杨花子。码头之间，搬扛货物、起坡下坡，不得有一点超越，否则就会酿成流血械斗。所谓"打码头""抢码头"指的就是争夺河边码头。宝庆码头距离汉水的注江口——集家咀只有一箭之遥，那时汉水两岸都是土埂堤，堤外一带还是大片荒滩，几间租屋。早期，新化人就用从家乡带来的干笋、香、纸等土特产摆地摊，做些小本生意。由于他们吃苦耐劳，节衣缩食，生活逐渐宽裕，比之湖南老家，自有天壤之别。小舟相继来来往往，大量的新化人陆续来到汉口，做着小本经营，而青壮年劳动力就在码头上做挑煤炭、扛码头的工作，靠卖苦力生活。到 1935 年，新化来汉人口已达数千户。这些人除大部分生活在"宝庆街"外，少部分人就生活在码头边停靠的船坞上，形成"水上人家"；此外，还有部分人就靠堤边的荒滩上，以竹壁草顶盖屋而栖，间间小屋，既遮风避雨，又可经营小本生意，白天挑煤扛货，晚上卖烧酒腊菜，形成"江内舟为市，傍岸芦起棚"的景观。抗战爆发后，宝庆码头多数船只征作军用，一部分船民迁回湖南，码头逐渐衰落。这里成为长航拖轮公司的宝庆维修点。后来，随着铁路公路的兴起，内河航运衰落，宝庆码头逐渐退出了历史舞台。20 世纪七八十年代，这里曾成为向外转运城区垃圾、特殊气味肥料(主要是粪便)的专用码头，因此，这里一度又叫"渣滓码头"。现在，这里已失去了码头功能，基本废弃。

第二部分是指紧接码头的住宅区，即宝庆街，含汉正街的板厂、宝庆、永宁三个社区，从河岸向陆地纵深半里，上下一华里，纵横有宝庆正街、宝庆二街、宝庆三街，永宁街，和宝庆一巷至九巷，板厂一巷至九巷，共十八条巷子，在中华人民共和国成立前统一叫"宝庆码头"①。这里的常住人口中，大部分都是湖南祖籍，其中大多是新化人。新化人迁来武汉后，陆续从码头向陆地延伸，靠岸卖煤，拆船板盖房，或者贩卖木板，或者开板厂行……由于这里临近码头，商贾贸易逐渐发展起来，以前比较出名的大铺面有福兴隆、义发祥、华昌等杂货店，有昆记、六安钱、华昌祥等煤厂，有太和泰、恒寿堂、同济堂等药店，逐渐成为汉口镇人口集中、市场繁荣的地方。一直到 20 世纪 50 年代，街巷大多是木板房，人口非常密集，巷道纵横交错，外人走进来，就像进了八卦阵，不经意间就会迷路。1958 年和 1959 年的两场大火烧掉了大半房子，重建之后的路才稍显

---

① 见李佐荣在《宝庆社区地方志录》。李佐荣，武汉市退休教师，2012 年写成了《宝庆社区地方志录》一书。

开阔。

宝庆码头是特殊历史条件下的特殊产物。据现居住在宝庆正街的老人袁仁意[1]介绍：以前，宝庆码头上有上万户住户，80%～90%都是新化人，到了宝庆码头，到处听到的都是新化话，就像到了新化县城一样。不仅如此，宝庆码头只准许宝庆府的船停泊，外帮的船只在特殊的情况下才可停靠，这更是其他码头没有的特殊现象。因此，宝庆码头曾被称为新化的一块"飞地"。到抗战爆发，宝庆帮人口已达5万，而当时新化县城才3万人，宝庆码头人口和地盘皆超出新化县城，因此称宝庆码头为"新化第一县城"。（第三次人口普查时，武汉市的武昌、汉口、汉阳三地，共有新化人及后裔9万人左右。）

正在拆迁的宝庆正街（鄢吉摄）

据居住在宝庆一巷的杨淑娣老人[2]讲述，直到2013年，汉口"宝庆码头"的居民区还依旧繁华。走在街巷中，人们听到的还是浓浓的新化口音；宝庆三街的菜场里，新化风味的白辣椒、腊肉和猪血丸子还是卖得很

---

① 袁仁意，男，现年91岁，出生于新化县炉观镇三江村，1945年替船主袁仕席驾毛板船到武汉后，从此定居在宝庆正街，20世纪80年代从长航拖轮公司宝庆维修厂退休。

② 杨淑娣，女，现年73岁，出生于新化县炉观镇的河边，1952年随丈夫驾船来武汉后，从此定居宝庆码头。

俏。但从 2014 年开始，这里成了武汉的重点拆建区，房屋已经拆得七零八落，里面居民正陆续地被动员搬迁至郊区居住；原来纵横四街一十八条巷子将彻底改变，甚至连"宝庆码头"的名字都不再使用……根据规划，宝庆码头一带今后将建成别样的寺庙文化区。

宝庆码头演绎的是新化人商海搏浪的历史，也是昔日新化人敢为人先、豪气冲天的历史见证。

参考文献

[1]《新化县志》编纂委员会. 新化县志. 长沙：湖南出版社，1996.

[2]付城杰. 新化民间故事选. 呼和浩特：内蒙古人民出版社，2008.

[3]李新吾. 大梅山研究（第一辑）. 长沙：湖南人民出版社，2014.

[4]胡能改. 岁月沉香. 兰州：敦煌文艺出版社，2014.

[5]湖南省教育史志编纂委员会. 湖南近现代名校史料. 长沙：湖南教育出版社，2012.

[6]王裕明. 魏祝亭生平考. 明清小说研究，2010(3).

[7]罗威廉. 汉口：一个中国城市的商业和社会(1796—1889). 北京：中国人民大学出版社，2005.

[8]叶调元. 汉口竹枝词. 武汉：湖北人民出版社，2007.

[9]王柏心. 续辑汉阳县志. 南京：江苏古籍出版社，2001.

[10]刘献廷. 广阳杂记. 北京：中华书局，1957.

[11]张国雄. 明清时期的两湖移民. 西安：陕西人民教育出版社，1995.

[12]王日根. 中国会馆史. 上海：东方出版中心，2007.

第四章　游家段

　　游家镇原为国家特困乡镇之一，位处县境中部，距县城14公里，东与曹家镇、梅苑开发区相连，南与上梅镇、炉观镇交界，西与西河、孟公镇接壤，北与油溪乡比邻；东西长约8公里，南北长约18公里，总面积148平方公里，辖乌石、游家、白沙、栗山、东岭五个管区，共72个行政村与1个社区，总人口7.3万。村民为汉族，多讲梅山方言。镇政府机关设在游家管区营盘垅，背倚云盘岭，前瞰资江，左有茓江樟树湾古码头，右有大洋江。相传，这里曾是古代建兵营的地方，地理位置十分优越。

　　游家镇东南略低于西北，属典型丘陵地貌。其山势，以十指山为龙头，逶迤起伏；主要山峰有北部之尤寨岭、封荣山、见阳岭，南部之半岭山。封荣山主峰为最高峰，海拔578米。其东南麓田垄中，有三条小河注入大洋江和资江。其一是芦茅江，全长12公里，由发源于歇凉、井冲、谢家庙的三条小溪在龙潭相汇，经芦茅、上马，在淡竹村注入大洋江。其二是辇溪，有西北两源，西源起于东岭石板江，北源起于栗山黄家岭，两源各流经8公里，于东岭汇合后流经尹家桥、长田垅于辇溪注入资江。其三是黄连溪，全长11公里，也有两个源头，即白沙的同心凼与源头湾，在黄连相汇后于游家湾北部注入资水。

　　游家镇是柘溪水库主要蓄水区，包括茓江干流18公里，茓江较大支流大洋江流域3公里。柘溪大坝建成之前，茓江岸边的樟树湾、辇溪、大洋江码头一带，舟船出没，商贾云集，素有"小南京"之称。自从柘溪水库关闸蓄水后，水位不断上升，两岸水淹没的村庄达31个，前后三次共7424人从这里迁离，迁移至新宁、城步、西湖、杨林寨等地。

　　游家人杰地灵，自古多才俊。宋时陈姓有陈省华与三个儿子同朝为官；清代李姓有建威将军李有恒，刘姓有镇威将军刘道宗，而一代廉吏游智开，更是妇孺皆知。游家人富有革命精神，辛亥革命、红军长征、抗日战争、解放战争各阶段，都有不少优秀儿女投身革命，从而孕育了李少青、陈代华、刘经平、杨志武等共和国的将军。

游家山川秀丽，名胜古迹颇多。

辇溪村有宋时军事要寨古建筑及南宋理宗停辇借宿的遗址，田家村有清道光年间留下的实心石塔拴马桩，株木桥的古石桥，月星村的古树群、古民居，群健村的古庵，堤上村的千年古枫，凉山村神奇的乌石，龙潭、芦茅村的宋代古煤窑遗址，白沙村的楚怡高级工业学校遗址，等等；还有东岭、仰止亭、雷打坳、龙潭等古色古香的老街，幽深莫测、藏龙卧虎的忠鹄堂、彭家、康家等六大古院。

还有四条古道是不得不提的。

一条是白沙—株木桥—东岭村—简家院—田家村—孟公镇。

二条是栗山—西荡—合兴—金枫—金星—田家—孟公镇。

三条是仰止亭—雷打坳—黄连—游家湾—大洋江。

四条是新塘古亭—奉公庙—龙潭—龙爪塘—新化县城。

这四条古道是连通莨江和大洋江的重要通道，从田垄、群山、崖壁中穿村过寨，路上青石板被行人磨得溜光水滑。四条古道所联系的村寨，是历史悠久的高山稻作文化带，其梯田堪比紫鹊界梯田；尤以简家院村与金枫村边界的尤寨岭最为著名，传为中华始祖蚩尤曾经的作战驻营之地，蚩尤的磨刀巨石犹静卧于山涧中。天神山、金枫村等地的特征，与《山海经》所述的蚩尤故事情节相吻合。莨江自然风光带的山峰岩洞、岭坳坡寨、河洲塘垸，星罗棋布，叫人流连忘返；泛舟江中，遥望十指山，更让人心旷神怡。

游家历史悠久，已发掘出土的文物有金枫、西荡等村的燕贝化石，淡竹村的原始社会磨制石器，大洋江村的战国青铜剑。游家地处梅山腹地，与整个梅山峒区一样，是历届中央政权鞭长莫及的化外之地，直至宋熙宁六年（1073）开梅山，游家才纳入荆湖南路邵州新化县，此后一直为新化县辖地。明洪武十四年（1381），州县划分里甲，新化设3乡28都，都下设里，每里各编十甲，每甲由11户组成。县境中部为大阳乡，游家各村属大阳二、三、四、五都。清初，地方基层组织仍沿袭明的里甲制度。咸丰年间，为抵御太平军，新化设局办团练，以团统辖各村。同治元年（1862），正式将全县127村（在此之前，崇溪、瓦窑两村又合为一村）划为16团管辖，游家属永安团。清宣统二年（1910），新化改团、村为乡镇，游家属永安乡，治所在今辇溪。

中华人民共和国成立不久，新化县即建立区、乡、村组织，永安乡属第一区，乡治所仍在辇溪。1956年，新化设城关镇与15个基点乡，游家基点乡领东岭、乌石、辇溪、邓家4乡与游家镇。1958年遂有游家人民公社，管辖19个生产大队。公社党政机关迁营盘垅（即现驻地）。1961年，全县设游家等12区及城关镇，游家区辖栗山、白沙、游家、乌石、东岭5个公社，70个大队。1984年，游家区改为游家镇。

1950年起，游家人民为了改善生产条件，先后修了小二型水库10座，高标准渠道200公里，电灌站45处，使1.7万亩农田旱涝保收。改革开放以来，游家经济飞速发展，有了新型合作医疗与医保，基本解决了村民们求诊难，看病贵的老大难问题；学校布局日趋合理、硬件设施建设不断完善，义务教育得到普及，80%的青年接受了高等教育或职业教育；各种健身娱乐场所也悄然兴起。当今的游家，绿树掩映，屋宇俨然，公路纵横，人来车往，已然是人人安居乐业之乡了。

游家以其耀眼的人文历史及优美的自然景观，早在清代就成了湘中文人墨客游览首选之地。游家风景概括起来是五带（五带是四条陆上古道梅山民俗文化带加资江自然风光带）、七街、六大院。清同治时，湘中第一殿——关圣殿建成，被誉为湘中建筑奇观的关圣殿戏台问世。与此同时，四条石板古道上相继出现了东岭、株木桥、仰止亭、雷打坳、龙潭等五条梅山民俗文化突显的小街，每五里建一座茶亭（共21个），人丁兴旺的8个姓氏修了祠堂，风景出色的11处山头筑有庵堂。聚族而居的村民在绿树丛中盖起几十座院落，其中以忠鹄堂等六大院最为著名。

第一节 主河道与码头

莫江与大洋江在游家境内流程分别为18公里和3公里。为生产生活的方便，世代生活在两条河边的人民，修建了大小码头23个，其中多数是专门为打水、洗衣、洗菜、停船靠岸而修建的，叫单边码头，如游家下街的三个码头。还有部分码头两边连接着重要交通要道，除了有单边码头的功能外，还有摆渡的功能，叫双边码头，如栗山车石、邹家码头与曹家镇小洋的乡村公路接通，白沙辇溪码头与金字村要道接通，游家湾的樟树湾码头与堤上村大路接通，大洋江码头与杨坪村公路相接。历史上，辇溪、

河边村级码头 (康解文摄)

樟树湾、大洋江三大码头闻名三湘，也是游家境内来往人员停靠船只最多的大型码头。

渡口码头是游家一道亮丽的风景，是了解民情民意的窗口，现实生活中，渡口码头实则为交通关卡。20 世纪初军阀混战时，游家爱国军人游玉昆曾带领游家人英勇抗敌。北兵欲过河时，船工把船只都藏起来，北兵过不了河，游家湾因此避免了一次匪兵洗劫。长征时，萧克将军率领红军来到游家，江面上所有船只都齐心合力为红军服务，可见游家和渡口码头也为中国革命做过贡献。渡口码头是两岸群众交际的场所。朋友约会，商定某月某日在某码头等伴；男女相亲，选择某月某日在某渡口见面；做买卖的双方也往往在渡口码头讨价还价。

游家现今的码头，用水泥砖石砌得齐齐整整，村民过河、在码头上洗东西，既方便又舒服。码头连着水泥公路，上岸后就有车坐，有的小伙子在码头上摆着摩托车出租，叫一声，一溜烟能就把你送到想去的地方。游家河面上现在还有 13 艘渡船，艄公的工资每月由县里补助 500 元，村里也补助一点，过河旅客也付过河费 5 角或 1 元，涨大水时则多付一点。

一、樟树湾码头

樟树湾码头是蓃江游家段上一个古老而又重要的渡口。大洋江穿越亘古岁月，在樟树湾码头与蓃江汇合，水势渐缓。码头上陡峭的石壁、斑驳的石级与历尽风雨的渡亭，镌刻着古老与沧桑。石壁上纤道蜿蜒，石级上履痕深深，岩壁上纤痕历历。随着运输方式的改变，如今早已不用拉纤拖船了，纤道上积满了历史的尘埃。

历史上，樟树湾是著名的商业码头。这里曾经船来客往，一派繁华，宝庆、益阳、汉口的行商坐贾都曾在此驻足。

战国时期，古梅山蛮民在这里依河而居，烧山围猎，网罾捕鱼，食则燎肉，饮则引藤……直到公元前280年发生秦置"黔中郡"之乱。1996年，在樟树湾码头附近发现了战国时期的剑塘墓群，出土了一柄青铜剑。至今仍锋芒逼人的青铜剑，就像在向世人诉说那段动乱的岁月。

明清时期，大洋江流域的炉观、洋溪、大石一带盛产竹木，流运到樟树湾码头后，人们将其组编成大型竹排、木排，发往益阳、武汉。附近龙潭一带盛产煤炭，人们在该码头打造运输煤炭专用的毛板船，年产出量在200艘以上。毛板船的大量打造、竹木排的大量编制，带动了码头铁钉打

游家河边的南岳殿（康解文摄）

造业、制缆业的发展。码头附近有专造各式铁钉的铁匠铺、制缆店100多家，每天消耗的铁钉达2000来斤。

每到农历五月初五，附近人们会自发聚集到码头上，先往江中抛粽子、包子，祭祀屈原，然后举行龙舟赛会。附近村镇的老少男女都换上新装，起早赶到码头边来看划龙船，饿了就买粽子吃。也有媒婆保媒拉纤的，青年男女趁机相会的，也有前来买卖交换的，老友相聚的，也有纯粹来为喝点小酒，听听闲话的，总之是热闹非凡。

二、金码头

莫江的水一路北来，在游家湾河段打了一个回旋，河面开始变得开阔。风水先生说"金水银水，比不上游家回湾水"。

人们就在回湾西岸建了3个码头。3个码头形状各异，均为青石砌成，几十上百级台阶从河边直铺到大街上，人们统称之为"金码头"。

莫江是黄金水道，游家湾又是客货两运枢纽。无日无夜，从县城来的客货船只缓缓靠岸，挑夫上船卸货，旅客上街吃东西。码头上人声鼎沸，各大饭馆爆满，街头的小吃摊也生意兴隆，各种小摊小贩也夹杂其中。街两面酒食杂坊，一应俱全，带有浓郁地方特色的杯子糕、豆腐花、油炸粑，

游家湾著名的矮子古桥(康解文摄)

沱粉粑以及新化水酒，成了外乡人的最爱，他们总是吃过了还不忘"兜着走"。不多一会，人们提着、抱着各自买的东西，又从码头上钻入了各自的船舱中。也有直接在岸上歇伙铺里打尖住下的，而历经艰险从益阳汉口返回的毛板人，主要是那些船工们，则可以在此喝酒吃肉，找找老相好的，扎实放松一下。也有特别顾家的，若是家就在附近，便会急匆匆提着从远方带回的老人、女人、孩子喜欢的小东西拿回去与家人团聚，把从船老板那里领回的几块银元交到堂客的手里。

"金码头，宽又长，船来人往到天光。汗水洒在石阶上，码头就是米粮仓。"当然，这些都是几十年前的事了，但这首朴实谣歌至今还在传唱。

三、莘溪码头

莘溪古名田溪，因宋理宗曾经在此停莘夜宿而更名，是莫江西岸的一条支流。据当地人说，唐朝时这里是军事要塞，故它注入莫江的地名叫田溪寨。田溪向西有大道通横阳、溆浦，向东有大道通吉庆、涟源，明清时期是游家的政治、经济、文化中心。

据游家淡竹村陈姓居民说，早在后唐庄宗同光二年（924），他们的祖先即已落担新化鹅塘，后转而经营田溪寨，到公元1085年，陈氏子孙在田溪建阁庄，兴田地，建双石板路，修双石拱桥、整修渡口码头。此时，田溪码头和后来的"莘溪街市"也已初具雏形。200年之后，至1224年，宋理宗停莘夜宿田溪寨水府阁时，它已经很有知名度了。自那以后，"田溪"更名为"莘溪"，田溪码头也随之更名为莘溪码头，并沿用至今。

元、明间，莘溪成为兵家必争之地，虽屡遭兵燹，几度繁华的莘溪街市几经萧条，但莘溪码头，却在资江航运史上一直发挥着不可替代的作用。

自1911年民国建立到1956年，莘溪码头又呈繁华之势。国民政府把永安乡乡公所定在莘溪，莘溪街市的规模进一步扩大。从水府阁到望江楼街道绵延三华里，街面全是大青石板铺就，宽五米，两边都是雕梁画栋、古朴适用的清代建筑。其间著名商铺有二十多家，最著名的是"发生营""营恒盛""阜通行"三家杂货店；有铁匠铺十多家，大多为船运服务；有药铺六家，其中以"李春堂""三元福""仁济药店"最为著名；钱庄三家，即"义兴与""与衷济""振兴裕"；染坊多家；旅店饭馆多家；邮电代办所一处。其他如剃头铺、屠宰铺、衣帽坊、酒坊等不一而足；而摇着响子的银匠、铜匠，拉着长腔吆喝的补锅匠和阉鸡阉猪的匠人，也常穿行于街头巷尾。1932 年，闻名湘中的高级小学永安中心小学建立。抗战期间，曾经亲自把毛泽东、蔡和森等人录入湖南一师的新化著名教育家陈润霖先生，把楚怡高等工业专科学校从长沙迁到莘溪白沙洲。其时人们已习惯称莘溪为"莘溪市"，常住人口约 3000 人。

1958 年柘溪水库蓄水后，古老的莘溪码头以及莘溪街市都没入水底，居民或将房屋后靠到山坡上，或迁往外地，只剩下曾经的大青石码头和那条长长的青石板路，还铭记着它不同凡响的过往。

四、大洋江码头

大洋江别名芷溪，又名云溪，是资江的一级支流，集雨面积 1285 平方公里，长 91 公里。洋溪河是大洋江一级支流，资江二级支流，集雨面积 353 平方公里，长 50 公里。

大洋江码头位于大洋江与资江汇合处，是交通枢纽，货物集散地。从这里过河至县城不足 15 华里，溆浦、安化、横阳、琅塘走旱路者都得经此。清末这里是新化四大毛板船码头之一，洋溪的瓷器，天门、奉家的玉兰片、土纸，游家等地的煤炭、薏米、铁制器具，两面山上伐下的竹木，走

大洋江码头(康解文摄制组)

村串户收集来的毛皮山货，都在此上船出三江口，下樟树湾码头。因此，大洋江码头两岸都建有街道，在街道两面低矮的板房里，酒店、伙铺、商铺，药房等一应俱全，码头经济十分活跃。

现在，大洋江沿岸码头，除了渡口码头外，基本都是砂石码头。由于砂石采掘无度，大洋江多段河道已经千疮百孔，作为运输通道的功能已经基本丧失。

五、三江口码头

三江口，顾名思义，是三条江汇集之地。这"三江"一是汝溪河，发源于新化木头界，经炉观镇庙边村汇入三江口，全长34公里，流域面积215平方公里。二是洋溪河，发源于隆回县望云山，全长52公里，流域面积360平方公里。三是石溪河，发源于新化古台山，经笔架山流入三江口。三江相汇流入大洋江后，一路滔滔，汇入资江。

三江口码头，有"三江口，四码头"之称。"四码头"指的是：小塘码头、庙边码头、周家湾码头、三江码头。在柘溪水库蓄水以前，三江流域的人们常把毛边纸、玉兰片、中药材、皮毛等土特产品，用小船分别沿着三条江河运送到三江口，在三江口码头转上大船，再经大洋江入黄江转洞庭湖。洋溪的瓷器，就是沿着洋溪河运到三江口再转运的。而从武汉、洞庭湖区运回的盐巴、河米、南北杂货等，则由黄江转入大洋江，再在三江口码头分换乘小船，经由洋溪、汝溪、石溪三条小河，分别转运到山间村寨。

三江口村现有人口1500余，接壤游家，属炉观镇，位于县城西部，距县域约12公里，与湘黔铁路金滩站相邻。有史以来，由于地理环境独特，这里居民的生活方式，是简单之至的渔稻耕作：农忙季节，种植水稻，玉米；农闲时，捞虾捕鱼，养家糊口；有时，也为过往船只装卸货物，担脚卖力。

由于水面开阔，每年刚进入农历五月，三江口就擂响了龙船鼓。"扒凉船呀，哦喂，扒凉船嗬，哦喂！"喊声震地，锣鼓喧天。三江口人把龙船念成"凉船"，是新化方言纷繁复杂的表现。到了端午节，三江口更是人山人海。龙船在三江口宽阔的水面上比试，一不小心，两船相撞，梅山蛮人的血性喷涌而出，船上的水手互不相让，你追我赶，被打下水的船工身轻如燕，几个回合又回到船上……这种游戏，不分胜负，不计恩怨，不发奖金，船上针锋相对，船下和好如初。

地道的美味河鱼是三江口人的骄傲。三江口人好客，每年五月，家家户户煮粽子，满地粽香，满屋欢笑，临走时，无论如何会让你带走一串。若在平常，不管春夏秋冬，无论来到谁家，一盘香喷喷，辣麻麻的小河鱼，一准让你津津有味；一罐带糟的米酒，绝对让你口齿留香。"美味河鱼下酒，悠然把酒临窗"，那是一幅让神仙也羡慕三分的场景。

三江口渡口（郇吉摄）

六、毛板船时代的游家湾与游家人

清道光年间到 20 世纪中叶，资江水上运输经历了世界航运史上特有的毛板船时代。游家地处资江流域，境内的龙潭支流、芦茅、光冲、上马等村是产煤区，大洋江所接纳的洋溪河、炉观河、沙江河流经楼溪、古台山、横阳等广阔林区，给毛板船提供了丰富的煤、木材两大货源。因而，游家湾上首一公里处的大洋江码头就成了著名的毛板船码头。经营毛板船不但船商利润高，船上的舵手、桨手等打工人的工资也高，富起来的人们纷纷迁往益阳、武汉置地产，开商铺，从事第三产业。到 1949 年，游家迁往外地的有 100 多户。原镇人大常委会主任易文海，1968 年在宝庆码头逗留几天就会见了 20 多户游家人。毛板船运载量大，为本地煤炭找到了销售市场。游家现存 300 多个古煤窑遗址，其中很多是这一时期留下的。

资江水运中的鳅船、摇橹船、洞驳子是传统的水上交通工具，古已有之。樟树湾码头，游家湾下街作为水村鱼市也有很长的历史了。游家湾上街的建立，关圣殿、古戏楼的产生，沿河为毛板船加工配件的 160 多家铁匠铺相继开业，大洋江码头两岸街道的形成，以致游家湾因工商业繁荣被誉为"小南京"，却是毛板船时代的产物。放毛板船远走江湖，生死与共的曲折经历培养了游家人的团结、协助精神。毛板船要涨大水才能航行，加之黄江段河道曲折，两岸悬崖多，沿途有 53 处险滩，船一起航，就等于在"阎王爷鼻子下"讨生活。船商船工走到了一起，其身家性命就捆在了一起，险恶环境迫使他们必须步调一致，劲往一处使。同时，行走江湖，挣了几个钱就得防匪防盗，因此必须紧密团结，互相帮助。游家人与河道上所有放毛板的人一样，不管是在江面还是在岸上，都讲究互助互帮的。游家迁往益阳、汉口落脚的人成了坐商，参加了当地一些商业行会组织。住在宝庆码头的，则被汉口人称为最有实力的"宝庆帮"。清末宝庆帮的游家人把梅山大侠游石命（佛光村人）接到宝庆码头开馆授徒，以维护商业秩序与商户们的人身、财产安全。辛亥革命时，游石命率领徒弟参加武装起义，并在孙中山先生身边担任警卫一年。

第二节 游家风物与遗迹

一、义渡亭

"樟树湾，急水湾，波浪哗哗响，河面宽又宽，风急天黑欲摆渡，须知难上难。"这是渡船老翁吟唱至今的一首船谣。游家湾东面有个樟树湾，樟树湾对岸也是个人口聚居区。江面上没有桥，人们靠摆渡过河。百多年前，樟树湾修了一座渡船亭子，名为义渡亭，是专供渡河人遮风避雨的建筑。亭高丈二，占地三十平方米，东西方向各有门一道。沿南北亭壁，安置一排长条木板，供人落座歇息。大热天，亭中备有茶水，清暑解渴；寒冬季节有煤炉，供行人一点温暖。这里有个老规矩，摆渡过河不收钱。义

游家码头与义渡亭（鄢吉摄）

渡亭之所以名为义渡亭，即取意于此。

江边风大水急浪高，白天过河还不费事，可到了半夜三更有急事要过河，如果渡船又在对岸，怎么办？你就顶着夜色扯嗓子大喊数声"渡船伯伯请回河"，老船翁听到了，便会爬出被窝，打亮火石，点上油灯，操起船桨，一个人在黑暗之中吱咯吱咯地把船摆过来，把人送过去。老船翁的一个"义"字，上百年来，早已在四乡八邻心中扎了根。因此，这块土地上的人们立身处世，总是义字当先，互帮互助，扶危济困，急公好义之风蔚然。一个"义"字，造就了一个小小的和谐社会。

二、铁匠铺

游家老街最大最火的行业是打铁。每年三至六月，老板们从四面八方云集游家大洋江制作毛板船，一艘毛板船至少需要 300 斤钉，这就为游家老街铁器业的发达创造了条件。新化有句俗话，叫作"一阉二补三打铁"，打铁是很赚钱的营生。游家湾周边，煤井星罗棋布，毛板船一艘接一艘地造，铁匠铺里的锄头耙子刀、斧头铁钳锚，造多少就能销多少，而且大多跟随毛板船远销益阳汉口。自打第一艘毛板船下水，据粗略统计，不到十几年，游家湾的铁匠铺就由几家发展到160多家。打铁在人们眼里成了金饭碗。在这里，只要是人能想出来的器具，铁匠们都能打造。锄头镰刀、斧锯犁耙、锁扣鼠夹、烙铁火钳，刀枪剑戟、奇巧器械，师傅们无不能打，而打得最多的是船板钉。据说自第一艘毛板船下水，平均每天都要消耗掉1000斤以上的船板钉。最盛时期，游家湾每天用掉的船板钉超过了3000斤。最赚钱的是打斧头大锚，打成一口300斤的大锚，就够一个数口之家吃上半个月的闲饭。

师傅们做打铁的营生往往一做就是一生。他们的手艺大多是从父辈那里传承下来的。铁匠们扎起袖子，走到铁砧前，操起一把十多斤重的大铁钳，捅几下炉中的红炭，夹出一块烧得通亮的毛铁往铁砧上一放，父子或者师徒便开始挥动手臂，铁锤飞舞，火星四溅。师傅或者父亲握小锤，徒弟或者儿子抢大锤，小锤打上，大锤打下，小锤打两边，大锤打中间，直到砧上的铁块变黑冷却，才又将其放进炉膛里烧。这时，风箱鼓动，火苗上蹿，师傅又夹出第二块红铁……如此寒来暑往，游家湾一百多间铁匠铺里炉火不息，风箱不停，锤声不断，远抑近扬，此起彼伏。待日出三竿，河雾散开，毛板船、动驳子，纷纷靠上码头；脚夫们一窝蜂涌进铁匠铺里搬锄头、犁具、铁钉、刀斧，成箱成捆，有的扛，有的背，码头上人潮如织，蔚为壮观。

三、七大老街

游家镇曾有七大老街，闻名遐迩，他们分别是游家湾、莘溪、东岭、龙潭、株木桥、仰止亭、雷打坳。在这七条老街中，现只有东岭、仰止亭两条老街风貌犹存，其他的或已淹于水底，或因工程改造而被迫拆迁，只有其名存世了。

1. 游家老街

自新化大码头顺流而下二十余里，便到了游家湾。古代游家湾依山傍水，建成上下两条街道，街中几道石级通往江边码头，最长一道到江边有108级石阶。游家老街大都用青石板砌成，从三板桥进街至大洋江码头长约 5 里，宽约 4 米，街两旁是明清时期之木结构瓦房与青砖房，房子大都低矮，分上下两层，下层是铺面，上层为住房或客房，铺面后一般有小天井。那时街上店铺有三四百家，南北杂货、糖酒药材、竹木制品、油盐酱醋、陶瓷器皿、毛皮布匹、果蔬粮食……应有尽有。店铺招牌字号五花八门，如经营药材的有陈源记、盛康堂；经营南杂、百货的有道与商店、振兴商店；经营客栈的有永美玉客栈等。160 多家铁匠铺也多有名号，多数店铺名写在木板上或竹板上，有用木板写几个大字，然后用桐油漆好任风吹雨打的；有用竹篾编板刷上石灰，等干硬后题上店铺名的；也有直接题在布帛上挑成帘旗状的。游家老街上的杯子糕、水酒、油炸粑、沱粉粑、马炼黄（糯米粉制成）等民间小吃，许多客人往往吃过一回，便会记住一世。

每年八九月，是游家老街最热火的时期。从安化、溆浦等地去南岳还香的香客，都要经大洋江码头去新化县城。香客们云集游家老街，老街上的饮食店、伙铺便忙得不可开交。古时还香有"拜香"与"饿香"之分，"拜香"一般是三步一拜，也有七步一拜的。街上磕头的香客比比皆是，成了游家老街一道独特的风景。说到进香，那时游家湾上街的关圣殿本就是湘中名殿，据说关圣帝君又非常灵验，因此香客们路经此地，没有不给关圣帝君烧钱敬香的。关圣殿外搭有戏台，也是吸引香客的地方。这里唱戏分"院戏"和"卖戏"，院戏是有钱人出钱，请戏班子唱戏，观众可免费看上十天半月；卖戏是外来戏班子演出，要向看客收取少许铜钱，但没钱的人也可观看，班主一拱手说："有钱的捧个钱场，无钱的捧个人场。"人们便会纷纷将零钱放入戏班人准备的铜锣碗里。

随着 1966 年柘溪水库正式关水，毛板船退出了资江航运舞台，游家老街下街也就此淹没了。老街居民有的移民去了新宁、汉寿，有的后靠上移至现在的游家中街。至 1975 年，老街便成了游家人永远的记忆。

2. 雷打坳老街

游家镇中部，石板溪上游，有一个地方叫炉岭。炉岭山凹处，便是雷打坳老街。走进雷打坳老街，那古朴原始的气息便扑面而来。一条青石板路，通到十多公里外的同样古老的黄连村，仿佛通往历史的尽头。那一方方爬满青苔的大青石板，有的已经开裂，有的已经下陷，但仍然顽强地诉说着这里曾经的繁华。老街不知起于何时。据老辈人讲，在民国时期，这里曾经是新化乡村的骄傲。每天从溆浦、琅塘、孟公一带过来的行人，像过兵一样络绎不绝。行人要走雷打坳过游家湾，渡大洋江再转县城里去。

雷打坳就成了行客歇脚补水的好地方。当时的雷打坳，街面上商铺齐整，粉面馆、小吃店、饭店、药店、伙铺、理发店、南北杂货店等，一应俱全。各种零食、酒水烟草、狗皮膏药，买卖都非常方便。

这里至今还保存着一间古老的商铺，那走廊前窗台下的货柜依然显示着当时的繁忙。不知何故，街道两边的板房非常低矮，街上有老人解释说，之所以当时的木屋建得如此低矮，是因为当时房屋如果建得高于一丈二，就得交房屋税，所以房高都在一丈二以下。沿街往上走100余米，有一茶亭，这就是雷打坳茶亭。两扇石拱门依然顽强地挺立着，古朴而精致的雕花窗子，虽然漆层已经剥落，但依然格外耐看。在街面木屋后的院子里，一口几丈深的石砌圆井，依然水清如镜。

3. 龙潭老街

清末至民国，游家镇龙潭村境内，从老洼桥边到亭止垴，有一条像模像样的老街。老街跨越三座小桥，长一里多路，居住着近百户人家300多人口。

这里主要是袁氏族人聚族而居。街上尚存有规模宏大、雕梁画栋、号称新化第一祠的袁氏宗祠，和曾被称为二甲会馆的学校一座；此前还有肉铺、典当、酒店、药店、南北杂货店、伙铺、铁匠铺、木匠铺等各式店铺若干。当年这里每日人来人往，异常热闹，使人觉得与居住的300人口不太相称。是什么原因使得龙潭村到了晚清又如此繁荣了呢？

当地父老说，主要原因有三：

一是当时游家与西河接壤的恰山岭（新塘村）至龙潭过龙爪塘有一条通往县城与河西的重要古道，龙潭处古道的要冲，过往客商要在此歇脚打中伙，有的甚至要在此歇宿；于是本地村民乃至外地商人发现并抓住了商机，纷纷来此置地建房。娄底市原人大常委会主任何翰屏的父亲，就是那时候从炉观思里溪迁过来开药店的。

二是龙潭从宋代就开始采煤。到了清代，由于人口增长，龙潭附近如炉观、西河、东岭等地人民毁林开荒，致使山上柴木少了，人们只好到龙潭来担生活用煤。

三是资江河里出现了毛板船，新化煤炭成了武汉三镇消耗的主要来源。鼎盛时期龙潭周边山上的煤窑遍地开花，当老板的、挖煤的、挑煤上船的、做煤炭交易的，各色人等，日夜穿梭不息。

这三重缘故，龙潭日益繁华，成就了一段短暂的商业传奇。但1950年后不久，老街附近修通了马路，接着资江里也不跑毛板船了，龙潭就失去了往日的优势；于是老百姓就适时地把各自的房屋掉了个身，面朝马路，门向财源，一条长达三华里的新龙潭街应运而生，老街那古老的板房、长满青苔的石板路就成了新街美丽的背景。

4. 辇溪老街（见《辇溪码头》）

5. 仰止亭老街

仰止亭本来不叫仰止亭，清道光十年（1830），王爷山人还称之为东门坳，游家佛光人又称之为落阳山。这一年，时任新化县令在一宗案子的案卷中发现了这一地两名的现象，就去现场考察。观其地势地貌，县令只觉有高山仰止之势，又见此地刚好有一座由石柱、石基、青砖建成的茶亭，可解行客乏困，就亲自墨书"仰止亭"三字悬挂于仙人桥边的树干上。从此，仰止亭一名得以流传。

仰止亭一直是宝庆通安化、湘西的要冲。清嘉庆年间，改修县道，全程避弯就直，降坡填凼，铺上清一色大石板，从此，这路上更是人来人往，日夜不息。人们觉察到了夹居官道的地缘优势，纷纷在石板路的两边置地起房，终于日久成街。各色商铺如伙铺、饭铺、药铺、杂货铺，各色作坊如酒坊、织坊、染坊、豆腐坊，逐渐齐全完善起来。仰止亭也就日渐成了行客打尖落脚、补充粮草的驿站。每年的八九月份，这里更是热闹非凡。从湘西、溆浦等地成群结队去南岳敬香的善男信女，都要在此歇脚打中伙，有的还要住伙铺。附近各村寨的人们也纷纷前来卖水果、花生以及其他特产。仰止亭家家户户开门迎客，忙得不亦乐乎。当时有一首童谣唱出了这一盛况："户户不耕田，只等八九月，就可呷一年，来年呷不完，有钱买大田，王爷山买一半，小小坝子要买完。"

如今的仰止亭，最引人注目的要算那街边三棵苍劲挺拔的古枫和街尾一棵千年老樟树了。它们依然守卫着残存的依山而建的二十几栋木板老屋，守卫着穿街而过的石板路。因为这条石板路，曾经走过转战千里的贺老总的工农红军，走过奔赴芷江战场的美国盟军，走过前往湘西剿匪的解放军。他们在这里埋锅造饭，在街后边的树林里休整，在街道两边的板屋上刷宣传标语。那些历经风雨的历史遗迹，今天依然在向我们宣示着仰止亭老街不同寻常的过往。

6. 东岭老街

人们对东岭老街知之甚少，但有一本叫作《耍谈经》的奇书却至今为新化人耳熟能详，津津乐道。此书为东岭老街人李义才（一说李定才）所著。东岭是通往孟公、琅塘、安化的交通要道。中华人民共和国成立前后，夹道陆陆续续建起了四十多家铺子，形成了一里多长的街道。街上共有三家伙铺、三家铁匠铺、两家南杂铺、两家弹花铺、一家织袜铺、一个邮政代办所。住户或常年务农，或农商两务。中华人民共和国成立前，老街设保，有一个保长和一个保丁。临街有一墟场，每逢农历三、八日赶场，附近村民都来墟场买卖农副产品和生活必需品。赶场这天，老街上人山人海，热闹非凡。除了普通的买卖，这里还有猪市牛市，生猪耕牛都在这里交易。最热闹的要数正月初八开场日和九月唱竹仔戏。正月初八，新年赶场第一天，男女老少都要来凑热闹。附近的村民还要舞着龙，来给每一个店主、摊主拜年。店主、摊主则要放炮相迎并打发礼金。龙队拜完年后，人们就择一宽阔场地，展开武术表演活动。有徒手拳、棍拳、凳拳、猴拳、流星拳等。最扣人心弦的是桌拳。人们首先在场地中央摆一大方桌，两名拳师围着方桌做各种见招拆招的拳术动作，然后再并排拼上一方桌，方桌上倒扣一禾桶，一拳师在禾桶上仰身架拱桥，再一技艺精湛的小把式在拳师肚皮上表演倒栽葱，活动就此达到高潮。热闹的还有九月秋凉唱竹仔戏的时节。在宽阔的大坪里，扎上一个 12 平方米左右的戏场。戏场分前场后场，前场宽于后场，是表演的地方，后场是换装和演奏之地。表演的剧目主要有《唐太宗平番》《薛仁贵征东》《昭君出寨》等。每年唱三天三晚。到了第三天下午要游船，即戏班一人提着一只草船，一人举着一个木偶，另几个敲锣打鼓，挨家挨户去参神荡秽。每到一家，主人要放炮相迎，并备香案伺候；礼毕，主家要打发数目不等的银钱。整条街上人家都转游过后，还要由一人主祭念咒杀鸡烧船，是为送瘟船。送罢瘟船，三天的竹仔戏演出才宣告结束。改革开放以后，老街得到拓展，增加到了120 多家铺面，逐渐发展成了一个富有现代气息的农村小镇。

7. 株木桥老街

　　经余庆过斗鸡岩，行百十步，有瓦屋板舍沿辇溪而建，是为株木桥老街。此街始建于康乾盛世，南北向。街北有一石拱桥名唤株木桥，遂街以桥名，桥因街显，相得益彰。老街全长一华里许，人家百余户，姓氏十余个。所有居民皆来自三山五岳。古时交通不便，株木桥便是走茛江水路于辇溪码头上岸后通横阳、大石、天门等地的咽喉要道，过往客商川流不息。人们正是看中了这里优越的地理位置，才纷纷落担于此，开始摆摊设点，继而起屋开店，一条以服务业为主的小小街道便日渐有了模样；到清末民初，已经是商铺林立，饭馆、酒馆、粉面馆、染坊、织坊、榨油坊，还有药店、米店、杂货店应有尽有。其中尤以杨氏榨油和陈氏染布最为有名。两百多年过去，资江航运风光不再，株木桥老街也不再有往昔的繁华。当年栉比的板屋，现在有的已经破败不堪，街上居民纷纷外迁，或者逐公路而居。

四、香炉岩

资江西岸游家镇车石村，面江耸立一岩，远看颇似一焚香化纸的香炉，是为香炉岩。其上，青邓公路穿岩而过，逶迤如带。岩顶有茶亭，名"香炉岩茶亭"，亭有联，曰："莫嫌狭小三间屋，常备清凉一碗茶。"香炉岩南侧有一座道观，叫道塘观，又名真庆观。游人多有题咏，尤以清邓胜逑《宿吟道观并序》、刘应恧《五月游真庆观》最为著名。香炉岩下有一幽洞叫"云仙洞"。据传洞里有位乐善好施的云仙娘娘。每日清晨，洞内钟鼓齐鸣，乐声悠扬，岩顶青烟缭绕，清香扑鼻，是云仙娘娘的早课开始了。据传以前当地村民每有红白喜事，需要操办酒席时，只需划船到洞口敬香三柱，开口向仙娘借用一些炊具、餐具，片刻即能拿到。用完后，再将物品放回原处，敬上香，仙娘便收回去了。后因有人窥觑仙娘借物"天机"，仙娘便从此不见了。洞里再也没有乐声，山上再也看不见青烟，人们再也借不到东西了。

五、万年檀树

莘溪村袁家山路口，长有一棵苍老的古树，无人能说清这棵树是哪朝哪代由何人所栽，人们称之万年檀树，并在旁修了一座庙陪着它。相传此树是镇村之宝，能保佑全村寨风调雨顺，人兴财旺。树高30多米，须三人才能合抱，枝繁叶茂，如伞盖撑起一大片荫凉。树皮粗糙而坚硬，深深的裂纹与缠绕的枯藤告诉人们，这是一棵饱经沧桑的古树。树上还有一奇观，便是该树长有两种叶片，一种是椭圆形的叶，是为檀树叶；另一种叶呈针尖形，约7寸长，乡亲们称之为寄生茶，人有发烧、咳嗽时，摘几片泡水喝便有奇效。

六、天外飞来石宝塔

巍然耸立于田家村挂榜崖上的石塔，是游家著名的古建筑。此塔一名

"掏马桩"，又名"镇龟塔"。登上挂榜崖，你可以领悟到"会当凌绝顶，一览众山小"的神韵，也可以感受到眼前这虽残犹雄的古塔的神奇。塔原为七层，六边形，中实心，铜顶。依塔之形制及现存的四层半，估计原高20米有余。塔底边长逾2米，底层直径4.5米。层间挑短檐，角稍翘，每层砌六级条石，连檐边计四十九级到顶。条石大者千余斤，小者亦上百斤。第一层西面嵌有一碑，由碑文知此塔成于清道光甲申岁（1824）十月十二日，由文昌、大成两会发动鹅塘、三塘、星塘、傅家、吉龙（现横阳、孟公、西河一部分）五村群众捐资修建。石匠为张石鸣、罗名昌。

此塔单从形制来看，工艺并不精细，但其本属人工，却为何说它"天外飞来"？传说清道光初年，居住在挂榜崖周围的人们，所种庄稼经常遭到无名动物糟蹋，连年歉收。起初，人们以为是野猪野兔之类的野生动物，但后来情形越来越严重，几乎所有不同季节的农作物全遭破坏。于是人们开始惶恐不安，认为：一来当时这一带山地林木繁密，百草丰茂，山中野生动物食物充足，不必下山来偷吃庄稼；二来亦未发现有关野生动物的足迹。于是大家商议，晚上派人守夜。守夜人上半夜并没有发现什么动静，到了下半夜，隐隐看见从挂榜崖下的深洞里爬出来一只大黑龟，重约千斤。一到庄稼地便窸窸窣窣地啃吃农作物，不一会儿，一小片农作物便被吃掉了。守夜人个个胆战心惊，既不敢靠近，又不敢作声。待龟饱食后归返山洞，才悄悄回到村中。翌日，守夜人把情况告诉村民，于是组织猎手二十余人，埋伏于庄稼地，准备打死它。果然到了下半夜，那黑龟又像以前一样爬到庄稼地里吃起来。猎手们仗着人多，有的放鸟铳，有的持镖枪，有的拿大刀，一起冲了上去。奇怪的是人们冲进地里，大黑龟竟无影无踪了。之后，更为奇怪的事情发生了。家家户户连火都烧不燃了。与此同时，鹅塘一带的乡亲也发现有"天马"大片大片吃掉庄稼的怪事。于是，这两地的乡亲联合起来，商量对付两个孽障的办法。这时，有位虬须银发的老者来到大伙当中，唱道："龟从黄江出，潜入挂榜洞；头伸挂榜崖，吃得庄稼尽；南山大天马，尾展石溪畔，头向东边撂，专吃农作物。"接着他告诉大家，这是"神龟""仙马"，要镇此二物，必于挂榜崖上造石塔，一则镇"神龟"，二则掏"仙马"。说毕飘然而去。遵照老人的指点，鹅塘、三塘、星塘、傅家、吉龙五村的百姓纷纷捐资，准备建石塔。但挂榜崖奇峰突兀，陡峻难攀，人空手爬上去尚且吃力，那么多石料怎么运上去呢？老百姓又犯愁了。只好设立祭坛，请高师作法，祈求各村各姓"地主""家主"一起来帮忙，一连做了七天法事，做到最后一夜，石塔果然耸立于挂榜崖上。此后，"神龟"被镇，"仙马"被掏，人们才安居乐业。

七、寺与庵

清朝及民国时期，游家镜内有封荣山、刘祝山、回龙阁、月定庵、佛光、青云山、地母庵、半岭上老庵堂及龙潭村古龙庵等十一座寺庙、庵堂（封荣山、青云山近几年修复后改名寺）。其中青云寺是最有名的。青云寺位于长田垅村青云山顶。青云山史称朝天凤，俗称凤凰山。山脉南北向，晴好天气，近可俯瞰荑水、十指山，远可瞩北塔，维山、梅城亦隐约可见。

据村民相告，明清之交，传说天神王元帅莅临此山，人们感德而诚修庵宇，1966年庵毁，1998年重建。寺旁有一仆地古碑，其左下角有"光绪十九年癸巳仲春吉日竖"字样。因年代久远，石刻浅，碑上很多字都磨灭了，依稀可见者有："青云山之有古刹也，□□□□□，神□□□致使老幼士女靡□；□□□□□□山势嵯峨，道途险阻，虽西□已就荡平，而南路尚嫌泥□，复幸倡修□大，来松桂李德林等用募同人□□□□□今成功，视履考祥，无虞偏□。此固吾侪所同欲，尊神所默抉尔。友志。芳名泐诸珉左。"正文至此，接着便罗列众香客修路的捐款，数量从一千文到三千文不等。显然，这是为集资修筑寺南之路勒石而记的。落款"光绪十九年癸巳仲春"，是为公元1893年农历二月。

村民所说的"天神王元帅"，在当地被尊为王灵公公或王爷公公，是道教之护法神将王灵官。可见原青云寺实为道教宫观。在当地，据说王灵公公很灵验，有驱邪治病、济困扶危之能，求福得福，求雨得雨，因而驾船者、驾车者、生病者、求生儿女者都来了。道士打符立禁作法，都要启请王灵公公。王灵官的神诞日一说是农历六月十三，一说是农历六月二十三。青云寺采用后一说。民国时期，每逢六月二十三，方圆几十百把里的香客像赶集一样纷至沓来，从早到晚，不知道要杀掉多少还愿的公鸡。鸡血用一口蒸酒缸盛着，香客们可以自由饮用。其时，青云山上松、杉、枫、樟、槠、椆都很高大，有许多要两个以上的人才能合抱得过来。树底下卖凉粉的、卖面的、做生意的排起长龙。

1966年被毁以前，青云寺白墙黑瓦，气度非凡。经二十来级台阶入山门，是一长方坝，左边为一堵矮墙，右边上几级台阶是正殿；坝前墙与台阶之间立着的便是王灵公公神像：赤面黑髯，三目怒视，身披红袍金甲，手持九节钢鞭，令人敬畏。殿正中供着一尊更大的神像。东为配殿，供着观音、文殊等多尊佛教菩萨。西厢房是住持起居地。

今天的青云寺早已不复从前，重塑的王灵官神像也缺少些神气，但人们的信仰还在。

八、茶亭

古时出行，多靠两腿，货物运输多肩挑背驮。为使"行者歇于途，担者休于亭"，人们在主要道路上每五里修建一个茶亭。游家境内自花山到仰止亭一线，有杨坪、月光山、二路上、雷打坳、李子坳、朝阳岩亭；从月光山至横阳，有栗舟、陡孤岩、东岭、板栗树下、石板江、岩门岭亭；从佛光有到风洞，有边亭；从东岭向北，有天门坳、土地坳顾问亭；从余庆去白溪方向，有长田、亭子坳、香炉岩亭等，共 18 座茶亭。

茶亭选址是非常讲究的，既要距离适当，又要景致优雅。有的建于平坦开阔地，有的建于峰回路转处，有的建于越岭翻山坳。茶亭内布局简单，一般一个亭子间，两边以长板设固定的懒板凳，旁边摆一个茶桶，便于劳累的行人坐卧补水休息。亭子间隔壁有厢房，供守护茶亭之人居住。茶亭大门两侧石柱或木柱上一般还镌有对联，如东岭双江亭两副对联："双手拨开云得路，江心汲出水烹茶。""双溪幽似修仙处，江水深知送客情。"香炉岩茶亭联："莫嫌狭小三间屋，常备清凉一碗茶。"这些对联，大都由地方文人撰写，因而典雅切题，富有韵味。青山坳上有个蔚止亭，乃清道光四年所建，竣工时，还请当时县令林联桂做了一篇赋。

游家的茶亭不但是过往行人歇脚之地，也是周围乡亲休闲之所。劳作之余，往往有男人在亭中抽烟喝茶侃大山睡懒觉，也有妇女背倚门庭打鞋底话家常。茶亭还是读书人雅集之地，古时常有三五成群学子，聚会于亭，或高谈阔论，或吟诗作对。古茶亭是一时的文化现象。古人修茶亭由地方上有威望之人发起，群众广泛参与，是方便行人的公益事业。亭上对联，建亭的碑记等也有一定的历史文学价值。现在游家镇还遗存有双江亭、顾问亭、风洞边、雷打坳、仰止亭、恰山岭六座茶亭，实为新化茶亭历史的最好物证。

九、六大院落

在游家境内，至今还比较完好地保存着六大家族院落。这些院落，颇为民俗学家关注，亦颇为旅游爱好者向往。那么，到底是怎样神秘的六大院落呢？

1. 荆华堂

荆华堂始建于清道光年间，坐落在大金山下新塘村，奉公庙上首。该院属四合院形制，结构严谨。其东、北、西三面由条石所砌的院墙环抱，高丈许。南面抵大坪通道，跨过三五步的石板踏步，就进了八字形槽门。槽门两侧有石凳，石凳上刻有棋盘。农闲时，弈棋者，看棋者，挤满了槽门口，形成一道独特的风景。槽门两边各栽柳树五株，据说是清末乡儒伍树尧先生仰慕古贤五柳先生陶渊明而亲手所植。天井里栽种了楠竹，后山上长满了马尾松。荆华堂就藏于细柳修篁之中。

兴建此堂的人，为一余姓老太君，后人尊称为余氏奶奶。相传余氏奶奶十六岁嫁入大金山下伍家，第一天，人们就见紫气东来，祥云笼罩大金山。一游乡道士路过，见此情形，不禁赞道："善哉，善哉，此地必出福星。"连念三遍飘然而去。余氏奶奶入门之始，即谨遵妇德，勤俭持家。她从娘家要回六个鸡蛋，孵出小鸡，小鸡长大卖了买小猪，小猪长大卖了买母猪，母猪再产小猪变卖。经年积累，伍家便成小殷之家。到余氏奶奶四十多岁时，其所生四男三女相继成人。于是请了三年石匠工，二年木匠工，五年岁月，虽把风华正茂的余氏奶奶熬出了满头白发，但她也得偿所愿，一座富丽堂皇、大小约60间屋，能住20多户人家的荆华堂院，终于建起来了。余氏奶奶除了有勤劳节俭的美德，还通情达理，敦睦四邻，好施舍，明大义，对穷厄之人常予以接济。人们至今仍说："凡乞丐到荆华堂，从不会空手而返。"

2. 禁山院

禁山院建于清中叶，萧姓人所建，地处东岭吴家坪山。院子一进三重堂，宽大宏阔，占地近4000平方米。前有200多亩农田的台地，后有七十多亩茂盛的山林，周围好些地名都围绕这座院子命名。据族谱记载，这院子曾经一代出过48个"志"字辈，可见当时院子规模之大与人丁之旺。然而这么一座大院，从清末到民国只几十年时间就衰落了。相传，这院子里曾有人在外地做官，由于很少回家，一些女人就抱怨长年见不到亲人。当初为之择地的堪舆先生听得厌烦了，就给老妇人出主意："你要见儿子是很容易，河要改，宝塔要矮。"说只要将门前曲水改成直流，将屋后的石宝塔拆矮就可以了。当时，萧氏财多势大，劳力充足，竟真的发动族人改曲水为直流，将屋后石宝塔放炮削去两层。改河道与拆宝塔，与这院子的衰落不一定有直接的联系，但住在这院子的萧氏人家确实从此江河直下，到20世纪40年代初已无可传代的男丁。1941年萧家寡妇捡养一个儿子传代，生了三个孙子。而这三个孙子的下一代，现在合起来竟也只有一个男丁。

3. 康家大院

从县城至游家的公路右侧，有一座砖木结构的大院落，占地10亩以上，建筑面积3000多平方米，现在仍保持民国时期大院建成时的风貌，这就是有"游家第一院"之称的芦茅村康家大院。该院现在仍居住着两个村民小组的30多户人家，200多口人。康家大院创始于清代中后期，成于民国年间，前后跨越100余年。大院基址先前是一片开阔的山地，风水先生道此地前门视野开阔，后山势稳而形如象鼻，若辟成屋场，必定人财两旺。为得此宝地，从嘉庆年间开始，当地村民康继忠父子倾其所有，在这象鼻山下大兴土木，苦心经营数十载。其建筑布局十分气派：槽门宏大开阔，踏步皆用条石砌成，正房、厢房各一字排开，附属粮仓、猪栏、马舍设施齐备，中间是天井，厢房与槽门屋紧密相连，构成严严实实的四合院。

清末民初，康氏家族又出了一个善于经营，靠采煤发家的能人康次修。康次修将原乌石人因无法解决通风、排水等问题而废弃的优质煤窑重新开采，得天时地利人和之势，很快便开采成功。他组织工班夜以继日，将所产优质煤大部分发脚（肩挑）到大洋江，再用毛板船运往益阳、汉口销售，几年下来，便成了游家首富。致富之后，他既广置田产，又大兴土木，选择象鼻山紧靠康继忠大院的下首，又独门独户建成一座与康继忠院同等规模而更为豪华的四合院。院中还别出心裁，建起一座四面走廊的二层小洋楼，1949年后地方政府还在此楼办过几年小学。两个多世纪以来，康家大院虽然栉风沐雨，饱经沧桑，但康氏族人却一代代秉承门风，耕读传家，人才辈出。20世纪80年代，芦茅村被盗墓贼掘了一座古墓，出土之物证实墓主人康仑山系五品府衔。

4. 彭家大院

彭家大院坐落于现山海垅村炉溪的东畔，1828年由清知府彭泰楠所建，属典型的江南天井对合式院落。大院坐北朝南，大门旁一对石狮威武雄壮，门柱上有对联"种松可益千年寿，叠石能膺一品封"，为彭泰楠亲笔书写。全院占地 2858.8 平方米，建筑面积 1450 平方米，由前屋、中房、中堂、后屋、东西厢房，共 138 间房屋构成。从高处鸟瞰，整体为"目"字形。四周由 10 余米高的青砖墙全封闭围绕。院内操坪、过道、走廊全部用大小一致的长方形石板铺成。房屋雕梁画栋，斗拱飞檐，虫鱼鸟兽，栩栩如生，充分体现了江南天井式院落的风格特点。可惜的是，如此古建筑竟没有被保留下来。居民为了建新式楼房，竟拆下了木材、砖瓦。现仅存大门石柱与几扇残墙，石柱上的对联还依稀可辨，供人们想象当年大院之辉煌与主人之才气。

5. 洞下山院

佳木掩映，厚重古朴 ——走进利民村洞下山院，你就像穿越到了一座古老的宫殿，这就是洞下山院。山院门外矗立着四个拴马石。古时骑马坐轿之人每到此处，见了拴马石就会下来步行，拜访当地的耆宿。拴马石是威权的象征，能立拴马石的院落，必然产生过职务较高的官员。拴马石证明着此院落的不同凡响。从斑驳的槽门走入院子，就是前瞻后顾、有机衔接的三重堂。一重堂古色古香，保存完整。十多根大柱撑起了整个建构，每一根都要两个人才能合抱。中堂是摆放祖宗牌位的地方，许多雕花木神主牌摆放在神龛上。神主牌造型优美，漆工精细，散发着古老而厚重的历史气息。三重堂里原来住着 20 多户人家，以后大都在院外建起了新楼房，有的甚至早已离开祖屋，搬到县城、省城去了。这个院子里也出过不少鼎鼎有名的人物，北伐志士游玉昆就是其中翘楚。他兵败被俘之后大义凛然，留下"我是新化人，喝的三江水，死也不投降"之语，就英勇就义了。

6. 忠鹄堂

忠鹄堂是晚清湘军名将、川陕鄂军务督办、四川提督李有恒将军的府第，同治五年动工，同治七年竣工。相传曾国藩为大鹏金翅鸟（俗称鹄鸟）转世，李有恒为表示对曾的忠心，故而将新竣的府第取名为"忠鹄堂"。忠鹄堂背南面北，占地二十余亩，建筑面积八千余平方米，全木结构，东南西北四面连贯通畅，是典型的明清江南回廊式建筑。来到春田村鸠山岭北麓，迎面就是忠鹄堂。登上十级石阶，便可见大门两边一对威武雄壮的石狮，以及门额上的"建威将军第"五个镀金正楷大字，两边石柱上錾刻的"圣代即今多雨露，众山罗列似儿孙"的对联虽已斑驳，但仍依稀可辨。据传，宅名及门联均为晚清书法家顾复初墨宝。

进入大门，两侧各有传讯室一间。传讯室二楼不仅与东西两面厢房连通，而且可俯视围墙外景，是家丁护院住的地方。向北有大、中、小三门直通内坪。内坪极为宽广，面积400多平方米，东西两边有花廊，坪正中有6米宽的石板道直达接官厅。接官厅上"四代同堂"四个大字嵌在中门顶上，力透壁骨。接官厅后是正厅，两边各有厢房八间，东边是其母居室，西边是其兄东富居室，正厅后是祖先堂，雕刻二龙戏水图案之神龛上书写着"李氏历代先亲神位"，堂内张挂着训示后代的墨书家规。东面两层楼建筑，楼下是粮仓与厕所，楼上是演武厅，摆放着各种兵器。西边楼下是仆人居室。楼上居住着两房姨太太吴氏与段氏，也是李有恒回家探亲的卧室，是整个建筑最富丽豪华之所在。围墙外西边，有一栋能拴百头以上马匹的马栏与一口人工挖掘的水塘。水塘面积约三百平方米，四壁用条石砌成，塘底垫有卵石，常年有溪水流入，清澈见底。

十、莘溪市

游家镇白沙管区莘溪村，古名田溪寨。据新化《陈氏族谱》记述："陈姓始祖陈百万，在五代后唐庄宗同光二年（924），偕妻赵氏，率子陈元与、陈享与、陈利与，孙陈胝、陈羯、陈朔、陈翔、陈诩，谋士董保兹，由湖北沔阳经湘潭、湘乡至邵阳高平县太阳三都，落担于横阳寨。"公元927年，陈百万指派其孙陈诩驻莘溪，配妻冯氏，生三子：尧叟、尧佐、尧咨。当地有"父子同朝""三子三状元"的说法，即指陈省华（陈诩）父子都为北宋栋梁。

公元967年，年届古稀的陈省华战死于河南新郑，被宋太祖赐封为泰国公，赐建崇孝寺，子嗣封六位国公，家眷四代常驻横阳寨、田溪寨。公元1068至1085年，嗣孙陈永宗、陈康宗、陈齐宗织锦图回新化鹅塘守祖顾眷。永、康、齐三公繁衍梅山大族，建阁庄，兴田地，并在田溪寨修建双石板路、双拱桥，立"泰公恩免录"牌坊，建亭子渡双排码头、喜家码头、水府阁、望江楼等。因此，田溪在宋代颇具知名度，现存路、桥、碑、码头之遗址均可供考究。由于田溪开发得早，南宋皇室赵昀1224年从邵阳到杭州去，在此下榻，次年登基成为理宗。以后，田溪寨改名为莘溪。

从公元1279年到1644年，即元、明两个朝代，莘溪却成为氏族相争的风水宝地，先后有蒙古道士、萧姓、袁姓、朱姓、艾姓、杨姓、伍姓、刘姓等在此居住过，今之课堂冲、道士冲、蒙古坪、肖家冲、艾家岭、朱家港、袁家山、伍家山、刘家溪、杨力坪等，均因居住过这些姓氏而得名。相传这段时期，上述姓氏赶走了陈姓，霸占了山寨，当地至今还留传有陈姓藏宝经"大坮对小坮，钱财十八窖，若要找不到，韭菜做记号"四句话，并一直有人梦想找到那十八窖财宝，说明人们仍以上述传说为信史。莘溪经过康乾盛世，杨、高、伍三姓鼎足，抓住商机，恢复了宋时的繁华。相传，1756年乾隆皇帝巡游江南，逆资水而上，路过莘溪寨，见此地繁华热闹，雅兴大发，乘"辇"直奔闹市，饱览山川秀色，并在水府阁留宿了一夜。据说水府阁这块地方因乾隆留宿一夜，到了热天一直没有蚊子。到1911年以后，这里成为永安乡政府驻地。那时河面上的船舶可在两岸连接成三路浮桥，过河不需渡船。

链接：宋理宗与莘溪

公元1224年，草长花开时节，一天下午，上游下来一艘官船，缓缓驶近田溪码头。靠岸后，船上文武随从簇拥着一位眉清目秀、器宇轩昂的年轻人，住进了码头上一家普通客栈。简单洗漱过后，客人们不顾长途奔波的劳顿，时而踱步于河岸沙堤，时而徜徉于田野阡陌，尽情观赏那如画的山水田园风光。周围百姓虽朦胧中意识到这队人马的神秘，但谁也不知道他们的真实身份。直到一年多后的闰八月，京城临安传来一个惊天消息：宁宗皇帝驾崩，新登基的皇帝赵昀（理宗）改元宝庆，是从湖南邵州去的。人们这才大悟，前一年从邵州坐船来，在码头上停辇借宿的那位青年正是当今天子。一时梅山大地沸腾，各地大小官员、文人墨客、行商坐贾，纷纷捉舟上下，争睹田溪、游家湾、宝庆一线的灵山圣水。田溪也从此改名为莘溪。

理宗原名赵与莒，虽是宋太祖十世孙，但属燕王德昭一支，早已因失去王爵而没落。18岁前的理宗实际是一介平民，是被当时的统治者作为"知识青年"下放到了偏远的梅山地界。理宗性格温和，善韬光养晦，成功而完美地演绎了一个从平民到皇帝的传奇故事，这与他蛰伏梅山数年，生活在社会底层，了解人民的疾苦不无关系。他在位41年，执政情况大体可分三个阶段。前十年一切听从史弥远摆布。他知道自己只身一人从乡下来到京城，没有根底，只能隐忍待时；面对盘根错节的恶势力，如急于施展政治抱负，露出锋芒，后果将不堪设想。十年后，史弥远死了，理宗才真正亲理朝政，开始他执政的第二阶段。为了强国，收复被金人占领的大好河山，他首先从整饬朝纲开始，清除史弥远逆党，颁布新政，从政治、经济、军事、文化等方面全面改革，重新启用真德秀、魏了翁等贤才，被史家称为"端平更化"。同时外交上注意与北边蒙古族人修好，意在南北夹击，共同对付金朝。通过几年治理，国力有所增强，绍定六年出兵占领邓州等地，端平元年 6 月进军河南，7 月 5 日进驻开封，灭掉金朝，金哀宗自杀。金人之仇是报了，但前门赶走狼，后门又进了虎。凶悍的蒙古铁骑违背将河南划归南宋的诺言，向宋军猛扑，宋军后勤供应不上，节节败退。这一失败使年已 50 岁的理宗锐气尽失，感到自己已无力回天，因而后十年沉迷于享乐，国势日渐衰微，"端平更化"终成昙花一现。1264 年，60 岁的理宗病逝。19 年后，南宋为蒙古人所灭。

理宗的登基是阴谋活动的结果，但他不是主谋，只是一个官廷斗争中的被动渔利者。游家百姓对他的到访，至今引以为豪。理宗到游家，也确为游家此后数百年繁荣起了助力作用。明清时期，游家湾"日有千人拱手，夜有万盏明灯"，从三板桥到大洋江沿岸十里长街，商业、餐饮、娱乐、加工业一应俱全；莘溪曾一度成为当地政治、经济、文化中心，其永安中心小学是当时闻名三湘的高级小学，著名教育家陈润霖先生又于 1938 年把楚怡高工从长沙迁来，学校三个专业，师生达 300 多人，朱镕基总理曾随校在此读书。国人迷信风水，崇拜帝王，莘溪附近百姓纷纷把房屋建到理宗走过或看过之处，希望沾一点天子气。到清代，沿河街道长约 2 里，官府选定这里设"市"（市场），莘溪就此而称为"莘溪市"，常住人口约 3000 人。

（注：此文参考 2010 年 5 月 20 日《湖南日报》第 10 版谢石撰《聆听资水碧波下的历史涛声》一文改写。）

第三节　人口与姓氏、民俗及移民

一、人口与姓氏

据当地各姓族谱记述，游家境内现代居民的祖先，都是宋、元、明、清各代陆续从外地迁入的。全镇 1949 年只有 2 万余人口。进入当代以后，人口死亡率越来越低，因而常住人口增长很快。虽然三次移民共迁出 7424 人，但到 2010 年人口普查时，仍有 21703 户，75941 人，平均每户 3.5 人。其分布情况是：游家管区 5851 户，20468 人；东岭管区 4996 户，

17488 人；乌石管区 4593 户，16080 人；白沙管区 3246 户，11344 人；栗山管区 3017 户，10561 人。

聚族而居是人口分布的显著特点。全镇除了游家、莘溪、株木桥、东岭、龙潭等有集市之地是多姓杂居之外，其余都是单姓聚居。究其原因，一姓先祖从远地迁来，择一处水草丰茂、风景宜人的地方落脚，然后在此繁衍发展，逐渐形成院落。现在，游家聚居着李、伍、袁、刘、陈、肖、游、彭等 40 多个姓氏。

李姓，始迁祖李仲章，字司为，一作汉彰，南宋淳熙年间（1180 年前后），由江西吉安府泰和县迁居安化丰乐乡首兜冲，旋迁居新化，谱称《五户李氏》。族裔布居在游家白沙管区的春田、炉前、江田、白沙、金字、兴胜、银星；东岭管区的如家、东岭；栗山管区的长田、岩石；游家管区的栗舟；乌石管区的井冲、同利。

伍姓，始迁祖伍隆，字顺昌，号龙山，于宋熙宁年间（1068 年前后）奉诏实楚，从江西庐陵初迁都梁湖田，再迁梅山三塘。华房后平国公的后裔，布居乌石的奉公庙、新塘、井冲、同利、谢家庙、白竹、光冲、大业、贺家、龙潭、木山、胡家垅，东岭的如家、东岭、田家、同心，栗山的月星，白沙的江田，游家的桂花。

游家街上的老式民居（鄢吉摄）

袁姓，始迁祖光五郎，字道求，于宋钦宗年间（1126年前后）从江西吉州府泰和县迁居宝庆永上二都侯田石鼻头立业。后裔布居乌石的龙潭、石板、芦茅、同利、贺家、白竹，游家的花凼、黄连，白沙的马岭、银星，栗山的炉背。

刘姓，始迁祖刘吉蕴，于宋元丰八年（1085）由江西吉安府泰和县迁居新化横阳山平砥。后裔布居东岭的利民、竹山、田家、刘家院，栗山的黄泥凼、群健，白沙的炉岭、春田，游家的大东、杨坪、上马。

陈姓，始迁祖陈伯万，号金锋，字顶一，于后唐庄宗同光二年（924）奉命南征，在新化鹅塘安家。后裔分布东岭的东岭、田家、金星、金枫、西荡、利民、刘家院，乌石的歇凉、胡家垅，游家的淡竹。

萧姓，始迁祖萧汉三，字益阳，南宋淳熙年间从吴西迁居楚南，再由娄底迁居新化游家，族裔布居在栗山的红花园、长田、群健、新亭、栗山、岩石，东岭的西荡、金枫。

游姓，始迁祖游应德，于宋元丰八年由江西吉安移民实楚，再迁居新化青峰，后裔迁居游家佛光、株树岭、风洞边、利民、袁家、同心、株木桥、潘家垅。

彭姓，始迁祖彭才库，号十三郎，北宋真宗时从江西泰和南迁布居梅邑。后裔迁居游家的山海垅、游家，乌石的芦茅。

杨姓，始迁祖杨惟圣，字师周，号忱德，江西吉安庐陵人（一说太和圳上人），宋大观期间，首迁居邵州永宁渭溪，经四次择址，定居新化楂溪。后裔迁来东岭的东岭村、株木桥，栗山的长田，游家的周家村，白沙的余庆。

黄姓，始迁祖黄伯四，于宋太祖建隆三年（962）迁居新化井头街。后裔迁居东岭的刘家院，游家的桂花，乌石的同利。

易姓，始迁祖易隆，于宋元丰间（一说祥符年间）从江西泰和千秋乡，奉诏徙楚，首迁居长沙，次迁居新化的长峰塘，聚居在游家的光星、山海垅、栗舟、堤上，白沙的新胜，栗山之道塘。

傅姓，始迁祖傅日华，字蒂固，宋咸淳年间（1268年前后）迁居横阳山傅家铺。后裔世光于明洪武二年（1369）择居游家金子山，现裔散居兴胜、马岭、银星、堤上等村。

吴姓，始迁祖木兜公，于南宋初从江西吉安府泰和县迁居邵州盘古塘，九世孙道才择居横阳沙江，后裔再迁栗山的月星，东岭的袁家、同心、株木桥、东岭。

邹姓，始迁祖邹瓒，字明仲，号太与，又名世第。后唐庄宗同光三年（925），由江西吉州泰和县迁至新化洋溪。后裔再迁往游家栗山的红花园、炉背、群健、栗山、邹家、资兴、道塘、白沙的辇溪，东岭的株木桥，乌石的奉公庙、谢家庙。

赵姓，始迁祖赵胜宗，江西吉州安福县人，于明永乐二年（1404）迁居新化，落业太阳二都。后裔迁居游家栗山的红花园、炉背、新亭、岩石。

曾姓，始迁祖曾泰谕，字棒卿，号鲁斋，于北宋真宗咸平元年（998）从江西吉安泰和县迁居横阳莲塘，后裔迁居游家东岭的西荡、金枫、金星、游家居委会，乌石的奉公庙。

王姓，始迁祖王明远，字一统，宋元丰八年奉诏南迁，从江西经潭州（长沙）辗转来到上梅金凤山芭蕉冲。后裔迁居游家东岭的田家、株木桥，游家的淡竹，乌石的新塘、井冲。

汪姓，始迁祖汪伯彦于南宋开禧年间携长子崇斋自江西吉安泰和迁居新化白溪。后裔迁居游家大洋江、淡竹、上马、游家居委会等地。

姜姓，始迁祖姜发隆，字万益，明永乐年间（1403—1424）自豫章迁徙湖南长沙，再迁至新化满竹。后裔再迁至东岭的简家院，游家的周家、大洋江，乌石的木山。

周姓，始迁祖周监卿，字天任，宋元丰年间，从江西吉州泰和县迁至新化小洋等地。后裔聚居游家的周家、淡竹，东岭的如家，乌石的新塘。

卿姓，始迁祖卿万容，于宋熙宁五年（1072）由邵州徙新化洋溪乾江田心落业。后裔迁至游家，聚居乌石的木山、凉山、龙潭、芦茅、光冲、谢家庙，游家之桂花。

康姓，始迁祖康南八，字百万，从江西吉安府泰和县迁至新化，后裔一支聚居游家的龙潭、芦茅。

欧阳，始迁祖欧阳勖，于宋熙宁五年从江西庐陵迁至新化太阳乡青峰落业。后裔迁至游家镇，聚居东岭的株木桥，白沙的余庆，栗山的长田。

熊姓，始迁祖熊元亨，于明洪武初从江西南昌丰城迁至新化熊易坪。后裔聚居东岭的株木桥，白沙的辇溪。

安姓，始迁祖安伯五郎，于宋熙宁五年奉诏由江西吉安府泰和县迁至新化维山。后裔迁至游家，聚居游家的杨坪、周家、山海垅，白沙的炉前。

谌姓，祖先谌至万，系江西迁湖南始祖谌养元的第9世孙，明朝时期从安化迁至新化青石街定居。后裔迁至游家，聚居游家村、游家社区等地。

高姓，始迁祖高远迪，字启哉，明洪武五年(1372)由江西吉安泰和乡迁至新化香岭，即今高家村。后裔迁至游家镇，聚居白沙的辇溪、炉岭、源头、银星。

简姓，始迁祖简直宣，字球玉，号楼池，于明万历年间随母从安化迁至游家镇东岭村定居，330年间，已传17代。

罗姓，始迁祖罗云飞，字无秀，宋仁宗皇佑年间(1049年前后)游寓邵州，定居新化球溪渡头屋场，后裔聚居游家栗山的红花园、车石、邹家。

此外，还有万、廖、唐、晏、何、邓、曹、龙、朱、胡等姓氏，当代人数不多，有的几十人，有的上百人。迁至游家，有的几代，最多二三十代，都有族谱可考。

二、民间信仰

在游家乡间，虽然佛教、道教以及19世纪传入新化之基督教都有一定数量之信徒，但远不如信仰本土梅山教、信仰张五郎之人多，原因主要是古梅山长期处于封闭状态，道教、佛教直到元代才传入，虽经长期融合，但本土的梅山教早已深入人心，它在新化人心中的地位，是其他宗教门派无法替代的。

游家的民间信仰，在古梅山峒核心区是较为典型的。简单说来同是信奉天神、地祇、人鬼三大类，但在此三大类中，又以信奉人鬼为最，地祇次之，天神在末。这是个很有趣的现象。

人鬼一般指对人们的生存、繁衍与发展做出了杰出贡献的人，这大致与中原相同，如蚩尤、关公被称战神，历史上对医学有突出贡献之华佗、李时珍等是药神，鲁班被各匠尊为祖师神。而梅山教的人鬼，主要是本土的祖先，如梅山法主、祖师张五郎，在游家人的神系中，占有相当重要的位置；但较为普遍的，是自家的列祖列宗，统称之为"家主"或"家先"，他们认为祖先们都是成了神的，会护佑自己的儿孙。"地主"，即当地最早的巫傩法师。家主和地主总称为"太公"。此外，几乎村村在水口上建有庙宇，庙里供奉的庙王大多是被神化的当地地主。敬神时，凡场面大一点的祭祀活动都要请能与神沟通的"师公"(即巫傩法师)来设坛。师公必须从师学习，有明晰的师传谱系。师公学成后必须举行抛牌过花仪式(相当于毕业典礼)，也就是要取得执业资格；在仪式上经由业师传卦，并划分一定范围(叫"香火"或"烟灶")给他谋生，他才算正式出师，可以独立履职。

每位师公死后，即成为他生前香火范围内的"前人"或地主"菩萨"。

游家的民间信仰活动主要有下面几种。

庆家主，庆家主大部分地方叫"唱（庆）菩萨"。仪式若是替本姓族人做的就称之为"唱（庆）家主菩萨"，若是为异姓人做的就叫作"庆法官"。游家人还固定每年阴历六月初六土地神生日时要庆"土地菩萨"，每年下半年杀猪时要庆"家主菩萨"。唱菩萨时要写好香火堂，中间写上"天地国亲师位"或"天地君亲师位"，两边再书写一副小对联，对联内容按姓氏不同而不同，如游姓，就写上："游氏历代宗祖，广平一派渊源"，也有写上寓意吉祥的对联。唱家主是为了祈求家主保佑家中人兴财旺，五谷丰登。

打符，就是在纸上画上某种特殊符号。治病之符叫绚魂符，为妇女催生保产之符叫六甲符，此外还有门窗符、口服符、随身符等。师公写（又叫画符）好符后，插在装满米、谷的升斗内，供在神龛上。为避妖魔鬼怪或瘟疫传染写的分界符则写在铁牌上，钉在厅堂柱基边或村口水口树上。

收惊，又叫收吓。师公诊治生来赢弱、饮食不振、经常啼哭的小孩时，取米一杯，用一方小布扎紧杯口，然后施法。施法完毕后再揭开布片，依杯之米何方微陷判断其小孩在何处失惊，云以此米煮饭喂食小孩，即可康复。

报娘娘，是"娘娘婆"（又称脚马）常施的巫术，多以收取钱财为目的。娘娘婆请神时且歌且舞，做鬼动作，角色定位是人神间的交流使者。进入高潮时，佯装神鬼附身，代表神鬼与事主对话，双方有问有答，旁边的人则添油加醋。病家治病心切，一般都会附和说："难怪病这么重，原来是鬼上了身，看他有什么要求照办就是了。"

喊魂，小孩落水受惊，被认为是失魂，其父母于傍晚时用篾箕于落水处打捞，边捞边唤小孩名，令小孩应声或他人代应。认为如此反复三晚，可将小孩魂魄收回。如果是在干旱地方跌跤，掉到山洞或崖边等地，父母天黑后就在大门口呼唤小孩名字："××吓了的回来哦！"家中人就应声"回来了！"如此反复三遍，连喊三晚，认为魂就喊回来了。

烧胎，病者四肢软弱无力，师公一般测定为病人走了魂。要以湿纸钱敷鸡蛋施法后烧熟，让患者吃下，认为可治病。

扫屋，人患病或家中百事不顺，以为有鬼作祟，请师公驱鬼，叫"扫屋"。师公着法衣，持师刀，在室内病者床前床尾挥舞，捏诀号叫，并以火把照遍阴暗角落，贴符于门楣窗户，并三天三夜不容生人进门，据说如此可驱除邪祟。

打醮，是道士设坛为人求福禳灾的一种仪式活动，在游家乃至全新化、师、佛两教业者，也常参与这类活动。打醮的种类繁多，祈保人口六畜叫清醮，为人祈寿叫寿醮，为祈火神保佑叫火醮，为畏雷削形者叫雷醮，为建房许地者叫地醮，为祈雨者叫雨醮，为童年羸弱多病寄入佛门，成年还俗者叫打赎身醮等。

退煞，煞有多种，有物煞、方位煞、时间煞等，一般遇煞之人必是身体欠佳或遇有危险，请法师退煞就为保平安。

游家民间信仰活动还有很多，如封禁、立分路碑、蒸胎、祭灶神、祭祖、打龙船卦、烧包袱、守岁等。这些习俗，实有劝人向善弃恶之功，因为人们相信，举头三尺有神灵，善有善报，恶有恶报，从而警诫自己多做善事，莫做恶事。

三、节庆：三个端阳节

游家白沙村的端午节十分独特，可以说在全国范围内也绝无仅有。

古时，梅山地区分三个时间纪念屈原。五月初五是上五溪（大洋江上游五条小溪）开展纪念活动，以纪念屈原五月初五投的江。五月十五叫大端阳，中三溪（指大洋、小洋、潘洋）划龙舟，其意是五月十五才打捞出屈原尸体祭拜。六月初六日是资水下四溪（琅塘以下）划龙船，纪念屈原六月初六日安葬。

白沙的五月初五端午节，虽过节但不划龙船，而五月十五，则既划龙船又游草船。各村还要为划龙船成立龙会，推选若干会员组成领导班子。除了在河里划龙舟外，还要用稻草按龙船的样式扎一只草船，由会长带队，造船工艺师参与，人们敲锣打鼓，提着草船游串每家每户，并到祠、庙祭拜。除了纪念屈原，这还有一个用意，便是驱赶瘟神。住在河边的村民还要向黄江河里扔粽子、包子。划龙船也有很多花样，如围划、花划、倒船等，以不同的形式表示对屈原的怀念与崇敬之深。人们认为以这些方式过了端阳节，才能确保人寿年丰，国泰民安。

四、三次库区移民

修建柘溪水电站，蓄水发电，利国利民。但它给水淹库区造成的损失也相当惨重。数万库区移民离乡背井，经受了异乎寻常的磨难，付出了巨大的牺牲。

1. 移民背景

柘溪水库是洞庭湖水系资水流域的龙头水库，兴建于1958年"大跃进"时期，蓄水于三年困难时期，移民于"十年动乱"之中。柘溪水库移民没有前期准备，也没有与工程建设同步的水库移民整体规划。当时国家电力紧张，水库工程采用投资省、工程短、见效快的建设方针，遵循"多快好省"总路线精神，以超乎寻常的速度，在三年半时间里建成发电。柘溪水库是湖南省第一座大型水力电站，全国四座大型水力发电站之一。为了尽早发电，大坝第一次关闸蓄水时间由原定的1961年10月提前到1959年2月15日；为了多发电，又分别于1969年与1972年将蓄水位由原来设计的167.5米提高到168.5米与169.5米。在边施工、边移民、提前蓄水与两次提高水位的过程中，出现了"水赶移民""抢险移民"、先搬迁后安置、先后靠再外迁的被动局面。

位于新化中部、地处大洋江与资水汇合处的游家古镇是柘溪水库的主要蓄水区。1960年冬，在柘溪水库蓄水位为167.5米时，下河街全部被淹没，居民迁至当时新建的居民点。1972年蓄水至168.5米以后，上河街又全被淹没，游家库区有建新、桂花、大东、游家、幸福、堤上、中心、上马、杨坪、大洋江、与平、光星、长峰塘13个大队，共55个生产队被淹。被水淹后剩下的耕地，挂在坡上，分布在孤岛上，零星不成片，干旱贫瘠，产量低，甚至有的常年失收。游家库区三次外迁共7424人，从1976年至1984年，总计后靠搬迁18403人，迁建房屋149798平方米。

2. 实况回顾

柘溪库区游家镇之移民搬迁与安置，从1960年冬开始。1961年，新化县委提出县内移民以后靠为主、远迁为辅的方针。至1984年，库区居民共五批次后靠搬迁，有的后靠户几年内搬迁三次，游家共后靠搬迁移民五批共1.8万人次。游家、与平、幸福等大队共500余人迁至本县四都或投亲靠友。后来他们大部分返回了库区。

第一批外迁移民始于1962年元月。按照湖南省委与邵阳地委安排，共向邵阳地区的城步、绥宁、新宁、洞口、隆回5县迁移15000人。县委将任务分配到各水淹区，确定游家区部分移民迁往新宁、城步两县，还有一部分迁到本县天龙山、四都等地。

游家库区第二次外迁是柘溪电站将蓄水提高到168.5米时。1969年10月，湖南省革命委员会决定："柘溪水库所属新化水淹区移民15000人迁至湘阴县杨林寨农场，建立一个新公社、由湘阴县管辖"，并要求在1970年春耕大忙前完成。1970年1月，新化外迁湘阴杨林寨移民开始起运，行程800里，采取水陆两运，多点运输；沿途在金竹山、长沙、柘溪、益阳等地设立转运站。陆运的金竹山，实行人物分运。水运的柘溪线，实行人物混装。共安排木帆船1200艘，机帆船20艘，汽车10辆，火车皮1个。从动员到起运，前后3个月共运出移民3621户，14908人，运去耕牛429头，农用船246只，集体生产资料与其他物资共4763吨。浩大的移民队伍从游家搭车到新化，从新化坐车到金竹山，又坐火车到长沙，后又乘船经临资口到湘阴县，日夜兼程，于1970年元月上旬到达杨林寨。

游家库区第三次外迁是1972年，库区水位由原来的168.5米提高到169.5米高程时，洪水顶托水位达173米。游家镇所辖游家、白沙、栗山三个管区为重点库区，东岭、乌石两个管区也有水淹村。全镇72个行政村，有30个村是库区村，其分布情况：游家管区有淡竹、长丰、杨坪、游家、栗舟、大东、上马、光星、大洋江、堤上、潘家坳、桂花、周家冲、一居委、二居委15个村；白沙管区有兴胜、金字、银星、白沙、辇溪、江田6个村；栗山管区有邹家、车石、资兴、长田、栗山、道塘6个村；东岭管区有余庆、株木桥2个村；乌石管区有芦茅村1个村。其余龙潭村等46个非库区村也不同程度安置有库区移民。省委决定库区外迁3万人（新化、安化各15000人）到国营西湖农场，安置于湘阴县杨林寨农场，建立杨林寨公社。主要移民对象是水淹区人多地少，生产生活困难，粮食不能自给的大队、生产队。此次移民采取全面动员，普遍报名，反复协商，民主评议，出榜公布，大队审查，公社批准的方法。并且要求在移民未迁之前，基本处理好房屋以及外迁移民应有的生产资料。这次游家外迁2500人。

新化移民从1972年12月15日开始起运，从新化车站开出三趟移民专列。游家、南源、燎原三个区与城关镇的7000余名移民，在新化火车站上车至长沙站后，各路移民再转水运至柳林嘴西湖农场码头，家具、物资随人运送。至1973年3月上旬，新化库区共完成运送外迁西湖移民3412户，14690人，游家库区和平村、游家村、建新村的迁移户，全被安全送到了西湖农场。

3. 新建家园

游家库区人民在党的领导下，坚持以农为本，自力更生，艰苦创业，以超乎一般地区、一般条件、一般艰辛的努力，年复一年，曲折奋进，创造了库区山河再造、家园重建的非凡业绩。1981年时任新化县委副书记、县革委副主任，后又任县长的刘友田，与曾天佑、邹光清等人专程来到游家，与区委书记何石余一起实地考察后，与公社党委共同商量决定了游家镇街道采取整体搬迁方案，发动居民群众挖土石7万多立方米，新建一条长1072米的街道，在街道南面新建墟场一处。1983年恢复建制镇，加上新化至东岭、邓家公路从此经过，该镇又开始出现繁荣的迹象。如今的游家，绿水青山，别墅琼楼点缀于青松翠竹之间；村村公路硬化，的士摩托遍地飞跑，电话手机通海外，处处呈现出生机勃勃的气象。

第五章　小洋、油溪段

　　小洋是资水莫江中段的交通要道。明清时期，小洋属宝庆府新化县大阳乡，清末属永清团。民国三十六年新化县设乡镇保甲，小洋属亲睦乡。中华人民共和国成立后，1949 年 10 月调整区划，小洋属第二区永清乡；1958 年 8 月新化县成立农村人民公社，小洋属胜利公社；1969 年 12 月属南源区小洋公社。1995 年撤区并乡建镇后，小洋是曹家镇所属的一个管区，管辖总面积 2.85 万亩，分高潮村、曾家湾村、黄岭村、木山冲、肖家坪村等 11 个行政村。村民主要靠种田、打鱼、驾船谋生。清、民时期，此

本段资江美景（鄢吉摄）

地因航运而兴盛，其中小洋码头相当繁华，铁尺底下的毛板船厂与炼铁厂在当时颇负盛名。

油溪乡，因乡政府驻地在油溪河下游的油溪村而得名。该乡位于新化县北部，资江中游、柘溪水库东岸，距县城30公里，面积87.8平方公里，人口3.2万。油溪东邻吉庆镇南山、崇山管区，西接孟公镇太阳管区，南连游家镇栗山管区、曹家镇小洋管区，北靠白溪镇何思管区、白溪管区。该乡1949年为永清乡，1951年为第七区，1953年为第十六区，1956年为油溪乡，1958年改为公社，1984年复置乡，1995年油溪、邓家和青实乡被合并为油溪乡。油溪乡辖钟家庄、定生、实竹、高桥、青龙、晨光、江田窑、芬阶、肖家、牛车、中联、白芦、资源、赵家、龙塘、东方红、伍家、周鸡坪、莲花庵、指丰、前进、烟竹山、老屋岭、横过、油溪、续丰、饶家、下水田、周家院、长冲湾、百家岭、岩门、罗家岭、大塘、铁山江、蜀溪、洞溪、毛坪院38个村委会。

境内属资江水系。主干莨江自南而北，从中联村入境，穿越资源、赵家、白芦、老屋岭、横过、油溪、续丰入白溪镇，河道长6公里。1995年前，这里水路通畅，每天有数趟客船往返。近年来，河道因采砂、淘金而淤塞，只在每年丰水季节，两岸村民可以乘船。农业主产水稻，养殖淡水鱼。乡镇企业有煤矿及水泥、陶器、塑料、墨晶石等厂矿。

此河段古今较有影响的码头有城坪码头—小洋码头—香炉岩（车石府）码头—邓家码头—赵家坪码头—黄牯码头—小罗铺（今梅山龙宫）码头—油溪码头。

第一节　主河道与码头

一、城坪码头

"宝塔望眼天子山，萝卜底下湾毛板，毛板石上观水位，灶门岩下良洲滩，滩脚就是游家湾，游家街上关圣帝，造船钉子誉江南。黄莲滩下长风摆，油麻白沙亚壶滩，莘溪发风有雪落，单滩转弯是卡滩。卡滩就是贵人地，一对狮子江边守，眼望单滩平里风水口。邵阳船帮要参拜，不然火难烧，饭难熟，一路资水船难安。"这是城坪码头一带至今传唱的"滩歌"。

据当地老人罗贞良①介绍，北宋熙宁六年（1073）新化初建县城选址时，看中了城坪这里的土质好，风水顺，前有资水玉带后有龙宫泉水，灌"黄岭"，围田园，环抱村庄，柴方水便，是个建城的好地方。当初已经动工平整土地；后经堪舆家言，因地域较为狭窄，不利长远发展，于是又改建到后来的白溪去，这里就留下了一块大坪，人们便称之为城坪。明、清时期，城坪属于石马三都赤石村，清同治元年属永清团。民国二十七年撤区并乡后属蜈赤乡赤石村管辖，民国三十六年属永清乡。中华人民共和国成立后，新化县设区，城坪属第二区永清乡；1958 年人民公社化，城坪先后受胜利、小洋公社管辖。村民主要靠农业为生，副业捕鱼的有 8 户，洞驳船 6 户，毛板船 1 户。城坪不愁天旱水涝，据老人罗贞明②介绍，民国十年（1921）大旱，县民以草根、树皮、白泥（民称神仙土）为食者甚多。城坪凭靠后山的"黄岭"溶洞泉水获得好收成，村民不仅没有饥荒，而且主要农产品如稻谷、黄豆、花生、豌豆等多有外销。外销多通过洞驳船，卡滩滩长水陡，船老板要互相帮忙拉纤；跑单帮的船，必须要到村里请人帮忙拉纤，才能上滩。

二、小洋码头

旧时的小洋码头用青条石砌成，一步一台阶，宽 2 尺，长 1 丈 9 尺，左边是吊脚楼，楼与码头中间有一棵大樟树。据当地干部熊玉成③介绍，这个码头初建时，上岸后要经过一个天生的石头卡子，两块巨大的天然岩头夹住石板道，中间刚好只能过一顶四人轿。这码头就因卡子狭小，所以才叫小洋码头，据说这地方也因此出不了大人物。码头上游 100 米左右处的岩石上，有一只天生的龙脚板印。俗语资水龙王"头睡邵阳，身躺鹅阳，尾打益阳，脚踏小洋"中的"脚踏小洋"，出处就是这里。

其实小洋并不小气，50 年前它仍是个繁荣的商贾集市。它曾每年输出木料 2000 两码以上（1 两码合 1.2～1.5 立方米），煤炭 1 万吨，瓷器 5 万多件，书写纸 1 万担，夹板纸 2 万札，玉兰片 10 多吨，其他还有生铁和陶瓷器等。从外埠进口的，主要是粮食，其次是棉纱、百货、食盐、食糖

---

① 罗贞良，男，现年 77 岁，为新化县曹家镇城坪村村民。
② 罗贞明，男，现年 83 岁，为新化县曹家镇城坪村村民。
③ 熊玉成，男，现年 72 岁，原为小洋乡政府工作人员，后在曹家镇退休。

等。据民国二十四年(1935)《中国实业志》载：小洋码头每年输入货物合值银洋13.5万元，输出18.6万元；抗日战争后期因交通阻塞，运输困难，出口货销路不广，进口货来源不易，物价日益高涨。小洋码头靠岸的船舶才慢慢减少了。

　　小洋码头是城坪的交通要道，也是当地的政治、经济、文化中心。城坪的各种货物，包括农药、化肥、油盐等日用品，都要从小洋码头中转。码头下游二华里处的铁尺底下有一家段姓老板开的毛板船厂，另外还有一小型炼铁厂。码头边上的服务店铺也应运而生，开始只有李光顺老板开的南杂店一家，之后又有外地的邹姓老板开了一家药铺，接着就有了杯子糕铺和屠桌铺，其遗址今日仍依稀可见。

枯水时节的小洋码头(鄢吉摄)

　　在没有公路的年代里，各种船舶挤满小洋码头。吉庆、毛坪、水竹、胜利、华山、南山等公社乡镇的供给货物都要经过这里，所以这里的集市非常兴旺。摊位铺面、牛场、猪仔场、竹器场、木材坊、农产品场等，应有尽有。小洋码头是新化县乡村最大的交易市场，本地出产的竹器、木器、煤炭、陶器、茶叶等都要从小洋码头装船运往益阳、常德、南县、沅江、湘阴等地。水竹的烟煤，每年有八千余吨要从小洋码头水运湖区供造纸之用。码头下游的"铁尺底下"因历代村民在此"炼铁"而得名，河边积有数万吨铁渣，2002年被冷水江钢铁总厂运了一些去当矿石，大部分仍被淹埋在沙石之中。

码头上的船舶，历代多是木排和木船，到了1971年，专业运输船实现机械拖带化，并试制少量水泥船参运。进入20世纪80年代，所有船舶都采用动力机械，包括个体船也使用了动力机械，资水航道终于结束了千年撑篙、拉纤的历史。

据黄民高[①]老人介绍，小洋老码头上的渡船起初渡人过河不收钱，渡船老子只收谷。有个叫周山保的渡船老子收费太高，引起民愤，人人不搭他的渡船，逼他在吊脚楼下歇凉。有个锡矿山的工头，在小洋码头招工人，见渡河困难就捐了两艘渡船，小洋码头一艘，对门黄家院一艘。黄家院现在叫资兴村，属游家镇栗山管区。老码头左边原有的吊脚楼和大樟树，1958年因县航运公司要造船需要木材，先砍了树，然后将码头移了位，连吊脚楼也被毁掉，成了现在的沙石码头。

三、香炉岩(车石府)码头

香炉岩码头位于车石"老屋摊"脚下，因千年的自然风景"香炉"而得名，今属新化县游家镇栗山管区永兴村。据当地老人罗元保[②]介绍，因码头上的姓氏和车石府同宗，400多人与对岸中联村人，都是罗氏子孙，故又名车石府码头。香炉岩两个组，主要靠耕种、养殖、捕鱼为生。香炉岩上有千年茶亭，江边原有铜锣配石鼓之奇观，现已被大坝蓄水所淹。"香炉"高岩底下有穿岩洞，叫红岩洞，洞内奇景壮观。据当地90岁老人罗贞育介绍，远古时期，在红岩岭上有一位白发老者，住在岩洞内，外人不能接近，只能看到有人进洞的脚印。岩上有一座茶亭，人们到栗山、道塘、邓家、赵家等地，来回都必须在此茶亭歇脚。茶亭没住人，却天天有茶喝，过路人都很惊奇，不知茶是从哪里来的。罗氏有位名叫雨贺公公的梅山教高人，只要他到香炉岩祭拜敬香，那位白发老人就会在红岩洞口现身。所以人们说茶水是白发仙人所赠，如果有人得了难治的疑难杂症，只要请雨贺公公到茶亭讨碗茶，便能茶到病除。

---

① 黄民高，男，现年76岁，为曹家镇小洋村村民。

② 罗元保，男，现年60岁，游家镇栗山管区永兴村村民。

当地俗语说"铜锣配石鼓，穿岩对阁门"，阁门指的是对岸赤石村（现在的中联村）的镇妖阁。此阁是 1508 年明武宗朝的"八党"（又称"八虎之将"）之一罗宇祥号召赤石村罗氏族老所建。据中联村老人罗荣昌①说：此阁是"赤石村"的镇妖之阁，阁内有阴阳太极图克制对岸的穿洞煞。阁门院内设有阴阳五轮塔，各层以五种颜色，分别代表金、木、水、火、土五行，克制住穿岸洞内的妖怪，让他们不敢出洞伤害茛江上过往的船客和排客、过路客。17 世纪南明"永历"年间，汉奸李成栋率清军攻肇庆，南明桂王从肇庆出奔广西梧州，继奔平乐、桂林、全州，最后奔入湖南。桂王官船在资水阁门前被抢劫，赖在阁门前的村民头上；赤石村罗氏族老怕官兵来报复抓人，命人连夜将阁门拆毁，等官兵来查探，此地什么都没有了，变成了平地。当时官船上的官兵只记得"阁门对洞门"，找不准地点，无法赖上赤石村的村民，只得悻悻而归。

中联村原车石府一带（鄢吉摄）

---

① 罗荣昌，男，现年82岁，今油溪乡中联村六组村民。

四、邓家码头

邓家码头无邓姓，五门杂姓却多，有邹、刘、罗、谌、伍等姓氏。据资源村老人伍保仁①介绍，古代这里原有一座"梅山院"，是"右甲首领顿汉凌"的庄园，宋熙宁六年（1073）新化县建县后，顿氏庄园的人迁走了，中原各姓氏迁入梅山大地。特别在明洪武时代，大量的江西人口西迁，口音繁杂，"顿"字被写成"邓"字，"邓"则被当地人读为"电"，所以今天喊成了"邓家码头"。这里杂姓虽多，但刘氏占主要。刘氏繁衍最快，他们与罗氏结亲，且很快创写刘罗氏谱。

清末到中华人民共和国成立初期，邓家码头一带有供销社、百货公司、南杂日用店、农药化肥店、卫生院等机构，相当热闹。特别是赶集时，对岸有三路村民来邓家场赶集，一路是从中联村过渡到滩塥上码头；二路是从白芦村吴家院码头过渡到邓家码头；三路是从赵家村九组岩山底下、古称牛卵包底下过渡到赵家码头。20世纪70年代搞计划经济，购买各种东西如农药、化肥、种子、日常用品、布料等，都需要票证，而且一定要到邓家公社所在地的供销社才能买到，这就是它人气旺的原因。2000年以来，这里较早建了沙石码头，继而国家又投资建设轮渡码头，小车、摩托车都可以过渡，为两岸民众出行提供了便利的条件。

五、赵家坪码头

赵家坪码头与邓家码头相隔大约两华里，都属黄江西岸。赵家坪村有1500多人姓赵，分上院子里和下院子里。码头所在岩山底下赵家坪村九组，旧时叫牛卵包底下，是个自然村，大多数人姓刘。据赵家坪村老人赵福中②介绍：上院子里多数姓谌，在资江下游。而姓赵的多数在资江上游，反过来称赵氏院内为下院里，这是过去族老自谦，让外姓为大，称他们谌家院为上院，我们赵氏大姓为下院，取名有礼让之意。赵家坪码头主要是渡口码头，没有太多的货物进出，但村民的日常用品、农药、化肥等，在没有公路的年代里，都要从黄江河道运回家。清康熙年间，赵家坪属宝庆

---

① 伍保仁，男，现年79岁，今上渡办事处资源村一组村民。
② 赵福中，男，现年75岁，今为油溪乡赵家坪村六组村民。

府新化县石马二都，与邓家码头、滩垴上、新屋滩垴上、岩山底下，统称滩垴上，同属一个水口庙管辖，供奉"新坊门祠下庙王"、家主"赵氏正法公"和"王爷公公"、观音佛母等神灵。清同治年间属新化县知方团，民国二十七年撤区并乡后属新化县乐山乡，民国三十六年属知方乡，乡公所设在礼溪。中华人民共和国成立后，1949年属新化县第六区，区公所设琅塘。1969年属新化县白溪区邓家人民公社，现叫油溪乡赵家坪村。

河边村级码头（廖京南摄）

六、黄牯码头

黄牯码头是一个古老的名称，现在属油溪乡横过村，称横过码头，有村民1100多人，与油溪乡中联村罗氏同宗。另据该村村民罗初华①介绍，他们的祖先是从下水田村横过山坳而在此定居，所以原名也叫横过坳。黄牯码头主要是渡口码头，在旧时没有公路的年代，这渡口客源相当广泛，河东吉庆、南山、上水田、下水田等很多村、镇的人要经该码头走资江。河西龙塘、伍家冲、命田、团结山等地的人，外出经资江乘船也要经过该

---

① 罗初华，男，现年69岁，今为油溪乡横过村村民。

码头。对岸吊脚坳码头也是一个古老的名称，现属油溪乡东方红村，名字是中华人民共和国成立初期改的，原名是吊脚坳自然村，现有村民1400多人，大部分是刘氏，少部分是谌氏。据原横过村老支书罗喜林[①]介绍，旧时对岸吊脚坳码头与黄牯码头不属同一个乡镇，不是同一个庙王，对岸吊脚坳码头同赵家坪、谌家院、邓家、资源村等属石马二都新坊门祠下庙王。吊脚坳码头以江边岩上吊脚楼而得名，柘溪大坝蓄水被淹后，村民大部分迁移至湘阴、西湖农场等地。黄牯坳码头属新化县石马三都黄牯祠下庙王，民国三十六年黄牯祠下庙王改名老油塘庙王（现在的油溪庙王）。现在水口庙翻新复古，又称黄牯祠下庙王，主要神像是罗氏家主、水神王

横过村里的古老牌楼（鄢吉摄）

爷公公等。另有一说是先人根据后山的形象，从邓家对岸吴家院的山脉至横过村的山脉，有如一头黄牛的头落在院后的山顶，黄牛要去河边喝水，而命名为黄牯码头。传说过去外人进这村，有一个特别的礼节。该村在进村和出村的村界线上，立有两块大石头，骑马的人进村，到了石头前，要

────────────

[①]　罗喜林，男，76岁，原为油溪乡横过村老支书。

下马走路，只有到了出界的石头边，才可以蹬上石头上马走路。原因是这里有一位叫汉益先生的德高望重的名医，一生扶贫济困，手到病除，威震四方。沿江上下 15 里，只有这个码头的渡船有能力将牛渡过河，两岸来往的牛，大部分要经过黄牯码头，并从未出过安全事故，村民说这是因为"黄牯"有灵气。

七、小罗铺（今梅山龙宫）码头

小罗铺码头与界家湾码头都受油溪乡青石管区石竹村管辖，与上游高桥滩——梅山龙宫相连。旧时期高桥村及青龙山的货物的运输，都要经过石竹村小罗铺码头，两处都属伍氏家族聚居，此地因岩生石竹而得名。

繁忙的转义湾码头（康解文摄）

现在的梅山龙宫旁有一条流注资水的溪流，水口边有一岩石称为龟石。春雨时节，洪水高涨，船尾过滩，要靠龟石掌握水位，大水时可借龟石旋水之力，只用一竿即可上滩。可是到枯水季节，龟石挡住资水激流，柘溪大坝反复蓄水，淤泥渐渐将高桥滩积平。近 30 年搞旅游开发，沿河两岸修了公路，新辟了转义湾码头以便横渡相通。转义湾码头对面是河西，过去属青在乡，现在属油溪乡的高桥村青龙山，是座优质陶土矿，生产坛子罐子的历史相当悠久。1980年这里建有陶器厂，产品大部销往洞庭湖区各县市，再从湖区换回粮食、棉花、黄豆等生活物资。

据转义湾村老人伍先二[1]说，转义湾是因资江边的龟石而得名。龟从油溪塘转弯卧居萸江边修炼，口对高桥滩，尾对转义湾，吃的是高桥滩的生物，下蛋则下在转义湾。从古到今，转义湾自然村400多人，都以讲义气著称于资江水道。后来县移民局开发梅山龙宫修建横渡码头，将龟石淹埋了。村民认为，码头兴建至今，没有一次安全事故发生，并给转义湾带来了人脉和财富，就是因为龟吸取了梅山龙宫的灵气，保佑了转义湾平安兴盛。

八、油溪码头

油溪码头又名老油码头，早先在江边一共有五处小码头，据当地老人伍先述[2]介绍，这五处小码头分别是：①老石桥码头，即现在的新粮站码头；②大坪码头，已被水淹，居民大部分移民到城步、绥宁、湘阴、汉寿等县，有些移靠到山边；③椿树坪码头，居民杂姓较多，有陈氏、罗氏、伍氏、张氏、刘氏、胡氏等，大部分都移民外县，少数在油溪乡油溪村；④下头街码头，居民也是杂姓，有胡氏、李氏、成氏、毛氏等，蓄水被淹后同样移民外县；⑤小溪口码头，位于油溪河、车田江、铁山坝、饶家等小溪汇入资江的入水口。

据油溪街油溪村村民罗光锡[3]介绍，过去油溪码头上有一条沿河街，店铺都是一些用木材做柱子来支撑的吊亭子。进码头有一条直街，亭子因为水淹现已经成为种植白桦树的河滩，但通往码头的直街却还保留着旧迹。这里住着五门杂姓，他们以做生意及驾船谋生。旧时各种店铺满街，长2公里左右，近1000人，过去比白溪要著名，古代地图上有油溪市的记载，却没有白溪的标记。之所以成为一个大码头，是因为这一带水流和缓澄清，人口密集，专业码头较多，这些码头很早就有班船停靠。油溪码头对岸是青实乡石竹码头，上游2000米处是转义湾码头，那里往西北4公里，是古老的青龙山陶器厂。油溪有一条小河到铁山坝，此处叫下油溪，

---

① 伍先二，男，现年64岁，油溪乡转义湾村村民。

② 伍先述，男，现年68岁，油溪乡油溪村三组村民。

③ 罗光锡，男，现年76岁，今为油溪乡油溪村村民。

油溪码头（鄢吉摄）

沿河而上晨光叫中油溪，与涟源接界之地叫上油溪。大量的木材用排从上、中油溪漂送到下油溪，加上这里转运的煤炭陶器等，发往益阳、洞庭湖等地。传说这边码头当时有一胡姓大户，对岸有一姓伍的大户，有一次两人赌气比家产，伍姓认为他的钱多，就往资江河丢钱；胡姓认为自己的崽多，就往资江河丢崽，结果当然是可想而知了。

第二节　物产与贸易

一、邓家一带的陶器、木材

邓家过去的工业产品主要是陶器。烧陶器用的是青实、青龙山的优质陶土，用一般土石建造成阶梯窑（窑址现在还有保留），利用柴火烧制。新化县的陶土，主要分布在化溪、何思、青实、太阳、邓家等14乡，以青实、青龙山的陶土为最佳。邓家的制陶历史有近300年，所产陶器除内销本县以外，还大量地通过航运外销沅江、南县、益阳、安乡、汉口等地。邓家旧时农业主要是种田和种植花生、芝麻、棉花、黄豆等经济作物，后来在农村公社化时期曾以在农塘村种"示范"高产水稻 300 亩闻名新化，高产水稻并作为杂交良种推广到全县种植。邓家下游比邻的赵家坪在旧时期没有工业产品，20 世纪七八十年代，有小量的红砖箍窑、小青瓦等企业。同时在红砖箍窑的顶层附带烧石灰。这些都一般是自用，只有少量外销，村民主要靠种田为生。俗话说："耕家为大本，捎带搞副业。"民国前后，赵家坪村台子上的棉花特别好。人民公社成立后，赵家坪的棉花还年年荣获省、地、县优质农产品奖。1966 年，柘溪大坝蓄水，棉花台基地被淹没。现在全村主要出产稻谷、黄豆、花生、棉花、茶叶等农产品和小量的黄花、百合、玉竹等经济作物。邓家与赵家坪旧时期木材特别多，造毛板船的老板都喜欢邓家黄牯岭的木材，说黄牯岭的木材有灵气，能保安全，所以这里的木材价格比别的地方要高。

散落在村居角落的石槽(廖京南摄)

二、青实的陶器

青龙山陶器闻名远近，其陶土资源相当丰富，可以就地取材，制造缸、钵、坛、瓮、罐等系列日用品。其生产工艺则世代相传。1952 年，此类手工业者组成陶器生产合作社。1958 年"大跃进"时，合作社改制为社办企业，分别扩展为白溪陶瓷厂、青实陶瓷厂。同年9月，上述两厂合并迁移化溪乡，成立地方国营新化陶瓷厂。后因为化溪陶土质量欠佳、管理不善等因素，新厂生产规模缩小，企业日趋衰落。于是邓家、青实等地又相继于1977年、1981年建立了陶器厂。青实陶器生产企业依靠资水水质与运输优势，经济效益历年很好，为全县陶器生产做出了较大贡献。

烧制陶器需要煤炭，据南桥一组90岁老人伍远山说，早在建县前，土著瑶民在开采煤炭中，就创造出了"鸡笼门""葫芦口""丈八弓"等窑型。煤窑规模不大，无支撑，运用拱桥原理，可保持长期不塌。

青实陶瓷厂（康解文摄）

三、油溪的竹木及运输

油溪既是地名，也是山河名，作为荚江东岸重要支流的山间河段，里面有80公里水路，连接安化东南、涟源西部和新化北部3县市10余个乡镇，两边山岸盛产竹木。由于山脉交错，溪涧纵横，山坡上的树木、楠竹砍伐下来后多顺小溪汇入主溪，扎成木排、竹排，然后搭载上涟源、晏家等地出产的烟煤，以"洗江赶羊"的方式发送到油溪小江口码头。到了这里，原木原竹或扩编成大排，或装上船舶；搭"顺风船"的烟煤、山货，则分装上洞驳或毛板，运往沅江、湘阴、洞庭湖、岳阳，或从汉口进长江销往全国各地。从有记载的清康熙年间到20世纪六七十年代，山货出口都一直沿用这种方式。1966年大坝蓄水，油溪小溪口码头的回水向里一直平至铁山坝，这时才出现60～70吨的钢质船，在铁山坝下的饶家码头装红砖，销往安化、坪口、渠江、两江等地。到了20世纪80年代，县航运公司的拖轮在油溪新粮站运粮食至安化县奎溪乡、木榴乡等乡镇。现在村级公路四通八达，运输条件有了根本性的改变。

四、中家庄的石灰

沿油溪码头下去大概4华里，在资江的西岸有一个院落叫中家庄。这村庄有130户人家共500人左右，也不知从什么朝代开始，祖祖辈辈拥有了一种以烧石灰为生的绝活。这里烧出的石灰无一点硅子，是一种非常细滑的粉尘。正因为质量好，所以远销益阳、常德、汉口等地。而且，这里的石灰不仅质量好，产量也高，中华人民共和国成立前可供半个新化县之需。只是运载石灰的货船有特别的要求，因为一旦火热的生石灰浸水，就会产生爆炸。因此，这种船只的夹板中间层，都要用棕叶这种特殊材料填充，而符合这种要求的货船，只有县航运公司才有，一般的私人货船是不敢运石灰的。

五、小洋的地方经济

小洋农业并无特色，村民祖祖辈辈靠耕种、养殖、捕鱼等行业为生，并兼点副业。1961年，为了鼓励农民交售统购粮，采取奖励工业品券的补偿措施，在"铁尺底下"建了粮站，粮仓是一座四合院，现在已毁，围墙还保存着，被当地一退休老人买下，种些果树、花木。

小洋地方工业，以民国时期的毛板船和中华人民共和国成立后的大炼钢铁而名闻远近。当地毛板船第一人是民国时期大毛板商罗元词的父亲。他1901年学习造船，师徒5人，花了一年时间，在萝卜园制作了第一艘毛板船。船用八分厚松木板加龙骨筋、铁钉、码钉钉制而成，载重达60吨。之所以要到萝卜园制作毛板船，是因为萝卜园有个毛板石，便于掌握开航水位。1902年，他的毛板船首次出航下汉口宝庆码头，到达后，煤与船分开出售，竟赚到了高出本金4倍的利润。这就促成了此后小洋成为黄江河道上重要的毛板船基地。

小洋铁厂则是小洋工业在中华人民共和国成立后的新亮点，厂址在"铁尺底下"。1958年7月，中共新化县委在乌石乡召开"元帅升帐，煤炭先行"现场大会，动员大炼钢铁。同年9月，又在东岭会上贯彻中共中央北戴河会议精神，决定发动群众大炼钢铁。同年10月全民炼铁运动全面铺开，县政府将县办的太平里铁厂（原太平里锅铁厂）改为新化红旗第一铁厂。同时投资270万元，在桑梓、小洋、中连、矿山、禾青、大洋江、坪溪、渣渡、白溪以及胜利的好屋场，炉观的青山，维山的水口，游家的乌石等地组织社办炼铁企业。按创办先后顺序编为15个红旗铁厂，其中之一是小洋红旗铁厂。其生铁产量，实际日产2吨，上报为日产生铁18吨。1959年，县委决定整编，3—5月先后解散小洋、中连、禾青、坪溪、渣渡、青山水口、胜利等8个铁厂。小洋铁厂在河边堆放有数万吨铁渣，2002年被冷水江钢铁总厂运去了一部分，其余则被沙石淹埋了。

小洋的码头商业历来著名，自北宋置县后，由于资水沟通了潭（今长沙）邵（今邵阳）两州，此地因地处县城北部的地域中心，码头集市贸易最先兴旺。在明代二百多年中，茶叶、木材交易频繁。入清以后，农副土特产品、楠竹、陶器、土纸、茶油、棕片、薏米、五倍子、生漆等开始流通。清末、煤炭、饰品、熟铁、鼎锅、玉兰片先后上市。有商必有铺，商铺是商业的重要载体，此时小洋的车石府商铺就很闻名。它有铺面24间，称车石铺街，而敖家铺又是其中之最，经营茶叶、竹笋、肉食、盐、鱼、河米等生意，主要为资水河道上各种竹木排客和船工作者提供生活补给品。

1940年后，因为战事，全国恶性通货膨胀，小洋土产滞销，行庄一再亏损。民国三十七年，小洋48家商号倒闭了30家，其他18家亦岌岌可危。1953年后，国家逐步对个体商业和资本主义工商业进行改造，建立起了国营和集体商业。至1958年"大跃进"后，全县商业全部国营化，小洋有国营供销社，销售百货、五金、针织、糖果、糕点、农药、化肥、种子等。

进入21世纪，小洋乘改革开放的东风，商铺由曾经的48家铺子，发展到现在100多家，又呈现出一片商业繁华的新景象。

第三节 当地文化与传说

一、节令文化与相关禁忌

新化县对各节会、节日如立春、春节、元宵、惊蛰、花朝、春社、三月三、清明、立夏、端午等的称谓大同小异，内容也基本相同。油溪与之相异的，是油溪人最讲究三月三和端午节两个节令。三月三为"上巳"，又称为踏青节，大家都在这一天的清早出门采荠菜煮鸡蛋，传说吃了不晕头。但在码头上，节俗还多了两项内容。俗语说，三月三、九月九，无事莫去江边守。意思是三月三和九月九，因为暖湿气流变化大，江边一定会起风暴，渡口船只一定要注意安全。三月三又是九天玄女娘娘下界巡视日，家家要敬香。九月九日为重阳登高节，油溪人大部分都要在节前节后三天内到南岳山烧香还愿。端午节则有更多的乡俗融入其内。旧时过端午，养济院的头人于节前挨家挨户送长明草（即菖蒲）一根，节日过后来主家求施舍。是日晨起，家家门上悬挂菖蒲、艾叶，说张天师下山收瘟摄毒，家庭主妇须趁早备下粽子、包子、大蒜、黄瓜四样食品，敬完神后，家人团吃，谓之开聋。成年人耳披艾叶，边吃点心边喝雄黄酒，小孩不会饮酒，便沾点雄黄酒于额头或画一"王"字于额际，说如此可免疫消灾。有的人家还会采金银花藤、夏枯草等草药煎汤沐浴，说可消诸毒。亦有以雄花雕酒拌大蒜，洒于室内四壁及厨房者，口念"五月五日午，天师骑艾虎，五毒化灰尘，百虫归地府"以驱虫。划龙船是端午的一项民间体育活动。龙船从砍树到制作，制龙骨、龙筋、龙身等，每个环节都有讲究。龙船成型主要依靠龙骨和龙筋，没有龙骨和龙筋，整条龙船就会散。对于24位划船手来说，除了中间一位打鼓郎，后头一位舵手，其余等人都没有安全保障，所以选龙骨树，一定要粗壮挺直的上等杉木，安装在龙船中间底骨，一定要保证龙骨是圆的；前要装龙脑，后要装龙尾，龙筋装在龙船的腹中央，叫"乾坤"定位，这样方能保证龙舟安全。龙舟下水要穿龙衣，敬王爷公公。龙舟下水时首先将龙舟摆放江边，头向村院子里，尾向江边，表示赛胜后还要归来之意，保佑院内五谷丰登，人兴财旺。将上好的桐油涂在龙船身上叫"穿龙衣"，使龙船在水中灵活、光滑、快捷。祭龙神王爷公公的祭品，要大三牲小三牲。大三牲是猪头、牛头、羊头；小三牲是排骨3斤，鲤

遗落在河边的油溪老街(鄢吉摄)

鱼 1 条，大公鸡 1 只。还要各种供果、香茶、水酒、烧纸 3 斤，黄纸一大盒，炮 2 大封，要请舵公师做法祭祀。大三牲、小三牲及其他供品都归龙船上面的人吃，说是神灵吃过的东西给划龙舟的人吃了会身体强壮，来年好继续参加划龙船比赛。早在四月二十八日，龙舟就下水了，爱举棹弄舟者可随时试手。端午则很庄重，县内沿河一带，城关镇、资江、三江口、游家、洋溪、炉观、白溪、琅塘等地均有划龙船的习俗。乡村人都喜欢看龙船，青年男女、小孩换上新装，怀揣粽子，早早就到河边选好位置。龙船赛到高潮时，江上鼍鼓震天，舟飞碧浪，岸上观众如云，喝彩如雷。五月十五日，旧称大端午，其他地方不作兴，但在油溪两岸青实、石竹、横过、邓家、赵家、中联等地，与小端午完全一样地赛龙舟，此习俗世代相传。

俗话说，一乡一俗。油溪民俗中还有很多独特禁忌。大年初五，俗称破五，此前从初一起到这天，说话需忌口，妖、豹、豺、狼、破、烂、死、伤等字，均属禁忌。吃年饭时，忌小孩打破饭碗，掉落筷子。吃完要说"吃饱了"，忌讲"不吃了"。肉骨头叫财骨，鸡脚爪叫抓财爪，鸡头叫凤凰头，使用数字要说"一本万利，双喜盈门，三元及第，四季发财，五子登科"。除夕睡觉叫挖窖，正月初一不扫地，不挑水，不切菜，不动针线。破五后，丁不剃头，亥不杀猪，子不开仓，戊不动土。触犯禁忌时，须马上圆过来，如小孩犯禁，大人须忙说童儿之言，百无禁忌。平日禁忌亦颇多。船工忌讲"打、浪、翻、破、烂、沉"等字，水滚了说"水开了"，姓陈说姓浮。煤窑忌言"火"字，点火叫点光。挑夫将扁担置地上时忌女人跨过，灶上不能以足蹴踏，不能搁置菜刀。病人忌说"呷药"，要讲"呷茶"，买药叫"摘茶"。人死在外面不能抬进屋，说是野鬼不能见家神。抬病人要头在前，脚在后。空棺进屋时，棺头在前，灵柩出门时，棺头在后。孕妇家忌随便动土、钉钉、移动家具，更不能打灶、破门槛、糊墙壁，说打灶亵渎灶神会生怪胎，破门槛会生缺嘴，糊墙壁会生实屁股。产妇在四十天内忌进别人家门，以免随带晦气。妇女不能坐产妇床沿，经期时不能入产房，说是犯了此忌会使产妇缺乳。嫁出去的女人不能在娘屋里分娩。待客不能安排夫妇同床，说是"宁愿让别人停丧，不能让别人成双"，如有违犯须鸣炮赔礼。每月初五、初七、十四、二十三不要出远门，逢八不归家，油溪乡人认为这些日子不吉利。

此外，油溪一带还和水车、奉家等县南部的农民一样，有打锣鼓挖土的习俗。在山坡上挖土，就像江边纤夫喊号子一样，一人站在高处敲锣打鼓，其他干活的人按照鼓点节奏，齐头并进往前劳作。锣鸣鼓响之后是唱

油溪河入口景色（康解文摄）

山歌，由一人领唱，所有劳动者一齐接唱，有时村与村、队与队之间还发起竞赛。

二、邓家码头上的习俗

邓家码头上游3000米左右处，有一个属游家镇栗山管区永兴村的香炉岩码头，下游3000米左右处叫赵家坪码头，旧时都属宝庆府新化县石马二都，新坊门祠下庙王，同赵家坪村、滩垴上同属一个庙王。其庙联的上联是"庙貌堂堂心是心非吉凶自判"，下联是"王雷赫赫察善察恶极应昭彰"。邓家民间主要信仰受道教影响的师公教（也称巫教），逢年过节家家祭拜家主"菩萨"，在资江边祭祀"王爷公公"。民国时期，民间文化活动常见形式有采莲船、踩高跷、蚌壳舞、龙舞、狮舞、送春牛、送财神、唱土地、打渔鼓、三棒鼓等，龙舞、狮舞、送春牛、送财神、唱土地等最流行。过去，有一点口才的村民，正月初一到十五，都不在家闲着，都要出门唱土地送春牛赚一点喜钱来添补家用。人们闲时最喜欢的是奇书《耍谈经》，60岁以上的老人都会讲《耍谈经》，你一段，我一段，讲得大家笑哈哈。《耍谈经》《陶情歌》《快板土地》等民间文化作品是邓家村民的快乐音符。

散落在村头的石皿(廖京南摄)

三、赵家坪的风水故事与民间文化

光绪年间有位著名状师吴梦高，人称杀人不用刀，打官司包赢不包输，是本县曹家镇谭家冲村人。传说他有一个经典案例，一崽将其娘的牙齿打落两颗，但作为被告的崽的官司却打赢了。原因是他将状子写成"娘咬崽的手，扯掉门牙两颗。老爷，崽何罪之有?"吴梦高还是看风水的高手，尤其对赵家坪的风水情有独钟，曾自掏腰包为赵家坪立了一块石碑，碑文描述赵家坪的风水："五龙朝圣，穴点赵家坪，对岸黄牯练油双猴镇江，赵家坪一定要出大人物。"事实上，站在赵家坪码头望资江对岸，一柱双岩，真像一对猴子；黄牯练油是说，黄牯的头伸向黄牯坳，牛肚藏在油蛇湾(今油溪乡下水田村)，牛的前脚下踏在渡口码头，后脚踩在吴家院码头，牛的卵包掉在岩山底下，真是活灵活现。此后凡坐轿子的人，不管官职有多大，一定要下轿步行走过赵家坪院。石碑直到1966年大坝蓄水才被淤埋在河泥中。

赵家坪村还有一个独特之处，即拥有一个从明洪武传承至今的师道合一的坛班。当代掌坛师赵观宝是第28代传人，不仅谱系清楚，并且人才齐全。别处坛班做七天七夜的大道场，都要到外坛去请帮手，只有赵家坪的坛班，不管做几天几夜，都不要请外坛帮手。而且诸如过花坛、贺家主、庆娘娘、和梅山等巫傩仪式，赵家坪坛班都能做好。随着库区移民，赵家坪坛班法脉远传至绥宁、城步、湘阴、杨林寨和汉寿县农场等地。其保留的传统傩戏曲目较多，其中"架天桥""搬开山""扎扫路娘子""接天娘"(一作文郎)"八峒桃源扮打伞郎君""上五台山"等较为精彩。

四、本段各码头共有的民俗

匠工、打猎、选种、播种、收播，以及过节时所用食品等，都有一些讲究。对于匠工来说，锯匠上山，先要拾来枯枝败叶，烧一堆火，如无干柴，湿柴也可以。传说张良从祖师学艺，学成后，砍伐成癖，不知惜材，终于触犯山神，冰封困于丛林月余，归家见薪尽，老母几乎冻死。张跪母膝前请罪，老母喃喃低语"火……火……"，张折来青枝，意外地一点即燃。母见红红火光，含笑瞑目。张痛哭不止，向山神悔过，从此不再滥伐，上山总忘不了烧火一堆，以纪念其母。木匠做工，斧子随手放木马下，刃口对内，忌对外误伤别人；忌搁置高处，以防跌落伤人。为人造棺材，称之为"寿料"，劈第一斧要观"兆头"，据木片落下远近及方向以"断人寿数"。弹匠弹絮被，起工先弹三空锤，以祈报家神土地；结婚被弹成，以红纱织"喜"字，主家须递给弹匠红包。理发匠新开店铺营业，需离老店10个店铺；有进店门站骑马桩者意为紧急，应先为其理发。师傅备上平时不用的好剃刀，此时可以最快速度剃头。阉匠阉牛，要唱《加膘歌》："日吉时良大吉昌，奉请华佗祖师到此方，宝刀一把将牛阉，阉割去势滚滚壮，背宽铺得碗，颈大围得缰，四脚阳春耕田庄。加膘！"狩猎捕猎者居住山区，野兽常出没。当玉米抽穗或成熟时，必昼夜防守，遍烧篝火，免遭兽类损害。其捕杀之法多为放绊索，即用一富有弹性的笛竹，去其枝叶，使竹梢坠地并系以棕索，做成圈套，埋于兽道，另有机关隐藏，兽履其地时，紧缚兽脚弹至空中，然后捕杀之。古梅山分上中下三硐，民谚谓"上硐梅山，装车挽弩；中硐梅山，游山弋猎；下硐梅山，捕鱼打网"。现在国家实行保护动物政策，诸多狩猎捕猎方法，只能藏于书中了。

五、罗棒子戳米的传说

横过院内有一个哑巴叫罗棒子，外出总是随身带一根杂木棒子，人们都叫他罗棒子。他曾在溆浦一家米行打工，专门帮老板量米、车米。他又聋又哑，没事做时，喜欢用手在米箩里戳，先用一斗黄豆戳，一手从斗面戳到底。之后就戳米，一斗米戳成粉了，就戳沙子，渐渐地手指戳硬了，屋门板一手能戳穿。且说这米行老板，凭着自己有钱有势，又有一身拳脚功夫，在地方上称王称霸，无恶不作。他开店卖米，就在米中掺沙子，坑害了不少顾客。哑巴看在眼里，恨在心里，决心惩治他。一天，许多顾客上门买米。老板早设置好圈套，店门口的米均掺上沙子，只有靠里边的几箩筐是干净的。老板见众人犹疑，便牛眼一睁，要哑巴从里边的米箩底掏米给大伙看。那哑巴一怔，卷起衣袖，一手戳进米箩里，从箩底下抓了一把满是沙子的米出来。老板吃了一惊，又要哑巴从里边的第二只箩底掏米，哑巴一手戳进去，竟抓出了一个大石头。买米的一见，纷纷走了。老板气急败坏，要伙计搬开米箩看，原来两只箩都被哑巴戳穿底了，泥沙和石头都是从地面抓的。老板气得牙齿咬得咯咯响，一下把那哑巴抓起的石头捏得粉碎，提出要和他过堂。那哑巴做出可怜巴巴的样子，请求老板原谅。恼羞成怒的老板说什么也不答应，哑巴无法，只好做了个三年后比试的手势。老板按照武林规矩，也就答应，怕哑巴再练戳米功夫，便叫他担水。哑巴担水很勤快，开头一天担十担，慢慢地一天担二十担、三十担，两脚行走如飞，原来他是借此练腿功。三年过去，过堂的期限到了。这段时间老板练功也不敢懈怠，武艺又有长进。过堂场子就设在米行屋后的大坪里，老板请来县官做监证，并和哑巴立下了生死文书。为防万一，还埋伏打手多人在两侧，密令若是哑巴伤人，就群起击毙。老板和哑巴各自站好桩式，交手斗了几个回合，老板一只老鹰捕小鸡的招式直取哑巴咽喉，哑巴凭着担水练就的快腿一溜风躲过，早窜到老板背后，伸开五指往他头上一抓，竟把他的脑袋抓出五个窟窿。待埋伏的打手要报复时，他已跑得无影无踪了。

六、石竹村的习俗与传说

石竹村由老屋里和新屋里两个聚落组成，旧时因村头青石岩上长石竹而得名。据本村老人伍国仕[①]介绍，这一带有着奇特的宗教信仰。村里有老庵堂、圣帝殿、石竹山庙王等寺庙，供奉"王爷公公""孟公菩萨""杨仙真人""观音大圣"等神圣。过年要祭拜家主菩萨、孟公爷爷；驾船的要请起"王爷公公"；有病的要特别祭拜"杨仙真人""观音大圣"；捕鱼的要请起梅山公公；特别是新渔船下水，要请高师"和梅山"。"和梅山"要准备三牲、贡果、纸、香、炮、大钱、方箱等祭品。三牲包括雄鸡1只、排骨肉1块、鲤鱼1条。摊方箱很有讲究，必须黄纸打底，黄纸盖面，称为"金子"打底、"金子"盖面，一方箱可当一万箱银币之用。高师祭拜神灵之后，鸡血要滴在纸、香、方箱上，并要围绕新渔船转一圈，将鸡毛贴在船头船尾及中间以镇鬼邪。石竹村院内地气很紧，如果哪一家犯了菩萨、神庙，冲犯了太岁，就必须到城隍庙拜庙王菩萨；单犯太岁的要到三岔路口或三天门下祭拜太岁、四季管神和二十四节气的家先土地，不然家中会有灾难，不是病难医，就是撞脚手、死家畜牲口、退财等。

石竹村史上有很多风水名人。从码头下走100米是伍翰林老屋场，也称祖屋场。据伍玉降老人[②]说：伍翰林，名叫伍毓崧，字香珊。他爷爷在隶银塘将房屋建好后，没有人敢进屋居住，因为每到晚上有一对白虎在屋

---

① 伍国仕，男，现年70岁，今为油溪乡石竹村五组村民。

② 伍玉降，男，现年85岁，今为油溪乡石竹村三组村民。

内闹架。伍翰林祖居芬街村，而芬街村位居高山上，其祖上在河边购地建房，为借资江方便条件经商，所以在隶银塘建房。伍翰林十岁那年要进青实学校读书，住进了新建的房子。奇怪的是伍翰林进屋一住，白虎夜间闹架的事也没有了。时任乡长的饶佩凡本是安化人，他也是看准了石竹村的风水好，才常年居住在石竹村。他说伍毓崧是"白虎星"下凡，将来定有出息，后来真的点了翰林，官至"八府巡按"。

老屋场的风水很有传奇色彩。资水从上而下流进界家湾码头，转圈就直进了对岸油溪码头。油溪河里担油卖，美女梳头蓝佃湾，蓝佃湾有一回头水转向隶银塘。伍翰林的爷爷就是看上了蓝佃湾的回头水流进隶银塘。"隶银塘"后有玄武昂头，左有青龙落江，右有活岩作白虎，前有资水玉带，中有金坐印，真是一块宝地。即便到了当代，青实管区 6000 多口村人也还是这里的常客，因为老屋里是管区所在地，新屋里有供销社，不管哪个村组的村民，都经常要到这里来，或是要找领导，或是要买东西。在过去计划经济的年代，连火柴、扣子这样的小东西，都要到新屋里来买。

新屋里和老屋里中间，有一口神奇的水塘，旧名叫"灵龟塘"，塘中央有一块巨石像个冬眠的乌龟，只要这龟石显灵，哪怕天旱到雷公下地，塘水水位也不会下降。据村里老人伍玉将①说：灵龟石是一位美丽少女的化身，叫"玉花儿"。她终身未嫁，88 岁独身去塘边洗衣服，掉进了塘里，家人请人打捞，从中午捞到晚上也没有捞到尸身。第二天族老号召全伍氏族人将塘水挑干，也没有找到尸体，只发现了塘中间那块灵龟石。从那时起，塘水只要枯到灵龟石显身，便不会再枯下去了。

---

① 伍玉将，男，83 岁，今为油溪乡石竹村村民。

第六章 白溪段

　　梅山古语云："四十八溪数白溪"，白溪曾是宋时开梅建县之初的县治所在。泱泱莫江干流从兰塘入境，由南向北纵贯，到石子湾改向西流，经爱民、蜈蚣溪，环绕彭家和千篙滩出境去荣华、琅塘，再西行去益阳，穿越镇境达16公里，流经月金坪、鹅羊、小溪、白溪、何家坪、石子湾、民新、青荆、吴家台、檀山、汪家塘、团结、大联、爱民等20多个行政村。白溪镇地处梅峒莫峡之中，柘溪库区腹部，今县城北部40公里处，东有油溪峡谷之险峻，西有琅塘水域和柘溪水库的浩渺，北有大熊山之雄奇，南有梅山龙宫的灵巧，地形为大熊山南麓的丘陵河谷，境跨莫江两岸，是个古老而富饶的乡镇。

　　白溪山清水秀，人杰地灵，是中国古代战神蚩尤出生与主要的活动地域，梅山文化的重要发祥地，也是明清时期莫江河段的木材、石灰、陶器、粮食为主的商品集散中心。白溪水域比上游油溪段宽广，最宽处达2000余米。境内数十条溪谷，云山耸翠，飞瀑流泉，不仅土地肥沃，而且水港交错，四通八达，特别是思本溪、白溪等一级支流，更具山乡特色。思本溪从新源入境，汇合小官溪、大官溪，经民主村注入干流，流段12公里，具有很高的渔业开发价值。沿思本溪可达大源村处的大官溪，沿株木溪可达檀山村。白溪从大熊山麓吴家台入境，汇合董溪、鹅溪、大熊溪、山溪等八溪之水，一路滔滔，经射弓坪、渡头山、白溪大桥注入干流，流段全程达30公里，极具旅游价值。在本支流集雨面内，国家级森林公园大熊山的主要亮点有70%分布于此。南门可直达大熊山顶峰。柘溪大坝封闸的时候，水位上升，10吨以下的机动船可以沿白溪到达鹅溪的峒上村，沿山溪可以达十茶亭，沿油溪可达岩门、大塘，走铁山坝可达金子岩。本境与梅山龙宫毗邻，坐机动船十分钟便可直达洞门。

白溪段河道上的古今码头、险滩及经过的行政村落从上到下主要有：兰塘→鹅羊滩→月金坪渡口→小溪码头→石板村渡口→白溪客运码头→白溪大码头→仓门前码头→何家坪黄泥铺古渡口→白石坪→旧县滩→石子湾→民主→思本滩→民新→任田山→团结杨家坊→铜锣滩→青荆→豹狗滩→汪家塘→石淹岈→大联→千篙滩→爱民。

第一节　主河道与码头

据航运老船工张先球①介绍，过去白溪老一辈的《资水滩歌》是这么唱白溪的："油溪有个选石凼，中家庄抵红岩山。鹅羊滩上抬头望，抬头望见东门山。白溪有个娃娃石，曲蟮滩（旧县滩的方言）下石子湾。石子湾里湾不弯，雷公响在思本滩。祖师座下莲花庙，五马破曹观音山。望花街上（今何思马家）珠木溪，杨家坊下铜锣滩。铜锣滩无铜锣响，汪家塘下豺狗滩。石淹岈里莲花开，千篙滩下十竹山。"另一个版本的《滩歌》却说："油溪口里出杉木，鸾凤双双高桥滩。溪口下面南豆湾，曾石塘里尖岩山。中家庄个好灰山（灰山盛产石灰），箢箕坪对唐家湾。和尚滩里有个汤把师，枣子塘（又叫绣鞋塘）在东门山。白溪有个白沙井，又跃滩（旧县滩的方言）在石子湾。两边有个滩底下，晒谷石在河中间。老师敲得铜锣响，倒牵牛在裁剪滩（意即豺狗滩）。柘槽附里紧一舵，撞条槽槽千篙滩。"

现在属于白溪河段的险滩还有 6 个，从上往下分别是鹅羊滩、旧县滩、思本滩、铜锣滩、豺狗滩、千篙滩。一到枯水季节，各处险滩白浪翻天，水急浪高。著名的石淹岈是个深漩涡，就坐落在汪家塘与大联村之间，水流到此，形成一个巨大旋涡，若驾船人一不小心进入漩涡，就很难把船驾出来。1961 年，柘溪大坝建成，丰水的季节，江水延伸 76 公里至白溪，淹没险滩 35 处；琅塘、白溪至新化上梅镇为回水区，白溪这里最宽处达 2 公里，水深 20 至 50 米，水流平缓时，可行 100 吨级船舶；而枯水季节，水位下降，险滩出露，航道最窄处仅 10 米，30 吨级船舶行驶都必须要小心才行。

---

① 张先球，男，现年 76 岁，原县航运公司职工，白溪镇白溪村五组村民。

一、白溪河河道及港口

白溪河是黄江的一级支流,古称沛溪,因为溪水在古镇北面,所以又名北溪。新化自古就有民谣:"生成的白溪,修成的洋溪。"据传说是因前清乾隆皇帝在白溪镇上的悦来旅店呷豆腐,留下"走遍天下府,白溪好豆腐"题词之后,这个地名才改成了白溪,河名也就成了白溪。清末民初,大熊山山里的竹木排筏都从白溪河这里放出。象塘至白溪古镇5公里,历史上可通航。现在因柘溪库区回水顶托,白溪河段上溯鹅溪双江至竹山4公里,可季节性通航5~10吨船舶。1960年后,柘溪大坝阻断外河运输,此河段转以客运为主。后白溪古镇至鹅溪的公路修通和硐上村修水坝,使客运也跟着转到了陆路,加上现在封山护林,河运竹木排筏就很少见了。

白溪口,现在也称白溪港。港口有大码头、石板村码头、黄山庵(又叫黄泥铺)码头、关圣殿码头、美利场码头,木子湾码头。这些码头,大多是老辈们在悬崖峭壁上略加錾凿而成的高阔码头,是上下船舶装卸货物的天然港口。旧时每天靠港船只40艘左右,年货物吞吐量上万吨。白溪街上的吊脚楼沿江岸河岸一线连续不断、檐角嵯峨;古镇里街巷纵横交错、屋舍俨然;店铺招牌亮丽、流光溢彩;赶场的时候,人们熙熙攘攘、摩肩接踵;水上也是帆樯明灭、画舫轻摇,船工们号子粗狂、渔笛悠扬。因此,在资江自武冈至益阳六百余里的河道上,留下了"四十八溪数白溪"的美名。

1952年,白溪港口木帆船登记注册达480艘。这年10月,航运公司开辟了白溪至琅塘的客运线,当年的旅客发送量即达1万人次,货物吞吐量4.5万吨。1958年,白溪港口增设客运码头。1976年,县交通局在石板村建汽车横渡码头。1982年又在新街河边修建了一座斜式货物码头,长约100米,宽10米。1989年,白溪港口有货物堆场3处,占地2800平方米,泊位3个,占地面积60平方米,年货物吞吐量6.5万吨,旅客发送量20万人次。

二、美利场码头和集市

据张汉良老人①介绍，白溪古镇一、六墟场②赶集的传说，应该追溯到元明时期。当时战乱频繁，社会动荡不安，老百姓为逃避战乱，开始向梅山腹地迁徙，到元明时期，白溪的外来户日益增多，手工业、商业也逐渐兴旺起来，墟场也应运而生。据老辈讲，原来的墟场虽有固定的日期，但无固定的场所，山民的土特产和手工制品，以及肩挑商贩，都在街道两旁或街头巷尾空坪隙地摆摊设点。开始多物物交换，到了清乾隆年间，以张如鸥后裔为首的白溪乡绅富户为了方便客商贸易，也为了给自己子孙后代求财谋利找个固定的地产，于是花重金购买了白溪河东岸靠古镇边的一大片水田作为场地，筑河堤，砌码头，平土地，建货棚，修道路，不到一年，就开辟了一个面积十亩以上并延续二百多年的集市交易场所，并取了一个寓有客商能赚到美美的利润、顾客能美美地买到好商品用意的名字——美利场。

当时的美利场就坐落于兴隆街、滴水街的尾端，前临白溪河，后倚海鸥冲，左靠怪凤山，右邻狮子山，状如圆椅。左右两山坡的高坎上，各有一排店铺，但不经营，多为交易经纪人的住所。前面河堤下原是一片开阔坡地，坡地下就是停泊船只的美利场码头。码头与河岸高差较小，装卸货物十分方便，并且离白溪河与资江交汇口不到 300 米，是大小船舶避风、阻水、卸驳的理想港湾。每逢一、六赶场期，这码头更是桅杆林立，货积如山。河堤表面是一条十分平整的石板大道，向左延伸上七八个码头，有一座横跨小溪的石拱桥，石桥边挤满了高高低低的吊脚楼店铺，成为寸金之地，生意十分火爆。沿河堤向右，直到横锁岩古渡，是一排整齐的吊脚楼，楼前门面都是店铺，与老岸的楼房形成一段狭窄的街道。后面的两到三层的木板小楼，全凭一排排的木桩从水中支撑，富有江南古镇水乡特色。河堤内侧十余亩地，就是美利场贸易的中心地带，左右两边建有陈列商品的货棚，从里到外十余间，中间是大宗商品交易的地盘。场内侧最深处有座高大的戏台，是白溪古镇三大戏台之一，和其他两大戏台相比，这戏台较朴素，无花栏、角亭、尖顶，也无彩绘等装饰，台前场地可坐立

---

① 张汉良，男，现年 84 岁，白溪中学退休老教师，现居白溪镇联盟街 54 号。

② 一、六墟场，即每月的初一、初六、十一、十六、二十一、二十六日为赶场日。

美利场码头（向光辉摄）

三到四千人，是白溪古镇容纳观众最多的开放式戏台。

　　美利场是清末至民国时期新化北部土特产和外来商品的交易中心，本地的陶器、土纸、土糖、豆腐、木器、竹器、茶叶、熟铁、干鲜土果、鱼虾、家禽、土布、桐油、茶油、木炭等土产，外地来的棉花、面纱、糕点糖果、湖米、菜籽油、松花皮蛋、布匹等百货，大多在这里集散。从吉庆、圳上、温塘、安化梅城、溆浦等离资江航道较远的乡镇来的商旅，甚至外省来的专业商贩，从早到晚，来来往往，多达万余人。由于墟场贸易发达，使得白溪成为当时全县第一大集镇。在当时，白溪占有了航运之利，但从陆路来说，白溪又是相当落后的。千百年来，人们都是走在弯弯曲曲的窄石板路上，直到 20 世纪 70 年代末，才有了可会车的沙石公路。

　　据张汉良老人回忆，当他记事的时候，他正在文昌宫读小学，美利场是他早晚必经之地，于是赶场、购物、看热闹成了他们学生时代的一大喜好。他们最喜欢光顾的是书摊，翻看当时流行的《二度梅》《精忠传》《五美图》《陶澍私访南京》等通俗小说。当时，美利场著名的书摊有"吉星堂"和"龚德全"，每个书摊都有直径三米的圆形大布伞。

向里柔老人①回忆，白溪墟场的货源来路很广，有江西景德镇的瓷器和宜兴的紫砂陶器，湖北襄阳的陶瓷大水缸和广东韶关的铁锅，广西柳州的蔗糖，益阳的皮蛋、板鸭、腌鱼，华容、汉寿一带的干鱼虾，常德津市、安乡等地的棉花、食盐，邵阳的烟叶、豆豉和新化县城的萝卜白菜……这些多是水路运来的。溆浦的柑橘，安化的花生和宁乡的仔猪，则多用陆路挑运到白溪。在民国时期，一天赶场下来，商品成交额能达到一万大洋。此外，由白溪转口的本地花生、辣椒、土糖、棉布、陶器、石灰，又销售到省内外，白溪的豆腐干更远销到了日本及东南亚的一些国家。每次白溪街上赶场，街上几十家旅店和二十多家面馆饭店，从早到晚总是家家爆满。熟食店的包子、馒头、糍粑及各种特色油炸食品，也有很多人买。

三、旧县滩

位于渡头山与古县城遗址之间，遗址即清道光《新化县志》所载的何家坪白石坪："宋熙宁五年至绍圣三年，新化县府置于此"，险滩因此而得名。在渡头山下首，是白溪与黄江的汇合之处，原与古镇的五显寺隔水相望，现在建成了白溪大桥，与观澜亭隔水相望。

旧县滩因为接近石子湾，江水改向西流，地势落差形成水急浪高的险滩，旧时船队沿江上下，这里和渡头山、白溪河形成了属五龙之一的九节亥龙龙头之势。因此，这里风水得天独厚，先辈们在此险滩的渡头山岸三角洲南端，办过书院、家塾、团学、中心高小、大熊中学（新化三中前身），中华人民共和国成立后又成为新化六中的老校址。同时这里还是古镇早期的文化中心，文人墨客驻足于此者大有人在。春夏秋三季站在高阁前，回环观望，俯瞰险滩白浪滔滔，遥望东门山、鹅羊岭青山如黛，平视处旧县址碧草如茵；微风拂来，或柳丝摇曳，或野花飘香，或万里晴空，或水光潋滟，远树依微；再加上江上舟来船往，百舸争流，渔歌唱和，的确让人心旷神怡，流连忘返。

----

① 向里柔，男，现年87岁，何思中学退休老教师，白溪何思青山村青山湾人，现居白溪镇新建街。

四、思本滩

据张先球老人介绍，思本滩位于旧县滩西面。北宋建县治的时候，县治白石坪东面山称为东门山，南面有南门垴山，北面为黄江，西面小溪为西门溪，后来西门溪被称为西比溪或西陂溪。在白溪何思一带的方言中，"西"和"思""陂"和"本"，发音差不多，所以后来西门溪被叫成了思本溪。思本溪从何思新源入境，汇合小官溪、大官溪，经民新村流到黄江，流程有12公里，具有很高的渔业价值。思本溪入江口的上游急水滩，即为思本滩。洞驳子船和鳅子船从益阳返回，来到滩头，就得拉纤。拉纤和驾船风险很大，往往生死难卜。白溪曾有这样的滩歌："养女莫嫁驾船郎，河风吹老少年郎；穿烂几多新草鞋，睡了几多无脚床；一年穿烂三年衣，三年没睡一年妻。"船工出家驾船，很少带被，带了被子也不能睡毛板船上，只能带简单的生活用品，吃喝拉撒睡几乎全在船上。如果发生不测，下滩江水滔滔，往往死不见尸。民新村在思本溪上有一座思本桥，思本桥位于现在民新村的龟山旁，民主村的冲天凤山山脚下。青山湾担陶器到黄泥铺码头装船，要从思本桥过。过去，民新村这里还有一座横板桥，是风雨桥。后来柘溪水库蓄水，思本桥淹了，横板桥也没有了。1958年，白溪何家坪这边设立了一个公社，据说是因为有何家坪和思本溪两个古时候就出名的地名，就取两者中各一个字，也就是何家坪取一个字"何"，思本溪取一字"思"，"何思"这个地名就是这么来的。

五、千篙滩

千篙滩与琅塘搭界，过去船工需要撑竹篙一千竿子才能撑上这个险滩，因此得名千篙滩。如果是重船，到这里还要拉纤。男子汉们为了拉纤方便，都脱了衣裤，光着身子，用1~3层四尺五寸长的龙头细布做成"软扁担"，一头套在肩上，一头套在纤绳上向前背，这叫"拉褡裢"，因此，船工别名也叫"褡裢"。拉褡裢的时候，还要齐声喊号子用力拉。《滩歌》中专有六句歌词描述拉纤的辛苦："四脚落地牛拉纤，褡裢勒肩痛肝肠。寒暑王古（方言，即光着身子）水中泡，助船上滩身代桩。撑船号子滩头响，十曲纤歌九曲酸。"纤工必须全身匍匐，前弓后箭，手攀脚顶，寸步前移。遇到急湾险滩时，必须使尽全身力气，哪怕头昏眼花，也只能进不能退。

否则船会在激流中如脱缰的野马往后猛退，不仅会前功尽弃，纤工们也会被拖得人仰马翻，甚至船毁人亡。并且拉纤不管是寒冬腊月还是三伏炎天，都要光着膀子下水。寒冬腊月，河风刺骨；三伏天气，手脚落地，攀踩在滚烫的沙子和石头上，暴热得全身如火烧。因此，纤工中暑和过度劳累致死的事也常有发生，要船老板好心，才会将尸首带回。因此，过去的老话和滩歌都说"驾船渡子驼肚婆，隔阎王一层纸薄"，"挖煤的埋了没死，驾船的死了没埋"。

白溪到益阳，毛板船最容易被打翻的地段是白溪到桃江这一段，主要是因为这里的湾太急、水太急。其中最险的滩是洛滩和灵滩（又叫泥滩），《滩歌》里这样描述，"洛滩、灵滩打烂船""洛滩有个蓑衣石，等待滩脑把船翻""王爷公公来保佑，顺风相送放泥（灵）滩""洛滩、灵滩的人不种田，一年四季靠翻船"。当时的洛滩、灵滩，凶险好似阎王关，船工要请起王爷公公保佑，有好运气才能过。这里船翻得多，多得附近的本地人不要靠种田，只要靠翻船时救人和捡物就可以谋生。

白溪的滩歌还有这么一段："白溪跟到思本滩，青荆坪里铜锣滩。看见婆娘莫眨眼，眨眼就是豺狗滩。豺狗声声冲浪过，千篙滩上好加餐。"这六句滩歌唱了白溪四个滩，从下游何思的马家起到滩头结束，长有五里，其中最险的是千篙滩。为什么叫"千篙滩"呢？这里有一段不寻常的来历。相传古代有个身强体壮的船工和这个滩头上的一个漂亮姑娘从小就青梅竹马，盟誓要白头到老。不想姑娘的父母看不上这个船工，故意出难题，要船工从下游的何思马家开始独篙撑船，并且只准撑一千篙，如果能到达女方家门口的码头上，才可以和女儿成婚；若超过一篙，婚事就免谈。这位痴心的蛮汉二话没说就答应了，还请了当地的甲首当公证人。那一天，艳阳高照，船工赤着膀子撑着长竹篙，顶着急湍的逆流，一篙一篙使劲送，九百九十九篙正好到达指定的码头边。这下女方父母再也没话可说了，当天晚上就成亲圆了房。可是第二天清早，姑娘却哭开了，原来这位船工因为白天撑篙顶浪爬滩，耗费体力极大，晚上又"加班"，圆房之后就死了。"千篙滩"因此而得名，并为白溪的船工们定下了一条规矩：远道回家，切忌男女之事，一定要休息一两天，才能和老婆同房。

六、"螃蟹过江"古津渡和仓门前码头

据张汉良老人介绍，"螃蟹过江"古津渡在河街上，是古镇白溪七条主

要街道当中最悠久的街道，并且古镇内八景就有四景集中在这条街上。这四景，第一是生在江岸悬崖峭壁上的绣鞋，使得这黄江中两千米的深塘被称作"绣鞋塘"；第二景是街坊中神奇灵异的"娃娃石"；第三景是资江与白溪水汇合处的"观澜轩"；第四景是资江东岸，古镇河街南端的"螃蟹过江"。关于"螃蟹过江"的来历，张汉良老人饶有兴趣地为我们讲述了这样的传奇：

"螃蟹过江"还得从仓门前码头说起，仓门前本是河街南端仅七八间店铺的一段老街道，为什么并不甚长的河街又给了这短街一个特殊的称呼呢？据说明朝的弘治年间，地方大干旱，田间庄稼颗粒无收，年轻的去外地逃荒，衰老病弱的只有困守家园忍饥挨饿。然而，在白溪的市面上，从益阳、岳阳运来的河米河谷却囤满米铺，一些商户肆意抬高价格牟取暴利。对于有钱人家来说尽管米贵如珠，尚可忍受，无钱的人家只能望"粮"兴叹、饥寒交迫了。有一位姓刘的富户，为人厚道，心地善良，目睹着赤地千里，万民饥馑的惨状，动了恻隐之心，便倾其家私，以高价收购街上所有米铺的谷米，又从钱庄汇钱去益阳、岳阳等地购买湖米河谷运回白溪赈灾济困。他在河街古渡上头的码头上修建了几间粮仓囤积粮米，并按时免费施粥拯救灾民。刘老的义举传遍了远近乡村，前来就食的灾民摩肩接踵，终日不绝。因粥棚设在粮仓前的河岸上，人们于是就把这个救人于水火的河岸码头叫作"仓门前"，仓门前码头因此而得名。

张先球老人告诉我们，仓门前的河岸原来是一段陡峭的土坡，当时人们在土坡上用石块砌了二十多级码头作为交通两岸的津渡。涨洪水的时候，渡船要划差不多2里路才能到达对岸的码头，清朝的时候就有两艘义渡木船木桨来回过渡济行旅。

民国时期，义渡船有五只，由白溪渡船会管理。渡船老子一般都是现在何家坪村的何姓老渔民，平时由会里年提供稻谷8担，也有6担和9担，以8担居多。到了春节的时候，渡船老子可以家家户户来化渡船米，河边的这些村民看到渡船老子来了，多少也要用米升子给渡船老子打点米，以表示对他一年辛苦渡大家过河的感谢。义渡平时日客流量在800人次上下，到了赶集的时候更多。1966年起，由于田产都到了国家，义渡就没有了，由私营划子收费渡运，1989年有渡用划子12只，这边渡口有9只，那边石板村渡口也有3只，日客流量上千。

张汉良老人接着讲仓门前码头的来历，当刘老的第一批粮船从益阳抵达白溪的时候，本想停泊在仓门前卸货上岸，无奈码头狭窄陡峭，灾民又来来往往呷粥，搬运工人行走困难，而改建码头又非十天半月能完成的工作，只好挪地方到相距仓门前二百米的大码头去卸粮。大码头当时是白溪唯一的货运码头，但工人往返一次所费的时间和劳力比仓门前渡头要多出几倍，第一批谷米还未卸完，第二批恐怕又要到了，这使刘府的管事人员十分焦虑。说来也真是凑巧，就在管事人焦虑的当晚，突然大雨倾盆，街上瞬间就积了半尺深的雨水。大雨一直下到半夜，忽然听到一声巨响，震动了整个街坊。

当人们从惊惶中起来察看的时候，只见仓门前粥棚下的土坡和原来的津渡码头已一齐塌陷，消失得无影无踪了。第二天清晨，人们三三两两走到河边细看，才发现河岸塌陷处出现了一方平坦的石台，石台左右有两路三尺多宽形如斜梯的石棱，呈八字形一直延伸到岸上，石台下的两旁还有几列石棱没入水中，宛如一只刚从水中露出的半截螃蟹。有人说："嗨，这不是只过江螃蟹吗？"从此，"螃蟹过江"的称呼就传播开来。刘府的管事见到这个情景，更是异常兴奋，认为这是天从人愿，立即请来十几个石匠，把石台上的土石扫平，顺着两条梯形的石棱凿出两叠石磴，不到三天，一座宽阔的青石码头圆满完成。随后，刘家的粮船一批接着一批抵达白溪，并迅速把谷米卸进了仓门前的粮仓，拯救了千千万万的灾民。事后，为了感谢神蟹的恩泽，每逢初一、十五，还有人到码头装香祭祀。

七、古镇大码头

张先球老人介绍，白溪风水好，白溪有正龙脉。老一辈这样口传："头打邵阳，身卧鹅阳，尾打益阳""生成的白溪，修成的洋溪"，现在也是"游在大熊山，玩在梅山龙宫，吃住休闲在白溪"。从邵阳到益阳大大小小共二百三十多个滩，水路途中要经过"三阳"："头邵阳""中鹅阳""尾益阳"，"中鹅阳"讲的就是白溪鹅阳岭。过去白溪大码头也是繁盛一时，《滩歌》是这么唱的："跑马行船旧县滩，白溪街下把船弯。"民国前期，古镇向政府申请注册经商的正式店铺有 82 家，比当时最繁华的洋溪镇还多6 家，据说排在全县乡镇第一位。

白溪河段的水流相对平缓，所有从益阳上来的船只，到了白溪都要上岸打牙祭敬王爷公公；所有下益阳的装着竹、木、陶器、厚皮纸等货物的船舶，也要来白溪打牙祭敬王爷公公，再补充点食物和日常用品上船去。每逢白溪一、六日赶场，吉庆、温塘、圳上的人，也都要来白溪担食盐、大米回去。

抗战的时候，白溪是后方，比较安全，省内外大批商人，都来白溪投资兴业。白溪那时有个龚海扬钱庄自己出票子，票子在全省都能使用。1944年，大文豪张天翼来白溪住了小半年。据此，何林天教授撰写了文学回忆录《张天翼在新化白溪的日子》。张汉良老人说，白溪人素来敢拼敢闯，有敢于担当的蛮子精神。宝庆码头在新化人手里一直保存了200多年，原因除了有雄厚的资金基础外，更重要的就是宝庆府的新化人敢死敢拼。当年与安徽帮争码头打官司，舍命穿铁鞋的就是白溪的张姓老船工。当时，人们还在宝庆码头上给白溪张师傅建了个小庙叫张公祠。

龚海扬钱币(一)(向光辉摄)

龚海扬钱币(二)(向光辉摄)

八、渡头街

古镇河对岸东门山下的何家坪，原来有一条青石板街，叫渡头街，街口原有黄泥铺码头，与白溪大码头遥遥相对。后来柘溪水库修成，老街道

弹匠、染匠、篾匠,还有裁缝和理发的,十匠齐全,服务远近山民。据何爱常老人①介绍,这十匠最初是新化的第一任县令欧阳勋带来的,十匠后代兴旺发达,徒子徒孙遍布新化黄江两岸。

九、黄泥铺码头

黄泥铺码头最多的时候有十二只渡船。青石板街上多竹篾匠、船户和渔民,最多的时候有几十家竹篾铺子,上百个篾匠师傅,各种各样的竹器从这里装上毛板船或洞驳子船、乌柏子船、木帆船,运到资江两岸的城镇去。我们循着古渡口拾级而上,山坳有一片小村落,稀疏散落着梅山渔民和猎人后裔的民居。

今石板村渡口(向光辉摄)

据向里柔老人介绍,何思青山湾的陶器过去大多都从思本桥担过来,然后到黄泥铺码头来装船。民国时代,可以说是新陶器时代,不像现在有冰箱可以贮藏不同季节的食物,过去陶器才是人们贮藏东西的最好用具,老鼠咬不破,腌菜密封喷香,藏食品不潮湿腐烂。蒸酒办酒席,吃饭洗脸

---

① 何爱常,男,现年74岁,白溪镇何家坪村一组村民,原白溪镇供销社副书记、工会主席

等都用陶器。那个时候，陶器几乎应用到日常生活的方方面面，酒缸、茶缸、筒缸、酱缸、米缸、染缸、菜缸、饭钵、蒸钵、菜钵、擂钵、酒壶、茶壶、油壶、饭碗、菜碗、酒杯、脸盆、花盆、脚盆、淘盆、盐罐、油罐、药罐、粥罐、酒罐、灯盏、香炉、碟子、勺子，甚至锅子、便桶、棺材等，都有陶器制品。何思这里有很多陶窑，不仅青山湾有，檀山、张家台也有。农闲时候流行卖坛子(陶器)，村村寨寨都有不少青壮劳力挑着扁担，担着皮篓，装着坛坛罐罐，搭着木船，顺着资水下益阳，过洞庭，闯长江，把这里的坛坛罐罐卖到了长江南北的各个口岸去。

十、矿山码头和渡口

据张先球老人介绍，该渡口原来位于月金坪村和小溪村交界处，月金坪有不少石灰厂，所以这个渡口又叫"矿山"。过去，石灰都通过资江卖到湖区去。那个时候，湖区的水田靠人粪、家畜屎粪和石灰改良土壤，月金坪的石灰是最受欢迎的。所以这里过去有个小码头，还有个渡口，曾有过3只义渡船。后来，横阳至安化的大马路正从小溪村通过，因此，这个渡口在原来的位置上向西偏了约300米，现在叫小溪渡口，又叫矿山码头。1976年，河对岸的石板村也有了渡口，还在原有的基础上建了引道码头，可以渡汽车。1977年由县城大码头调来木质三车渡船和80马力柴油机拖轮各一艘，渡船上有渡工10人，这年7月正式开渡。1987年县交通局拨钢制机动渡船1艘，拖轮2艘，配船工8人，一年渡过车辆达到6000多辆。1989年，渡船船工只有7个人，全年渡过的车辆达到8000辆，据说一天最多渡过车辆46辆。

十一、七条古街

张先球老人告诉我们，古镇原来有七条主要街道，大体上以渡口和码头为中心，成放射线状向河岸高处阶梯状延伸。这正体现了古代以水路为主要交通运输工具的特点。

沿着河岸线上下延伸的叫河街，与河街互成直角呈东西走向的叫大街，这两条街地势较低，属第一阶梯；紧接大街，从大码头上去七八个石台阶，向东延伸约200米，叫作中街；大街、中街两街街接处的大码头上首向北走向的街叫横街，由横街再转向东北高处延伸的短街叫兴隆街。中街、横街、兴隆街地势比第一阶梯高，属第二阶梯。由中街东端上十余级码头，再向东百余米就是雷公街（古称来龙岭），由雷公岭下两叠共十几个石台阶，过京佛殿石桥，再向东上十余级石台阶，直到雷公岭高处200余米的街道叫八仙街。雷公街和八仙街地势最高，属第三阶梯。此外，还有位于白溪河东南岸处的美利场码头、滴水岩和修建在枣子塘岸的大成街。这些小街每天要容纳赶集者上万人。

十二、鹅溪紫云谷

紫云谷位于白溪镇鹅溪管区，坐落在大熊山南麓，因主峰鹅公岭形似天鹅而得名，集惊、险、奇、秀、幽、美、绝于一体，总面积2500亩。境内有洪竹、烟山、长滩、双江、横沙、戴冠、大溪、碉上、陆家村等古朴村落。沿白溪河而上，至碉上入口，左有狮象二山，右有麒麟山和麒麟洞；至双江有船头山、大悦亭；至戴冠有独秀峰、千年板栗树、古道茶亭；至大溪有鹅公岭、古筒车、三叉倒鲤胜地。在鹅溪的牛坳，民间一首老歌谣至今还在提示着一个历史秘密。据说在若干年前，朝廷发生变故，从安化东坪方向来了一名官员，押着几十名挑夫，挑着数十万两银子，择道鹅溪向大山深处逃生。队伍走到牛坳，已是筋疲力尽，只好就地休息。时至深夜，人们都已酣睡，官员竟派亲信将挑夫全部杀死，将银子偷偷埋入穷山僻壤，然后星夜离去。后来，当地人见数十名挑夫被杀死在山上，而重担荡然无存，推测银子不可能全部运走，于是携锄带锹遍山寻找，经数月之久，没找到一个银星子，却传出了一首歌谣："牛坳、牛坳，银子十八窖，窖窖十八坛，坛坛十八块，块块十八斤。"歌谣传于后世，朝朝代代有人上山找，可惜的是至今还未揭开这个谜。

紫云谷有老人坑，上下悬崖峭壁，四道瀑布并排挂落，水声如雷。据传曾有位叫张汉宣的壮年男子，携带自己年幼的小孩至此，突见一个巨大魔鬼，双脚跨在山洞两岸，披头散发，频频吐舌，小孩当即被惊吓致死。汉宣为了镇妖降魔，请来白溪有名的张法兴法师，立了一块"五雷烈火"石碑于此。年久日深，石碑尚存，只是字迹模糊难辨了。

谷口至飞跃村有湾塘风雨桥，至洪竹村有雷打洞和横板风雨桥、洪竹神瀑、赤脚坳和野人溪。赤脚坳胜景有千年红豆杉、落花飞瀑、银河瀑、二泉瀑、三叠瀑、石门飞瀑、悬宫瀑、月牙洞；野人溪有清道光年间所建的回龙寺和木鱼山、狮熊石、颅颈石、田螺淹、将军石、诸侯门、蛤蟆石、仙人掌峰等胜景。

从陆家村洞门口溯溪进入紫云谷，此溪发源于大熊山主峰九龙池。从洞口进入溪谷，海拔只有167米，到九龙池源头，海拔达1662米，其间长约8公里，落差竟达1495米。整条溪流叠成三个大台阶，每个台阶的瀑布落差都在150米以上，较为平缓的流水也是处处成瀑，有养眼的神仙悬瀑、紫云飞瀑、大坝塘瀑布和蘑菇瀑。

鹅溪的石拱桥（向光辉摄）

鹅溪山上，有冠幅达200余平方米的千年银杏，有南方红豆杉、连香树、金钱松等40余种国家二级以上保护植物，有云豹、穿山甲、白颈长尾雉、娃娃鱼等20多种国家一、二级保护动物。据张建新①介绍，民国时期，鹅溪森林茂密，曾多次发现老虎。董溪有一位妇女要回井冲坑娘家看娘，趁早晨凉快，提个袋子、摸把伞就出了家门。爬上栗山坡，发现一只老虫（老虎）趴在路边，听到有人来了才张开眼睛。妇女突然见到老虫，愕

_____

① 张建新，男，现年64岁，鹅溪中学退休教师，现居白溪镇二开发区。

然退后几步，急中生智，猛地撑开伞，呼的一声响，血红的油纸伞一张，把老虫也吓得跳了起来，急忙转身离去。

俗话说"天下名山僧占多"，白溪与大熊山毗邻，千把年来，大熊山寺庙众多，香火旺盛。仅紫云谷就有六座之多，僧众与信徒历代不绝。据张建新介绍，横沙村的正觉寺，洪竹村的回龙寺，庙宇巍峨，远近闻名。双江村的青云寺、山岩寺和戴冠村的岩落山寺更有名气。三座佛寺鼎峙在三个山头上，旗幡飘动，香烟相招；寺僧往往不约而同做早晚功课，晨钟暮鼓，此起彼落，回声不绝于耳。中华人民共和国成立后，这些寺庙陆续被拆毁，只有洪竹村的回龙寺几废几兴，现在的住持执事规戒严谨，游观酬愿的善男信女仍然络绎不绝。

十三、麒麟洞等溶洞群

白溪地貌属熔岩型，易为水流侵蚀，因而形成众多洼地、溶洞、石林，千姿百态，具有很高的观赏价值。特别是鬼斧神工的麒麟洞群，洞长15公里，上中下四层，洞中生洞，洞洞相通，处处琼花瑶草，神秘莫测。它与比邻相望的龙岩塘象山神洞，堪称地宫双璧。

象山神洞总面积1200多亩，人们发现它的时间也比麒麟洞要早。为什么又称它为龙岩塘呢？这里也有一段古老而神奇的传说。

传说东海一龙子，很向往与世无争的清静生活。于是悄悄地潜出龙宫，沿长江，过洞庭，溯资江来到象山脚下，见山岩上有一道长长的石隙，便履壁蜿蜒而入。行不多远，便觉眼前豁然开朗，原来这里面竟是一方清涟浩渺的水塘。龙子大喜，便在这里定居下来。龙子心地善良，天旱时兴云作雨，水涝便排洪泄流，山民感恩戴德，都很崇敬他。不知过了多少年，此处忽然来了一条白色蛟龙，趁龙子外出之际，强占了洞府。龙子回来，见一蛟龙蜷伏洞府。龙子不想与这恶棍相争，便悄然另觅他处去了。从此，白蛟盘踞象山，时常兴风作浪，坑害山民。山民无可奈何，只好远离象山而住。

到明代弘治年间，离象山不远的剩田山村出了个梅山法师，俗名张思高，法号法兴。他法力高强，能呼风唤雨，唤飞沙走石，发五雷烈火，祭大小金刀。一天，白蛟从洞中呼啦啦跃出，顿时狂风大作，溪水暴涨，巨浪涌过田垄。张法兴恨不过，长袖一挥，数把金刀飞向白蛟，将蟹龙的左角挨肉削去。蟹龙尝到厉害，迅速缩回洞里。几年后，这条独角蟹龙又在象山附近频频出没，且每次都要作孽。张法兴见孽龙不思悔改，于是亲入洞府，祭起五雷烈火将孽龙困住，然后在岩洞四周贴上灵符。从此，这条独角白蛟被永远地镇压于洞中，再也没能出来。人们为了纪念张法兴的功德，便把这个洞府叫作"龙岩塘"。

第二节　名胜古迹、物产与贸易

一、曾为县治的千年古镇

据清道光《新化县志》所述，从北宋熙宁五年（1072）至绍圣三年（1096），新化县府设置于白溪河对岸白石坪。这20多年间，白溪凭借山川之美、舟楫之利、土地之腴、人文之盛、物产之富，迅速发展成全县的政治、经济、文化中心和黄江河道上最重要的商埠和港口。县府迁到今上梅镇后，政治中心南移，但白溪仍凭优越的自然条件，其贸易之繁盛、文教之发达，虽跨越九百多年的历史时空仍长盛不衰。

白溪自古为山水名胜之区、钟灵毓秀之地。沿江两岸有内外八景，内八景有七星仙台、螃蟹过江、孩儿卧石、澄塘绣履、八仙聚会、五龙取宝、犀牛望月、轩庆观澜；外八景有云横鹅岭、笔耸云山、钟鸣石梵、铜锣滴水、铁锁横岩、雁落中州、花飞水月、九节亥龙（渡头夕照）；此外还有观澜亭、命妇桥、八十亭、先志亭、慈云庵、京佛殿、望河殿等古典桥亭建筑和名刹古寺。

据张汉良老人介绍，作为文明古镇，白溪是全县办学最早的集镇。县志记载说，"县学始于北宋熙宁五年，编修三司条例章惇开服梅山，建学宫于县城西南。绍圣三年，学宫随县治迁至白石坪。明洪武三年（1370），知县张元将学宫迁返原址"。照此推算，县学宫设在白溪有284年之久。

位于白溪渡头山南端的文昌宫建于清代中期，由张氏先贤张西崖发起、创建，也有200余年历史。文昌宫里办过书院、家塾、团学、中心高小、大熊中学（新化三中前身），中华人民共和国成立后又成为新化六中的老校址。开始办小学时，主要开设高小四年级以后的班级，后来增设了初中班级，当时，整个时雍团的学生都到这里来就读。现在的白溪、圳上和油溪，明清时期属石马乡，民国初期属时雍团。早先，文昌宫跟古镇还隔一条白溪河，上街得搭渡船。现在建成了白溪大桥，就不要过渡了。

据张建新介绍，大成书院是白溪中学和白溪中心小学的前身，有近三百年历史，开始叫大成殿，修建于清嘉庆年间，主要是为了祭祀孔子的。后来白溪商贾云集，读书的多了起来，清光绪二十五年（1899），张光阶等发起，把大成殿改建成了大成书院，地址选在白溪内八景之一的七星仙台下。当时古镇街上及周边学子多在书院就读，圳上方鼎英将军 10 来岁的时候，曾在大成书院读了 2 年。

抗日战争时期，外来人口增多，文昌宫高小学生人数也剧增。为了缓解学生就学难的问题，当时的国民小学校长张仕文和县参议员何本瑞倡议，在大成学院下的大草坪修建了两栋半欧式教学楼，共八个教室、四个教员室，加上原来书院的两个教室和书院下首的操场，大成书院场地和教学楼一应俱全，校名也由白溪初级小学改为"礼智乡第一、二保国民小学"。1950 年礼智乡改为白溪乡，大成书院也改名为白溪乡初级小学了。

二、驿道、古桥和茶亭

驿道为过去的官邮要道，亦称官道，路面铺石板或卵石，宽五尺左右，翻越山岭砌石级阶梯。驿道途中设铺，由铺司掌管。白溪原有宝安益驿道，上连宝庆府，下走安化到益阳。从县城城东过渡至塔山湾，经娘家桥、曹家坪、蜈蚣桥、垅山、吉庆岩、油溪桥、白溪塘井边，过黄柏界去安化古县城梅城，全长 65 公里。

乡村大道，白溪线路有：县城西经华山，从大洋江过渡至游家湾、香炉岩、过黄牯坳渡去油溪、白溪，经过十茶亭、又一亭、山溪界去安化，全程 65 公里。

白溪过去陆路交通比较落后，但茶亭子多。清道光《新化县志》载：新化境内有茶亭 488 处，县北白溪富溪村茶亭多达 21 处。据张汉良老人介绍，过去茶亭有官费和私费两种，近代多系民间集资或家族兴建，一般有田产，作修缮、备柴炭茶水的费用，并有固定人员常住和服务。那时候，从白溪到吉庆去要经过"遗爱亭""先志亭""白水亭"；到新化去，要经过"八十亭""赵家亭""香炉亭"；向西到荣华去，要经过"水月亭""竹鸡界茶亭"；向北到圳上去则要经过"樟树亭""十茶亭""所憩亭"。

向里柔老人说，从大源村到新源村去，要经过上达亭，上达亭的亭名和对联是翰林伍香山所写，当时守茶亭的是大源村的周仲赞父子。从青山村到新丰村要经过"青山亭"，此亭乃向贵衡和向贵同的父亲一起捐资所修。当时茶亭由向贵同的父母驻守，向贵同的母亲人称"五阿婆"，守亭的收入主要来自族会拨给的三亩半田，由小官溪的向垂利父子耕作，每年由族会派梅溪的向献忠来验收谷粒，收成不好的年份，可以减免一点谷粒。从何思黄大村到小溪村，要经过红亭子，亭子是在四川当过县长的伍斗山带族人修的。据传伍斗山财大气粗，在外地有好几个田庄，伍氏族会不仅给茶亭免费提供茶叶和日常用具，还备有2亩多田和一片茶山供守亭人耕种。从白溪经青山村到孟公镇去，要经过青山湾茶亭，此茶亭为向献修的父亲向贵衡捐资所修。向贵衡没生向献修之前，曾发愿心，只要生了儿子，就捐资修茶亭修桥；后来真的晚年得子，于是捐资和向贵同的父亲一起修了青山湾茶亭和小官溪风雨桥——庙湾桥，并给儿子取名献修。

枫树界茶亭（向光辉摄）

据张建新介绍，鹅溪管区境内，过去茶亭也不少，群众自发组织修建起来的就有11座之多。这些茶亭是：竹山村的虎形山茶亭，戴冠村的枫树界茶亭、锣鼓界茶亭，硐上村的接龙桥茶亭、杉木桥茶亭，大溪村的庙山界茶亭、牛坳茶亭，洪竹村的雷打洞茶亭，烟山村的怀母界茶亭，横沙村的磨子界茶亭，双江村的双江口茶亭。这些茶亭一般建在偏僻的山坳、桥梁的两端、交通枢纽以及人烟稀少的地方，以方便过往行人歇脚。茶亭可由贫困村民申请居住，不要付房租，只要看守、维护房屋，无偿供应过往行人茶水，为远客提供借宿、解困济急之助就行了。

比较有名的茶亭是所憩亭。所憩亭位于横岩黄茅界上，与山下石马古迹相望。两百多年前，黄茅界是鹅溪、横岩、圳上、白溪互通往来的要道，因为界顶两面都是陡坡，上界下界都很吃力。尤其是挑担抬轿的，拖儿带女的，或年老体弱的，好不容易爬上界，不歇歇脚实在没法走，没口茶水喝也太不方便，于是大家捐钱捐粮捐工捐料，在这里修建了一座茶亭。茶亭为砖木结构，总体六扇五空一过亭，四周砌二丈见方的封闭式高墙。墙内上下两层，三分之二为居室，中间为堂屋，东端为茶房卧室，各室皆有门与过亭相通。堂屋左边竖有六块石碑，刻有捐建人的姓名及捐款工料数目；右边摆茶缸，安置座椅板凳，挨板凳一个长方煨火圈。过亭靠墙一侧全为懒板凳，凳面宽舒，可坐可躺可摆放被箱什物。围墙上方都开花格砖窗，光亮空爽。墙外是一条丈余的走道，可停推车和轿马。厕所对面堆放干柴。过亭两端拱门上墨书"所憩亭"三个大字，两侧有墨书的对联，西门是："所来自有高人驾，憩息常停长者车。"东门是："止渴望无梅，吃杯茶去；空亭煨有火，衔袋烟行。"可惜年代久远，字迹不是很清晰了。1993年，由大熊村牵头，曾对茶亭进行了一次修复，这个茶亭因此才挺过风侵雨蚀，重新焕发生机。

驿道依山傍水，须跨过大大小小的溪流，于是也就有了各式各样的桥梁。张汉良老人说，白溪河流较多，小溪上多架石拱桥。白溪到圳上有名的桥有龙溪桥，到吉庆有命妇桥，到新化有富溪桥，到安化去又有又一桥。

又一桥上还有两副嵌名桥联，其一是龚汉辉所作的"又夹绿槐，浓荫十丈；一轮明月，继美五桥"，其二是龚翼星所作的"又横虹影波中漾，一曲箫声月下吹"。

小溪流上更多的是简易横板桥，架几根木头铺几块木板即可；较大的河流上多为大梁横板桥，这样的桥大多桥梁上铺木板，桥面建有廊亭，既可以沟通两岸，又可供行人乘凉避雨，这样便是风雨桥的用处。

白溪比较出名的风雨桥有飞跃村的塘湾风雨桥，到吉庆方向有铁砂桥（又叫铁山桥），到鹅溪方向有清河桥，到琅塘方向有思本桥，何家坪到横阳去的风雨桥有大观桥。其中保存较完好的是鹅溪盐池界山腰的雷打洞桥。

雷打洞桥，位于大熊山脚下，洪竹村的盐桐界。这里两山夹水，涧中有一带状石岩横空阻塞，山洪暴发时，此处便水流横溢。相传一日雷公巡视凡间，见此水流不畅，百姓怨声载道，一怒之下，五雷烈火并发，击破石岩。但由于用力过大，非但粉石开岩，而且入石万丈，形成一道深洞，给两岸行人带来了更大的不便。此地为新化安化两县交通要地，人们只好筹资架桥。现存的桥长90米，宽5米，桥中为横板铺就的行人道，两旁设有长木懒板凳，桥下则正是雷击而成的竖洞。枯水季节，曾有人冒险探秘，用绳子缚腰坠入洞中，只见洞壁像根猪肠子，四周圆滑，直径时大时小，越深越冷，一副笋索放完还看不到底。后来用七根笋索连接缒石问底，也听不到回音。更奇怪的是，河床中砂石滚滚，古往今来，却不见填满其洞。此洞到底有多深，至今仍是解不开的谜。

雷打洞桥和瀑布（向光辉摄）

再来说命妇桥。命妇桥位于白溪通往白岩的富溪河段。这座单拱古桥集名胜、景观、交通于一体，已有500余年的历史。石桥全长40米，单孔跨度20米，桥面宽6米，高约10米，全用花岗岩料石砌成，虽经风雨剥蚀，但桥体依然美观、坚固，载重汽车从桥上驶过，也丝毫无损。石桥两岸现在聚居着十几户人家，这里常年绿树成荫，鸟语花香。桥下清流激越，流水淙淙。从小溪下游远望，桥影沉潭，如弦月初弓，是一幅上好的"小桥流水人家"之景。

说起桥的来历，张建新讲了一段美丽的传说。这里历来是人来人往的交通要道，平时依靠埋在溪水中的二十多个跳石沟通。但每到春水淹没了跳石，来往行客就只能望溪兴叹了。到了明朝万历年间，白溪塘冲村的张大孝中了秀才，择定了吉日与白岩吴家大院的凤娇小姐完婚。张大孝在县志上有记载，他中进士当官后，在新化城里建了孝半街（今县城的向化街），筑了城东的长码头和炭码头。当迎送新人的队伍来到富溪溪边时，抬嫁妆的人都从容地从跳石上走过去了，但要把新娘的花轿从跳石上抬过去，实在是一件极其危险的事。于是，送亲的长辈们只好劝告新娘凤娇下轿，由伴娘扶着走过跳石。吴小姐长年深居闺中，从未跋山涉水，三寸金莲踏跳石，虽有伴娘在前搭手一步步牵引，但仍是胆战心惊，惊出了一身香冷汗。达到彼岸后，吴小姐发下誓愿，如果我凤娇有发达的一天，定要在此修一座石桥。吴小姐嫁进张家不到十年，张大孝连科及第，于万历十七年进京会试，得中进士第一，以翰林身份官至南京刑部郎中。一年，张大孝携眷衣锦还乡省亲，凤娇回家第一天就提出捐资修桥。消息放出去后，立刻就有两位石匠上门来包工。他们就是当时宝庆府有名的"双凤"——凤凰、凤仙师兄弟。张大孝和凤娇不知道他们的手艺高低，就要两个石匠各做一样东西比一比，谁做的东西好，石桥就包给谁。

五天后，两样东西交来了。凤凰师傅交的是一个石雕墨盒，棱角分明，盖上镌刻着飞龙舞凤，龙凤中是八个篆字"精诚所至，金石为开"；奇的是，底盖一合，谁也找不出一丝缝隙；浸入水中，三天三夜也浸不进一滴水，张大孝看后连声赞好。凤仙师傅交的是一张单拱桥图，设计严谨，线条流畅，数据翔实，凤娇看后也连声赞好。夫妻俩仔细一揣摩，决定请凤凰、凤仙师兄弟俩合伙修桥。

不到一年，石桥竣工，两岸百姓欢欣雀跃。竣工之日，巧逢凤娇荣膺诰命，归宁省亲。当她佩戴凤冠霞帔来到石桥，凤凰、凤仙师兄弟都侍立桥头，并即将此桥定名为"命妇桥"。

再说观澜亭。河风猎猎，向导张建新带着我们走在白溪的古街上，寻觅古镇留下的痕迹。这天正逢白溪的一、六场期，街上赶集人熙来攘往，

观澜轩遗址上建的今观澜亭（鄢吉摄）

摩肩接踵。而我们不觉间竟步行到了观澜亭。同行的张汉良老人触景生情，说此亭原名观澜轩，建于清乾隆年间。那时白溪杜家有四兄弟，个个聪明伶俐，都喜欢到观澜亭的这个地方来读书，后来四个都考上了秀才，其中老三杜要更是出类拔萃，还考中了举人。但中举之后，杜要一生科场不利，进京考了6次都没有考中，第7次上京时，杜要已是白发苍苍的70岁老头。这一年，恰好乾隆皇帝亲自巡考，看到苍颜白发的杜要也在考场凝神答卷，为他的精神所动，连说："可嘉可嘉！"当场免了杜要的会试，并钦点杜要为国子监学正。但杜要壮心不已，婉谢皇恩，坚持要以腹中学问应考。乾隆特命大臣检阅他的试卷，但依然没有上榜。第8次，杜要再赴京参加科考，仍然名落孙山。于是，杜要回到老家，在少时读书之处建观澜轩读书教徒，从此再不进京科考。

还有白溪三绝。白溪手磨豆腐、条子糖、锅盔粑合成为清民时期地方特色食品中的三绝。其中手磨豆腐据传也与乾隆皇帝有关。

张先球老人说，白溪水豆腐是新化的美食，色泽洁白，质地细嫩，久煮不散，鲜美可口，享有"走遍天下路，白溪水豆腐"美誉。白溪豆腐好，与水质特佳有关。相传乾隆游江南，途经白溪。那时候，白溪这里还是一片白沙洲，少有人家，乾隆一行歇宿在白溪的悦来旅店。店主不知是当朝天子，只拿了日常待客的清炒豆干、红烧豆腐、糖醋豆腐、炸豆腐、葱花豆腐等菜肴招待。山珍海味吃腻了的乾隆见到这样别致的江南菜肴，已是兴致陡增；架起竹筷一尝，味道奇美无比，于是越呷越有味，越呷越鲜美。乾隆想自己贵为天子，竟然不知道人间还有这样的好东西，便追问起这东西是怎么弄出来的？当地人告诉乾隆，河边八仙街上有口水井，井里有条龙，经常喷出"龙涎"，碧彻透亮，清凉爽口，白溪水豆腐就是取此井之水制作的，所以才与众不同。乾隆将信将疑，便在白溪逗留了几天，天天要店主煮豆腐吃。店主也热情，真的天天变着花样给他做。他要走的那天，店主特意搞来了几条新鲜河鱼，为他做了河鱼豆腐汤。乾隆呷了后龙颜大悦，当即提笔赞曰"走遍天下府，白溪好豆腐"。白沙洲因此而得名白溪。据说乾隆回朝不久，即下旨地方要白溪豆腐进贡。白溪豆腐自此更是扬名天下。许多外地人曾慕名前来学艺，但回去制作出来的豆腐总赶不上白溪的。张先球老先生还吟诵了乡谊胡耀廷的《白溪豆腐》一诗为证："隆隆飞雪传乾坤，细乳飘香度晓风。此日千家称美味，当年万岁叹奇工。"

张建新接着告诉我们，白溪豆腐吃法自古很多。鲜嫩的水豆腐开汤，拌以葱叶、生姜等佐料，色、香、味俱全，尤以鲜、香为著，入口生津，落肚口有余香。还有用净化后的泥鳅拌鲜豆腐，等锅内温度升高后，让泥鳅钻进豆腐里，吃起来又鲜又甜，别有风味。鱼冻豆腐是过年必备的佳肴，它以新鲜鲤鱼拌豆腐、白辣椒煮熟，冷冻后再吃，到口即化。勤劳智慧的先人们还将豆腐通过二次加工，由毛霉菌发酵后制作成一道经久不衰的美味佳肴——腐乳，既可单独食用，又可用于烹调风味独特的菜肴，因其口感好、营养高，深受老百姓喜欢。以前，腐乳一般是冬天腌制，冬春时候食用。现在可以随时腌制，随时食用。

张汉良老人接着向我们介绍，清光绪末年，白溪民主革命先驱张斗枢东渡日本，和陈天华参加同盟会的活动，带了些白溪豆干招待客人。席间有人说：自己走南闯北，呷过无数海味山珍，但这样好呷的豆干还是第一次尝到。说者无意，听者有心，曾追随孙中山革命的同盟会员白溪人王访荪（自号爽公）三到日本，每次都带着盖有白溪印章的豆干，日本友人赞叹不已，还有人专门学习研究白溪豆腐的制作方法。

中华人民共和国成立后，白溪豆腐有了更大的发展。1986年，白溪研制的"鹅羊牌"真空包装五香豆腐干在全省食品展销会上荣获"芙蓉奖"奖杯和证书。2006年，白溪"新白牌"系列豆制品在湖南第八届国际农博会上获金奖。凡是到大熊山和梅山龙宫旅游的游客，都喜欢到白溪来买白溪豆腐。白溪豆腐，这个令古镇骄傲和自豪的土特产，它的开发价值和市场前景方兴未艾。

本地特色副食品还有条子糖和锅盔（又叫锅块）粑。条子糖是用米糖做成长7厘米，直径约2厘米的圆柱形空心长管，以砂糖及炒玉米、炒黄豆粉为馅，外裹炒熟的白芝麻，吃在口里，香甜松脆，口舌生香。锅盔粑是用发酵的面团，加入白糖擀成直径为20厘米的圆形薄片，两面粘上芝麻，平铺在平底铁盘中，用小刀在圆片上依直径均匀地划上三道浅痕，然后用文火反复烘烤至两面微黄时出锅，依浅痕折成六个面积大致相等的扇形薄块，色、香、形独一无二，格外香甜爽口。

接着我们去游览慈云庵。慈云庵位于东云山上，东云山位于黄江西岸。我们必须从白溪渡口乘轮渡过江，那边有向导何爱常老书记和龚高翔老站长在等着我们。轮渡载着我们的小车驶向对面的古渡口月金坪大码头，渡口还有古老的小渡船，不过手摇的橹桨多半已换成了现代化的挂桨机了。有木桨的小船像一瓣槟榔般精美，划船摇橹的白发大娘手中的桨，已被年轻的船客接过来代劳了。

东云山又叫东门山，是我们何思之行的第一站，因位于古县治之东而得名。山下原有渡头街和古渡口黄泥铺码头，与现在的白溪街区隔江相望。东云山山峰挺拔，雄踞如巨笔书空，自古有"笔插东云"之称，被誉为白溪古八景之一。山的西北侧半坡有古墓，据说为宋代新化第一任县令欧阳勋之墓。山上原有两座佛寺，一在山腰，为慈云庵；一在山麓，为纯奎庵。虽算不上大道场，但也旗幡飘拂，楼殿嵯峨，曾时有三两善男信女，沿着石板羊肠小道入寺烧香敬神，后来佛寺都毁于"破四旧"之中。

据老站长龚高翔介绍，慈云庵是当年梅山右甲首领顿汉陵爱女所建。当时白溪是顿汉陵管的范围，现在的梅山龙宫也是他当年的藏兵洞，而这东门山上，原来有顿汉陵的草庐。顿汉陵战死后，顿汉陵的爱女便身许空门，在父亲的草庐处建起了庵堂。

从古渡穿过渔村，再绕过菜地和一片荆棘地，就到了东门山西北侧半山腰的杨勋墓遗址了。何爱常向我们介绍说："60年代开荒的时候，被开荒人挖烂过，后来被盗墓贼又挖烂了。六七年前，何禄文等人看到文化局

据传为杨勋古墓遗址（向光辉摄）

考古的来了，还带走了一块碑，据说石碑上有'杨勋之墓'字样，文化局考古的说，这是宋代墓，可惜没有保护好。"

杨勋何许人？龚高翔向我们介绍说：杨勋又名欧阳勋，潭州人，北宋靖康元年（1126）时任新化县令，据说是欧阳修的后代，现在琅塘、横阳那边还有他们欧姓的族人。县志上记载了宋钦宗靖康元年，金兵南侵，逼近京城汴京，宋室危在旦夕，朝廷急诏全国"勤王"。新化县令杨勋带三千名新化兵民，从白溪何家坪出发，"荷戈裹粮，拥知县杨勋北上，昼夜疾驰赴汴"抗金。然而因车船劳顿，杨勋在湖北襄阳染病而卒。出于对这位县令的敬佩，小部分兵民扶柩回白溪，将其归葬于石马三都，大部分兵民继续"北上勤王"，这就是梅山历史上著名的"北上勤王"壮举。但是关于欧阳勋到底葬在何处，说法历来不一，古代的石马三都不仅包括现在的白溪，还包括了油溪、琅塘和圳上这些地方。据琅塘欧阳氏族谱载，称杨勋有三个儿子，大儿巽七公居团山（今琅塘），二儿子巽八公居木山，今炉观一带；三儿子巽九公，居上梅山一带。在今上梅镇北塔村，有其曾孙万四公的庞大坟墓；但其后裔均称先祖欧阳勋坟墓在琅塘（今团结山）一带。

再说水月亭。据张汉良老人讲，渡头山石子湾水月岩处，原有一座水月亭。该亭白墙青瓦，飞檐斗角，亭门石柱上还刻有一副嵌名联："水泛乳花留好客，月低茅店促征人。"上联写亭前景色，下联写茶亭兼客栈的特点和茶亭主人对行商客旅的关怀之情，相传为清代拔贡苏士瑛撰写。"水月飞花"本为"白溪八景"之冠，可惜因柘溪建大坝，该亭只留遗址。

再说云山寺。古寺坐落在鹅羊岭山峰西侧。何爱常老人说，鹅羊岭即旧县城南门的南门垴山，得名于神话传说中五羊之一的鹅羊，龙岩耸其前，凤凰栖其后（即今凤栖岭），西临黄江水，北枕石板湖，与东门山隔江相望。古寺苍山霞蔚，翠嶂云蒸，素有"云横鹅岭"的雅号，中华人民共和国成立后一度改为学校，后学校另择新址，古寺得以重新修复。寺下山脚有一股龙泉，喝了可健身除病，远近居民常每天来此取水，其中神秘，云所难云。

再说白溪制陶业。陶器是白溪的特产，制陶历史已近 800 年，在白溪，缸、坛、瓮、钵、盆、罐、壶、碗、碟、锅、鼎等家用器皿应有尽有。制日用陶器是梅山工业生产中一门古老而颇具名声的产业。向里柔老人介绍，在收成不好的灾荒年月，这里有"要想活，买瓦货"的说法。梅山人喜欢做坛子菜，白溪人尤甚，什么米粉肉、红辣酱、酸豆角、干盐菜、炸豆腐、白辣子……不管是青黄不接的季节，还是寒冬腊月，白溪人菜坛子里的小菜是年年有余的。

白溪凭借当时水运的便利，陶器曾远销到全省各县以及四川、贵州、广西、云南等省，据说甚至还转销到越南、缅甸等邻国。何思这里过去流行男子做卖坛子生意，用木帆船装载到湖区直接卖，因为物美价廉，又省去了很多中间环节。在鼎盛时期，年出口量达数百万件。

青山湾有最好的陶土，过去几乎是挨家挨户手工制作坛坛罐罐。办土、砍柴买柴、制坯、打花、上釉、装窑、烧火、看火候、封窑眼、出窑、搬运、码堆子都自家干，打窑子则合伙干：先选一处斜坡地，从下至上一个仓一个仓像筑阶梯一样地往上筑，最下的窑头仓最小，从头到尾逐步增大，尾仓最大，筑仓多少依地段而定，一般十几到二十几个仓。窑上以木架加瓦结构为罩，防雨防风，远观整个窑子像一条长龙。每个仓有一个门口，弓腰驼背才可进出。这是装窑的门户，每次装窑出窑的时候只能由两个人互相传递，大陶器譬如水缸、染缸，酿酒用的冷却器出窑时，只能在尾仓把门开大，装进去再用砖砌好，出窑的时候再拆开。每个仓在背侧接近上仓的地方都要留个气孔，与烧火门成斜直线，火功夫到了家的时候用湿泥巴封闭，那时，烧火门也得封闭。关于如何安排烧窑人员，得按古老

青山窑遗址(向光辉摄)

的办法抓阄决定先后顺序，有的在白天，有的在晚上，个人充分准备好干柴，好的柴如劈破的竹子片（不劈破会烧起来爆破坯子）、柏木片和松木片或杂木片等，烧起来火力大，在大师傅指导下，烧七八个小时就可以把陶器烧好了（烧得好的标志是从气孔里看，通红无暗处，俨然红绸子摆动，而又无倒塌现象）。如果柴不好，如水桐树、梓树、茅柴、茅草之类，或柴好而不会烧，有时候则十多个钟头也烧不好，有的还会烧成次品甚至废品。烧好后如何分陶器，也要抓阄。走红运，抓得好是大仓，火功也到堂，烧的陶器一敲铮铮叫，质量过得硬，绝对能赚到大钱。青山湾的老百姓不但是制陶的高手，而且也是卖坛坛罐罐的高手。一到寒冬腊月，天气冰冻，陶器做不成（泥潭有水分，冰冻便报废），就肩挑翘扁担，做起坛坛罐罐的买卖，卖到武汉也不算远。据说，柘溪大坝建好后有两处渗水，用八百号的水泥封堵也无济于事。青山湾的向献主卖坛子从那经过，告诉电站的技术人员，用陶土可以堵住。他先用一只渗水的坛子（如有细沙子夹在陶土里，一烧沙子便成灰，这样的坛子往往渗水）现场演示治渗的方法，以随身携带的青山湾陶土将漏水的沙眼堵死。大坝技术人员采用了向献主的治渗方法，用青山湾的陶土堵住了大坝的渗水之处。为了感谢向献主，电站特批了 400 元钱作为奖金，这在当时是个不小的数目。

白溪境内，何思的檀山村、青山湾、大源村、民主村，现在还有陶器厂遗址。在何思一带，特别是青山湾，发展陶器生产最早，现在仍可以看到老窑。

再说白溪茶业。向里柔老人说，清朝末年，青山湾竟有六家旅店。这个小小的山窝，为什么能开这么多旅店呢？原来，这里不仅是白溪通横阳、油溪通澧溪、石鳌通荣华过街亭的必经之路，来往生意人必须在这里打中伙或歇宿；而且这里的陶器、酒坊、印染也远近出名，有不少生意人来进货谈生意。特别是当时有个叫向贵亨的，办了个茶叶站，收购干茶叶，所以来来往往的茶叶商人也不少。当时这附近山头都种了茶。收了干茶叶，附近的婆婆嫂子都争着来拣。有时茶叶收得多，资金难以一时周转，向贵亨就自己出一些本店的纸钞票，俗叫"向家票"；民谣说，向家票，哗哗叫，拿它买得东西到，你也要来我也要。当时下游的杨木洲有四家茶行，向贵亨与茶行打好交道，用布袋一担担往那里送，或那边老板自己请人来挑，见老板的条子发货。茶叶分为几等几级，并且搞包装，最好的一等茶叶，茶行里用枫木板盒子一斤、两斤、五斤装起来，用印好的防潮纸一盒盒封好；二等的茶叶也用枫木板箱子十斤、二十斤装封成箱；三、四、五等茶叶就用布袋五十斤、一百斤装好，袋上也印好字样。碎茶叶和拣皮就干脆舂成灰，制成茶砖，也用盒子装好，卖到北方去。这样来的人更多，有时候，青山湾六家旅店都挤满了，还要打地铺。据传向贵亨当时打了两床直径四米四的圆形大棉被，一床可以睡十几个人，爱新鲜的旅客喜欢到铺这两床被子的床上睡。有的运输茶叶的人，索性以茶叶站为家，个把月不回去。向贵亨很大方，不收床铺费，甚至斤把酒、餐把饭的钱也不收。青山湾这个茶叶站，在那个时候，门庭如市，昼夜繁忙。

再说白溪石灰。新化自古就生产石灰，主要产地在白溪、琅塘、游家、桑梓沿黄江河一带，产量以白溪至油溪之间的中家庄为最高，产品素以水运外销滨湖各县。清光绪五年（1879），白溪木子湾一家私营石灰厂，即有从业人员 250 人，年产石灰 3 万吨。民国三十七年，全县生产石灰13.4 万吨。

据张先球和张汉良老人介绍，白溪一带盛产石灰，特别是鹅羊滩两岸的木子湾、中家庄、月金坪这 4 公里长的两边河岸，各有 20 多座石灰窑一线蝉联，将河岸装点成两条长长的白练，水上水下交相辉映，景色相当壮观。当时石灰年出口量，都在 8000 吨以上。

再说粮油业。据张汉良老人介绍，民国中叶是白溪手工业和商业的鼎盛期，全镇有大小店铺三百余家，以南杂、棉布、粮油为主体。在白溪的商业习惯中，南杂店铺是以米糖为主要原料的糖饼店铺，糕点糖食在白溪从来就是与油盐等消费品混合经营的。有的南杂店铺还销售从益阳、常德、岳阳等地水运而来的湖米（也叫河米）、大豆、棉花等商品，批发与零售兼营，营业额大，利润稳定，是白溪商业的龙头。

过去白溪没有粮油专门店铺，但有十八家交易行，它们是粮油土果土糖等物资交易的中介所，除了赶场的时候为买卖双方撮合成交从中收点中介费外，有时也在廉价的时候买点粮油、豆类、花生，囤积起来待价而沽。但植物油的零售，多归南杂店铺。

再说棉布百货业。棉布百货是当时仅次于南杂的行当，布店一般有自己经营的织染作坊。当时镇上有同兴和裕通两家纱行，把村妇用老式纺车纺的棉纱卖到织布厂，织布厂再卖到织染作坊。全镇有应民、易庆祥、食德堂、同兴泰、杜记等十几家小型织布厂，旺盛时期共有织布机200余台。商铺以销售自产的布匹为主，还兼营从外地转来的丝、棉、麻等织品。因自产的棉布产量较高，在本地零售不多，一般批发给专营棉布的客商，再转销到湘西、川、黔、桂等边远山区去，营业额颇高且利润也不低。当时除了织染外，还有会生堂、裕源、义合仁等七八家专业印染作坊，为生产出来的白布染色加工，能印染传统的蓝布、青布，后来用外国染料能印染品红、品绿、铜蓝等颜色。到民国后期，县城的宏大印染公司在白溪设点经营套色印染，这是当时白溪唯一的一家彩色印染作坊，能套印两色图案的床单与被单。白溪的棉布店铺不兼营百货，专业的百货店铺规模不如棉布店，主要以销售鞋帽、袜子、毛巾、针织品、丝绵毛线、化妆品及五金制品等为主。

再说饮食服务业。由于商贾客旅来得多，店铺多，白溪的饮食服务业也很发达。当时，全镇有面馆、饭店、酒坊、客栈等饮食服务店铺四十余家。著名的白溪豆腐则由二十多家作坊以前店后坊的自产自销形式经营，一般为零售，也兼批发，种类有豆腐脑、水豆腐、淡豆干，还有以水豆腐加工出的炸豆腐、腐乳、麻辣豆干、酱制豆干等品种。

表 6 - 1 民国时期白溪黄埔生所涉及的本土店铺

店铺名	黄埔生	黄埔军校期数	备 注
白溪裕发泰号	刘柏心，号人俊	第一期	1924 年
白溪市陈聚贤货号	刘纯正，字介平		1926 年，店主陈聚贤
白溪中街陈晋泰号	胡镇随，字其去		1926 年，店主陈晋泰
白溪市同升益	何本端，字口源		1926—1927 年，何本端后回乡做县参议员
同和祥号	何思孝，字弥光	第六期	1926—1927 年
白溪市陈聚贤货号	刘树人，字伯文	第四期	1926—1927 年，店主陈聚贤
白溪市大河街湘裕行	张国森，字百铭	第五期	张国森乃叶剑英同班同学
白溪市大河街湘裕行	张振南，字子约	第六期	张振南，香港劳工界领袖，第一届全国人大代表
白溪市长发祥	彭秉彝，字志武	第十二期	1935—1937 年，店主彭子经
白溪市协和长	周盛德	第十四期	约 1937 年
白溪市春生福药号	何政	第十五期	1938—1940 年
白溪市裕盛隆	张弓箭，字钊剑	第十六期	约 1938—1939 年
白溪市仁和兴	刘戒三，字兼	第二十一期	1945—1947 年
白溪市八仙街张济和号	张人作，字墨	第二十一期	1945—1947 年
白溪市陈聚贤号	张毅	第二十一期	1945—1947 年，店主陈聚贤

再说医药业。白溪当时还有十几家中西药店，大部分中药店铺是批发与零售兼营，资本雄厚，药品齐全，有的还可以跟县城的大药房相匹敌。除了一般的医疗药物外，还兼营鹿茸、人参、洋参、虎鹿驴胶等贵重药品，营业范围覆盖到当时新化西北的七八个乡镇。四家西药店铺都设有诊所，多由退役军医经营，既看病又卖药，多以药养医。有的药需要酒配置，白溪当时有很多酒坊，多是家庭小作坊。到民国后期，有了一家颇具规模的酒厂，叫胜利槽坊，生产烧酒和水酒，还制冰梅酒、虎骨酒、加五酒、加皮酒等药酒。

表 6 – 2　民国时期白溪部分店铺表

店铺名	地址	店主名	备注
养气堂客栈	八仙街	扶植甫	1947—1949 年
励志印刷书局	中街	张先育	
同春泰	八仙街	张同泰	主营南杂，1935 年红六军团第十七师师部曾设张同泰家
吉星堂	美利场		书籍、笔墨草纸
龚德全	美利场		书籍、笔墨草纸
应民作坊	中街		织布厂
易庆祥作坊	八仙街		织布厂
食兴泰作坊	八仙街		织布厂
杜记作坊	中街		织布厂
同兴纱行	八仙街	向献鹏	纱厂
裕通纱行	中街		纱厂
会生堂	八仙街	何本端	印染作坊
裕源	八仙街		印染作坊
义合仁	中街		印染作坊
宏大印染公司	中街		印染厂
胜利槽坊	八仙街		烧酒、水酒、药酒
石板铁铺	中街	张人瑞	农具、菜刀等

再说农副产品。据张先球老人介绍，当时，由白溪转运出外河的农副产品还有大量的花生、桐油、茶油，少量的块糖、生猪等，一般由水运远销于县城以及邵阳、益阳等地。

再说煤炭转运业。白溪多船户、船工，当时，载重50吨以上的大船不下百余艘，多为做外河生意的商人装载货物。当时，许多行商在白溪租船从冷水江、沙塘湾等地装载煤炭出口到湖区各县销售，出口量也十分可观。

再说其他行业。白溪还有百余家小本经营的烟酒、日杂、五金、铁匠、铜匠、竹篾、陶瓷、轧面、屠宰、熟食、书纸、纸马、理发、印染、缝纫、鞭炮等工商店铺，使得白溪商贾如林，客旅如云。

向里柔老人也说，何思青山湾一带还多种植甘蔗，每年不下千亩。甘蔗蔗糖加工场所都就村设作坊，青山湾就有几处作坊，用畜力转动榨汁机榨取液汁，然后倒在铁锅中蒸发水分，再将糖汁倒入长10厘米、宽3厘米、厚1厘米的模具中成型，就制成了具有梅山特色的土糖，因为外形像砖，人称"砖糖"。这种砖糖除了少数满足本地食用需求的和用于做饼糕等的食品材料外，大部分都运往邵阳、益阳等城市，制成砂糖、冰糖和各种糖果。

再说采矿冶炼业。白溪乐山（今鹅溪、荣华）一带蕴藏铅锌矿，有工业开采价值。据县志载，民国三十二年（1943）政府批准开采铅锌矿的9家私营公司中就有白溪乐山。白溪的海泡石藏量丰富，并且硅酸镁含量较高，经测定在24%至48%左右；黑滑石矿藏更为惊人，且石质细腻如玉。根据国家地质部门勘测，镇内还蕴藏有着丰富的稀土矿。

白溪铁矿开采历史悠久。据明《一统志》载："宝庆、安化、新化皆出铁。"清道光《新化县志·食货》载："油溪、瓦滩、满竹（白溪）、莘溪、三江口、周家溪、石矶头、金家溪各处，往往采煤之处、铁矿呈露，民间取之铸农器，为利无多，然开厂之处，奸民混杂，恐有疏虞，故历为封禁。"鸦片战争之后，禁令渐弛，清廷允许招商集股炼铁，到了抗战期间，土铁生产较为兴旺。民国三十二年，政府批准开采铁矿的有永盛、大有、应万、大源（即今白溪何思大源）、开利5家公司，这些公司年产土铁1800吨。抗战胜利后，又有新源（即今白溪何思新源）等几家铁厂开业，民国三十七年，全县产土铁3250吨。中华人民共和国成立后，1950年7月，县政府接管新源、毛篁铁厂、同福锅厂及所属洪水坪铁矿，组织恢复生产。白溪铁厂直到1962年才停止生产。据向里柔介绍，青山湾就因石头为青色而得名。1958 年大办钢铁，白溪地区先是土法上马，在青山湾筑了几个土炉，用木材炼铁。后来开办红旗钢铁厂，在青山湾采矿石。一年工夫，窄轨铁路铺好了轨，礼堂、食堂、宿舍、发电机房、炸药房、输电线路等矿区基建任务完成，4 个矿井连续开凿。开头采用索道法，后来改用竖井，把二号、三号矿井的矿石，从竖井里吊下一号主井，把吨斗车厢套上轨道，再运出去。除铁矿之外，白溪还开采了煤矿、铜矿和硫黄矿。

第三节 居民姓氏与文化发展

白溪，明代三乡时期属石马乡，分设为二都、三都、五都。清代 16 团 127 村时期，白溪为时雍团。民国二十七年(1938)并乡时期为礼智乡。民国三十六年(1947)为时雍乡。中华人民共和国成立初期为第六区，后期为十三区，原名"沛溪"，在今天也还有人这么叫，1950 年正式定名为白溪镇。民国时民间所称的白溪，泛指今日的油溪、青实、邓家、何思、檀山、水月、鹅溪、横岩、东富、荣华、澧溪、圳上等村镇。

一、居民姓氏状况

白溪有张、刘、何、龚、吴、胡、陈、向、王、李、伍、罗、陆、封、杜、汪、杨、成、周等二十多个姓氏，各姓都有自己的族谱。按惯例，每三十年修一届族谱，进入白溪境内较早的姓氏已经编修了十几届族谱。

(一)白溪镇区、东富一带以张氏、龚氏、吴氏为主

1. 张姓

据湖南省图书馆收藏的《张氏家乘》载，白溪(新化)张姓始迁祖为张添升，元末明初始居新化白溪。该族谱为张树声等纂修，为北溪(即白溪)《张氏家乘》五十一卷首三卷，清同治九年(1870)的孝友堂木活字本。湖南省图书馆收藏的清光绪九年(1883)版张有文等总修的木活字本《张氏四修族谱》五十一卷首三卷，始迁祖也为张添升，元末明初始居新化白溪。湖南省图书馆收藏张映南等纂修的 1918 年版《张氏五修族谱》孝友堂木活字本八十五卷首一卷，始迁祖也为张添升。该族谱载张添升为张万全的儿

子。张万全祖籍江西，家住湖南宁乡①。白溪张氏宗祠原来在水月岩，今迁至白溪渡头山公路旁，以张氏文史馆取而代之。白溪张氏翘楚有张斗枢、张熙照、张翰蕃、张伯侯、张玺、张铁夫、张希周等。

张斗枢（1884—1929），男，中国同盟会新化籍会员，辛亥革命先驱。1911年曾任黎元洪临时政府义勇队师长兼北伐司令官。民国成立后，南京政府任命其为上海督署参谋长和荆襄招讨使，皆被他婉言谢绝。宋教仁北上组阁，拟任农林总长。后宋教仁遭袁世凯暗杀，张斗枢远走日本避祸，后回国开创实业，于1929年2月在家病故。张斗枢与白溪老乡王访荪是新化最早的实业救国者，与陈天华、方鼎英等同留学日本，两人都主张兴办实业以救国。他们回国后，共同兴办工商企业。后因社会动荡，企业连年亏损，无以为继。张斗枢去世后，王也回乡归隐。

张熙照（1812—1890），男，本名鸣化，字梧冈，别号熙照，白溪竹山人，清道光庚子科举人，进京应"大挑"补赐进士，曾为石泉、丹棱、功州等县知县。现丹棱县龙鹄山腰有李焘父子"三相祠"遗址。这"三相祠"就是清代咸丰年间丹棱县令张熙照捐俸金所修建。清咸丰五年（1855），张熙照为丹棱县令②，谢政还乡之日，两袖清风，除一肩行李，书籍之外，更无他物。归湖湘后，生活清贫，但著作颇多。

张翰蕃（1905—1980），男，教育家，民国国大代表。其父张鹤仙，清末贡生，历任湖南师范学校教务长、私立明德中学校监等教育工作职务，工作四十余年，是省内颇有名望的教育家。张翰蕃曾任湖南国立师范学校教务长与私立明德中学校监。1949年随国民党政府去台湾，曾任国民党中央党部财务审计长等职，继任"国大"代表，1980年3月病逝于台北。

张伯侯（1903—1969）男，字人彝，白溪青荆人。黄埔军校长沙分校生，历任国民革命军第73军15师排、连、营、团长。1937年8月参加淞沪会战；1938年参加武汉会战，奉命驻防江西湖口担任江防守备任务；1939年参加南昌会战和长沙会战；1941年参加第二次长沙会战；1942年参加浙赣会战；1943年鄂西会战中，15师伤亡达四分之三；1944年参加长衡会战，奉命坚守益阳，与敌激战二日后撤出。1945年参加湘西会战，在新化以南与日军激战，几经逆袭，阻住日军攻势。在芷江战役中，率部44团战于洋溪，使日军重兵未越雪峰山一步，以全胜而受嘉奖。国共内战

---

① 湖南省图书馆的"天下湖南网"家谱族谱《〈湖南家谱知见录〉之张氏（三）》。
② 民国十二年版《丹棱县志》卷七《人物下·方外》。张熙照，清咸丰五年（1855）丹棱县令。

开始，升暂编师师长，却毅然隐退回湘。1949年任邵阳县县长，与专员魏镇一道响应程潜义举，谋划邵阳和平解放，并与中共地下党取得联系，掩护释放地下党员多名，还暗地动员新化自卫队队长周不让（白溪何思新丰村人）起义，为湖南和平解放出谋出力。1961在岳阳君山农场就业。1969年回乡途中病逝在新化路段的火车上。

张玺（1906—1990），曾用名张楚玉，原白溪戴冠村人，后随舅父胡海琼迁鹅溪双江村。黄埔军校第四期步科生，历任排、连、营、团长，参加了东征和北伐。抗日战争全面爆发后，调任湖北保安团第11团副团长，1939年12月升任团长，后任军政部军官总队上校视察主任、第十七大队队长、重庆分团交通训练班第三队队长、国民革命军第一兵团少将高参和湘西师管区少将副司令。1949年初秘密加入"湖南进步军人民民主促进社"，8月在邵阳率部起义，率部至长沙结集，途经白溪时将沿途收缴的散兵游勇枪械及军用物资，由其弟张楚才担保，雇请民夫送至安化县人民政府。中华人民共和国成立后，任湖南省人民政府参事，湖南省文史馆馆员等职。

2. 龚姓

据湖南省图书馆编纂的《湖南家谱知见录》，白溪龚姓的始迁祖为子贵，明初迁居新化。所录族谱为（清）龚简誉等于嘉庆二十三年（1818）主修、名家堂印刷的龚氏族谱，为不分卷木活字本。据载，子贵，宗瑞第四子，明初迁居新化黄杨山，其子仕迁居石马乡旧县村（今白溪白石坪），后嗣星居白溪市（即今白溪镇）①。

据白溪龚氏1994年十二修族谱记载，始祖宗瑞公，字鸿鲲，原籍江西吉安府泰和县早禾渡金峰圳，元至正间任湖广副使，任满留家居武昌。生有八子：子荣、子华、子富、子贵、子爵、子禄、子清、子高。元末明初携家南来，子富公寓居新化流南山、白溪旧县村等地；子贵公居横阳山沙江观音山，后裔再迁白溪。族谱始修于南宋绍兴七年（1137）。

龚氏白溪翘楚有龚谷成、龚佳禾、龚秀松、龚大鸣等。

龚谷成，男，1940年生。中国人民解放军中将，原广州军区副司令员，第十届全国政协常委，抗洪英雄。

龚佳禾，男，1949年生，大学本科学历，原湖南省人民检察院检察长、党组书记。

---

① 湖南省图书馆的"天下湖南网"家谱族谱《〈湖南家谱知见录〉之龚氏（二）》。

白溪老房子(向光辉摄)

3. 吴姓

据民国十五年(1926)吴培敬主修的《吴氏九修族谱》载,梅山吴氏均为季札苗裔。首先一支是公元1012年(吴泰伯第66代孙江西吉州派代表珍公之裔)吴宣义兄弟数人,从江西前来邵阳,择居邵阳黑田铺,后居于今之隆回高坪,再转迁新邵龙源,后派洐各地。其次一支是1163年,大理寺评事吴木兜率弟木裕又从江右吉州迁来楚南邵州长坡大段方石桥盘古塘(今祖茔犹存),另一支则是抚州派代表通贵公直接由江西来到新化。他们在不同时期从江西分三路来梅山。

白溪吴氏翘楚有革命前辈吴成方(芳)、黄埔军校生中将吴仁安、名医吴少鹏等。

吴成方(1902—1992),男,又名吴成芳,曾化名刘时雨,白溪吴家湾人,毕业于国立北平气象学院。1919年参与"五四"爱国运动的宣传发动工作,1923年参加"二七"京汉铁路大罢工。1931年"九一八"事变后,担任中央特委华北政治局保卫局局长,中共北京市委书记,曾组织策反国民党十三路军石友三部十三万兵变,组织领导了张家口民众抗日同盟军。全面抗战开始后,参与组织江南抗日义勇军(后归新四军一师指挥)。1938年,任中央社会部所属上海地区社会部负责人。中华人民共和国成立后,曾任上海市人民政府参事,享受副市长待遇。

吴名术①,又名吴世英、吴仁安,字子季,号建华,光绪三十一年(1905)出生,卒年不详,白溪南山人(今吉庆石桥湾南芝培村)。少年受革命思潮影响,积极参加农民运动,后任新化县农民协会宣传主委。运动失败后,吴化装成理发店学徒,以挑水为由得以逃脱。后遁迹广西,以教书为掩护,改名为吴仁安,投考黄埔军官学校,为第六期炮科学员(又说为南京中央军官学校学员)。后参加北伐战争,抗日战争,历任国民革命军连,营,团,旅长,黄埔军校第21期上校战术教官、第23期上校副科长等职。中华人民共和国成立战争时,担任国民党华中剿总炮兵指挥部少将副总指挥,至中将衔。1949年,随国民党至台湾,出任驻新加坡、伊朗大使,卒于台北。他去台湾后,渴望海峡两岸统一,数次遣长子至大陆探视亲人,资助困难乡邻,整修祖坟。育有二子二女,二子居于台北,二女居于美国,皆事业有成。

(二)何思一带多何氏、向氏、马氏

1.何姓

据民国十八年(1929)何国英主修的《何氏七修族谱》载,宣仪公于北宋熙宁年间(1068—1077)从江西迁徙至湖南邵陵,首迁梅城石溪塘,生六子,后裔衍居梅山的炉观、白溪何思、油溪青实、琅塘蒋坪、思澧溪、三江口,近千年来繁衍成白溪大族。白溪何氏翘楚有著名学者何天林,方鼎英塾师何卫平。

何天林(1921—2011),男,白溪何家坪人,教授。上梅中学8班/湖南大学毕业生,山西师范大学中文系教授,古典文学及唐宋文学研究生导师,受聘为全国李商隐研究会,英国剑桥国际传记研究中心,山西古典文学研究会和山西诗词学会顾问。主要从事李商隐、王勃及红楼梦研究,著述颇丰。

2.向姓

据民国十九年(1930)《向氏六修族谱》(新化)载,宗彦公于南宋绍兴年间从江西南昌丰城县铁树官栗村向家巷,始迁湖南辰州沅陵莲花池,传十一代至文皋公,累任辰州知府,后解组归田,迁居溆浦栗村麻阳水,其孙必才公于元末随父希庸公由溆浦麻阳水迁居新化石马二都大陂塘(今新

---

① 据新化吴氏鹅塘政理公系十一修(2013年)族谱载。

化白溪何思西陂溪）。必才生宗宪，向宗宪居西陂溪显贵一时。宗宪贡士出身，登洪武黄子澄榜，赐进士及第，曾任四川重庆府尹、南京工部虞衡清吏司。他生文质、文彬、文贵三子。质、彬居何思大陂塘，文贵居安化城北小石桥。

白溪向氏翘楚有民主革命先驱向献榜，中南大学教授向彬，湖南师范大学招生就业处正处级干部向智勇，中国书法家协会会员向英。

向献榜（1910—1939），字荣庭，男，新化县时雍团青山湾人（今白溪镇何思青山村），湖南楚怡工业学校毕业。早年秘密加入中国共产党，与湖南一师毕业的周春白、周方等宣传进步思想，反对专制，抵制日货，支持抗战。曾任湖南防空司令部主任，后调东南赣浙闽三省巡查，因病卒于民国二十八年。

3. 马姓

据民国三十七年（1948）新化马空北总修《马氏五修族谱》载，该族始迁祖为马成龙，山东济南人，元至治二年（1322）仕于湖广，由长桥迁新化，有孪生子二，添麒、添麟。白溪马氏翘楚有黄埔军校生中将马空北等。

马空北（1911—2009），字学愚，白溪何思马家（今何思合新）人，1930年5月入黄埔第八期南京中央军校，毕业于军政部第六军官总队教导团。历任国民革命军排长、连长、营长、科员、中校参谋、湖南省军管区编练处第一科上校科长。1943年，任湖南澧（县）慈（利）师管区补充团上校团长。1945年，任军政部部长办公室上校参谋。1947年，任陆军总司令部副官处少将处长。1949年，随军到台湾，曾任陆军指挥参谋大学正规班第五期上校班主任、陆军供应司令部少将副参谋长，后升至中将。1981年4月，马空北当选中国国民党国军退除役人员党部第五届评议委员。2005年5月，马空北夫妇将25000美元寄给周南中学作为一百周年贺礼，建立"芬芳姐妹实验室"。

（三）鹅溪、横岩、水月一带多胡氏、刘氏

1. 胡姓

据民国二十四年（1935）《胡氏九修通谱》载，胡氏始祖公，字汤老，小字魁，生子五，惟长子珰留居华林，生令严、令赟。令严之孙仲尧、仲宣乃新化、冷水江、溆浦、邵阳、隆回等处华林胡氏之祖。仲尧公四传至杞、相、栝、楫、枞、根、朴七房。楫公五传为彦广公，朴公五传为念意公，均于宋元丰八年（1085）分别由江西泰和枣和市圳上永丰三都果树村鹅掌大

丘迁湘。彦广公卜居新化崇溪（今属冷水江市），念意公之子大宇公复迁江西，传至十五世孙时，朝六公于明嘉靖三十六年（1557）由江西高安石街迁新化白溪。令严公次子仲宣公十六传至璠公也于宋元丰八年（1085）由江西奉新华林徙居新化苗田，派衍念一、马二、万五、仲六四房。谱称胡氏宗谱肇自宋政和壬辰，元延祐间又一修，明正统、正德、万历、崇祯间凡四修，清康熙、雍正、乾隆间又四修，1928 年又一修，1935 年安化赟房与新化严房公裔（海户）、彦文念意公裔（善户）及溆浦德基派权、涨二房合修通谱。白溪胡家湾风俗每年除夕不过年，过年的节日却选在重阳节。据传这是其祖胡汉位迁居新化白溪富溪村时，因建了一栋二丈二尺高的堂屋而触犯了王法，除夕晚上，官府来拆屋捉人，于是举家逃离富溪到了胡家湾，改过年为九月九日，取九九还原之意。白溪胡氏翘楚有抗日将领胡镇随、方鼎英知己胡能祺、医学家胡东风、胡卫民等。

胡镇随（1904—?），男，白溪印塘村人，黄埔军校第五期步科第一学生队学员，美国陆军战术学校将官班毕业。1932 年曾随抗日名将蒋光鼐、蔡廷锴御敌于上海浦东、闸北，率一营兵力，身先士卒，深入敌阵，结果胸腹四肢弹痕累累，幸得抢救送杭州灵隐寺陆军医院治愈。后任总统府第六局（又名总务局）交通科科长，再升职为国民革命军第十四军第八十五师师长，第十四军副军长，陆军少将军衔。内战爆发后，深感手足相残之悲，竟弃官而去，不知所终。

胡能祺（1889—1944），白溪青荆村人，字耀湘，方鼎英至交，1917 年北京大学法学系毕业，曾以工薪资助方鼎英赴日留学。1925 年，方鼎英任黄埔军校教育长，聘胡能祺管理财政。1927 年，方鼎英调任第三军军长，胡能祺任上校军法处处长。方鼎英任集团军总指挥时，胡能祺改任军需处长。1929 年，方鼎英急流勇退，胡亦随之淹留南京。1944 年，方鼎英又邀胡赴衡阳创办"三南运输公司"，为抗日做贡献。1944 年 6 月，日军攻陷衡阳，胡躲避战火染疾，回乡途中逝于邵阳苦株山小店。方鼎英路祭胡能祺文曰："总角相交，业绩相京，戎马与共，忧患相亲。知命致仕，息影金陵。谦冲淡泊，安道乐贫。敝屣名利，品德坚贞。抟天展翼，宜其子孙。中原板荡，铁骑纵横。三南诀别，永异幽明。高山流水，痛失知音。"

2. 刘姓

据民国二十二年（1933）《刘氏四修族谱》载，入湘始祖为刘玉盛，生于北宋建隆二年（961），官任丹徒令，升授邵陵太守，后改淮盐御史，解组归田后，奉编迁徙至上梅之茅坪（今新化琅塘先进），其后裔称"三文五吉派"。三文为刘文政、刘文远、刘文滔，五吉为刘吉茂、刘吉祥、刘吉蕴、刘吉才、刘吉星，分别于宋景德年间及元丰三年（1080）"奉编入楚"，从江西吉安府①泰和县迁移落籍于星沙（今长沙县），后徙居湘潭、娄底、邵阳等地。1995年刘南山等的《刘氏八修族谱》载，刘吉蕴居新化横阳之平砥，生子邵安，单传五世到刘仁智，生彦怀、彦戢二子，自彦怀后有分居白溪油溪者，创修《刘罗谱》。据《刘罗谱》传：刘吉蕴十四世孙晚武，英年早逝，其妻万氏生子什一，随母嫁罗汝祥。汝祥无子嗣，待什一胜亲生，于是改罗姓，后什一成人，名望乡里，为报养育之恩，不改罗姓。为了不忘本而创修《刘罗谱》，今油溪、崇山、邓家、白溪何思、鹅溪烟山等地的刘姓与罗姓，大多属《刘罗谱》后裔。北宋邵圣年间，鹅溪烟山的刘允迪登进士第，是新化建县后的第一位进士，后刘允迪迁居安化。白溪刘氏翘楚有北伐功臣、抗日名将刘保定，新化三大书箱之一的刘业抚（号静甫），湖南省政府参事室参事刘纯正、教授刘树深、刘中望等。

刘纯正（1907—1998），男，白溪镇鹅溪村人，黄埔四期生，曾加入进步军人促进社，中央训练团校尉班毕业，1947年任联勤总部第九兵站总监、视察组组长，国防部点检督导组组长，湖南省保安司令部少将高参，第一兵团司令部军官大队少将大队长。1953年任湖南省政府参事室参事，1977年至1988年连续两届当选为省政协委员，1994年明确为副厅级参事。著有《我为了湖南和平的武汉之行》等。

刘业抚（1879—1947），字镇武，号静甫，白溪白岩塘人，清末以秀才身份入学岳麓书院，光绪二十二年（1896）考中优贡。戊戌政变后，任福建太湖县知县，民国五年（1916）为湘督谭延闿秘书。民国十二年（1923）就任新化县立中学校长，后任国文教员多年，学识渊博，才雄笔健，被誉为新化三大书箱之一。另两大书箱也是当时县立中学国文教员，分别为邹觉人，谢玉芝（谢冰莹之父）。民国十八年（1929）为完成中山刘氏修谱的重任，在族人推举下，任九修主委，并辞去县立中学之职务，留在家乡创办"中山小学"，兼任校长，培养了不少有用之才。

刘保定（1899—1938），据刘氏族谱载，刘保定讳华朝，名保定，字庆三，出生于时雍镇（今白溪镇）锡溪村（今圳上董溪村），曾就读于县时雍高等小学、县立初级中学。早年加入湘军，任湘军第一师司令部中尉副官。1924年4月，刘到广州，由邓演达、金佛庄介绍加入国民党，并由谭

---

① 吉安府为明代编制，元代为吉州，谱载有误。

延闿推荐考入黄埔军校。毕业后参加第一、二次东征和北伐战争，在江苏龙潭战役中受伤。历任国民革命第六军第十五师连、营长，浙江省保安第三团上校团长，浙江警备师少将参谋长。1932 年 1 月，任第 87 师第 261 旅副旅长。"一·二八"淞沪抗战爆发，2 月初，与该旅旅长宋希濂率部开赴淞沪增援参战。1937 年，他刚升为 51 师少将师长，即在烟溪与日血战受伤，1938 年秋因伤病逝。刘将军病逝后，由其部属护送回乡，葬于白溪镇岩塘村。由于多种原因，对刘保定将军卒年有多种记载，一是刘氏族谱和王耀武部属陈日襄所撰祭文记载为戊寅年（1938）十月初三；二是墓碑记载为戊寅年九月十二日；三是零散回忆录记载为 1937 年刚升为少将师长，在烟溪遇日军空袭而殉职。

附：山东省主席兼第二绥靖区司令官王耀武嘱湖北隋县县长陈日襄敬撰祭文①

君讳华朝名保定字庆三，新化时雍乡人也。生而聪颖有远志，由县立中学毕业，自动入营，方公伯雄任军长调为副官，癸亥秋孙大元帅广州蒙尘，随军靖难得力，保送黄埔军校第一期，卒业参加惠州战役，肉搏攻城，身中数弹，未肯退卒，能歼灭凶顽，奠定革命根基。北伐军与君因创口未复，奉命募兵三湘，会师江左，定鼎南京，擢总司令部补充第六团团长，旋调残废军人教养院长，陆军教导队教育大队长，教导师第一团团长，第八十七师二六一旅副旅长，其上级主管均系同学。君年方及壮，顾盼自雄，初不以阶级为意，其同学皆极爱重之。"一·二八"事变君随部驻上海首撄其凶，昼夜与友军蔡军长廷楷节节布防，日寇不得溯江而上，首都镇静，庙堂得以运筹决胜，君实与有力焉。上闻升二六一旅旅长，并颁陆海空甲种奖章奖状各两份，嗣调保定新兵训练处长编练处补充第四团团长，陆军第五十一师副师长。七七事变起，战术武器日益新奇，既感学荒，复负伤，闲散，斗志加入陆军大学特别班受训，心得殊多，结业后升五十一师师长，吐血病发，告假归休，卒于里，时戊寅十月初三日也。家无余资，未开吊，葬岩塘金台山之原，呜呼！君遇方公得于第一期参加黄埔，校长蒋公继由党政军领袖，被选今国民政府主席，其余教职诸君子分由高级干部，累迁文武大员，方公以教育长连总指挥，同学递升军事官员，风云际会，极盛一时，可谓荣矣，无如方公倦勤，君亦见阻，尽个人之努力而中

---

① 湖南省民政厅 湖南民政网：新化县白溪镇发现北伐功臣、抗日将领刘保定墓地。

止于师长，与其他同学绾军符、寄疆命者，又不可同日而可语矣。

颜渊好学而短命，李广数奇不封侯，惜哉！观其十年将校，死无余资，百战疆场伤不后退，其忠义亦有多者矣。身为元首门生，出入境国府及任何军政机关，知与不知无不倒屣，岂非所谓附骥尾而行益显者欤？回忆癸亥在粤同乡，年相若，学历官级相同者数十辈，谈及黄埔，掉头不显而君不独见几则砥名励行、青云遇合，亦有数存乎其间者耶，君亦可含笑九泉者也。君生于前清光绪二十五年己亥。得年三十九岁。

刘保定墓碑（向光辉摄）

二、古今文物建筑

1. 古县城遗址——白石坪

白石坪坐落在今白溪镇何家坪、民主两村之间的黄江南岸。龚高翔说，宋代县城初置在白石坪，按东门山、南门垴、西门溪、渡头街位临黄江而布局。据《新化县志》所载，县学于北宋绍圣三年（1096）随县治迁于白石坪，明洪武三年（1370）才返迁原地（今上梅镇），照此推算，县学设在白溪有284年之久。并且，新化县第一个进士刘允迪，就是白溪鹅溪村人。这些都说明白溪是梅山开发最早文化最发达的地区之一，也说明白溪是一个具有悠久历史的文明古镇。20世纪60年代初，下游修建柘溪水库，库区水位抬高，白石坪被库水淹没，只到了枯水期才露出水面。原有居民不得不迁徙，现只存"东门山、南门垴、西门溪、渡头街"等古地名遗址，被新化县人民政府列为文物保护单位。

故城遗址碑（向光辉摄）

近些年来，小城镇建设欣欣向荣，砂石等建筑材料供不应求，黄江河道已被众多挖砂船采挖得百孔千疮。当河道中无砂可采的时候，就纷纷涌进白石坪沙洲内采砂。沙洲所在地，就是古县城遗址，村民看到此现象无比痛心。82岁的老人龚球生说："白石坪一挖砂，古县城遗址将毁于一旦。"村民们向笔者介绍，因白石坪砂石资源丰富，非法采砂已严重危及古县城遗址存亡。后来县政协、统战部和白溪镇政府联名提案呼吁禁止非法挖砂，这种现象才得以遏止。现在，在何家坪村东面与民主村西端的大沙洲上可以看到，河边立有一块高2米、宽1.2米的特殊石碑，石碑是两村村民自发捐款修建的，碑文铭记了政协委员们积极履职，保护古县城遗址的故事。

【附】县级文物保护单位碑文

新化县故城遗址

故城始建于北宋时期，东西长五百米，南北宽三百米，以资水为天然护城河。城墙表土下为夯土层，采集有泥质红陶，泥质灰土陶。是我县发现最早的县城遗址。一九八二年，这座古县城遗址被县政府公布为县级文物保护单位。一九九四年七月，县政府根据文物"四有"要求再次审定公布。

保护范围：东 10 米至水田，南 30 米至水田，西 30 米至江沿岸，北 10 米至资水沿岸处。

新化县人民政府
一九九四年七月

2. 河街

河街，是古镇白溪七条主要街道当中历史最悠久的街道，古镇内八景就有四景集中在这条街上。四景中观澜亭和螃蟹过江已于前述，这里介绍绣鞋石和娃娃石两景。绣鞋石生在江岸悬崖峭壁上，使得这段近两千米的资江深塘被称作"绣鞋塘"。据张汉良老人介绍，这悬崖峭壁上的绣鞋如一只美妙的彩色宫鞋，鞋长六寸有余，略高的鞋跟，微翘的鞋尖，活脱是古代的三寸金莲。金莲的情影沉落在江水中，形成上下对应的一双锦绣宫鞋，更引起了人们的无限情思。

第二景是街坊中神奇灵异的娃娃石，形如三四岁小孩仰卧于平整的石板上，头颈胸腹，五官四肢，惟妙惟肖。老辈说，早年的白溪不如对面的古县城热闹，这里人烟稀少，每到风雨交加的夜晚，山民就会听到小孩啼哭，于是常有人循声寻找，一找到娃娃石面前，啼哭声即会停止。这事引起游历至此的乾隆皇帝莫大的兴趣，他亲临岸边观看，并赋诗一首："谁家少小无知儿，贪睡街头夜不归。五百年前唤不起，未曾遇到祖先鞭。"说着用马鞭轻轻抽了孩儿石一鞭。据说从此以后，就再没人听到小孩的啼哭声了。也有人说，每当寒冬飞雪，江岸银装素裹，唯独这娃娃石，不沾水雪，不积冰棱。还有人说，清朝光绪甲子年间连月大雨，洪水漫过街坊，人们在抢险中，发现这石板上的娃娃石消失不见了。而云消雨散江水回落之后，却见石娃娃仍卧原处，神态丝纹未改。现在，这两处景观都仅留在美好的记忆之中了。

3. 京佛殿

京佛殿坐落于雷公岭下双节桥的南岸，是白溪四大寺庙当中最宏大的建筑。其门楼有15米高，周围是5米高的青砖大墙，前有一道石柱圆拱大门，门拱横额以浓墨楷体书"京佛殿"三个大字，两旁罗列龙、凤、麟、象及神仙浮雕，形象精巧逼真。门楼背面就是高大的戏台，为古镇三大戏台之一（之二是美利场墟场上的大戏台，是开放式的戏台，台面的宽阔为三大戏台之最；之三是五显寺的戏台，也和京佛殿一样是封闭式的戏台，但京佛殿的排在三大戏台之首）。戏台与大殿之间有一个露天广场，曾是人们看戏与集会的场地，也是地方政府进行政务宣传的场所。广场左右都有围墙将殿宇环绕，右边临街的一侧开有便门与雷公街相通，是入殿送灯、烧香和看戏的通道。殿堂神坛上有高大城隍坐像，两旁肃立有判官、录事，后面还设有十八罗汉二十四诸天神像。坛前左右楹柱上，悬挂两块木板精刻的黑底金字对联："为恶必绝，为恶不绝，祖宗有余德，德尽必绝；为善必昌，为善不昌，祖宗有余殃，殃尽德必昌。"正坛偏右另有一座神坛，坛上也有一尊城隍坐于雕花木轿之中，但是这尊神像较小，比常人略大一点，手脚还可以伸屈，体外冠服可以逐年更换，是春节赛神（抬菩萨）游街时用的。

京佛殿的来历，历来说法不一。传说最多的一种说法是跟白溪明代进士张大孝（慕庵）有关。传说明朝万历年间，张大孝在京城面圣（向皇帝述职）的时候，见大相国寺供奉的神像个个栩栩如生，于是几经查访，终于找到工匠，定塑了一尊佛祖释迦牟尼像，回家省亲时带回了白溪老家，并选择城隍庙后面的开阔平地修建了一座佛殿，供奉佛像于内以保境安民。由于佛像自京城而来，就连同城隍庙都统称呼为"京佛殿"。

4. 天皇庙

八仙街上曾有一座天皇庙，供奉着一尊天皇神像。此天皇不是玉皇大帝，也不是《史记》说的天皇氏。八仙街的天皇神像特别的威猛怪异，黑脸方腮，阔口隆鼻，粗眉环眼，嘴上无须，三双手，六条手臂像放射线一样左右伸开，每只手掌里各有一件不同的法宝。神像坐于披金雕花椅中，袍服盔甲连体雕塑，从头到脚高度不到一米，是白溪四庙中个子最小的一尊主神塑像。据老船工张先球介绍，据说此天皇是船民信奉的河神王公爷爷。天皇塑像虽小，但庙宇不小，除了没有戏台，房舍面积却大大超过了中街的关圣殿与河街的五显寺，只比京佛殿略小。此庙还有一个特点，就是偌大一个庙宇，只有一尊神像，无侍从也无卫士。六月二十八日，是天皇的生日，庙里要举行祭祀。祭飨之后，照例要抬着神像敲锣打鼓游遍大街小巷。春节赛神时虽然八仙街也要抬天皇，但关圣殿的关帝和五显寺的灵官、城隍三神都是从正月初八到正月十五，热热闹闹抬八天，而天皇却只在正月十五抬一天，乐队的规模也不及前三神的声势浩大。为什么白溪人给他的待遇反而比不上一个小小的城隍神（传说白溪城隍只管辖原石马三都）？白溪的老辈也讲不清楚。

天皇庙过去一直是乡镇行政机关的驻地。从清末白溪改团为镇开始，到1949年国民党离开大陆为止的五十多年，天皇庙就没清净过。除供奉神像的正殿外，前院和左右横楼都被政府人员占用。前院用来住乡警，左横楼为政府办公室，右楼则是关押壮丁和犯人的牢房，终日吵闹哭骂之声不绝。1950年后，天皇庙成了食品站，神像最终也不知去向。

5. 五显寺

白溪水口南岸，离观澜轩约一箭之地，有片百余平方米的平地，是古镇临江的制高点。平地中间隆起一光滑巨石，宛如一颗硕大的宝珠，四周有渡头山、狮子山、大岭山、栖凤山、世业山五支山脉从各个方向向宝珠扑来，使得这处山水成为"五龙取宝"的风水宝地，也是传说中五龙之一的九节亥龙龙头所在的宝地。据张先球说，古代白溪人十分敬畏鬼神，认为只有神灵才配占有这处风水宝地，于是在这里盖起了一座灵官宝殿，因有这五龙取宝的地貌而命名为"五显寺"。殿门上有石刻对联一副："远观天外三千界，近睹寰中八百洲。"主神灵官菩萨的高大圣像就在五彩描金的五福台上，据说这是宝珠的上方，宝地的正穴。寺内还供有洞庭龙君的神像。相传灵官菩萨十分灵验，黄江两岸驾毛板、放木排的山民，多是许献绣花蟒袍、翡翠镶金玉带，以祈水上航行一路平安。直到中华人民共和国成立前夕，寺中的十几口大木箱中，还装满了各式各样的丝缎蟒绣锦袍和头盔玉带，数量之多，超过任何阔绰的戏班行头。

6. 关圣殿

关圣殿，也叫关圣庙，位于兴隆街与横街的分界点，白溪水南岸的悬崖峭壁上，是古镇四大寺庙中规模最小的建筑。正殿大门门柱有精凿阴文楷书门联一副："诛伐继春秋而后，张刘在伯仲之间。"据说下联的"张刘"二字，还有一段趣闻。张汉良老人告诉我们，此联本是1943年重修时由古镇著名诗人、曾任安徽绩溪县令的张旭沧先生所撰，古镇著名书法家张耕山先生书。旭沧先生下联本为"刘张在伯仲之间"，由于筹建关圣殿的首士多系张氏，为抬高本姓地位，在描字镌刻时有意将字序颠倒，把"刘张"改成"张刘"。殿成之日，刘姓族人发现对联有问题了，认为刘关张桃园三结义时，刘备为兄长，张飞为弟，理应刘在前张在后，今刘反居张后，岂不是有意贬损刘姓！于是，刘姓好事者纠集多人，要将门柱牌头推倒，重刻门联。最后，还是张旭沧先生出来，把责任揽在自己身上，才化解了一场干戈。正殿两旁的门柱上，有木质黑底金字对联两副，一云："精忠冲日月，义气贯乾坤。"一云："匹马斩颜良，河北英雄皆丧胆；单刀会鲁肃，江东豪杰尽低头。"两联都没有落款，不知何人撰书。从各地的风俗来看，关帝的生日是农历六月二十四日，但白溪的先民却是以农历五月十三日为关帝生日，也有人说此日是关帝磨刀的日子，据说这天必须下雨，叫作"磨刀水"，不然，磨刀没有天水，地方将遭旱灾。所以每到这天，古镇中街特热闹，杀猪宰牛（古镇白溪，只有关帝可以享祭配猪牛"太牢"，而其他三寺主神只能杀猪宰羊配"少牢"之祭），灯烛辉煌，香烟萦绕，钟鼓齐鸣，炮声震耳。在举行了隆重的祭祀仪式之后，中街、兴隆街和横街的街民还要抬着神像和他的随从（据说是杨泗王爷）去游街，领受各家各户的香烟爆竹，以让关帝保佑一方清泰。古镇原有一条不成文的禁令，农历正月之后屠户不能杀牛，要到五月十三杀了祭关帝之牛以后，才可以杀菜牛，可见白溪先民对关帝崇敬之高深。

7. 回龙寺

回龙寺建在任田山张姓祖坟山——虎山山腰，是伯依佛张桂如的纪念堂。据传，任田山桃李冲是荣华兴国庵伯依佛的诞生地。伯依佛本名张桂如，生于雍正九年辛亥八月二十七日丑时，三岁无娘，七岁丧父，九岁受雇荣华替人牧牛。青年时弃牧学法学医，云游湘贵川数省，行医施法，普度众生。后返故里，在荣华西云山坐化成肉身佛。坐化之日，霞光万道，坛花献瑞，大有国将兴旺之兆，所以后人在伯依佛坐化之地建庙宇，取名兴国庵。纪念伯依佛张桂如的回龙寺，是由以张先勤牵头的香客发起修建的，分别修建于1985年和重修于2004年，寺内有伯依佛和玉皇、观音圣像，伯依佛居中并尊称为"回龙佛祖"，二十四位诸天和十八罗汉分立两厢。回龙寺风景秀丽，香火旺盛，是白溪的朝佛圣地和旅游胜境。

白溪回龙寺(向光辉摄)

三、书院学堂

1. 文昌宫

文昌宫也叫文昌阁，位于渡头山南端白溪河口的三角洲上，原与五显寺隔水相望。先辈们在此办过书院、家塾、团学、中心高小、大熊中学(新化三中前身)，中华人民共和国成立后又成为新化六中的老校址。

文昌宫建于清代中期，由张氏先贤张西崖等创办。宫院坐北朝南，占地十余亩。周围是青砖砌成的围墙，南面有高大的槽门，师生均由此门出入。槽门两侧各竖有一长形条的石门柱，上面镌刻着阴文隶书对联："相期作柱擎天，形留凌阁；从此乘风破浪，声震龙池。"门前虽无石狮守护，却有两个二尺见方的巨石置于门柱前方，令人顿觉肃穆。宫内前半部有砖木结构教学楼两栋，两楼之间为操练场，周围有线柳、白杨等树。后半部有东西厢房，为学生宿舍、厨房和厕所，两厢房之间为礼堂，礼堂正中立有孔子牌位和圣像。从前，违规和没有背完书的学生，都要到孔子圣像下的神龛内禁闭半小时，以示忏悔。可惜西厢房和礼堂于民国二十五年秋末被一场大火焚毁，一直未曾修复。文昌学府是白溪培养人才的摇篮，革命前辈吴成方、胡志坚，将军龚谷成，旅美的龚高述教授、张先达博士，著名学者张铁夫、何天林等，均为该校的佼佼者。

1945 年 8 月，当地筹建大熊中学。方鼎英自任校长兼董事长，董事有方乘、方议文、方镇江、邹洽益、邹树民、刘唐衮、刘汉源、陈树华、谢国恺、段荫南、罗次卿、龚悟学、龚云郁、龚汉民、赵恒锡(旧县长、名誉董事)等 16 人，开始在圳上试办一年，由于生源匮乏，董事会决定将学校搬迁至白溪。1946 年，在白溪河西东云山侧筹建新校舍，限于经费，一栋教学楼盖了一层便停了下来，不得已只好借用文昌阁原时雍高小一栋破烂教室，办了一年半，又迁京佛殿办了一年半。特殊的环境造就特殊的人才。在艰难的岁月中，前后受过大熊中学熏陶的学子不过 250 人，其中佼佼者除了前述的数位外，还有白溪的张希周成为贵州工学院党委书记、院长、教授，曾作为十大校长之一出访美国；张昆藩是东北工学院教育长、教授；张瑞藩是贵州凯山一工厂的副总工程师；来自圳上的方允藏在没能进大学的情况下，刻苦自学，居然精通十一国语言，成了驻美大使馆的翻译；胡贤述是我国第二代原子能专家，研制我国第一颗原子弹的功臣；刘克环是电子工业部 331 医院院长、教授、著名的外科专家；胡贤溪是北京航空部第三设计院高级工程师；刘爱文任邵阳师范学院副院长、副教授，是史学泰斗范文澜的高足；刘克旺是中南林学院教授；胡佐国是台湾东吴大学法商学院院长、名教授；罗艾芬是娄底市立医院副院长、儿科主任医师、国务院特殊津贴享受者；刘让和是长沙冶金设计院高级工程师；张茂云是湖南水利厅高级政工师，其诗词文集甚得好评；方慕秦是广东冶金设计院高级会计师，在金融领域享有盛誉；刘聪生是海南大学副教授、生物系副主任，在生物学研究领域卓有成就。

1957 年，文昌宫独立设初中班，取名"白溪附中"。1958 年，改名"新化六中"。1963 年，因柘溪库区蓄水，文昌宫作为新化六中校舍，不得不迁移到现在的新址。今天，文昌宫楼阁已不复存在，但在我县的教育和文化史上，它仍然是一颗光彩夺目的明珠。

2. 大成书院

在今绣鞋塘东岸，简家岭西麓的七星台下，曾有一座檐牙高啄的宫殿式建筑，张汉良老人介绍，这就是远近闻名的文化圣地——大成殿。

大成殿修建于清嘉庆年间，选址在七星台下，是因为七星台吻合众星拱北之瑞象。大成书院由前后殿堂和左右苏楼组成，多系砖木结构，建筑面积达5亩，正门有民国时期白溪书法家胡鹏撰书的对联："三代来复睹庠序，六经外别有文章。"正门两旁还各有石榴一株，自仲夏到初秋，红花绿叶，总有芬芳。中间两重正殿，前殿为空阔大厅，大梁高架约12米，前后纵深8米，左右宽15米，两端各有一道高大的青砖墙壁，墨书"孝悌忠信"与"礼义廉耻"八个大字。穿过正殿前厅，有一条长约6米的石板道横过天井，再上四级石磴就是后殿前廊。石板道两旁各有一正方形花坛，花坛里有两株茂盛的月季，四季芬芳。花坛两旁便是东西耳房，将前后殿连成了四合院。正殿两旁是左右苏楼，是来此求学诸生的宿舍和自修房。两苏楼正面各有横匾一方，右边是"干云直上"，左边是"层峦耸翠"。苏楼原有大鼓和大钟，大钟据说有八百多斤，直到20世纪50年代还悬挂在横梁上。书院外原有一条卵石铺成的小路蜿蜒通往镇区，三百多年来，白溪历代先贤，从孩提时代提着书篮沿着小路走进书院讲堂，到青年时代再沿着这条小路走向世界，进取功名，成就事业。黄埔军校代校长、国民革命军中将，第二、三、四届全国政协委员方鼎英，在他10岁时（1897），即在此院就读。

据曾在大成书院读书又教书的老教师张汉良介绍，大成书院起初只有一栋殿堂，就是供奉"至圣先师"神位的后殿，仅供举行祭祀大典之用。到了咸丰年间，随着白溪经济和社会的发展，读书的人多了起来，地方乡贤就在圣殿之前，增建了前殿和左右苏楼。光绪二十五年（1899），张光阶等于此正式开办大成书院。民国初年，大成书院改为"白溪小学"，承担了一至四年级初小阶段的教学任务，另外在对岸的文昌宫创办了高级小学，承担五到六年级高小的教学任务。白溪小学，学生最多时达到八个半班二百余人，校名也几经更换，从白溪市第一小学到白溪镇初级小学到礼智乡第一、二保国民小学。抗日战争时期，外来避难的人增多，又扩充校舍，学校开始招收高小班。

中华人民共和国成立后，礼智乡第一、二保国民小学改名为"白溪乡初级小学"，停招高小班。1950年，白溪乡初级小学合并私立勤七小学，又与文昌宫的礼智中心小学合并，更名为"新化县第十三区第一中心小学"。1952年，又改名为"白溪完全小学"，学生扩招至六百多人。1954年，取消初小升高小的入学考试，学生达到一千余人。1956年，完小增办附设初中班。1957年，初中班迁至文昌宫，独立设"白溪附中"，正式与白溪完小脱钩。1970年，因学校属于水淹区，于是迁校址于简家岭顶峰。不久，又与白溪农业中学合并，改名为"五七中学"，成为小学到初中的九年制学校。"文革"后，改名为"白溪镇中学"，并将高中班并入新化六中。1989年，改名为"白溪镇第一中学"。1998年，改名为"白溪中学"。2013年，新化六中和白溪中学合并，白溪中学校舍改办白溪镇中心小学。

从大成书院到白溪中学，经三百余年历史沧桑，校名更替演绎出了古镇白溪文化教育的发展历程。

3. 卫平私塾

卫平私塾是白溪著名的私塾，塾师为清末秀才何卫平，方鼎英将军曾于此就读。方鼎英4岁私塾启蒙，因家道艰难，立志奋发图强，不敢懈怠。在何卫平的推荐下，10岁的方鼎英进入大成书院读了2年。1899年，12岁的方鼎英考入长沙明德学堂乙班，习普通学科。1900年3月考入湖南省立实业学堂(后改高等工业学堂)。1902年春，方鼎英15岁，时湖南巡抚赵尔巽拟由各校选送50名学生赴日本留学，方鼎英由实业学堂选送考试被录取，继赴日本。初入宏文学院学习日语，兼补习普通学科，不久迁神田区新化同乡会事务所与创办《民报》的陈天华同住，即由其介绍加入同盟会。1905年方鼎英投考日本振武学校，从此开始军旅生涯。后来方鼎英当了中将军长，衣锦还乡，特意到白溪来拜谢恩师，可惜此时何卫平老先生已经过世，方军长以跪拜之礼拜见了师母。

四、古今风俗习性与传说

张铁夫教授2009年在《回忆白溪》中说，在他的记忆中，故乡不仅山清水秀，而且它的文化也很有特色。白溪位于资江中游古梅山腹地，古梅山的经济形态为原始渔猎自然经济和农耕渔猎自然经济，所谓"上路梅山张弓挽弩，中路梅山遍地赶猎，下路梅山捞鱼摸虾"，就是这种自然经济的写照。古梅山文化有很多特点：人们信仰梅山教，有系统的神符、演、会和教义，还有很多独特的生活习俗和文化形式，如神话、歌谣、艺术、医术、武术等。近现代以来，原有的经济形态被打破，古梅山文化也逐渐与湖湘文化融合，成为湖湘文化的一部分，但古梅山文化的一些习俗仍然被保留了下来。

1. 乡风民俗

俗话说："五里不同音，十里不同俗。"白溪许多民风民俗，如清明扫墓、端午竞渡、中秋赏月、重九登高、除夕辞岁、春节团年，元宵观灯这些，与全国各地基本一样，但在部分内容和形式上又有自己的特色。诸如新年春节抬菩萨赛神、扎故事、比龙、请春酒、赞土地、踏九州、吃插田包子(白溪米粉肉包子)，还有风味别致的春筵宴客，狮子彩灯闹元宵，别开生面的龙舟赛，挖锣鼓土、扎木排、放木排，制陶烧窑等等，都有浓郁的地方特色。农历六月还有尝新节，中秋有烧宝塔、拉童车、摸秋等不同于其他地方的内容。重阳蒸重阳酒(又叫桂花酒)，也有自己的特色。敬神祭祖，过年过节，必备家常食品糯米粑，敬神时必置于神龛上做祭品，今白溪民间仍有用糯米"小斋粑祭神"的习俗。

张汉良老人介绍，诸如做道场、唱丧歌、打清醮、和娘娘、庆菩萨、打符、小孩惊吓了收魂、照圆光、娘娘婆落阴、报娘娘这些具有梅山信仰民俗的活动，白溪人也是百做不厌。还有梅山师教，本地师教的掌坛师称"师公"，白溪一带也叫"老师"，他们的祖师是明代的张法兴，其本名张思高，任田山人，据传曾与好友童君一郎学法于武冈，后还去山西五台山学法。时至今日，白溪一带仍以张法兴、大熊山南区仍以童君一郎为证盟地主。师公做大法事时冠服为红色，与道士的黑色相区别。入冬以后，庆太公、和娘娘是师教的主要仪式活动，但其信众和影响均不及佛教，也不如"报事"的娘娘婆。据传萧家坳先贤萧道良是康熙时候的进士，他的后人多有学道教师教的。道光二年的时候，他的后人为其修建陵墓，萧道良的徒孙、湘学大师邓湘皋(即邓显鹤)为之撰写墓志铭："清廉儒者，鄙视皇亲，逍遥下野，乐道安贫。才华满腹，著作等身。杏坛振铎，火种传薪。寿臻八纪，羽化良辰。"

新年赛神也是这里的一大特色风俗。古镇七条主要街道，有四个寺庙和三尊重要的神。按照惯例，各个寺庙所在的街道按户数分成八个组，每组20~30户不等，各组依次抬菩萨一天，所有费用由各户均摊。首先要举行盛大的祭祀，人们要杀猪宰羊。祭祀后，请神和他的随从下坛，然后抬着他到各家各户享受烟香爆竹和跪拜祈祷。到了下午，开始抬神游街，游街队伍浩浩荡荡，威武雄壮。第一路四个手执梅山钢叉的男子，挑着点燃的爆竹，噼里啪啦在前面开路。第二路是四个男子抬着神的随从护驾先行，然后是四个男子抬着主神紧跟。第三路紧跟神的是用八仙桌抬着的古

乌篷船(向光辉摄)

代故事人物，有穆桂英挂帅、有赵子龙救主、有唐僧取经、有天仙配……故事人物的装扮者都是选择不满十岁、长相不错的男孩女孩，每台两到三位，用皮带捆扎在八仙桌的固定木桩上。还有更惊险刺激的，是把故事人物捆扎在八仙桌后方的一根高出台面2米高的铁十字架上，每台有两个壮汉用竹杠抬着，另有两人在左右随时保护，以防意外。第四路是紧跟在后面打锣敲鼓的礼仪乐队，最后压阵的大鼓，是由两个汉子抬着的高约1米、直径约2米的大鼓，一般由本街德高望重又有力气的长者来捶打。游街赛神的队伍鼓声锣声钹声，惊天动地，看热闹的乡民也是人山人海，摩肩接踵。赛神的时候还有比龙，各个街道都请人来舞龙闹新春，有时喜欢闹事的看到别的街道龙舞得好些，就放很多鞭炮，还特意放到人家绣花龙上去，想要炸烂人家的龙。

白溪这里春节拜年也有规矩，过去曾流传着这样一首顺口溜："初一崽，初二郎(女婿)，初三初四拜姑娘，初五初六同年崽，初七初八伙计娘，拜年拜到十五止，洗好酒罐收茶盘。"

张汉良老人还介绍，在民间艺术方面，白溪有风趣奇巧的竹子戏，河东河西原来都有专业的戏班。生旦净丑的头像都用纹理细致的杂木精雕细刻而成，道具也多由竹子做成，人物盔甲袍带缕金绣锦；乐器锣鼓、铜钹、磬、二胡、京胡、箫、笛、梆子、檀板样样俱全。演出时间都在晚上，只要一小块坪地，将专用的竹竿支起一个戏台框架，下面四周围上约二米高的帷幕，顶上搭一床粗竹篾晒簟，就是一个简易戏台。演出时每个艺人各持一个或两个扮剧中人物的木偶，双手伸入木偶袍服中，操纵木偶表演各种动作，并随着剧情口唱手动，乐队跟着剧情演奏。如果是武打戏，场面刀枪剑戟，则碰击之声铿锵激荡，令人惊心动魄；喜剧场面则让人捧腹大笑。白溪没有著名的画家，但曾有不少技艺精湛的民间雕塑艺人，佛寺的神像和祠堂、庙宇、大宅等建筑物上的檐饰、壁画、浮雕、石刻、木刻等，人物花鸟，珍禽怪兽等，都雕刻得栩栩如生。

向里柔老人介绍，白溪的端午赛龙舟很独特，不像其他地方以先到为胜，而是要绕过对方的船头，并能兜一个圈子，把对方严严实实圈在中间，才算胜利。这种独特的赛龙舟规则，叫作"贴横江"。

其他有地方特色的小调，在白溪一带流行的有《海棠花》《三瞧妹》等。民歌流行平腔溜溜歌。

2. 石马坳传说

明清时期，现在的白溪、油溪、圳上都属于石马乡，地名来历有一段神奇的传说。向里柔老人告诉我们，这石马乡得名于横岩的石马坳。石马坳在今天的黄茅界，是大熊山南麓一座高峻的山界，界下有一处小小的山梁，就是石马栖身的地方——石马坳。据说，这石马坳本是九黎首领蚩尤的放马地之一。当时蚩尤在大熊山上练兵，他的部下就在熊山脚下放牧战马和牛群。这匹石马原来也是蚩尤战马中的一匹普通的小马驹，因全身纯白，在马群中格外扎眼，很得那放马头领的喜爱。不知道什么时候起，这匹小白马在离群觅食的时候迷了路，在山上独自待了几天几夜。当放马头领找到这马的时候，发现它的性格和骨架都发生了变化，数丈的山涧都能一跃而过。并且喜欢独来独往，自在奔驰于千山万壑之间。

不久，蚩尤准备北上开拓，将战马分配给八十一个兄弟部落。大营的后勤总管找到放马头领，需两百匹特别强壮的马作为驾车拉粮的脚力，并点名要小白马。放马头领本来想把这匹千里龙驹推荐给蚩尤作为主帅坐骑的，却脱不了情面，一念之差就把小白马给了后勤总管。但后勤总管却不识货，真的让小白马去拉粮草辎重，千里龙驹小白马垂头丧气一动不动，更想不到的是押粮的武士竟然对小白马一鞭子猛抽。小白马性情大变，奋起一跃，将武士连车带人掀得人仰车翻。武士怒不可遏，爬起身来将小白马拴在树上，扬起皮鞭就是一顿毒打，打得小白马悲愤地仰天长啸。这啸声惊动了大熊山的山神，山神用一个炸雷把它救了下来，送上了天庭。

又不知过了多少年代，这匹小白马被征调到雷部行宫当拉车行雨的天马。但天马尘缘未断，每次拉着云车行雨的时候，在养它育它的熊山黄茅界这里总是放迟脚步，所以熊山这附近年年雨水充足，岁岁五谷丰登。后来，它的行为终被雷部巡官察觉，按天条要以徇私罪论处，接着就是霹雳一声，天马被打落凡间，后被深深埋于黄茅界下的泥土之中。直到今天，在石马坳这里，还能看到这匹栩栩如生的石马侧目环顾四方。

小白马获罪之后，大熊山的山神又托梦给此间的长者，天马是为了熊山下的黎民百姓而获罪，应该建庙立碑供奉。于是百姓们在其旁边的山坎上修建了一座石马神庙，每年的马月马日，人们抬着三牲祭品，来到被石化了的天马前举行隆重的祭礼，这段山梁也因而得名为"石马坳"。

3. 木公（孟公）的传说

张汉良老人说，过去在白溪境内的一些山坳上，常会看到一座座简易的凉亭，亭子中间的神龛内，有用木头雕塑的三个高约 1 米，模样几乎一模一样的神像。神像头戴黑色瓦瓴方形帽，脚蹬厚底皂皮鞋，身着蓝色大襟窄袖长袍；浓眉大眼、阔面虬须，面部黑黝，鼻梁高挑，双目炯炯有神；个个昂首挺立，左手叉腰，右手高举开山大斧，神态威武雄壮。这就是白溪的木公神，人们习惯称为"木公菩萨"（或叫孟公菩萨），小孩们则叫"木公爷爷"。相传木公神是我们湖南烧炭行业的祖师神与保护神，在梅山众神里主管猎兵、山林及后勤保障等工作。

关于木公（孟公）神的来历，有这样一段传说。相传大熊山脚下，住着一户孟姓三兄弟，以伐薪烧炭为生。他们忠厚淳朴、心地善良，又有祖传的医术，除了烧木炭，还常为地方修桥补路、扶危济困；为山里村民治疗一些流行病症，从不收取报酬。尤其是治疟疾，只要把病者的名字写在所用药草的叶片上，裹成一个小包扎在某棵树干上，病者就能痊愈，真是神奇得不可思议。

一年夏天，三兄弟伐木烧炭，偶然伐得一棵沉香木，开炉点火后，那沉香木青烟直冲霄汉，一直冲到玉皇大帝的凌霄宝殿。玉帝正召集群神殿上议事，忽然闻到阵阵奇香，顿觉神清气爽。玉帝心中诧异，忙问："这阵阵异香从何而来？是不是下界善男信女有事相求？"

太白金星奉旨下凡，来到大熊山麓，找到冒沉香烟的炭窑，只见兄弟三个还在光着膀子往窑里加柴火。于是太白金星问孟氏兄弟："沉香直达天庭，玉帝降旨，询问你们是要富还是要贵？"孟氏兄弟说："我们不要富

孟公庙

也不要贵，只要凉快点子就行。"太白复旨，玉帝即命风伯授予三兄弟各一份凉风。从此，每当盛暑之际，兄弟们所到之处，总有阵阵凉风相伴。久而久之，这个大熊山即使在夏季也清凉清凉的。三兄弟去世后，人们便在他们烧窑的山坳修建了一座凉亭，还塑了三兄弟的塑像，领受后人的香烟祭祀。说来也怪，此后山民们无论患有什么疾病，尤其是疟疾，只要到凉亭的神像前烧炷香，就能不药而愈。于是一传十，十传百，很快传遍了梅山大地。凡是人烟稠密的山村，都在山坳上的背阴之处修建凉亭供奉三兄弟神像，并尊称为木公神。凉亭于是既成了山间劳作的人们荫日纳凉、遮风避雨之所，也是长途跋涉的过客行人驻足休息之地。

　　据先辈说，木公神生前喜欢吃清蒸米粉肉，人们一旦患上疟疾，只要自己备上一碟米粉肉、三杯浊酒、三碗米饭、三根香、一凿纸钱，到木公神像前上供化纸，就能立竿见影不药而愈。现在的孟公镇得名来由，据说也与这三兄弟有关。过去那个地方小河边有座孟公大圣庙，塑的正是木公

（孟公）神的神像，这地方就得名孟公桥。后来这里成了集市，才又叫孟公市。每到炎热的夏天，附近的村民都喜欢去庙内乘凉，每年的正月十五，村民会抬着孟公神像挨家挨户闹元宵，以保平安。

4. 将军风水传说

在何思檀山刘家村五凤山前的牛练凼，据传有方"五凤朝阳"的将军风水之地，为方鼎英的祖母所葬之处。故事得溯源到明洪武年间，白溪来了两个江西老表，哥哥姓刘是个补锅匠，弟弟姓彭是个弹花匠。他们到了白石坪，要找地方落担安家。两兄弟都略懂风水，沿河走了十来里路后，他们先看中一块溪流旁的地皮。弹花匠弟弟为了感激哥哥一路照顾之情，把此地让给了哥哥，自己带着妻儿沿着溪流走向了更深处的荒野。短短几十年间，两兄弟都发了好几房人下来，两个地方形成了彭、刘两个村落。几百年后的某天，一个风水先生来到刘家村，见一油亮的溪流，溪流上又有一高耸的石桥，很是别致。他沿溪流徐徐而上，突见两座大山分峙两侧，稳稳守着水口，立即下马，神态恭敬地牵马而行。小溪蜿蜒一里远，又见两山扼守着水口，山上倒挂下来一个小瀑布，他立即兴奋了起来，认为"麒麟大象守水口，双重宫阙，必出贵人！"他又沿着瀑布跑到高处，却看到不远处蜿蜒而来的一条龙脉，一头伸进了山窝中，这地形叫"蛇钻燕子窝，富不过三百谷"。于是，他有点惋惜地重新上马，但快走进彭家村的时候，突又发现前方有五座小山，正像五只鸟一样展翅高飞，他又兴奋起来，念叨道："五凤朝阳，五凤朝阳啊，原来真正的奇局在这里，不过又可惜了！"原来，这五凤是朝龙脉而拜，而那龙脉自彭家村方向来，却钻进了刘家村（今檀山）这燕子窝中偷取燕子蛋，好端端的龙脉弃五凤而不顾，成了偷鸡摸狗的荒唐小蛇。尽管龙脉就在刘家村，但刘家村注定难以大富，因为刘家村一富起来，就会被彭家村来的龙偷吃。而刘家村尽管有五凤在，但也形在心意不在，正要展翅远走。风水先生心中叹息：好好的风水格局，两家受不到益，只能做别家嫁衣。勘过风水后，风水先生特意点破彭家村跟刘家村人，刘家村的龙脉有个点睛之穴在彭家村地头上，如果彭家村的人葬了，虽出不了大贵人，但至少能衣食无忧，小富小贵常有。同时为了补偿刘家村，他又特在龙脉不远处点一处"蜻蜓点水"的风水格局，能保刘家村人才情雅逸，出才子。此后的世势发展，也真还印证了那风水先生的话，刘家村出过官员，但县级已经是极限，同时一直不如彭家村富裕。

清朝末年，这一带开始闹饥荒。一天，刘家村来了个讨米的白发婆婆，饿得走不动路了，一头倒在了"五凤朝阳"的头凤山上的一个干牛练凼——水牛夏天洗澡的小水塘里。有好心人为了让她入土为安，就在她身上盖上把干稻草，就地掩埋了。又过了几十年，方鼎英将军首次回圳上老家祭祖，发现祖坟山上唯独没有祖母的坟墓。通过多番打探，一路寻找，最后终于在相隔了几十里路的刘家村五凤山上找到了祖母的安息之地。尽管常年没人打理，那墓葬还是像一座小山般隆起。为了感谢刘家村人，也为了尊重刘家村人，方将军没给祖母立碑，也没有把祖母的墓址声张出去。祭拜时，方将军许诺只祭挂三年，凡是刘家村人，挨家挨户都收到了礼钱，而且五凤山上的各姓坟墓都给挂青扫墓。这样延续三年，年年如此，此后就不再来打扰刘家村五凤山的坟山。到这时候，两村的后人才恍然大悟，这个不打眼的牛练凼，才是两村人一直在寻找的"五凤朝阳"的点睛之处！可惜他们一个个有眼如盲，这么长的岁月里，一直让水牛享用这块宝地，最后等到了方家奶奶，才知道圳上方氏才是它真正的主人。

参考文献

[1]《新化县志》编纂委员会. 新化县志. 长沙：湖南出版社，1996.

[2] 胡能改. 梅山客户——姓氏探源. 北京：华夏翰林出版社，2009.

[3] 湖南省教育史志编纂委员会. 湖南近现代名校史料[M]. 长沙：湖南教育出版社，2012.

第七章　琅塘、荣华段

黄江穿行于琅塘、荣华两乡镇，从潘洋入口，由瓦滩去安化，全长 21 公里，河面最宽处达 3 公里，水势汪洋。本区内黄江主要支流有横溪、澧溪、苏溪等。横溪从大熊山发源，流经横溪和荣华两个管区，折流向西，在小鹿附近入江，全长 24 公里，现在鹊桥以下，沦为柘溪库区。澧溪发源于太平铺西南边境，从东北流经太平铺、琅塘两个管区，在双龙与从桥头村流来的桥头溪会合后，在澧溪村附近入江，全长 21 公里。苏溪发源于龙通，东北流经龙通、杨木洲两个管区，在苏溪村附近入江，全长 19 公里。其中横溪和渠江是运放木排的重要水道。

这一带是资水黄江段的最末端，相较险峻"山河"的其他段，琅塘荣华段水面相对平阔，因而沿岸码头众多，经济活跃，曾造就了当地经济的繁荣。无论历史上还是今天，这一带都是新化经济最活跃最发达的地区之一。

老琅塘街曾为历史古镇，古时有"上有邵阳，下有益阳，中有琅塘"之称，是新化县重要的交通经济文化枢纽；杨木洲的茶叶市场和木材市场一度辐射新化、安化、溆浦三县，在三县交界处广有影响力；苏溪立个厘金关，"一夫当关"，船船交税，先是专收茶叶税，以后就盐税、木材税、特产税等样样照收，以至于琅塘"税费收入一度居全县首位，享有'金钱码头'之称"。此外，荣华的过街亭一带是南方"茶马古道"的重要集散地，苏溪关是陆上"茶马古道"的末端和终点，大捆大捆的南方红茶从这里打包运往南北各地。本段在柘溪电站修建后，每到夏秋涨水季节，碧波万顷，洋洋大观，但也因此成为水淹区，涨的水将繁华的杨木洲、苏溪、琅塘等码头淹没水底，美丽的梅溪也只剩下星星点点的土堆。

便利的水运催生经济发展的同时，也促进了当地文化的进步和繁荣。宋熙宁年间"开梅山"前后较早进入新化的外地移民，如刘玉盛、成华甫等，大多先定居在这一带，再向其他地方发展扩散，较之诸多新化其他地方，这一带属于开发较早、人口聚集的地区，因而教育与宗教也相对发达。这一带历史上比较出名的学堂或私塾有知方高等学堂、西团书院、明经小学、大明书院（地方绅士在黄溪今荣华乡横溪管区主办）、鹊桥私塾等。见诸书籍或还留有遗迹的寺庙就有天台寺、八仙庵、圆通庵、伯依佛寺、洪范寺等。

古今黄江河道上的码头及滩，从上到下有石淹埠湾—潘洋—千篙滩—大丰塘—澧溪码头—烟头滩—槽船码头—龙溪渡口（今）—琅塘码头—杨木洲码头—小鹿码头（今）—苏溪码头（对面叫亭子码头）—瓦滩。

第一节　主河道与码头

江水滔滔，一路向前。它聚集着，翻滚着，过石淹埠，下潘洋。石淹埠湾是排筏集散地，周边两岸大量的原木，主要是杉木，把原木顺溪顺河以"洗江赶羊"的方式先放到这里，然后在此编扎成排筏，等涨水时再外运。接着是千篙滩、大丰塘，然后是澧溪码头。

先说澧溪码头。澧溪又名礼溪，本是黄江的一条小支流，在此与江水交汇。也因该段两河会聚，水面开阔，这一带就成了上游毛板船停靠等水的主要地方。俗话说，风云难测。老天自然下雨的时间极不确定，有时毛板船在此一靠就是十天半个月。虽然船工舵手们皆在船上生活，自己生火做饭，自带米菜，但时间长了也得下船改善改善生活。当时，澧溪一带形成了墟场和集市，铺面较多，南杂俱齐，最负盛名的是面馆，沿河两岸流传有"白溪好豆腐，澧溪好面铺，琅塘好过渡，坪口婊子婆"的说法，可见那时澧溪一带也颇热闹。现在，澧溪码头淹没在水位线下，只剩几处砂石码头显露在河岸边。面对柘溪大坝合龙，资江水位上升的情况，当地政府和人民推行大水面迂回网箱养鱼和支流围堤加拦网养鱼方法，这里就建成了澧溪渔场。20世纪八九十年代，澧溪一带的围堤养鱼、拦网养鱼和网箱养鱼，一度成为库区移民致富的样板。在这一片水域中有五狮山。据当地周学中①老人介绍说，以前进出五狮山处有一桥，名双石桥，修建于明

----

① 周学中，男，1946年生，琅塘镇礼溪村六组人，曾长年在资江河上驾船打鱼。

朝洪武年间，原中国人民大学校长成仿吾的故居就位于双石桥边，因水位上涨而被淹，现琅塘镇政府已规划在双石桥旁重建成仿吾故居。

　　再说槽船码头。从澧溪往下是烟头滩和槽船码头。烟头滩对岸是栗树口。历史上，槽船码头是过街亭（今荣华）一带货物的中转地。曾经赫赫有名的槽船码头，我们却经过七寻八问、东寻西找，翻过一座小山头才找到。展现在我们面前的是一个荒芜、偏僻的废弃码头，到处淤泥堆积，除了那一排排延伸到山路上的石阶在向世人诉说曾经的故事，再不见昔日的繁华风貌。目前码头遗址上保留下的石阶共有 25 级，长约 6 米，每个石阶宽约 2.5 米。石阶石板粗糙，部分地方明显用水泥填补，那是 20

废弃的槽船码头旧址（鄢吉摄）

世纪五六十年代的痕迹。但据当地人刘让水①介绍，原来的槽船码头有100多级台阶，依坡而建，坡上有一货栈，中华人民共和国成立初改为供销社转运站，七十年代随着码头的废弃而停止工作，现在连砖木瓦器、一应什物等都被附近的村民搬走了，只留下业已长草的断壁残垣。据鹊桥村的苏先汉②回忆说，当年槽船码头是过街亭、鹊桥、白大、荣华等地勾连外面的重要码头，是日常交通渡口，对整个荣华乡都起着窗口作用，同时，它还曾是过街亭茶马古道的联系枢纽。码头上往来的货船、木排等络绎不绝，号子此起彼伏，景象非常壮观。

再说龙溪横渡。在水位上涨，公路逐渐取代水路成为交通主干的六七十年代，槽船码头慢慢衰落并逐渐被废弃，取代它的是今天依旧繁忙的龙溪横渡。龙溪横渡就在原槽船码头之下约500米的地方，又叫荣华渡口，是县农村公路局所属的汽车渡口，连通新太公路与横溪公路，今为琅塘镇与荣华乡联系沟通的重要交通枢纽，1978年正式设置。建渡初期，有40匹马力柴油机木质拖轮和木双车渡船各一艘。1989年至今，这里有钢质机动渡船、钢质拖船各一艘，每年渡车8000辆以上，日渡车最多可达50多辆。

繁忙的龙溪横渡码头（鄢吉摄）

---

① 刘让水，男，62岁，今荣华乡鹊桥村村民，其祖辈世代居住于此。
② 苏先汉，男，67岁，今荣华乡鹊桥村三组村民。

再说繁华的琅塘码头。琅塘码头是莫江河道上又一个繁华码头，曾为全县水运进出口总汇码头，有400年开发历史，素有"上有邵阳，下有益阳，中间有个好琅塘"民谣传唱。据原资江河上船工、现琅塘镇居民刘化尖老人介绍，由于这一带水面平阔，码头港区范围上起晚坪石灰厂，下至田再湾，岸线长1公里，河面宽300米，泊位水深1～1.5米，港口沿线均可停船受载。该港口是由许多码头组成的，沿河岸一字排开，从上往下依次是罗家码头、梁家码头、公码头、袁家码头、大码头。同时还有一个连通资江两岸的客渡码头夹在中间，"琅塘好过渡"指的就是这客渡码头。清末至民国时期，该港为方圆30里内之扬木洲、金凤、铁炉、荣华、横溪、何思、太平及横阳等部分村镇物资运输集散地，同时辐射安化、益阳、邵阳、武冈等地。春夏之季，每天有40～50艘船停靠，其中粮食经营船只最多时达15艘，年货物吞吐量达15万～20万吨，琅塘镇因此曾有"小南京"之称。

中华人民共和国成立后，港口建设有所加强。20世纪50年代，新化县组建了航运公司，摆渡码头改造成了航运公司专门码头。1953年设琅塘航运管理站和水上派出所，并组建了专业搬运队，另专门为泊笺子小船而组建笺子码头。进出港口物资仍以石灰、煤炭、茶叶、柿水①、夹板纸为大宗，年货物吞吐量达10万吨。1962年柘溪水库回水顶托，港口三面环水，河面宽达1200米，原港口消失。1973年，县革命委员会投资2万元改建码头，新码头长200米，宽15米，旋因柘溪大坝阻航和公路、铁路陆续畅通，运输改道，货物吞吐量和旅客发送量日减。现在的琅塘古镇渡口失去了昔日的功能和荣光，只保留了一个与对岸往来联系的人渡码头，又兴建了三个砂石码头。但原来的河岸主码头还在，共有121级台阶，全程高度约35米，每个台阶宽约2.1米，不过码头早已荒芜废弃，荒草漫道了。

再说扬木洲码头。从琅塘码头往下，是扬木洲码头。在字典里，洲本为滩的意思，扬木洲就以滩得名。扬木洲曾是新安两县交界处一个最大的木材市场，从两岸以正规渠道和非正规渠道通过资江运过来的木材在这里聚集，再由木材商贩们组成大团队外运。据原县航运公司职工罗佐林②介绍，一到涨水的春夏木材交易季节，停靠在这一带成百上千艘装运木材的船只和排筏，会把扬木洲码头围得水泄不通，上岸去办通关手续，得从

---

① 柿水，又叫卤水，做油纸伞专用。
② 罗佐林，男，1957年生，原为新化县航运公司职工，后长期在资江河上从事煤炭、木材等贸易生意。

曾经辉煌一时的琅塘码头遗址（鄢吉摄）

一只船跳到另一只船，往往要跳二十几只船才能到达陆地。这里曾设有森林检查站，主要是对木材大市场进行有效管理。直到20世纪七八十年代，新化县林业局的"森林一号"巡检船还专门守在这里巡视。

杨木洲码头又是著名的茶埠。杨木洲茶厂当时闻名遐迩。在长篇湘商史诗《资水滩歌》中，也几处写到这里的茶："五里三路杨木洲，召集此处修茶庄""琅塘码头石阶阶，拣茶妹子送茶来。杨木洲上做茶饼，香香喷喷送官差"。可见当时杨木洲茶业的盛况。

据《新化茶史》和《新化县志》载，民国十九年（1930），新化孟公市茶商曾硕甫，邀集其他茶商在新化杨木洲建茶行，历时三年竣工，投资30万多元，建成茶行8家，并建立茶业商会会馆一栋，初级子弟学校一所，以及南杂、药店、旅店、百货等16家商店。当地由此成为新兴的茶叶集散商埠，埠的两端建装卸码头，利用帆船运输茶叶，名为西城埠。当时8家茶行字号和老板姓名见下表。

字　号	老板姓名	字　号	老板姓名
宝泰隆	曾硕甫	宝　记	曾帮翌
丰　记	曾盈科	裕　庆	刘继尧
宝聚祥	曾显科	富　润	陈言俘
富　华	陈佐唐	光　华	张绪光

该地曾集中了新化横阳、炉观、琅塘、荣华、水车、奉家等产茶区的茶叶，并对初级茶进行加工。当时每家茶厂雇用制茶工70至80人，拣茶工400至500人，均以收购农民出售的初制茶为原料，再加工成功夫红茶。初制茶由各厂分别设仔庄2至3处自行收购，仔庄内有专管平价、审查、司账工作的各2至3人不等，价格名为按当地商会公布的分级牌价收购，实则压价扣称，并实行七五扣称(100斤只算75斤)、八五三结算(100斤只算85.3斤)、九五找尾(付款再扣6%～10%，由称茶、泡水等人私分)等旧规，结果茶农只能得到价款的六成，因而开办茶厂的老板获利甚丰，其中宝泰隆、宝聚祥、丰记、富润4家共投资38000银元，经营茶业6年，资金增至265100银元，平均每家盈利56800银元。民国二十二年，西成埠8家茶厂精制红茶23286箱(16300担)，有23个品种，其中宝聚祥所产的"雀舌""珍宝"牌红茶，在巴拿马赛会上获产品优质奖。此后，西成埠各茶厂每年产茶都在万担左右。抗战时期及解放战争时期，由于国家战乱，茶叶出口之路基本封闭，全国茶业一片萧条，新化茶业也不例外。中华人民共和国成立后，为了恢复发展茶叶生产，解决茶农的生活困难，县政府成立了农建科，抽调了部分技术人员指导茶叶生产技术，负责专抓茶叶。1950年全县抽调20至40人，由县政府统一调度，在杨木洲、城关镇成立两个大工作组，分别负责两地茶叶工作，对茶叶重点户发放茶叶贷款，主发大米，并配发了部分食盐、棉纱、布匹和制茶用的木炭。茶叶生产很快得到恢复，新化茶业又繁荣起来。1950年，国家茶业公司收购宝泰隆、宝聚祥等8家茶行，组建中国茶业公司新化红茶厂，厂址即设杨木洲，精制红茶得以出口。为加强对茶叶主产区的管理，1953年9月生产区迁址至炉观镇，以后又设湖南省炉观茶叶科学研究所，1956年开始使用机械制茶。20世纪60年代由于柘溪水库蓄水，杨木洲茶厂(管理总部)搬迁至县城，成为原新化茶厂(上梅中学下边)前身。

20世纪60年代，随着水位上涨，杨木洲码头和码头附近的杨木洲茶厂不复存在，现在展现在世人面前的，是一片广阔的草滩和淤泥地带，属于龙湾湿地公园规划区的一部分。

再说苏溪码头与苏溪关。从杨木洲再往下，就到了与安化坪口交界的苏溪。苏溪之名，可追溯到北宋太宗太平兴国年间，史载梅山有苏方其人，当地苏氏今奉最早卜居此地的苏子旺为始迁祖，故称苏溪。现在的莫江苏溪段属于柘溪水电站蓄水区，春夏季节万里碧波，一片汪洋；秋冬枯水季节因电站放水发电，水位回落，河道干涸，沙石累累。据苏溪村老船夫段锡凡①介绍，历史上，这里是资江河道一个著名的险滩恶滩，当时船工们流传，从邵阳至益阳，资江之上有四大险滩，"上有青荆枞树，下有银洛二滩"，险恶的枞树滩就在这里（但另一种说法是青荆枞树二恶滩在新邵县境内，此滩非彼滩，同名而已）。当时，大小船只顺水下滩，在有经验的舵手带领下，船工们划桨的划桨，撑篙的撑篙，上下齐心，跨过枞树滩尚不是什么大难事，打烂船只的风险也远不及银滩洛滩高，但要从此处逆水上滩，那就得有真本事了。20 世纪五六十年代，在船工船师众多的县航运系统里，就只有三个半师傅能用长篙子将船撑上枞树滩，这就是新化航运公司里有名的"三根半篙子"。一般的船，尤其是那些大船，就只得岸上安排人拉纤，水里则安排水手跳下来推船。

资江河上拉纤分三种情形：一种是船上自带纤夫，他们既是船工又是纤夫，先护送船过"山河"这一段，到了益阳，这班纤夫就下船，在益阳街上等老板的安排，有洞驳船（即动驳子）、乌篷船要上滩回来时，他们就从益阳上船，既划船又负责拉纤。第二种情况是当地的村民拉纤，有些船自己没带纤夫，人手不够，这些村民们就在附近等待，一有生意就立即聚集起来。第三种情况是一艘船上的船工纤夫太少，于是该船到了要背纤的急水滩时就自动停在河旁边等，等到第二艘、第三艘船到来，三艘船上的船工互助协作，一艘艘地将船拖上滩去。

苏溪码头位于河中间一条狭长的沙洲上。这一带也叫黄金洲，洲上原有一条两华里的沿河街道和四个码头，正扼资江之咽喉，是内河航运盛行时期资江河道上一个重要的关隘，在此设关可掌控水运的所有货物。因而从明洪武六年开始，县丞张初在苏溪码头上设巡检司厘金关，对过往船只科以税收，由外输内的盐、布，由内输外的茶、木材，等等，都得交税。巡检司基地南北长二十四丈，东西阔七十丈，司北下五步，旧为把水厅。巡检司共有正厅三间，厢房各三间，衙宅居厅之左，吏舍居厅之右，中为仪

---

① 段锡凡，男，现年 70 岁，琅塘镇苏溪村村民，曾长期在资江上驾船做木材生意。

原苏溪码头，枯水季节是一片河滩，一些石碑石柱显露（鄢吉摄）

丰水季节，一片汪洋（鄢吉摄）

门三间，前为谯楼三间。由于这一带是新化安化茶马古道的末端，茶叶多在此由陆路转水路，故在明世宗嘉靖二十二年（1543），新化县主簿周经奉又在此针对茶税建立茶税官厅，额定茶税银3000两（由此也可推算当时新化茶叶产量至少在万担以上）。茶税官厅西自龙公桥下，东至萧公庙，中为巡司，南北二十四丈，东西七十七丈，巡司之外皆为官地。据明万历《新化县志》记载，当时茶税官厅"门堂寝室厢房具备，自后委官莅焉，即今之苏溪关"。

据苏溪村村民梁光宝①介绍，当时的苏溪码头繁盛一时，青石砌成的码头台阶两侧，每天都樯桅林立，竹篙列列，几十百多号木排或竹排一字排列，一眼望去，满河都是排客！48 只盐船，依次过厘金关，好不浩荡！民国时期，苏溪码头上的码头把头叫梁恒付（相当于漕帮老大）。只要梁恒付一到，正在打架的双方都得立即住手，不然双方都得砍手。梁恒付往哪只船上一坐，即使青天白日之下船上明晃晃地装载了万两黄金白银，也没有哪个山匪河贼敢动心思。当时，梁恒付在苏溪码头一带呼风唤雨，其主要原因就是梁氏是当时码头上的大族，人口多，兄弟齐心，又"输打赢要"横蛮。以至于到了今天，苏溪小鹿一带，梁姓一族虽有更多的外迁，但也还颇有势力。此外，当地有两大著名的财主，即左秀棠、左高台叔侄，他们建了豪华气派的左氏祠堂。但到今天，这一带地域，包括整个琅塘、荣华、坪口，已无姓左的人家。据说主要是因为中华人民共和国成立初土改时期遭到镇压或外迁。

荒芜的亭子码头采访现场（康解文摄）

再说亭子码头和小鹿码头。原苏溪码头位于左岸，与之相对位于右岸

---

① 梁光宝，男，现年 63 岁，琅塘镇苏溪村六组村民，祖辈数代居住于此。

的旧码头叫亭子码头，现在还留下了诸多遗迹。当地老村民张田云和陈善顺①夫妇很热心，带我们翻山爬岭找到这个废弃的码头时，展现在我们面前的是一个芳草萋萋、杂草蓬生的旧码头。该码头位于山冈之下，成"之"字形由河边向山岭延伸，现在还保留有30多个石材码头。码头全由河边普通石块镶成，由于几十年废弃不用，人迹罕至，早已青苔覆盖，两旁灌木茅草比人还高。山冈上还存有一个红砖亭子，一看就知道是20世纪六七十年代的产物。据张田云夫妇介绍，亭子早已有，最早是一个木质亭子，由于这里原来是整个荣华乡出入的一个重要码头，尽管偏僻，但一向人来人往，相当热闹繁忙。后来木质亭子倒塌，为了方便过往群众，人民公社时期又改建了这座红砖亭子。

随着苏溪码头的衰落，亭子码头也难逃荒废。后来，根据水位上涨情况，当地人新建了另一个码头——小鹿码头。"如果说安化是茶马古道起点，小鹿码头就是辐射全国各地的一个重要渡口。"年近七旬的乡文化站

依旧担负着航运使命的小鹿码头渡口（鄢吉摄）

---

① 张田云，女，现年66岁，荣华乡小鹿村三组村民；陈善顺，男，现年74岁，荣华乡小鹿村三组村民，其为张田云丈夫。

站长苏武生介绍道。小鹿码头连接苏溪关，扼守水路之要冲，曾经经此码头往来的货船、木排络绎不绝，现在则还承载方便小鹿村、苏溪村等两岸数千居民生活的大任，呈现出黄江河道上少有的繁华与喧嚣。

再说瓦滩。苏溪村田地与安化坪口相连，但苏溪码头下去还有一段几百米的水域叫瓦滩，行政上属于新化管理，实际上是新化安化两不管地域。据村民段锡凡介绍，由于两不管，历史上这里就成了非法走私、河匪避难的天堂。民国至中华人民共和国成立初期，一些新化无证船只或者非法走私船只，白天在此躲关，晚上再伺机逃关。段锡凡说，当时水运繁忙，走私船很猖狂。有一次，安化水警追捕一只走私船至此，结果还被一些新化人殴打了一顿，水警船被打烂，水警也被打伤。从此，瓦滩的走私活动更加肆无忌惮。过了瓦滩，就正式进入了安化县境。

第二节 名胜古迹、物产与贸易

一、富庶的琅塘古镇

琅本是金石撞击的声音。琅塘之来由，据说是资水绕镇西流，水潆有láng 潭（塘），谐音琅塘。琅塘镇离新化县城 40 公里，是新化县沿黄江下游出境的唯一出口，出入境物资集散地，也号称"小南京"，是一个繁华古镇。其行政区划称谓在明朝及清前期为太阳一都，清末分属知方团和西成团，1949 年后为新化县第六区，1961 年为琅塘区，今为琅塘镇。

繁华的琅塘码头曾造就了琅塘古镇的繁荣。曾几何时，琅塘古镇的地位仅次于县城，是新化西部最重要的交通和经济重镇。据《柘溪库区新化移民志》载："旧为全县水运进出口总汇码头，开发有 400 年历史，素有'上邵阳，下益阳，中间有个好琅塘'的民谣。""明世宗嘉靖年间建立茶税官厅……清代、民国时期，商贾云集，已有河街、续街、上街 3 条主要街道，石板路面，总长 750 米。""水运高峰期每天过往船只达 500 多艘，临靠装卸的船只 200 多艘。""税费收入一度居全县首位，享有'金钱码头'之称。"

据该镇居民成其安①介绍，琅塘码头是一个吞吐量很大的水陆码头。

---

① 成其安，男，现年 68 岁，琅塘镇琅塘街二组居民，曾长期在资江上从事航运工作。

通过该码头，向下河为益阳、长沙、汉口等口岸输送琅塘石灰（又叫下河灰）、茶叶、桐油、夹板纸、土烧纸、竹木等农副产品，还有做油纸伞的卤水（或叫柿水）；向梅山内地输送的有盐、河米、洋布、棉花、白纸等日用品，年吞吐量在20万吨左右。货物供给辐射到今天的琅塘、金凤、孟公、天门、文田、水车、奉家甚至溆浦等地。由于码头上下水面平阔，适于货物集散，因而这一带人口聚集，民俗节庆繁多，如端午要划龙船，中秋要烧宝塔，过年要敬王爷公公，闹元宵要耍狮舞龙，特别是抬菩萨，初一抬出门，在三条主街各户抬摆，各家各户都要装香点蜡，敬猪头酒牲，烧纸磕头，放炮消灾，还要打发阳钱（活人用的钱），要到正月十五日才抬回庙里。据说抬了菩萨，就可国泰民安。

20世纪40年代，这一带富人聚居，共有商户400多家，其中资金雄厚、年营业额在300万银元以上的有同和泰、爱民康等4家商号。1951年抗美援朝，全镇人民10天内捐款2.2万元，相当于认购了一架飞机。土改时依财产划分阶级成分，一下子就划了100多户地主和工商业资本家，可见彼时当地之富庶。但这些人及其后代一般都移居汉口宝庆码头或其他大中城市了。

琅塘老街上的建筑（康解文摄）

据当地老人刘化尖①口述，民国时期琅塘街号称"小南京"，商埠极其繁盛。每至大河涨水，集镇更是生意兴隆，往来船舶如梭，上游的毛板，附近的商家，还有停靠卖米的篷船，众多的渔船，摆渡的义船……塞满河面。琅塘集镇街道整齐，共分为三大块，分别是上街、河街、续龙街。续龙街又叫续街，或叫场寨条，街道很长，主要是向船上运送石灰，从船上卸下煤炭和米。街面主要是由供挑夫民工食宿的旅馆和民居组成。这一带还有定期集市贸易。上街位于山上，即今天的琅塘街一带，是土纸收集的专业市场。据《新化县志》(1996年版)载，云溪、水车、孟公、长峰等地是土纸生产基地，山里的农家用嫩竹子造土纸，然后一串串肩挑手提送到上街，卖与这一带的坐地商贾。当地商贾收购到一定数额，再用船舶运往长沙、益阳、汉口。在这些纸商中，经营规模最大最有名气的有刘巩汉三兄弟。此外，刘化政、刘敦伦、张先隆等琅塘街面有名的大财主，也都集中在上街。

从上街沿石阶码头往下走约30级石阶，就到了河街。河街位于河边，店铺林立，货物堆积如山。集市贸易的兴起带动了河街加工产业的发展，如刘化石、刘化平兄弟的聚兴槽坊酿酒厂，刘时伦的铁匠铺，湘发裕布庄，德文堂书店，曾记酒家，戴运风纸马店……此外，知名度很高的还有桃李满园的著名拳师刘华茂，香火通行的看相大师观细麻子，弹月盘卖唱的刘五瞎子……河街多杂货铺，米行、糖坊、屠场、饭店、药铺、书铺多集中于此，这里也是一个龙蛇混杂的地方，恶棍地痞，打牌赌博看相算命的，多集中于此。

据原新化县国税局局长阳玉修在其《回忆》一书中介绍，当时琅塘街的文化氛围相当浓，除了上街有云华书店，河街有德文堂书店外，一个才这么大的镇子里，还有四文堂、文华堂、益湘书局等书店。此外，续龙街附近有一个御赐的贞节牌坊，还有一个明经学堂，在上街的山岭上还有知方高等学校。

明经学堂又叫明经小学，主要开设小学四年级及以下的课程，四年级以上就得到知方高等学堂去深造了。当时整个琅塘一带，包括今天的琅塘镇、荣华乡、金凤乡，都属于知方团管辖的范围。知方高等学堂就是当地的最高学府。据刘化尖先生介绍，成仿吾、成劭吾、陈天华等知名人士，都在此学习过。知方高等学堂内原有两棵100多年的老桂花树，可惜20

---

① 刘化尖，男，1947年生，琅塘镇回龙桥村人，曾长年在资江河上驾货轮、打鱼。

世纪70年代死了一棵，后来补栽了一棵小桂花树。现在，那棵大桂花树长得枝繁叶茂，冠如亭盖。

阳玉修在《回忆》中写道，那时的琅塘，作为资江河道上的重要码头，美国大兵也三三两两地出现在街道上。据说美国大兵很放肆，经常捉弄中国人。在沙洲草坪上，他们把一些罐头、牛奶、糕点等往地上扔，勾引成群的小孩去抢，他们乘机照相并哈哈大笑，有些小孩在抢的过程中甚至把手脚都弄伤了。有时美国军人也把一些牛奶粉和咖啡分发给当地人，当地人开始不知道牛奶和咖啡是什么东西，也不知道怎么吃，还生怕有毒，后来尝到甜头，才抢着要。后来又有传闻，说美国人居心叵测，阴谋让中国人绝种，吃了美国人的牛奶粉，男女都没崽养，因而尽管美国牛奶包装得蛮漂亮，往往一发就是好几盒，但大多人不敢吃了，最多用舌头尝试尝试。美国大兵还很开放很大胆，在小汽艇上，光天化日就敢当着众人的面，与他们从外地带来的女子拥抱作乐，还大声嚷嚷。那时，知方高等学堂就可以组织学生们看无声电影了。此外，琅塘由于水运发达，还曾建过国民党军的兵站。兵站曾安排一些负伤的中国士兵到明经小学休整，以至于小学操坪上到处都是旧军帽军衣，还有杂七杂八的枪支。伤兵在续龙街上横冲直撞，很多铺面都只得关门歇业。

位于荣华乡寨门村的造纸池（吴大开摄）

刘化尖说，当时琅塘街常住人口约有五千人，流动人口更多，包括专门挑石灰、河南纸和柿水的码头工人，此外还有大批客商。那时，琅塘码头土纸（当地叫河南纸）最为著名，其次是石灰。码头附近共有23家石灰厂，最大的石灰厂是同和泰，该厂生产的石灰在武汉、长沙都是抢手货。

琅塘老街上的建筑(鄢吉摄)

二、过街亭

　　槽船码头造就了过街和鹊桥一带的繁华。鹊桥私塾曾是过街的一张名片，周围的七村八铺都有学生在此就读，著名的民主革命先烈陈天华就曾在此开蒙。过街亭，位于今荣华乡政府之下，是一条长约500米、保存较好的古巷，青石板街道上还依稀地保留着当年的马蹄印和不少清代、民国时期的板屋。亭，本是有顶无墙供人休息的建筑物，而过街亭的建筑风格却别具一格，一般屋前都有亭，并安有简易的供行人坐卧的懒凳板，街与亭有机结合一起，因而这片街道就叫过街亭。据居住在过街村十一组的刘梓初①介绍，这亭与当时穿街而过的茶马古道密切相关，也是多条茶马古道线路最终汇集于此的见证。当时，荣华境内茶亭众多，据说至少也有60多座。而过街亭一带既是茶叶收购地，也是茶商集散地，至今仍有刘裕昆号、顺和隆号等茶庄遗迹，地面上也就茶亭林立了。茶亭内免费供给茶

---

① 刘梓初，男，现年62岁，系荣华乡过街亭村十一组村民。

水，如果饿了还可在茶亭打中伙（吃午饭）。一般茶商自带粮米，亭主免费提供炊具，饭后就在茶亭设置的懒凳板上睡上一两个时辰。一般茶亭设懒凳板八至十块，每块可睡两人，每处茶亭还设置了上马石和拴马桩。此外，街道上客栈、商店齐全，商贾如云，商业活动相当频繁。

过街亭边的乐善桥（鄢吉摄）

过街亭边的谭氏宗祠（鄢吉摄）

三、古今文物风景

1. 八仙台

在今安化坪口较近之处有一个八仙台。这是一个临河的半月形台地，台地上有一庵一院。院落边是一片吊脚花楼，周围是一些店肆，花楼和店肆里面住着来自五湖四海的穿着时髦的妓女。她们经常搔首弄姿，勾引过往船只上的水把式们在这里靠船过夜，或者早早"打尖"。当时在船夫中都这么流传："八仙台上好风光，既有婊子又好观光。"当然，船夫中也有一些不谙世事的毛头后生，若在此过夜，他们就到山上去数星星。三二个无聊的后生滚在草丛里，仰望着天上星星数道："天上一颗星，地上一个人，一颗星，一个人，没人能数24颗星。我能数24颗星，1，2，3，4，5……"旁边的人大叫一声，结果又数乱了，因此确实没人能数出24颗星。此外，据说八仙台上有一只神奇的神仙桌，河边岩壁上还有一口格外清澈可口的好井，由于那井口很似女人的外生殖器，船夫们就谓之阴水。过往的船夫艄公一般要喝几口阴水。现在，八仙台、店肆、神仙桌、水井都被淹了，只有到枯水季节，才能看到一片沙洲和淤泥，还有那口孤零零的老井。

2. 八仙庵

八仙庵位于礼溪村礼溪湖境畔的五狮山上，始建于清光绪年间，后多修葺。礼溪湖内大小岛屿星罗棋布，似人间仙境。传说八仙曾在此结庐修行，当地民众感于八仙庇护，在五狮山上修建一庵，名八仙庵，庵内供奉八仙神像，至今香火盛行。自老庵前左，有石蹬百余级，上筑南岳殿，前殿祀南岳圣帝，后殿祀圣公圣母（南岳圣帝之父母）。据传，乡人抬圣帝爷神像至此，重如泰山，不能再前，于是定此为南岳殿址，是谓"圣帝自选胜地"。上有匾，题四个镀金大字"威灵四方"，亦谓是圣帝托梦所题。此外，进出五狮山处有座双石桥，成仿吾故居就位于双石桥边。

3. 天台寺

原苏溪码头近处有天台寺。天台寺为苏溪湖的佛教圣地，据现仍在护理香火的戴维高[1]介绍，这天台寺颇有来历，始建于北宋熙宁年间，与新化建县的时间相同，已历900多年沧桑，再次扩建于清咸丰三年（1853）。

---

[1]　戴维高，男，现年78岁，琅塘镇苏溪村五组居民，曾为苏溪村村支书，现护理天台寺。

原有佛祖、观音等 54 尊佛像,毁于"大跃进"。"文革"及"文革"后,当地村民在此关猪关牛,但关猪死猪,关牛死牛,一度被废弃。2003 年,当地村民将原墙壁、古物、古迹修复一新,成为今天之天台寺。该寺左前耳殿供伯依佛祖像,右前耳殿供河神王爷公公像,两者皆为本土神祇,成了该寺的一大亮色,也是远近善男信女崇信的一大原因。今天,天台寺佛幡飘逸,香火鼎盛,前人题写的天台山寺联格外显眼:"登天台,遥望天然胜境;进佛寺,皈依佛法如来。"

琅塘天台寺(康解文摄)

4. 圆通庵

过去苏溪有市,还有圆通庵比较出名。邑人陈能玖《游圆通庵诗》云:"溪回路转见招提,一树垂柳废苑西。梵语不闻春寂寂,流莺飞入佛常啼。"可惜现在诗在庵毁。

5. 左氏宗祠

始建于资江河边,据传祠址规模宏大,"左氏宗祠"四字据说是左宗棠亲书。1949 年后,左氏宗祠还在,但仅存空壳。20 世纪 50 年代还有守祠人,但无人出钱出粮供养,于是守祠人以放蜂为生,祠堂只是他晚上的寄寓之所。祠处河边,河水滔滔,河风猎猎,一向无人问津。到了 20 世纪 70 年代,无人管理的祠堂终于倒塌了。

6. 伯依佛寺

伯依佛寺又名兴国寺，位于荣华乡西云山上的芳溪村，相传此地乃是伯依佛祖张如桂得道登仙之境。

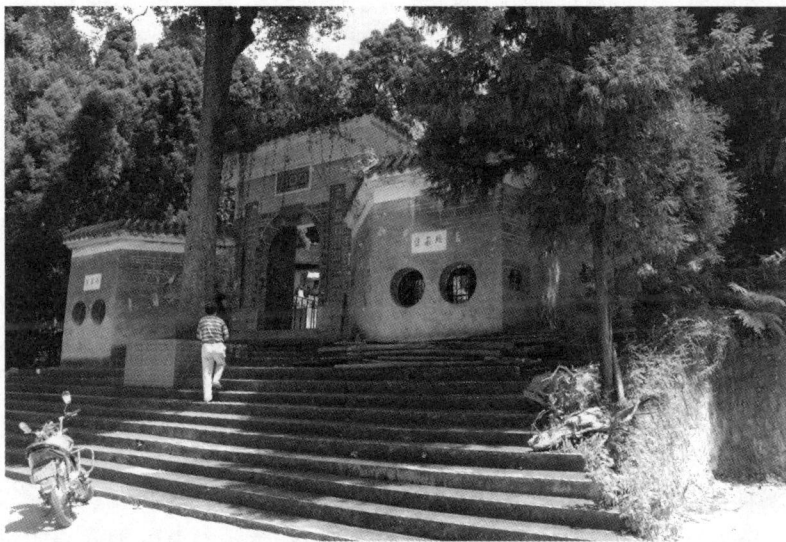

兴国寺（鄢吉摄）

关于伯依佛祖的传说颇多，因此地传说与白溪流行版本有出入，故辑录如此：张如桂，号秀贤，故居在白溪镇桃李冲，出生于清乾隆年间。其父张家义母亲苏氏节衣缩食，抚育如桂兄弟七人。由于人多地少，难以度日，兄弟辈不得不分散谋生。如桂年方七岁，遵父母之命跟随伯父。伯父家道中落，他只好离家去上乐村（今荣华乡方溪村）为一苏姓人家牧牛。他常在水草丰富的西云山放牛，一次，他发现在一片茂盛的草地中间平铺着一块光滑的石板，石板后面上三步石阶就是一座方椅形石台。他坐上石台，觉得身心颇舒服，于是就天天到此处放牛，割完牧草后就坐上石台看着牛群吃草。不久后就发现了一桩怪事，他昨天才割过的牛草，今天不但又长出来了，而且比昨天的更长更茂盛。聪颖的小如桂觉得这里肯定有神，便学大人们敬神的模样，将泥巴做成杯子、碗碟，削竹片做成筷子，折芦苇当香烛，以水代酒，摘野果为贡品，烧干树叶当纸钱，每天盘膝眯眼端坐于石台上，合掌请神念佛，就这样坚持了近二十年，常常觉得心旷神怡，其乐无穷。一日如桂坐在石台上凝神默祷，时值隆冬季节，天寒地冻，他突然感到全身发热，浑身是劲，便跳下台阶，将台下石板扳起，下面出现一方水井，清澈的水面上浮着三个淡红色的新鲜桃子。他连忙捞起，回家后好心好意献给东家苏老板。苏老板接过桃子看了又看，摸了又摸，说寒冬腊月怎么会有新鲜桃子？于是把桃子退还。如桂见老板不领情，便将桃子送到自己嘴边，刚咬一口，便觉得清脆香甜，鲜美无比，吃完感觉全身清爽，神志飘逸。次日是乾隆二十四年（1759）己卯十月十日，如桂照常登山樵牧，割完草，依然端坐于石台，眣目虔神，至傍晚起身回家时，才发现身体被石台粘住，入夜即骑鹤登仙，遗下肉身端坐于石台上，时年二十八岁。而所牧之牛群，一连三日至此草甸饱食而自归。第一天东家见牛归而人未归，还以为如桂借宿于同伴家中，未曾介意，不料三天过去，犹未见人归，才觉得事情蹊跷，在不知所措时，夜半忽得一梦，见如桂来家相告说："我已于三日前登仙，现在肉身露宿，需求遮风避雨，可速搭修庵舍立我身为肉身佛，以拯救世人。"苏老板不敢怠慢，于次日清晨直奔任田山桃李冲，把梦境告知其父母乃族人。众人听后初皆惊疑，立即赶到西云山查看，见如桂遗体仪态神形栩栩如生，众人疑虑顿释，乃商议筹建庵舍，定期三月竣工。如桂公登仙后，远近显灵，普救众生，一时传为佳话。每逢初一、十五，酬香还愿者川流不息，尤以七、八月的二十七、二十八日，更是人如潮涌，数以万计。今佛寺周围青松翠柏，浓荫如盖，寺左有一棵大枫树，需多人方能合抱，据说此树为伯依佛祖手栽。古树一侧有两岩合拱围一泉池，名叫西泉池。泉水清冽甘爽，称作神水，据说饮此泉之水，有病治病，无病消灾，过往游人香客无不痛饮。泉池周围花草繁茂，上方二十来丈处又有一清潭，深不可测。

佛祖肉身历经近三百年不朽，据说在"文化大革命"中，一些人要破除迷信，将肉身移出焚毁，曾存一心脏未燃，弃于旷野，于黑夜中放荧荧绿色光芒，此后则至今下落不明。20世纪80年代，有一自称王氏仙娘者，召集当地贤良，募捐集资筹工复修伯依佛寺，塑造金身，重建香塔，逐渐恢复昔日风光。而今，西云山伯依佛寺已经被县人民政府批准开放为旅游胜地。

7. 龙湾国家湿地公园

龙湾国家湿地公园是柘溪库区的一部分，其水域形状因在地图上呈天然龙形，而龙湾正处于龙头位置而得名。龙湾国家湿地公园距县城50公里，以琅塘镇和荣华乡为主体，由24个行政村、1个社区、21公里资江干流河段和千岛湖、铜铃湖、晚坪湖等11个同系相连的湖泊、水库，以及大虎岩森林、观音岛和丛山界森林等21个森林岛屿组成。规划区总面积为2504.9公顷，其中湿地面积2171.4公顷，占总面积的86.68%，湿地资源十分丰富，景观独特，文化底蕴深厚，同时还是候鸟迁徙通道中的停歇地和补给站。

整个湿地公园跨鹊桥、易龙（龙溪）、荷华（甘溪）、荣华（沙田）、杨家、小鹿、白大（白沙），东邻千兵洲（亦称白沙洲），西抵苏溪关，水域逾万亩。据介绍，这里常年有各种鸟类130多种，国家级保护动物有猴百鹰、穿山甲、大雁、丹顶鹤、白鹭等。同时又是天生的鱼库，春秋两季，成群的大雁在这里歇脚过夜，白鹭在这里安营扎寨、生育繁殖。湿地内主要景点有苏溪湖茶马古道、礼溪湖人间仙境、乐溪古迹、晚坪画卷等。其间最著名的景点是苏溪湖，又称千岛湖，位于湿地公园西北部琅塘镇苏溪村。景区以山水组合见胜，湖内有灵气十足的56个小岛对应中华56个民族。中华民族是龙的子孙，此地则被誉为"天生的龙盘之地"。此外，龙湾也是有名的水果之乡，几十种名牌水果挂满枝头，你随便走到哪家，纯朴的果农会端出大盘的水果让你吃个够。此外，这里还盛产美味的野生鳜鱼、胡子鲶、叉尾鮰、体型硕大的罗青鱼、麻鲶等。

8. 小鹿

在湿地公园龙头山不远处有一座山，叫矮鹿寨，传说是秦汉交战的三座古寨之一。矮即小，本地先民起居在龙头山的角上，龙角即鹿角，先民就把这里命名为小鹿，即今天的小鹿村。小鹿村之所以闻名，主要因为这里是辛亥革命先驱陈天华的故乡。现在，小鹿村中陈天华的故居已深浸入柘溪水库之中，于是人们立了一块纪念碑，矗立在湿地上。

小鹿古桥亭（吴大开摄）

9. 乐溪湖

乐溪湖又称琅塘湖，位于公园西南部琅塘镇乐溪村，湖内有一岛叫观音岛。传说此岛原为一巨型岩石，突兀嶙峋，寸草不生。一日观音菩萨到此小憩，拂尘一展，香汗入石，于是林生草长，百花争艳，百鸟争鸣。岛内有一洞，名观音洞，该溶洞出口众多，相互贯通，洞内地下河与资江相连，溶洞总长度接近9公里。洞内怪石嶙峋，造型奇异，色彩斑斓，更有泉水叮咚，暗流宛转，深不可测。

10. 梅罗望月

梅罗位于苏溪湖群岛西南部，是一个形如五指伸展的半岛群，较之苏溪湖别有一番佳景，特别是临风赏月，真可令人浮想联翩。据说日落西山之时，月升东水，于此湖面望月，湖映月而九天共霁，月照湖而众岛俱明，天地朗然，水湖辉映，使人顿觉："惟水月之叶美，与君子而同途。"

11. 珠岛晚坪

晚坪像一颗椭圆形珍珠，横放在琅塘老镇东面的柘溪库区中，东西约长3公里，南北约宽2公里，三面为河水包围，东端与澧溪隔江相望，西端与老镇隔水相峙。20世纪60年代末，此地先后修筑晚坪围堤、澧溪围堤，建成县渔场、镇渔场和澧溪渔场，将晚坪孤岛与琅塘老镇和澧溪连成一体，形成"双手抱月"的亮丽景观，是库区最大的养鱼基地。

12. 川岩

川岩其实应为穿岩，在琅塘镇石门村南，与孟公镇桥头村毗邻，是一个穿透的大溶岩洞。岩高百余米，穿洞宽20米，厚30来米，顶高40来米。洞顶钟乳石交错下垂，各种形态栩栩如生，妙不可言。洞溪的上游有一巨石，见方10来米，桥头溪水激漱其下，浪花四射，人立其上，神魂飘荡。洞内有一股巨大泉流，久旱不枯。山岩南侧，有一长条形洞口，高1米余，宽40厘米，洞内凉风吹出，宛若一巨型空调机，人立其前，顿觉凉爽欲仙。稍下，又一小洞，洞中滴泉，清冽可口。川岩前桥头溪上，筑有一坝，坝上流水似珠串垂帘。左侧有一碾米房，溪水冲转木轮，再带动石轮碾米，气息古朴而新鲜。岩旁为琅塘、澧溪通孟公走新化的大路。岩顶有一茶亭，名风月亭，供行人歇息。亭联云：川上泉流，滴为甘露；岩前樾荫，惠以清风。亭旁有一孟公庙，始建于清康熙戊寅岁，其碑尚存，但庙为新庙。

13. 皇风吹洞

皇风吹洞在琅塘镇古塘村西南方的山岩腰部，四周危岩尖峭，灌木丛生。距洞数丈远，即可见洞口的冬茅叶被吹得飘摇不定。稍前，顿觉凉风习习,沁人肺腑。至洞口,可见洞宽不足 1 米,长 1 米有余,有约 4～5 级风自洞内向上前方吹出,温度在 10 摄氏度左右,夏日当之凉爽,远胜现代空调。这样天然的清凉风洞,是这里一大特色。

风洞的左右,不出半里之遥,各有一大溶洞。右者幽深莫测,据说可通辽远村的八仙洞。左者,门口有堵砌石门痕迹,相传原有厚 6 寸、宽 6 尺的巨幅稠树木门,为古代躲兵之洞,此洞亦可通辽远之八仙洞。离洞不远,有一处水出如小溪,流数百步,又有泉涌如汐,接二连三,俗称汐水洞。距汐水洞不到一里,又有"犀牛望月",乃一巨石,形如犀牛。相传古时有一地仙(风水先生),为周姓家踩得此地,自此周家家兴人旺,出了 48 条勒皮带(指军官)。后因那家主人将喂狗的粥给那地仙吃,地仙乃放言:"斩断犀牛头,代代出公侯;不斩犀牛头,代代住猪楼。"主人乃以炸药炸断犀牛头。从此,周家的 48 条勒皮带逐渐消失。再往前走,有一塘,塘中有圆石,直径 1 米左右,形若巨鼓,边缘鼓钉历历可数。据说此鼓自天外飞来,鼓自响后,附近洞内亦有锣声呼应,而且"鼓响锣响,预兆丰年;鼓响锣不响,预兆平年;锣鼓都不响,定是灾年"。所以此地名鼓塘,后简写为"古塘"。古塘村左前方有峰峦,起伏九次,如一条巨龙腾飞,人称九龙峰,又称九尖峰。龙头上有一亭名奉先亭,有楹联两副。其一云:奉命遄征,暂述高躅;先芬清挹,少涤烦襟。其二云:奉三无,群蒙厚泽;先一着,畅饮甘霖。

从第一副对联看,似乎此地出过"奉命遄征"的武官;从第二副对联看,此官信奉佛家"三无",才建此"畅饮甘霖"的茶亭。现亭废,楹联石柱已被移置村礼堂门上,保存完好。

14. 洪范寺

洪范寺位于荣华乡新安村一个叫挂榜山的山谷里。顾名思义,新安村地处新化安化两县交界之处,挂榜山则与大熊山顶峰九龙池逶迤相连,四周群山莽莽,人迹罕至,却有数条隐秘茶马古道与外界相连。据苏武生[①]介绍,该寺最早叫共工祠,是当地洪氏的家祠,始建于明代中期,明末荒废,后几次修复。清朝初年,洪氏出了一个大财主,田土山林延伸至安化一带,在他主持之下,扩建该祠为寺,又加上洪姓本是共工的后代,因而从此改名叫洪范寺。洪范寺坐落在一片参天古木之中,当地人说原来为两进两出,尚有天井,分前后二殿,现在只剩下后殿,四周约有八九户人家。

---

① 苏武生,男,1956 年生,荣华乡鹊桥村人,现为荣华乡文化站站长。

传说以前有一个名隐山的老和尚在寺中修行，村民大多知道寺中隐山大师白天为人，晚上化身为龙的传说，说隐山大师常与龙王下棋。

15. 鹊桥

鹊桥跨荣华横溪两岸，为石拱古桥。当年石桥建成正逢七巧之期（农历七月七日），故名鹊桥，寓牛郎织女七七相会银河的美丽传说。鹊桥两旁，地势开阔，村南从小鹿桥到过街亭的北山脚，长7公里，宽2.5公里，是一条拥有1万多亩良田的大田垄，称鹊桥田垄，盛产稻谷、蔗糖，榨糖作坊曾经兴盛一时。柘溪水库蓄水后，水位上升至鹊桥，田垄所剩无几，鹊桥亦被淹没。后因地制宜，开发渔果产业，成为鱼果之乡。

位于鹊桥村的"三才斋"遗址（吴大开摄）

16. 蛇溪峪

蛇溪峪位于荣华乡西北部的大乐村，濒临莫江，两旁山峦层叠，郁郁葱葱，多有潺潺的溪流、古朴的农舍、袅袅的炊烟、弯弯的田野小路。蛇溪峪溪流清澈见底，有蝴蝶潭、回龙潭、归龙潭（又称一团峡、二团峡、三团峡）等景点。

蝴蝶潭：传说是何仙姑与龙王三太子相会的地方。唐朝时，何仙姑和化作白衣秀士的东海龙王太子常在这里的青山绿水之间，相依相惜，缠绵悱恻。后来白龙获罪于天，被玉帝从最上面的归龙潭遣回东海，从此再未与何仙姑相见。何仙姑在此思念白龙，晶莹的泪水化作白色的蝴蝶，因此就叫思龙潭，也叫蝴蝶潭。这是蛇溪峪的第一个潭。回龙潭：这里原来是何仙姑和白龙戏水的地方，白龙走了以后，何仙姑到这里来呼唤白龙，希望他能再回来，所以叫回龙潭。归龙潭：蛇溪峪三潭中最大最深的一个，长 30 米左右，宽 3 米余，上面有一线天，但是比蝴蝶潭要窄很多，崖壁上植被也少些，因此潭内的环境使人感觉比较柔和。潭的尽头是一道飞流而下的瀑布，可能是瀑布的高度太高，发出的声音很大。瀑布下飞珠溅玉，水中石头上的小裂缝都能看得一清二楚。偶尔一两条小游鱼，就像在空中飞行一样，窜入石缝中，立刻不见了踪迹。随着水位加深，水色也越来越深，到了接近瀑布下面的地方，水的颜色成了墨色，使人感到幽深无比。三个团峡以瀑布相连，三个瀑布三级台阶，真有"飞流直下三千尺，疑是银河落九天"之状。

第三节　居民姓氏与文化发展

一、居民姓氏

（一）荣华一带以陈姓、苏姓为主

1. 陈姓

据新化《陈氏族谱》载：陈氏始祖陈伯万，字顶一，号金锋，南朝陈国皇族之裔，是最早迁入梅山的汉族"客户"之一。在一千多年的历史繁衍中，这一支陈氏族人遍及新化二十多个乡镇和新邵、冷水江、涟源、怀化、溆浦、安化等地，已成泱泱大族，后辈英才不计其数，而在琅塘荣华这一带，最突出的当数辛亥革命先驱陈天华。

陈天华（1875—1905），原名显宿，字星台，亦字过庭，别号思黄，新化县知方团（今荣华乡小鹿村）人。母早逝，父为塾师，幼从父识读，因家境贫寒，乃营小卖以补济，仍坚持好学不辍。常向人借阅史籍之类书籍，尤喜读传奇小说，亦爱民间说唱弹词。1895 年，陈天华随父迁居县城，仍以提篮叫卖为生。1896 年，经族人周济，入新化资江书院。1898 年，入新化实学堂（今新化县一中），深受维新思想影响，倡办不缠足会，成为变法运动的拥护者。1900 年，入省城岳麓书院，次年转入求实书院。1903 年初，入省城师范馆，不久获官费留学日本东京弘文学院师范科，参与组织"拒俄义勇队"和"军国民教育会"。不久，逢沙俄企图侵占东北三省，拒俄事件发生，陈破手血书寄示湖南各学堂。湖南巡抚赵尔巽亦为感动，亲临各学堂宣读，并刊登于官报，还饬令各府、州、县开设武备讲习所，使湖南全省拒俄运动士气更加高涨。陈天华在日本还"日作书报以警世"，先后撰写了《猛回头》和《警世钟》两书。这两部书采用新化民间"唱土地""送春牛"的民歌格式写成，带有浓厚的湖湘地方特色，以强烈的爱国精神和革命勇气，揭露帝国主义列强瓜分中国的野心，指出清朝政府已成为"洋人的朝廷"，号召全国各阶层民众团结起来，实行排满，"杀那洋鬼子"，在社会上产生了强烈反响。

1903 年冬，陈天华回国策划起义。1904 年 2 月 15 日，陈天华同黄兴、宋教仁在湖南长沙发起成立华兴会，并到江西策动军队起义。不久，因清政府搜捕，陈天华不得不再次东渡日本。1904 年 3 月，陈天华到达日本后，入法政大学。8 月，冒险回国，准备参加华兴会发动的长沙起义。因事泄失败，又去日本。1905 年 6 月，陈天华与宋教仁等人创办《二十世纪之支那》杂志。7 月，孙中山到日本，主张联合各革命团体，组织中国同盟会，陈天华积极赞成。8 月，中国同盟会成立，他任秘书，并被推为会章起草人之一。《二十世纪之支那》改为同盟会的机关报《民报》后，他在《民报》上先后发表不少政论并连载政治小说《狮子吼》。同年 11 月，日本文部省颁布歧视并限制中国留学生的《清国留学生取缔规则》，留日学生发动了抵制这个规则的强大运动。为了激励人心，促进斗争，陈天华在 12 月 7 日留下《绝命书》万余言，次日投海自杀，年仅 31 岁。著作辑为《陈天华集》。

陈天华之死在当时引起了很大的社会震动。1906 年春，当陈天华的灵柩运回上海后，中国公学为他和另一位投黄浦江自尽的同盟会员姚宏业举行了一次公葬集会，到会千余人，会上宣读了姚宏业的遗书和陈天华的绝命辞，大家痛哭流涕，决定将陈姚灵柩一起送回湖南公葬。次年闰四月初一，其灵柩经黄兴、禹之谟筹办运回长沙，各界不顾官方阻挠，决定公葬于岳麓山。四月初七举行葬仪，长沙全城各校师生踊跃参加，送葬队伍达数万人，由朱张渡、小西门两处渡河，绵延十余里，"适值夏日，学生皆着白色制服，自长沙城中望之，全山为之缟素"。军警站立一旁，亦为之感动，不加干涉。后来毛泽东在《湘江评论》第 4 号上评价，"这是湖南惊天动地可记的一桩事"。陈天华一生救亡图存，宣传革命，是辛亥革命时期杰出的革命家和宣传家。

2. 苏姓

据 1947 年《苏氏五修族谱》（新化）"旧序"称：得常公兄弟于宋元丰年间从江西泰和圳上千秋乡水柏保梅子湾泛舟来楚，卜居邵州梅城苏溪。后得卿公转徙潭州；得贵公徙居武冈；长三公迁居太平铺（县籍不详）；子隆公无考；子旺公居苏溪庙关洲后，分衍乐安冲；得常公则卜居太阳、岩口、柳溪、土主等处。"五修源流考"说："吾族与梅山苏氏为一系"，新化荣华等地苏姓以苏子旺为始迁祖。

（二）琅塘古镇一带以成姓和刘姓为主

1. 成姓

以成华甫为南迁始祖，曾任河南总督。宋元之际，在湖广一带为官，后携亲侄成世魁及全家迁到湘乡县。元末明初，成世魁又率子侄迁居新化。

"成"在新化方言中不读"chéng"，而读"cháng 常"。据澧溪一带的老人说：当年成氏进入新化的始祖成世魁就是从湘乡出发，率子侄转益阳，再从益阳沿资江乘船入新化。成氏族人最早于琅塘澧溪一带倚水而居，因长年在资江上谋生，多为驾船好手。长期的船家生活，使他们非常忌讳"沉"字。在新化方言里，"成"与"沉"同音，于是就将"成"读为"cháng 常"了。

成仿吾（1897—1984），成氏翘楚，原名昌恖、灏，曾用名石厚生、夏乘等，知方团澧溪村人。清光绪二十三年（1897）农历七月十五日生、中国无产阶级革命家、忠诚的共产主义战士、中国新文化运动的重要代表、无产阶级教育家、社会科学家、文学家、翻译家。

成仿吾8岁入学。清宣统二年（1910），随兄赴日本留学，先后就读名古屋第五中学、东京高等学校预科学校，熟谙日语、英语和德语。民国六年（1917），入东京帝国大学攻读枪炮专业，又学法语。五四运动后，与郭沫若等发起组织创造社。民国十年（1921）5月返湘，任教长沙楚怡工业学校兼湖南兵工厂技正。翌年10月，应郭沫若之邀赴沪主持创造社社务，相继创办《创造季刊》《创造周报》等多种文学刊物，发表了大量小说、诗歌及文学论文，成为国内很有影响的文学家。民国十三年（1924），任广东大学理学院力学教授，兼任黄埔军校入伍生部政治教官。民国十五年（1926），任黄埔军校兵器研究处技正、代理处长，参加了中国国民党。其间，先后发表《革命文学和它的永远性》《完成我们的文学革命》等多篇文学论文，对推动新文化运动的发展产生了深远影响。次年2月，上海工人武装起义失败，成仿吾主持起草了《中国文学家对于英国知识阶级及一般民众宣言》，揭露帝国主义勾结军阀镇压中国工人革命的罪行，派何畏持信、稿联络鲁迅签名，并译成英、法、日文在国外发表。之后，"四一二"

事变发生，成仿吾悲愤至极，撰写了《文学家与个人主义》等革命论文，提出文学要为革命服务的主张。民国十六年（1927）7月，被派赴日本采购军用化学器材，趁机组织冯乃超等回国从事革命文学活动，发表了《从文学革命到革命文学》论文，指出在新的历史条件下，革命文学是新文学运动的发展方向。

民国十七年（1928）5月，成仿吾去巴黎。9月，在巴黎参加中国共产党，负责巴黎—柏林支部的宣传工作，并主编支部刊物《赤光》。一年后，因摆脱法国警方干扰，徙居柏林，继续主编《赤光》，并首次将德文版《共产党宣言》译成中文。民国二十年（1931）7月从柏林回国，9月，在上海参加中国左翼作家联盟。11月，被派至鄂豫皖革命根据地任省委宣传部部长、省苏维埃文化委员会主席，兼任红安中心县委书记。次年10月，受省委派遣至瑞金向中央汇报工作，并留瑞金参加中华苏维埃第二次代表大会，当选为中华苏维埃共和国中央执行委员。民国二十三年（1934）10月，参加中国工农红军长征，同徐特立一起任干部团政治教员。

红军抵达陕北后，任中央党校高级班主任、教务长。抗日战争全面爆发后，经毛泽东提名，主持筹建陕北公学，任校长兼中共党委书记。两年内，该校为抗日前线造就干部6000余名。民国二十七年（1938），又与徐冰合译《共产党宣言》，并通审全篇。译著问世后，在当时传播马克思主义的阵地上，引起雷鸣般的反响。

民国二十八年（1939）7月，日军增兵华北，陕北形势告紧。成仿吾奉令率陕北公学等4校青年学生1500人抵晋察冀革命根据地，创建华北联合大学，任校长兼中共党委书记，并兼任中共晋察冀中央局委员、中央局文化工作委员会书记。民国三十二年（1943）1月，当选为晋察冀边区参议会议长。民国三十三年（1944）2月，被召回延安。次年，参加了中共第七次全国代表大会，参与了中国共产党的若干历史问题及"七大"各种文稿的讨论。民国三十四年（1945）8月，毛泽东征询其工作意见，成仿吾表示"还是做教育工作好"，旋即返回晋察冀边区，并着手恢复华北联合大学。不久，华北联大与华北大学合并成立华北大学，成仿吾任副校长。该校集中力量主办短期政治训练班，大量吸收革命知识分子，为革命根据地输送了数以千计的优秀人才。

1949年9月，成仿吾出席中国人民政治协商会议，随后参加开国庆典。12月，出任中国人民大学副校长。在人民大学，首次开设了马克思主义基础理论课程，为全国高校树立了榜样。其间，成仿吾努力学习俄语，校译了苏联高等院校管理条例。1952 年 10 月，出任东北师范大学校长兼中共党委书记。在东北师大，成仿吾仍以"新型人民教师首要条件是政治素质"为办校目标，并亲任马列主义基础教研室主任。成仿吾重视人才选拔，每年必优选一批毕业生或留校做研究生，或派往国外深造。20 世纪80 年代以后，该校多数教学骨干和行政管理干部，都是此时打下的基础。1958 年 8 月，成仿吾改任山东大学校长兼中共党委书记。针对当时过分强调师生参加生产劳动的情况，成仿吾不顾风险，始终置教学于学校工作首位，稳定了教学秩序。在山东大学任职 8 年，不仅发挥该校以文史见长的传统，同时创立了富有特色的理科。先后被选为第二届、第三届全国人大代表。1960 年 5 月，毛泽东视察济南，特约成仿吾面晤。

成仿吾学贯中西，资深望重，一贯平等待人，密切联系群众。在陕北公学，常与学生一同出操、一块开荒种地，关心学生冷暖，师生一致称其为"校长妈妈"。中华人民共和国成立后，任职多所高校，有关方面通知开会，必准时到会并必坐前排听讲。"文化大革命"中，成仿吾坚贞不屈，尽管身体被打伤，但在威逼至极时，成仿吾一直坚持回答："我是共产党员！"当发现批斗的红卫兵念错了字，成仿吾会轻声予以纠正。

1972 年 9 月，在毛泽东过问下，成仿吾奉调入京，从事马恩原著的校译工作。其间，重译了《共产党宣言》，校译了《哥达纲领批判》《社会主义从空想到科学的发展》《路德维希·费尔巴哈和德国古典哲学的终结》《反杜林论》等经典著作。1977 年 3 月，成仿吾出任中央党校党委常委，并负责中国人民大学的复校筹备工作。1978 年 2 月，出席第五届全国人民代表大会和全国政协第五次会议，并当选为政协常委。是年 7 月，复任中国人民大学校长兼中共党委书记。当时，已 81 岁高龄。

1980 年，成仿吾以只争朝夕的精神，口述了从陕北公学到中国人民大学的办学历程，经整理后出版了《战火中的大学——从陕北公学到人民大学的回顾》，及由王震作序的《成仿吾教育文集》等著作。1982 年 9 月，出席中共第十三次全国代表大会，被选为主席团成员和中央顾问委员会委员。1984 年 5 月 17 日，成仿吾病逝于北京。

2. 刘姓

琅塘街上以刘姓人口为最多，号称"刘姓江山"。民国时期，刘姓在琅塘不但田多、钱多、势力大，而且各类人才也确实不少。据阳玉修在其《回忆》中写道：当时琅塘街上绰号为"三龙四虎一霸王"的几个人都姓刘，"三龙"是刘汉凡三兄弟，"四虎"是刘介仁家四位少爷，"霸王"就是圈匪大哥刘良仁。在河街最有实力的是刘介仁一家，他的姐夫是方鼎英。刘介仁在续龙街修有刘姓处女楼，据说就是方军长亲笔书写的匾额。中华人民共和国成立前夕，江面上很不平静，经常匪患出没，但只要船家请刘良仁坐在船头，不论大小船只，都可平安无事。街上有人家失盗或被绑，只要请到刘良仁，刘良仁答理了，财物就可失而复得，人可平安回家。

琅塘古镇上最大的老板一般都说是同和泰的口水佬。此外，续龙街上明经小学旁的国民党师长周先仁的豪宅也挺威风，美国军人曾到此食宿，警察所、镇公所的枪支都是周师长的。以上这些人都是琅塘古镇的头面人物，在琅塘街上呼风唤雨。

（三）苏溪一带有段姓、梁姓

1. 梁姓

入湘始迁祖梁忠泰，江西吉安人，北宋末年由于某种原因迁入梅山之安化河邱。梁忠泰之六世孙梁明三，字千一，生于元仁宗延祐元年（1314），卜居新化琅塘苏溪，为新化梁姓始迁祖，后建祠堂于苏溪。据苏溪老人梁光宝①介绍，原苏溪码头尽管取名与苏姓有关，但这一带已没有姓苏的，主要是梁和段二大姓。民国时期苏溪码头上的码头把把就叫梁恒付，是琅塘及安化坪口一带威风凛凛的人物。他坐在码头上，其他人依次给他敬奉蔬菜粮食，只能送好的，差一点就打回去，要重送。

2. 段姓

迁入新化的段姓共二支，其中圳上、琅塘一带姓段的乃段文达后裔。段文达，祖籍江西南昌进贤人，明永乐二年（1404），由赣迁湘，先以军功屯于横阳寨下，后裔再迁圳上、琅塘等地。而迁化溪、球溪等地的段姓始祖为段万椿。

（四）荣华乡的来历与方荣华有关

方荣华（1899—1949），又名执科，时雍团富溪村（今圳上镇方荣华村）人，光绪二十五年（1899）生。民国二十四年（1935）春，与其兄同去隆回六都寨做瓦。同年12月，红二军团途经该地时他参加红军，旋即投入邵阳观音堂反阻击战，受伤未愈，又随军长征。次年他加入中国共产党，并申请担任炊事工作。红军到达陕北后，他投入南泥湾大生产运动，吃苦

---

① 梁光宝，男，63岁，琅塘镇苏溪村六组村民，其祖辈世代居住于此。

耐劳，埋头苦干，被誉为"长征途中的英雄，大生产运动中的模范"。解放战争爆发后，他随部去东北抚顺执行任务，刚到抚顺，又奉命返延安，将留在后方的部队家属安全护送东北，备受战友称赞。方先后担任八路军三五九旅七一九团副官、八路军津南军后勤部留守处军需股长、三五九旅九团供应处军需股长、团财政股长、团副官、中国人民解放军第四十七军留守处行政科长、供给股长等职。

民国三十八年(1949)，其所在人民解放军四十七军进军西南。8月，主力部队抵邵阳，留守处驻益阳。10月，受派护送一批物资供给邵阳主力部队。任务完成后，经组织同意，顺便回新化圳上探亲。1949年11月10日，他同通信员及女儿方赛桃从家经白溪乘船返益阳，船行至知方乡沙田小码头(今荣华乡荣华村)附近时，突遭陈光中匪部劫捕。审讯中，方坚贞不屈，经受种种酷刑，坚决不泄露军机，两天后被陈匪用刺刀杀害于沙田村沙滩上，时年50岁。方荣华牺牲后，原部队追认为革命烈士。1951年新化县人民政府在其牺牲地置"荣华乡"。

二、书院学堂

琅塘、荣华一带发达的水运，促进了当地文化的发展。这一带历来人口密集，教育也相对发达。历史上比较出名的学堂或私塾有：知方高等学堂、西团书院、明经小学、大明书院、鹊桥私塾等。

1. 西团书院

西团书院位于琅塘镇白云村，是曾任梧州知府的王子寿于清乾隆年间创办。民国三十二年(1933)重修，为二层砖木结构，建筑面积1200平方米，教室8间，图书馆1间，备课室1间。室内白灰粉刷，小青瓦面，木质回廊与栏杆，门窗对称，采光通风良好。

抗日战争期间，县立女子中学迁于此。新化、溆浦、安化各县的学子也大都曾求学于此，原中国人民大学校长成仿吾就是从这里走出去的。这里曾办过小学、初中、高中，当代的新化四中，也是从这里起步的。就读学生最多的时候有1300多人，走出去的学者远及中国香港、台湾、德国等地。1949年后，更名为白云学校(小学)。该书院是新化县唯一保存较为完整、反映教育历史和农村启蒙教育的珍贵遗产。

2. 明经学堂

明经学堂位于琅塘老镇的绩龙街，后靠华正岩山，面对江流，河边有

白云学校即原西团书院老校舍（鄢吉摄）

白云学校即原西团书院校园（鄢吉摄）

块大草坪叫洲上。学校为四层楼房，六间教室，最上层是刘姓财主寄放棺木的地方。此外，学校右侧有方鼎英题写的处女楼，左侧是国民党师长周先仁的住宅。明经小学开设从幼儿班至小学四年级几个班级，四年级以上就到知方高等学校去深造。

3. 知方高等学校

知方高等学校又叫知方高小，是一个四合院。校内有两个操坪，前操坪有两个篮球场，后操坪有个排球场，集会时升降国旗主要在前操坪。校园内花草满地，尤其是樱桃花，既开花也结果，伴随着学子们度过一个又一个寒冬酷暑。校园内原有两棵桂花树，每到8月，校园里就弥漫着桂花香。但我们前去调研时，只见到了一棵郁郁葱葱的大桂花树，据说另一棵莫名其妙地死了，后在该处补栽了一棵小桂花树。地方文献记载说成仿吾、成劼吾兄弟都在此学习过。

知方高小原址(鄢吉摄)

原雕凤石基(鄢吉摄)

三、社会经济状况

老琅塘区(包括荣华乡)一带历来是全县最繁华的边境贸易地区,目前的琅塘镇更是新化的"工业重镇、边贸重镇、交通要镇、旅游新镇",也是著名的"电子陶瓷之乡"和"铁合金之乡"。老琅塘区地处县境西北边陲,西与安化溆浦毗邻,北与安化接壤,东与白溪孟公相连,西南与金凤天门乡交界,素有新化"西大门"之称。今天的琅塘镇和荣华乡土地总面积为252.7平方公里,其中耕地面积45168亩(水田32000亩,旱土13093亩)。琅塘镇辖4个管区和1个工贸区,共50个行政村、1个社区居委会,56000多人。荣华乡辖30个村,293个村民小组,5868户,24000多人。

琅塘镇和荣华乡经济尽管仍然以农业为主,粮食生产处于主导地位,但工商业占有至关重要的地位。琅塘镇着重推进林业、渔业两大特色产业,打造果林、蔬菜、金银花、生猪四大精品基地,形成"两业四基"的农业发展格局,推动传统农业向现代农业转变。当前重点推进鑫绿花卉基地、连心环保规模养猪场、肉牛养殖、藠头种植基地、河鱼饲养与加工等农业产业项目的建设。全面发展专业合作组织,提高农民组织化程度,促进土地流转。2012年,镇里开始建立苏新冶金工业园,园区道路已全部畅通,东盛矿业、腾飞铁合金等项目已点火投产。同时,园区外高标准推进鑫鑫铁合金、永发炉料的升级改造,加快千岛湖电子陶瓷工业园等项目的新建和改扩建,全镇实现工业产值18.2亿元。近年来,该镇以"电子陶瓷之乡"和"铁合金之乡"为名片,以招商引资作为抓手,以园区建设为平台,形成以技术、质量、规模为核心的竞争新优势;着重新建落户于琅塘社区的中国剪纸工艺加工厂、梅兴食品加工有限公司等新型产业,打造全县名副其实的工业重镇。2013年,该镇获得了"湖南省最具民生幸福感乡镇"的荣誉称号。

荣华乡拥有中药材、小水果、大棚菜、水产业和牲猪养殖五大传统产业;农产品加工不断深化,大井溪河鱼加工厂、横溪豆皮厂、天华猕猴桃酒厂作为全乡的农产品加工龙头企业,生产规模不断扩大,知名度不断提升;共田、大乐、新安村的湘中黑牛养殖基地和白大村渔果场一带的桑蚕养殖科技园正处在蓬勃发展阶段。目前该乡重点发展旅游产业,采用招商引资等方式加大开发投入力度,突出红色旅游、观光旅游、文化旅游三大旅游板块,主打"天华故里游""资江风光带"的品牌,形成了栗树凤阳坪风景区、万亩水上乐园和西云山等重点景区，并日益被外界所关注，品牌知名度不断提高。

这一地区盛产石灰石、小水果、河鱼、楠竹、中药材、茶叶等，历史上就以生产石灰（又叫下河灰）、茶叶、桐油、夹板纸、土烧纸、竹木等农副产品而著名，尤其是这一带盛产茶叶，是古代南方"茶马古道"的中转站，号称"黑茶之源、马道之初"。

四、新化茶业和茶马古道

1. 新化茶业发展状况

梅山本就是茶叶之乡，圳上镇即因茶市交易而兴，杨木洲当年就是重要的茶市。据《新化茶史》和《新化县志》（1996年版）介绍，新化茶业，有史可考者可追溯至唐代。唐杨华《膳夫经手录》中把"渠江薄片"茶列入"以多为贵者"；五代毛文锡《茶谱》则明确说："潭邵之间有渠江，中有茶……其色如铁，而芳香异常，烹之无滓也。"又说："渠江薄片，一斤八十枚。"经考，渠江发源于新化县奉家镇上团管区和双林管区，上游新化段叫元溪证/玄溪，也叫渠江，进入今溆浦后与江东河汇合，叫两江，两江段以下叫善溪，进入今安化后又叫渠江，然后从安化县注入资水。当时新化安化均未置县，渠江在南邵州与东北潭州之间，故五代人称为潭、邵之间。这说明唐五代时期的邵州雪峰山脉已有茶叶运销湖北。

据林惠琮考证：奉家一带土壤肥沃，腐殖丰富，是茶树生长的风水宝地。当地山民去其嫩叶，采其粗枝老叶，制作后悬挂于火塘之上，日长月久茶叶变暗发黑，越陈越好，这就是最原始的黑茶。奉家并不出产稻谷，茶农们就用渠江薄片到外地换取大米，据奉家镇一带的地方文献及《奉氏族谱》记载："奉氏秘方，渠江薄片，十枚换米一升。"

《安化县志》写道：宋神宗熙宁五年建新安两县时，梅山烟峦叠嶂，山中所产无多，"惟茶甲于诸州县，山崖水畔，不种自生"。当时，除安化外，新化、邵阳、武冈县均产茶。1162年邵州（今邵阳市）售茶62158.4斤，是上述三县所产，集中于邵州销售（见《宋会要》）。宋代吴淑的《茶赋》所述："夫其涤烦疗渴，换骨轻身，茶荈之利，其功若神，则有渠江薄片，西山白露，云垂绿脚，香浮碧乳……"可见，渠江薄片宋时已被列为茶苑名品。

南宋及元代二百余年间，征收茶农的茶租、茶商的茶税奇重，茶叶生产与贸易衰落，明代才逐渐恢复。明洪武年间，朝廷规定新化县每年进"贡茶18斤"，限定于每年谷雨后十日起运，五十九日运至京城。奉家茶农将茶叶制成钱币模样，上品为金币，专供皇上饮用；中品为银币供四品以上官员饮用；下品为铜币，供秀才和士大夫饮用。一时之间，朝廷官员莫不以饮渠江薄片为荣。明永乐年间《宝庆志》记载：新化"植茶树，以充贡赋"。万历六年的《贡赋》载："进新茶芽二十二斤。"明清时期，除了黑茶渠江薄片外，奉家米茶也是朝廷贡品。奉家米茶精工巧制，色、香、味俱佳，制作尤其讲究，要求在清明前5~7天，采一芽一叶，三炒三揉，再在文火上加米，将茶熏干，因而历朝都以之为贡品。

明永乐元年(1403)，萧岐第二次到新化县任知县，八年间，教导人民种植桑、麻、棕、桐、漆、腊。"又为茶园，导之植茶，充贡献。"萧岐调任宝庆府知府后，又训导继任知县继续坚持种茶。嘉靖二十二年(1543)，官方在苏溪巡检司建立茶税官厅一所，额定岁收茶税银三千两①。按《明史·茶法》所载隆庆年间规定，每引茶100斤纳税银0.38两，外可带附茶14斤，实际每年纳税茶叶9000担，产量当在1万担以上。

明代茶有官茶、商茶之分。官茶由商人运到西北交官换马，商茶准在国内自由贩运。上述茶叶是邵阳、武冈、新化生产的商茶，顺资水下运至苏溪关纳税，运往北方各省销售。明李时珍《本草纲目》载：楚云茶……则有湖南之白露，岳州之巴陵，长沙之铁色(指渠江薄片)。辰州之溆浦，湖南之宝庆，茶陵……皆产茶有名者。谢梅林《过新化文仙山下》诗云："一县绿荫里，江山似永嘉，丁男多过女，籽粒半输茶……"诗中点明全县绿树成荫，山水幽雅，茶品优良，成为输官贡茶。文仙山在今隆回县东北的罗洪乡，明、清、民国时属新化县，原名文斤山，《广舆记》说是晋代高平县令文斤修炼之所，故后人称为文仙山，也是明洪武规定新化县贡茶十八斤的产地之一。因额定茶叶课税苛刻，当时新化邹廷望写了一篇《茶税论》，认为茶税过重，而茶价又低，导致商困而于民不利。

1840年鸦片战争后，清政府开放五口通商，西方国家纷纷来华购运茶叶，尤以红茶需求量最大。清咸丰四年(1854)，广东茶商至湖南安化、湘潭等地倡制红茶，运往广州、上海口岸供应外商，大获其利。据《中国厘金史》载：湘乡于1855年设厘金分局，下设分卡2所，以抽收红茶税为大宗。新化、武冈、邵阳都于清咸丰六年(1856)设厘金分局，其中新化(分2

---

① 《新化县志》卷九《食物志、榷政》清同治十二年修。又同上《宝庆府志》。

卡)、武冈(分3卡)也列有抽收红茶厘金。这些史料均说明新化县在1856年以前已经产制红茶,并由商贩将毛茶原料运至安化加工成箱,以"安化茶"名义外销。

1861年,汉口开放为对外商埠,英俄等国商人在汉口设立洋行,大量收购红茶。湖南距汉口近,水运便利,红茶多集中于汉口外销,一部分运往广州、上海、恰克图出口。当时湖红外销价格较高,刺激了华商积极性,也间接地促进了农村红茶生产加工与茶叶的种植发展。按1871年《英国领事商务报告》等文件说:"湖南湖北两省茶叶的种植扩张很快,较十年前几乎增加了百分之五十,以后还在继续扩大。"到清光绪初年,湖南红茶出口达到顶峰,每年90万箱以上,其中安化35万~40万箱,新化、武冈红茶包括在安化茶内,当时无具体统计数字。据王彦调研报告《新化之茶》记载,新化最盛时期产三万担。但王彦调查的只是新化的主要产区,还有许多次要产区未调查计入。例如:红茶运往安化沿资水各埠的还有土桥、两下江、洋溪等地;运往兰田的有筱溪、小南山、张家冲(今属新邵县)、土主、毛易铺、谢泽山(今属冷水江市)等地,合计达4000余担。综计新化年产红茶34000担,加上青茶黑茶总产约38500担(约2323吨)。

民国十七年至三十二年(1928—1943),这段时间新化县有茶园面积三万至七万亩,年产10000~35000担。民国二十七年(1938),湖南茶业管理处经办茶叶贷款,新化发放了两笔共16万元;民国三十七年(1948)产茶一万担,发放贷款20万元。民国二十八年至三十年,新化县20余个乡中,就有17个乡种茶和产茶。主要产茶乡是中和、永安、遵义、镇梅,年产约12000担;其次是平山、罗江、鹅塘、古塘等乡,年产量约9000担;其三是礼智、太和、四教、镇资等乡,年产量约6000担;其四是安集、大陂、吴赤、吉黄等乡,年产约3000担,以上共计年产30000担。从品质上看,以杨木洲、龙珠山、炉观、洋溪、沙江、土桥(现称潘桥)等地品质为佳。根据上述资料,新化产茶有史可稽者,从唐代到现代(856—1988年)历时1132年,一直在生产。

按有记载的销售量,1861—1890年是湖南茶叶最盛时期,销售量达90万箱以上,约合5544320担。其中新化红茶年产46000担,经安化一并外销。1893年后,英商在汉口收购量减少到10%,到1895年已减少到2%。到清宣统二年(1910年),新化茶区销售量减少到了26256担(含邵阳3400担),比1886年前减少了50%。

1891—1917年间,新化茶叶处于日趋下降的趋势。1915年新化产茶

22000 担，仅销出四千包（合 2000 担），且茶价低落，每包销价 16 元。由于茶价低落，品质也日趋下降，1931 年"九一八"事变后，新化加工一万担低档廉价湖红，还是经安化茶商销售。

1922 年，苏联乘中国茶价低而增加收购，但新化仍仅外销 10000 担左右。民国二十二年（1933）新化制红茶 23286 箱（16000 担），高于省茶试场调查数。民国二十三年（1934）制成 12143 箱红茶，计 8500 担，各资料都

当地烘烤茶叶的竹器（吴大开摄）

顺和陆老字号茶庄（吴大开摄）

习惯列入安化茶内[1]。民国二十六年(1937)7月7日，抗日战争全面爆发，政府为了争取外汇，实行茶叶统制，贷款给茶商收购红茶原料加工，先后由湖南省茶叶管理处和国营中国茶叶公司统一运销换汇。但由于连续战败，上海、武汉、广州以及南方各口岸被封锁，加以货币贬值，中茶公司收价过低，茶商亏损不愿经营。新化杨木洲各茶行在1938年共制红茶4328担(6904箱)。1939年有6家制造，9297箱计5822担。1940年有8

---

[1]　周原歧《湖南茶叶之产销及其前途》载《金融周报》第28期；湖南省银行编，1946年10月16日印。

家制造了6803箱计4762担。1941年则仅制造了2105箱计1472担①。这几年中，新化还有红茶运到安化加工的。民国三十一年(1942)至三十四年(1945)，新化各茶行均已停止红茶加工，茶农仅能生产少量青茶供本地内销，茶农只能任茶园荒芜，或毁茶种粮。民国三十五年(1946)至三十七年(1948)抗战虽然胜利，由于大战后各国经济衰退，前来购买茶叶的商人很少，仅个别华侨在广州收购少量茶叶。新化杨木洲四五家茶号加工一点，只有100~200箱，全年不上1000担。到1949年，新化销售红茶3000担，其中杨木洲2000担，炉观1000担②。根据新化县农业区划经作小组《新化县茶叶区划报告(修订稿)》《新化县茶叶产量产值表(一)》统计，1949年产量为5100担。

2. 南方茶马古道

经由荣华有三百年历史的运茶之道，被称颂为"黑茶之源、马道之初"。当时，北方茶道的起点是苏溪关，南方"茶马古道"的终点也是苏溪关，换句话说，苏溪是南方茶马古道和北方茶道的中转点。有一种说法认为茶马古道以安化的洞市为起点，但南方茶马古道的真正终点，的确应该在荑江码头上。许多老人还清晰地记得，在当年的杨木洲一线，装满茶叶山货的货船木排挤满了江面，长达十多里，河道里只见木排船舱不见江水。这些货船木排，都浩浩荡荡驶向宝庆码头，在那里，向北可运往山西、内蒙古、宁夏、青海等西北苦寒地区，向东可达到江浙，再漂洋过海可达欧美，返回时再带上不等数量的食盐。因为梅山地区落后，山中生活艰苦，食盐缺乏，走私盐的利润空间很大。还有一种说法认为茶马古道只不过是对外的称呼而已，其实主要是走私盐。当时的黑茶其实价格低廉，微薄利润不值得马帮如此舍生忘死地走险道，马帮不走官道大道专走崎岖险道的原因就在于此。

新化县的荣华乡是黑茶走向世界的集散之地，当时商界有名的鹊桥茶商顺和隆，年收购加工黑茶多在数万担，从广州发往世界各地。

新安二化境内茶马古道的兴起，是在鸦片战争之后。1688年中俄《尼布楚条约》的签订，茶叶逐渐成为中俄贸易间最大宗商品，形成"彼以皮来，我以茶往"的格局。此前的茶叶古道是由福建武夷山经浙江淳安沿富

---

① 中国第二历史档案馆全宗309卷第1114卷两份次民国三十一年九月十日，《中国茶叶公司推广部茶叶市场情况表》。

② 中国第二历史档案馆全宗309卷第1114卷两份次民国三十一年九月十日，《中国茶叶公司推广部茶叶市场情况表》。

老字号义生和号(吴大开摄)

春江到杭州，走海路北上至北京通州，由河北张家口向西达恰克图并穿越俄罗斯腹地，最终运至莫斯科和圣彼得堡。1840年鸦片战争爆发后，原来福建的茶路中断，晋商为了遵循契约精神，在全国寻找新的茶源来替代福建岩茶，后来发现梅山的黑茶虽然品质低一点，但物美价廉，也可以代替岩茶，就确定了黑茶出口。这样，这条茶马古道应运而生。黑茶属于发酵茶，是我国特有的茶类，是采割下来的鲜叶经过杀青、初揉、渥堆、复揉、干燥五道工序制作而成的。其中，千两茶曾被称为"丝绸之路上神秘的中国茶"，作为一种制作工艺父子相传秘不示人的地方特产，至今不衰。

　　新安二化茶马古道的路线基本构架是：从安化古楼出发(避开大熊山的崇山峻岭)—取道新化乐安冲(新安村、过街亭)—苏溪关(小鹿村)—资江—宝庆码头（武汉，然后分两路）—长江水道/甘肃天水—上海/内蒙古—天津/恰克图——俄罗斯圣彼得堡。

据调查发现，当时荣华乡境内茶马古道休息的茶亭、凉亭就有六十余座，设置的规矩为十里一铺、五里一茶亭，亭内免费供给茶水，如果饿了可在茶亭打中伙（吃午饭）。一般自带粮米，亭主免费提供炊具，饭后就在茶亭设置的懒凳板上睡上一两个小时。一般茶亭设懒凳板八至十块，每块可睡两人，只有鹊桥的桥头茶亭有四十六块，每处茶亭还设置了上马石和拴马桩。当时商贾如云，往来穿梭，足见茶马古道之繁华。

在这条古道上，今天依然还保存有：由安化人捐建，为了调和新、安两县人际关系的洪范寺；勾画出古道茶商马帮原貌的九里亭上的对联（九天甘露沾途道，里巷仁风惠往来）；此外还有四座供马帮休息的廊桥；悠长的青石板路；残留的碑刻；茶街、茶溪等与茶有关的地名。

茶马古道是一条人文精神的超越之路。马帮每次踏上征程，就是一次生与死的体验之旅。茶马古道的艰难超乎寻常，然而沿途壮丽的自然景观却可以激发人潜在的勇气、力量和忍耐，使人的灵魂得到升华。

五、古今风俗与传说

1. 原有的过年习俗

腊月二十三日，俗称"小年"，传说这天是灶神上天述职之日；腊月二十四日，掸尘扫房子，这天是约定俗成的扫除日；腊月二十五，推磨做豆腐，传说玉帝会下界查访，吃豆腐以表清苦；腊月二十六，杀猪剁年肉，人们只在这一年一度的节日里放开肚子吃肉；腊月二十七，宰年鸡，赶大集，春节所需物品从这天开始大肆置办；腊月二十八，打糕蒸馍贴花，古人以桃木为辟邪之术要，后被对联代替；腊月二十九，祭拜祖宗；腊月三十，一夜连双岁，五更分二天；大年初一，金鸡报晓，晚辈给长辈拜年，长辈给晚辈压岁钱，压住邪祟；大年初二，金吠报春，亲眷人家相互拜年，东家留吃饭，西家排酒筵；大年初三，肥猪拱门，女婿看望老丈人，媳妇回娘家，礼物带双数；大年初四，三阳开泰，灶王爷要查户口，恭迎灶王爷回凡界。

2. 何公的传说

以前琅塘一带信奉的河神叫"何公"。据苏武生介绍，在资江河上，说到灵验的河神，一般都会说：益阳有个"魏公"，琅塘有个"何公"。"何

过街亭边的拴马桩(吴大开摄)

公"原本是益阳人，驾船技术高超且侠肝义胆，曾在此舍身救人而被淹死。后来路过此地的船夫艄公感其恩，在下河街筑庙祭拜。传说何公很灵验，能解救人于危难之中，与行船有关的船夫及家属都信奉他。在琅塘古镇上，还形成了年底抬何公菩萨的习俗。初一把何公菩萨抬出门，在三条主街上的各家各户门前抬摆，各家各户都要装香点蜡，敬猪头酒，烧纸磕头，放炮消灾，还要打发阳钱(活人用的钱)。这样一直要抬到正月十五日才抬回庙里。但也因此被一些不三不四的人利用，经常闹事起哄，造成当地社会秩序混乱。于是经当地乡绅请求，新化县衙门决定将何公庙迁至县城。在抬迁何公菩萨时，何公菩萨作起怪来，无论多少人如何用力，都抬不动。县令听说后亲自飞马而至，赶到现场后对着何公菩萨"啪啪"就是两记耳光，骂道："本县令是朝廷官封七品正员，今天在此督阵，看你还敢不走？"说来奇怪，木头做的菩萨立即被轻快地抬了出来，迁到了县城王爷庙内。

3. 孝芳冲的传说

几百年前，孝芳冲这条山冲里仅住一户苏姓人家，户主叫苏明理。明理的老母早已去世，只有八旬老父，父子二人就居住在那条山冲冲里。苏老太爷双脚严重风湿，行走艰难。明理既要在家做饭，又要上山耕种，一天到晚不得停歇。晴天外出之前，明理背老父到屋檐下晒太阳，在屋檐下挂一个竹梆，苏老太爷一旦想要上厕所或要喝茶，用长木棍敲打竹梆，明理闻声就赶回来。雨天，明理上不了山，就在家照顾老太爷。晚上，明理铺好被褥背老父上床睡觉，就睡在老父脚边，把老父双脚抱在怀里，轻轻按摩。到了冬天，他要先用热水敷老父的双脚，等皮肤红润了再背到床上，然后又抱住老父双脚放在怀里。谚语说："两脚不能移，离不得五加皮。"于是，明理进深山挖五加皮，然后碾成粉末做五加皮粑粑给老父吃。这样两三年，功夫不负有心人，老父竟能弃杖独立行走了。《三字经》有"香九龄，能温席，孝于亲，所当执"之句，乐安冲从此也有"明理孝，抱父脚，冬热敷，常按摩"之谚。明理孝顺事传开后，有媒人上门说媒，不久结婚成亲，生儿育女，子孙百千。后人就把这条山冲叫孝芳冲。现在的孝芳冲已成一个院落了。

4. 挂榜山的故事

传说在很久以前，有一户汪姓人家，生有两女，二女嫁给农户人家，勉强生活；大女嫁给富有人家，吃用有余，逢年过节大女常回家孝敬父母，礼物不薄。有一年过年，大女、二女都带儿子给外公拜年。大女拜年是大包小包的一大担，二女两手空空只是口头问候。汪老太爷见此情景，心里出现了偏差。吃饭时只叫大外孙吃肉吃鸡，却把二外孙晾在一边。二女见此情景，心里很不是滋味，就说："爹爹，我的儿子也会有出息的，不要轻看啊。"汪老太爷眼一横说："有出息有出息，荒山野岭飞不出金凤凰！要是上了榜，我就把金榜挂在对门高山上！"二女一气之下，带着儿子回了家，自此教儿子争气读书。二十年后，二女儿的儿子大考高中榜眼，她急忙回娘家报喜信。汪老太爷见了喜报，过了好一阵才缓过神来，说："我说话算数！我一定要把金榜挂在对门山上。我做外公的嫌贫爱富，有偏心，对不住外孙。"从此那座高山就得名叫挂榜山，又有人叫争气山。当地有顺口溜："挂榜山，挂榜山，嫌贫爱富逗人谈。只要争气前程远，贫人出头也不难。"

5. 陈天华读书的故事

陈天华的父亲陈宝卿是个落魄书生，当过塾师，擅写诉状，喜打抱不平，由他写状诉讼者没有不胜诉的，在当地颇有名气，人称"宝胡子"，其妻子罗氏据说就是替人写状子打抱不平得来的。有一年，陈宝卿进县城赶考，在街头上遇到一个中年男人和一个女孩在哭，遂问其故。原来是当地一个恶霸抢走他颇有姿色的妻子。陈宝卿自告奋勇，为他们打官司，结果大胜，中年男人夫妻团聚，为了感激陈宝卿，遂将女儿嫁给了他。

陈天华一家多灾多难，先是原住的新化院子起火，一家只好寄居到小鹿桥茶亭。小鹿桥是个乡间集镇，有一条长达500米的小街，正是茶马古道上新化、安化、溆浦商人的必经之地，每逢赶集，热闹非凡。陈天华在这里随父读书，不久慈母病亡，接着是大哥陈显亮夭折。而二哥陈显耀天生是残疾，以至于一直未娶。在这样艰难的环境里，陈天华发奋读书。他天资聪颖，记性极佳，读书能一目十行。有一次他借别人的书，看一页撕一页，别人叫他赔，他却一字不差地给写出来了。

一年秋天，县里举行童子试。陈天华好胜心强，吵着要去报考，父亲只好背了袋麦子粑，带着陈天华上了去县城的路。乐安冲离县城八十多里路，父子俩走了一天半，才赶到县城的余山会馆报名。当时余山会馆报名人很多，大都穿着很洋气，而陈天华穿的是粗布衣，自己家里染的又褪了色，格外引人注目。因为肚子饿了，他就利用排队的时间吃起了麦子粑。那位负责报名登记的先生见他吃相粗鲁，穿着又土气，不免鄙视起他。等到陈天华报名时，那先生摘掉眼镜，说："天华，天之光华，名字不错，不错。不过，名副其实吗？"接着便一摇一晃地吟道："腹中藏麦饼啊腹中——藏——麦饼。"陈天华听在耳里气在心里，忙站起来扯扯衣角，也学着那先生一摇一晃的样子不慌不忙地接腔道："胸内定乾坤啊胸内——定——乾坤。"那先生听了又惊奇又恼火，接着问："陈天华，何方人士？"陈天华本来住小鹿桥，但小鹿桥又叫大井。陈天华想了一下，小鹿太小，大井才大，丢小取大，于是回答："乐山大井人。"那先生想耍弄陈天华："大井虽大，长不出大鱼来。"陈天华听了这话，头一偏，马上答道："井水归大海，大海长大鱼！"那先生暗暗赞许，便告诉他："明天考试。"

1900 年, 陈天华以全优成绩由新化实学堂(现新化一中)保送到湖南岳麓书院读书深造。陈天华在岳麓书院真像大鱼入了海, 写的文章在学友中和社会上产生了很大的影响。当时的湖南巡抚赵尔巽是个开明人士, 读了陈天华的文章颇受感动, 几次邀陈天华见面会谈。赵尔巽之女赵小姐常参与密谈, 对陈天华产生既爱又敬之情, 并告诉了父亲。赵尔巽非常赞同, 于是即刻派下属去请陈天华。陈天华没有来, 又派他儿子押车去接, 但陈天华仍未到。赵尔巽很欣赏陈天华的天生傲骨, 于是自己押车去接请, 陈天华才到。陈天华一到, 忙备酒席。在席间, 赵尔巽提出结亲的话题。陈天华一听, 左右为难起来: 要拒, 不妥, 面前的赵尔巽是巡抚大人; 要应, 不行, 自己的救国之志岂不被情网所缚? 考虑再三, 陈天华才说: "承蒙赵大人错爱, 学子感激涕零, 理当应允, 不过——"陈天华停下话题。赵尔巽急问: "不过什么?""不过学业未成, 心志未酬, 婚事尚需缓以时日。""缓到何时?"陈天华站起身来, 坚定而有力地说: "到天华元年。"赵尔巽深明事理, 对傲骨之人不可强求, 马上哈哈大笑说: "陈先生真乃壮志冲云天之士, 可敬可敬!"大家又重新入席, 再不谈儿女之事①。

6. 戴岳山的故事

戴岳山, 又名戴月山、戴运生, 因嘴唇有个缺口, 诨名戴缺子, 新化县黄龙坪(今龙通乡团结山村)人, 生于清嘉庆年间, 卒年不详。他读过几年私塾, 做过生意, 也当过雇工, 生性机灵, 才智过人, 不畏权贵, 善恶分明, 一生好打抱不平, 但有时也爱捉弄人。有关他的故事, 曾在湖南、湖北、四川、贵州等地流传, 特别是新化、安化两县, 更是家喻户晓。《新化民间故事选》有载, 这里选一个"四十块光洋"的故事。

"强盗虽逞强, 也有祸进房, 屁股挨板子, 应当又应当。"这四句顺口溜, 说的是戴岳山智伏强盗的故事。且说戴岳山的父亲在外做皮纸生意, 在一个伙铺里被一伙强盗抢去了四十块光洋。这四十块光洋是用高利借来的, 父亲虽留得了性命, 但回来气得在地上打滚。恰逢戴岳山就读的私塾放了几天假, 他回家看见爹爹气急, 便劝道: "爹爹, 莫着急, 我把光洋要回来就是。"他父亲听了, 认为儿子还只有十五岁, 是初生牛犊不怕虎, 不以为意。第二天天没亮, 戴岳山胡乱吃了早饭, 在邻居那借了件女人的破旗袍穿上, 裤子也不穿就走了。他来到父亲被盗的那个伙铺附近, 钻到一个赌场里, 蹲下来听赌看把戏, 见三个赌输了的人, 在一个暗角里悄悄

---

① 参见《新化文史》第五辑《陈天华轶闻》, 第 72 页。

打划算。一个说:"这几块光洋又输光了,真晦气!"一个说:"我们今晚再去找伙铺老板就是了!"一个说:"那天晚上抢的那个做皮纸生意的四十块光洋,放在卧室的虎皮裤子里,要老板借给我们用用如何?"戴岳山听得真切,飞快地猫出赌场,跑到那个伙铺老板那里,报告了在赌场听到的消息,要老板提防三个赌徒。那老板起初认为他是疯子,不予理睬,见戴缺子把赌徒的相貌穿着说得十分相像,这才半信半疑。

过了一会,三个赌徒果然来了。老板佯说前天借出去了,哄走了赌徒,拿出一块光洋来感谢戴缺子。戴岳山用干瘦的手理了理旗袍说:"我是个无家可归的可怜人,这旗袍还是人家施舍给我的,光洋我不要,只求到老板铺里做个小伙计,赚碗饭吃就感激不尽了。"那老板见他谈吐诚实,就收留了他,白天帮忙跑堂,晚上就安排睡在自己卧房口。当天晚上,老板故意不关房门,放了十块光洋在床上。戴岳山第二天醒来后,把捡了的十块光洋给了老板。从此老板对他更放心,他也就更谨慎,手脚更勤快了。

经过一段时间,戴岳山终于弄到了老板收虎皮裤箱子的钥匙,乘晚上老板和家人睡死了以后,打开箱子,拿出虎皮裤子,见那裤子好沉,两个袋子里都装满了光洋。戴岳山只数了四十块留在虎皮裤里,穿在身上就往家里跑。跑到半路上,听后面有人追了上来,赶忙把四十块光洋藏在一个隐蔽的地方,再若无其事地走路。老板带着几个家丁赶到,把戴岳山拿下去见官,告戴岳山偷了他的裤子和光洋。戴岳山却不慌不忙地对县官说:"老爷,我是一个男子汉,穿了衣,难道就不穿裤子吗?"县官又问那老板你裤子有何记号,老板说是虎皮面子、缎子里子。戴缺子忙说:"启禀老爷,我的裤子脚布里面还写有我的名字和缝裤子的时间。"县官命差役检查了戴岳山穿的虎皮裤,裤子脚布里果然写了戴岳山的名字和制裤时间。于是惊堂木一拍,打了老板四十板屁股,把他轰下堂去了。戴岳山和老板双双走出公堂,戴缺子摸着老板的伤说:"光洋四十块是你抢了我父亲的,这条裤子是抵这一段我家借钱的息钱,打你四十板屁股,就是要你吸取教训,今后再莫抢人家的东西了。"一席话说得那老板像八月的蔫茄子一样,把脑壳低到胯下去了。

参考文献

[1]《新化县志》编纂委员会. 新化县志[M]. 长沙:湖南出版社,1996.

[2]付城杰. 新化民间故事选[M]. 呼和浩特:内蒙古人民出版社,2008.

附　录

黄江两岸的家主和地主

　　在民国以前梅山人的认知中，庙王、城隍是管理一方的神明，属于官定的地方阴司管理系统。城隍为普世神，是县级以上城池的守护神，同时掌管阳世的善恶祸福，兼管阴曹幽冥，保护范围一般超出数个庙王所管辖的村社范围，习惯上叫城隍爷爷。庙王也是地域性神灵，为城隍的下级，其范围是限定的，一般是一村一庙王（明代以后的行政村），有时一村也有几个庙王，有时一庙王也管多个村。一般一个庙王可以管辖好几个土地公公，土地公公就是一块土地、一个区域的管理者，不属阴司系统的官员。对于乡民来说，庙王是管理阴间最基层的官员，求事往往并不灵验。因此，个人祭拜庙王的活动并不普遍，只有当乡民离世，其家人做送度法事前，才必须叫着亡灵的名字去庙王处"报庙"，即带着亡灵到庙王那里报到，然后再为亲人准备丧事。

　　家主、地主不同于庙王和城隍，属于梅山本土的巫傩师教系统，是一些地域性的土著神，神祇直接来源于现实生活中的巫傩法师先人，在漫长的历史长河之源，即被当地老百姓供上神坛。地主也叫地主菩萨，或叫证盟地主，一般视为"本地最早的拓荒者，且是法术高强的法师，能保护一方的平安"。家主习惯上叫家主菩萨，一般是家族范围内"有法力、有权威、受尊敬的本族前辈法师"，其法力往往强于外界的法师，是侧重于庇护一个家族范围内的神祇。

　　梅山地区有这样的传说，最初开启山林、开发山地需要"法术之士"帮忙，家主大都被视为该族创业于该地的祖先，但先决条件必须是法术高明的巫傩师，因而各地族谱中的始迁祖是开拓者，但不是家主。家主是那些带有神话色彩的法师人物，比如曾君八郎、邓君七郎、周君八郎之类的。但家主也不一定为同姓先祖，也有奉异姓为家主的情形，其关键之点，有法术是成为家主的必要条件。本族中没有神通广大的法术人物，自然就奉有关联的异姓人物为家主菩萨了。而地主大都为原居此地的人物，且较家主由来更久，但亦有家主兼称地主的现象，说明该姓就是其地之初民。并且，一般一地一族有多个家主或地主并存。

今天，通过研究家主和地主，我们可能从中探究出梅山地区最早拓土开疆的一些最原始的社会状况。故而特将本文所涉及的各村镇民间供奉的家主和地主名单及部分供奉格局图形附后，以为研究者保存一点原始资料。

县城东正街上的曾君十八郎神龛（鄢吉摄）

一、石冲口镇一带的家主和地主

（由刘泽锋搜集整理）

附表1

地名	姓氏	家主	地主
高庄村 （内刘）	刘氏	刘公含清	柳君大五郎　王君大洞 张氏老母　张公明泽
高庄村 刘家排院	刘氏	刘君法震	柳君法财　王虎寨长 王君八郎　九郎
绿湘村	刘氏、蔡氏	刘公志汝	卿君法荣
彭家湾村	彭氏	彭公树松	周君三郎　卿君法荣 段君法灵　张公真人 易君麻秀
化溪村	蔡氏、彭氏		周君三郎　李荣三郎
蔡家村	蔡氏、高氏	蔡公政典	真武祖师　杨真法华 李荣三郎
下温	段氏、刘氏	段君法琪　谭君法财 彭君大郎	余君七五郎　陈君法清 伍君法应
严塘村	曾氏、彭氏	蔡公光焰　刘君斗雷 彭公良芳	李荣三郎　余君法胜 卿君法荣
余田村	蔡氏	蔡公守助	张君法兴　吕公洞玄 易君法财
椆木村	曾氏、罗氏	张公法鼎、法诚 罗君法盟　张公真人 张君法胜 曾公仲伦	王公洞兵　尹君法杨 余君七五郎　谢君法隆 伍君晚郎 张公真人　柳君大郎
龙王池村	曾氏、谭氏	曾君十四郎 谭君十一郎	李公虎臣　五公干兵 余君七五郎　何君法清 邹君一郎　马君三郎

地名	姓氏	家主	地主
白溪村	潘氏	潘公思朝	王君法隆　彭公寨长
六一村	刘氏、谭氏	张公真人 申公真人 罗公真人	杨公白虎将军 李公虎臣 戴氏妙仙
井冲村	段氏	段君法应　法兴 段君法灵　段公国喜	唐君法富　刘晚三郎 刘氏妙仙
晓云村	段氏	段君法灵	赵君千十三朗　张公真人
羊撞村	蔡氏	蔡公守助	杨君法聪　法荣　法胜
鹅公凼村	曾氏	曾君十四郎 曾君九郎	易君法财　刘君法电 李君法云　冯君法祖 谭法财　曾法世 余君七五郎
茅岭村	曾氏、郭氏	曾君九郎	廖君法荣
温溪村	尹氏、曾氏	尹公胜太 尹公法传 曾君十四郎	陈君法富　陈君法贵 冯君法祖　王君法兴
半山村	段氏、曾氏	段君法连	陈君法富　法贵　法佑
象门前村	曾氏	曾君九郎	廖君法荣
川安岭村	曾氏	曾君十四郎	陈君法富　法贵　法佑 余君七五郎
白石岭村	谭氏	谭君法财	陈君法清
寒婆坳村	谭氏、潘氏	谭君法财	陈君法清、彭真炳一郎
安乐山村	谭氏、曾氏	谭君法财	法君法清
狮子岭村	曾氏	曾君九郎	廖君法荣
黄排村	曾	曾公仲伦	
大桥村	曾	曾君九郎	周君法华　王君八郎

地名	姓氏	家主	地主
潮水铺村	罗氏	罗君斗雷	陈君法清
高车边村	罗氏、曾氏	罗公千十九郎	曾君十四郎
满仓村	唐氏	唐公尧族	曾君十四郎
缓轿村	唐氏、潘氏	唐公文秀	曾君十四郎
大水坪村	蔡氏	蔡公等生	吕公洞玄　王公千兵
南烟村	彭氏	彭君炳一郎	张公真人　马君三郎 吕公洞玄
料里村	唐氏	唐彦五郎	贺君法元　谭君法财
西溪村	曾氏	曾君十四郎	曾君法明　柳君法财 王公千兵　王公排礼
石冲口村	刘氏、曾氏	刘君法善　法鳌	杨君法乾　杨君法应
东溪岭村	曾氏	曾君十四郎 曾君法明	柳君法财　王公千兵 王公排礼　冯君法祖
丛岭	段氏	段君法灵　法兴	张公真人　唐君法富

二、桑梓镇一带的家主和地主

（由姜寿文、蔡锡坤搜集整理）

附表2

村名	姓氏	家主	地主
聚星村	谢氏	谢公正玄	邹君一郎　王公千兵 伍君晚郎　罗君三郎 萧君一郎
集中村	姜氏	姜君法元	贺君三郎　刘君道光 王公师亲
聚星村	汪氏	汪君法洪	邹君一郎　王公千兵 伍君晚郎　罗君三郎 萧君一郎　郑君五位

地名	姓氏	家主	地主
聚星村	曾氏、陈氏	曾君法兴　　曾君十四郎 陈君法雷	伍君晚郎　奉君斗雷
聚星村	李氏	李君法秀	罗千十九郎
鹧鸪村	钟氏	钟公通灵　钟公法胜 周氏妙仙	黄君法显　周君法通
鹧鸪村	阳氏	阳君法柄　阳君法兴	
鹧鸪村	魏氏	魏君法灵	
鹧鸪村	李氏	李君法院	伍君晚郎
鹧鸪村	谢氏	王公玄贞　谢公瑞伍 谢公法祥　肖氏妙仙	肖君法仁　肖君法应
青山村	唐氏	吴君永道　罗君道清	
月池塘村	曹氏	曹君法空　曹君法旺	刘君千十二郎 祖老三爷　马君四郎
维星村 洪盛店村	曹氏	曹君法元　曹君法荣	
青峰村爆竹凼	阳氏		曹君法雷　封君法明
青峰村	杨氏	杨君法郎	周君法通　邓君法明
青峰村七组	阳氏	阳公其效	
青峰村	刘氏	刘君法兴	王公千兵
大树村	谢氏	谢公法祖　谢公法玄	王公千兵
大树村	李氏	李君法应	谢君法灵　曾君法兴
大树村	杨氏	杨君十三郎	张君斗雷　扶君法祯
华山村	姜氏	姜君法祥	刘君法全　王君十七郎 邹君十三郎　王公玄贞
新农村	黄氏	黄君法全	李君十四、十五、十六郎

地名	姓氏	家主	地主
新农村	黎氏	黎千十九郎　黎晚三郎	
满竹村	姜氏	姜君法坤　姜君法应	曾君法维　殷君斗雷
桑梓村	刘氏	刘君上千	
火星村	侯氏	侯君法雷	刘君法全　吕君洞玄 吕君洞雷　吕君洞甫
火星村	李氏	李君法旺	
架桥村	曹氏	曹君法元　曹君法雷	马君四郎
石窖村 （及八井村）	扶氏	扶公法清　扶公法仁 扶公法正	张君法隆　黄君友庚千 四郎
俄龙村	曹氏	曹君法元　曹君法荣 曹君法明	马君四郎　封君十七郎
尖山涧	曹氏	曹君法元　曹公法芑	马君四郎
尖山涧	吴氏	吴君永道　吴公进安	马君四郎
洞沙冲村	洞沙 欧阳氏	阳公其兆	邓君法盟　李君法降 马君四郎
洞沙石村	碧头 欧阳氏	阳公其仁　阳公基贵 肖公子旦	
沙田村	李氏	李君法院　新公歌保 邓君法明	马君四郎
维星村	曹氏	曹君法元　曹君法雷 曹君法荣	王君斗雷　刘君法祥
集星村	曹氏	曹君法元	罗君三郎　李君法显
坪溪新干村	杨氏	杨君法胜	刘君法祥　刘君法全 王氏妙仙　邓氏妙仙
坪溪新干村	黎氏	黎千九郎　黎晚三郎	
满圣村	杨氏	杨公九成	扶君法宗　张君斗雷

续附表2

地名	姓氏	家主	地主
集云村	刘氏	刘君法缘	扶公指挥　周公洞玄　吴君永道
坪烟村	康氏	邓君七郎　康君法原	咎君法隆　吴君永道
坪烟村	吴氏	吴君永道	
坪烟村	曹氏	曹雷佐先	周君法兴　罗君三郎　邓君七郎　吴君永道
坪烟村	谢氏	吴君永道　咎君法隆	谢道法元
坪烟村	伍氏	伍君法开　伍君法魁	赵道法缘　咎君法隆　吴君永道
坪烟村	童氏	童君法富　童君法道　童君法胜　童君法应　童君法达	咎君法隆　杨君法奉　杨君法胜　伍君法开　伍君法魁
塘冲村	曾氏	曾君长子	周君法仁　简君法雷　简君法隆
火星村	杨氏	杨君法胜	姜君法坤　曾君法维　张君斗雷
火星村	柯氏	柯公必露	肖公晏公　刘公金容　童君法胜
火星村	侯氏	侯公大位	王君十七郎　段氏妙仙　余氏妙仙
八井村	侯氏	侯君法通　侯君法清　侯君法宗	宋君法道　罗君大法真官
八井村	阳氏	阳公真堪自照	贺君三郎　罗君大法真官　宋君法道
八井村	萧氏	萧君千十七郎　谢公镇权　鲁班仙师	

地名	姓氏	家主	地主
集云村	康氏	康君法缘	邓君七郎　刘君法缘 昌君斗雷
满圣村	黎氏	黎千九郎　黎脱三郎	
云玉村	阳氏	阳公法旺　阳公法兴	咎君法隆　陈君法志
曾家村	曾氏	曾君法应	简君法雷　田君法聪
曾家村	扶氏	扶公法清　扶公法仁 扶公法正	张君法隆　黄君友庚千 四郎
向荣村	蔡氏	蔡公通显　蔡公法富 蔡君法杨　蔡君法化 蔡君法祥 蔡公朝岳玉松	贺君法灵　贺君法灵 周君法应　余君七郎 余君七郎
向荣村	李氏	李君千十五郎、张肖化主 真人	
塘冲村		萧君法荣	
架桥村			马君四郎
桑梓村		刘公先鉴	钟君大郎　送子仙娘 九子仙娘
栗溪桥村		吴公永道	
沿河村		李君法胜	镇江王爷
宋家桥村		赵君法贤　赵君法胜	王君法明
洪桥和 满竹村		姜君法坤　姜君法应	殷君斗雷　曾君法维
新冷界村		段君法灵	张公真人

三、上梅镇及上渡办一带的家主和地主

（由孙铁卢、刘泽锋等搜集整理）

附表3

村名	姓氏	家主	地主
铁牛村	曾氏	曾家绿野	马君四郎
	李氏	李公法真　法道	朱公法应
铁牛村	张、陆等氏	张君二郎　陆君法光 陆君法明　陆君法诚	张君晚郎　萧君一郎
资源村	刘氏	刘公九郎	龙君晚郎
资源村	李氏	毛君一郎　柳君法清 杨四将军	毛君一郎　柳君法清 杨四将军
资源村	伍氏等	伍君晚郎	萧君二郎　龙君晚郎 罗公上千
资源村盘水井	陈氏	陈君法雷	曾君法兴、肖君十七良
上渡村	杨氏	杨君斗雷	刘君晚郎
	刘氏	刘君法师	杨君小雷
上渡村	周氏	周公爱仁、美玉	镇江王爷
上渡村	黎氏	黎晚三郎、黎君九郎	
上渡村	高氏	高君法清	
上渡村	袁氏	袁君法盟	肖君二郎、龙君晚郎
上渡村	伍氏	伍君晚郎	伍君晚郎、杨君十九郎
上渡村	孙氏	孙君法郎	
上渡村	罗氏	罗君斗雷	
上渡村	肖氏	肖君十七郎	
资江村	罗氏	罗公上千	王君法明
	杨氏	杨君法明	刘君兴权

村名	姓氏	家主	地主
资江村	吴氏	吴公尚琳	王君法隆　王君法兴
资江村	柯氏	柯公碧禄	罗君斗雷　王公千兵
资江村	其他姓氏	李君法旺　李君法明 法聪 法应法仁 孙君千十郎	
塔山		曾君法兴	曾君法兴
白沙村	李氏	李公千胜	王君法玄
白沙村	孙氏等	孙君三郎　李君一郎	吴公尚琳　王君法隆 罗公上千
白沙村	张氏	张君二郎	伍君晚郎
白沙村	欧阳氏	阳公道明	辖公王爷　邓君九郎
白沙村	黎氏	李君法海 法仁 法茂	李君法海 法仁 法茂
白沙村	曹氏	曹君法茂 曹公德清	
袁家山	袁氏	袁君法明 张迁寨长	刘君十七郎
新塘村	谭氏	谭君法财	曾公宏道
黄泥坳村	刘氏	刘君六郎 九郎	王公千兵　马君十一郎 邓君十三郎
三洲村	李氏	李君法旺 法聪 法应 法明　法成	孙君千十四郎 肖君法胜 罗君法清 黄君廙千四郎
光义村	蔡氏	蔡公通显　蔡君法扬	张君法胜　王君法明
接龙村	谭氏、蔡氏	谭君法财　谭公棒栋 谭君法信	刘公道元　彭君法雷 潘君法玉　张公真人
湾塘村		刘君法胜	王公千兵
枫林村	李氏	李君法旺	

续附表3

村名	姓氏	家主	地主
枫林村	陈氏	陈君法雷 法霖 法云	
枫林村	曾氏	曾公宏道	吕君法开 法全
枫林村	其他姓氏	吴公永道　蔡公通显 蔡君法扬	王公千兵　伍君晚郎 周君法雷 法清 法玄 何君显应郎　罗法应 胡法通　黄法英 周法庆　黎法清
万家桥	刘氏	刘公子佩	丁君法雷　陈君法开 罗公道清
沙洲村	李氏	李君法旺　李君法聪 李君法明 李君法应　法仁	孙君千十郎　孙君千 四郎 肖君法胜　罗君法清
新塘村	潘氏、曾氏	曾公宏道 曾君十郎　四郎 潘君法旺　潘君法道	柳君法清　王君八郎
毛家垅缺耙溪 一带	晏氏	柳君法清	伍君晚郎
毛家垅村	冯氏等	冯君七郎　十郎	谢君晚郎
工农村	王氏、曹氏 等	曹君法雷 王君法雷	崔君三郎　尚君六郎 邹公福春
花山村	陈氏	陈伍三郎	丁君法隆　李君法财 冯君十七郎　柳君法清
花山村	方氏	刘君九郎	
北塔	周氏	周君十三郎	杨君辉伯　毕君法云
北塔	罗氏	谢君十五郎 李公虎臣	
梅树	刘氏	刘君法雷	伍君晚郎
梅树	陈氏	陈公远教	曾君十三郎

村名	姓氏	家主	地主
梅树	曾氏	曾君十四郎	伍君晚郎
梅树	袁氏	袁君法明	刘君法缘
梅树	刘氏	刘君法雷	伍君晚郎
上田	刘氏	刘君六郎 刘君九郎	肖君一郎 陈君一郎
向东街		阳君千十郎 曹君法明 曹君法雷 曾君法昊 尚君六郎	
青石街	晏氏	柳君法清	伍君晚郎
朱家垅朱氏	朱氏	朱君乐道	蒋公文真
梅山亭、塔田	孙氏	罗君三郎	伍君晚郎 镇江王爷
梅山亭、塔田	余氏	余君十五郎	
梅山亭、塔田	李氏	李公虎臣	
梅山亭、塔田	黄氏	黄君法具	
梅山亭、塔田	卜氏	卜君七郎	
梅山亭、塔田	郭氏	郭君法隆	

四、曹家镇一带的家主和地主

（罗佐林搜集整理）

附表4

村名	姓氏	家主	地主
城坪村	罗氏	罗君三郎 九郎	邓君法元 杨君九郎
小洋村	黄氏	黄君法郎	毛君一郎
小洋村	周氏	罗君三郎 九郎	冯君法明

续附表 4

村名	姓氏	家主	地主
大丰村	李氏	冯君法明	马君三郎
高桥村	金氏	刘君三十六郎	唐公公
栗山村	吴氏	刘君七郎	张公五郎
新屋村	李氏	李法雷	刘公益明
和平村	卢氏	卢公法昆 永昆	张公法清 法兴
水竹村	李氏	李公法真 法道	陈公晚郎
	罗氏	罗公法明 法正	刘君兴权
十里铺村	彭氏	王公千兵	瑞庆夫人
曾家村	金氏	金君法胜	王君法通

五、油溪乡一带的家主和地主

（罗佐林搜集整理）

附表 5

村名	姓氏	家主	地主
中联村	罗氏	罗公法魁 雨润公公 罗公法正 象雾公公	趙君三郎 王君九郎
横过村	罗氏	罗君法道 罗君法官	王君十九郎 趙君十三郎
赵家坪	赵氏	赵君法通	曾君太七郎 樊君八郎
	谌氏	曹君十九郎	赵君十三郎
东方红村	刘氏	刘万五郎	杳君三郎
油溪村	伍氏	伍公楚珍、道珍	吴君晚郎
	罗氏	罗君法道、法官	赵君十三郎 肖君七郎
饶家村	饶氏	王君九郎	趙君法怒
岩命村	罗氏	罗公法官	刘公法郎

村名	姓氏	家主	地主
白芦村	罗氏	罗君三郎　九郎	王君十五郎　十九郎
	毛氏	毛公本琳	游敬三郎
下水田村	罗氏	罗公法官	王公法彬

油溪罗氏神龛(康解文摄)

六、游家镇一带的家主和地主

（由杨学吾、陈新湘等提供）

附表6

村名	姓氏	家主	地主
栗舟村	易氏	蒋君法通	毛君法荣
金字村	傅氏	傅公辑五	刘君七郎　肖君一郎
金字村	刘氏	王君四郎	肖君一郎
堤上村	李氏	王君四郎	伍君晚郎

村名	姓氏	家主	地主
勤三村	胡氏	胡君法现	曾君法明　刘君法明
邹家村	邹氏	邹荣真	黄公田真
朱木桥	熊氏	熊公思明	肖君一郎
朱木桥	奉氏	奉君三郎	肖君一郎
同心村	伍氏	伍公法司	熊君二郎
如家村	伍氏	伍公法雷	张化星
游家湾社区	易氏	伍君晚郎	刘君天一郎
游家湾社区	伍罗	伍公晚君　罗君三郎	游东法盟　顿公法显
游家湾社区	杨氏	杨君七郎　邓公七郎	颜君法明
桂花村	杨氏	杨君十三郎	夏君七郎　九郎 夏君法成
淡竹村			淡君斗十三郎
镇政府一带			扶公太郎
芦茅村		王君法明　法兴	马君三郎
乌石　上马	黄氏	黄君法滚	蒋君法通
奉公村 （洪星村）、 石板村	伍氏	伍君法明　伍君法应	奉君三郎　毛君法云
游家村	陈氏	陈君一郎　伍君晚郎	扶公太郎
游家村	谌氏	谌公法胜	王君四郎
付家村	傅氏	傅公辑五	傅公辑五 刘君三郎　七郎
芦茅村 （罗家湾）	康氏等	罗君法荣　法胜	王君法明　法兴
芦茅村 （社公坛）	卿氏	卿君法宪	马君三郎

游家杨氏神龛(康解文摄)

七、白溪镇一带的家主和地主

（由吴文英、陈代完、向光辉等提供。这一带有的姓氏区分了家主与地主，大部分为家主、地主一体。）

附表7

村名	姓氏	家主兼地主
陆家村		王公师主　马君四郎　罗道真君　龙君一郎
俗美村	吴氏	吴君永道　谢法通
俗美村	陈氏	陈法隆　曹氏妙仙
岩塘村	刘氏	刘守信　李君六郎
岩塘村	张氏	张法兴
爱民村	谢氏	肖君一郎　王千十四郎
爱民村	马氏	马扶四郎　七保三郎
青荆村		胡法全　张法兴
檀山村		黄君斗三郎　检君三郎　吴君十三郎

续附表7

村名	姓氏	家主兼地主
汪家村		胡法全　张法兴
大联村	马氏	马扶四郎　七保三郎
董溪村		唐君六郎　陈法隆
大溪村		陈法隆　陶君七郎
大联村	马氏	田君三郎
檀山	刘氏	袁君太郎
杨家坊	刘氏	杨君二郎　杨君三郎
大源村	向氏	家主向妙真　地主封法秀、萧君三郎
鄱阳村	成氏	王君斗三郎　赵君十三郎
青山村	向氏	家主向妙真　向法轮 地主王君斗三郎　赵君十三郎
彭家村	彭氏	家主彭清佩　地主王君斗三郎　赵君十三郎
新丰村	周氏	家主周法秀　地主赵君十三郎　向法轮
何家坪	何氏	张法兴　童君一郎
白溪村	张氏	家主张法兴　地主童君一郎
白溪村	苏氏	家主扶君晚郎　地主柳君七郎　柳君八郎

八、荣华乡一带的家主和地主

（由张光巨搜集整理。这一带各姓家主、地主一体，没有区分。）

附表8

村及院落	家主兼地主
张家村彭家桥一带	彭法成　龙玉三郎
张家村干田坳一带	李君十三郎　张法秀
横溪村杨家湾等六院落	成如壹　刘家生　梅君一郎
横溪村谭家院	谭振林先生　谭君十二法官

村及院落	家主兼地主
黄家台村	黄法贤
柳树村柳里坪一带	李寨兴　李寨克　李寨灵
柳树村皂角冲 旧颜坪一带	李寨兴　寨克　寨灵　苏光任先生
曹家村	颜君一、二、三郎　侯公万兵
曹家村石印湾	伍君晚郎
新安村(桃李冲)	桃君三郎
白龙村	陈法昌　张法旺　蔡君法官　马扶四郎
共田村	张法旺　马扶四郎
刘家村	谭法贵 刘宽化先生 肖君一郎 张法旺
大乐村	张法旺　侯君法官
谭家革	王公　赵公
过街村	刘君八郎
乐家村	陆法成　李法元　谭友元先生
乐华村	扬氏十五郎　扬氏十六郎、
乐塘村	胡法玄　侯公万兵
田果村	刘君七郎　扬道真官
鹊桥村	胡君八郎　扶六三郎　龙君九郎
易龙村	孟法明　何希望先生
白大村	陈五三郎　罗命真先生
杨家村	吕君三郎
小鹿村	戴法梅　郭法清
荷华村	扬洪纪先生
云华村	罗道真君　黄成彦　黄法仁
横岩村	李寨兴 李寨克 李寨灵 王法官王法贵
寨门村	伍仁献先生　伍仁念先生
栗树村	栗君三郎　刘化高　陈道真官 刘学文先生

续附表 8

村及院落	家主兼地主
芳溪村	芳法道　刘氏一娘
横茶村	侯公万兵　马扶四郎
长岭村	侯公万兵
新田村	肖君一郎　谭君七郎

此外，在新化，较有名气且覆盖范围较广的家主和地主还有水车镇、奉家镇一带的邹公法灵、奉君三郎，大熊山一带的童君一郎，等等。

沙塘湾一带毛板船的兴衰
及其历史文化根源探究

刘国忠 李新民

从清道光年间到 20 世纪 50 年代，资江中下游流域曾经活跃着一大批毛板船商，以宝庆(今邵阳)、益阳为中心的资江流域和以汉口为中心的长江干流两岸留下了毛板船商和船工的累累足迹。毛板船在资江流域演绎了一百多年的辉煌。

毛板船是资江中段梅山中心腹地即新化、安化、邵阳与发达地区经济和文化交流最主要的交通工具。毛板船的兴旺发达对梅山地域的政治、经济、文化以及人民的生活产生了极其深刻的影响，使之发生了巨大变化，极大地促进了梅山中心腹地的全面发展。同时，毛板船的辉煌又冲击着发达地区，对发达地区的政治经济文化产生了一定的影响。从而实现了梅山地域与发达地区经济和文化的相互渗透，为发达地区了解梅山地域提供了帮助，也为梅山地域进一步走出本土、了解世界打下了坚实的基础。

资江为湖南第二大河流，发源于广西资源县和湖南武冈市，流经湖南的新宁、武冈、隆回、邵阳、新邵、冷水江、新化、安化、桃江、益阳等县(市)进入洞庭湖。现在的邵阳、新邵、冷水江、新化、安化、桃江、益阳、汉口等地的一些老街和码头，至今遗存着毛板船商的活动踪迹，还有极少数毛板船船工在世，向子孙后辈述说着毛板船时代的辉煌。

笔者自小听过老辈人讲述毛板船的故事，可惜的是那时年纪太小，仅仅作为故事来听。更深层的原因是时代的局限，在我们年轻的时代，所有这一切均在受社会批判和践踏之内。那样的文化背景使本来没多少文化积累、缺乏文化眼光的我们不知其蕴含的文化价值，等到几十年后认识其独特的文化价值，并作为文化课题来研究的时候，老辈人大多作古，资料来源几近枯竭，甚是遗憾。自 2007 年下半年开始，笔者开始走访冷水江市金竹山乡麻溪村、资江村，沙塘湾街道办事处，禾青镇的球溪居委会、渑江村，新邵县筱溪镇，新化县游家镇冷水江市航运公司以及幸存 20 世纪四五十年代划过毛板船的退休老工人，并拜访了长篇小说《毛板船与宝庆码头》一书的作者、新化三中退休老教师邹息云，并注意搜集毛板船的人文历史资料。现将沙塘湾一带毛板船的兴衰及其历史文化根源阐述如下。

一、毛板船起止年代

根据现有官方和民间提供的资料，毛板船是湘中地区煤炭开采发展到一定规模后的产物。

《新化县志》[①]载：明清时期县内船运已相当发达，明代正统年间（1436—1449），宝庆土产多取道资水顺流下洞庭外运。清末，县内已出现多种船型，有秋船、槽船、洋溪古、洞驳船，还有一次性承运大宗煤铁外运的毛板船。清光绪年间，县内沙塘湾、球溪、炉埠、化溪、游家等地均以毛板船运煤外销，全县每年发毛板船1000余艘，大宗煤炭、石灰、土纸、生铁赖此运往武汉，换回粮食、棉纱、布匹，为当时新化商业流通的主要渠道。民国二十五年3月，发出毛板船300艘，触礁沉没130艘，损煤1万多吨，其余运达汉口，船货同售，仍获巨利。20世纪40年代，毛板船运仍可观，年平均仍维持1000艘上下。中华人民共和国成立后，煤炭统一经营，毛板船随之减少。1955年，县煤炭公司发毛板船201艘，运煤3.5万吨。1958年，柘溪电站修建，河道受阻，毛板船才慢慢退出历史舞台。

《沙塘湾地方人文史略》[②]载："19世纪中叶，煤炭生产日趋兴旺，销路畅通，运输量与日猛增，'千驾'（船）承担不了，毛板船应运而生。"

"……明洪武年间有船运煤外销，早有记载。当时多以驳船载之，航线达益阳、武汉等港口。为提高载煤能力，清道光年间，境内已出现载量50~60吨的毛板船，抵达目的地后，船煤一起卖。"

"清末，仅煤炭水运出境就达万吨以上。民国时期，境内煤、铁等矿业勃兴……煤庄商人用毛板船500艘年运煤3万多吨……中华人民共和国成立初期，直至1960年，水路货运仍占境内运量之首位，是水运的黄金时期，毛板船占水运量的35%。……1955年占70%。……毛板船和排筏的长途运输，因柘溪电站截流，于1958年消失了。"

沙塘湾办事处老居民谢益生[③]的手写本《沙塘湾地方志》写道（下称"谢益生手写本"）："沙塘湾办事处要将当地的煤远运至湖北，仅靠'千驾'木帆船运输，确实量少周转慢，有碍沙塘湾的发展。沙塘湾的首富两茂盛老板张声润、道源庆老板张笃之、福星店老板张巨川、吉庆祥老板邹皓初、道源茂老板张翼文、三星庆老板黄孝球等兴起做毛板船，扩大煤炭运输量。他们以枞树板做船，每只船载煤 70～80 吨至汉口，连煤炭和船一并出售。"

从以上资料中可以看出，湘中一带的煤炭在明朝初年（即 14 世纪六七十年代）就开始开采，到了清代，煤产量已经有了很大规模，因为运输量太大，于清代道光年间发明毛板船这一大载量的一次性水上运输工具，加快了单次运输载量。因为船只是一次性的，无须返回，在下行速度快、上行速度极慢的水上运输时代，无疑大大加快了运输频率，煤炭运输载量以数十倍的速度增长，从而加速了大都市工业的发展。毛板船从清道光年间一直持续到湖南安化境内柘溪水电站的兴建截断了资江航道之后，加上铁路公路等陆路交通发展迅速，逐渐取代了水路的运输霸主地位，才结束了它的历史使命。

毛板船从清道光年间（1821—1850）兴起，到 1960 年结束，有着 100多年的历史。

二、冷水江市沙塘湾一带为毛板船的发源地

冷水江市建市于 1969 年，原隶属于湖南省新化县。新化在娄底建市之前，属邵阳地区管辖。邵阳在一段历史时期又称之为"宝庆"，曾设"宝庆府"。因此，毛板船时代邵阳所辖各县商人（主要是邵阳、冷水江、新化商人）在汉口的码头，被称之为"宝庆码头"。宝庆码头曾经演绎过一段可歌可泣的悲壮历史，但此文不做阐述。

沙塘湾为冷水江市下属的一个街道办事处。据《沙塘湾地方人文史略》叙述："沙塘湾沿资江上乘至宝庆府 120 里，下至新化县城 90 里（旱路60 里），西至涟源市的蓝田镇 50 里。"沙塘湾上游的麻溪、球溪，以及原属新化县中华人民共和国成立后划入新建新邵县的筱溪镇，加上沙塘湾下游的炉埠码头，与沙塘湾遥相呼应，实为一体。为叙述方便，我在此文中将新邵县的筱溪镇、冷水江市金竹山乡麻溪（后改为资江村）、沙塘湾、炉埠码头统称为"沙塘湾一带"。

谢益生手写本写道："19 世纪中叶，张家冲的张声棣先生在尺深岭的弯塘冲开采煤炭，用人工土办法开采，井下人员用煤油灯作为照明之用，以人力驮运至地面。当时挖出的煤都是红炭，又叫块煤、石炭，只能做工业用煤，不适合当地老百姓生活之用，所以大部分由当地脚夫肩挑至麻

溪，租用帆船，通过资江水运，销售到长沙、武汉、上海等大城市，作为工业用煤。"

"随后在邹家山发现了柴煤、细炭，这些煤做成炭饼，既易引火又好烧，很适合当地百姓做生活用煤。而后又在岔缝里、红安塘、安化塘、流子洲、水坑边、仁利昌、羊角岭、更家塘、猴子岭、老严塘、驸马山、杨桥、箕溪桥等地遍地开采，日产量由几十吨、几百吨上升到上千吨。除了满足本地生活之用外，大批煤炭用人力挑到麻溪、沙塘湾，再租用木帆船，趁资江涨水的季节，运往益阳、常德、洞庭湖区销售，将湖区的稻谷、大米、黄豆、棉花等运往新化、沙塘湾来。随着煤炭的不断开采，本地的老百姓经济活跃了起来，外地到沙塘湾一带来当脚夫和做煤炭生意的也越来越多了。"

"最开始是用千驾船运送煤炭，一般的有20、30、40、50多吨的装载量，只有新化琅塘的易自立老板做过140吨的最大千驾船，要30多个水手划船。"

"资江的枯水季节，水浅滩多，只能行使小船，满载货物的大船需要等资江涨水才能通航，严重影响水运的周期，尤其是煤炭的运输。"

"1850年左右，禾青黄场一个姓肖的老板大胆创造，用松木板制造出了毛板船，载量多，制作简单，制作周期短，每次的批量大，从此翻开了煤炭运输的崭新一页。"

"开始的毛板船式样不够美观，后来逐步改进，式样美观了起来，载量也多了起来。"

"当时沙塘湾沿江两岸毛板船厂遍地开花，如筱溪2个船厂、王家门前2个、麻溪石探坪4个、盐店街下首1个、杨鼻头4个、黄场2个、修密口2个(以下在现新化县境内)唐家口1个、栗溪桥1个、青峰1个、游家湾1个、长风塘1个。沙塘湾范围内最著名的船厂有荔生庄、顺安庄、道熔茂、复兴庄、星升庄、协力船厂等。当时每只船价约30担稻谷，其他还要购买船上的附属品，如雨蓬、晒簟、木桨等配套用品。有了数十个毛板船厂，大大地缓解了本地煤炭运输的紧张状况。每次资江涨水发船，毛板船都在一百只以上，多的时候达到数百只。"

沙塘湾是毛板船发源地的说法流传很久，新化的很多老船工小时候给我们讲故事的时候都是这种说法，原来一直没找到确凿的证据，谢益生的手写本能说出发明毛板船的地点人名，加上沙塘湾遍地开花的毛板船厂，就足可证实"沙塘湾是毛板船发源地"论断的正确了。笔者问过新化县城上梅镇、新化资江下游的游家湾、油溪、白溪、礼溪、琅塘的老辈人，都说冷水江沙塘湾一带的毛板船厂最多。《沙塘湾地方人文史略》记录20世纪40年代能列出名字的毛板船厂就有20多家，也足以断定沙塘湾是毛板船发源地无疑。

最重要的是，冷水江市境内的金竹山煤矿、现毛易镇的篁溪煤矿（现大建煤矿）是开采最早的煤矿，外运都是在沙塘湾码头和它上游的麻溪、下游的炉埠码头上船，毛板船诞生在沙塘湾一带顺理成章，毫不足怪。

三、毛板船形状规格与制作概述

（一）毛板船的形状

关于毛板船的形状，《沙塘湾地方人文史略》是这样描述的：

"毛板船是用六分厚的枞树板一块一块拼钉而成的，再用竹麻丝扎紧木缝，然后把桐油石灰浆塞进木缝，以之防水渗进船舱。它是一次性载重煤炭专用运输船，只要将煤炭运送到益阳、汉口，与货主成交后，煤船一并处之。"

"毛板船全长6.6丈，船面宽1.03丈，船头、船尾慢慢收缩上翘，为尖船头船尾（宝庆的毛板船为平头毛板船）。毛板船由身板、底板、楮板组成，两边底板以倒八字形向上延伸，身板上面是一块平板，平板上面是拦水板，再上是晒干板，又是人行道。"

"一船共20个船舱，由船头依次是头展子（放船上有关东西）、二展子、头桅舱（又名将军舱）、前踩舱、二踩舱、三踩舱、对桅舱、主桅舱、进门舱、二龙舱、三龙舱、挨身舱、太平舱、火舱、前困舱、后困舱、大八十、二八十、三八十、鹅公舱（放置船工所用工具），最后是厕所。进门舱罩棚，一直到厕所，共计8副蓬（即龙舱到困舱6蓬，三个八十舱上2蓬）。这些蓬是用很薄的竹篾筐子两边夹着，中间集缀棕粑（即管竹）叶，四周再用厚竹篾夹着，竹丝扎紧，以之在船舱上拱起，能避风遮雨。这些竹篾制作精巧牢固，即使遇上大风大雨，也不会漏水，住在里面，安全无事。毛板船的踩舱上为了防雨水打湿煤炭支起了人字架，用三床竹晒簟笼罩住，一般不会漏水进舱。"

谢益生手写本的描述大同小异："毛板船由六分厚的松木板、铁钉、铁锯、铁渣子、防雨棚、晒簟、木桨、绹（一种绳索）、舵、木栓等组成，其动力是人力8人，用力划动8支木桨作为动力。船全长六丈六尺，底宽一丈零三寸，面宽一丈三尺二寸，全船有二十个舱，分别叫：空展子、二展子、头桅舱、前踩舱、二采舱、三采舱、对桅舱、主桅舱、进门舱、二龙舱、三龙舱、挨身舱、太平舱、火舱、头踩舱、二悃舱、大八十、二八十、三八十、鹅公舱(此舱不装煤，专给本船放零物用)，最后是舵和厕所。船头由头桅舱以50%的向船头收缩，船头最尖端有八寸左右，船尾由大八十以35%～40%地向后收缩，船尾厕所后4尺左右。"

冷水江市航运公司退休工人潘忠生④说："毛板船厕所右船尾是用没有刨削的松木板用船钉拼凑拢来的船，用油灰将船缝填死，不浸水就行。毛板船船底宽的地方有一丈零几寸宽，船上只有划桨的地方没有船篷，连舵公位置也是有船篷的。前面有一匹"榷"，榷后面是桨，船上有8个桨桩，8匹桨，中间有一匹"榷"("榷"和"挢"还有写作"招"的，均据新化方言译音，具体是哪个词不清楚，无论动词名词，都做名词用)，都是起助力的作用，有"三桨当不得一榷"的说法。后面有一个舵，桨桩到靠岸的时候就要取掉，以免妨碍行动。益阳以上的毛板船没有桅杆和船帆，益阳到汉口就要扯风帆了，这时船主要靠风力航行。"

《沙塘湾地方人文史略》还附有毛板船的示意图。

(二)毛板船的规格

关于毛板船的规格，《沙塘湾地方人文史略》描述如下："毛板船分为四个型号：即'三个六''四个二''四个八''五个二'。'三个六'和'四个二'称为小码子；'四个八'和'五个二'称为大码子。'三个六'的可装煤炭30～50吨，'四个二'的可装煤炭40～45吨，'四个八'的可装煤炭70～75吨，'五个二'的可装煤炭80～85吨。'三个六'的吃水深度3.6尺，'五个二'的吃水深度5.2尺，只在资江涨大水方可开发。"(其余类推)

谢益生手写本的说法差不多："毛板船定型后，分为三种水量，即3个6，4个8，5个2。"(比较《沙塘湾地方人文史略》，这里少一个"四个二"的型号)。

"3个6的，即是满载煤炭后，船吃水三尺六寸，又叫'小码子'，每次可载煤炭50吨左右；如此类推，4个8的船吃水四尺八寸，5个2的吃水五尺二寸，5个2的又称之为'大码子'。4个8的可载煤炭65吨左右，5个2的可载煤炭75吨左右。"

潘忠生说："毛板船一般十来丈长，高有五尺二的、四尺八的、三尺六的。"潘忠生也说是三个型号。可以推断，五尺二的、四尺八的、三尺六的是最常用的三个型号或规格。

冷水江市航运公司退休职工李三和⑤说："毛板船一般有 80 多吨，装满煤炭后，船面离水一般 5 寸多高。"

潘忠生还对几个船舱的功能做了介绍，他说："船的甲板部分叫踩舱，前面的舱叫龙舱，中间有厗舱和做厨房的火舱，后舱叫睡舱，通常水手们在龙舱睡，长守和舵公师傅在睡舱睡。"

以上资料叙述基本相同，除了型号规格略有出入外，所载吨位也有一点差异。大概因为那时候煤炭上船一般以"担"为单位计算重量，记载都不是很准确的，吨位计算上有误差在所难免。

毛板船的尺寸所述略有出入，可能与毛板船的吨位规格有一定关系，吨位大的肯定要长要宽，吨位小的相对要短要窄。

(三)毛板船需配备的附件及生活用具

《沙塘湾地方人文史略》详细交代了毛板船上的日常生活用品："单凳五条，四方小桌一只，碗柜一个，高铺一个，火灶一个，炭槽一个，铁耙一把，长、短水勺各一个，锅鼎各一个，饮碗十只，钵子数个，筷子一把，菜匙、饭匙各一个，长的空船用，载船用短的(也叫勾筒)，主要是用于生活舀水。其中高铺一个，斧头一把，要能容十人吃饭用，火钳一把，提灯笼一个，菜刀一把，这均为生活用品。五条单凳是舵手、头篙手、头桨手、上岸定桩、发纤手及长守的座位，其他人是没有座位的。"

下面说的就是船上的工具了，《沙塘湾地方人文史略》载："船上配备竹篾缆四根，竹簟子一合，栓钉五个，提桩一根，靠把五六个，帮舵木两根，划桨八根，抉一根，桨桩八个(分左右两边各四个)，杨梅桩一个，桡把一个(在内河做桡用，外河做头桅杆用)，斧头一只，扫帚、拖把各一个。"

谢益生手写本所载大致相同："毛板船上栓五六个，停靠时把它在岸上打入土里拴住船。靠板(把)五六个，用于毛板船靠岸时，把靠板放在船与船之间的水中，保持船与船之间的摩擦。湘绹三四根，一丈五尺左右，用来把船与船之间套紧，以免时紧时松地不安全。水勺两个，一长一短，长的空船用，载船用短的(也叫勾筒)，主要是用于生活舀水。其中高铺一个，碗柜一个，灶一个，炭槽一个，铁耙一把，斧头一把，铁鼎一个，铁锅一只(要能容十人吃饭用)，火钳一把，饭碗十个，筷子十双，钵子五六个，提灯笼一个，菜刀一把，四方小桌一张，凳子五条(此物由当家长守自做)，提桨一只长八九尺(山河行船靠岸上坡用)，篙子三根，挽子二把(开船靠岸时用)，桨桩八个(行船用)，桨圈八个，脚盆一个，砂锅一只，砂罐一只。"

谢益生手写本就将工具和生活用品放在一起交代了。

(四)毛板船的构造和组成部分

谢益生手写本上写道："上山的松树，不管多大多高，砍倒后，除去松枝，由锯工从尖到蔸，以六分厚的尺寸，锯成全板，运往河边的毛板船厂，由专制毛板船的工匠，根据他们的设计和规划，安排一块一块的，清好缝，用铁钉、铁锯、铁砂镶好、钉好。按毛板船的载重量，首先分为三大部分：船底、左右两块、身板。船底上把二十个舱的启梁固定好，并把舱与舱的楮板做好，然后把左右两边固定好，经过铁钉、铁锯、铁渣加固后，在两边身板上面加平板，由上至下30到40的斜度，平板上面再加八寸左右的拦水板。拦水板上面是晒干板，也是人行道。"

谢益生手写本上对防漏水部分说得比较详细："毛板船的基本架势形成后，再做细致的防漏水工作。首先用麻洋(竹篾刨丝)搓成手指大的条子，用锉子很细致地挫紧，然后用生石灰粉加桐油(每一市斤石灰粉加二两桐油)深加工后，把缝堵好。同时每个钉口及松树结疤，都要把灰堵好，再用桐油擦上一层，以示缝的饱满与光滑，这样才不会漏水。如果粗心大意，装载煤炭后，船舱漏水，长守就够辛苦的了。"

(五)毛板船的配套及其制作

谢益生手写本上说："毛板船初步制作好以后，首先是竹篾篷七张，由船的进门窗开始，至最后厕所共罩十二个舱，其中有两张是软塔子，可以活动推动的。篷的作用是为了防雨、防晒、防寒，是长守住宿之地，也是行船时舵师、水手生活居住之地。"

"这篷是专业篾工制作的，它的长宽尺寸及如何配备，专业篾工是了如指掌。里外两层是竹篾制作，中间是用棕粑叶很细心地上下左右搭配好，而后似做棉衣一样地一行一行地排好后，四周用不硬不软的竹篾锁好锁紧，才能支起竖立，形成半月形。前面由头桅舱至主桅舱，用木桨支起人字架，再用二十片竹篾均匀地搭配好距离，然后用三床晒簟罩住，两边各用一匹桨压住，以防风吹走。"

"配备的还有竹掏（应写为绹，即竹绳）四根，其中单掏两根，每根三十米以上，双掏两根，每根五十米以上，是专业篾工在用很小的竹篾架起七八米高的架子上面编制而成的，然后用甑蒸煮，再放到石灰水池里浸泡十余天，这样可保质保量，永不断裂，日子一久，好似麻绳。另外还有木桨八匹，外推梢桨一匹，招巴一根（杉圆木，14~16厘米长），由沙塘湾至益阳以及舵稍有不灵，它在前面就做招用，帮助舵快速应用，从益阳到武汉，它就做头桅杆用船的每边都有两块吊簟，以防刮风下雨时雨水进船舱。"

谢益生手写本对毛板船舵的制作及作用叙述较为详细："毛板船舵是木制而成的，船舵的长度和高矮，按船只的载重量大小而定，现就以4.8尺的船举例说明。舵的海底长度为一丈二尺八寸，前面是以船的弯度而定，后面是齐的；舵的海底板2寸厚，两块平板上面是普通毛板船板做成的，两边都加钉数块竖板用来加固；舵筒是松圆木的，要十八到二十的松圆木，长一丈二尺左右；舵叶高1.4~1.5米左右。"

新邵县筱溪镇老船工周继学[6]说："毛板船很大，钉子就有300斤，有一句俗话：'毛板船打（翻）了，都有三百斤钉子。'"

船壳的厚度按船的比例来说，本来就像蛋壳那样的薄，如果船在干坡上，装了一满船的炭，肯定会被胀得散架，可一到了水里，水就把船给箍住了。而毛板船由于有满船的炭撑着，也抗住了外面水的压力，所以有"炭是撑，水是箍"那句话。毛板船不求结实，只要拼钉得拢来的就行，是一种非常巧妙的运输工具。

四、毛板船号子和滩歌

（一）毛板船号子

谢益生手写本对毛板船号子记述得比较详细，他写道："毛板船号子是鼓舞干劲齐心合力的推动曲，尤其到了险滩地带，号子可以鼓动人的精神，也可辟邪扶劲。"

咿噢哟——咳！咿噢咳！

咿噢喂——咿噢咳！咿噢咳咳！

咿噢噢咿咳咿噢咳咳！

《沙塘湾地方人文史略》记述的稍微有点出入，大概是因为各地的毛板船号子有所不同，他们是采访者根据新化琅塘镇谭家村杨昔山老人的叙述记录的：

呜罗罗——嗨罗罗，嗨——嗬——嗨！

(二) 滩歌

谢益生手写本写道："滩歌流传很久，它的内涵丰富多采，其中包括滩名、地名、山名、名胜古迹、风景等，同时也告诉船员们过险滩时要注意安全和操作，更重要的是要熟悉地形地物和两岸天然水准标志。遗憾的是当时都是口传、脑记、心记，无印刷本和手抄本，熟悉滩歌的大部分作古，在世的老人也都年事已高，记不太清了。蒙黄君孝信老先生回忆，由沙塘湾行至益阳上截记录于后：

> 沙塘湾开船像牯滩，黄杨底下陈山湾。
> 马嘶激起犀斗怒，美女梳头晚样滩。
> 修溪鲤鱼产子早，对岸就是雷打叽。
> 马脑修在老鼠石，炉埠码头船难弯。
> 永再弯里是大淹，垃圾要在弯里转几圈。
> 抬头望见吊脚的庵，转弯来到麻洋滩。
> 付家洲对唐家溪，西风塘下坡浪滩。
> 潘家院下硫黄厂，铁路飞越渣洋滩。
> 起眼抬头来观看，左边就是陡司岩。
> 旋塘弯里大弯里，一舵就下三篙滩。
> 涟溪河口有一井，井里扉牛常现身。
> 老鼠巷下岩巴凼，航标插在浪石滩。
> 施茶人喜驾倒筏子，化溪有个龙家桥。
> 对面就是鲤鱼滩，放流放到竹林弯。
> 满竹凼里堆子多，辕门柱子影花多。
> 划几划来摇几摇，不觉来到采溪桥。
> 过了林弯高岩地，转弯就是沙洲滩。
> 叫声大家齐努力，划起势子好参口。
> 沙洲滩上三条缝，恰水就放杨家嘴。

杨家嘴上最难划，嘴岩底下扫凉篷。

肯莫慌来肯莫急，提转舵来放鲤鱼缝。

青峰溪里避洪水，青峰岩下万丈深。

水大泡花就越大，避开泡花放蛤蟆口。

谢家滩上蓑衣石，不觉来到月竹塘。

大小月亮真形象，一眼望见新化城。

上梅中学是私办，培养不少好人才。

把船靠在塔山湾，大家上街玩一玩。

新化城里好热闹，毕家巷里好糯米粑。

呷面要算九六园，通吉桥下好旱烟。

还有好多说不清，大家回船往下行。

新化开船磨河滩，宝塔修在塔山湾。

袁家山下萝卜好，车木对门天子山。

道士吹得牛角叫，良庚滩下游家湾。

王儿滩下长风塘，白沙洲下丫乌滩。

辇溪河里好过渡，单滩转弯是夏滩。

辰滩小洋鳜鱼地，车石底下新河滩。

油溪有个尖石凼，中家庄对门洪岩山。

白溪有个文昌宫，豆腐好呷有名声。

木盘洲上抬头望，抬头只见石子湾。

铜锣不见铜锣叫，汪家洲下豺狗滩。

石槽铺上莲花现，千家丢落十洲山。

鱼公口里把茶喝，铜手石在大无湾。

大无湾里随弯走，礼溪对门梨子山。

龙口底下曹元地，转弯就是竹叶滩。

琅塘有个杨木洲，苏溪立起提金关。

问我装的么咯货，我今装的是煤炭。

摇几橹来划几划，掌起舵来放下滩。

大水就把干来放，细水就把槽来扳。

瓦滩只见滩水叫，润溪有个樟树爷。

樟树大爷显神灵，请保平安到益阳。

船已来到猪屎滩，叫声快把香纸敬。

粮米一散镇邪神，保佑平安百事通。

台子石前要坐紧，抛出绣球是沧滩。

横岩嘴子水一发，咆哮如雷胆战惊。

如果老板财运好，未进牛栏进秀金山。

转几圈来想想法，生路就走满天星。

坪口本是花花地，叫声客几把船弯。

婆婆就是岩来养，一养就养担柴滩。

担柴贸得柴来卖，只怕猴子把门关。

十二叽来本是平坦地，马脑修建在洛滩。

洛滩有个蓑衣石，野鸡赶落培子山。

培子山里出美女，鸡婆凼里排难扳。

开锁要开钥匙口，白水底下是初滩。

瓷石门前竖梢进，姚家庄上水流散。

费力赚钱在眼前，扳排之人好畏难[7]。

陡司竹山是羊脑，杉木青龙抽尺滩。

骡子赶过马蛮市，龙须下带柳兰滩。

狗屎屙在昌河滩，两口相对无名滩。"

《沙塘湾地方人文史略》记录的滩歌就更多了，限于篇幅，我这里就不一一摘录了。

五、毛板船运作与管理程序

（一）航道区分

谢益生手写本上写道："资江分为'山河'与'平河'，山区河流急流狭窄，落差大，为'山河'；丘陵地带水流相对平缓，故称'平河'。资江又有'上山河'与'下山河'之分，枞树滩至筱溪佝偻门为'上山河'，全长约40公里；筱溪至润溪为'平河'，全长为120公里；润溪以下又为'下山河'。"

枞树滩、佝偻门、筱溪都在新邵县境内，筱溪与冷水江市的禾青镇球溪码头接邻，球溪码头下游4公里是沙塘湾。润溪在安化境内，从筱溪到润溪要经过冷水江市、新化县，润溪与新化县琅塘镇接邻。

潘忠生说:"放毛板水太大太小都不便航行,水太小了河床就小,水浅无法行船;水太大了水流凶险,容易出事。"

(二)装船和开船程序

老船工们几乎一致的说法是,毛板船的装船比较从容,一般是在枯水季节担煤上船,各煤庄的老板在船厂定制的毛板船在每年的汛期前一一下到河里,然后将各自煤庄里囤积的煤由脚力担上船。装满后停靠在码头一侧或者靠在对河的岸边,将应该准备的工具和生活用具搬上船,等待大雨过后水位上涨到一定位置的时候开船出发。

周继学说:"毛板船装好煤之后,最后一道工序就是在船舷上钉上护船板,这是过滩时防浪的,有了这一层护板,大一点的浪就打不进船里来了。"

《沙塘湾地方人文史略》载:"每只船固定一个看守(称长守)。毛板船由造船厂开至码头停靠,当长守把船上的所需用品备齐,再经过补仓、修缝、全面加固后,方可装煤。煤炭装好后转大湾里或河对门等安全地段停泊,待资水涨到一定高度时,老板请来舵手及水手九人(连长守在内共计十人)。其实,只要资江一涨水,舵手水手们就满街跑,自己上门找船开发,也有的是事先约好的。沙塘湾到益阳称为内河,起运时间两至三天;到了益阳再请舵手和水手开往武汉称为外河,起运时间要根据洞庭湖的风向才能定准,一般是十天。如果风向不利,那就停靠港口避风,所需时间就长了。外河每只船竖两合风篷,每船五人。"

"宝庆(邵阳)的煤炭很丰富,毛板船也很多,从邵阳到汉口分三段跑:邵阳到新化,新化到益阳,益阳到汉口。每一段一班人马,换舵公和桨手,只有长守(相当于从头护送到底的护卫管家)不换。从新化到益阳分两段跑,水路两天到益阳,再换一班人从益阳到汉口。从益阳到汉口一路顺风七天可以到达,遇上风不顺风浪大的情况,就不知多少天了,所以当时有'一斗米过湖,一担米也过湖'的说法。一般要刮南风才能过洞庭湖,刮北风就无法过,这时船就要在城陵矶避风。"

周继学说:"毛板船要涨水以后才能放,一般是阴历的二月以后。在没涨水的前几个月,先装好船放到河湾里,整装待发,一发春水就放下去。水不能大,也不能小,原来筱溪街上有一块石头,叫作'仙人脚板',大水一旦淹到'仙人脚板'的地方了,就开始放毛板船。那块'仙人脚板'现在不在了,不知被谁给弄走了。"

"我们放山河毛板顺利的话，一天可以到益阳，放到益阳就回来。走路回来一般要三天时间，有时候就找舢船老板，帮人家拉纤回来，另外赚一份工钱。我在山河实际上划到益阳只有一次，我是给冷水江布溪施茶亭的郭开文拉纤回来的。"

"我到外河划了两次船。外河船上有五个人，一个舵手，四个水手。外河主要靠走风，有了风，就要找避风港，避风港找得好，船不会有问题。外河翻船主要是风浪打翻的。我倒是一次也没碰到过。躲风有时候要躲一个多月，才能到汉口，不躲风几天就可以到汉口。我第一次十多天就到了汉口，第二次一个多月才到汉口。"

"放毛板船的一般是每年的三月出去，要到年尾才能回来。我们这里80%的男人都是以驾船为生，女人在家纺纱。"

冷水江市金竹山乡资江村老船工段绍庭[⑧]说："发船的时机选在沙塘湾水淹到第八个码头台阶的时候。船上只有长守有床铺和一个箱子，其他人晚上只能围着火炉子打盹休息。船上老板给的一担米，都由长守保管，也是由长守来分配的。"

原冷水江市农机厂退休老工人胡友利[⑨]说："我的老板叫张昌海，是做毛板生意的地主。我一直到汉口，再坐火车到长沙，再坐汽车到田心，然后走路回来，都是自己掏钱买车票。我划了两次船，从益阳到汉口也是两次。益阳到汉口怕风，在岳阳，有几次风浪太大，扑上来几股水，差点翻了船。外河一般在卢陵滩、城陵矶避风，我们一般都在卢陵滩停泊，有一次在那里躲了十多天的风。"

谢益生手本写道："由沙塘湾每只船上十人驾驶至益阳为一阶段，再由益阳每只毛板船五人驾驶至武汉市为二阶段。益阳至武汉主要依靠两合风篷为动力，如果天气好有东南风，不上十天可达武汉；如果天气不好，整日北风，一个月甚至两个月方可到武汉。驾船人有句俗话，'石米过湖，斗米过湖。'湖即洞庭湖，如果遇到微微东南风，由临资口开船，八小时内就可到达岳阳或城陵矶靠岸，过了洞庭湖就不怕风暴了，几天之内可以到达武汉市。"

（三）货物管理和工资发放

《沙塘湾地方人文史略》载："各个码头都有货庄的分庄（相当于现在的办事处），负责毛板船的装货、起货和船工舵工的转换、给予船工舵工工资等业务。这些货庄（栈）什么生意都做，毛板船的煤炭生意仅仅是他们生意的一部分。当时只要有本钱的都可以放毛板。做毛板船也是当时一个工匠的行当。"

关于煤炭短途运输规程，谢益生手写本载："沙塘湾、麻溪、炉埠每个煤炭牌号，都有专人负责在煤窑发运煤炭。每个运煤者都要领一张小纸条，上面写着招牌和脚夫的名字，到店把纸条交给老板计重量，如挑62斤，只能算60斤计脚力费，如63斤，可以算65斤。尾数为五丢六收，即五厘钱丢了，如果尾数为六厘钱，老板要给一分，这是无可非议的。"

六、毛板船船工的分工与待遇

(一)分工

潘忠生说："放毛板是指当舵工，全权指挥把船放到目的地。拉褡裢当弟兄只能叫划毛板，放和划两个字有很大区别，不能乱用。船上的管事叫'长守'。船工叫'弟兄'也叫'褡裢子'。"

"从上游到益阳，每一航程十个人，舵公一人，桨手八人，加上长守一人(长守是要顶一个桨手用的)；从益阳到汉口五人，桨手(包括长守)四人，舵公一人。船工比较苦，无论天晴下雨都要划船，只能戴斗笠。"

李三和说："毛板船十个人，八个划船的，一个舵工师傅，还有一个管事的长守。扳招的一般没有另外安排人的，就是八个水手中最有经验的那个。"

"一个经验丰富的水手负责船的大招，招是船的副舵，像木牌一样。毛板船头绑着一根一丈五六尺的大杉树，伸出船前水面，杉树末端钉块木板，用来划动水面借水力转移方向。扳招的等于水手长，是仅次于舵工的第二号角色，需要经验丰富又有力气，工资也比弟兄们高出一倍。扳一段时间的招，就有希望当舵工了。"

冷水江市禾青镇湍江村九组村民刘洋源[①]说："毛板船上要有三个能人：舵公师傅、扳招的、扯橹的。扯橹的在中间，橹和桨差不多，只是橹粗大一点，一般一丈三四尺长。前面的招也是一丈三四尺，但是比桨粗一些，桨一丈二尺左右。"

"毛板船过滩的时候，舵手还要三个帮手帮助扳舵，舵公师傅要另外给他们三个人一定的酬劳。"

筱溪镇老船工周述用[①]说："船上八个人划桨，还有舵工和长守，扳招由八个划桨中的一个来担任，到过滩的时候，其中一个要放下桨去扳招。"

邹息云《毛板船与宝庆码头》[12]一书中还写下了划船以外的细微分工。书中写道："所有的木船都会有水从缝隙里渗进来，叫进潮。潮多了既增加船的重量，又会浸湿货物，所以隔一段时间就要舀干净。一般的大船都在船的中部留有一个戽舱，这里是船底最低的地方，船底的水都往这里流，把戽舱舀干了，其他船舱底下也就没有水了。毛板船也像别的船一样装有底舱板，煤炭堆在有舱板上不让渗水，通常每隔两个时辰（四个小时）舀一次潮，以免煤炭被水浸湿。"

"戽舱很小，刚刚能容一个人操作。这戽斗是个有底有盖、空着一端的长方形大匣子，盖上有把手用来提水。"

"一般来说，像舀潮这样的琐碎事，都是由才上船的新手利用空余时间去做的。"

（二）待遇

船上的伙食由老板负责，新化到益阳，担一担米上船，在船上煮饭吃。饭不限量，菜却一般只有一个。没吃完的米，到目的地之后分给步行返程的舵公和船工，以充当返程的盘缠。

李三和说："我们在船上煮饭吃，柴米油盐都是老板准备的，船上有一炉火，有墩板（切菜板）、菜刀、吊桶、蔬菜等。伙食的肉食一般吃鱼的时候比较多，多半是从渔船上买的。"

"工钱，舵工师傅到益阳可得到二十担谷，水手只能得到一百五十斤米。"

周述用说："工钱是这样的，由沙塘湾到益阳，船工（水手）只有一担谷，舵工师傅十到十二担谷，长水（长守）一担谷，有时候给两担谷，能力强点的两担，能力差点的一担。"

段绍庭说："到益阳的工钱，划船的一次一担谷，到益阳两天半时间，回来三天半时间。我第一次从益阳回来，第一天赶急（上面缺人手），走了180里，第二天就到了家，马上上了第二只毛板船。一般的秋子，从益阳上来要8天，拉纤的话，船老板给2担谷钱。我在山河划了50多次船。"

段绍庭说："好的舵工师傅有时也让一点谷给我们。在船上吃饭，开始不限量，1953年以后，每天一斤二两米，少了的不管。有的老板为了拉拢人心，自己会给我们加一点米。"

"船工只发一个荷叶篷斗笠，下雨也要划船，晚上就坐在火边烤白天打湿的衣服。"

胡友利说:"我们长守一天一斤半米,一个月一斤油,好的一个月一担谷,包吃。我一天一斤半米,包吃。"

谢益生由沙塘湾开船至益阳行船两至三天,步行回家四天,水手每人工资约二块光洋,舵工师傅一次二十担谷左右,有些舵工由益阳订坐轿子回家。

看来,舵工师傅、水手、长守的待遇不是整齐划一的,这与老板的气度与个人的身价、资历、技术以及和老板的关系亲疏等有关。

七、毛板船工的信仰习俗、忌讳及帮会组织

(一)信仰

在以水运交通为主的农业时代,水神是至关重要的神。关于水神,许多典籍所载的和各地信奉的各有不同。

道教称巨灵和胡灵为水神。民间有的敬大禹的父亲鲧为水神,而除了这些男性的水神以外,还有女性水神,流传最广的是湘江水神娥皇、女英。

关于水神,其实民间有多种多样的说法。像冷水江毛易镇、岩口镇一带尊奉的菩萨"温君法官",就兼有水神的职能。但是梅山地域涉及水,一般是与龙王联系起来的。至少在新化一带,龙王庙比较普遍。笔者老家——新化琅塘镇资江下游两里路远的河边,就有一个颇具规模的龙王庙,天旱和洪水泛滥的时候,都由当地师公在龙王庙设坛作法,祈求龙王格外开恩,保证一年四季风调雨顺。实际上龙王就担起了水神的职能,或者说龙王就是水神。

下面说到水运行业神。

毛板船只是船的一种,自然没有独立的行业神,都是信奉水运行业神的。

各地供奉的水运行业神各有不同,有太上老君、南海观音、杨泗爷(杨幺)、关帝爷、南岳大帝、洞庭王爷、天后娘娘、吕洞宾等。有佛有道,不伦不类,似乎都与水有点关系。还有的供奉潘子良,因为他是鱼贩子出生,和行船有点关系。有的供奉浮邱子,这除了他是炼丹仙人外,大概就是有这个"浮"字的缘故,行水路最要紧的就是要"浮"得起来。

比如网络连载文章《益阳的故事》中写道：益阳一带开始信奉的是三国时期吴国的水军都督丁奉。每一次毛板船起航前，老板和船员都要举行隆重而又神秘的起航仪式。因为驾船风险很大，有的是一去就回不来了，故很有点生离死别的味道。益阳的起航仪式大多在"水府庙"进行，因供奉的是吴国水军都督丁奉，故又称"将军庙"仪式。起航仪式由祭师主持，大致分三个程序：①焚香祷告神灵，读祭文，许愿还愿；②杀鸡、喝鸡血告别酒，亲人间彼此嘱咐祝愿；③船员们每个人都由祭师驱邪画符，并贴身带上保平安的符咒。

但是，益阳人总觉得上面的水神都不够贴切，因为以上诸神似乎与这个行业关系都不是很密切。

益阳人后来打造出了新的水运行业神——魏公。

《益阳的故事》记录了这样一个故事：

魏公是上游宝庆（邵阳）的一个排古佬，到底是姓魏还是以后尊封的魏姓，现已无法考证，但这却是江湖上一个流传面域很广的故事：

传说同治年间，魏公从宝庆驾排下来，路经益阳码头时，居然不停下来交货给加工厂，而是闯关直销到汉口码头去。针对这种闯关行为，益阳加工厂的老板们岂能容忍？开此先例，益阳的生意还怎么做？于是，加工厂主持祭祀的祭师便在岸边作法，把扁担往江边一插，那排便在江心钉死走不动了。驾排的排古佬一看，便知是岸边有人作法，于是，也作法运起轻功跳到祭师身前，在他的肩上轻轻地拍了七下，说："佩服了"！这祭师马上感到中招了，忙跑回去对妻子说："我今天碰到了高手，唯一化解的办法就是你把我放在蒸笼里蒸七七四十九天，不然，我这七颗铜钉不能出来。"

他妻子遵命照办，可是当她蒸到四十八天时，心想：哪有活人能蒸四十多天的？只怕骨头都化了，揭开来看看。谁知她一揭开，祭师还好好地活着，而肩上的铜钉也冒出了寸许。祭师这时只得仰天长叹："天命如此，罢了罢了！我死后，你就把我葬在江边，拿床篾席子，哭一声就拆一匹篾下来。"

他妻子果真又照办，哭一声拆一匹篾，而那江心魏公的排也跟着一根根的被拆散，眼看一张排快拆完了，谁知祭师的妻子哭得死去活来，还剩巴掌大一块时，把那席子往江中一扔，魏公也就因最后的五根木头而获救，跑上岸来，煮了罐稀饭，往那祭师的坟头一泼，顿时，那坟头便长满了白蛆，祭师化为污泥。

这真是道高一尺，魔高一丈，一山更比一山高。

但魏公也由于本钱尽失，从此也就只得留在益阳了。

魏公成神，则是魏公死后的事情。魏公生前益阳人还是不看好他，尽管他法术高强，可他斗死了益阳的法师，只得过着流浪的日子。

终于有一天，有人在江边发现一具发臭的男尸，马上报告给县太爷。县太爷到江边一看，看到的却是一具散发着香气的女尸，于是责怪报告人说："男女都不分！"报告人也感到奇怪，上前到死尸的裤裆里一摸，果真什么也没有。这时，旁边的人才解释："这具尸体发现十多天了，香三天，臭三天，时男时女。"

这，就是宝庆排古佬魏公。

于是，魏公成了益阳航运业几十年寻找的神，成了这个新兴行业的祖师爷。一座颇具规模的魏公庙，便在将军庙的附近拔地而起。从此，魏公庙里香火不断，而祭拜的人却是清一色的与行船有关的船员和家属。祭拜仪式也比先前简化了许多，不需要祭师，因为再有本事的祭师也败给了魏公。祭拜者只需点上香烛，买一只鸡，提一瓶酒，把鸡杀了，血放在魏公菩萨的祭槽里面，然后再倒上一杯酒，鸡酒提回去上船吃，祭拜仪式就结束了。

传说魏公庙香火旺盛时，一天杀得上五六十只鸡。

尽管益阳人后来敬奉的航船行业神是宝庆人魏公，但宝庆府下辖的新化沙塘湾一带船工敬奉的偏偏不是魏公。

潘忠生说："驾船人敬的是镇江王爷，初一、十五敬，还有镇江王爷的生日（六月初六）敬，其余时间不敬。镇江王爷是一个小孩子像，传说镇江王爷小时候很调皮，常常去拔船钉，害得人家沉船，他父亲很气愤，就将他投进了河里。至于为什么要敬他为神，我不知道。"

周述用说："毛板船只有舵工师傅才敬王爷公公，分一般地敬和比较正式地敬。一般地敬，舵工师傅用点香、纸钱就可以了，多在家里敬。王爷公公的神位一般供在城隍庙里，有的舵工师傅家里也有王爷公公的神位。正式敬的时候要备鸡、鱼、肉、酒。特殊情况下，也在龙头舫上敬王爷公公，也有摆鸡鱼肉酒的。"

过滩的时候，长守就往河里撒米，也是祈求王爷公公保佑的意思。

邹息云《毛板船与宝庆码头》一书中有这样一段描写：

"水烧热了之后，义满爷就点起香烛敬菩萨杀鸡，把鸡血洒在船头，拔些鸡毛粘在船头和船舱板上，然后把前天煮得刚刚熟的猪肉，还有鱼和鸡一起祭龙王爷,率领大家磕头,祈请龙王爷保佑。"

"祭过龙王爷之后,就准备吃早饭。"

"毛板船开船前和到达目的地以后,都要祭老爷,一只肥鸡、一条鱼、一大块猪肉。鸡和鱼的吃法和平常差不多,猪肉是煮熟了的,祭过老爷后才切成片子,再加上辣子大蒜炒了吃。这种煮过的肉,油腻大多融进了汤里,加工炒过之后,既软嫩可口,又不肥腻,吃起来别有风味。最有名的叫回锅肉,因为船上祭龙王爷吃得多,所以也叫船拐子肉。"

"大家饱餐一顿之后,就解缆、放炮、开船。"

这里敬的不是镇江王爷,而是龙王爷了。龙王爷在当地是被看作水神的,看来,也有只敬水神,不敬行业神的,但是祭祀的方式基本相同。总的来说,沙塘湾一带祭祀水神和行业神的仪式远没有益阳隆重,更没有水神庙一类的庄重祭祀场所,相对比较简单。

(二)忌讳

潘忠生说:"驾船的不能说'翻、打、滚、沉、烂'等以及同音的字,比如说'新化城里'要说'新化浮(新话方言读 pao)里','神湾里'要说成'浮湾里'。"

邹息云《毛板船与宝庆码头》一书中写道:"船上最讲究忌讳,绝对不能讲不吉利的字。翻、打、滚、烂、沉、洗、问……要用别的字代替。例如:翻个边要讲拨个边;打牌要讲抹牌;洗脸要讲抹面;水滚了要讲水开了;烂了讲霉了;新化城里要讲新化浮(pao)里。新化话讲淹死叫'问'死,因此连'问答'的'问'也避讳为'聘',我问你讲成我聘你,'请问'讲成'请聘'等。船工不仅在船上忌讳这些字,回到家里也忌讳不讲。久而久之,家属们习惯了,连沿河人家以及沿河的市镇店铺都养成了忌讳这些字的习惯,至今有些年纪大的仍旧习惯性地不用那些忌讳的字。"

谢益生手写本写道:"驾船的忌语:打、沉、散。行船时,东西要放在一定的位置,尤其是早晨不能东寻西找地找东西。"

潘忠生说:"女人不能到龙头舫(船头)上去,因为那是祭祀船神的地方。"

(三)标志性物件

李三和说:"江湖上只有三种人能用大烟锅:一是成名的武师,二是舵工师傅,三是阉匠,一般人是不敢随便使用的。烟筒杆是竹子做的,靠烟嘴处有大拇指粗，越往下杆子越粗节疤也越密，烟锅装在竹子的蔸部，有酒盅大。烟锅连着一个六寸来长的筒子，一条粗大的脐带把烟锅和筒子连接固定起来，显得扎实、威严稳重。烟嘴也有四寸来长，都是黄铜打造的，合起来总有两斤多。"

（四）帮会

谢益生手写本写道："船工都有帮会（帮系）。新化境内的资江地段，分为上五溪、中三溪、下四溪。上五溪为：龙口溪、筱溪、球溪、麻溪、唐家溪；中三溪为：化溪、莘溪、邓家溪；下四溪为：油溪、白溪、礼溪、润溪。"

"游家湾有一条支流叫大洋江，进口数百米水深河宽，可以进出千驾船和毛板船，此中有一个再坳煤矿，每天产煤数十吨，经常有各种船只在溪内装煤，这些船只和船工都叫'小河帮'。"

"上五溪、中三溪、下四溪的船只和船工都叫'大河帮'。"

"新化各种船只要到了益阳，统称'新化帮'，并在益阳设有'新化会馆'。到了汉口，宝庆、新化的船只船工通称'宝庆帮'，设有'宝庆会馆'，有专人负责处理日常事务，并有自己的码头，叫'宝庆码头'和'武圣庙码头'。各种船只都停靠在自己的码头，有了会馆和帮会，就不会受外帮的欺负。"

八、毛板船的风险

所谓风险与利益同在，毛板船利润高，风险也就很大。山河最大的危险是触礁沉船，平河和洞庭湖最大的危险是风浪翻船，另外还有土匪劫船劫财。邹息云《毛板船与宝庆码头》中就有主人公在洞庭湖遭遇水上土匪的章节。

段绍庭说："资江滩多，从邵阳下来一点的小麦头有枞树滩，筱溪有青椒滩，最险的有安化的灵滩、洛滩（过新化琅塘不远的地方）。原来的滩名我能背得出很多，现在差不多忘了。"

资江号称七十二滩，梅山境内就占了五十多条，每隔几里就有一条。一般的滩，涨大水时礁石都淹在水下，只有熟悉河道的舵工师傅才能避开那些水下的礁石，顺利通过。过滩时舵工和水手都比较紧张，所以有"船进山河好比人进杀场"的说法。舵工师傅固然要掌好舵，坐好主航道，水手们也都小心翼翼，齐心划桨，不敢有半点疏忽。

段绍庭说："毛板船翻了，船板借着巨大的浮力从船底冲上来，冲出好高，伤到人就不得了了。"

周述用说："翻船的时候要向上水逃命，如果向下水逃命，船上的毛板像刀一样从水里射出来，能将人捅个对穿，人被捅到就只有死路一条了。我们大队（村）的一个人死后连尸体都没有找到。"

李三和说："有一次船到安化东平上首的时候，船碰到礁石上了，毛板船从船底下一破两开，就沉下去了。我们上岸后就没有了工钱，只能自己走路回来。"

谢益生说："毛板船危险性大，行船时绝对不可以碰礁，一遇到石头就会变为一河黑水，有时连水手的生命都危险，当然会水者占优势。"

周继学说："我们这里放毛板的很多，很多人都死在毛板船上了。如果柘溪水电站不修，毛板船要多放很多年，那就要多很多寡妇和孤儿。"

潘忠生说："中华人民共和国成立后的新化煤建公司一年只放了三四百艘毛板到汉口。第一次放毛板，二十多艘只有三艘到了汉口，其余的都沉了。"

《沙塘湾地方人文史略》载：

毛板船板薄，装煤又多，一定等到资江涨大水方可发船。每到滩头，危险万分，稍一触礁，船烂煤散，全船毁灭。因它所花成本比'千驾'低，一个老板发出三艘毛板船，打烂两艘，只要有一艘到了汉口，碰上好行情（即煤价高），还是能赚钱的，即使碰不上好行情，也很少亏本，所以做毛板船生意风险大，兴家也快。张声润是沙塘湾做毛板船生意的一家，船只数量多，一年开发出去的毛板船就有三十多艘，是沙塘湾三家半独资经营毛板船生意的老板之一（注：三家半做毛板船生意的是：两茂盛老板张声润、福升店老板张巨川、湘源益老板谢家轩；半家即代坪上一位老板坐庄的合兴意老板刘道修）。有一年他家在一次大水中，开发出三艘毛板船，全部让王爷公公呷红了［注：毛板船触礁沉没，就说王爷公公呷红了。因驾船人最信奉王爷公公，从不敢得罪王爷公公（即龙王）只能说他呷红］。大年初一，一艘红炭船（即石炭船）停泊在码头前，突然沉浸，王爷公公又要呷红。屋漏又遭连夜雨，没过几年，首富户又重操旧业，还是蒸酒打豆腐。

九、毛板船鼎盛时期的沙塘湾社会

毛板船时代的沙塘湾一带生意红火，鼎盛时期更是了得，唯有抗日战争时期因为武汉长沙等地沦陷，民族工业遭受空前浩劫，才有过短短几年的萎缩萧条。抗战胜利后，一直到中华人民共和国成立后的20世纪50年代，毛板船生意都十分红火。

《沙塘湾地方人文史略》描述了毛板船时代沙塘湾的盛况：

发明毛板船之后，煤炭开采空前发达，煤炭日产量达数百吨，乃至上千吨。各种船只的装载任务繁重。因为当时煤炭价格和脚夫的工价很低，故而利润较高，于是吸引了当地和附近有钱的老板来沙塘湾做生意。如新化县有名的资本家在沙塘湾开办允中庄等十余家煤庄经营毛板船煤炭生意，每个庄号每年的毛板船开发百只以上，利润非凡；再如本地煤炭老板张前淮卖一船石炭，利润除了买田40余亩外，还有大量流动资金。1947年，本埠煤商易湘源与张才峨合伙买一只毛板船，装运红炭（块煤）70多吨，在武汉卖给一个上海老板，就卖黄金十一斤半，空毛板船又卖数百元光洋。本地煤炭及毛板船的繁荣兴旺、经济活跃，让本地及附近和沿江两岸人民的生活也逐步得到提高，涌现了数千水手及数百舵师。不少家庭专靠资江流域吃饭，如水手、舵师、千驾船老板、毛板船工人、锯工、制毛板篷的篾工、制桨的木工、打毛板钉的铁匠，织晒簟的篾工等，还有挖煤的窑工子（井下工）、负担肩运的运输挑夫等。数以万计的人民靠这方面养家糊口，既给周边劳动人民带来了经济收入，同时还带动了周边县如隆回、新邵、邵阳、湘乡等地的壮力农民来本地肩运煤炭。

沙塘湾的兴旺带动了相关行业。那时候，沙塘湾有两茂盛、裕民庄、吉庆祥、顺安庄、益太和、益长庆、道源茂、邹鸿发、轩顺庄、星益庄、毅然庄、宝和庆、乾兴隆、忠欣庄等七十多家煤庄。其他为煤炭运输服务的行业除了毛板船厂外，还有专制毛板船雨篷的竹篷厂、专打毛板船钉的铁匠铺、专门出售毛板船板的木坊。此外，还有平吉等数家米店；有染坊、木器作坊；有合心意、九成庄、物华庄、云茂兴等二十余家杂货店；有富源长、信昌祥、张祥太、地利庄、恒兴发、义生益、信义孚、谢记庄等十多家酒店面馆；有顺心裕、乾太和等数家旅店客栈；有黄怡庆、湘源益、王又升、聚星昌、德威和、洪吉祥等七八家屠坊；有永济祥、广源福、万春堂、福兴堂四家药店。沙塘湾的鼎盛时期，上档次的各类店子130多家，加上摆小摊的、打豆腐的,至少160家。上游两公里的麻溪、下游两公里的炉埠,各种煤店、米店、酒店、客栈、杂货店均各有数十家,当时这一带有"小上海"之称。

谢益生手写本载:

从沙塘湾到麻溪(现在的资江村)最多的停过七十多艘毛板船,大毛板船多的装到1000多担煤,少的也装到700到800担。

20世纪60年代的金竹山火车站,有一个上海籍的铁路职工叫浑宗沛。他跟冷水江人聊天的时候说:"我于1948年到过沙塘湾,见过沙塘湾当时繁荣热闹的景象,真是一个小上海呀!"

毛板船、千驾船在装载时相当拥挤,有时纠纷矛盾较多,故而为了迅速装载好煤炭,有条件的煤庄就多修建码头,如两茂盛、宝和庆、三星庆、邹益盛、张洪盛、惠和、福升店、吉庆祥、顺兴裕、祥盛店等十多个大码头,缓解了装煤的拥挤。但是这些码头不能停靠,装载完了马上离开码头,以免影响下一船的装载。沙塘湾至麻溪是深潭,没有石岩的地方都停靠着各种装载煤炭的船只,如果隔半月二十天没有下雨,资江河面没有涨水,里三层外三层地停靠着的毛板船占去了资江河面的大半边。一到涨水的时候,只见各种船号声响彻云霄,场面十分壮观热闹。

沙塘湾当时做煤炭生意的老板有很多,每天运煤的老板、脚夫人山人海,连绵不断的每天数百吨上千吨的煤炭运量,使整个沙塘湾成了煤海,加之当时煤炭价格极低,本地居民和附近群众,只要在路上随便挖扫,就够他们烧的了。当时老百姓就烧这样的煤,而且火力很大。

毛板船时代,沙塘湾经济繁荣到有了相当于地方货币性质的"市票"流通,也有了各种行业组织,如煤业会等。《沙塘湾地方人文史略》对此有比较详细的记载。

沙塘湾煤炭店多,为便于发煤炭脚力钱,本店老板可自由印刷一些角票和分票,基本原则是你出版多少市票,就必须有多少银元或者谷米兑换,如果不兑现,连你的招牌都要倒。这种市票一般只能在沙塘湾境内流通,如知名度大、有雄厚资金的宝和庆、福升店、祥盛店、吉庆祥等牌号的市票,在新化县城也可流通。

沙塘湾煤业会包括沙塘湾、麻溪、炉埠三地,凡是做煤炭生意的老板都要参加该组织,是自发建立的地方性组织,保护各煤炭老板合理经营、公平竞争的合法权益。民主选举会长一人,兼职副会长若干名,由会长负责全盘工作,聘请煤丁二人轮流巡逻,保卫煤炭不受偷抢。煤业会员按规定缴纳会费，作为会长与煤丁的工资及其他开支。第一任会长张东初，负责解决老板和客户的纠纷与矛盾。1906年开始，每100市斤捐钱四文，支援大同学校和筹办沙塘湾市校。

十、毛板船促进了梅山中心地带经济的迅猛发展

据《沙塘湾地方人文史略》记载，毛板船时代，沙塘湾有"小南京"的称谓。

沙塘湾自范、黄两姓开埠以来，它依靠着河道运输，上通宝庆、武冈，下达益阳、汉口。清代咸丰十一年（1861）凭借港深的优越，人们把麻溪煤炭码头转移到了沙塘湾。从此它依赖着金竹山丰富的无烟煤和铁矿，砚垃冲质好貌美的砂罐……吸引着资江两岸的商客纷至沓来。

尽管做毛板船生意风险大，但因为遇上好行情有"一赚三"甚至"一比五"的肥利，还是有人愿冒风险，只是合股经营的多。当时，做毛板船生意已成为一股热流。一条东西不上两里路、住户不上百家的小街道，一下子发展到十二家店铺经营煤炭和毛板船生意，此外还有十一家店铺以经营煤炭为主兼营其他。

毛板船生意红火，其他生意也随之旺盛。当时，还有七家以经营生铁为主的铺子，尤其张笃之、张巨川、邹福卿三位老板还兴办起用铁矿提炼生板铁的甄炉厂和用生板铁冶炼筒子铁的冶炼厂。

范昌浩、范华益、张前瑾的砂罐生意也不甘示弱，随着煤、铁生意的红火，也兴盛了起来。他们销售的地域上至武冈、邵阳，下至益阳，销售量逐年递增。一只砂锅价格有时高于一只铁锅，其利润之高不亚于煤、铁，当时也流传一首民谣：

> 一担砂波锣，两头贴地拖；
>
> 摔烂一头货，回本还有多。

砂罐生意赚钱多，再加上范昌浩勤俭积累多，就大肆买田置业，不上十年时间，他就买进水稻田二百多亩，成为沙塘湾水稻田最多的大财主。当时，经营砂罐生意的除了上述三家外，还有黄孝与黄孝瑶，共计五家。

煤炭、生铁、砂罐生意的兴旺，其他行业如豆腐店、杂货店、饮食店、屠坊、染坊、药店、客栈也相继开办起来。根据老辈回忆，当时有四十家商店，十七家豆腐店。

抗日战争全面爆发后……武汉沦陷，长沙内乱，新化萧条，沙塘湾也

随之冷落。煤炭卖不出，生铁大跌价，许多煤炭商店关门，炼生铁的炉厂停产，连最红火的永康瑞、义生益、邹盛泰三家煤炭店也相继停业，最繁华的南杂店集成昌也因退股而萧条了……抗日战争胜利后，沙塘湾经济复苏，原来停业的煤炭老板又重整旗鼓，扩大经营，大肆做起了毛板船生意。

武汉、长沙等城市的工商业日趋繁荣，煤炭行情很好，能收到三倍或五倍的利润，很多原来做其他生意的老板也做起了毛板船生意。到1947年，毛板船生意进入历史上最红火的时期。年冬，资江沿岸水位低落，毛板船只能停靠码头或河湾。船只多了，只好"吊帮"（即在第一排毛板船后面，再用竹绚拴着又停泊一排、两排甚至三排）。于是码头边河湾口的毛板船是一排吊一排，一直"吊帮"至河中，沿河停靠两里路长。夜幕降临，店铺灯火辉煌，船舶灯明星点。天上星光闪耀，河中浮光倒影，其景如画，身处其境，犹入天堂。

随着毛板船生意旺盛起来，运输劳动力也从四面八方涌来。沙塘湾人口骤然猛增，生活消费直线上升。洪溪的钟雄伍先生看到了这种盛况，立即离家，又来沙塘湾正街开起了一本利南杂店。原有的集成昌南杂店、聚星昌南杂店也扩大了经营项目，谢玉凡等私人合股开办了"九成"南杂店。这四家的南杂店生意兴隆，鸿利滚滚，吸引了那些不敢冒险、害怕做毛板船生意的人也来开南杂店，南杂店一下增加到了十五家。

豆腐店由原来的十七家，一下子增加到三十多家。伙铺或客栈增加到十多家。后来又有了忆中染坊、米店、菜店、包子店、杯子糕店、饺子店和绸缎铺等。

煤炭生意旺盛了，每天早晨七点到下午四点，运煤的人流挤满了整个街道，行人很难通过，加上买米的、买卖小菜的、更是热闹非凡。"小南京"的美称就冠上了。

之所以有"小南京"的美称，不仅是因为街市繁华，人民生活水平高，还因为大成乡政府和警察所设立在这里，大成乡第一中学也设立在这里，它已经成为附近二十余里的政治、文化、经济中心。

根据老辈人的回忆，这个2000余人的小市镇，经营煤炭生意的七十七家，经营生铁的八家，经营南杂生意的二十三家，经营屠宰业的六家、饮食业三家、酒业的十一家、药店三家、客栈四家、染坊一家、绸缎布匹店一家、理发店三家、造船厂三家、砂罐店五家。

"随着毛板船、煤炭、生铁、砂罐生意的红火，从洞庭湖上来的谷米、从武冈下来的土特产也多了。要装卸这些货物，码头是不可缺少的。当时，两茂盛、宝和庆、三星庆等店的老板自筹资金，先后修建了十个码头，其中以惠和码头（又名新码头）最宽，装卸物量最多，停泊的船只也最多。中华人民共和国成立后，金竹山煤矿由地方财政拨款，统一安排、计划开采，煤炭生产成倍增长。

以前做生意的老板们深明政策，毫无顾忌，放心做生意。省煤建公司也于1950年做起了毛板船生意，沙塘湾的煤炭生产量更是一翻再翻，毛板船的数量也大大超过了中华人民共和国成立前的数量。春水一发，资江涨大水，私人的毛板船要赶水发出，省煤建的毛板船也要赶水开发。当时，资江河中毛板船顺水开发，划船声此起彼伏。沙塘湾街上舵手、水手济济，酒店顾客盈门，河岸边毛板船上到处是杀鸡敬王爷的、烧香又作揖的船工。鞭炮连连响，沙塘湾又出现了一幅美景，令人目不暇接。

从沙塘湾沿资江下行五里就到了炉埠，全境面积约一平方公里。炉埠凭质好量多的煤炭和耐用的砂货，吸引商贾云集，成为市面繁荣的百年小镇……中华人民共和国成立前，毛易等地的煤、铁，寨下的砂货大都从这里运往外地，附近人民所需要的棉、粮及南杂货等，也是在这里上岸后再运到人民所需要的地方，因此这里成为人们向往的河岸港口。从1930年到1950年，炉埠先后有过煤炭、南杂、屠宰、酒业、药店、毛板船、旅店、铁器加工、染坊、豆腐、缝纫等店铺四十五家，可以想见炉埠经济繁荣的状貌。

麻溪建埠早于沙塘湾三十多年（1644），清末时期隶属于新化县大同镇麻溪村。这里本来是金竹山石炭和柴煤的转运码头，早在清代道光三十年（1850）就以50~60吨的毛板船装运石炭和柴煤销往益阳、汉口。后来因煤炭销售量增多，这儿河浅面窄，船只装卸不便，且运煤路途较远，才改设下游三里的沙塘湾。但坪上一带的杉木、南竹还是集结于此，宝庆至蓝田的棉花、棉纱、棉布、麦子、麦粉、豆豉、柑橘、辣椒、黄花、粮食等还是从这里转运。当时，市面繁华至极……麻溪街上经商的多，从1930年到1950年，有煤炭铺5家，南杂店9家，酒店1家，皮货店1家，麦粉店1家，竹篾加工厂1家，铁器店1家，染坊1家，屠宰坊1家，理发店1家，缝纫店1家，从业人员98人，占总人口的10%。……做船生意的13家，跟随从业人数100余人。

毛板船的兴盛带动了地方经济的发展，拉近了梅山地区与发达地区的贫富距离。为了获取更大利益，提高梅山人的生活水平，梅山人便最大限度地挖煤挖锑，加大往外的运输量，从而加快了地方经济的发展。

沙塘湾一带经济的繁荣一直延续到 20 世纪 50 年代末期。遗憾的是，到了资江下游柘溪水电站兴建、资江航道被截断的 1960 年，资江流域的毛板船销声匿迹，结束了它 110 年的辉煌历史。其实就是不修柘溪水电站，资江航道没截断，随着国家公路和铁路运输的迅速发展，尤其是离沙塘湾数公里之遥的金竹山火车站修建运行之后，冷水江的煤炭就主要由火车运往全国各地，就是其他货物基本上也以火车汽车运输为主，水上运输从此结束了交通霸主的地位，毛板船的衰落也势在必行，因水上运输繁荣的沙塘湾一带于是开始衰落破败。

十一、毛板船产生和发展的历史文化根源

（一）毛板船产生和发展的历史根源

我们认为，毛板船的诞生和发展有着深层的历史和文化根源。我们可以从史料中去寻找蛛丝马迹。

《宋史》[13] 载："梅山峒蛮，旧不与中国通。其地东接潭、南接邵，其西则辰，其北则鼎、澧，而梅山居其中。开宝八年，尝寇邵之武冈、潭之长沙……后有苏方者居之，数侵舒、向二族……熙宁五年，乃召潭州潘夙、湖南转运副使蔡烨、判官乔执中，同经制章惇招纳之。惇遣执中知全州……大田诸蛮纳款。于是遂檄谕开梅山，蛮徭争避道路，以待得其地。东起宁乡司徒岭，西抵邵阳白沙砦，北界益阳泗里河，南止湘乡佛子岭。籍其民，得主客万四千八百九户，万九千八十九丁；田二十六万四百三十六亩，均定其税，使岁一输。乃筑武阳、关硖二城，诏以山地置新化县，并二城隶邵州。自是，鼎、澧可以南至邵。"

《续资治通鉴》[14] 也有记载："章惇招降梅山峒蛮，蛮姓苏式，旧不与中国通。其地东接潭、南接邵，其西则辰，其北则鼎、澧，章惇招降之，籍其民，得主客万四千八百九户，万九千八十九丁；田二十六万四百三十九亩，均定其说，使岁一输。乃筑武阳、关硖二城，诏以山地置新化县，置（安）（新）化县，隶邵州。"

《仇池笔记》[15] 写了部分招降细节："郭祥正尝从章惇入梅山溪峒，说谕其酋，见峒主苏甘。"

首先，我们要弄清楚一个地域概念：从邵阳到益阳的这一地段，均属

于古梅山地域。

从《宋史·梅山峒蛮》可以看出，"旧不与中国通"的梅山峒蛮，"其地东接潭、南接邵，其西则辰，其北则鼎、澧……""南接邵"中的"邵"指的自然是邵阳，"其北则鼎"的"鼎"即今之常德，古代常德称之为"鼎州"，至今常德仍有名为"鼎城"的一个行政区。益阳正在邵阳与常德的范围之间，自然也在梅山的地域范围之内。冷水江、新化、安化正处在梅山的中心腹地，这一带的土著山民，正是最典型的梅山人。

我们从《宋史》中知悉，梅山地域一直到北宋熙宁五年才归顺王朝，此前一直游离于历代王朝的管辖之外。封建统治者是不允许任何地方独立于皇权之外的，历代统治者都想征服梅山，可是因为山高林密、瘴气肆虐、地形复杂、水路凶险，加上梅山人不屈不挠负隅顽抗，所以一直无法让其归顺王朝。武力征服不了，就采取经济封锁政策，想逼其就范。所谓"旧不与中国通"，不是梅山人"不与中国通"，而是朝廷实行经济封锁状态下的无奈。

梅山地域独立于北宋以前历代皇朝之外，还有其一直延续到今天的资源优势，那就是蕴藏着丰富的铁矿石和煤炭。铁矿石是兵器和生产工具最重要的资源，煤炭是生活所需和炼铁最主要的燃料，这是梅山地域与历代朝廷抗衡的最大资本。当然，经济封锁毕竟给梅山地域带来了日常生活资料方面的短缺，比如食盐、棉花、布匹等梅山地域没有或很少的物品，因此才"尝寇邵之武冈、潭之长沙""数侵舒、向二族"的行为。"寇"与"侵"的物品自然都是梅山地域没有的生活生产资料。

实际上，梅山地域最后归顺北宋王朝，不是朝廷实行的武力征服，而是招安政策。更准确点说，是当时的梅山首领苏甘为了避免族人被历代王朝赶尽杀绝才愿意归顺的。因为从归顺后的统计数字来看，梅山峒寨已经被杀得差不多了。招降的"万四千八百九户"中，只有"万九千八十九丁"，平均每户只有一个多点的青壮年劳动力，再继续和朝廷对抗下去，梅山地域就要绝种了。苏甘顺应历史潮流主动归顺北宋王朝，实际上就是为了延续梅山香火。当然，苏甘是在接连打了几个小胜仗，朝廷拿他一时没有办法的背景下接受招安的，这样可以和朝廷讲点条件。从以后考证的情况来看，朝廷至少允许梅山地域保持了 40～60 年的自治。但是从北宋神宗熙宁五年归顺王朝后，梅山地域与发达地区开始了经济往来和文化交流，梅山的历史终于拉开了崭新的一页。

因为梅山地域山多路险，地形复杂，与发达地区的经济交往十分不便，交通方式就只能以水路运输为主。但是梅山地域与发达地区沟通的唯一水道资江，因梅山地域山势的逶迤，乱石嶙峋，滩多凶险，枯水季节下水凶险，上水艰难，严重地限制了梅山地域与发达地区的经济往来。一般情况下，只能等每年的洪水季节，利用水面宽阔、礁石淹没水中的时机以大载量的船只将梅山地域的原材料运往武汉、长沙、南京、上海等地，换取发达地区的日常用品和梅山地域短缺的食盐、棉花等原材料和其他生活用品。

随着大城市的工业从萌芽状态发展到大规模工业化，发达地区对梅山地域煤炭和铁矿石的需求越来越大，资江的水路运输也就越来越紧张，于是促使梅山地域的能工巧匠不得不动点脑筋，发明了毛板船这一能够大大缩短运输周期、运载量成倍剧增的一次性运输工具。

驾驶毛板船是很危险的一个行当，但是，梅山人将经过无数先辈用鲜血和生命换来的经济发展机遇看得比自己的生命还重要。为了子孙后代能过上发达地区那样的日子，为了梅山地域的繁荣昌盛，青壮年义无反顾地在千里资江的风口浪尖和礁石丛中顽强拼搏、视死如归、前赴后继地壮大着毛板船事业，以一代又一代梅山人的青春和生命谱写了110年的悲壮历史。

（二）毛板船体现了梅山人强烈的集体意识和自我牺牲精神

梅山人在与历代王朝分庭抗礼的漫长岁月里，遭受了最残酷的清剿和残杀。地盘逐渐缩小，人数逐渐减少，这使得梅山人集体意识相当强烈，自我牺牲精神撼人心魄。

梅山人从资江乘船走出了大山，面对广阔无比的外部世界，开始意识到了经济是决定一切的，只有发展经济，才能确保梅山人的政治社会地位。但是梅山地域能换钱的只有以煤铁为主的资源性产品，于是，人们开始大大加强了煤炭的开采，作为煤炭运输工具的毛板船也随之得到了空前的发展。

梅山地域因为出外闯世界起步太晚，在很多大城市连卸货的码头都没有，也就是说没有立足之地。为了整个梅山地域的整体利益，梅山人硬是凭借自己的坚韧、勇敢、智慧、蛮横和不怕死的精神，抢过一块块地盘。汉口的宝庆码头就是活活从安徽人手里抢过来的一块地盘。在梅山地域、在武汉至今流传着老辈人抢码头、打码头的许许多多可歌可泣的悲壮故事。其中一个故事就足以体现梅山人抢占和捍卫码头斗争的悲壮残酷和惨烈。其中体现的集体意识和为了大家的共同利益勇于牺牲的大无畏精神可谓惊天地泣鬼神。

邹息云的长篇小说《毛板船与宝庆码头》中记下了新化、邵阳一带广为流传的一个故事。故事梗概如下：

清朝中叶，梅山去汉口的船多了起来，到了那里要有地方泊船，于是占有一段自己的码头就成了驾船做生意的人的头等大事。

梅山人凭着清朝初叶时期兵荒马乱，很多码头的文契丢失，到官府打官司口说无凭的绝好时机，乘机抢占了几处码头。梅山人的武功是很厉害的，更主要是梅山人不怕死。有的人打不赢就不争了，只有徽州帮势力大，又有的是钱，所以一直和梅山人争。打架打不赢就打官司，想用钱买通官府将码头判给他们。官府审案要证据，可是徽州帮的文契因战乱找不到了，原有的地界很难弄清楚。

那时候，宝庆帮已经占据了码头，码头上住的都是宝庆帮的人，停靠的船也是宝庆帮的。徽州帮拿不出证据，尽管他们送的钱多，官府也不能公开袒护，官司打来打去都无法断案，多少年了就那么摆着。

后来的一次闹得很凶。官府的一位师爷看老这么拖下去也不是个办法，就给知府出了个很毒的主意，确定一个开审的日期。到了开审那天，知府升堂，传令带原告被告。双方代表分两边在公案前跪下。这是一桩轰动武汉的大案，公堂外面看热闹的人很多，都想看知府大人如何审理这个棘手的案子。公堂里外人声鼎沸，衙役们好不容易才让喧哗的人安静下来。

正当双方在公堂上争得不可开交的时候，知府大叫一声："来人，把炉子给我抬出来！"

"喳！"众衙役齐声答应，很快从后堂抬出一个火苗直冒的炭火炉子，火炭上摆着烧得通红的一双铁鞋。

知府开言道："大家看清楚了，这里有一双烧红了的铁鞋。本府就凭这双鞋来断案。俗话说，举头三尺有神明，有理的神明佑护，亏心的神明惩罚。你们都说码头是自己的，本官真假难辨，只好请神明判断。谁是码头的真主人，必定能得到神明保佑，敢穿这双鞋；如果心存欺诈，必然心虚，就不敢穿这双鞋。本府宣布：哪一方能穿上这双鞋走三步路，码头就是他们的；穿不得鞋的，以后不准再争执，否则严惩不贷。"知府说到这里，大声问道："原告徽州帮，你们敢不敢穿？"

徽州帮两个衣冠楚楚的代表吓得面如土色，你望着我，我望着你，都不敢答话。

知府把惊堂木一拍，厉声问："徽州帮，你们敢不敢穿？"

徽州帮代表战战兢兢道："禀告大人，小民是血肉之躯……这铁鞋……如何穿得？"

知府冷笑一声说："你们不穿是吧？那就让宝庆帮来穿了。宝庆帮！"

宝庆帮短装便服的两个代表同时站出来，齐声回答："小民在！"

知府大声问："你们敢不敢穿？"

宝庆帮中的中年人说："码头是我们的，我们当然敢穿！"

知府叫衙役从火中夹出烧得通红的铁鞋。

宝庆帮的中年人正要走上前去，被年老的一把推开："你还年轻，码头上还有很多事要你做主，还是我来。"

那中年人要来拉老年人时，老人一双脚已一前一后伸进铁鞋里了。只见老人脚下嗞嗞冒烟，大堂里立刻弥漫开皮肉烧焦的难闻气味。老人满脸坚毅，头上汗珠直冒，眼睛里放射出凛然的亮光。

时间凝固了，几百双眼睛都集中在老人脚上，只见老人握紧拳头，紧抿嘴唇，噔！噔！噔！硬是挺着走了三步。然后身子一歪，昏倒在地。宝庆帮中年代表连忙扑过去抱起老人，把他一双脚从火鞋里拖出来，嘶声呐喊："张公，你醒醒！张公，你醒醒呀！"

大堂上下骚动了起来，有人惊呼，有人赞叹，人们都朝老人涌去。衙役们忙过来拦阻，知府也从惊愕中醒过神来，连连用惊堂木拍击桌面："肃静！肃静！"喧闹声才静了下来。

知府随即宣布："码头断归宝庆帮，这是神明的指示，徽州帮不得再行争执。"

宝庆帮的官司就这样打赢了。

张公因伤势过重，双脚严重感染，几天后就去世了。

从此后，张公成为宝庆帮的楷模，大家只要想起张公，在漫长的码头争夺战中，一个个就不畏生死，勇往直前，在汉口码头上打出了威风，始终将宝庆码头掌握在宝庆人的手中。

梅山人强烈的集体意识和勇于牺牲的英雄豪气，也是因为梅山地域自古有孤寡由族人公养的传统。这种传统或者说习俗，是梅山人在与历代王朝对抗的过程中逐渐形成的。在与朝廷官兵的无数对战中英勇献身的梅山人，都是为保卫自己的土地，是为整个梅山地域的共同利益牺牲的，因此守寡的女人和孤儿，理所当然要由大家来救济和抚养。这种传统使得梅山人英勇赴死没有后顾之忧，尤其像张公这样以自己生命为地方换取巨大利益的烈士，其后代是很受族人尊重的。

梅山人如在外边很抱团，也就是很团结。梅山人在外边受欺负，即使是素昧平生的同乡，只要听对方是讲家乡话的，就会拔刀相助，不顾生死，敢为之两肋插刀。这种性格特征一直到现在，还是能比较强烈地体现出来。

笔者20世纪80年代在火车上亲眼看见了这样一个场景：一位刚刚上火车的湖南新化人在过道里不小心踩到了一个座位上乘客的脚，新化人表示了道歉，可座位上的乘客仗着他们有三个人，硬是不依不饶，还动手打了新化人几拳。新化人气愤不过，便用新化话大声说："这里有新化人吗？也来替我出口气！"座位上立刻站出七八个人来，用新化话说："哪个娘买×的敢欺负我们新化人？让他尝尝新化人的拳老把子！"那几个新化人说话间从不同的座位上走到那几个打新化人的乘客面前，不由分说一阵猛打，直打得那几个人鼻青眼肿才放手。车厢里的乘客也因为那几个人蛮不讲理，都喊打得好。

梅山人因为这种很抱团的性格，常常在外乡替受欺负的老乡报仇出气，比如新化的农民工在广东打群架特别厉害，为朋友帮忙出人命犯大案的时候特别多，故被广东人称之为"湘西土匪"。从某个角度说，虽然名声不好，在现代社会有一定的负面影响，却充分体现了梅山人的性格特征。

（三）毛板船是梅山人生存状态的集中体现

毛板船又是梅山人生存状态的集中体现。古梅山地域分为上渡梅山、中渡梅山和下渡梅山。有民谣云："上渡梅山赶狗公，中渡梅山丢浮筒，下渡梅山拉胡琴。"所谓赶狗公，就是驱猎狗打猎，丢浮筒就是打鱼。冷水江、新化一带，古称上渡梅山，新化就有叫"上渡"的地名，新化县城也叫上梅城。也就是说，冷水江、新化一带古代以打猎为主要谋生方式。打猎要与猛兽搏斗，会遇上毒蛇、瘴气，是很危险的谋生手段，并不比驾毛板船安全和轻松。下煤窑挖煤的，除了工作相当辛苦外，还时常有事故发生，同样有生命危险。所以当地有民谣说："挖煤的是埋了没死，驾船的是死了没埋。"他们都是很凶险的行当。那些从煤山里往河边担煤的，每天重担压肩，如牛负重，生命有保障一点，但是并不比挖煤驾船轻松。梅山地域的老百姓生活得都不容易。

相对于挖煤和担脚卖力，划船还有顺风顺水相对悠闲的时候，工资收人也比挖煤和担脚买力的要高，又能走出大山见世面，就是死也死得并不是很痛苦。所以，毛板船反而成为了颇受男子汉喜欢的一个职业，这也是那么危险的毛板船能经久不衰的原因之一。通过毛板船，就可以看出梅山人的大致生存状态。

（四）毛板船是梅山精神的集中体现

毛板船所显现出来的精神，正是梅山人性格的集中体现。

新化、冷水江、沙塘湾一带的人生性耿直，不太会做生意，当老板的大多是外地人，土生土长的老板并不是很多。绝大部分的本地人，只会靠出卖体力赚取微薄工钱来养家糊口。

《沙塘湾地方人文史略》描述沙塘湾一带人"靠两根扁担维持生计。一根扁担是从金竹山挑煤到麻溪或沙塘湾，挣点微薄的脚力钱养家糊口，这就是人们说的'硬扁担'；另一根是一条褡斜背肩头，为船老板拉纤，赚钱维持生计，这就是人们说的'软扁担'……驾船人危险性大……口头流传一首歌谣：驾船人是三仙（生，新化方言"生""牲"读 xian）：顺风走水悠闲自在是神仙；逆水背纤，四脚落地是畜生；上岸整装逛游像先生"。

梅山人性格特征除了耿直外，还因为群山叠嶂、水路凶险的自然环境和长期以来封建王朝对梅山实行经济封锁和残酷镇压的社会环境，孕育了他们吃苦耐劳、不畏生死、百折不挠、顽强不屈、一往无前的性格特点。

毛板船的发明，好像正是根据梅山人的性格特征量身制作的。如果说做煤炭生意的老板有外地人也有本地人，而毛板船的驾驶却是清一色的梅山人。从舵工师傅到水手再到长守，都是玩命的行当。上了船，就不知道能不能活着回来。可是，与家人告别的时候，没有一个有生离死别的悲戚和忧伤，都是高声笑语、豁达乐观的样子。家里人听到亲人遇难的消息，往往无大悲大戚，表现得出奇的平静。妻子一定会顽强地承担起家庭的责任，等到儿子长大，又会毫不犹豫地让儿子继承父业，继续去毛板船上迎风搏浪，接受生死考验。

资江两岸年年添新坟，河边院落年年有新寡，可是毛板船却经久不息，代代相传。正是梅山人吃苦耐劳、不畏生死、百折不挠、顽强不屈、一往无前的性格延续了毛板船110年的辉煌。

十二、毛板船的兴盛促使梅山人的政治文化生活习俗发生巨大变化

毛板船是梅山地区对外交流的重要媒介，毛板船的兴盛除了给梅山地域带来经济的繁荣之外，还会带来政治和文化方面的变化，同时也在政治、经济、文化等各个方面影响发达地区，实现了政治、经济和文化的双方交流，或者说相互渗透。

梅山地域土著人大多为苗瑶民族，为了防备汉人对苗瑶民族的镇压与歧视，梅山人通过修族谱的方式将自己的祖先说成是从江西移民过来的汉人，但是遗留的苗瑶习俗又很容易让汉人看出破绽。所以，以毛板船为主要载体的水运工具，是梅山苗瑶人学习汉文化的最佳途径，让自己的人最大限度地汉化，以达到保护自己的目的。

这种变化首先表现在政治方面。

梅山地区原来是苗瑶集居地，素有反抗精神的苗瑶人，自东汉至清末，爆发过多次大规模的苗族农民起义。中国清代中叶以后，黔、湘地区的苗族人民为反抗封建统治而发动了一系列反清起义，其中大起义三次，小暴动二三十次。

梅山人在北宋熙宁年间归顺王朝后，因为不满历代统治者的民族歧视和官府欺压，响应各地的苗瑶民起义甚至自己组织起义是必然的。

就在梅山蛮归顺宋王朝不久的南宋，就有了反抗朝廷的梅山苗瑶起义。据《湖南通史·古代卷》记载："南宋时，封建剥削和民族压迫加深，少数民族的反抗甚为强烈，至南宋中后期形成高潮。"

"最先发生的是武冈苗瑶民起义。据记载：高宗建炎四年(1130)，武冈瑶人杨正修、杨正拱率90团峒瑶人为武冈军，纵火杀掠民财为乱。绍兴二十四年(1154)，武冈瑶人杨再兴寇边，前军统制李道'讨平之'，擒其子正修、正拱。根据记载，杨再兴为正修、正拱之父，杨再兴父子前后两次起事，持续20余年。"武冈正是隶属邵阳(宝庆府)的古梅山峒南部军事要塞，属于正宗的古梅山地域。这是关于南宋梅山地域苗瑶民起义的一则记载。

《元史·列传第五十二·郭昂》载：郭昂，字彦高，彰德林州人。习刀槊，能挽强，稍通经史，尤工于诗。至元二年，上书言事，平章廉希宪材之，授山东统军司知事，寻改经历，迁襄阳总军司，转沅州安抚司同知，佩金符，招降溪洞八十余栅。播州张华聚众容山，昂率兵屠之，山徭、木

猫、土獠诸洞尽降。十六年，以诸洞酋入朝，帝赐金绮衣、鞍辔，进安远大将军。徇沅州西南界，复新化、安仁二县，擒剧贼张虎，纵之曰："汝非吾敌，愿降即来，不然，吾复擒汝不难也。"明日，虎降，并其众三千余人，悉使归民籍。

有学者对其中的"复新化、安仁二县"提出质疑，说应该是"复新化、安化二县"才对，因为新化、安化是紧邻的两个县，是《宋史·梅山峒》所载在北宋熙宁年间归顺王朝的两个县，正是梅山中心腹地所在，地处湘中。而安仁县位于湘东永州境内，与江西接界，距离新化县300公里以上，在山高路险、交通极为不便的时代，是很不利于联络的。所以，这恐怕是史家的一个笔误或者考证不严的一个错误。据我们近年的田野调查，初步证明张虎是原新化（现冷水江市金竹山乡杨源村）人，杨源村至今还流传着关于张虎的一些故事和传说。

湖南省民间文艺家协会梅山文化研究委员会主任李新吾在刊登在广东《诗词》报的《章惇"开梅"——北宋诗坛悬挂的千古谜案(4)》一文中写道：清道光《宝庆府志》记述的李再万为"武冈大地寨苗"，《新化县志》则记述为"元溪獠徭"，所指均为今新化县水车镇李姓山民的族祖"李万王"。他于明弘治十四年（1501）率领新化、武冈之间的"四十八寨"土著峒民造反，他被杀后其弟李再昊、其侄李廷禄相继接替，直到万历十一年（1583）才被彻底平息。

清康熙中叶以后，清朝统治者开始在湖南、湖北及西南地区进行"改土归流"。

所谓"改土归流"，包括两个方面的内容：一是以武力"开辟"生苗区，将原来无官的"生苗"纳入王朝管理范围之内；二是在土司地区裁革土司土官，建立经制州县，设置流官进行管理。也就是基本取消了清初少数民族自治的土司制度，进一步加强了对少数民族地区的统治和掠夺。于是，为雍乾之后频繁的苗瑶民族起义埋下了导火索。

据《湖南通史》[16]记载："清乾隆初年，城步、绥宁以及相邻的广西义宁，爆发了粟贤宇、杨清保等领导的起义，这是改土归流后，紧接黔东南雍乾苗民起义的又一次较大规模的以苗族为主力军的反抗斗争。"城步、绥宁二线与张虎所在的新化县，同属邵阳（宝庆府），相距不到100公里，同是梅山区域的中心地带，是苗瑶民族比较集中的地方。现在的城步依然是苗族自治县。

同是《湖南通史》[17]记载："乾隆六十年至嘉庆二年（1795—1797），湘黔川边以原腊尔山'生苗'区为中心苗族地区，发生了由石柳邓、石三保、吴八月等人领导的大规模的苗民武装反抗斗争，史称'乾嘉起义'。"这是所发生的又一次苗民大起义。

清朝统治者对苗瑶起义采取了相当强硬的镇压手段，甚至残酷到起义军所在地的石头都要过刀的程度。《湖南通史》[18]记载：官府镇压湘桂边境的城步、绥宁、义宁三县苗民起义时残酷至极，"据官方的报告，仅乾隆五年七、八、九三个月，'三省官兵斩获擒献共九千四百余口，以及深山饿毙、枪炮击死、穷极自尽者，不下一万五六千名'，留存下来的户口'尚不及十分之三四'。被捕获的苗瑶家属，除大批屠杀外，其余均被变卖：'苗女孩三岁至五岁者，价银一两；六岁至十一岁者，价银二两；十二岁至十六岁者，价银三两；十七岁至三十岁者，价银五两；四十岁以上老弱及一二岁乳哺者，价银五钱。'被变卖者，背井离乡，沦为奴婢仆妾"。清统治者对苗瑶起义地区，几乎达到了赶尽杀绝的程度。

苗瑶民族为了保护自己民族不致灭种，为了让苗瑶人享受到和汉人一样的政治和经济待遇，便举家迁徙，有的是一个院落一个院落地整体迁徙。一到异地，就换上汉人的服装，采用修族谱的方式，将自己说是江西迁移过来的汉人，并促使苗瑶人学习汉人的文化和生活习俗，尽快汉化，努力让官府和汉人看不出自己是苗瑶人种。

到毛板船时代，至少新化一带的绝大多数苗瑶人的族谱上，都将自己的祖先说成了江西移民过来的汉人。但是，服装是换过来了，生活习俗和传统婚嫁祭祀文化，还是不自觉地保留着苗瑶民族的痕迹。而毛板船的兴盛，正是新化改造过来的苗瑶人广泛接触正宗汉人和正宗汉人习俗文化的大好机会，因而大大促进了苗瑶人生活、文化习俗的全面汉化，让官府和汉人看不出任何苗瑶人的痕迹，享受到了与汉人一样的政治地位和政治待遇。更为重要的是，隐瞒了苗瑶民族身份的梅山人，再也不用担心族人遭受官府的民族压迫，避免了官府的歧视甚至任意杀戮，保证了族人的生息繁衍。

其次是毛板船的兴盛让梅山地域的生活文化习俗发生了巨大变化。

毛板船时代不仅从益阳和武汉带回来了棉花、布匹、盐、毛花鱼等梅山地区没有的生活用品，也同时携带回来了一种湖区和发达地区的文化，船工耳濡目染发达地区的生活，回来会对当地老百姓转述，对当地百姓的思想观念产生影响，进而带来方方面面的变化。

比如语言，越是靠近洞庭湖区，即越是湖南湘资沅澧四水下游的地区，吸收发达地区的语言成分就越多。像洞庭湖区的常德地区，严格点说已经不是湘方言语系了，因为有了很多武汉的语言成分，基本上属于北方语系了。梅山地区的语言随着和洞庭湖区、武汉地区日益交往的加深，吸收了越来越多的汉语言成分，越来越靠近发达地区，语言中的汉语成分越来越多。以新化县为例，资江中游的新化县城上梅镇，其语言中的北方语言成分就没有位于资江下游、距县城40公里的琅塘镇多。上梅镇将"吃饭"说成"qia pan"，琅塘将"吃饭"说成"qia fan"，有了一半的北方汉语成分；上梅镇将"碗"说成"wang"，琅塘 将"碗"说成"wan"，就完全是汉语的发音了。

建筑风格也仿效了资江下游的繁华都市、毛板船最重要的中转站益阳的模式。《益阳的故事》描述道："新化安化，他们纷纷来益阳学习模仿，也根据自己的财力和实力，把他们的城镇建设规划得和益阳相仿。据老人们讲，中华人民共和国成立初期，邵阳城就是第二个益阳，只是规模气势小些罢了，至于新化和安化两县，那气势规模就更小了，但模式却是典型的益阳风格。"

随着与汉族发达地区的广泛交流，新化沙塘湾一带除了耳濡目染汉族发达地区的思想观念、经济意识、管理理念之外，和中国人学习西方国家一样，也学会了发达地区汉人的一些负面的东西。梅山地区的老板、船工一到发达地区，立即被花花世界、光怪陆离的生活方式所吸引，从看到仿而效之。回到家乡后，必定要对没有出去闯过世界的当地老百姓炫耀自己的见多识广，说出各种各样当地人自古至今没有享受过的休闲娱乐项目的感受，无形中激发着当地人的憧憬和向往，对人们生活观念和习俗的变化产生影响。

比如说嫖娼。古老的梅山地域，是没有性服务方面的社会服务项目的，更没有专门的行业。随着毛板船的兴盛，梅山地域的老板船工也学会了去大城市嫖娼狎妓，梅山地域的商家还仿效发达地区办起了妓院。新化县城上梅镇资江河边大码头南侧的东亚旅社就是官方认可的高品级的妓院，即所谓的"公娼"，为达官贵人、富商和来这里的外地有钱人提供性服务，这恐怕就是仿效益阳、武汉吸引外商的做法。

资江流域尤其是中下游区域的娼妓文化，则与毛板船的兴旺发达有着很密切的关系。我们问过几个老船工，问他们到了外边，是不是也玩过妹子？老船工一般只嘿嘿地笑着，并不作答。因为有家人在左右，他们当然不好意思说。有的说自己没有，赚的那点钱要养家糊口呢，玩不起，大老板和有钱的舵公师傅有去玩的。也就是说，他们到益阳武汉后，只要经济条件允许，也是会仿效人家的生活方式，潇洒一回两回的。

《益阳的故事》中就写到了船工租用妓女上船的事情："最具大码头特色的则还是被船客和排古佬租用跑汉口码头，这也是当时妓女们稳赚大钱的机会。在这点上，私娼要比窑姐们的机会大得多，因租窑姐不但租金高得多，而且必须给老鸨放定钱，并要保证带回来；私娼则不同，她们多是无根的外地女子，不但租金少，而且不必带回来。但也正因为私娼有这种自由权，故风险性也就大得多。比如，那些放排的排古佬租时说的是一个人或两个人，但一上排，实际上是六七个人，这时喊天讲理全不顶用，只得忍受蹂躏。如果碰到黑心的排客，不但劫色劫财，有时甚至连性命都遭谋害，中华人民共和国成立后曾传说过一个被六个排古佬蹂躏的妓女跳江被救起来的事情。当然，这类谋财害命的事情还是极少发生的，不然，'租用'跑汉口也就不会被认为是'机会'了，但被多人'租用'的事情则是经常发生的，因此，被船客与排古佬'租用'也并不是一件容易忍受的差事，但多数私娼也就利用这种'租用'的机会转战到武汉去了，自然，也有在武汉混不下去搭洋船回来再'租用'跑汉口的。"

《益阳的故事》中有一段还写道："暗娼们接待的大都是流动的船客和排古佬，而外地流动的客人也需要这样的暗娼，公娼价格贵嫖不起，私娼又因人生地疏，怕遇上警察地痞惹麻烦，而暗娼不但价格便宜，又有搬运工搭桥牵线，自然是一拍即合。一个时期下来，流动船客和排古佬便成了暗娼垄断的客源。"

上面说的排古佬指的就是毛板船上的船工。但是，包租到船上随船提供服务的妓女，一般是从益阳到武汉的外河毛板船所包，船工大多是益阳人，不是新化人。外河水面比较平静，如果不刮风，几乎没有什么大浪，更没有险滩，船只比较平稳。外河船的行驶主要靠风帆，船工相对比较悠闲，船工的待遇也比内河船工要高，有条件包妓女。内河船工在险象环生的划船过程是不可能包妓女的，只有到了益阳，上了岸，才有嫖妓的可能。因为工钱待遇比较低，也只能玩点价格比较便宜的暗娼了。只有老板和舵公师傅，才有能力玩高档点的妓女。

湘西沅江流域的娼妓文化，在沈从文的散文中有很细腻的描述。而资江中下游流域的娼妓文化，因为毛板船的辉煌，绝对不会比沅江流域逊色。

当然，文化交流是双向的，梅山地域的老板与船工除了给发达地区带去了煤、锑和土货，同时也带去了梅山地区的文化和习俗，但是这种影响恐怕如同小溪之于长江，多少有点影响，但是不会很大。发达地区的文化是汪洋恣肆的洪水，更多的是发达地区的文化生活习俗在慢慢改变着梅山地域的生活习俗。改变比较缓慢的恐怕只有始终在本地进行的婚嫁尤其是丧葬文化，主要表现在宗教信仰方面，如梅山地域的师公文化、梅山傩戏等，就比较多地保留了梅山独有的地域特色，现在成为文化学者的宠物。

毛板船为梅山地域的人们认识外部世界打开了一个通道，有不少胸怀博大的梅山仁人志士通过这个通道走了出去。虽然他们不一定是坐毛板船出去的，因为毛板船作为交通工具，毕竟比其他的船只要危险得多，但却是毛板船的兴盛为封闭的梅山地域洞开了外部世界，让他们认识了外部世界，拓宽了梅山人的视野，激发了他们去发达地区大城市甚至世界各地闯荡的无穷勇气。那时，从新化到长沙，坐船需要半个月左右的时间。清末资产阶级民主革命家陈天华，20世纪30年代敢与鲁迅论战的著名文学评论家、中华人民共和国成立后的著名教育家成仿吾，就是在毛板船的兴盛时代从梅山地域坐船走出去的，后来成为梅山人的骄傲。尤其耐人寻味的是陈天华，他先后撰写的《猛回头》和《警世钟》两本书，实际上是抨击封建统治、倡导现代文明的启蒙读物。想不到从封闭、蒙昧、落后地区走出去的陈天华，后来竟然成为现代文明的启蒙者，其思想观念反而比中国许许多多发达地区的人要前卫得多。如果从文化根源上寻究，是因为梅山人几千年来，一直远离封建王朝，接受封建正统教育的时间短，封建观念相对淡薄，反而更容易接受新思想、新观念、新事物。

所以，我们有理由认为，正因为梅山人接受封建正统教育的程度相对偏低，相对于循规蹈矩的封建秩序，显得有那么点桀骜不驯，有那么点"蛮"气，也就说没有根深蒂固的封建观念。这，正是梅山人接受新思想、新观念最有利的因素。

十三、毛板船的兴盛是时代的需要，毛板船的衰落是历史的必然

毛板船是工业发展到一定时期的产物，是梅山中心腹地人民集体智慧的结晶。毛板船的兴盛不仅为贫穷落后的梅山地域带来了巨大财富，缩短了梅山地域与发达地区的贫富差距，更重要的是，为原来相对闭塞的梅山区域认识外边世界洞开了一个硕大的窗口，让梅山人以毛板船的形式融入了时代的发展潮流之中，成为推动社会发展主力军的一支力量。毛板船是梅山地域历史进程中一个闪光的里程碑。

而毛板船的衰落又是历史发展的必然。毛板船以它的原生态进入了

现代社会,却与现代文明格格不入:第一,毛板船的危险性太大,很多船工因此丧命致残,与尊重生命的现代文明或者说人道主义精神不符,是不允许长期存在的;第二,毛板船翻船沉船的时候多,事故率在50%左右,也就是说有一半左右的煤被河水冲走,造成了极大的资源浪费。资源浪费还包括一次性使用的毛板船造成的木材浪费。公路和铁路运输不但速度远远快于船舶运输,更重要的是几乎不会造成资源浪费。从保护资源的角度来看,毛板船也在淘汰之内。

但是,从历史的角度,毛板船为我们萌芽时期的工业做出了不可磨灭的贡献,为梅山地域的经济开发和融入时代主流起到了巨大的推动作用;从文化的角度,毛板船的诞生和发展以至兴盛,让梅山人的思想观念和文化习俗发生了巨大变化,逐渐融入了时代潮流之中,推动了梅山地域的社会发展进程。

毛板船所体现的是梅山人坚忍不拔、勇往直前的性格特征,是梅山人英勇顽强、奋力拼搏的进取精神。毛板船虽湮灭在历史的滚滚洪流之中,可毛板船所体现的梅山人的性格、精神依然还在。有这种性格和精神,在任何时代,梅山人只要觉悟过来,就会奋起直追。梅山人一旦掌握了现代科学技术和现代经营管理技巧,就一定不会落后于人,就像当年毛板船进武汉一样,会在全新的经济文化领域异军突起,完全有可能在不远的未来爆发出人意料的巨大发展潜力。一旦"猛回头",在新一轮的经济发展进程中,一定会有让世人刮目相看的一天。

注释:

①摘自湖南出版社1996年版《新化县志》第三章水陆运输第二节船舶运输。

②《沙塘湾地方人文史略》,沙塘湾地方人文史略编纂委员会编印内部资料,2007年8月第一版。

③谢益生,男,1931年生,原在新化县运输公司沙塘湾搬运站工作。9岁开始上毛板船,当时还没有桨高。

④潘忠生,男,1913年生,读过两年私塾,冷水江市航运公司退休职工。据他自己口述,11岁跟随父亲上船,开始驾自己家只能装几吨的一条小船。1946年到1950年给人驾过毛板船,当舵公。中华人民共和国成立后,1956年到1958年在新化县煤建公司驾毛板船。他一般跑从沙塘湾到益阳这一段。

⑤李三和,男,1928年生,冷水江市航运公司退休职工,26岁开始放毛板。中华人民共和国成立后在乡政府搞过,后来自己要求回到河里跟人家驾船,再后来公私合营就到了县里的航运公司。

⑥周继学，男，1938年生，新邵筱溪镇农民，其姐夫（冷水江市禾青镇喻源排）是做毛板船的老包头师傅。

⑦排是指几十个或数百个立方木材的树木捆在一起，数人操作，由资江游放到益阳，有的地方叫木排。

⑧段绍庭，男，1932年生，冷水江市金竹山乡资江村农民，10多岁开始驾船。1948—1950年驾毛板船，1954年后在汉口。

⑨胡友利，男，1928年生，原冷水江市农机厂退休工人，家住资江村。十七八岁开始上毛板船，是看毛板的，就是当长守。

⑩刘洋源，1927年生，冷水江市禾青镇湍江村9组村民，父亲和哥哥都是舵手，中华人民共和国成立后自己干过两年毛板船。

⑪周述运，男，1931年生，新邵筱溪镇农民。20岁开始驾毛板，父亲也是驾毛板出身。

⑫邹息云，男，1926年生，新化三中退休教师，湖南省作家协会会员。退休后开始写作，著有《大漠传奇》《梦虎缘》《毛板船与宝庆码头》等长篇小说和《闲云集》等诗集。

⑬《宋史·卷四百九十四·列传第二百五十三》，转载自《二十五史·宋史（百衲本）》，浙江古籍出版社1998年5月版第六册第1418页（根据商务印书馆所编二十四史影印）。

⑭清·毕源《续资治通鉴·宋纪六十九》岳麓书社1992年版第933页。

⑮《仇池笔记》卷上第十九条，见华东师范大学出版社《东坡志林·仇池笔记》212页。

⑯见《湖南通史》"第七章 两宋时期的湖南//第二节 宋代湖南政治//五、宋代对湖南少数民族地区的统治和少数民族的反抗斗争"，617页。

⑰见《湖南通史》"第七章 两宋时期的湖南//第二节 宋代湖南政治//五、宋代对湖南少数民族地区的统治和少数民族的反抗斗争"，627页。

⑱见《湖南通史》"第七章 两宋时期的湖南//第二节 宋代湖南政治//五、宋代对湖南少数民族地区的统治和少数民族的反抗斗争"，624页。

后　记

　　高耸的明清建筑、雕花的门窗、幽深的小巷、清一色的石板路，走马楼、风火墙，飞檐翘翅，上梅千年古镇曾被誉为"民国一流"县城；苏溪市、莘溪市、辔溪市、车石府、琅塘古镇、城坪等这些只见诸于民间或史书的古地名犹如一张张名片，彰显着昔日资江边码头市镇的繁华与富庶；槽船、鳅船、洞驳船、排筏、乌篷船、毛板船等千帆竞发，展现着昔日资江河道上水运的繁忙与热闹；茶叶、玉兰片、土纸、木材、楠竹、石灰等远运益阳、武汉，县城、白溪等市镇店铺林立，正体现了当时新化商品经济的丰富与发达；煤炭、锑矿、铁矿的开采，造船业的飞速发展，造纸厂、石灰厂、锅厂、陶瓷厂遍地开花，新化工业手工业曾位居全省前列；沿资江走出陈天华、谭人凤、曾继梧、苏鹏等辛亥革命志士，前仆后继、警世自强，新化被冠以"中国同盟会会员荟萃之乡"；此外，资江上独有的毛板船创造了"湘商航运史上的传奇"；旷世壮歌《资水滩歌》被誉为"长篇湘商史诗"……

　　在清末民初这个波澜壮阔、风云际会的特殊年代，新化这个沉寂千年的梅山古邑曾异军突起，经济上空前繁荣，商品生产相当活跃，工业手工业独秀群伦，城市高度发展，各类人才辈出，多个领域的发展居于全省前列，曾被称颂为"楚南望邑""武汉三镇的后仓"。时报《大公报》特称新化"开风气之先，""其左右时代潮流的影响力不亚于省会"，"繁华不输长沙"。

　　在千年新化被省政府列入全省"特色文化旅游重点县"的重要时刻，百年前的历史荣耀招引着我们。沿着苍茫的脚印，追索昔日的荣光，我们课题组各位同仁苦心孤诣，耗时一年半，数十次进行田野实地调研考察和拍照，采访了上百位老人，翻阅了几十部相关著作，终于整理编写出了这一部地方史志著作：《大梅山研究·第二辑·上卷·莨江津风》。全书30多万字，数十幅图片，着重追溯了清末民初新化资水两岸的乡土风物及资江在近代史上的重要地位。

莨江之名，最早见于北魏郦道元的《水经注·资水》，清顾祖禹《读史方舆纪要》也有如此记述。历史上习惯地把资江新化段称为茱莨江或莨江。资江是新化的母亲河，近代史上，资江对新化的发展起着滋养作用。据《新化县志》(1996年版)载，新化境内资江两岸共有渡口50处，港口20处，码头72个。当时新化最繁华最活跃的地方皆在资江两岸，人口最密集处也在资江两岸。两岸的码头周边，大都形成了小集镇，或街道、市坊，犹如今天的公路铁路沿线一样繁华。本卷书的编写，就是以资江河道为主线，对资江两岸纵深约二公里(部分地方进行了必要延伸)的范围内的中古及近代风土人情等文化元素进行挖掘整理，着重追溯了清末民初新化的辉煌史实。这就是本卷定名《莨江津风》的由来。

本卷的编辑和出版，得到了县委县政府、县特色产业办、相关乡镇与部门、广大采访对象及其他人士的大力支持，在此深表感谢！特别向关心和支持本辑资料收集做出贡献的杨德湘、李典辉、胡能改等前辈致以崇高的敬意！

本书编写分工如下：第一章 鄢吉；第二章 阳昌石；第三章 鄢吉；第四章 康解文；第五章 罗佐林、廖京南；第六章 向光辉；第七章 鄢吉、彭水平；附录部分 鄢吉。联络、统稿 鄢吉。此外，为了尊重文化探索的多样性、丰富性，本书还将冷水江市刘国忠、李新民调查的《沙塘湾一带毛板船的兴衰及其历史文化根源探究》一文作为附录。

鄢吉

2016年1月

梅山文化研究基金會

The Meishan Culture Research Foundation

基金会宗旨与业务范围

梅山文化研究基金会是在各级政府各级领导的关怀下，由梅山籍知名企业家发起成立的一家公益慈善类非公募基金会。基金会接受民政部门的业务指导和监督，旨在通过基金会的努力，资助梅山文化的研究、传承与创新，推动区域经济的发展，助推和培养梅山籍优秀人才；首期捐赠资金为 200 万元人民币，由长沙景嘉微电子股份有限公司、上海跃度投资中心等企业捐赠。

基金会发起人与首届理事会成员：

吴光权　　基金会发起人、深圳工业总会会长

龚蜀雄　　理事长，中国建设银行湖南省分行原行长

曾万辉　　副理事长，长沙景嘉微电子股份有限公司董事长

刘健灵　　理事，中机国际设计研究院原院长

罗教仁　　理事，新化县佛教协会会长助理

李绍龙　　理事、秘书长，中南沛心教育管理有限公司副总经理

易鸿彬　　监事，爱善集团有限公司执行董事

基金会可持续运营模式

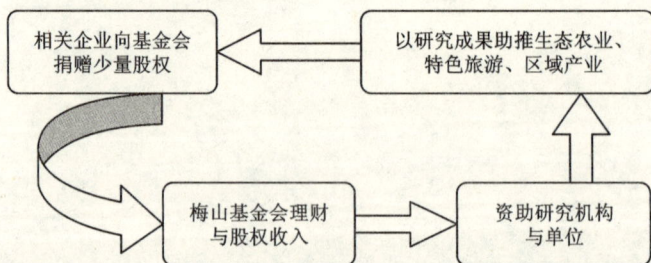

相关企业向基金会捐赠少量股权 → 以研究成果助推生态农业、特色旅游、区域产业 → 资助研究机构与单位 → 梅山基金会理财与股权收入 → 相关企业向基金会捐赠少量股权

C

李新吾　姜世星　刘元清　吴光权　龚蜀雄◇主编

大梅山研究

第二辑·中卷·上梅瓷脉

湖南省民间文艺家协会梅山文化研究委员会
新 化 县 古 城 开 发 有 限 公 司　编
新 化 县 梅 山 文 化 研 究 基 金 会

孙　平　刘国忠　李新民　著

中南大学出版社
www.csupress.com.cn
·长沙·

李新吾，新化人，作家，冷水江市文联原主席，中国傩戏学研究会副会长，湖南省民间文艺家协会梅山文化研究委员会主任。1985 年起抢救、整理、研究梅山文化，个人已出版小说、散文和传记 3 种 5 卷，合作著编《梅山蚩尤》《师道合一》《上梅山傩戏》等学术专著 5 种 7 卷，合作主编《大梅山研究》《梅山蚩尤文化研究》《梅山傩祭》等著作 6 种 11 卷。

姜世星，新化人，硕士，新化县人大常委会主任。历任乡文化专干、中学教师、乡团委书记、乡镇长、乡镇党委书记；2002 年 12 月以后历任新化县政府党组成员、县移民局党组书记、局长，2006 年 7 月后历任中共新化县委常委、副县长、常务副县长。在梅山文化抢救、保护与研究、推广，文化旅游特色产业开发，经济管理等方面有一定的成功经验。

刘元清，新化人，在职研究生，新化县保障性安居工程投资有限公司董事长。历任新化县商业局局长、石冲口镇党委书记、新化县发展改革局局长、县政府副调研员等职务。曾多次被评为湖南省商业厅先进个人、娄底地区优秀企业家、娄底市优秀乡镇党委书记、湖南省改革先进个人、湖南省发展改革系统先进个人。2018年起兼任县古城开发有限公司董事长。

吴光权，新化人，高级会计师，工商管理硕士，中国工业经济联合会主席团主席、深圳工业总会会长。曾任中航通用飞机责任有限公司董事长、中国航空技术国际控股有限公司董事长、中国航空技术进出口深圳公司总经理、深圳中航企业集团董事长、江西江南信托投资股份有限公司董事长；积极倡导与践行"新国企"理念，是梅山文化研究基金会发起人。

龚蜀雄，新化人，中国建设银行湖南省分行原行长、党委书记。历任海南省分行副行长，贵州省分行行长、党委书记，湖南省人民政府参事室参事，湖南省第十一届人大代表，湖南省银行业协会会长，湖南投资学会会长，湖南大学兼职教授；曾荣获全国五一劳动奖章、全国劳动模范；是2008年奥运火炬长沙传递站火炬手，梅山文化研究基金会首任理事长。

孙 平 1957 年出生于湖南省新化县上梅镇，先后从事化工、火车司机及机务工作。爱好广泛，钟爱梅山陶瓷文化与艺术。现为湖南省民间文艺家协会梅山文化研究委员会常务委员，梅山文化研究委员会陶瓷课题组主持人。

刘国忠 1966 年出生于湖南省冷水江市冷水江街道办事处，冷水江市公安局毛易派出所副所长。湖南省民间文艺家协会梅山文化研究委员会委员，湖南省娄底市公安文联理事，冷水江市书法家协会理事，新化县收藏家学会理事。

李新民 1959年出生于湖南省冷水江市冷水江街道办事处，冷水江市公安局一级警督。湖南省民间文艺家协会梅山文化研究委员会副主任，曾任冷水江市文联副主席，市梅山蚩尤文化研究中心副主任。合作出版有《梅山蚩尤：南楚根脉，湖湘精魂》等著作。

总　序

李新吾

　　本辑共分上、中、下三卷，是湖南省民间文艺家协会梅山文化研究委员会与新化县文化旅游特色产业发展领导小组办公室合作启动的《大梅山研究》第二批调研项目，也是在新化本土就地组织力量、就地选题调查，并由新化县古城开发有限公司与新化县梅山文化研究基金会联手推出的第一批学术成果。上卷《茛江津风》，是从文化交流通道角度记述资江新化段 100 公里河道两岸港口、码头、古城、毛板船及市镇近代风物与乡土人情的长篇调查报告。本河段古称"茶茛江"或"茛江"，全段本应包括上游（至新邵县境）冷江段的 20 公里，因其 1969 年被划归冷水江市管辖，需要多部门衔接，故暂未启动。中卷《上梅瓷脉》，是从文物考古角度记述新化、冷水江地域自宋代至今天的陶、瓷、砂器、窑口、器形、特色、重要人物、传承关系及部分材质、工艺的长篇调查报告。冷水江市于 1969 年由新化县析出，原与新化全境及新邵、隆回、溆浦的部分区域合称"上梅山"，书名中的"上梅"即指上述区域。下卷《紫鹊山歌》，是从方言与山歌音韵比较研究的角度确定核腔，以现代汉语同音字和国际音标为新化南部方言语音记词注音、现代汉语语义作注、五线谱记曲调的大紫鹊山区传统山歌实录本。紫鹊界梯田为国家自然与文化双遗产和世界农业遗产保护项目，区域含新化县西南的水车、奉家、文田、天门四个乡镇，总面积610 余平方公里，人口 10 万余，方言自成一体系。

本辑三卷的面世，加上第一辑的上卷《湖南首届大梅山文化旅游协作学术研讨会论文集》、下卷《梅山巫傩手诀》，使《大梅山研究》书系的问世规模达 2 辑 5 卷，读者观此 5 卷书名，即可了解本书系大致的选题及编辑体例走的是由面到点、集点成面的路子。至于本书系的立项缘起与目的，第一辑中我们未置《前言》，没有交代，特借此多说几句。

毋庸讳言，本书系之所以能立项实施，缘起于新化县入选为湖南省首批特色产业发展重点县。其特色产业，是文化旅游；其特色文化，是三十余年来在地域文化研究学界日益热闹的"梅山文化"；其时，则是在 2013 年 5 月。而所谓"立项"，则只是笔者与当时的县委常委、常务副县长姜世星先生于 2012 年 9 月联手操办"湖南首届大梅山文化旅游协作学术研讨会"期间的口头商定，到 2013 年 10 月我会应邀落地新化后才付诸实施的、内部建立的工作项目。之所以确定必须公开出版，主要目的有三：其一，为地域特色文化产业的开发建设发掘、收集原始资料并保护信息源、固定证据链；其二，为方便海内外各社会科学者查询而建立可供共享的资料数据库，以扩大其影响；其三，为将来创建"中国梅山学"专门学科、支撑地域文化产业可持续发展奠定基础。书名含"研究"二字，一是要求从学术研究的专业角度去规范化地发掘、整理资料，二是为进一步系统研究做一点前期的基础性工作。"梅山"前面冠以"大"字，一是针对目前一些人将唐宋时期的"梅山"等同于今天的新化、安化两县乃至一座具体山峰的错位认知；二是"梅山"承载着丰富而重要的历史、民族、地域的多重特性与保护、研究、借鉴的重大价值。

其历史性，主要在于，"梅山"之称，在官修史籍中虽仅见于《新唐书》《宋史》《续资治通鉴》，但据考古发现，从旧石器时代晚期开始，就有原始人群在这片山地的河谷各段生息繁衍，且一直以原生态独立存在至北宋中叶；融入宋王朝政治版图之后，山民先由荆湖南路的潭（今长沙）、衡（今衡阳）、邵（今邵阳）和荆湖北路的鼎、澧（今常德）、辰（今沅陵）各州分治，元代开始才由政令一统的湖广行省统治。明代以降"人文渐盛"，社会进入快速发展期，土著"蛮徭""生苗"文化与社会上层以儒家道统为主干的精英文化反复冲突融汇，促使"湖湘学派"在社会动荡中逐渐成型，催生出王夫之、陶澍、魏源、邓显鹤、曾国藩、陈天华、毛泽东等一代又一代影响中国近代社会历史走向的先贤。这样独特的地域性历史现象，古今中外都是少见的。

其民族性，则承载于《宋史》所谓的"梅山峒蛮"。这个原始土著族群，上承九黎、三苗、楚蛮、长沙蛮和武陵五溪蛮、莫徭血脉，北宋时部分族人入籍归化后，族称即此消失；其大部后裔分头向西、向西北和西南等处迁徙，成为当代苗、瑶、畲、侗、壮、土、仫佬、仡佬等兄弟民族的祖源之一，其文化基因还融入了远在陇南、川北的羌人和白马藏人的民间传统文化事象中。通览当今方兴未艾的"藏学""羌学""苗学""瑶学"等独立学科，"中国梅山学"的创建，除了能实实在在地梳理当地族群由"蛮"到"汉"的转化与融合过程外，最大的功能恐怕还是在这些互不相属的民族学子系间，横向构建起一条可供相互比较、彼此交流的桥梁。

其地域性，也是同样的跨界。古梅山峒区地处东亚大陆第二阶梯东沿、"半月形"文化沉积带的南端，当代分属湖南中部长株湘娄衡邵怀常8个地级市、新化安化隆回冷水江等25个县级行政区管辖；但因"半月形"山地连接南北两条"丝绸之路"，长江古源则将岷山与梅山的水路沟通，其历代先祖，从中亚、陇甘、中原与淮南源源不断地汇聚，成就了遗世独立且"旧不与中国通"（《宋史》语）的"梅山峒"；而其北宋以降持续迁徙的历代后裔，又绵延不绝地将族群血脉和文化基因移植到陇南、川北、鄂中、闽西、两广、黔滇，以及东南亚北部和西欧、北美、南澳诸国。当代学界兴起的"梅山文化研究"，起源地之一就有远在法国图奴兹市南郊的瑶人聚落。

这就是说，"中国梅山学"的核心关注点虽只是湘中一片6万平方公里左右的山地，但将要研究的这个地域文化体系，却有可能是一部中国南方的民族发展史。其所具备的保护、研究、借鉴价值之重大与特殊，是不言自明的。由于社会变革的频度激增，现阶段急需做的，是尽可能地针对残存于民间的"草根"文化资源，开展抢救性的发掘、整理、保护工作。这不仅需要当地动员全社会的力量，更需要更高层级的社会行政及研究机构的重视与介入。要实现这个愿望，当然还需要一个过程。在当下，我们应抢抓一切机遇，只要有合适的专业人手、能筹到启动的经费，就可以在民俗学的认识论与方法论的基本框架下，启动一个相应的课题项目；只要一个项目结题，能搭"顺风车"公开出版的，我们就毫不犹豫地搭"顺风车"。这些行为的主要目的，就是为了尽可能地缩短这一过程。从2012年起，我们搭上"湖湘文库"的"顺风车"，在长沙出版了《梅山蚩尤：南楚根脉，湖湘精魂》；搭上香港中文大学的"顺风车"，在台湾出版了《道教仪式丛书·师道合一：湘中梅山杨源张坛的科仪与传承》（上下册）；搭上香港科技大学的"顺风车"，在香港出版了《"家主"与"地主"：湘中乡村的道教仪式与科仪》；搭上上海师范大学的"顺风车"，在上海出版了《中国傩戏剧本集成·上梅山傩戏》（一、二卷）；还申请中国傩戏学研究会主持操办"中国湖南（新化）梅山傩文化国际学术研讨会"，在北京出版了《中国傩俗礼仪文化丛书·梅山傩祭》；联合中南林业科技大学三湘音乐舞蹈文化研究所和湖南省音乐家协会理论评论委员会，开辟"梅山论坛"，在北京出版了《梅山论坛首届学术研讨会论文集》。这6种8卷图书，虽然独立于《大梅山研究》两辑之外，却仍属这个书系中不可或缺的骨干性选题。

当然，建立专门学科，任重而道远，但功成不必在我。为了这个梦想，我们由衷期望，《大梅山研究》能在更多、更广泛的关注下，继续她的使命。

2019年7月谨识于冷水江通和佳园梅一阁

目　录

引　言

　　上梅,语出明嘉靖二十八年(1549)邑人刘轩主编的《新化县志》。志中《山川篇》有:"宋吴致尧《开远桥记》:介荆湘之间,有两梅山焉。新化为上梅山,安化为下梅山。及编《安化志》,有是名而实未有是山。"而考证宋吴致尧的《开远桥记》,则吴致尧说的是"介荆湘之间,有两梅山焉",这两处"有是名而实未有是山"的"新化为上梅山,安化为下梅山"的地名,实际上是刘轩自己写出来的。刘轩这里的"上梅山",指的是当时的新化县全境,按今天的行政区划,即娄底市所辖的新化、冷水江两县市,以及娄底市辖的涟源市西部,邵阳市所辖的新邵、隆回两县北部,怀化市所辖的溆浦县东部南部的部分区域。

　　从1985年全国县级区域调查整理"民间文学三套集成"之时起,在上述区域的新化、冷水江两县市,宣传文化部门悄然兴起一股"梅山文化研究"思潮。所谓"梅山文化",指的是古梅山地域的区域历史文化。30年下来,由于海内外各界同仁的不懈努力,这股研究思潮已由当初热烈的众说纷纭,进入了更为理性化的"梅山学"学科建设阶段。本卷《上梅瓷脉》,就是"梅山学"学科体系中的一个子课题。

　　顾名思义,"梅山学"要叙述的,是整个古梅山地域人文历史。而叙述人文历史,描绘其具体的文化事象,按照一般《文化人类学》的要求,须得有文献、文物和民俗三大学科的相关资料互为支持、印证。特别是文物,不仅应是地域性人文历史叙述的主干,更应是她的基石。

　　例如,从下面两件新化县的馆藏文物——出土于资江新化河段的战国青铜剑与虎钮錞于①，我们就可以获得当时梅山社会的政治、军事、经济、文化及对外交流等诸多领域的相对准确的历史信息。

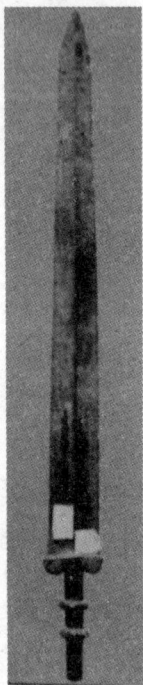

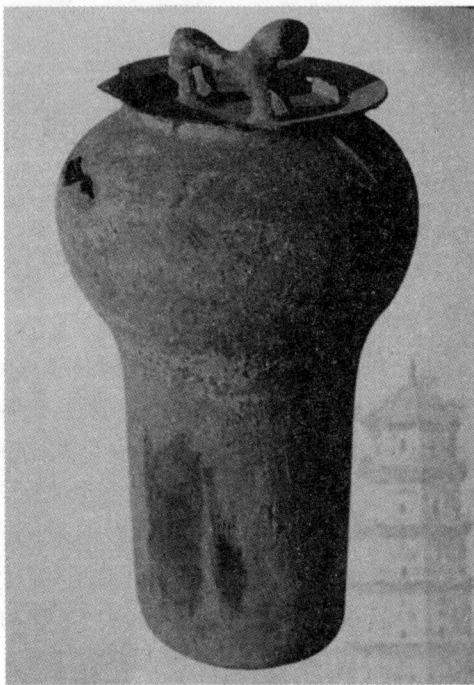

图0-1　战国青铜剑　　　　　图0-2　战国晚期虎钮錞于②

清湖广学政潘宗洛于康熙四十三年(1704)在上奏的《请准苗童以民籍应试疏》中，有这样的一段描述："臣查湖南之新化、安化两县，在宋时名为梅山，尚系生苗巢穴。一入版图，人文渐盛，中进士举人者，每不乏人。人不知其为苗，彼亦忘乎其为苗矣。"

据《宋史》，梅山在北宋前期，一直为"梅山峒蛮"所居，至神宗熙宁五

---

① 青铜剑为战国青铜剑，1986年于大洋江三角洲墓出土，通长55 cm，剑身45 cm，宽4.5 cm，茎圆形，锷和从部均锈蚀。錞于为战国晚期军乐器，1987年9月于胜利乡芦家土拜出土，重4.5 kg，通高50 cm，环径80 cm，底径16 cm，上圈如鼓，下虚呈圆筒形，顶上有虎形钮可悬挂，上下均有损。"錞"同"錞"，音chún。

② 此二件出土文物图片，摘自《新化县志》与《新化县情》。其中《新化县情》錞于图片注释为汉代，《新化县志》说明为战国晚期，本文采信《新化县志》说明。本文所有图片，除特别指明的作者与出处外，未指明的均为作者本人自拍提供。

年(1072)、熙宁六年(1073),才先后建制安化、新化两县。此前的人文历史,因是"不与中国通(《宋史》语)"的"生苗巢穴",既少文献记述,更乏文物佐证。而"一入版图,人文渐盛",这"渐盛"的"人文",也是直到明嘉靖二十二年和二十八年,即公元1543年和1549年,安化、新化两县才有了第一本传世的县志,从建县到修志,中间还是有近500年的史志空白。

这样漫长的史志空白,我们以为,在人文历史的叙述中,唯有或至少是主要依靠文物来填补。即便在其后有史志文献的年代,文物也是不可或缺的物证。而文物,在古梅山峒区域,又得数"陶瓷"题材最为大宗。因为它不仅历史久远、用途广泛,而且谱系清楚、特质鲜明,特别是在"开梅"以后的千年岁月中,它一直生息繁衍在资江及其支流两岸,数量庞大,产供销产业链完整,吸收、保留历代融入的中原主流文化元素也最为丰富,对峒民文化习俗的影响也最为直接。

我们不是专业的文物考古工作者,我们没有资质进行考古发掘,但我们却是资深的陶瓷爱好者,几十年来,我们一直在对已知的陶瓷器物及相关背景分类比较、追根溯源。历史悠久的上梅地域,陶瓷文化及艺术又是从什么时候开始,有哪些实物、遗迹,又有哪些窑址,生产哪些器物,辐射哪些范围等诸多问题,一直困扰着我们。2014年初,我们受湖南省民间文艺家协会梅山文化研究委员会的指派,组成"梅山陶瓷"课题组,以寻找、认知、申请保护为主旨,对上梅山地域千年来的陶瓷产业链及其衍生产品进行地毯式调查。由于这片地域在北宋以前的早期文献记录较少,有关陶瓷方面的论述更是空白;之后,地方志对当地的民间产品(包括陶器、砂器)也从没做过较为完整的系统记录与总结。描述其产业链,我们必须从零开始。

经过两年多夜以继日艰辛的田野作业,我们对上梅山地域近二十年来相继发现的有早期夹砂红陶、灰陶等物证实物的隆回县高平镇"小坳遗址",新邵县坪上镇筱溪村与冷水江市金竹山乡新田村之间的"筱溪窑里陈家窑址"群,新化琅塘镇苏溪村与安化平口镇八仙台之间的"窑头山、八仙台窑址"群,新邵县巨口铺镇"浒溪村窑址";以及本次发现的新化县油溪乡"江田窑"、槎溪镇半山街村"半山杉木坳窑"等窑址及其遗存实物(残片),进行了力所能及的踏勘、考察与采集、比较,较为完整地理清了从宋、元、明、清、民国直到当代的发展脉络和现、当代陶瓷产业对社会的影响、贡献,获得了一些粗浅的认知。为引起文物部门乃至社会的关注,特编写成这本小册子,作为阶段性成果奉献于读者。期望对文物保护、学科建设和文化旅游开发,都能起到抛砖引玉的作用。

第一章 宋元陶瓷

第一节 筱溪窑里陈家窑

一、基本情况

窑里陈家窑，位于原新化县资江中段的黄江①上游，今湖南省新邵县坪上镇筱溪村北（原筱溪铁厂地段），至冷水江市金竹山镇新田村南（即禾青镇球溪码头河对面的新田村十组），两村所辖江面的东岸台地上；整个窑群沿资江右岸（从上游向下游看），绵延约 2 km，窑址多位于二级台地或江边丘陵山包前缘；东靠丘陵山包，西面紧邻资江河水，在宽约 400 米范围内分布着窑址，跨越今新邵县与冷水江市两县市，实属较大的一个窑址群。是宋元时期资江中段（黄江上游）东岸江边，从上游向下流逐渐发展、且连续烧制的一个窑址群，为上梅新化地域在宋元时期的一个重要窑场之一。

宋代是我国陶瓷发展的繁盛期，南北窑业"百花齐放"，大小窑场，各领风骚；其中筱溪窑里陈家窑址群，就是其中之一。我们从初步的踏查了解所掌握的器形、釉色、烧制工艺及废弃陶瓷堆积地大小及分布规模状况看，应是至今为止所发现的上梅地域最大的一个窑址群。

---

① 资水中段的原新化与安化的一段，古称茉黄江。其得名，传为古时的这一段资江两岸，因每ady到夏秋季节就开满了一种带香气的茉黄花，所以称茉黄江，后简称黄江。

　　图1-1为窑址位置示意图，其中实线区为窑群区，窑群区中间的点线分割线为今筱溪村与新田村大致分界线。

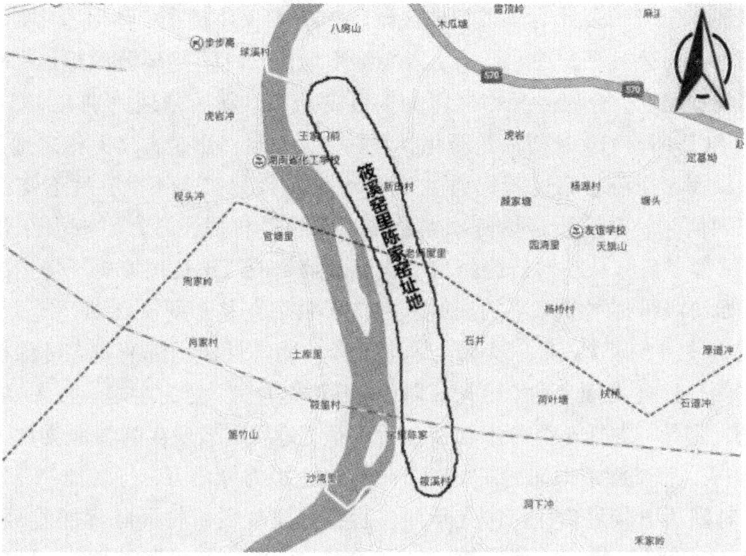

图1-1　窑里陈家窑址群分布示意图(图片制作：孙宇琴江)

　　古之筱溪窑里陈家窑之地在春秋战国时属楚国，秦灭楚后，初设楚郡，后属长沙郡。汉高祖五年(公元前202)置长沙国时，分属昭陵县和益阳县，而窑里陈家窑之地就是分属昭陵县与益阳县两县之间的蛮地。后两县一直随朝代变换而分来分去，此地基本不变。至唐高祖武德七年(624)又将邵陵并入邵阳，太宗贞观十年(636)更南梁州为邵州，领邵阳、武冈二县，窑里陈家窑之地仍是相对独立的梅山峒地。直至北宋神宗熙宁五年(1072)至熙宁六年(1073)开梅山建安化、新化二县时，窑里陈家窑之地才随新置的新化县而进入大宋松散的管理体系中。

　　新邵作为一个县的诞生，是中华人民共和国成立之后，从新化与邵阳两县之地析置而组成，因而县名也是取两县名的首字而命名为"新邵"县，于1952年4月1日正式成立新邵县人民政府，县治设酿溪，隶属邵阳地区行政专员公署管辖；1977年10月，划属涟源地区，1982年12月改为娄底地区，1983年8月后属邵阳市管辖。而今之冷水江市，雏形则是1950年6月，析锡矿山周围二乡三镇置锡矿山矿区，属邵阳地区直接管辖；同年11

月，又将 7 个乡划归锡矿山矿区。1952 年 8 月撤销锡矿山矿区，全部回归新化县。1960 年又析 5 个人民公社置冷水江市，1962 年 10 月又撤销冷水江市，属地又回归新化县。1969 年 10 月复置冷水江市，以冷水江、矿山 2 个镇和 7 个人民公社为该市行政区划。1975 年又将矿山、铎山、三尖、岩口 4 个人民公社划归冷水江市，隶属邵阳地区，1977 年属涟源地区，1982 年属娄底地区，今属娄底市。因而窑区的筱溪、新田两地分别在 1951 年 10 月与 1969 年 10 月前都是新化县管辖之地，自然更是古之上梅之地。

筱溪窑里陈家窑址起码自北宋末年至元代就窑火不断，后不知终止于何因何时。今筱溪窑里陈家窑的周、陈两姓村民，都为原梅山新化居民，祖籍多自称从江西迁徙而来。我们了解到的当地村民家史迁徙情况表明，如筱溪村窑里陈家窑的周姓，为北宋徽宗宣和年间从江西迁至新化，后定居筱溪，并建成周家大院，繁衍至今。而陈姓居民陈善聪，自称祖上从江西长途迁徙而来，始祖先落脚（梅山新化方言，意为定居、居住）新化鹅塘，后有一支迁至今冷水江市金竹山镇，最后定居现在的新邵县坪上镇筱溪村。后查族谱得知，陈氏来新化的始迁祖为陈伯万，行名顶一，号金峰，时间为五代后唐庄宗同光年间。后据筱溪村一组村民陈代湘所藏《陈氏永派族谱》记载："始祖字顶一，号金峰，江西吉州泰和淑林人，因父文公葬扬州云亨乡金峰顶，故字顶一，号金峰，不忘本也。"今筱溪村窑里陈家窑陈氏子孙即为其中的一支，从良八公始，迁居筱溪窑里，具体年代不详。据陈氏族谱"永宗派志海户嘉敷房良八世系表图"推测，陈氏筱溪一支大约在明宣德、正统年间来到筱溪。所以此两支周氏、陈氏子孙对于窑址遗迹早已司空见惯，并把它视为麻烦而烦恼，许多村民的地里，因瓦片成堆难以清除而只得长期闲置。今筱溪、新田两地的村民们，从小都是玩着"瓦片山"的"溜子"①长大，早已习以为常，也就一直没有对窑址投入多大的关注。

自 2011 年起，为配合沪昆客运专线建设，湖南省文物考古研究所对沪昆客运沿线各文物点展开抢救性考古发掘，这才于当年 2—3 月间引起当局及社会关注。后经发掘调查，初步确认此窑址为一处宋元时期的窑址群。因当时调查勘探选点在今新邵县坪上镇筱溪村一个叫窑里陈家窑的地段，所以定名为"筱溪窑里陈家窑址"。

---

① "瓦片山"，当地村民将一个个由废弃的瓷片、匣钵、垫圈等堆积的小山包叫瓦片山。"溜子"，即烧窑时叠装隔离坯件的一种垫圈工具，当地民众也叫"滚子""箍子"。

其实，该窑在2004年7月31日前，已被冷水江市的几位古玩爱好者①知晓，并作为重要发现给"冷水江市梅山蚩尤文化研究中心"做了书面报告；因当时发现的地点为冷水江市金竹山乡新田村，所以把它叫为"新田窑"。随后，"冷水江市梅山蚩尤文化研究中心"的相关人员，于2006年4月25日请来省考古专家团来新田进行过实地调查②。

二、标本

湖南省民间文艺家协会梅山文化研究委员会自着手梅山核心地区陶瓷的田野调查，先后已不少于10次，形成陶瓷报告两份；从最初的认识和关注新田窑到后来的筱溪窑里陈家窑，前后已经历了十多年，并最终组织了专门人员进行系统调查。自2011年起，筱溪窑里陈家窑址群已得到社会的广泛关注，对于陶瓷文化的调查难度也随之加大。由于筱溪窑里陈家窑址群属国家未开发的窑址，本课题组③又不能挖掘，加之人力、财力，特别是专业知识所限，因而只就裸露于地表以及当地村民地里已被翻挖的土地而加以调查清理采集，以求得到现场真实情况。也鉴于此调查采集的局限，对梅山腹地金竹山乡新田村，特别是新田村十组村民王身利大儿子王铁华家地基④、王乐林家屋后坡地裸露的瓷片及周边地区（新田村一组、二组和三组、九组）至筱溪村窑址点（筱溪村一组、二组、四组），只进

---

① 该窑曾被冷水江市的几位古玩爱好者（龚志勇、李魁、刘楚华、张解华等）发现，并于2004年7月31日给"冷水江市梅山蚩尤文化研究中心"做了书面报告。

② 具体考察调研时间为2006年4月20日至25日，人员由省内考古、博物、文史、民间文学、民俗宗教等专家组成，主要对新化、冷水江14个文物、古迹历史点进行调查，其中金竹山新田村古窑遗址就是其中之一。

③ 2014年4月12日，湖南省文艺家协会梅山文化研究委员会正式开始成立陶瓷课题组，人员由孙平、刘国忠、李新民三人组成。

④ 据新田村十组村民王身利夫人何冬清（65岁）讲述：大儿子王铁华所建房屋地基下曾有一窑洞口，后被填了。她说是"听她家娘（家娘，梅山新化方言音为gū yáng，就是指丈夫的母亲，也就是婆婆，名叫李秀英）说的。她活了80多岁，早死了。"后寻问她（何冬清）丈夫，他说"不清楚"。我们也曾调查寻问过新田村十组村民王乐林（50岁左右，已去广东打工）的夫人段永莲，她说"我们这里没有窑，上面（指王铁华所建房屋地基）空了好大一片，填了好多土，我们这里是窑的边缘了，只有瓷片，没有其他"。并指证过王铁华房屋地基下有窑。另据调查，王铁华所建房屋地基西面曾有一个防空洞，为建房子还灌了许多水泥钢筋，考虑到以上情况，在无实据证明的情况下，新田村十组的这个窑是否就在王铁华所建房屋地基下也只能待考，可信度存疑。

行了简单、表层的初步调查采集,因而也就只能大概地加以介绍;真正详细的状况,只能期盼国家早日全面发掘,再现原上梅新化在宋元时期的陶瓷生产与规模的全貌。

图1-2 王乐林家屋后随处裸露的瓷瓦片

现将调查采集所掌握的情况介绍如下:

从我们初步掌握的筱溪窑里陈家窑址群南北两端(筱溪、新田)十多个点所采集到的一些残片标本看,器形见有碗、盏、盘、壶、罐、炉、钵、缸、瓶等十多种;胎质有青灰色、浅灰色、灰白色、赭色、灰紫色,胎质坚密;釉彩主要为青釉、酱釉、黑釉、乳白釉、青黄釉等;装饰手法见有印花、彩绘、点彩、刻花、戳印、堆塑等;纹饰已见有花草纹、花卉纹、菱形网格纹、变形菊瓣纹、梅花纹、泼彩点画纹、弦纹、螺旋纹、鱼纹、吉语纹等;烧造工艺为匣钵叠装于龙窑内码柱烧造,用于器皿叠装的垫饼、垫圈、支钉齐全;还见有款识。结合修胎、底足、装烧工艺以及器形、釉色等综合判断与分析来看,如专家所论,具有典型的宋元风格。初断起码是北宋末至元都有烧造,而且窑址众多,沿资江右岸台地一路发展。

据现有考察情况来看,上至筱溪村和平铁厂(原筱溪转运站附近)起,包括筱溪村一组、二组、四组部分地区;下至新田村十组王乐林家屋后坡地止,包括一组以及新田村一组原邓公庙之地(紧靠资江河边田埂处)发现的红烧土等,都有可能出现窑址。

当地村民普遍都知道一个传说:这附近窑里(指筱溪村),曾有两窑半货(瓷器)没出来。很多村民都这么说,但什么原因没出货以及是什么时候的事,却都说不清楚。

而新田村村民传言:附近(多指新田村二至三组之间的地域内)曾有三处窑址,其中王身利家屋基下就疑似有一处,其他不知其踪。而据我们初步观察瓦片堆积的情况来分析,新田村一组、九组及老园艺厂附近都有窑址存在的可能。

经多次的实物采集分类整理如下:

1. 胎质

胎质见有青灰色、浅灰色、灰白色、赭色、灰紫色。以灰色调为主,赭色、灰紫色次之(见图1-3)。

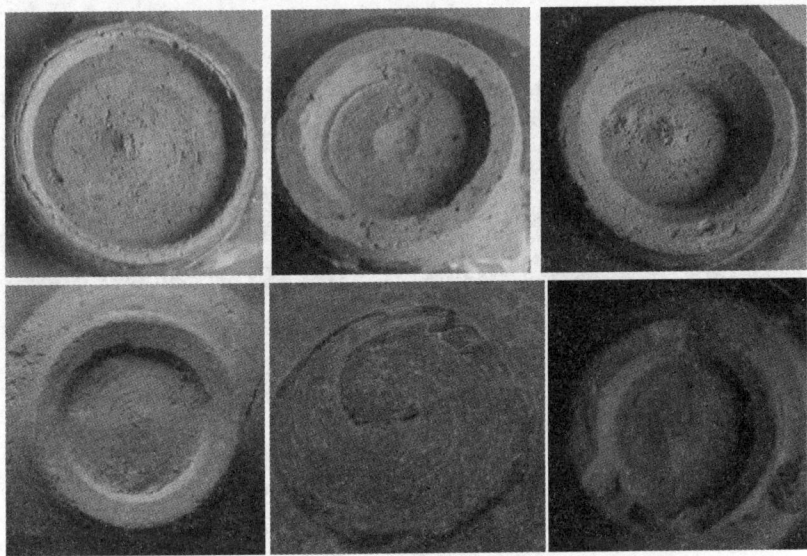

图1-3 窑里陈家窑部分胎质

2. 器形

(1)常见器形

见有碗、盏、盘、钵、壶、罐、缸、炉、瓶等,还有一些器形及用途待考。

A. 碗

图 1-4 敞口碗(图片:刘志平摄)

图 1-5 唇口深腹碗

图 1-6 敞口浅腹碗

B. 盘(碟)

图 1-7 折沿小盘 1(图片:刘志平摄)

图1-8 折沿小盘2(图片:刘志平摄)

C.盏
a.茶盏

图1-9 茶盏1 图1-10 茶盏2

b.油盏(或小碟)

图1-11 小油盏(或小碟)(图片:刘志平摄)

D. 香炉

图 1 - 12　直口溜肩钵式香炉（图片：刘志平摄）

图 1 - 13　唇口束颈圆腹香炉

图 1 - 14　唇口短颈鼓腹香炉（图片：刘志平摄）

图 1 - 15　撇口束颈香炉

图 1 - 16　撇口香炉

E. 花瓶

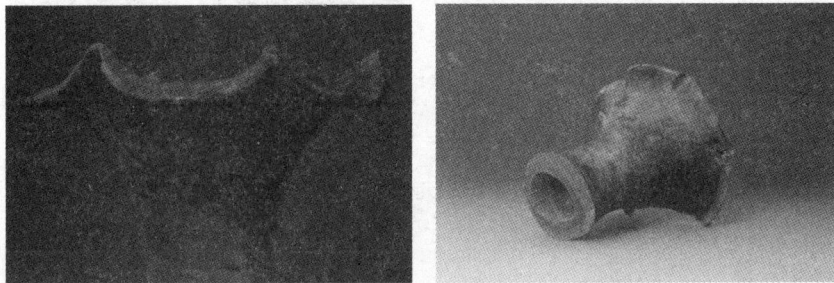

图 1-17　菱花口瓶

图 1-18　玉壶春瓶(图片：吕峰涛摄)

F. 缸

图 1-19　小缸

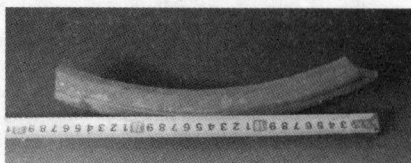

图 1-20 大缸口沿部分

G. 罐

图 1-21 唇口短颈瓜棱罐
（图片：吕峰涛摄）

图 1-22 唇口短颈方肩瓜棱罐

图 1-23 长颈折肩瓜棱罐

图 1-24 唇口短颈溜肩鼓腹罐

图 1-25 唇口圆腹罐

（图片：吕峰涛摄）

图 1-26 唇口溜肩长腹罐

（图片：刘志平摄）

H. 壶

图 1-27 长颈折肩旋纹执壶

图 1-28 直颈溜肩鼓腹瓜棱旋纹执壶

图 1-29 唇口高领弦纹圆腹执壶

（图片：吕峰涛摄）

图 1-30 盘口莲子执壶

图 1-31　唇口长颈双系执壶
（图片：吕峰涛摄）

图 1-32　长颈旋纹方肩执壶残片

图 1-33　撇口长颈折肩瓜棱执壶

图 1-34　撇口束颈折肩执壶

I. 钵

图 1-35　直口钵

图 1-36　直口擂钵残片
（图片：刘志平摄）

(2)待考器形

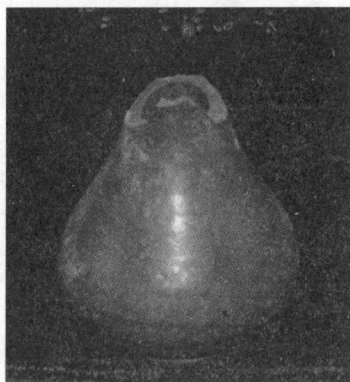

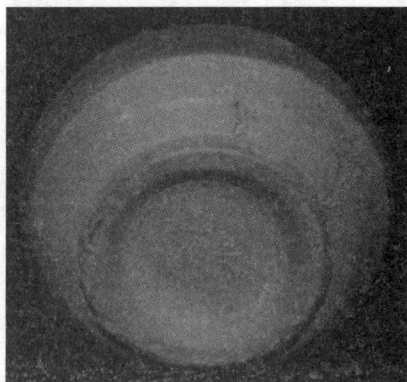

图 1-37　疑似胆瓶下部

图 1-38　疑似折沿口瓶的瓶口

（图片：刘志平摄）

图 1-39　疑似长颈鼓腹饼足花瓶

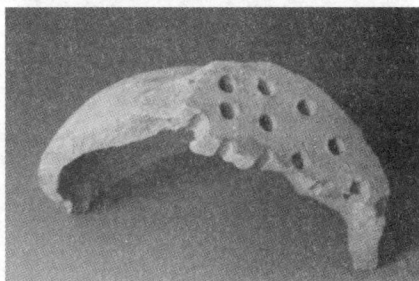

图 1-40　疑似小蒸钵或漏钵

图1-41 疑似折沿小盆或小碟 高：4 cm(图片：刘志平摄)

图1-42 疑似炊罐(或炊钵)盖(图片：刘志平摄)

图1-43 器皿待考1(图片：刘志平摄)

图1-44 器皿待考2　　　　图1-45 器皿待考3(图片：刘志平摄)

图1-46 器皿待考4(图片:刘志平摄)

(3)关于梅山魂瓶

魂瓶,是一种自西汉以来广泛流行于我国南方地区的器物,因多出自出土的墓葬,所以定性为冥器(明器);名称叫法因器形的不同及各地风土人情及时代的不同也有区别。如魂瓶、魂亭、粮罌、魂魄瓶、招魂瓶、五罐瓶(五联罐)、五孔瓶、五谷瓶、谷仓罐、龙虎瓶、堆塑罐、堆塑长颈瓶等,这些名称,都是各地在丧葬中使用魂瓶(名称)之俗的一脉相传。

有生就有死,这是自然规律;但并不是自有人类出现就形成了丧葬习俗;因为习俗是一种文化现象,是人类社会发展到一定程度的产物。在旧石器时代早期,尚未发现有对死者作丧葬形式处理的现象。但随后,特别是新石器时代就已有明显出现,而且不分南北地域,如将谷物、鱼、肉等装在陶器中陪葬就是集中反映。到了商周时已成传统,秦汉之际开始出现"陶仓",汉代"陶仓"伴葬在上流人士中已成风气,随后发展普及。往往"陶仓"内装有死者生前所常用之食物,如稻谷、小麦、粟、豆类,还有钱币等物。甚至还见有写着"大麦屑万石""豆万石""东仓四库"等象征储藏丰富、金银满仓满罐意思的文字。唐代开始出现魂瓶,宋元发展到顶点,随后以其他代替。不管是新石器时代的陶器,先秦的粮罌、五谷袋,汉代的陶仓,唐宋的魂瓶等,都是魂瓶这一陪葬器在不同历史时期的发展形态。这种习俗已成人们的共识,这既是人类特有感情的需要,也是缘于人死后灵魂不死的观念;是生者对死者的一份关切之情,也是安抚亡魂以求自保的愿望。

梅山地域此类器皿民间多叫魂坛,基本器形有多角坛、罐形坛、盘口坛及其他等。一般魂坛上都喜欢采用堆贴与捏塑以及刻画、戳印相结合的制作手法来进行各种装饰,装饰的内容多为花鸟、走兽、飞龙及各式人物；人物中或吹奏弹唱或载歌载舞，很像梅山的法事道场或傩舞；常常是一派生动活泼的景象，既神秘又浪漫（图1-47）。另外多角（形似牛角，又似火焰）魂坛也是一大特点。我们从本地及附近新化、涟源、双峰、冷水江、洞口等县市出土的部分馆藏魂坛，以及私人收藏的一些魂坛就能看出这一特点。器物多上釉，施釉不到底，也有无釉的；釉以青釉加酱褐釉为主，属典型的南方青瓷系列的特征，自然应与周边同类青瓷系列窑址有传承关系。

图1-47　魂坛上载歌载舞、吹吹打打的场面（右图：李魁供）

下面选取的为梅山新化、冷水江、涟源、双峰四县市馆藏的部分魂瓶，它们都带有梅山地域许多共有的特征。

A.新化县馆藏魂瓶（图片：李新吾供）

图1-48　　　　　　　图1-49　　　　　　　图1-50

图 1 – 51

图 1 – 52

图 1 – 53

图 1 – 54

图 1 – 55

图 1 – 56

B. 涟源市馆藏魂瓶(图片: 李新吾供)

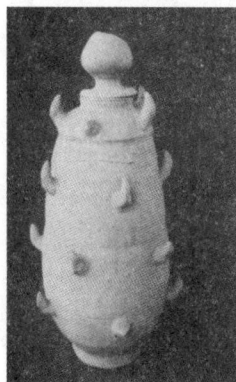

图 1 – 57

图 1 – 58

图 1 – 59

图 1 - 60   图 1 - 61   图 1 - 62

图 1 - 63   图 1 - 64   图 1 - 65

C.双峰县馆藏魂瓶（图片：李新吾供）

图 1 - 66   图 1 - 67   图 1 - 68

图 1 – 69

图 1 – 70

图 1 – 71

图 1 – 72

图 1 – 73

图 1 – 74

D. 冷水江市馆藏魂瓶(图片：李新吾供)

图 1 – 75

图 1 – 76

图 1 – 77

这些魂瓶多出自宋元时期，而窑口不详，是否有出自筱溪窑里陈家窑址的魂瓶，是我们此次考察调查的重点。我们从 2014 年 7 月 24 日至 2015 年 3 月 27 日的 8 个多月里，前后对筱溪窑里陈家窑址群进行了 7 次田野考察调查；其中 2015 年 1 月 3 日，在筱溪窑里陈家窑址点村民垒护菜地地界的堆积瓦片中，找到一件残器，初视疑为烛台灯具的残器，也有人提出疑似魂瓶盖顶的残件（见图 1−78）。

图 1−78　疑似魂瓶盖顶的残件（图片：刘志平摄）

对这些残件是否是魂瓶盖顶，我们进行了初步的比较分析：

a. 是否确定为魂瓶盖顶

比较新化、冷水江、涟源、双峰等县市出土的实物，没有找到类似盖型或瓶口式样；加之残缺较大，是否为魂瓶部件不能确定。

b. 是否确定出自筱溪窑里陈家窑址

虽来自筱溪窑里陈家窑址范围之内，但不是来自窑址自然遗迹堆积点，为人为搬迁摆放之物。不排除像其他堆积在一起的窑址瓦片，也是从筱溪窑里陈家窑址里捡拾搬迁而来；但附近有早期坟墓葬地，也不能排除来源于此。

c. 是否与筱溪窑里陈家窑址器皿特征相符

器皿曾上有青釉，釉色吻合，但因长期风吹、日晒、雨淋，致使胎釉侵蚀而变化较大；因暴露时间较长，自然风化剥离严重，因而与周边现在见到的同地器皿存在一些差异，但基本特征吻合。

d. 因为是孤品，没有可比性

结论：不能完全确定为筱溪窑里陈家窑址生产的器皿，不能确定为魂瓶盖顶或瓶口残件，也可能为灯具及其他器皿或制瓷工具的一部分。最终结果，也许只能等待国家对筱溪窑里陈家窑址做深入的考古发掘，来释疑解惑。

3. 釉彩

釉色以青釉及酱、褐釉为主，其他有黑釉、乳白釉、青黄釉等，可能还有绿釉①。

（1）青釉

图 1-79 青釉1

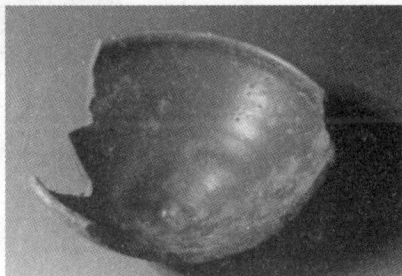

图 1-80 青釉2

（2）酱釉

图 1-81 酱釉1

图 1-82 酱釉2(图片：李魁供)

---

① 在调查中，据筱溪村一组村民陈建新(20多岁)讲述：曾在附近地里挖出过一个绿釉壶，器物不大，有破损；后把它丢在附近塘里了。陈建新为筱溪村窑里陈家窑一组村民，并给我们留有电话号码，以便今后联系证明。

(3)青黄釉

图1-83　青黄釉(图片：刘志平摄)

(4)黑釉

图1-84　黑釉1

图1-85　黑釉2

(5)乳白釉

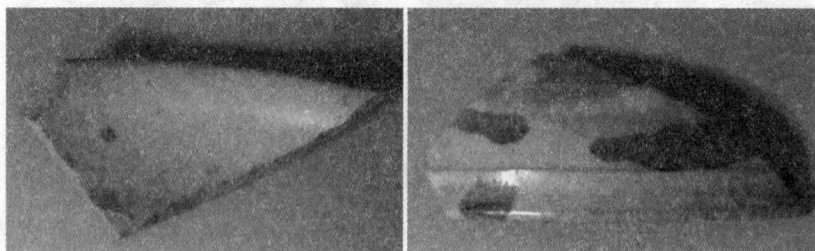

图1-86　乳白釉

4. 纹饰

(1)菱形网格纹

图 1-87 菱形网格纹

(2)变形菊瓣纹

图 1-88 变形菊瓣纹

(3)莲花纹

图 1-89 莲花纹

(4) 梅花纹

图 1 - 90　梅花纹 1

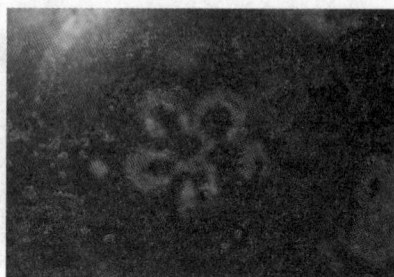

图 1 - 91　梅花纹 2

(5) 花草纹

图 1 - 92　花草纹 1

图 1 - 93　花草纹 2 (图片:吕峰涛摄)

图 1 - 94　花草纹 3 (图片:李魁供)

(6)泼彩点画纹

图1-95　泼彩点画纹(图片:吕峰涛摄)

(7)弦纹

(8)螺旋纹

图1-96　弦纹

图1-97　螺旋纹(图片:李魁供)

(9)荷花水草鱼纹

图1-98　荷花水草鱼纹(图片:刘志平摄)

（10）鼓钉纹

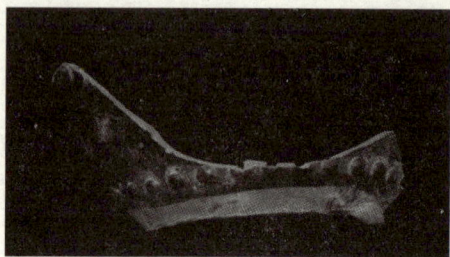

图1-99 鼓钉纹（图片：刘志平摄）

（11）吉语纹

图1-100 "福"字纹

图1-101 "福寿嘉庆"吉语纹
（图片：刘命清摄）

（12）待考纹饰

A.装饰图案纹

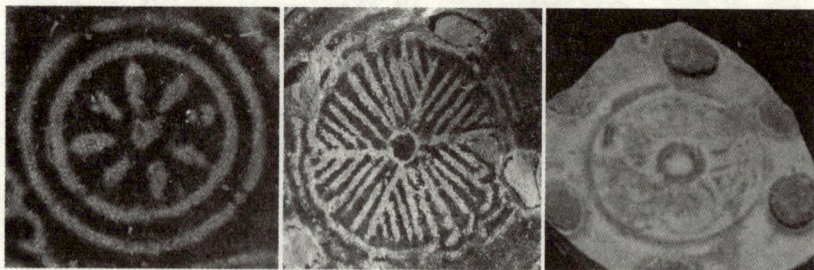

图1-102 装饰图案

B. 窑变"兔毫"纹

图 1－103　待考"兔毫"纹①

5. 装饰工艺

（1）印花

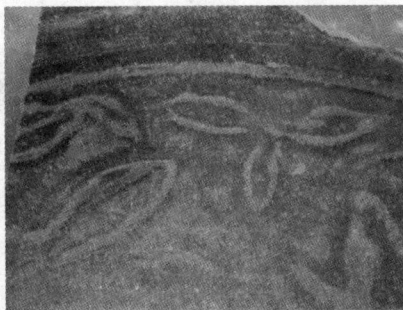

图 1－104　模印印花纹饰

（2）刻花

图 1－105　单刀刻花纹饰（图片：李魁供）

① 此"兔毫"纹瓷片虽发现于筱溪窑里陈家窑窑址点村民菜地的地表面，因难以确定具体出自哪里，加之是孤品，只能存疑待考。

（3）戳印

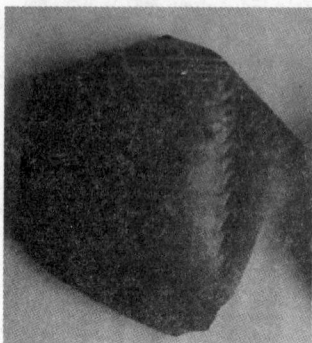

图 1-106　戳印纹饰 1（图片：李魁供）

图 1-107　戳印纹饰 2（图片：李魁供）

（4）彩绘

图 1-108　釉下（或釉上）彩绘

图 1-109　粉底彩绘

（5）堆塑

图 1-110　堆塑刻划纹饰（图片：李魁供）

6. 施釉工艺

一般情况下器表内壁多施满釉，外壁施釉不到底，且有流釉现象（图1-111），早期器物更为明显，且不均匀；内外施满釉的器物，器底往往露胎；偶有外壁不施釉的。

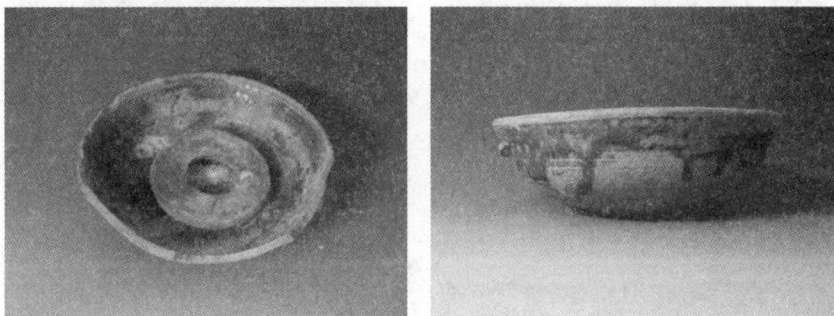

图1-111　流釉现象

7. 底足

底足是最能反映窑址特征的重要部分，各个时代，窑口都有其自身的特征、特点；这些特点是受时代、地域、技术水平、人们的生活习性等诸多因素所决定的。自然这些综合作用必然反映在各个时代的窑口上，它们像DNA一样，存在于各窑址的产品之中；看似大同小异，实则有一定区别。所以，只有对各个窑址的产品详加归纳整理，找出主要特征与细微变化，以及与其他窑口的相同点与不同点，才能对各个窑址的产品进行识别。

底足承载反映的最大信息主要是两方面，一是胎质，二是修足手法与工艺技术程度。

窑里陈家窑址底足，常见有平底、饼底、玉环圈足底、玉璧底及玉环圈内玉璧底及高足底①等几种基本修足式样。

（1）碗类

暂见有饼底足、玉环圈足、玉璧足、玉环圈内玉璧底足等几种。

---

① 据《湖南考古·最新发现》栏目，王良智发文介绍的省考古研究所发掘窑里陈家窑址资料中有高足碗标本一件，本文没有核实本人及实物，仅供参考。

图 1 - 112　饼底 1

图 1 - 113　饼底 2

图 1 - 114　玉环圈足底 1

图 1 - 115　玉环圈足底 2

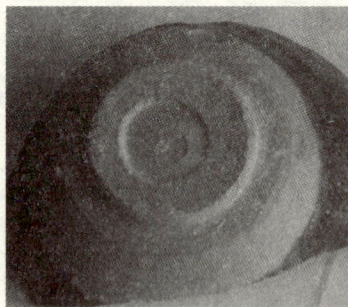

图 1 - 116　玉璧底

图 1 - 117　玉环圈内玉璧底

（2）盏类

暂见有浅玉环圈足和平底足。

A. 茶盏为浅玉环圈足

图 1 – 118　浅玉环圈足底 1

图 1 – 119　浅玉环圈足底 2

B. 油盏（或小碟）为平底

图 1 – 120　油盏（或小碟）均为平底

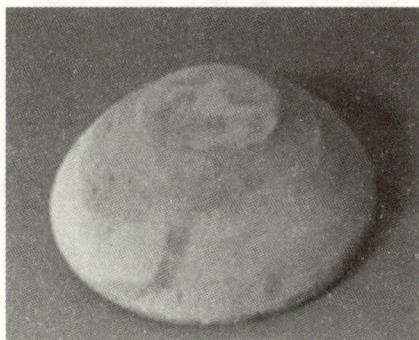

图 1 – 121　油盏（或小碟）均为平底

（3）盘、碟类

暂见有玉环圈足。

图 1 - 122　折沿小盘为玉环圈足底

（4）罐类

暂见有平底足。

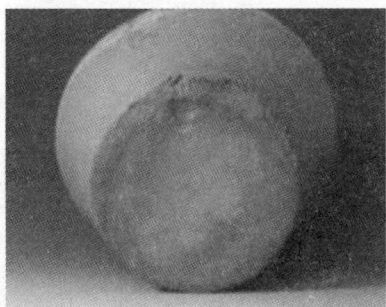

图 1 - 123　平底足 1

图 1 - 124　平底足 2

（5）壶类

暂见有平底足。

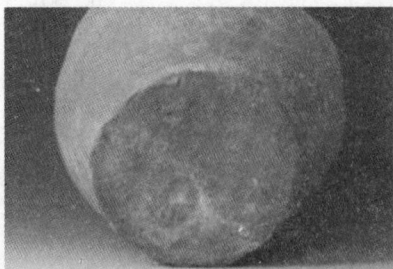

图 1 - 125　平底足 1

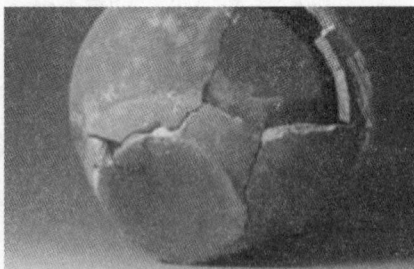

图 1 - 126　平底足 2

（6）炉类

暂见有平底足和浅玉环圈足底。

图1-127　平底足（图片：吕峰涛摄）　图1-128　浅玉环圈足底（图片：刘志平摄）

（7）瓶类

暂见有玉环圈足与饼足（前提是两器能确定为瓶的话）。

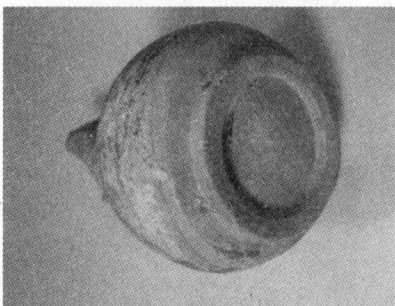

图1-129　玉环圈足底（图片：吕峰涛摄）　　　　图1-130　饼足

8. 窑炉及装烧工具

（1）窑炉

窑炉是用来烧制陶瓷的。据湖南省文物考古研究所田野考古专家王良智发文介绍的省考古研究所发掘资料观察，从已掌握报道的情况看，初步判断标记为Y1的发掘窑炉"为龙窑，南北向12°，斜坡式，坡度，方向4°"。因"顶部遭破坏，仅残留窑室中部，窑室平面呈长方形，宽3.1米，残长10.6米"。"窑壁由废弃匣钵及其残片层叠垒砌而成，有的地方涂抹一层黄泥，有的未涂抹"的情况来看，龙窑是其基本炉式，并且窑身都比较大。

（2）装烧工具

A.匣钵

匣钵是用来盛装陶瓷坯件，保护坯件在焙烧过程中避免受到火焰、灰尘、烟气污染的耐火容器。窑里陈家窑址常见的有平底筒形匣钵和平底中部凸圜底筒形匣钵两种，器壁穿有气孔，型号有大、小之分；大匣钵为平底筒形，小匣钵多为平底凸起的圜底筒形，器壁多穿孔。大小匣钵中有的气孔可多达三个。

图 1-131　匣钵及气孔（图片：刘志平摄）

图 1-132　平底筒形匣钵
（图片：吕峰涛摄）

图 1-133　平底凸圜筒形匣钵

B.支垫

见有垫圈、垫饼、支钉。

a. 垫圈

垫圈多为环形，大小不一，一般外径 6.5 厘米，内径 2.2 厘米左右；有的还粘连有数个状似乳头的小支钉，偶有随意的泥条盘筑弧形的支垫。

图 1 - 134　垫圈 1

图 1 - 135　垫圈 2

b. 垫饼

图 1 - 136　垫烧垫饼(图片：吕峰涛摄)

c. 支钉

支钉常见两种形状式样，多为乳头形，少量长方形。

图1－137　乳头支钉

图1－138　长方形支钉

9.烧制工艺

据省考古研究所实地发掘 Y1 龙窑情况，以及作者考察采集实物标本表明：装窑广泛使用匣钵，碗、碟、盏等多采用叠装仰烧，也有一匣一器单个烧制的，自然是对产品有更高的要求。香炉、罐、钵、瓶等一般都是一匣一器装烧，同时也广泛使用套烧；套烧中又分有同器大小套烧与异器大小套烧两种。叠烧时，碗与碗、盘与盘之间以及碗、盘与匣钵之间均用垫圈或垫饼、支钉隔离。一匣一器单个装烧时，只在器物底足与匣钵间隔一垫圈或垫饼，烧成之器内外釉面干净光洁，不会有粘连痕迹。叠烧一般顺序是：先在匣钵底部放一垫圈，将器物放在垫圈上，再将数个支钉均衡分布地放在器物内底，然后在支钉上放一垫圈，再在垫圈上放第二个器皿；如此反复叠装，直到匣钵的最大容量后，在上面套装第二个匣钵，再按上述的方法装满第二个匣钵，并依次套装匣钵装下去。最后将这些在窑外码装成柱的匣钵，根据其火路要求，并按预先的窑位安排有序地将一柱一柱的匣钵分行排列装入窑炉内，保证"满窑"后全窑通风流畅，燃烧充分，防止生烧、过烧与倒窑。每柱最上一个匣钵上还要用封盖或匣钵盖上，防止坯件裸露。

图 1 - 139　器皿与垫圈及支钉的放置顺序
（图片：刘志平摄）

图 1 - 140　匣钵叠装烧制状况

图 1 - 141　器皿单烧

图 1 - 142　同器大小套烧 1

图 1 - 143　同器大小套烧 2

图 1 - 144　异器大小套烧
（图片：刘志平摄）

图 1 - 145　少见的口口相合烧制现象

图 1 - 146　足足相对烧制的现象
（图片：李魁供）

10. 款识

（1）工匠款

图 1 - 147　筱溪窑里陈家窑址点
疑似"陈×"工匠款 1

图 1 - 148　筱溪窑里陈家窑址点
疑似"陈×"工匠款 2

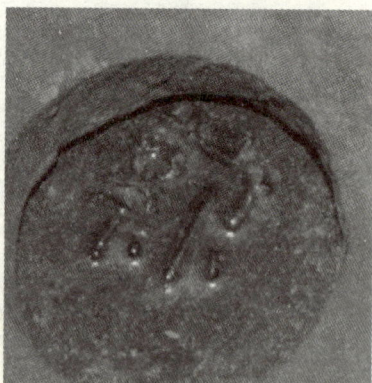

图 1 - 149　筱溪窑里陈家窑址点
疑似"蒋"字工匠款 1

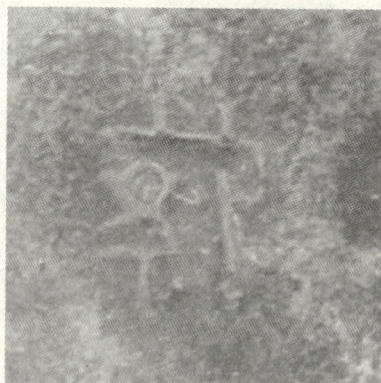

图 1 - 150　筱溪窑里陈家窑址点
疑似"蒋"字工匠款 2

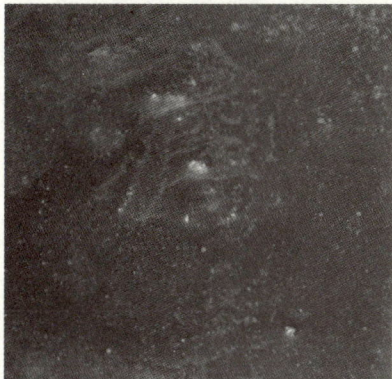

图1-151　筱溪窑里陈家窑址点
疑似"唐×"工匠款

图1-152　筱溪窑里陈家窑
"刘"字工匠款(图片:李魁供)

（2）花押款

图1-153　花押款识1

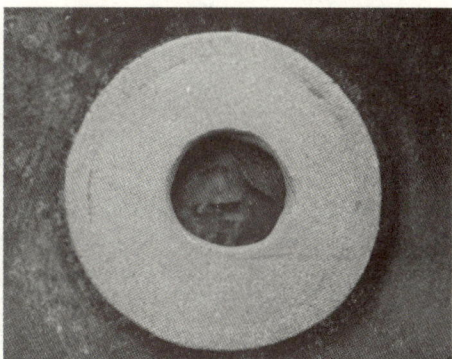

图1-154　花押款识2(款识整字的上部分
像"人"字,下部分像"市(fú)"字)

　　花押款，又称花样款、记号款、图案款等。其表现内容多样，如借用佛教、道教图案，动物、植物图案，博古图案以及将工匠个人姓名或商家字号经过草写或改写改变成比较简化而抽象的标识图案形式，借此来作为其自身的特有符号。我们见到的这几款就属于此类。它最初应是受南北朝时期的凤尾书演变而来，又名"花书"。这种印记除具有一般印章用以区别与其他作坊的产品的功能外，还有使局外人不易识别和难以摹仿的作用，也是瓷器作坊中的一种常见标记之一。它起源于唐代，盛行于宋元；到明代天启至清代康、乾时期发展迅速，相当于现代人的个人签名。随后各朝都有使用，一般都见于民窑器物上。上面的所谓工匠款（也称豆腐干款、署押印款）以及后面的所谓图案款（也称纹饰款）其实都属于花押款的范畴。

（3）图案款

图1-155　刻画单圈图案款1

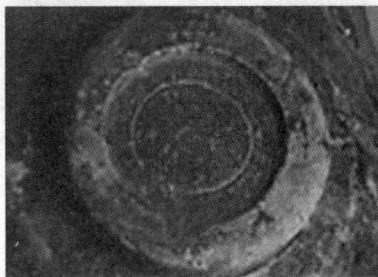

图1-156　刻画单圈图案款2
（图片：李魁供）

图1-157　模印菊花图案款（图片：李魁供）

三、窑里陈家窑分布及可能的销售路径与影响

根据窑的形制规模及采集物特点初步推断，该处窑址群使用时间较长，年代跨度较大，应为宋元时期的一处民窑，上限起码可达北宋晚期，下限元代。窑址数量达到这个规模的窑群，产品必须外销，销往哪里，怎么运输及运输途径都是有待认真调查了解的问题。

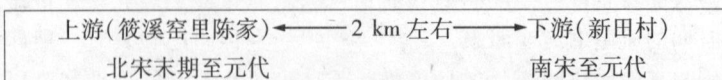

上游（筱溪窑里陈家）	←——2 km左右——→	下游（新田村）
北宋末期至元代		南宋至元代

图1-158　窑里陈家窑址群大概分布示意图

窑里陈家窑址群紧靠资江筱溪码头，码头历史悠久，却少有文字记载。今见窑里陈家《陈氏永派族谱》记载："我垣古老，屹立东凌，面抵江中，后柱青山龟形，前江洋洲古业，碧水中间犀牛抱月，中有一对铜鼓，鳌鱼栖息为名，下有美娘青石坐抵江中，还有一朵大莲花象征窑里繁荣。……"这可算是当地陈氏有识之士对筱溪及资江中上、下洋洲的描述。从这简短的文字里，我们能想象到此地湛蓝的天空下，必是资水清澈，鳌鱼穿梭，洲上古树茂盛，禽兽成群，尤以古业陶瓷所带来的兴旺而使筱溪码头呈现一片水运繁忙景象。可今日看来，码头已面目全非残破不堪，河滩崩烂，秀丽风光景色早已不见踪迹；车辆虽能通码头，可再无舟船及人员忙碌，拾级而上的石板路也已荡然无存。

如从筱溪码头顺水行舟可达冷水江、新化、安化、桃江、益阳等地，过益阳甘溪港后，北支经黄口潭至大港子入南洞庭湖，南支经南湖洲出临资口，入湘江西支流而可达湘江各码头口岸。逆水行舟可上达邵阳九县三区并通衡阳与广西。因其具有广阔的水运市场空间，为此我们完全有理由相信，筱溪码头最晚在北宋时期就已存在，并随窑里陈家窑址的兴旺及人员、原料、产品的进出，而一度成为资江中段(即萸江上游)最为繁华忙碌的水运码头。

第二节　苏溪窑头山窑址群

一、基本情况

窑头山窑址，位于新化县琅塘镇苏溪村窑头山一块小山丘上，整个堆积与分布废弃残片的区域为窑头山当地四户戴姓[①]住房所辖的空地及地基之下，占地达 2500 平方米，堆积废弃残片的厚度有六七米，多以匣钵、垫圈为主，偶见有碗、碟、罐等残片。距窑头山堆积废弃残片遗迹的不远处还有一个近圆的池塘，当地村民疑是原来的一个取土坑。

---

①　四户戴姓村民为戴维照、戴宋芝、戴顺华、戴继喜。

另外，在窑头山西北方向的安化县平口镇新坪村的八仙台①也有窑址，具体位置在八仙台窑冲的老庵堂（现已不存）附近，与窑头山直线距离大约在 2000 米。根据当地多位老人介绍，曾见有匣钵、垫圈、碗、碟等瓷片出土；有的无釉，有的施有酱色釉。从当地老人介绍的情况来看，分布面积应与窑头山相当。遗憾的是，自 20 世纪 60 年代起，此地常被柘溪水库所蓄的库水淹没，只有在枯水时期，才能看到其大概情况。是否周边还存在窑址遗迹，因情况不明，不好妄自猜测。

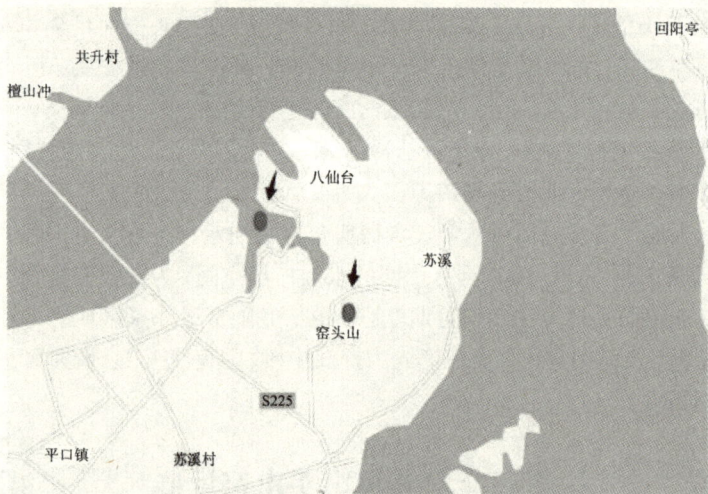

图 1-159　窑头山与八仙台窑址（椭圆形点）大概分布示意图

图 1-160　窑头山（右侧房屋密林处）位置

图 1-161　八仙台窑冲窑址（椭圆形处）位置

① 八仙台，为今安化县平口镇新坪村的一个组，原名双林坪、打石冲等。1952 年后，当地邓氏村民根据当地存有的一块平整的台地，并用自己的祖辈邓名模，书名朝范的外号八仙公而将此处取名叫八仙台，后还曾取有永安的地名等多种。最后，因八仙台的名称得到当地邓氏村民的普遍认同而留存了下来成为了当地的地名。

苏溪窑头山与新坪八仙台窑冲的两个窑址,虽分属后来的新化与安化管辖,但从两窑址了解的标本特征来看,其胎、釉到纹饰,几乎完全相同,所以应属同一个窑群,而且同属一个时代。由于采集调查的物证标本资料匮乏,窑址的技术传承关系,难以做出准确判断;初步判定为宋元时期,与黄江上游的筱溪窑里陈家窑址群,同属一个类型,只是窑址的规模比上游的筱溪窑里陈家窑址群要小很多,而且烧制的持续时间可能也要短些。

苏溪村一般认为是原梅山苏氏的原居地之一。北宋开梅山招纳梅山峒主时,受纳的首领就是苏氏的族长苏甘,苏溪之名可能就源于梅山的苏氏。不管该窑是创办于开梅前还是开梅后,不可能与苏氏没有关系。此支梅山苏氏后来陆续转徙他处,今天的苏溪窑头山,已没有了一户苏氏人家。

二、标本

1. 器形

(1)碗

图 1 - 162　碗 1

图 1 – 163　碗 2

（2）碟

图 1 – 164　碟

（3）罐

图 1 – 165　罐 1

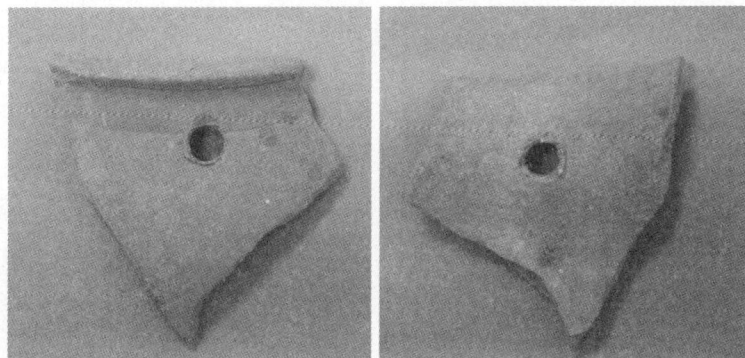

图 1 - 166　罐 2

（4）缸（钵）

图 1 - 167　缸（钵）

2. 釉色

（1）酱釉

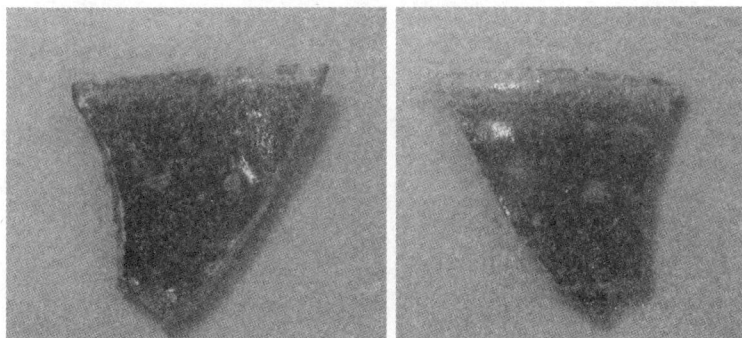

图 1 - 168　酱釉 1

图 1 – 169　酱釉 2　　　　　　　　图 1 – 170　酱釉 3

（2）青釉

图 1 – 171　青釉

（3）青黄釉

图 1 – 172　青黄釉

3. 纹饰

图 1 - 173　菱形网格纹

图 1 - 174　变形菊瓣纹 1

图 1 - 175　变形菊瓣纹 2

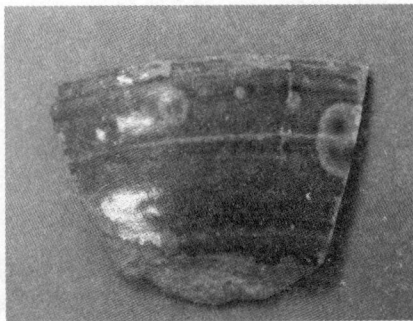

图 1 - 176　泼彩点画纹

4. 窑具

图 1 – 177　垫圈 1　　　　　　　图 1 – 178　垫圈 2

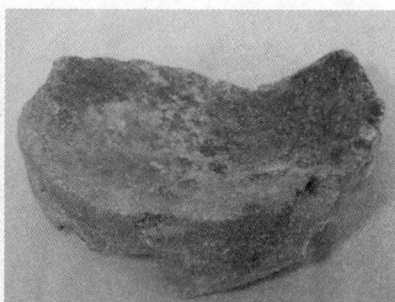

图 1 – 179　匣钵 1　　　　　　　图 1 – 180　匣钵 2

本章结论：

我们从初步踏查采集的标本可以看出，其产品的多样性、工艺的成熟性，以及窑址的规模性，都说明梅山地域起码从北宋晚期开始，陶瓷生产已达到了一个很高的水平和较大的规模。这么大规模的窑址群，其产品决不只是满足于本地的内销。我们从新化及周边县市收集的部分传世（包括出土）器物资料，比较窑里陈家窑址器物特征可知，其胎、釉、彩、型的特征，都大致相同，并且有些都可一一对应。因此可以推断，通过瓷器贸易，其上梅两县市周边的今新邵、邵阳、邵东、隆回、洞口、武冈、涟源、娄星、双峰、安化、桃源、桃江、溆浦、辰溪、泸溪、沅陵等县市，都可能是它的主要供货市场，并影响服务于它。是否还有沿资江上游与下游更进一步的地域销售拓展，因年代久远、地域的局限，有待于后续考察。

第二章　明清瓷业

第一节　江田窑

一、基本情况

江田窑是本课题组在调查油溪陶器生产历史的过程中意外发现的，现已查明的有新、老两个窑场，分别位于今油溪乡江田窑村6组和3组地界。该乡附近陶土丰富，以江田窑村为中心，陶瓷历史悠久；具体发源于何时，一直考察不出准确的时间。通过老陶工自述，一般只能说清四代200年左右的历史。当时江田窑村烧制陶瓷的有三帮，一个烧碗，一个烧钵，一个烧坛子；技术传承，采取的是父传子、兄传弟，传男不传女，各守各的行规。江田窑村烧制碗碟陶瓷的技术，最早源于贵州玉屏来的金氏一族所传授，金氏一族金玉思的祖上应为江田窑村烧制碗碟的祖师，具体发源于何时，金氏后人金福修（金玉思第四代重孙）等都说不清楚。金氏一族迁徙基本路径及技术传播是从贵州玉屏首先来到新化油溪江田窑，再分三路发展：一路白溪何思，一路油溪青龙，一路远至怀化溆浦。从金福修父亲辈上溯都是制陶瓷碗碟，金福修为金氏现在在江田窑村的直系后人之一，到他这一辈已不做陶瓷。据金福修讲述：他家是来此最早的制作陶瓷的人家，相邻白溪、油溪两乡的制陶业都认可。据多方调查，当年江田窑村加金家才有三户，金家制碗、肖家制坛、刘家制钵①，后逐步发展，人员来自不同地方，现已发展到十多个姓，祖上大多与制瓷或制陶有关。其中最早烧制碗碟的金氏一族，后人说得清楚的传承历史有老爷爷金玉思、爷爷金正科在江田窑村烧制陶瓷，同族的还有金九如（音名）、金玉宝（音名）、金有为（音名）、金有玉（音名）、金有虎（音名）等金家人员，开有30孔（梅山新化方言 kòng，即空间）窑炉，主要烧制盘子、碟子、大小饭碗、菜碗等；自配草木灰釉，胎质细腻，烧成温度高，胎质烧结紧密，瓷化质量好，并普遍绘有花草纹饰；完全与当地陶器行所制作的常见坛子、罐子、缸子、钵子等陶器坛坛罐罐在胎质、釉质及装饰风格上有很大区别。此种烧制技术的传播与发展之地，我们今天知道的只限油溪的江田窑村、青龙村，还有金家后人金福修讲述的怀化溆浦等三处。而江田窑制作坛坛罐罐的陶器行技术却传承至油溪青龙、高桥、资源、烟竹山……随后传至整个新化、冷水江、新邵、邵东、安化、怀化、溆浦及外省贵州等周边地区，前后有几十个制作窑场。金福修本人落户江田窑村是父亲在抗日战争时期为躲避战乱，从溆浦带回到新化油溪江田窑村的；当年金福修只有一岁多，是父亲用一担箩筐担过来的。今天叫的村名江田窑村，启用于何时，因年深日久已无从查考，但必是曾一度窑炉兴旺，名气大而得来。

　　考虑到原老窑场处的窑炉边还曾盖有窑神庙，庙内供奉有窑神菩萨，这里应是上梅陶瓷业除筱溪窑里陈家窑群与窑头山窑群之后的又一发源地之一。因为中国的五行八作、三教九流都是有自己的祖师爷的，如木匠拜鲁班、造纸业尊蔡伦、读书人祭孔子、曲艺行敬李隆基等，陶工自然会祭窑神。据调查，江田窑也正是如此，往往是周边各行窑工、窑主，凡遇到疑难挫折，都会来到这里祭拜自己的祖师，企盼窑神保佑。过去（这里多指民国时期），一到每年大型祭拜窑神的时候，那就是一年中最热闹的时候之一，四邻八村的窑炉老板、窑工都要聚集于此顶礼膜拜；一时间鞭炮齐鸣，响铳阵阵。这一天一般都会杀猪宰牛，摆放丰盛的祭品供奉窑神，置办丰盛的牛肉酒席犒劳四方陶工、窑主；目的使窑神和大伙都能吃饱喝足，稳下心来，企盼窑神保佑窑场的顺利与兴旺。

　　由于历史的久远，早期的窑炉与窑神庙早已不见踪迹，当年供奉的是哪位"窑神"也已无人说得清楚。在中国，认陶瓷祖宗的有许多，有人神，

———————

　　① 据老陶工肖本章介绍：相传，刘姓原不会做陶瓷，是晚上偷学师傅的技术而发展起来的。偷学的哪位师傅，姓什么，现已都不清楚了。

如舜帝、宁封子、范蠡、女娲娘娘、老子等，还有自然神，如山神、土地神、火神、水神、雷神等。我们今天只能根据当地村民记得清楚的"每年农历五月十六日"是拜"窑神菩萨"的日子推测，应是主宰砖瓦窑的宋代窑王爷窑坊公——林炳。

林炳，北宋德化县人，诞辰之日是农历五月十六日，俗称鸡笼窑的发明人。据传，最终传艺远至江西而客死他乡。江田窑村陶瓷技术，应是其传承过程中的一环，只是由金氏将技术传承。从现在当地村民介绍的30孔龙窑状况看，很难判断该窑是"龙窑"还是"鸡笼窑"或是"阶级窑"，但脱离不了德化窑①系列。从采集的少量陶瓷片来看，比照筱溪窑里陈家窑，时间上就晚了许多。

所谓"鸡笼窑"，就是将窑炉顶部砌成圆圆的拱顶形状，看上去像个鸡笼而得名。后来又发展到利用山坡地形，把一个个单独的窑炉串联起来而成的，因每一窑室形似"鸡笼"，远远地看去，外观像由一个个鸡笼排列。这种窑自然与梅山的传统"龙窑"是有区别的，江田窑可能就是采用的这种窑式。这种窑已从龙窑的倾向于平行焰而变为了倒焰，能充分利用热能，而且装烧量增大，窑体也更加牢固，更主要的是能相应地减少投资成本(窑户可根据自身经济能力，在整个窑炉中只占一孔或多孔)，也有利于各户的规模发展和技术传播与相互观摩学习，自然更有利于窑业的发展。

时间推进到1951年，江田窑进行了土改。据当年参与土改的老支书周仕齐回忆，当年的周仕齐与刘、肖、伍等各姓五人土改后成立了互助组，该"互助组"人员都来自不同的姓氏，为表"和平共进"之意而取名称为"和平互助组"；随后发展到初级社、高级社，1958年改人民公社。1963年伍先绍当江田窑村的支书后，在多人的集体提议下，以原来"和平互助组"的名称改换了原来的江田窑村为"和平大队"(当时属青实公社和平大队)。直至1984年，随着政策的变化改了21年的"和平大队"(也称"和平村")又恢复沿用了原来的旧名"江田窑村"。今天看来，从原来的"江田窑村"到"和平村"，再恢复到"江田窑村"，都客观地体现了该村在这一段时间的历史发展轨迹。

江田窑村现有金氏一族在民国时期的旧址老屋遗迹一处，现已废弃

---

① 即由龙窑逐步改进而来的窑炉，如始于宋代的"鸡笼窑"、后来的"阶梯窑"(又称阶级窑)等，因该种窑都始于福建德化，故又名"德化窑"。这种窑由许多单独的烧成室串联而成。一般为5~7孔(间)，多的十几二十孔，窑炉坡度一般在3~4分水(梅山老计量方法之一，4分水相当于21°48′左右)。至明代后以烧造白瓷而著名。

不用。更早的老屋在后山坡，老窑炉与窑神庙也立于附近，现早已不见踪迹。

江田窑位于新化县油溪乡江田窑村（原属白溪区青实乡），该乡1949年前为永清乡，1949年后属二区，1953年属七区，1954年属十六区，1956年为油溪乡，1958年改公社，1984年复置乡；1995年邓家、青实2乡并入后，全乡辖油溪、青实、邓家三个管区。全乡位于县境北部，柘溪水库东岸，距县城56千米，资水自南而北横贯乡境，面积87.8平方千米；江田窑村为全乡38个村之一，且多与制陶有关。该村现发现陶瓷生产遗址（包括制陶）六处，窑炉四座，其中老窑在该村3组村民伍先树所住房屋的后山上，据金福修口述，窑炉有30孔的规模。

二、标本

图2-1　碟子1

图2-2　碟子2

图 2 - 3 碟子 3

图 2 - 4 碟子 4

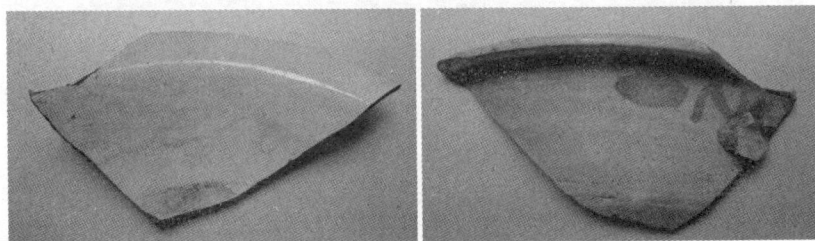

图 2 - 5 折沿碗 1

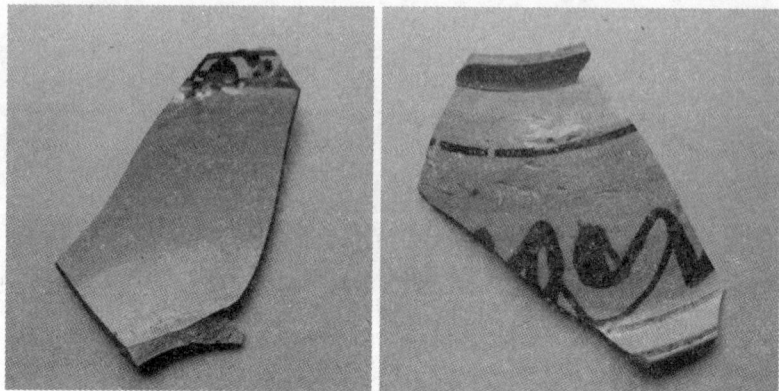

图 2 - 6　折沿碗 2

图 2 - 7　折沿碗 3

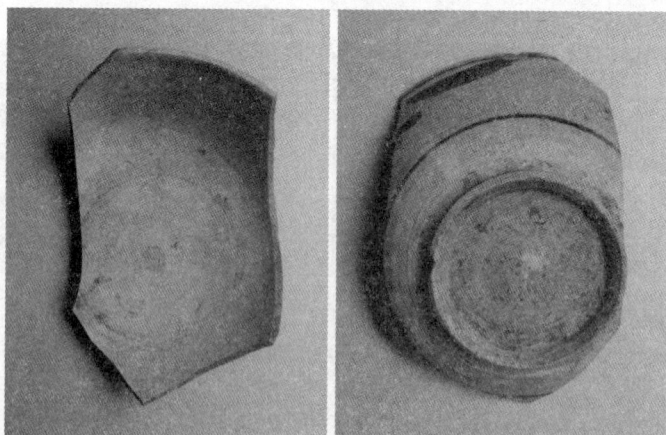

图 2 - 8　敞口碗

图2-9　碗底

图2-10　常见纹饰

图2-11　叠烧方式

图2-12　垫饼

初步结论：

江田窑是梅山新化陶瓷业继筱溪窑里陈家窑址群之后的又一窑场之一，只是规模小些，年代也要晚些；初步探明烧制瓷器的有新、老两个窑炉，其中新场（厂）烧制的时间起码在200年以上，后改烧陶器了。老场（厂）时间更久，从现有了解采集到的小量瓷片特征、风格来看，具有元、明多种特征，初断该窑应开始于元末明初。该老窑场（厂）的最终命运，分析除自身因素外，主要是受制于当地的经济发展水平，也有可能是受外来瓷器冲击的影响，如最近的益阳羊舞岭窑（因有通资江便利的水路运输条件运达新化），以及可能跟元末明初的战争及后来的"三李反明"①而造成的动乱，国力衰退等多种因素有关；转而烧制成本更低、更能使当地百姓接受的坛子亚壶（亚，即夜，新化方言读 yà。壶，新化方言读 bù。坛子亚壶，为陶瓷坛坛罐罐的俗称）而直至今日。

————————

① 三李，是指明代中后期武冈、新化以李再万、李再昊、李廷禄等为首组织饥民抗击官府长达70余年战斗的三位首领（见《梅山蚩尤：南楚根脉，湖湘精魂》第四、第五章诸节，湖南文艺出版社，2012年9月第1版）。

第二节　半山杉木坳窑

一、基本情况

该窑位于今槎溪镇半山街村十组杉木坳一个小地名叫冬冲的地方。发现废弃瓷片堆积地在杉木坳村民叶满贞（女，66岁）所住冬冲看山屋的后山杉木、竹子混合林山坡上；为本课题组在调查存在于民国时的半山瓷厂的过程中意外发现，现已被修建沪昆高铁时的预制构件水泥搅拌场及大型水池所占用；存在窑址及废弃瓷片的山体右侧一部已开挖殆尽，左侧山坡上仍留有散乱的瓷片与碗底残件等。

图 2-13　左侧山坡混合林中表层刨出的陶瓷片

据当地村民介绍，铁路上挖土时，挖出来好多瓷瓦片拖走了，现在的搅拌场，原来都是田，当时田埂上有好多瓷瓦片。当年山下的两条大沟壑及大片农田都被从山体右侧挖出的土填充了，并在上面铺设了水泥坪，作为一个大型预制构件与水泥搅拌场。

另据该地村民邹建民（男，63岁）介绍，他曾在杉木坳冬冲竹山里挖到过窑址窑砖。据此，我们请他带路寻找老窑，因几十年的山坡风化及人为挖笋、砍柴等造成的变化，原址已找不到地方；但另挖出一段红砖垛坎断面，是否为窑炉砖体，我们没有深入挖掘，初看不像是我们要找寻的老窑；红砖早已侵蚀软化，从挖出的半节红砖看，砖型比现在的红砖要薄、要宽，显然有一定时间，为保护起见，我们没有动它。

据我们现在初步调查了解，在该窑址地只看到了一个层面、两种特征风格的器物标本，具有相当的局限性；另从修建搅拌场时所开挖出的山体断面看，似有红烧土的迹象；采集的瓷器标本里还见有窑砖，砖上单面有烧结的釉层，有的砖面有碗底粘连痕迹；据此推测，这附近必有一个窑址，而且此窑址的窑炉底部可能铺有窑砖，或用窑砖作烧制底垫；并通过了解到的有大量废弃残片来判断，该窑存在时间较长。由于时间的关系及能力的有限，我们不可能做进一步的深入了解，对附近及周边是否还存有窑址及烧窑遗迹等情况也没做进一步的考察调查。

图 2-14 山体左侧底部未被扰动的坡面上裸露的瓷片

二、标本

1. 器形
（1）碗

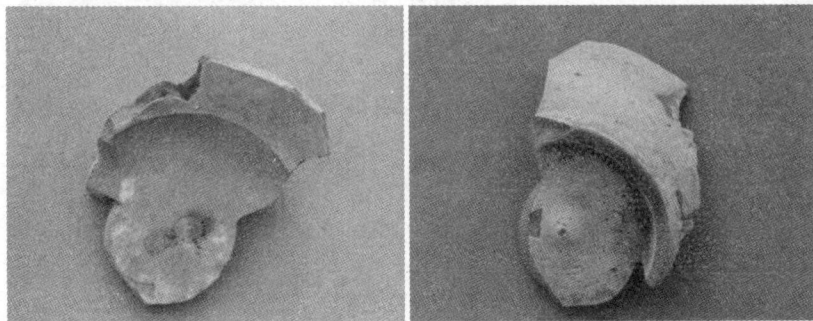

图 2-15 碗 1

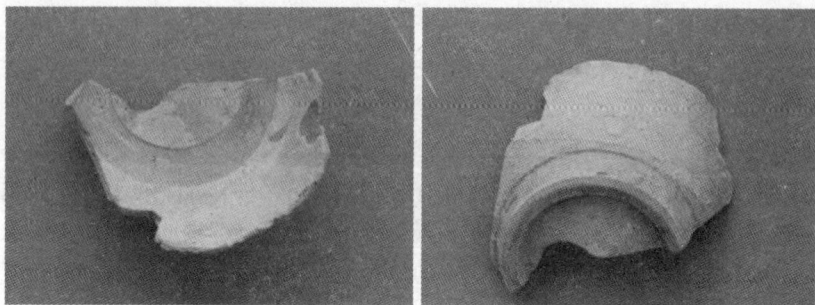

图 2 – 16 碗 2

图 2 – 17 碗 3

（2）钵

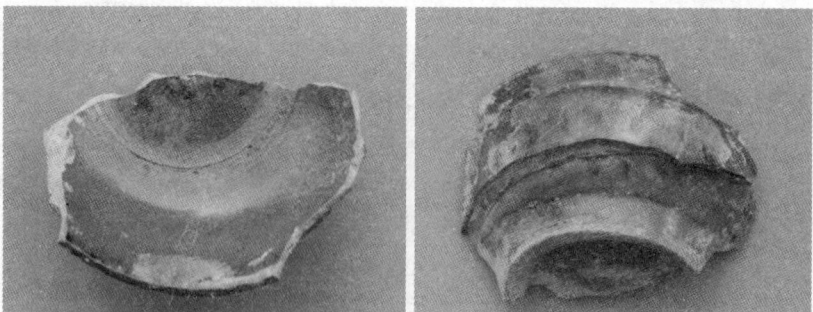

图 2 – 18 钵

(3)杯

图 2 - 19　杯(碗的中间是小杯)

2. 纹饰

(1)点彩花卉纹　　　　　　　　(2)云纹花卉纹

图 2 - 20　点彩花卉纹

图 2 - 21　云纹花卉纹

(3)"寿"字纹

图 2 - 22　寿字纹

（4）花草纹

图2-23　花草纹1

图2-24　花草纹2

图2-25　花草纹3

（5）口沿边饰纹

图2-26　花草纹

图2-27　网格纹

（6）碗内题记纹饰

图 2 - 28

图 2 - 29

图 2 - 30

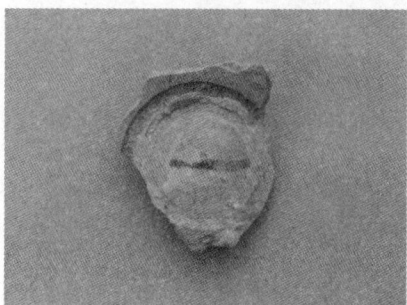

图 2 - 31

图 2 - 32

图 2 - 33

3. 底足

图 2 - 34

图 2 - 35

图 2 - 36

图 2 - 37

4. 烧制方法

图 2 - 38　无垫片叠烧碗

图 2 - 39　三个叠烧碗上见有一个垫片

图2-40 异器套烧

5. 窑具

图2-41 窑砖1

图2-42 窑砖2

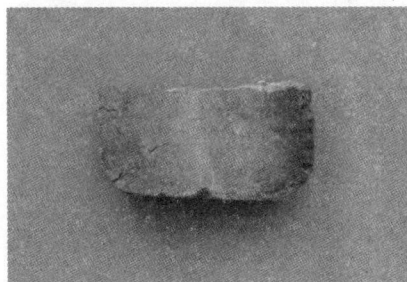

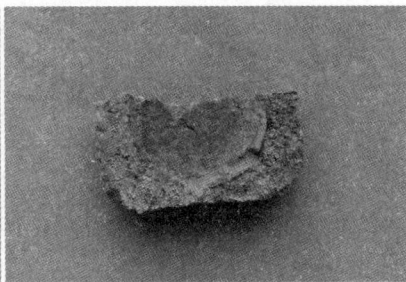

图2-43 窑砖垫烧痕迹

6. 器形待考

图 2 - 44　疑似器盖或垫片

初步结论：

半山杉木坳窑是梅山新化陶瓷业继筱溪窑里陈家窑址群及江田窑窑址之后的又一窑场，年代又要晚些，但规模可能不小。考虑到田野调查的时间较短，调查采集的点面有限，仅限现有掌握了解到的小量局部而单一的瓷片、窑炉砖等情况来看，很难做出较准确判断。根据现场窑址较大范围遭破坏，而田野调查采集点较小，初步推测，该窑上限最多可达明代，下限为清末；从不同点的窑炉砖、红烧土、红砖垛坎断面等情况看，初断起码有一个窑炉以上；从现有采集的器形、釉彩、纹饰看，更接近清晚期，因而暂定清代中晚期更为可靠。具体详情，如窑址规模大小、器形种类多少、烧制技术程度、具体烧制时间及年代等都还需做进一步深入了解和探讨，才能做出更为真实客观的结论。

第三章 洋溪瓷业

第一节 民国洋溪瓷业

一、华新瓷业公司和邹承休

洋溪，为新化县辖19镇之一，位于新化县西南部，距县城约15千米，国道、省道贯穿境内，并有高铁站，因而交通便利，地理位置优越。同时，洋溪物产丰富，工业特色鲜明，人杰地灵。说起新化经济，现有10大工业支柱产业，其中排在第三位的就是陶瓷，陶与瓷在上梅新化的发展各自成系，又交相呼应：一个是白溪、油溪、化溪的陶器，另一个就是筱溪、半山、洋溪的瓷器。民国时期洋溪瓷业蓬勃发展一度有"小景德镇"之称。20世纪50年代末至60年代初，从洋溪诞生的华新瓷业所生产的产品，曾一度进入人民大会堂，远销全世界；并对周边县市乃至全省的瓷业发展都曾产生过积极的影响。这都和一个叫邹承休的上梅新化蛮子分不开。

图3-1 邹承休像

邹承休，号汝滨，又名屏南、高典，族人尊称高典公；生于 1881 年 7 月 29 日（光绪七年七月初四），逝世于 1965 年 1 月 22 日（农历一九六四年十二月二十日）①；新化县敦信团利村（今洋溪镇冷水巷村）人②。他的故居名曰"益华馆"，堂名称"颐德堂"③，始建于光绪二十八年（1902）。馆、堂之名取"有益中华"与"养德"之意。

图 3－2 为邹学富④全家男丁于民国十六年（1927）夏在"益华馆（颐德堂）"前合影的全家福照。

民国十年（1921），老"益华馆"因年久失修，后异地移至斜后几十米地段进行了新建。至民国三十五年（1946），又在老"益华馆"原址基础上加盖扩展成六户双铺二层楼的铺面；为邹承休兄弟共同出资所建，并按抽签方式为六位兄弟所有。铺面从左至右依次为：老六邹国休、老大邹承休、老三邹敬休、老四邹福休、老二邹风休、老五邹君休所有，每户一层两间，上下共四间。整个铺面为全木结构，现部分门面已改为砖面结构，整体保存完好。新建的"益华馆"于 2010 年年底新化建沪昆高铁时拆除。今邹承休的孙子邹文定又在原新建"益华馆"的地基上建了简易房屋。

邹承休自幼聪敏懂事，7 岁开始启蒙教育，读本村私塾五年，后入洋

---

① 出生日期《新化县情》介绍为光绪十年（1884 年）；《新化县志》《邹氏睦亲堂谱》与邹承休儿子邹励吾、邹用吾一致认为是光绪七年（1881 年）。去世日期，《新化县志》《新化县情》介绍为公历 1964 年，《邹氏睦亲堂谱》记载为一九六四年甲辰十二月二十日（应为公历 1965 年 1 月 22 日）。

② 据《新化县志》记载："咸丰年间，为抵御太平军，新化设局办团练，以团统辖各村。同治元年（1862 年），正式将全县 127 村划为 16 团管辖。"敦信团领 8 村，即古塘村、小浪村、桃林村、利村、水东村、时团村、金壁村、麻罗村。至清宣统二年（1910 年）又改团村为乡、镇。中华人民共和国成立后又叫五区寨边乡八组、洋溪区寨边乡冷水村、洋溪公社欣荣大队等，直至现在的冷水巷村。

③ "益华馆"为邹承休故居，也是一个对外经营的开放场所，当地的经营贸易、瓷器销售、杀猪宰牛等都在此处；对内，又名"颐德堂"，有修心养德之意。"益华馆"招牌，为邹承休三弟邹福休书写。邹福休，族名邹高潭，字福休，号绍衍，生于光绪十九年（1893 年），他在书法、美术、音乐诸方面都有造诣。"益华馆"后改至斜后几十米地段进行新建时，因资金短缺，后主要由在外（长沙）工作的邹福休加资二千元所建成。邹福休，民国二十三年（1934 年）至民国三十一年（1942 年）任洋溪高小（前身为文昌阁）校长。晚年以育才为己任，以教育为乐事；抗战时期向学生发出"今天上学堂，明日上战场"的号召。

④ 邹学富，为邹承休父亲；字聚谊，号荣松，因邹学富父亲称隆贞，所以又称隆贞公子；一生以经营贸易为业，心存爱国之心。生于咸丰六年丙辰（1856）十一月十八日未时，民国二十年辛未（1931）七月初四日逝世，葬于新化双溪。此照为邹学富全家男丁合照。照片后排左起依次为：邹敬休、邹君休、邹家仰、邹家侃、邹学富、邹国休、邹用吾、邹承休、邹福休，前排左起依次为：邹鼋吾、邹家伟、邹家作、邹家傑、邹家储、邹家俊、邹家佐。

图3-2 邹学富全家男丁合照

溪邹氏祠堂读乡塾五年，老师为邹澜池；读的是四书五经，习的是传统八股，受传统文化影响较深；在家中八个兄弟姐妹中因是长子，自然父母寄予厚望，从小也就养成了帮助父母，关爱弟妹，协调彼此关系的能力。承休爱好也很广泛，除每日读书习字外，常帮着家人养鱼、植橘、制蜡……样样得心应手，且兴趣盎然。停学后曾积极帮着父亲邹学富打点工商与园艺，业余时间爱好收集鉴别各种石头（矿石），且乐此不疲，并对水能动力机械很感兴趣，反而对功名不怎么上心。

光绪二十七年（1901），邹承休20岁时曾受雇于锡矿山矿庄事务①，具体负责管理矿庄收支记账，工作认真严谨，借此也得到初步涉世的很好锻炼。他就是在这样一个传统和谐的大家庭里与严谨的管理环境中平静安稳地长大。光绪三十年（1904），承休23岁，遵父母之命与维山乡四都村

---

① 锡矿山，原属新化矿山镇，今属冷水江市。矿庄为锡矿山某矿庄（即公司），锡矿山因所产的锑矿丰富，被称之为"世界锑都"。该矿于明代嘉庆年间，由当地居民在陶塘地区发现，挖出的矿石因与锡矿形色相似而被误以为锡，即取名叫锡矿山。直至清光绪二十三年（1897），湖南巡抚陈宝箴了解到此事后，派湖南矿务局提调邹源帆（新化人）采回样品，进行化验后方知是锑矿。从此，锡矿山锑矿才被发现，但老地名一直保留至今。锑矿发现后即被开采，私办、官办、洋办纷至而来，大小公司都有。如：刘履斋和晏咏鹿的"合作积善厂"，湖南矿务总局创办的"一号官厂"，段楚贤的"源和炼厂""开源公司""复楚公司"，杨笃武的"鸿吉""宝大兴"等前后共有厂矿公司几十家。邹承休当年受雇于何矿庄（公司），今已不详。

（离承休家30多里）当地富家小姐曾素娥成家完婚。此后邹承休一直帮着父亲打点工商兼理园艺植橘，生活平静无忧。

此时正当光绪末年，朝廷腐败已到极致，外患频发，有识之士群起，科举废除，变革已成定局，或革命、或改革、或实业……方法虽异，救国同心。洋溪虽地处偏僻，然自古人文荟萃，仁人志士不少，消息自然通畅。承休受其熏陶，也崇尚西学，主张实业救国。后在好友邹仲虞的介绍相约下，得知熊希龄等在醴陵创办"湖南瓷业学堂"，并有日本老师授课，这也正是他所向往的新式学堂。随后，邹承休、邹仲虞与邹连元三人于光绪三十二年（1906）①求学于醴陵的"湖南瓷业学堂"，立志实业救国，造福乡里。他就这样进入了当时代表中国瓷业领域的最高学府——"湖南瓷业学堂"②。

为了早日实现在家乡办厂的愿望，承休每年寒暑假归来，必抽时间赴附近山谷采集土石，找寻瓷土，并以小炉坩埚煅试，三年持之以恒，周边三十里内皆以觅遍，终因含铁过高，烧出之色发暗而作罢。光绪三十四年（1908）③年底，承休学成三年毕业返乡。此时的邹承休，作为陶瓷工艺的专业人士，他清楚地知道，要想办好瓷厂，必须要有丰富优质的瓷土（瓷泥矿）；因此他很快就投入了寻找家乡瓷土的工作。他常邀约帮工好友或独自一人肩挑风箱火炉，跋山涉水，风餐露宿，寻得瓷土矿石立刻搬回家中或地生火，以小炉坩埚试烧查验。长此以往，周而复始，徒步探矿前后

---

① 《新化县志》人物栏介绍："光绪三十四年（1908年）赴醴陵湖南瓷业学堂求学"。据本文作者查实邹承休档案资料，在多份50年代初干部履历表、登记表、鉴定书中都填写的是1906年（即光绪三十二年）。也正是"湖南瓷业学堂"创办开学的时间。

② 学堂即是以熊希龄为首倡导，在醴陵创办的"湖南瓷业学堂"。当时学堂所授科目有：磁业原理、图画、卫生、模型、辘轳、窑务等，由日本教师安田乙吉、大凡里吉、八里安太郎、松井弥三郎、松布兵七［此为醴陵文史资料称。而田申在《醴陵瓷》一书中称：安田乙吉、大凡谷里吉（陶画）、马场梅吉（辘轳及原料实验）、川木音吉（模型）、河原小太郎（窑务）］等授课；历史、国文、理化、算术、书画等由中方教师文俊铎、常先、沈明熙等授课。邹承休在湖南瓷业学堂时，正是安田乙吉（为总教习，掌管所有日籍教师教学事务。此人曾就读于日本石川县立工艺高等学校）等老师在执教，平时，邹承休还喜欢按中国习惯称老师为"安田夫子"。

③ 《新化县志》介绍为"民国元年（1912），洋溪人邹承休从醴陵陶瓷学堂（日本人办的）学陶瓷工艺回乡后……"。县志人物栏介绍为"宣统三年（1911）毕业回乡……"。据本文作者查实多份自填档案资料表明为1908年（即光绪三十四年），且学成三年（包括预科与专修科，属短期专科班）。表中填写的证明人为沈明扬。沈明扬为邹承休在同一学堂就读永久班的同学，学制五年，后为湖南工业厅陶瓷研究所所长。

竟达四年之久。探矿之中，特别是当他亲眼看到很多地方民众连吃饭的碗都没有，而是用竹节筒装饭菜时，更坚定了他努力寻找优质矿源来创办瓷厂服务地方乡邻的决心与信念。此时，探矿足迹已遍布新化、邵阳、溆浦三县，其中虽偶有佳良瓷土发现，但存量不明，且远离家乡，诸多困难不便而难以涉足。

民国初，寻矿无果的邹承休受同学邹连元之邀来到新化石子岭辜家店（即辜家院子）①协助同学办瓷，最终两人一起将试制样品送至县民政科检验，要求给予帮助，请由官方谋划一切，当即得到政府肯定。此后多方准备，并砌小炉试烧，当时试烧之物虽不成器，但其颜色白净，音响与透明度均高，足可称瓷。随后承休在此担任制瓷工厂管理员，辛苦忙碌试办近一年（1912 年冬至 1913 年）后，终因辅助原料无可找寻而失败回家。

民国三年（1914），邹承休在多方朋友的帮助下，终于在新化茅坪蒋家坡（梅山新化方言"坡"读 pài），后又在尼山麻罗的下西溪②等处探得符合要求且蓄量颇丰的优质瓷泥矿，并经反复烧制试验获得成功。其结果很使人满意，其色白亮美观，透明性好，敲击音响之高，不亚于景德镇瓷器，观者莫不为之欣喜，当即就有许多人募集捐款，以助承休办瓷。承休以开创新化瓷业为己任，总结上次帮助同学办厂制瓷的失败经验，精心准备，通盘考量，万事俱备却自身又无财力办厂，由热心公益之士所捐资金要想创办新式瓷厂远远不够。于是在征得父亲首肯后，他倾尽自身所有，拿出

---

① 新化石子岭为今冷水江市岩口镇塘冲石子岭，山上有可挖取的白土（即可用于做陶瓷的瓷土），当年石子岭辜家院子为交通要道，是南来北往通冷水江、锡矿山、新化、安化、蓝田以及益阳、常德的必经之地，所以开有能供吃住的歇伙铺子（旅社）。该院子的人都姓辜，店子也是辜家人开的，所以当年将这个歇伙铺子叫辜家店。邹承休为了帮助同学邹连元办瓷曾长住在这里，当年承休 32 岁，风华正茂，正是创业的极佳年龄。

② 茅坪、麻罗民国时属新化，新中国成立初划入隆回。据《新化县志》记载：1951 年 10 月……析罗洪、水车等 33 乡面积 837 平方公里入隆回县；1953 年 5 月……隆回第六区（除福田、麻罗 2 乡外）、水车等 12 个乡面积 440 平方公里回归新化。"尼山麻罗"也有人称"牛山麻罗"。

父辈家产土地，并动员其妹夫杨冠陆①出面，邀集亲戚艰难招股筹资，才筹得贰仟零肆拾串②之启动资金。后在杨冠陆、杨鑫伯、游逊夫三位热心公益人士的游说奔走下，最终邀集杨培甫、曾父仁、曾子洽(音名，外号洽老子)、杨仁化(当年入有200股)等更多的本地乡绅、朋友、亲戚，才最终筹得万股③资金开窑。

民国四年(1915)，终于在茅坪与尼山麻罗创建水碓厂④，在洋溪溪东⑤之水东村(原"农中"地段)自家所蓄橘林地里选地建房、建窑，正式创办"华新瓷业公司"⑥；公司下辖水碓厂、试验工场等。邹承休被推举为经理，总管一切；邹国休为职工长(管生产)，邹春太为收支(管财务)，共有原创员工十多人。从此，真正开启了近现代梅山腹地新化洋溪瓷业生产的新纪元。此为新化洋溪首家具有现代管理理念与技术潜力的瓷厂。开创

---

① 杨冠陆(1884—1958)，字庭曙，号希望，敦信团利村杨家边(今槎溪镇)人。为邹承休大妹邹凤仙的丈夫。曾考入长沙湖南高等实业学校，后因家中无力续供学费，转而从军，入广西桂林蔡锷创办的随营学堂，毕业后历任排、连、营、副团等职，曾为方鼎英部属。民国元年(1912)解甲归田，民国四年(1915)创办华新瓷业时，积极奔走游说，赞助最力。民国八年(1919)湖南督军谭延闿召其再入军籍，自桂来湘，后东征西伐，援鄂、援湘、援粤，还曾担任黄埔军校上校骑兵大队长兼教官；北伐时任代理团长，后多病厌军，以团长职告归。此后热衷在家乡养蜂、植橘，为新化引进栽培无核蜜橘之始。民国十三年(1924)，县教育界前辈罗元鲲、罗教铎、邹谦、邹任方等自省城返乡后，开始倡议恢复民国六年(1917)停课的"文昌阁学堂"，经大家商议，一致同意更名为"新化县第六区敦信高级小学校"，杨冠陆与罗元鲲、罗湘道、袁吉六(以上三人曾为毛泽东老师)、邹复之、刘立人等一批学者名流分别被请出任教于该校，杨冠陆曾任体育教员。民国十六年(1927)后迁居洋溪冷水巷塘湾。1956年当选为县人民代表，后儿子把他接到武汉养老，到武汉后感到无事可做，心里很不舒服，不久坚持回了新化老家。1958年因心脏病逝世，终年75岁。据袁吉六后人回忆，袁吉六曾写有一副对联赠杨冠陆，联文为"一身都是胆；万事不求人"。

② 据邹用吾解说，一串也就是一吊。当时50个铜钱(铜角子)为一吊(串)，6吊(串)钱为一块光洋。

③ 当时定为一股一吊(串)，共一万股。其中邹承休等六兄弟现钱加父亲的橘园土地等作价，占万股的50%，其他为亲戚、朋友、乡绅共分占50%。

④ 水碓主要是利用水力做动力来带动水轮转动，利用水轮轴上的支架臂压踏舂碓杆上下运动来达到碓舂瓷土的目的，此法省力并能昼夜连续工作，但受水源落差等条件限制，很难大量使用，因此水碓厂也用人力舂碓，主要由招收的当地盲人来担当磨釉、舂碓生产。

⑤ 《新化县志》介绍为"洋溪河东岸"，《新化县情》介绍为"洋溪的水东"等都是对的。前一条指的是方向，后一条指的是地名。据本文作者考证，民国时期洋溪的这条"河"也叫"溪"。如民国时期华新生产的瓷器上题的都为"溪东"，如："丙寅冬作于新化洋溪溪东之华新瓷业公司"，"……制于洋溪溪东……"等，所以本文为了统一称呼也用"溪东"。

⑥ "华新"名称的由来，跟邹承休老宅"益华馆"有关系。"华新"的"华"取自"益华馆"的"华"。

之初，承休受资金、设备、技术及人才条件所限，处处精打细算，能省就省；人员分工也做不到专职，要一人多用；从原料、配方、工艺、人员组成等各方面承休都事必躬亲；生产的都是日用粗瓷，并以白瓷为主；纹饰部分以青花旋纹加花草纹为主体装饰图案，产品仅有碗盏等十余种，以急民众之需。

是年，为尽快扭转瓷厂徘徊于低端产品生产的局面，承休从醴陵请来制瓷技师谢仕善做指导，后又请来杨伯民做画师，并要求其胞弟邹国休（又名邹高锡）拜师跟随两人学习。因此瓷器成型质量有了很大提高，各种图案纹饰逐渐增加，如红蓝花卉、花鸟鱼虫、太师少保、八仙人物等古典故事为装饰图案的器皿也逐渐增多，其中青花八仙菜碗、鱼仔（梅山新化方言 zǎi，小鱼的意思）饭碗、红花碟子等很有特色而深受喜欢，造型、釉色、胎骨质量也稳步发展提高。产品都是自产自销，一般都是销往本地和邻近地区，价格也是随行就市。如碗类，定价每筒约在 300 文，一般都是现款交易，偶有实物比价对换。

民国六年（1917），为了扩大影响，鼎新革故，早日发展批量细瓷生产，承休又四处奔波，多方游说集资，并应股东意见还特制了一批品质特佳的细瓷产品做展示，确也收到了良好的效果，一时当地的所谓旺公巨绅有愿投资者，预计资金可达四万元，然终因没有懂技术与管理的大股东敢于承接而搁置。受资金所困，直至民国八年（1919），生产才由粗瓷向批量细瓷发展。

图 3 - 3　民国五年（1916）青花狮纹灯笼尊　上题"大（太）师图"（图片：刘志平摄）

图3-4　民国六年(1917)青花松竹梅花鸟纹瓶　上题"一片冰心在玉壶"

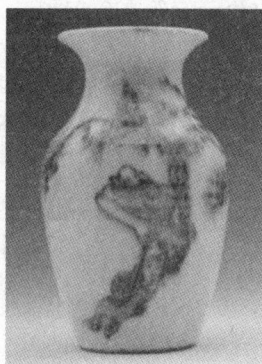

图3-5　民国七年(1918)青花花鸟纹瓶
上题"睡轻旋觉松花堕，舞罢间听涧水流"

图3-6　青花折唇碗，碗内题有"华"字

图3-7　青花花卉纹撇口碗

图3-8 青花旋纹敞口碗上题 图3-9 青花撇口碗 上题"谢春林公"
"刘氏三都总祠"

华新瓷业为什么能在洋溪众多的公司竞争中始终处于领先地位，除了承休晚年自己总结的三个关键人物（安田夫子的学识、父亲的穷尽资助、六弟邹国休的聪明才智）的帮助外，跟邹承休始终传承湖南瓷业学堂新式管理理念与先进制瓷技术，广纳众长，同时又能结合家乡的自身条件因陋就简，脚踏实地有关。他组织管理能力强，看问题长远，为人具有亲和力与灵活性。

如年底分红，他总会聚集大伙一起，丰盛地宴请招待，席间总结一年生产经营情况，瞻望未来，动员大伙将红利份额再投入股份之中，借此聚集资金，扩大来年生产经营规模，股东们看到承休的为人及公司良好的业绩，常常会使许多投资者都欣然赞成。

人员使用也是因人而用。如轻者、巧者、好学者，则多从事技术含量较高的工作，重者、粗者则主要负责劳动强度大点的工作，水碓厂的舂碓瓷矿工作则侧重于使用盲人，因为他们比常人更适合简单的反复不停的工作，特别是磨釉工作用的是盲人。当年在洋溪还曾流传过一句顺口溜："瞎子好舂碓，整天不离开；安心把工作，不分白与黑。"甚至于日常生活，都是每人每天规定定量吃粮八盒，约合一天吃粮一斤二两八钱（一盒约稻米一两六钱）。

成本核算更是精打细算。创办新式瓷厂，必须要添置设备而额外增加成本，势必工未开而资金将尽，因而放弃，全部采用手工。后来设备的添置与改良也都是自己设计，尽请能工巧匠自己制作，且都是用木质、石质与瓷质材料代替，因而减少了进口与改造设备的成本。

员工技能的提升，采用的是"借鸡生蛋"请进求教的办法。他曾多次从醴陵与景德镇等地聘来技师（即有独特技术的师傅）帮助试制示范细瓷新产品，借以观摩学习，提高自身员工的技术技巧与基本素质。凡是路过

77

或来此探视的各地制瓷师傅,他都尊称"客师",礼聘接待,细心挽留,并按各自专长请其试制示范各种圆器、琢器、雕塑与彩绘等技术。如谢仕善、杨光甫、张四发、韩文波、廖安吉、瓷塑好手谢师傅①等,都是这样曾长期服务帮工于华新。借此优化提高了自己的产品结构与质量,也为日后尽早发展瓷业学堂所学细瓷生产工艺作了人员准备。此法虽不能有助于批量生产,在当时民生凋敝的时候高档产品也难有销路,但对全厂整体实力的提高及培训蓄积自身的技术力量等,都取得了事半功倍的效果。产品也由先前的单一青花扩展至粉彩、釉下彩、雕塑瓷等。当时,自己培养的画师主要有邹国休、黄修之、黄嘉之、邹家侃等,画家杨伯民等也都积极参与其中。

民国十四年(1925),华新瓷业稳步发展,品种、产量、质量得到很大提高。这年,正是邹承休父亲邹学富七十大寿,为祝贺父亲大寿,承休带领兄弟们做了精心安排,除本厂员工及各位股东外,还请来了亲戚朋友及其他瓷厂相关同行好友,大摆宴席,热情招待。同时,为了办好这次寿庆,也借此展示本厂瓷业发展的成果,承休还令其胞弟邹国休(又名邹高锡)具体安排,专门制作烧制了一批精美细瓷及艺术瓷用在了寿庆上。此举,一来解决了寿庆用瓷之需,二来起到了宣传之效,三来得到了学习交流之功。随后,自己的产品也开始批量销往省内各地。

图3-10 釉下彩山石盆景花蝶纹帽筒(图片:刘志平摄)

---

① 谢师傅是否就是谢文元,不能确定。

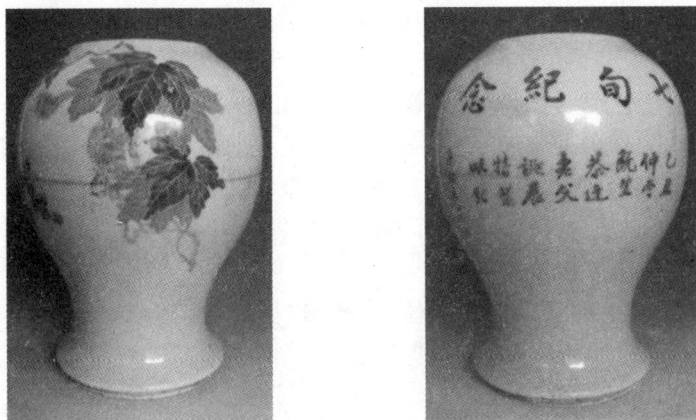

图 3 - 11　釉下彩松鼠葡萄纹凤尾瓶（上部缺损）

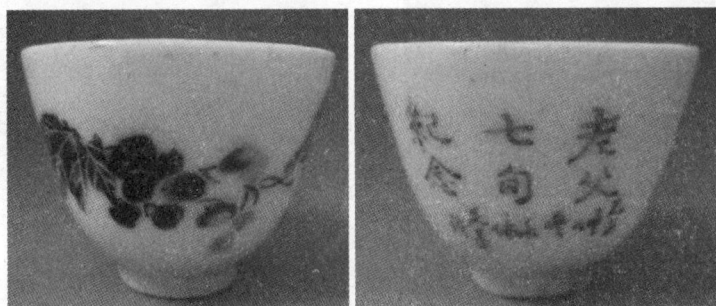

图 3 - 12　釉下彩葡萄纹酒杯

图 3 - 13　釉下彩花卉纹碗

以上为邹学富寿庆用瓷釉下彩纪念酒具、餐具、陈设器等, 均为邹国休等绘制。此次专为祝寿所制的釉下彩有碗、碟、盘、勺、杯、壶、瓶、罐、香炉、帽筒等, 没有批量生产, 实属难得。器物上多题有"七旬纪念""老父七旬纪念""古稀纪念"等文字, 或加题:"乙丑仲冬既望恭逢老父诞辰特制以纪";落款有"乙丑冬华新制、乙丑仲冬承休兄弟识、乙丑仲冬既望承休兄弟敬为老父诞辰制于华新工场、承休兄弟识于新化洋溪华新工场"等。乙丑为民国十四年即1925年, 仲冬为冬季的第二个月, 即农历十一月, 既望为农历十六日。

民国十六年(1927), 邹承休46岁, 也正是他事业的高峰时期。此时的产品数量与质量都有了很大提高。

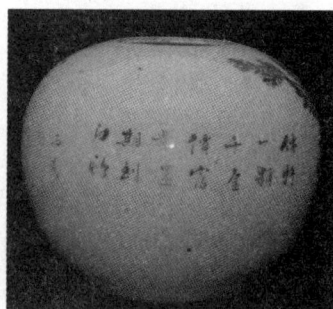

图3-14 粉彩花鸟西瓜罐 上题"休疑一颗千金价 富贵还期到白头"

图3-15 粉彩人物西瓜罐 上题"天花乱坠"

图 3 - 16　粉彩人物冬瓜罐

图 3 - 17　粉彩人物西瓜罐

图 3 - 18　粉彩人物盖缸　上题"手不释卷"（图片：刘志平摄）

图 3 - 19　粉彩花卉盖缸　上题"红粉佳人"（图片：刘志平摄）

图 3 - 20　粉彩花鸟盖缸　上题"花有清香"（图片：刘志平摄）

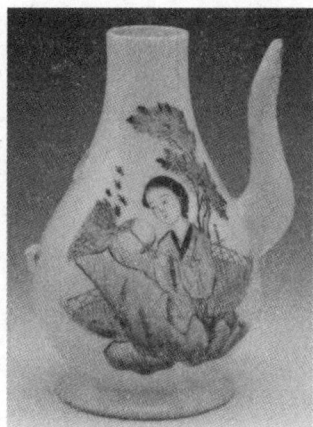

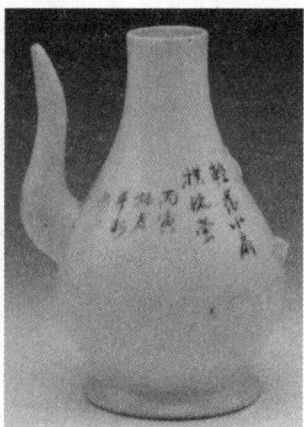

图 3 - 21　新彩人物酒壶　上题"轻罗小扇扑流萤"（图片：刘志平摄）

图 3 - 22　青花花鸟纹大香炉

图 3 – 23 青花八蛮碗

图 3 – 24 青花花卉纹笔插砚台

图 3 – 25 青花渔樵耕读纹小茶杯

图3-26 青花花卉、山水纹油灯

图3-27 青花山水人物大酒壶 上有邹承休题"寻常行处、一醉消愁"

图3-28　民国二十年(1931)青花鸟兽山水纹筷子筒　上题"黄修之用"

图3-29　青花荷花纹蒸锅

图3-30　民国二十六年(1937)青花花卉虫草纹笔筒　上题"邹家倜制"

图 3-31　民国三十六年(1947)青花花卉纹罐(图片：刘志平摄)

值得一提的是，当醴陵釉下五彩濒临灭绝从此湮没无名，"犹如昙花一现，更犹如划破黑夜的一颗耀眼流星，令人赞美又令人痛惜"①的时候，华新瓷业的釉下五彩却在蚩尤的故里薪火相传；她在探索中成长，在孤寂中长成，她一枝独秀，却养在深闺人不知。

图 3-32　民国十二年(1923)釉下彩花蝶纹冬瓜罐
底款"癸亥冬月华新瓷业公司武仪食品"

———————————

① 罗磊光《醴陵釉下五彩瓷选集·序》第3页。

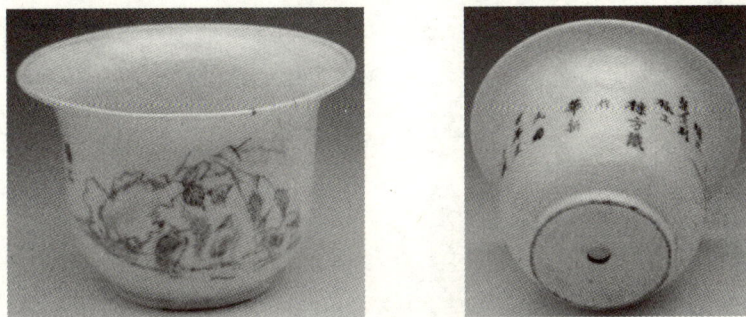

图 3 - 33　民国三十一年(1942)釉下彩花鸟纹花盆　上题"织出鸳鸯别样工"

图 3 - 34　民国三十五年(1946)釉下彩芦雁纹高足供碟　上题"尔惟盐梅"

图 3 - 35　民国三十五年(1946)釉下彩花鸟纹大香炉
上题"柘溪双柳城隍庙胡曹两境敬供"

图 3 - 36　民国三十六年(1947)釉下五彩奇石花鸟纹盖盅　上题"小壶春"

图 3 - 37　民国三十七年(1948)釉下彩花卉纹茶壶　上题"刘永孚"

邹承休始终以造福社会与乡亲为宗旨，以实业鼎国为理念，全身心投入陶瓷技术的钻研。如抗日战争爆发后的 1937 年年底，华新瓷厂首次承制了安化烟溪兵工厂①大批电瓷器材；1946 年承制了邵阳、浏阳等硫酸化工厂设备用瓷，以及武汉化工厂瓷钵等。

————————

① 抗日战争爆发后，1938 年 3 月，国民政府军政部河南巩县兵工厂奉令迁湘西，编为军政部兵工署第十一工厂，地点在安化烟溪市附近的小烟溪、三羊溪一带；后设有二厂、四厂、五厂等厂址。这里有一个问题，华新瓷业公司是 1937 年年底给烟溪兵工厂生产电瓷器材的，而兵工厂是 1938 年才搬过来的，这说明国民政府军政部在 1937 年年底就有了搬迁考虑，并做了前期准备。

在体制革新上也总是力求适应社会的发展，走在时代的前面。如民国十六年（1927）新化县发起了共产党领导的工会活动，洋溪也相继在华新瓷业公司成立了瓷业工会筹委会，成员有邹伯求（华新瓷厂）、邹科生（维新瓷厂）、邹秀奇等各瓷厂人员，其弟邹国休就是主要参加者；工会要求增加工资，改善生活。同年三月，洋溪瓷业工会召开了成立大会，每个瓷工胸前还佩戴"洋溪瓷工"的菱形胸章，浩浩荡荡在镇街上游行以示决心。承休也顺应潮流积极配合，并在华新公司内首创劳资合作制，容许工人参与企业分红，且利润双方各占一半，使华新的工人除工资外还可分到盈金红利，此举使华新的工友每人每年可多分得红利（光洋）拾元左右；直接消除了劳资矛盾，也顺应了工运之发展，这在当时的新化洋溪确实是个创举。当时员工工资每月约稻谷2石（音dàn，十斗为一石）。

同时，他还热心当地教育。如民国二十四年（1935），邹氏睦亲堂宗祠因年久失修，厅堂的栋柱蛀蚀严重，承休与同学邹梦三一起发起整修；并会其诸族首，商议在旧祠后面扩建后殿及两旁厢房，将旧厅堂整修油漆一新，改为睦亲小学，以利族人子弟教育。

民国三十二年（1943），正值国民政府大选①，本县县长胡瀚巡视来到洋溪进行游说训导，由于华新瓷业公司的业绩及在当地的影响，本乡乡长刘本诚陪同胡瀚来到华新公司，极力推荐全体华新公司员工加入国民党。后在乡长刘本诚的鼓动督促下，工厂员工除未到年龄者外，全部集体加入了国民党。民国三十四年（1945），日军侵入洋溪后，为躲避战乱，承休除留杨延长、袁继恒守厂外，安排其他工友全部疏散，自己也携带公司所有钱币、账簿（其中包括党证等）逃至距厂十里之遥的双坪荡，后被国军七十三军所属部队士兵连同党证一并搜去，从此再没过问，属自然脱党。此事成了邹承休晚年（1949年后）挥之不去的噩梦，常会在历次审干、填表中必须要认真对待的一个纠结问题。

民国时期，华新瓷业公司常见施彩工艺主要有青花，其次是粉彩、新彩与釉下彩等；器形品种多样，以餐具酒具为主，年产2万件左右；主要品种为弓大、弓二、弓三，锅大、锅二、锅三，弓反、弓令②等等，其他器皿（包括瓷塑）都兼而有之。

---

① 当年蒋中正(介石)就任国民政府主席。
② 即大菜碗、小菜碗、饭碗、茶碗、酒杯等制作中的行话。弓是指碗的腹部（行话又叫"叶子"）直点的，锅的意思是腹部（叶子）圆些的；大、二、三即为大小型号，反就是茶杯，令就是酒杯。

华新瓷业公司常见款识：一般见有华新瓷业公司、华新瓷业工场、华新瓷业试验场、华新试验工场、华新公司、华新工场、华新陶瓷工厂、华新陶瓷实验工厂、华新瓷厂等，有时前面还加有"洋溪""新化""洋溪溪东"等指明地点的字样；一般为手写。用色有：青花、墨彩、红彩、绿彩以及青花＋绿彩混合使用等；时间为1915—1951年。

1.公司款

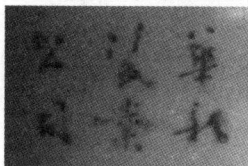

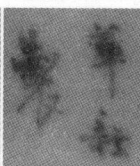
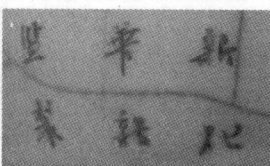

图3-38　华新瓷业　　　图3-39　　　图3-40　　　图3-41　新化华新监制
　　　　　公司　　　　　华新作　　　华新制

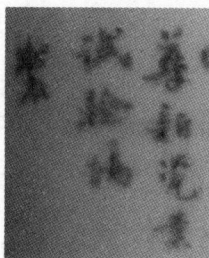

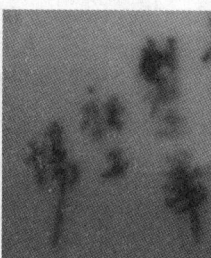
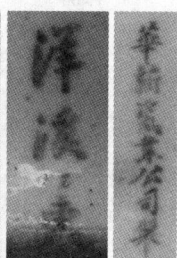

图3-42　华新瓷　图3-43　新化华新　图3-44　华新　图3-45　图3-46
　　　　业试验场制　　试验工场制　　　　　工场　洋溪溪东　华新瓷业
　　　　　　　　　　　　　　　　　　　　　　　　　　　　　　公司制

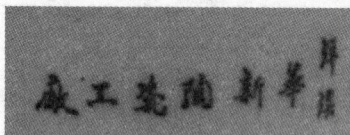
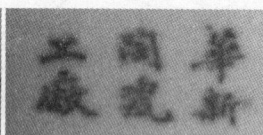

图3-47 洋溪华新陶瓷工厂　　图3-48　华新陶瓷工厂　　图3-49　图3-50
　　　　　　　　　　　　　　　　　　　　　　　　　　华新厂　　华

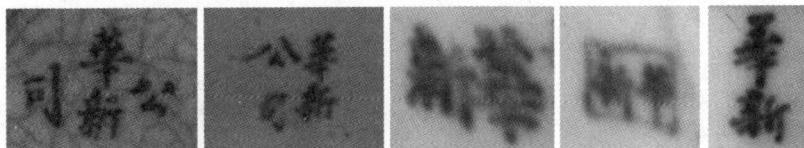

图3-51 图3-52 华新公司 图3-53 图3-54 图3-55
华新公司 华新 华新 华新

图3-56 洋溪华新 图3-57 新化洋溪华新 图3-58 洋溪华新瓷厂
试验工场

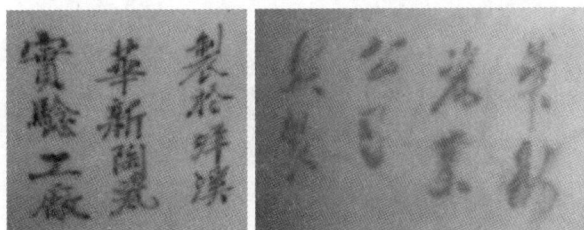

图3-59 洋溪华新 图3-60 华新瓷业公司监制
陶瓷实验工厂

2. 纪年款

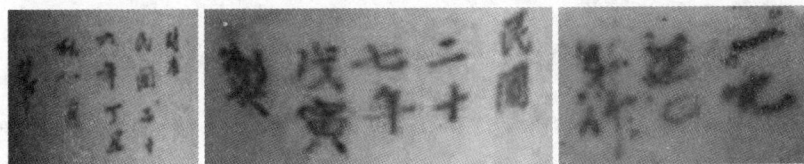

图3-61 民国二十 图3-62 民国二十七年戊寅制 图3-63 一九五〇年作
六年丁丑秋八月制

3. 置办款

图 3 - 64　邹希伯

图 3 - 65　邹豫泰

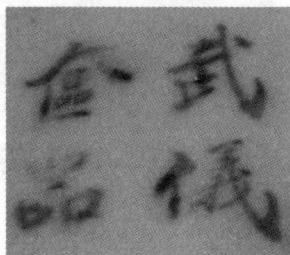

图 3 - 66　武仪查品

图 3 - 67　刘永孚

图 3 - 68　资范存用

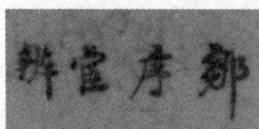

图 3 - 69　邹序宦办

图 3 - 70　彭松柏

4. 敬赠款

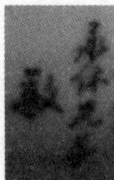

图 3 - 71
承休兄弟敬

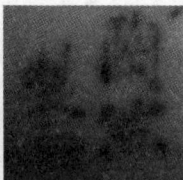

图 3 - 72　陶然
制赠

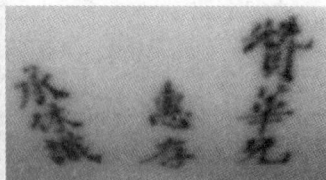

图 3 - 73　赞华兄惠存承休识

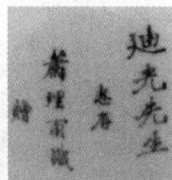

图 3 - 74　迪光先
生惠存萧理甫识赠

5.堂名款

图3-75 刘举安号

图3-76 维馨草堂

图3-77 萱荫庐

图3-78 治安堂

6.作者款

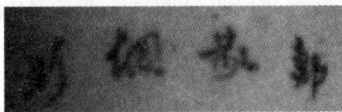

图3-79 邹家倜制

图3-80 黄修之用

二、其他公司、瓷厂

自洋溪华新瓷业公司成立后，在其影响带动下，新化以洋溪溪东的水东村为中心，先后有文昌阁的"新阜通公司"、官殿(又称灵官殿)扁山冲的"裕兴公司"、杨家边的"中兴工厂"、太平头的"永益公司"、石山湾的"五美公司"①、半山八角楼的"楚宝公司"、水车大同的"董家桥碗厂"、维

---

① 据原裕和公司、裕记公司等拥有多家瓷厂的老板欧芩生(又名欧吉生)的儿子欧德球讲述："五美公司"的前身为"福利瓷厂"，并为我们做了书面文字证明。但因找不到实物证据，加之为一己口头孤证，因而在没有进一步证据的情况下，暂且存疑待考，等待有力的物证，及多人证明后再行定夺。

山水口的"维山瓷厂"（也称水口瓷厂）以及可能还有"裕宽公司"等如雨后春笋般竞相开业；继之衍生出"维新公司""裕和公司""永利公司""德心公司""半山瓷厂""裕记""福记"等瓷业公司的诞生；乡绅办厂之积极、民众关注之热烈，致使新化洋溪一时传有"小景德镇"之称。其中以华新瓷业公司的工人为最多，且产品质量为最好。新化瓷业之兴盛，民国二十年（1931年）都载入了《省年鉴》；在当年任县长的胡翰所写的《治县三年》一文中都曾留有记述①。

"新阜通瓷业公司"，由邹成美（邹任南继父）、邹松林（又称邹森林）等于民国六年（1917）在文昌阁创办，后主要为邹成美的继子邹任南为首主管经营与生产；邹家其他主要人员还有邹炳南、邹实南（音名）、邹少南（音名）、邹建南（音名）四兄弟。后因兄弟间矛盾而起内讧，强调不能由邹任南一人管理，要求五位兄弟轮流主持，最终由邹炳南接手，瓷厂也改名称为"维新公司"。后因经营不善，管理不得法，致使瓷厂经营困难而长期拖欠员工工资；直至20世纪50年代初，此种情况一直没有改观。至1952年，只好将瓷厂作价抵押政府以补发拖欠的工人工资，"维新瓷厂"也从此并入了"华新瓷厂"。并入后厂子仍在原地，并简称"华新二厂"，待后来"化溪陶瓷厂"并入华新瓷厂后，又改称"华新第一分厂"，"化溪陶瓷厂"为"华新第二分厂"。华新接收了维新瓷厂的全部财产、人员。1961年，华新第一分厂（即原维新瓷厂）随华新从洋溪全部迁至县城南郊燎原村（今立新桥街23号）总厂后，华新二厂的名称随即撤销，原有厂房闲置地方管理。1969年2月，经新化县革命委员会批准，原新化县第五初级中学在增办高中时拆掉了原维新公司瓷厂旧址，用来扩建学校设施，即后来更名的"新化县第五中学"。

"裕兴公司"，由邹溟寿于民国八年（1919）在洋溪官殿对面的扁山冲（洋溪水东村10组）创建，人员有欧芋生等；详情无考。

"裕和公司"，由欧芩生接手"裕兴公司"成老板后，于民国二十四年（1935）夏改公司名称为"裕和公司"，当时民间也称碗局，分有两个制作工场，人员最多时50人左右。中华人民共和国成立后参加了公私合营，1954年合营后的"裕和瓷厂"并入了"华新瓷厂"。当年在"裕和公司"的欧

---

① 《省年鉴》，见《新化县志》人物传记，《新化文史》第三辑欧阳镜撰写的《建国前的新化陶瓷工业》与朱佛郎的《上梅绘志》等都有提到；《治县三年》，曾见于李俊甫主笔的《新化瓷厂厂志》未完之草稿本中有记载，作者没有找到两份资料原文而做进一步考证。

姓主要制瓷人员有：欧芩生、欧芋生、欧长生、欧葵生、欧萤生、欧震生、欧百强等。

"永益公司"，由邹忠甫①于民国九年（1920）在槎溪太平头创建；详情无考。

"永利公司"，为欧芩生接管"永益公司"成老板后而改的公司名称，详情无考。"永利公司"②1953年并入"华新瓷厂"。

"中兴工厂"，由杨亲望（又称杨青旺）、杨锦文、杨朋贤、杨修文等于民国十一年（1922）在洋溪苍桐乡杨家边创建（杨家边民国时属洋溪苍桐乡，现在属槎溪），当时开有五孔的窑炉，瓷土取自新化茅坪，开窑请的师傅为姓傅的师傅。据当地村民邹立高（音名）讲述：其中的"杨修文是他的舅舅，民国时曾是铁路上的总工程师"。现窑址之地已成了当地村民的红薯地，并在附近又开始翻新建了房子。

"德心公司"③，为邹任南接手"中兴工厂"而创办。缘由是维新瓷厂由邹炳南（邹任南的弟弟）接手后，邹任南失去了经营管理权，但仍在厂里制瓷，因不甘久居人下，最后去了溆浦做生意，后亏了生意回来，大约于民国二十九年（1940），邹任南接手杨家边的"中兴工厂"而创办，并从此改厂名为"德心"，寓意有"道德之心"。抗日战争时期，日本兵曾打到洋溪，为避战乱，当时该厂的许多人都走了，留守的人员中就有开窑时的傅师傅。此人个子很高，说话当地人一般听不懂，一直在此瓷厂当师傅，应为醴陵人；后被日本人炸死，至死没有回家乡。1953年"德心"并入"华新瓷厂"，原"德心"厂师傅杨旭贤在20世纪50年代初从华新瓷厂出来后，分别去了晃县（今新晃县）瓷厂、隆回南岳庙瓷厂等当师傅，最后转而去了隆回罗洪瓷厂当师傅。据后来的杨木文（杨旭贤的儿子）讲述：当年在德心瓷厂画鱼仔碗的师傅，每月收入是一担半谷，父亲杨旭贤在晃县瓷厂的收入每个月有50多块钱，远比华新的收入高；可见洋溪窑业的师傅其受欢迎的程度。

---

①　另据《新化文史》第三辑欧阳镜撰写的《建国前的新化陶瓷工业》记载为"邹今武创办"。邹忠甫与邹今武是否为同一人，或哪个是准确的本文作者未考实。

②　《新化县志》第三章陶瓷工业（406页第3行）记载："1953年接收永益、德新、五美3家私营瓷厂因缺原料停产而失业的工人"，因永益公司后被欧芩生接管改公司名称为"永利"，所以后来政府接收时实为"永利公司"，而不再应是"永益公司"。

③　《新化县志》《新化县情》记载都为"德新"公司。但据我们考证的实物记载为"德心"。并得到原"德心"公司老板邹任南儿子邹声鹏的确认。

"裕宽公司"大约于民国十年（1921）前后创办于洋溪杨家边（今槎溪），据杨德湘讲述老板为杨修望，为杨冠陆的满弟，但查无实据；又据邹用吾核实，杨冠陆家族里没有办瓷的人。具体详情待考。

"五美公司"由杨集贤、杨朋贤、杨集新（音名）等五人于民国二十七年（1938）在洋溪石山湾创建，为股份制公司，因是五人发起创建，故取名为"五美"。据欧芩生儿子欧德球讲述：五美公司的前身还有个"福利瓷厂"，但一直没有找到实物证据。民国三十二年（1943）欧芩生以大股东承包接管后，改称"裕记"；民国三十八年（1949）曾初主承包接管后，改称"福记"。1954年6月，"福记公司"合同期满，公司全部并入"华新瓷厂二厂"，"华新瓷厂二厂"人员一下增至一百多人。1955年10月，华新二厂压缩人员38人，转入了郴州马田煤矿（又称：是1956年华新二厂人员压缩了40人，转入了郴州马田煤矿）[①]。后据原董家桥老瓷工袁信湘介绍，最终华新（包括进入华新的原维新、裕和、董家桥等瓷厂的人员）总共去了80多人，袁信湘本人就是其中之一。

"半山瓷厂"创建于洋溪半山街八角楼（今槎溪半山五组）附近的鸟树山，当年瓷厂名称为"楚宝公司"，时间大约在民国十三年（1924）前，窑址位于今邹松山的屋基下；开办人有老板邹寅书等，制碗师傅有邹立贤等。后由欧芩生以50%以上的股份接手成为大老板，主要生产碗、碟等。瓷厂名称也可能进行了更改，是否改为"半山瓷厂"还需进一步调查考证。该瓷厂至1950年后，因当地村民罗老头（为当地的一位上门女婿）烧田坎不慎，使蔓延的大火引燃瓷厂致废而停办。

"董家桥碗厂"位于今水车镇大同管区大同村三组。"董家桥碗厂"的名称来源，是因当年主要生产饭碗、菜碗、品碗等日用瓷器，所以村民们习惯把它称为"碗厂"，实际其他日用瓷也都生产的，如我们知道的酒杯、墨盒等。董家桥为当年董姓家族在通往茅洲河的东溪（又名烟竹江）上所建的桥而得名，所以称"董家桥"，并一度成为当地的标志性建筑而成为地名；今桥已毁，人早迁，该地已无董姓人家，唯有地名留存。"董家桥碗厂"大约在20世纪30年代末由多位师傅集资合办；今天能记起的曾在该厂制瓷的人员有袁世仁（音名）、袁良信（音名）、袁作善（音名）、袁吉善

---

① 据该厂老员工邹郁财述说：1956年华新二厂人员压缩了40人，转入了郴州马田煤矿。这里的时间与人数之差找不到原始材料，是否1955年10月，决定华新二厂压缩人员38人转入郴州马田煤矿，而实际到1956年才正式行此方案，而且人员也增加了2人。详情无考。

（音名）、张六山（音名）、袁信湘（袁世仁的儿子）等。主要生产碗、碟，多以青花纹饰为主，尤以鱼纹最为有名，即俗称的"鱼仔碗"；后由欧芩生接手经营，至1953年因经营困难而自行倒闭。

"维山瓷厂"①在维山水口，又称"水口瓷厂"；由曾焱南（原为当地保长）四兄弟与曾、罗等老板多人出资创办，时间在20世纪30年代末至40年代初；有曾思旃（zhān）等制碗师傅，后欧芩生接手经营。1949年后，老大曾焱南因定性为恶霸地主被枪毙。该厂进入20世纪60年代后，因经营困难而最后自行倒闭。

现以"五美公司"为例，实地考察各公司瓷厂实物如下：

图3-81　原五美公司原址现状

石山湾有名的"寄娘石"，又称"石头寄娘"；每年都有很多人来此祭拜，有一百多年历史（图3-104、图3-105）。左图为石前，右图为石后。石后为五美公司原来使用的废弃瓷器堆积坑。

---

　　① "维山瓷厂"，在维山水口，《新化县志》称"维山瓷厂"。但据多位民国时期过来的老瓷厂员工回忆，民国时期一直叫"水口瓷厂"，从没有叫过"维山瓷厂"。在考察中见有"丁亥仲夏维山工厂制"的款识，时间为民国三十六年即1947年，所以"维山瓷厂"的名称是成立的。但在一般情况下，当地村民仍然喜欢使用本地的具体名称叫法，即"水口瓷厂"，直至今日都如此。

图3-82 寄娘石前

图3-83 寄娘石后

图3-84 废弃坑堆积断面裸露的
密集瓷片

图3-85 废弃坑挖掘到的"五美制"
款识瓷片

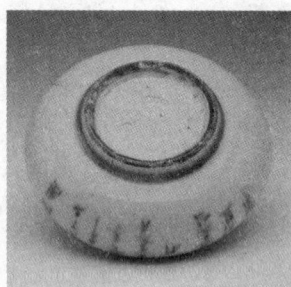

图3-86 民国三十二年(1943)五美公司监制青花笔洗
上题"杨清安用品"

图 3 - 87　民国三十六年(1947)裕记公司青花碗　上题"僧光應真"

（图片：刘志平摄）

图 3 - 88　民国三十八年(1949)福记瓷厂青花兰草花纹坛子（缺盖）

其他各厂基本情况相同，大多难觅踪迹。各公司、瓷厂实物见下：

图 3 - 89　民国十八年(1929)新阜通瓷业公司青花荷花纹缸

上题"不染污泥"

图 3 -90　民国二十六年(1937)维新公司青花碗
上题"淑麟内弟惠存 任南赠"

图 3 -91　民国十七年(1928)永益公司青花团鹤纹墨盒　上题"邹福才办"
（图片：刘志平摄）

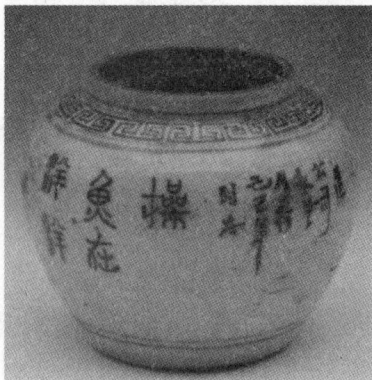

图 3 -92　民国十八年(1929)永益公司青花鱼藻纹罐
上题"洋洋鱼在藻"（图片：刘志平摄）

图 3 - 93　民国十四年(1925)中兴公司青花山水花鸟纹罐

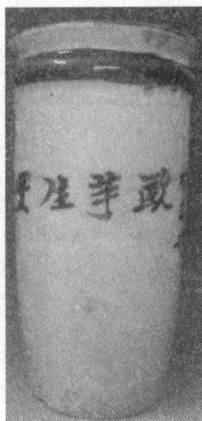

图 3 - 94　民国二十二年(1933)裕兴瓷业公司筷子筒　上题"欧芋生置"

图 3 - 95　德心公司青花鼓形瓷锤

图3-96 民国二十四年(1935)裕和公司青花诗文墨盒（图片：刘志平摄）

图3-97 民国十三年(1924)裕宽青花芦雁纹笔筒
上题"楚处士作于洋溪裕宽公司"

图3-98 民国十三年(1924)青花动物纹香炉 上题"半山楚宝公司制造"

图 3-99　民国二十三年(1934)青花山石花草纹香炉　上题"新化半山监制"①

图 3-100　维山(水口)瓷厂青花文字香炉　上题"神之格思"，底款"範"②

　　因资料的缺乏，个人考察能力的有限，加之许多窑址的湮没及当事人离去，很多问题都有待进一步的挖掘与整理，文中出现的缺省失误也不足为奇，很多问题还需要时间来解决。如一些声称出自洋溪的裕美、福利、祥益、馀霞、合利等瓷业公司、瓷厂的器物，与前面各窑是传承关系，还是独立之窑，或根本就不是洋溪本地之物等，都需谨慎考证(图 3-101 ~图 3-102)。

---

　　① 该香炉上题："时在甲戌年孟秋月新化半山监制"。可视为欧芩生接管半山瓷厂后的产品。

　　② 该香炉上题："神之格思"，出自《诗经·大雅·抑》；香炉底款"範"，是曾思旃(zhān)为曾广范所做香炉的置办款。

图3-101　祥益公司青花花卉纹筷子筒　上题"遽义堂用品"

图3-102　民国十三年(1924)馀霞厂监造青花花卉纹碗
上题"馀霞厂主人百铭监造"

　　另外，有些胎、釉、彩等符合洋溪窑系特征，执有人或当事人也有充分的理由说明是本地之物，但因一时找不到相关对比验证之物，在没有款识的情况下，实难确定出自洋溪哪家公司或瓷厂，也就只能认定为洋溪瓷器(图3-103~图3-106)；具体产自哪个瓷厂也就只能存疑待考，这都有待找寻证据去做进一步的物证支持与甄别确认①。加之时间有限，本人

————————

　　①　洋溪自邹承休发现优质瓷土并创办"华新瓷业公司"后，除本地各商绅大户积极跟进开办瓷厂外，外地醴陵与景德镇也多有人员来此协作寻探开办。一时传有的洋溪为"小景德镇"与"小醴陵"之称，除了主要描述的是当时本地纷争开办的瓷厂景象外，可能也与外来的此种情况有关。有些因开办时间不长，或只是进行了试办而终止，加之无传承记载，人已逝，而物即缺；特别是那些无款之器及有款而又不明去处的器物，都会造成今日的鉴定困难，如不多方仔细鉴定，混淆于景瓷、醴瓷之中也在所难免，实为遗憾。

又不懂书法，不辨草体，有些诗文题款识别难免有错，真的是"爱好由来下笔难，一字不解心难安"。

图 3 – 103　"民国""裕"①记青花碗

图 3 – 104　民国十三年(1924)青花花卉纹笔筒
上题"晚节生香"(图片：刘志平摄)

---

①　该青花碗题记为"裕"，一般可看为是"裕记"公司的产品，但也不排除是其他的可能，因而不能最终确定。

图 3 – 105　青花海碗 口径：27.5 cm 底径：15.5 cm　上题"福禄全家 柳祥圣"

图 3 – 106　青花多用途文房器具（蟹为堆塑）

这些瓷业公司常见款识有：

1. 新阜通公司款

图 3 – 107　新阜通瓷业公司

图 3 – 108　新阜通公司

图 3 – 109　新阜通瓷业公司监制

2. 维新公司款

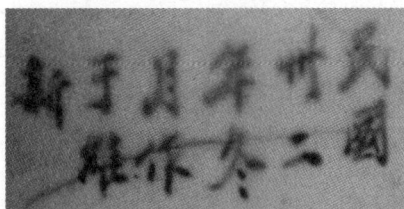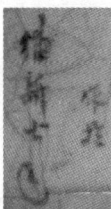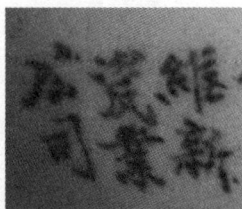

图 3 - 110　维新　　　图 3 - 111　　图 3 - 112　维新瓷业公司

维新公司

3. 裕兴公司款

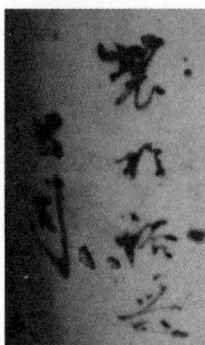

图 3 - 113　裕兴公司　　　图 3 - 114　裕兴磁(瓷)业公司作

4. 裕和公司款

图 3 - 115　裕和公司　　　图 3 - 116　裕和瓷业公司

5. 永益公司款

图 3 - 117 永益公司造

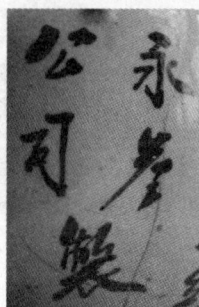

图 3 - 118 永益公司制

6. 永利公司款

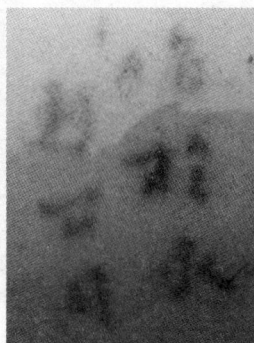

图 3 - 119 永利公司

7. 中兴公司款

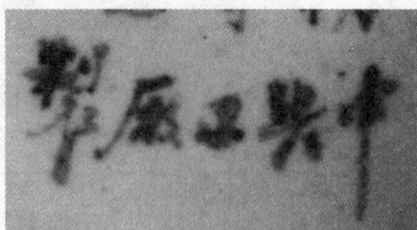

图 3 - 120 中兴工厂制

图 3 - 121 中兴公司制造

8. 德心公司款

图 3 - 122 德心

图 3 - 123 德心工厂

9. 裕宽公司款

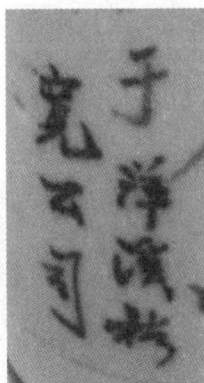

图 3 - 124 裕宽公司

图 3 - 125 裕宽公司造

10. 五美公司款

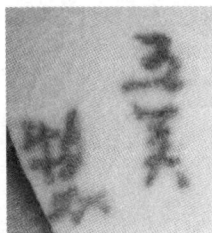

图 3 - 126 五美制

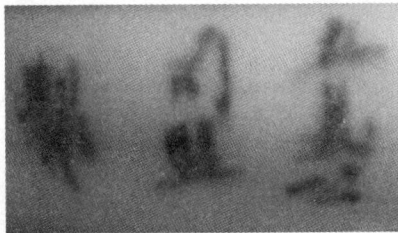

图 3 - 127 五美公司监制

11. 裕记公司款

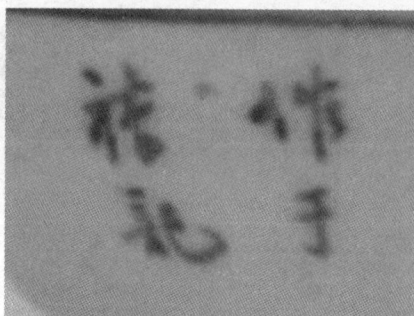

图 3 – 128　裕记

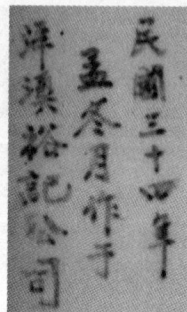

图 3 – 129　裕记公司

12. 福记公司款

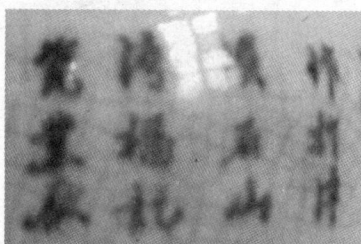

图 3 – 130　福记瓷业厂

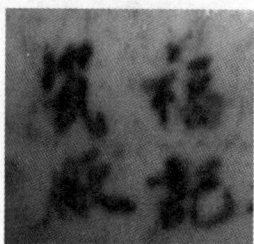

图 3 – 131　福记瓷厂

13. 维山水口瓷厂款

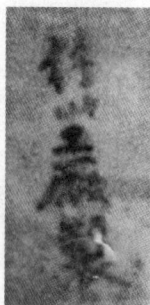

图 3 – 132　维山工厂制

14. 半山楚宝公司款

图 3 - 133 半山楚宝公司制造

15. 半山瓷厂款

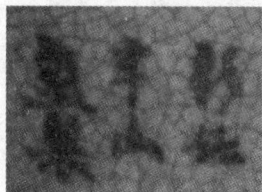

图 3 - 134 新化半山监制

三、洋溪瓷业对周边的辐射与影响

洋溪瓷业技艺从 20 世纪 50 年代初开始明显向外辐射。据初步调查，除直接影响周边新化、冷水江、新邵、隆回外，还远至洪江、新宁、新晃、芷江、泸溪等县市。

1. 罗洪瓷厂

该厂所处之地原属新化县永固镇镇北乡，后划归隆回县后，今属罗洪乡上罗洪村 22 组。原瓷厂厂房及窑炉位置，今已分别为该村村民邹楚信与罗晓葵所住房屋的地基。

瓷厂开办于 1958 年，厂长为黎步新，初建厂时为 5 孔窑炉，技术力量主要来自洋溪窑业，请的是洋溪师傅杨朋贤等，后来还有当年在德心公司学徒的杨旭贤也来该厂当师傅；厂里也派有一批人员（六七人）去洋溪华新瓷厂学徒；易显栋就是其中之一，今年已有85岁，在罗洪瓷厂干了33年。20世纪60年代初，因木材短缺后异地搬迁至官树下村1组唐家坡而改烧煤窑，后因运煤困难又搬迁至官树下村1、2组结合地开办；瓷厂人员最多时达100多人，至20世纪90年代后罗洪瓷厂停办。下面这只碗（图3－135）为杨旭贤退休后在罗洪瓷厂为自己私做的碗。该碗即可看成罗洪瓷厂的产品，也可视为原"德心"公司"八蛮"碗纹样的再现。

图3－135　罗洪瓷厂八蛮碗　内题："贺"，为杨旭贤"旭贤"二字组合的变体字

图3－136　罗洪瓷厂日用花卉纹碗上题"一九九三年"

2. 高平侯田瓷厂

高平，为今隆回县高平镇，远至三国东吴孙皓宝鼎元年（266）就分昭陵置高平县，高平之名沿用至今，历史悠久。1949年前属新化县永固镇，1952年划入隆回县，1956年为大桥边办事处，1958年为高平人民公社，1961年改大桥公社，1984年复设大桥乡，1985年为高平镇。

高平侯田瓷厂位于高平镇侯田彭升村6组。瓷厂是由原来的硫黄厂改造而来，开办时间为1959年，厂长为袁征乾，师傅有洋溪的欧芩生（主要技术人员）、杨彦山（制泥人员）等，会计有杨亲信。该厂还曾派出本厂部分员工去华新瓷厂当学徒，最多时达40人，其中邹丽华就是其中之一；邹丽华学习回厂后就曾担任过彩绘，擅画鱼仔碗。该厂办至1986年停产。改革开放后，厂子及住宅房卖给了曾德富，现仅存原厂宿舍一栋还保持原样。原裕和公司老板欧芩生就曾担当过该厂的技术师傅，并最终在隆回高平瓷厂退休。

在洋溪瓷业技术的支持下，隆回到20世纪70年代时，已分别在塘市、侯田、罗洪、桃花坪、高田、罗子团、滩头等地发展有陶瓷厂10余家。

图3-137　高平侯田瓷厂盖钵

图3-138　高平侯田瓷厂罐
上题"袁志波真"

图3-139　高平侯田瓷厂香炉

图3-140　侯田瓷厂盖钵
上题"理平办
（为杨理平所置办）"

图 3 - 141　1961 年高平瓷厂坛子　上题"蔡塘英置"

3. 洪江新湘瓷厂、洪江瓷厂

洪江瓷业相比新化洋溪瓷业发展较晚，大约在 20 世纪 30 年代才有瓷器的生产，最早由贺益元（醴陵人）、刘谷珊等集股所创办，公司创办于市郊滩头，名称为湘西瓷业公司，技术力量主要来源于醴陵。随后发展有新丰瓷厂（1944 年左右停办）等；到 20 世纪 40 年代由醴陵籍陶工发起组建云记公司，后演变成"云记""宋记""江记"等公司，仍为"湘西瓷业公司"旗下实体。

1950 年后，新化洋溪窑业的邹任南、邹炳南、刘谷贻等老板、技师（六人）都分别作为技术师傅支持洪江。至 1954 年，洋溪窑业的一些瓷厂师傅，如原福记公司（即前身的五美公司）等，受洪江的邹炳轩老板之请，又有十人来到洪江的新湘瓷厂支援，最终与醴陵的技师一起分别服务于新湘瓷厂、洪江瓷厂。人员今天能查实的有邹任南、邹炳南、刘谷贻、刘彦贻、欧芩生、邹孝文、邹旺生、邹福求、杨季安、杨朋先、杨彩先等一批技师（即技术师傅）；邹任南、刘谷贻、邹福求等最终都留在了洪江没有再回来。其中邹任南一直服务于新湘瓷厂直至退休，邹福求先服务于新湘瓷厂，后支援洪江瓷厂，并于 1988 年于洪江瓷厂退休。

4. 新宁瓷厂

新宁瓷厂为 1958 年创建的县办瓷厂，原址在水头唐家湾，产品主要为青花瓷碗等日用瓷，原洋溪裕和公司的老板欧芩生就曾被请去当了师傅。1970 年，瓷厂迁至观瀑村唐家，有职工 40 人；最终发展到可生产日用瓷、工业瓷、艺术瓷等 70 多个品种，职工近 300 人。1998 年初，被新加坡的一个老板收购。

5. 大同瓷厂

1958年创办于新化县水车区大同乡仙石村，由大同、仙石、清江、崇阳等四个大队合办，主要技术力量来源于华新瓷厂以及原董家桥碗厂（该厂1953年停办）；该厂大约于20世纪60年代末至70年代初垮掉，生产时间不长。所以今天当地人讲"董家桥瓷厂"，有新老瓷厂之分，老厂一般称"董家桥碗厂"，而新厂称"仙石瓷厂"。仙石之名，又称"仙人石"，因该村一块大石头上有一个大脚印而得名。据调查，"仙石瓷厂"同时又称"大同瓷厂"，从我们掌握的器物题款看很有可能该厂所处之地原为大同公社东溪大队第一生产队，今为大同6组，窑址现已成了村民的菜地，除附近能见到大批的废弃瓷片外，早已见不到窑址的痕迹。

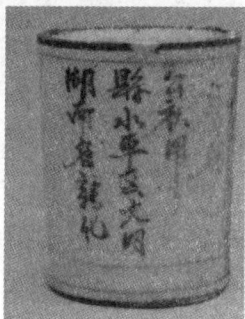

图3-142　大同瓷厂筒杯①

图3-143　大同瓷厂盖罐

---

① 该筒杯为"大同瓷厂"在20世纪60年代生产，上题："湖南省新化县水车区大同公社用 大同瓷厂 公元……年冬月"可惜年款被磨损。

6. 建新瓷厂

建新瓷厂为 1967 年 10 月，县里收回在 1963 年下放城关镇的原县办织染厂改建而成，从管理到技术人员主要都由华新瓷厂调入，因而发展顺利，次年就投入生产，逐年增加出口数量，企业也随之扩大。1970 年后，吴振球从新化瓷厂调入该厂任厂长，后曾敬威调入该厂任厂长，到何真临任新化瓷厂厂长后，还兼管着建新瓷厂；所以，建新瓷厂看上去就像新化瓷厂的一个分厂。1987 年 1 月建新瓷厂用煤气烧制高档白炽瓷成功。是年冬，获全国质量评比第一名，并获省轻工厅优秀新品种花色奖。

图 3 - 144　建新瓷厂日用瓷杯　上题"大战红五月奖"

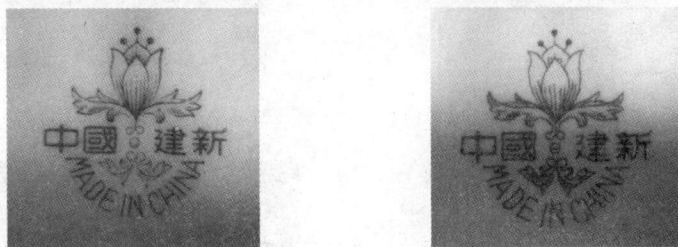

图 3 - 145　常见款识　左图为黑色，右图为棕色

图 3 - 146　建新瓷厂出口瓷盘及款识

从洋溪窑业发展起来的陶瓷技术，不但辐射影响周边县市，也有力地支援帮助于当地乡镇瓷业的发展，如燎原瓷器加花厂、洋溪镇瓷厂、工农瓷厂（1989年改名建华瓷厂）、新塘公社瓷厂、建筑陶瓷厂、长征瓷厂等；还曾延伸至学校、工厂，服务于上梅新化广大地区。如新化七中校办瓷厂、湖南省资江氮肥厂宏达公司旗下生产的系列结晶釉产品等。

图3-147　青花酒壶　上题"新化七中校办瓷厂出品 七九.元."

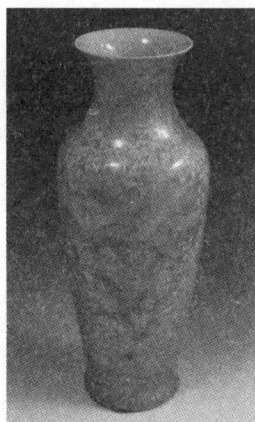

图3-148　湖南省资江氮肥厂宏达公司旗下生产的系列结晶釉花瓶

第二节　当代华新瓷厂

一、新生与辉煌

1949 年后，随着形势的变化与发展，邹承休决定率先将瓷厂交给政府管理。1951 年 11 月，县政府接管洋溪华新瓷业公司全部人员财产，计有员工 20 人左右①，厂房 3 栋，柴棚 1 栋，窑棚 1 座；由县企业科具体派员进驻，并指派张攸作任厂长，后由贺方福代理厂长（三个月）；同年冬改由邵阳专署资江工矿公司②管辖。1952 年 2 月，新的华新公司正式重组完毕，并一度改公司名称为"洋溪瓷业革新公司"；同年 6 月，上级委派吴振球负责，行使厂长职责；邹承休为技师，负责全面技术管理；并正式更名为"地方国营资江工矿公司新化华新瓷厂"，人员增至 44 人。此举早于全国（1956 年）推广工商改造举措达四年。

在邹承休的帮助下，1952 年将维新瓷厂并入，接收厂房 2 栋，柴棚 1 栋，窑炉 1 座，成为华新的一个分厂，俗称华新二厂，并指派刘仁和为厂长。两厂合并后，人员增至 85 人。1953 年接收永利、德心两公司全部人员及董家桥等其他瓷厂部分停产而失业的有技术的工人，没有收其资产。从 1953 年起，开始设立股室职能机构，计有财务、供销、生产、行政四股。1954 年接收福记③及公私合营裕和瓷厂（九月份）④。福记没有接收其资

---

① 1951 年 11 月后，县政府接管洋溪华新瓷业公司时，记有职工 20 多人、32 人、39 人、20 余人等多种说法，具体哪个数字可信，要以当时接收时的登记名单名册为准，本文暂无考证。洋溪各瓷厂人员一般最多时也只有 50 人左右。《新化县志》记载，维新的人员最多，但据原裕和、维新两瓷厂老板欧芬生的儿子欧德球、邹任南的儿子邹声鹏等讲述：洋溪瓷业，华新的人最多。而县政府在接管洋溪华新瓷业公司时，此时华新的人员只剩 20 人左右应该可信，并最终在邹承休儿子邹用吾那里得到认可。

② 邵阳督察专员公署于 1951 年 8 月，撤销"三厂（硫酸、机械、水泥三厂）"管理处而成立资江工矿公司，地委书记夏如爱兼任经理，负责管理专署财经委接收或兴建的厂矿企业，1954 年撤销。

③ 《新化县志》记载："1953 年接收永益、德新、五美三家私营因缺原料停产而失业的工人。"据本文作者考证，此处的"五美"实为"福记公司"，因"福记公司"1954 年合同到期，最后决定与华新合并，厂房、财产、人员全部并入；时间是 1954 年 6 月。据原"福记公司"老员工兼会计邹郁财说明，与"华新瓷厂"合并是 1954 年 6 月，他的工龄也是从 1954 年 6 月开始算起的，并提供了当年"福记公司"与"华新瓷厂"合并前的留影照片为证。

④ 1954—1955 年之间，人们的购买力低微，产品大量积压，导致必须减产压缩人员，在此情况下，接收合并过来的原裕和瓷厂工人，于 1954 年 12 月被转调维山（水口）瓷厂，该厂后又迁往晏家铺为新源铁厂。

产，裕和接收厂房2栋，窑炉1座。下为福记瓷厂主要人员进入华新前的一张合影照（图3-149），前排左起为：谢初兴（制碗）、邹郁财（会计兼出纳）、蔡元焜（制碗）、邹旺生（制碗），后排左起为：曾光克（制碗）、曾希民（制泥兼厨师）、邹高升（制碗）、曾初主（经理）。

图3-149　原部分福记人员并入华新前合影留念照（图片：邹郁财供）

从此洋溪周边几个主要瓷厂全部并入实现地方国营；除保留原维新瓷厂人员及生产厂址外，其余各公司、瓷厂全部合并，人员按需分配；没有接收的瓷厂、人员全部自行处置另谋他路，愿意加入华新的人员必须进行重招考试，并进行身体检查；华新瓷厂人员一下扩至149人。

1954年，随着邵阳专署资江工矿公司的撤销，厂子也由邵阳专署工矿公司下放新化县管辖，主管单位为县工业科，并改名称为"新化县华新瓷厂"；整合后的产品也由当初的粗细不均而逐渐进入统一的细瓷生产发展轨道。

同时，为了提高产品质量，规范产品技术标准，1954年，特从醴陵调汤启宁并请来十余名技工，帮助整合后的各厂师傅放弃各自传统的产品器形而专制"罗汤""三大"等通用统一器形。在此期间，也还坚持了一段时间用传统方法为锡矿山、邵阳、衡阳等多家厂矿生产工业用瓷（如冷却筒、硫酸盆、蓄电池盒等）与办公用瓷和传统民用瓷（如笔筒、墨水盒、印章、拉手、电线夹等）。

至1956年，经过调整、压缩、转行等措施，全厂总人数由149人减至

107 人。1957 年，人员总数又升至 134 人，其中管理人员 18 人①。

图 3-150　公用瓷印章　　　图 3-151　工业用蓄电池盒

邹承休毕生致力于瓷业技术的研究与产品的开拓。厂子交给国家后，70 多岁的邹承休仍在瓷厂担任全面技术管理工作②；1961 年，80 岁的邹承休主要负责原料技术的开发与管理，但每当生产上遇到困难时，他都能及时设法解决；看到的潜在问题，常能献计献策进行技术改造，其研究成果也多被采用，且效果良好。如将老式阶梯窑改为新式德化窑等，并多次获得技术革新奖励。同时，还积极鼓励他的儿女们多为瓷厂做贡献。如1954 年，在邹承休的帮助鼓励下，邹用吾(邹承休四儿子)、胡玉清等，用木头创造了一把"标准定型车坯刀"，既提高了生产效率，也活跃了群众技术革新的热潮。

1955—1956 年，华新瓷厂开始使用电力生产，在钢材奇缺的情况下，邹承休、邹善吾(邹承休五儿子)、胡玉清、邹翁祥等积极革新自制球磨机、洗泥机、榨泥机、练泥机、成型机等；都是以木代钢，基本实现了制料、成型两个工段的木头机械化。

这些看似简陋粗糙的木头机械，却为华新瓷厂后来的进一步发展及

---

① 据"华新瓷厂职工名册一九五七年"档案记载。

② 1951 年 9 月至 1960 年的 9 年间，邹承休都是主管全面技术工作，其间的 1954—1956 年，增加邹翁祥分管机械，1956 与 1957 年赵寅午、孙耀先分别调入负责彩绘，1961 年后，技术人员才逐步增强，如朱心地的原料、伍述志的机械、谭培桂的化验，还有邹海仁等。1964 年，何真临的窑炉、郭明扬的原料、高甲上的烧成、袁古松的彩绘，还有王友金、程以芳等。1965 年，明玉成的烧成、袁发人的匣钵等。

打入国际市场打下了深厚的物质、技术基础；更为重要的是这种无私奉献、勇于革新的精神深深地影响着后来的一批人。由于邹承休对新化瓷业的不朽建树和对政府政策与工作的理解与帮助，因而受到政府的高度重视，两次当选为人民代表，多次当选为政协委员，并选为政协常务委员。

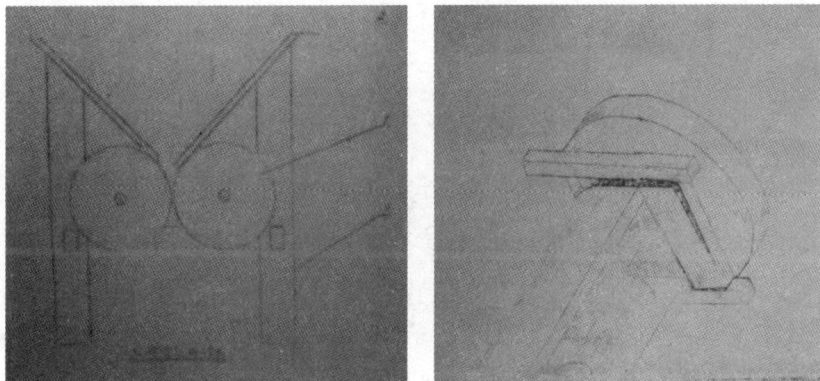

图3-152　木头石头制作的双辊粉碎机与樟木、桐木制作的通泥制练机图纸

1956年，华新瓷厂试制16种新产品获得成功，其中荷口、新丰、新美等产品开始出口，是中华人民共和成立后湖南省最先出口的第一个厂家。首批出口西餐具64箱，共计生产瓷器30720件。其他产品都由邵阳日用品站包销，产品销往邵阳地区乃至省内各地。

同年10月，厂里建立了第一个党支部，曾子清任第一任支部书记，增加胡再玉为副厂长，全厂有党员8人，团员11人。当年曾祖纯还被评为省劳动模范。

我们从当年的一份宣传学习材料就可以看出，梅山新化陶瓷工人的那种承前启后、勇于争先的精神风貌，那种梅山人特有的韧性和霸气："我们的目标是：陶瓷工业，神通广大；产品质量，畅通无阻；对内求功，出外扬名；为国争光，为民争富。我们的口号是：赛过江西，跨过醴陵；……赶上国际标准，达到世界闻名。"后来的实践证明，他们的目标还真的一度做到了。

1957年8月，由于华新的技术革新成绩显著，因而全省陶瓷行业技术革新现场会定在了华新瓷厂召开，省轻化厅崔鸿如、周万鹏等领导到会指导，景德镇、醴陵、洪江、益阳、郴州等地瓷厂，均先后派人来厂参观学习。此时，省、地对华新瓷厂特别重视，为加强技术力量，从邵阳日杂公司调来了朱翼（原名朱瑞生，又名朱亿、朱一）、赵寅午两位彩绘师傅，还从醴陵陶瓷研究所借调来了孙耀先（醴陵"孙家军"之师，孙新水之父，釉上釉下全能高手，当时正在醴陵瓷厂，同年5月借调入厂）；6月，调来了彭省吾，之前还从醴陵（1953年2月）调来了成型师傅汤启宇等。同时，厂里还派贺国珊、邹义云赴醴陵学习新的包装技术。

图 3 - 153　早期洋溪华新瓷厂手绘釉上矾红碗

图 3 - 154　1958 年洋溪华新瓷厂手绘的釉下彩山水纹大口杯

1958 年，华新瓷厂研制的"62165#"坯料配方生产的薄胎酒具（每套一盘一壶四杯），在南京召开的全国第三次陶瓷会议上展出，以其"薄如纸、白如玉、响如铮、明如镜，万里无云"的质量被中央与专家评为全国第一①。

---

① 据原瓷厂工会主席罗福初叙述，此套酒具后作为礼品由周总理赠送给了外国领导人，画面图案由孙耀先所绘，为釉下彩。上级给出的评语是："薄如纸、白如玉、响如铮、明如镜，万里无云。"

当年，共承制出口"罗汤""八寸深盘"瓷器任务一千箱。

图3-155 釉下彩山水纹薄胎碗

1959年，华新瓷厂的管理机构在原来四个股室的基础上，增设了劳资、技术二股。当年，邹承休与儿子邹善吾以木代钢自制的球磨机、榨泥机、匣泥制练机等多种技术改造设备，因成效显著而受到省厅的表彰。而胡玉清创制的铁木混合型坯机，也大大地提高了工效。

这一年，华新瓷厂因燃料松柴短缺，经省、地、县批准，决定将厂址由洋溪迁至县城南郊燎原村（今立新桥街23号）新建。借停产建设的机会省公司专门给了厂里两个去醴陵陶研所学习釉下彩绘的名额，最终厂里选派了李慧娟、邹传安两位同志去醴陵学习，以加强未来彩绘方面的力量。

图3-156 新彩开光花篮纹碗 上题"庆祝建国十周年展览纪念"

同年，根据上级指示，将原化溪陶瓷厂并入华新瓷厂统一管理，并将化溪陶瓷厂更名为新化县华新陶瓷厂（俗称第二分厂）；第二年（1960年），因化溪陶瓷厂主要还是适合生产陶器，因而该厂又分离出去。

此后，人民大会堂甘肃厅的专用瓷、韶山宾馆的旅游瓷，均分别由轻工部和省轻工厅安排新化华新瓷厂承制；省里并将华新与醴陵、洪江、界牌四大瓷厂列为全省4个重点出口瓷厂。

1960年10月，新厂建成投产；燃料由松柴改为烟煤。这年，厂里成立了工会委员会，有会员631人；党组织也于1959年升级为总支委员会，下设4个党支部，有党员24人，郭求生任书记，曾子清为副书记，副厂长吴振球。技术革新上，自制并推广木制半自动成型机、半自动旋胚机、木制精胚机、木制机轮上釉机及土隧道窑、隧道烤花窑、镶金机、釉下彩绘等设备近30个项目。

图3-157 印花瓷盘 上题"新化县人民委员会六〇年四月于华新"

图3-158 人民大会堂甘肃厅用瓷釉下彩茶具 底款"甘肃厅 湖南新化制"

图 3-159　黑地满花纹碗

1961 年元月，召开了首届职工代表大会，通过了职代会章程（草案），行政上制定了职能职责范围。洋溪老厂全部搬至新址，正式挂牌为"新化县华新瓷厂"。刘志群任书记，曾子清为副书记，颜甫芝任厂长，吴振球为副厂长。

1962 年，洋溪华新老厂（包括原维新瓷厂）全部搬完，遗留的部分厂房后由洋溪区公所接管使用。当年增选颜甫芝任副书记兼厂长。

我们从下面这只碗（图 3-160）上所题的文字，就可看出当时瓷厂上下全体职工主人翁的精神面貌："把握当前形势，认清有利前途，成败在此一举。一九六二.九.廿五。东风题于质展会"。

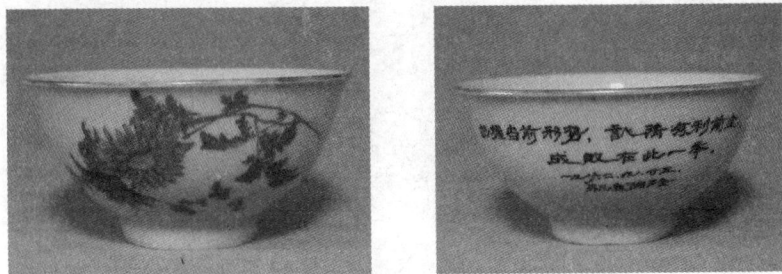

图 3-160　20 世纪 60 年代花卉纹碗

1963 年王勤任书记，李叙荃任副书记兼厂长。因国家连续三年经济困难（即俗称的"三年苦日子"，指 1959—1961 年），职工中退职回乡弃工经农人员较多，瓷厂总人数降至 396 人。

当年邹善吾配制出的 26 号釉料配方，不仅消灭了釉炸，而且改善了瓷色。

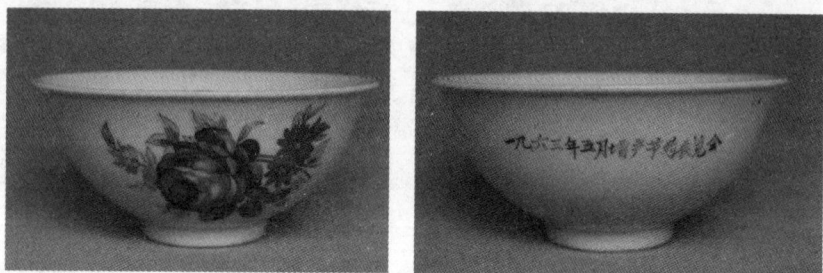

图 3-161　20 世纪 60 年代花卉纹碗　上题"一九六三年五月增产节约展览会"

　　1964 年，华新瓷厂产品全面转向出口，首次接受加拿大马索公司 15 头枣型咖啡具及荷口杯盘共 48 万件的订单，年底交货 75.83 万件。后餐具、茶具系列与"丁郎"牌产品销往印尼、叙利亚、黎巴嫩、巴基斯坦等国家。

　　同年，赵寅午在省轻化厅机械工程师向公权的帮助下，设计制作"三用镶金机"，填补了省内空白①。

图 3-162　20 世纪 60 年代花卉纹碗　上题"六四年元月生产存样"

　　1965 年 1 月 22 日，邹承休去世，享年 84 岁。一位舍小家顾大家，忠诚而执着的老人离开了我们。参加追悼会的有副县长黄成林等为首的县

---

　　①　这一科技成就，于 1966 年在广州中南工交企业技术双革展览会上展出，后经省援外办改装推广到阿尔巴尼亚、阿尔及利亚等国家。

领导，原县人民政府委员、各界人民代表会议常务委员会副主席，政协副主席杨开甲①主持追悼会，以表达对邹承休一生为新化瓷业所做贡献的肯定。当年自发参加追悼会的人很多，自愿护送灵柩的群众更不少。最终邹承休的灵柩葬于仙姑寨邹氏祖山②，后来的墓碑及墓碑背面的墓志铭等字体为邹惕予所写。至今洋溪上了岁数的老人，一讲到邹承休，仍然是满嘴的"承休伯伯"。

正如早在1959年洋溪华新陶瓷厂编写的《厂简史》所记载的："新中国成立后，在党的英明领导下，华新的陶瓷工业生产正确地继承了祖国的优秀遗产，积极地发扬了美术精华。……七年来，生产了达1250万件产品，产值达80万元。不仅数量多，而且质量好，成本低，价廉物美，花色多样，已为国家建设、工农业生产、人民生活、出口等四大服务方面，做出了光辉的成绩。……陶瓷工业大显身手，大创奇迹，做出了'以瓷代钢，以泥巴换取外汇'的史无前有的巨大贡献。产品质量已经赶上了我省闻名的瓷都——醴陵，接近了全国著名的江西景德镇。基本达到了中央提出的标准。而且瓷质已跃居全国第一。"

就是这年(1965年)，广州春交会上瓷厂承担了澳大利亚36头西餐具3万套的订货，成为全国13家出口瓷厂中，生产成套西餐具的第一家。至1966年，年平均出口率80.35%，在全省同行业中名列前茅。

当年三月，省外贸、省轻化厅核定华新瓷厂出口瓷新品种价格：

18头餐具：白胎6元(6.00元)，贴花加工2元7角(2.70元)；

30头餐具：白胎13元4角(13.40元)，贴花加工7元(7.00元)；

36头餐具：白胎20元(20.00元)，贴花加工9元8角(9.80元)。

从这年起，华新瓷厂隶属县轻工局管辖。同时，内销产品仍由县日用品公司(土产公司)包销。

---

① 杨开甲，字迁年，新化炉观乡横岭村人；生于光绪二十二年(1896)11月，逝世于1973年十二月初九日，享年77岁。民国六年(1917)东渡日本，民国十年(1921)考入日本第一高等学校预科，一年后分配至九州熊本第五高等学校学习；毕业后，考入京都帝国大学(今京都大学)，民国十七年(1928)京都帝国大学法律系毕业回国。先后担任上海交涉署秘书、国民政府考试院编译局编译、襄试委员、国民政府行政院外交部亚洲司研究室专员。曾任过朝、日两国外交官。民国二十八年(1939)起，先后应聘广东中山大学、湖南大学法学院教授。后告病回乡。新中国成立后，以开明人士先后任新化县人民政府委员、各界人民代表会议常务委员会副主席、县政协副主席、县文教科副科长、县卫生科科长、新化县立简易师范学校校长等职。

② 墓穴原被盗墓分子所盗，因而在1986年对墓穴墓碑等重新加以修整加固。

值得提出的是，自 1959 年毛泽东主席回韶山后，全国人民及海外朋友参观韶山的热情很快升温；因此，瓷厂根据上级对韶山旅游瓷与宾馆高档瓷的要求，1964 年分别从上梅中学与温塘中学调袁古松（曾就读于杭州国立艺专）、邬惕予等到新化瓷厂，以增强开发韶山瓷与出口艺术瓷的人才需要。另还从新化师范调林鹿鸣①来厂，以加强彩绘方面的人才需要。工艺上也有特殊的处理，如泥料制作全部禁用铁器与机械加工，都是采用木碓舂成，此法虽费工又费力，却能有效减少铁含量，而且黏性好。

1966 年 4 月，华新瓷厂召开了第二次职工代表大会，通过了《开展技术革命、技术革新》的决议，以及《操作规程》《岗位责任制》《计时综合奖发放办法》等。为确保质量，取消了制料、烧窑、装码、出窑、装坯、制匣钵、揉矿、运输等组的计件工资制，一律实行计时工资制。

特别是 1966 年 6 月 18 日至 6 月 28 日，毛泽东主席在韶山滴水洞曾居住了 11 天。在此还召集了湖南省委、湘潭地委、韶山管理局、韶山公社党政负责人会议。这一切都更进一步加强了对韶山的重视与管理，省里对华新瓷厂开发生产的韶山旅游瓷的质量也有了更高的期盼与要求。

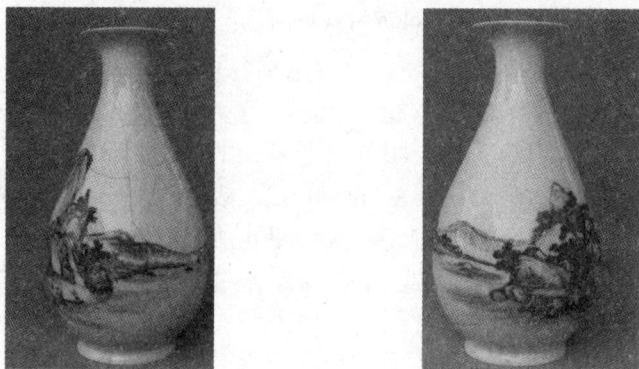

图 3 - 163　高档薄胎釉下彩通景山水陈设瓷

----

① 林鹿鸣（科班出身），曾为新化师范学校美术老师，因韶山瓷与出口瓷的需要调来瓷厂。他擅长纸画，特别是青绿山水。其中创作的《钓》《渡口》《戽水》《女民兵》《穿针》《修简车》等木刻作品分别参加省一、二、三届美术展览，有多件作品获奖。林鹿鸣调瓷厂几个月后，因不适合瓷器绘画，后又调回新化师范学校。"文革"期间，因一张大字报而遭批判，后在含愤惊恐中上吊自杀，深感遗憾。

图 3 - 164　韶山旅游瓷礼品茶壶　上题"参观毛主席旧居韶山留念"

图 3 - 165　韶山旅游瓷碗　上题"参观毛主席旧居韶山留念"

　　这一时期华新瓷厂的款识一般为印款或手写，还有少量模印等。常见的有青花、绿彩、红彩、墨彩、戳印素色等，时间为 1952 年—1968 年 3 月。详见图 3 - 166 ~ 图 3 - 185。

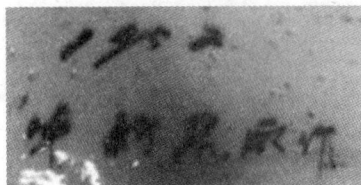

图 3 - 166　款识　　　　图 3 - 167　款识　　　图 3 - 168　款识

图 3 - 169　款识　　　图 3 - 170　款识　　　　图 3 - 171　款识

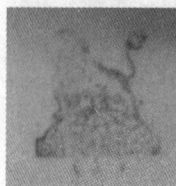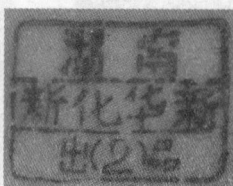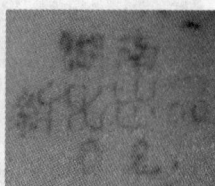

图 3 - 172　款识　图 3 - 173　款识　　图 3 - 174　款识　　图 3 - 175　款识

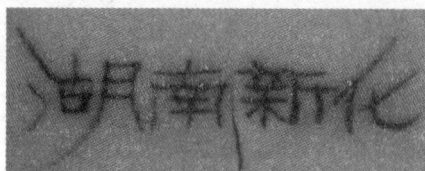

　　图 3 - 176　款识　　　　　　　图 3 - 177　款识

　　图 3 - 178　款识　　　　　　　图 3 - 179　款识

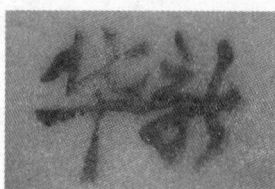

　图 3 - 180　款识　　　图 3 - 181　款识　　　图 3 - 182　款识

　图 3 - 183　款识　　　图 3 - 184　款识　　　图 3 - 185　款识

第三节 新化瓷厂

一、华新的转身与发展

1966年9月8日，华新瓷厂向县人民委员会提出《关于更改"厂名"的报告》，将厂名"华新瓷厂"更改为"新化瓷厂"。同年10月，经上级批复：同意原"华新瓷厂"改为"新化瓷厂"。瓷厂总支委员会于同年11月15日正式启用新印鉴。

当年试制成瓷釉下贴花(属釉中彩)新产品获得成功，此项工艺技术于1974年被列为全省重要科研成果之一。

1967年，赵寅午设计制造的"五线宽边镶金机"获得成功。

当年新产品"品锅"(图3-186、图3-187)投产问世，深受喜爱。

图3-186 荷口品锅1

图3-187 荷口品锅2

1968年，按上级指定，中央投资4万元，开辟毛主席像章工场；当年12月，共敬制毛主席像章83万多枚。得到"省像章办"通报表扬："给全省'拥军爱民'像章敬制单位做出了榜样。"邵阳地委也通报表扬："你厂敬制的毛主席像章深受国内外广大革命人民的热爱，……我们向你们表示热烈的祝贺！并致以无产阶级文化大革命战斗的敬礼！"当年生产像章大的直径一般为6.2 cm左右，小的3.2 cm左右。每个出厂的毛主席像章都套装有纸袋，纸袋正反两面一律采用红色字体，正面分别印有"毛主席像章 中国·湖南 新化瓷厂""中国·湖南""湖南·新化"等字样，背面分别印有毛主席语录，如"领导我们事业的核心力量是中国共产党。指导我们思想的理论基础是马克思列宁主义。""全世界人民更紧密地团结起来，向着我们的共同敌人美帝国主义及其帮凶们发动持久的猛烈的进攻！"等。

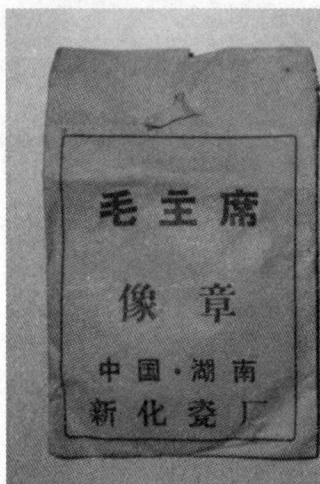

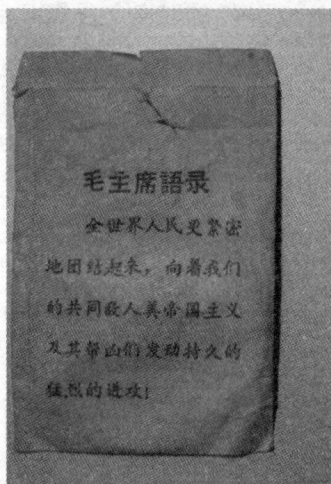

图 3-188　新化瓷厂毛主席像章纸袋正面　　图 3-189　新化瓷厂毛主席像章纸袋反面

图 3-190 至图 3-201 为新化瓷厂精心生产的毛泽东主席从青年到"文革"各个时期的标准像章款识，从我们现有收集整理的情况看，有各种装饰设计款式 80 多种，像章款识 10 种以上。如"新化瓷厂""☆新化瓷厂""湖南省新化瓷厂""中国湖南 7""湖南 7""新化县革命委员会中国人民解放军新化驻军""湖南省革命委员会中国人民解放军湖南驻军""拥军爱民邵阳地区革命委员会赠""湖南省展览会新化 1 号、2 号、3 号"等。

图 3 - 190

图 3 - 191

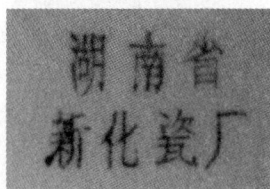

图 3 - 192

图 3 - 193

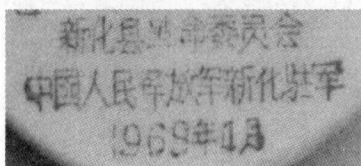

图 3 - 194

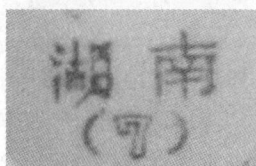

图 3 - 195

图 3 - 196

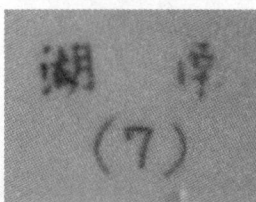

图 3 - 197

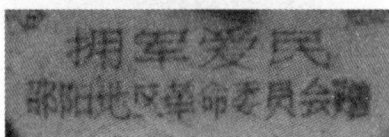

图 3 - 198

图 3 - 199

图 3 - 200

图 3 - 201

图 3 - 190—图 3 - 201 像章款识

20世纪90年代初，为申办2000年奥运会，由新化瓷厂厂长何真临在北京开会期间与中央党校签订制作的一批邓小平瓷像章，数量有数万枚，后因购销合同未履行而积压在厂，没有公开发行。

进入20世纪70年代，在常用工业陶瓷的基础上，新化特种工业陶瓷异军突起，先后有无线电器材厂、电子器件厂、电子瓷件厂、高频瓷厂等特种工业陶瓷相继成立，并从此开始创造了后来的新化电子陶瓷的又一个辉煌。

1971年，新化瓷厂组织了三结合技术革新小组（人员为10人），自制修鱼盘机和水壶注浆机，解决了快速釉坯与荷口自动制边等技术难题，大大提高了工效，改善了质量。

同年9月，与县农资公司签订了瓷器购销协议，凡不符合出口标准的白瓷、花瓷，统由农资公司全部包销。

1972年，由何真临设计的隧道窑投产，并着手修建隧道锦窑一组。大力推广使用隧道窑、落地车床、成型流水线等八大革新项目。

当年在袁古松老师的努力下，试制出红色娘子军、嫦娥奔月台灯、凤壶等瓷雕新产品，厂里试产的金鱼糖缸、新丰茶具、釉下山水等20余种新产品获得成功。

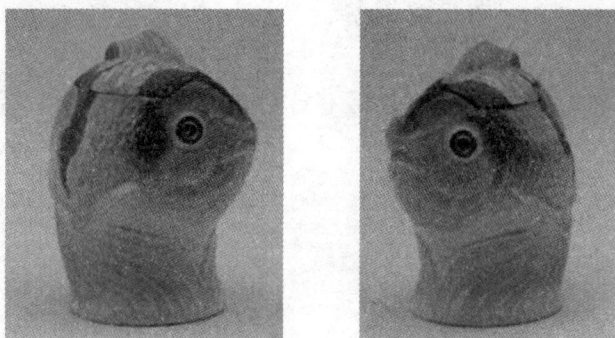

图3-202　金鱼糖缸

1973年，全面推广釉上五彩、釉下五彩、结晶釉、颜色釉、瓷雕加色釉等新工艺。曾敬威①研制的结晶釉②花瓶曾被选送北京展览。

其中袁古松创作的《红色娘子军》英雄人物吴清华瓷塑作品，被选送北京参加第二届全国工艺美术展览会展览，获得国内外好评，并被拍成影像特写镜头在全国放映。

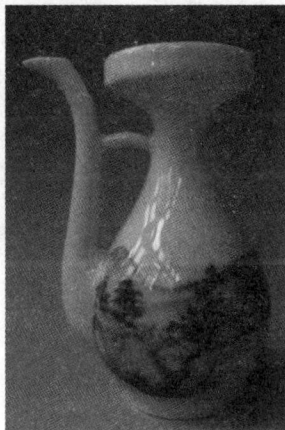

图 3－203　釉下彩酒壶

图 3－204　结晶釉糖、茶罐

1974 年，彩绘车间竣工投产。自制的洗花干燥器、杯子施内釉机、压力多柄注浆机及荷口碟割边机等获得成效。

1975 年，新化开始修建资江大桥（现在的一大桥）。4 月，省革委批准列入基建计划，24 日成立修建指挥部，同年 6 月正式动工。

---

①　曾敬威，新化维山人，早年在维山（水口）瓷厂学徒，中华人民共和国成立后，考进华新二厂（即原来的维新瓷厂）。曾保送北京轻工学院学习一年（陶瓷班），对结晶釉研究掌握较好，在当时的省内享有一定名气。1958 年开始搞结晶釉配方，新化出口瓷的结晶釉都为他所领导研制；后为新化瓷厂副厂长、建新瓷厂厂长等。他所研制的结晶釉花瓶曾多次在国内外参展获奖，并自称有为罗盛教纪念馆等专门烧制过结晶釉花瓶。20 世纪 70 年代有作品参加中南海国际博览会展会，获得好评。

②　它是利用氧化锌或氧化钛等，在特定的高温作用下产生"窑变"，使釉内结晶出各种绚烂多彩的结晶花形图案。花形千姿百态，艳而不骄，华而不俗。

图 3-205　各式结晶釉花瓶、花插

1975 年 5 月,省外贸、省轻工业厅调整新化瓷厂生产的康丁、小新丰杯、碟的出厂价格为:

白胎:每套二角玖分(0.29 元),二级花加工费一角叁分(0.13 元),合计每套四角二分(0.42 元);

丁榔杯、碟调整为:白胎每套叁角伍分(0.35 元),二级花加工费一角叁分(0.13 元),合计每套四角八分(0.48 元)。

同年 6 月,全面完成釉下成瓷贴花新工艺技术,从此大量生产出口。后在广州秋交会上展出,受到国外人士好评,并被载入省轻纺工业主办的《科技成果汇编》。

1976 年,招收亦工亦农人员 100 名,总人数上升为 852 人。

1977 年 9 月 25 日,新化大桥竣工通车。两边护栏装饰的瓷板画就是新化瓷厂组织以邹善吾为首的创作班子所生产制作,其中绘画部分由邹宝德、潘爱民、邹传安等绘制,几块结晶釉瓷板为曾敬威制作,大桥题字瓷板"新化资江大桥 一九七六年 新化县革命委员会"与毛主席诗词、语录等瓷板为邹惕予所写。当年为大桥所专门设计生产的釉下彩瓷板画,其数量之多、工艺之新、题材之广,国内少见;共计装饰有 100 多块瓷板,尺寸一致为 40 cm×26 cm。

图 3-206　右侧下蹲的两位工作者正在规划整修瓷板画位置
（图片：瓷厂档案资料）

图 3-207　大桥瓷板画　上题"新化瓷厂外景 一九七七年五月画 宝德"
（邹宝德画）

图 3-208 大桥瓷板画　上题"中国人民海军守卫在西沙 一九七七年作于新化瓷厂宝德画"（邹宝德画）

图 3-209　大桥瓷板画　上题"新化资江大桥 一九七七年五月 新瓷 潘爱民作"（潘爱民画）

图 3 - 210　大桥瓷板画　上题"神鹰 一九七七年 新瓷 爱民"
（潘爱民画）

图 3 - 211　大桥瓷板画　上题"山鹇红梅图 一九七七年五月画于新化瓷厂 传安"
（邹传安画）

图3-212　大桥瓷板画　上题"林海朝晖 一九七七年元月画 传安"（邹传安画）

图3-213　描金毛泽东语录大桥瓷板①（邬惕予写）

---

①　本文所有大桥瓷板画除此照片为本人摄制外，其他原件都为朱佛郎摄影。此瓷板语录原文为："我们中华民族有同自己的敌人血战到底的气概，有在自力更生的基础上光复旧物的决心，有自立于世界民族之林的能力。"这是毛泽东主席于1935年12月27日，在陕北瓦窑堡党的活动分子会议上所做的《论反对日本帝国主义的策略》的报告中说的话。选自《毛泽东选集》第一卷156页。

图 3 - 214　邹惕予题写的大桥瓷板画　上题"惕予题并书 爱民画"（潘爱民画）

　　下面这张珍贵的照片，为以邹善吾为首的大桥瓷板画创作班子在集体讨论点评瓷板画。从左至右依次为邹善吾、邹传安、潘爱民、彭治民、邹宝德、袁九娥、曾敬威、邹惕予。

图 3 - 215　参与大桥瓷板制作的主要人员合影照（图片：曾敬威供）

1978年10月，经县组织部批准，建立"中共新化县瓷厂委员会"，下设6个党支部，有党员87人。王勤任书记，朱仁山任副书记，实行党委领导下的厂长负责制。

1979年，增任方汉祥、刘文志为副书记。同年5月，经县革委会批准，废除新化瓷厂革命委员会旧印鉴，启用新化县新化瓷厂新印鉴。从此后，原"华新瓷厂"正式全面启用"新化县新化瓷厂"的厂名。同时，在原来6个股室的基础上又增设政工、质检二股室，试制组改研究所。当年招收集体工220名，总人数增至962人。

1980年，成立全面质理管理TQC办公室，下辖质检股，各车间成立QC小组。当年，肖伯华任书记，朱仁山、刘文志为副书记，刘仁和为副厂长（缺厂长书记负责）。同年，正式成立陶瓷研究所，并试制出"新谊""新丽""新艳"三套22头餐具；生产的台灯座、壁灯座等10多种瓷塑美术作品共计8万件。同年，在塞浦路斯国际博览会上展出的结晶釉花瓶，竟使不少参观的外国友人惊奇得目瞪口呆。

图3-216　松鹤装饰图台灯

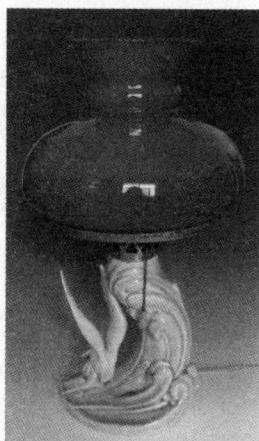

图3-217　海鸥瓷塑台灯

"宝黛读西厢"组合瓷塑作品，获地区第三次质量月"地方名牌产品"称号。

1981年，职工总人数突破千人大关（为1093人）。当年，刘化之任书记，唐孝炎、朱仁山为副书记，刘仁和为副厂长。同年生产高档瓷45头、90头新美西餐具635万件出口美国，并获涟源地区科技成果三等奖，还获

图 3-218 宝黛读西厢组合瓷塑

得省轻工业厅科技成果三等奖;该产品后分别被评为省地四新优质产品。

1982 年,刘化之为书记、陈政球为副书记,彭志霄任厂长,刘仁和、刘颂岳为副厂长。

同年 11 月,"大狼狗"被评为省轻工局优秀新产品奖,该产品于 1988 年还获得轻工业部出口产品铜质奖。

1983 年,管理机构进行了增设调整,增设的有保卫股、福利股、人武部、计划生育办、企业整顿办,政工股改人事股。职工总数为 1150 人。

金星釉产品系全国首创,并于 20 世纪 80 年代初曾被评为一等奖,饮誉中外。曾敬威组织研究生产的结晶釉产品与景德镇产品并驾齐驱,且花色品种之多,堪称第一。

同年六月,邹善吾等六位(邹善吾、刘支光、邹文命、李家林、邹宝德、邹传安)科技人员因设计开发 90 头对美出口西餐具的成绩而获得省厅三等奖。

当年新建艺术瓷车间,组织"一条龙"生产。

12 月,王本球任副书记主持党委工作,副厂长有刘颂岳、曾令书、曾敬威。

1984 年，压缩亦工亦农人员 50 余人，职工总人数为 1096 人。股室改科室，福利股改行政科（后又改为生活福利科），劳资股改为劳动人事科，质检股改为质管科，保卫股改为安全保卫科，企整办改为企管办，增设设备动力科、厂长办、党委办。

当年，90 头餐具，被省轻工厅评为优秀新产品，并荣获一等奖。

1985 年 2 月何真临[①]通过二届四次职代会，以全票 78 票得 73 票当选为厂长。厂里提出"艺术瓷日用化，日用瓷艺术化"的经营理念，大力生产艺术瓷。当年副厂长为刘勉之、刘支光。

其中潘爱民主持生产的白胎花插系列产品广销德国、法国、荷兰等 10 多个国家。

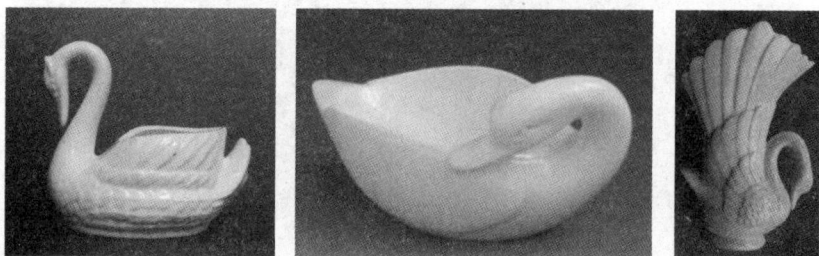

图 3-219　天鹅花插系列产品

图 3-220　海螺花插系列产品
（图片：瓷厂档案资料）

图 3-221　器皿花插系列产品
（图片：瓷厂档案资料）

---

① 何真临，江西丰城市人，1964 年省轻工学校毕业后分配新化瓷厂任技术员，1982 年任窑炉工程师，后任副厂长、厂长。1979 年，新化县人大代表，1983 年起，为省硅酸盐协会会员、热能学会会员，1984 年起，娄底地区轻纺学会副理事长，1988 年起，省企业家协会会员，1987、1992 年两届全国人大代表。1995 年年底，调省轻工厅任副厅长。

4月，召开三届二次职代会，通过了"压缩增产"方案。

7月，72米新隧道窑投产。

8月，刘颂岳任党委副书记主持党委工作。

10月，湖南省委书记毛致用一行抵县并视察新化瓷厂。后来前后陆续有省委熊清泉、王茂林、刘夫生、周伯华、刘正、郑培民、文选德、陈邦柱、余海潮、唐之享等许多领导来厂视察指导工作，前后还有省里与陶研所及各厂的领导、高手、名家来厂交流、指导、学习，如林家湖、郭玢、王留仙、陈扬龙、邓景渊、罗景炘、高延芳、汤清海、王金星、孙新水等，有的还在相互的交流学习中创作了一批互赠作品。

图3-222 熊清泉一行视察瓷厂时参观陈列室（图片：瓷厂档案资料）

图3-223 王茂林一行视察瓷厂时参观陈列室（图片：瓷厂档案资料）

图3-224 刘夫生一行视察瓷厂时参观陈列室（图片：瓷厂档案资料）

图3-225 陈邦柱一行视察瓷厂时参观陈列室（图片：瓷厂档案资料）

图3-226 刘正一行视察瓷厂并题字
（图片：罗福初供）

图3-227 佘海潮、唐之享一行视察
瓷厂（图片：罗福初供）

图3-228 弘征考察参观瓷厂时
题词（图片：罗福初供）

图3-229 王金星考察参观
瓷厂时作画（图片：罗福初供）

图3-230 省作协副主席、著名作家谭谈等作协17人参观新化瓷厂
（图片：罗福初供）

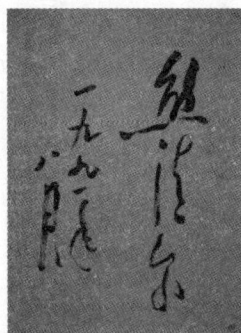

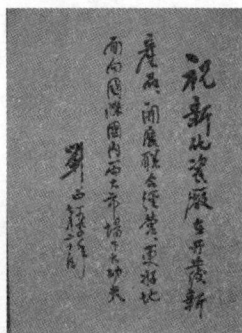

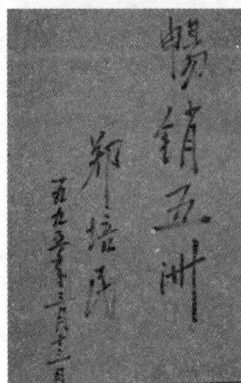

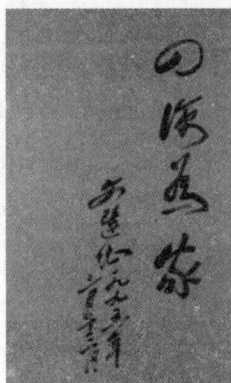

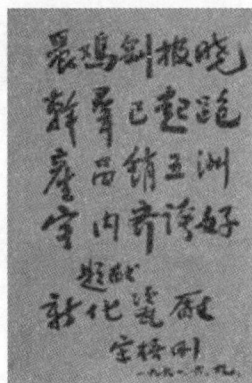

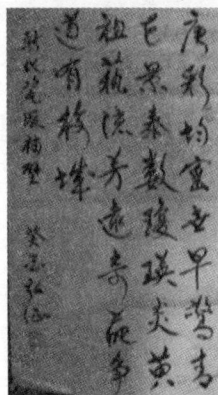

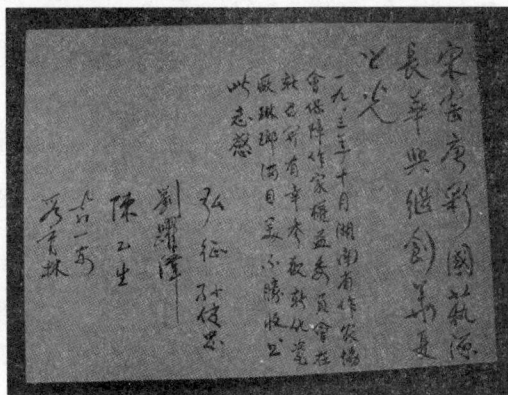

图 3 - 231 各级领导与文化艺术界名家参观新化瓷厂后留下的部分题词

其中刘正在1990年还给新化瓷厂题写了"改革创新，走向世界"的横幅。另有部分艺术家在新化瓷厂交流创作了部分书画作品，如邓景渊、高延芳、汤清海、王金星等。图3-232与图3-233为邓景渊、高延芳、汤清海等不同时间在新化瓷厂交流创作的部分山水书画作品。

图3-232　邓景渊在新化瓷厂交流创作的山水书画作品

图3-233　高延芳、汤清海在新化瓷厂交流创作的山水书画合作作品

罗景炘在新化瓷厂与袁古松、潘爱民等共同创作的雕塑作品：雷锋、欧阳海、罗盛教等。

同年冬，瓷厂自己成立销售服务部，减少了中间环节，结束了由商业部门包销的历史。

1986年，增设全质办、计量办。6月，县轻工局任命刘勉之、刘支光为副厂长，分管生产与技术。

9月30日，举行了首次"厂庆"活动，盛况空前。

1986年，产品品种在上半年试制165个新产品的基础上，又推出179个新花样；特别是艺术瓷，在广交会上独占鳌头，外商争相订购，全年成交额达460多万元，产品打入欧美、东南亚三大国际市场。

90头新美餐具，1986年上半年美商一次订货60多万件，智利商人订货270万件。

1987年，增设综合档案室、经济监察队。当年1—7月，艺术瓷订货成交额达820万元。全年总产值达到926万元，总产量1339万件，出口量1024万件，销售收入873万元，利润突破200万元，达202万元。

9月30日，举行了第二届厂庆大会，省电视台播放了大会实况。

这一年，白四方杯获得同行业评比二等奖。"陈设艺术瓷"系列获省轻纺优秀"四新"产品特别奖。

当年底，改革劳动用工制度，招收合同制全民工44人，全厂职工总人数实为1163人。

1988年，何真临兼任书记。同年国家科委将新化瓷厂开发的实用艺术瓷，列为国家星火计划；产品远销欧、美、东南亚的20多个国家，所有产品共销往40多个国家；新化瓷厂成为湖南省最大的艺术瓷生产基地，并一度成为全国艺术瓷出口的最大厂家。同时，还开始主动对内销售，并设立了内销瓷经销服务部。

其中天鹅花插与海螺、田螺花插系列产品获得轻工业部优秀出口产品银质奖。

图 3 - 234　部颁新化瓷厂的铜质奖牌

图 3 - 235　部颁新化瓷厂的银质奖牌

图 3 - 236　德国客户哈布列巳
　　　　　在新化瓷厂

图 3 - 237　美国客户布朗在新化瓷厂
　　　　　（图片：罗福初供）

图 3 - 238　外商在新化瓷厂商讨订货

图 3 - 239　瓷厂组织的招待外商舞会
　　　　　（图片：罗福初供）

图 3 – 240　新化瓷厂 1988 年"瓷魂"节目参加省电视文艺晚会
（图片：瓷厂档案资料）

图 3 – 241 为参加省电视文艺晚会的部分人员合影照，照片人员左起有：钟珊、杨小梅、魏春芳、袁新红、李春波、刘艳萍、刘慧凤。

图 3 – 241　参加省电视文艺晚会的部分人员合影（图片：瓷厂档案资料）

原新化瓷厂书记王本球曾向《长沙晚报》记者介绍说：有一位美国瓷商参观新化瓷厂陈列室后，竟拍着胸脯愿出 100 万美元买下这些瓷器，却被瓷厂婉言拒绝了；最终他只好抱着一个大结晶釉花瓶摄影留念，聊以慰藉自己的爱慕之心。

当年新化瓷厂陈列室展出的产品有 700 多种，按类型及用途可分成五大块，即陈设艺术瓷（包括礼品瓷与奖品纪念瓷）、观赏与实用相结合的实用艺术瓷、传统日用瓷、工业用瓷，以及早期还陈列过原华新瓷业公司的少量民国陈设瓷器与日用瓷器，如"八仙过海""益寿延年"等陈设花瓶及碗、杯、酒壶等日用瓷。当年，常有省地领导及各界名流来新化瓷厂陈列室参观、指导、学习。

图3-242　新化瓷厂陈列室(图片：瓷厂档案资料)

二、新化瓷厂的主要产品

1. 陈设艺术瓷

中国的传统陶瓷一般分为日用陶瓷、工艺陶瓷、陈设陶瓷三大类。

所谓陈设艺术瓷，就是对陈设瓷的进一步属性概括，强调它的用途主要是满足于美的观赏，陶冶的是精神与艺术的情操，这既包含了纯粹的艺术瓷，如古今写实与抽象的各种人物(如新化瓷厂生产的碧玉绣花、精卫填海、青春风采)与动物瓷塑(如狗、长颈鹿)等，同时还包含有一部分精美的工艺品瓷器(如金星、结晶釉赏瓶)与复制的各种外来精美的陈设瓷器(如维纳斯、大卫)；还有仿古瓷器等。

图 3 - 243　山妹(图片：潘爱民供)

图 3 - 244　巫山神女

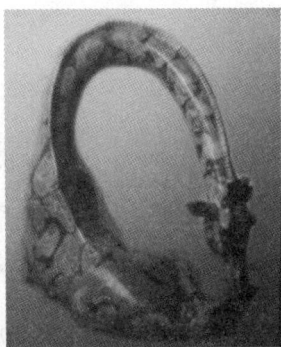

图 3 - 245　长颈鹿(图片：潘爱民供)

图 3 - 246　天使乐队

图 3-247　女娲补天

图 3-248　精卫填海

图 3-249　东西方差异之裸体系列

图 3-250　东西方差异之裸体系列

图 3 - 251 国外瓷塑人物

图 3 - 252 蚌仙

图 3 - 253 弼马温(图片：刘志平摄)

图 3 - 254 龙系列作品之一

图 3 - 255 快乐的小老鼠

图 3 - 256 狗系列

图 3 - 257 马系列

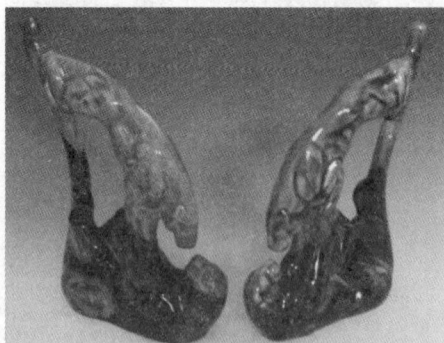

图 3 - 258 色釉下山豹

图 3 - 259 鹰(图片:潘爱民供)

图 3 - 260　雏鹰面世（图片：瓷厂档案资料）

图 3 - 261　鹭鸶

图 3 - 262　鹤系列作品

2. 实用艺术瓷

所谓艺术瓷，即融入了艺术家的创作思想与美学观念，强调了个性理念的作品，就可以称为艺术瓷；而既有艺术性又有日常实用功能的作品就是实用艺术瓷。实用艺术瓷的基本特征是在具备艺术美的前提下必须要有日常使用功能。

图 3 - 263　色釉羊形酒壶　　　　图 3 - 264　结晶釉羊形酒壶、酒杯

图 3 - 265　仿生牛角盛酒器　　　　图 3 - 266　金童玉女盛酒器

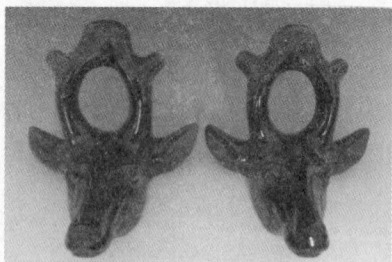

图 3 - 267　装饰(花插与衣帽)挂件

图 3 – 268 马上发财蓄钱罐

图 3 – 269 小丑蓄钱罐

图 3 – 270 鸡婆和合器
（图片：潘爱民供）

图 3 – 271 鸳鸯和合器

图 3 – 272 各种筷具系列（筷子架）

3.传统日用瓷

　　日用陶瓷,顾名思义是指人们日常生活中必不可少的生活用瓷。它是随着人们对日常生活的需求而产生的,如我们常用的各种餐具、茶具、咖啡具、酒具等。

图 3 – 273　日用瓷杯

图 3 – 274　日用瓷碗

图 3 - 275　日用瓷碟

图 3 - 276　日用瓷盘

图 3 - 277　日用瓷壶

图 3 - 278　茶糖罐　上题"春风杨柳万千条　六亿神州尽舜尧"

图 3－279　茶叶罐（图片：刘志平摄）

图 3－280　鸭池

4. 纪念瓷

陶瓷发展到今天，按用途来分已更加细化，大致可分为工业陶瓷、建筑陶瓷、卫生陶瓷、日用陶瓷，还有陈设艺术陶瓷（包括实用艺术瓷）、纪念礼品陶瓷等六大系列。纪念陶瓷古时既有，严格来说是到晚清民国时才开始大量出现，就是这样当时也没有很明确的纪念瓷概念，所以说它是后来兴起的一种创新陶瓷产品。纪念瓷，是指那些承载了纪念意义的瓷器，如纪念某个人（张三或李四）、某件事（大到国家地区事件、庆典、节日、会议，小到婚丧、生日、聚会、散伙等）或某段个性交往与感情事件，等等。所以这类陶瓷一般都是定制的产品，自然具有特定的纪念意义。

图 3 – 281　吴青华

图 3 – 282　罗盛教(图片：瓷厂档案资料)

图 3 – 283　跨世纪 上题"1999—2000"

图 3 – 284　校庆纪念赠品

5. 礼品瓷

礼品瓷，是指用来馈送他人的瓷器，也就是人和人之间（或单位与单位之间、国家与国家之间）相互赠送的物件之一。不是所有被送出的瓷器都可以称礼品瓷的，如你家少碗缺杯，或我有多余的送你一两件，这不叫礼品瓷。礼品瓷是送礼者为表达善意与敬意，甚至于是为了取悦对方而精心挑选或专门制作的瓷器，才算是礼品瓷，这种馈赠形式古来有之。据

《礼记》载:"礼尚往来。往而不来,非礼也;来而不往,亦非礼也。人有礼则安,无礼则危。"这是人类社会生活中不可缺少的一项很重要的交往内容。社会对于馈赠形式与内容的诠释,倡导的是善意和心意,所以才有"千里送鹅毛,礼轻情义重"的社会认知、认同与倡导。被赠送的礼品只是送礼者向受礼者传递信息、情感、意愿的一种载体,礼品本身不一定是真正的目的。

光盅杯为20世纪50年代末生产,该杯曾获全国白度评比第一名(一等奖)的产品实物,为邹用吾全手工拉坯制作,当年只做了几个,送展评比两个,这样的东西一旦被馈赠,自然就成了理想的礼品瓷。

图3-286花瓶为朝鲜民主主义人民共和国政府送给罗盛教纪念馆的花瓶,原件已珍藏,图为原件的复制品。

图3-285 光盅杯

图3-286 镂空花瓶

结晶釉赏瓶生产于 20 世纪 70 年代，并于 1980 年曾选送地中海东部的塞浦路斯参展，获得好评。

图 3－287　结晶釉赏瓶

图 3－288　手绘釉下彩礼品酒具

图 3－289　手绘礼品碟（茶杯托）

三、新化瓷厂的终结

至 1989 年，全县共有日用瓷厂 6 家①，建筑陶瓷厂 2 家②；出口瓷厂

---

① 分别为新化瓷厂、建新瓷厂（从原县办织染厂改建，1968 年投产）、燎原瓷器加花厂（1971 年）、洋溪镇瓷厂（在原中一大队石山湾，1970 年建成投产，有职工 35 人，原料来自原大田公社的瓷土。建厂之初首先生产工业用瓷——瓷环，全部销往湖南省资江氮肥厂；次年开始生产日用瓷，主要产品为碗、杯、碟、调羹等，几乎全部手工制作。1986 年 10 月窑炉改造为推板窑，各种制瓷设备基本齐全，厂房从原来的 600 平方米扩建至 1900 多平方米。至 1989 年年底，有职工 73 人）、工农瓷厂（1974 年从县化工一厂转过来，1989 年改名建华瓷厂）、新塘公社瓷厂（1978 年）6 家。其中洋溪、工农、新塘均主要生产日用瓷。

② 建筑陶瓷厂、长征瓷厂 2 家。主要生产建筑陶瓷。

增至 3 家,出口产值占全部产值的 61.5%。而大头是新化瓷厂。从此,新化瓷厂开始走入巅峰。

1990 年后,新化瓷厂隶属县经委管辖。

当年华新瓷厂(包括后来更改了名称的新化瓷厂)获奖无数,并多次获得省(部)、地区、县的奖状、奖杯等,如下面的一只,上题"一九八四年度优秀新产品 湖南省轻工业厅赠"。

图 3-290 省轻工业厅赠奖杯

1991 年 8 月,省陶协第二届第二次理事会在新化瓷厂召开。会上,省陶玻公司经理周万鹏、副经理方亚平、朱处长,以及石湾瓷厂喻厂长、国光瓷厂黄厚孙副厂长、新化瓷厂何真临厂长等分别在会上做了主题发言。

图 3-291 周万鹏经理
(图片:罗柏柳摄)

图 3-292 方亚平副经理
(图片:罗柏柳摄)

图 3 - 293　石湾瓷厂喻厂长
（图片：罗柏柳摄）

图 3 - 294　国光瓷厂黄厚孙副厂长
（图片：罗柏柳摄）

图 3 - 295　新化瓷厂何真临厂长（图片：罗柏柳摄）

图 3 - 296 ~ 图 3 - 297 为当年瓷厂组织的"双庆（国庆、厂庆）"活动：

图 3 - 296　厂文艺队"双庆"职工文艺
晚会女生表演

图 3 - 297　烧成车间男生合唱

图 3 - 297 中人员左起为：邹治华（或曾华平）、陈晓华、康潮东、卢玉厚、邹璞、陈远东、刘传龙（或李建新）、刘林民、曾××、肖砚田、伍鸣放。

图 3 - 298 为厂部女职工"三八"节先进个人合影照。往口漂亮的瓷厂宾馆前常有人驻足留影，可惜今已是人走楼空，楼房已残破不堪①。照片人员前排左起为：邹华兰、陈益群、周丽萍、王友金、康安娜、邹思源、刘梅玲、刘慧凤，后排左起为：袁云娟、曾平英、杨玉华、秦云娟、李桂香、邹运贞、刘锡娟。

图 3 - 298　厂部女职工"三八"节先进个人合影（图片：瓷厂档案资料）

1995 年年底，何真临调省轻工厅任副厅长后，瓷厂书记兼厂长为刘勉之，副厂长为刘支光、邹斌。

1996 年，书记兼厂长刘勉之，副书记邹联洪，副厂长刘支光、邹斌、李松青、刘助良。随着1994 年以来艺术瓷市场的疲软、产品的积压，以及随后的开发项目的失败，当年的厂子已到了拖欠工资的地步。当年 3 月，厂里实行改制，组建艺术瓷分厂和第一分厂，随后一直是勉强维持运行。

1997 年书记为邹联洪，厂长为邹斌。1999 年 12 月，原新化瓷厂华新创艺瓷分厂和一分厂分别买断，2000 年华新创艺瓷分厂后改为湖南省新化创艺瓷业有限公司，一分厂改为新化县新华瓷厂。两厂后来都搬迁至新

---

① 该宾馆综合楼分有三层，一楼舞厅，二楼宾馆，三楼陈列室，楼前为一小型花园，中间带一喷泉的小池，池中高昂地耸立一搏劲展双翅的雄鹰。梅山深处的这座小楼，曾分别多次接待过美国、德国、加拿大、日本、荷兰等外国朋友。该照为当年"三八"节被评为积极分子的有关人员合影。

化县曹家镇向红工业园内。

2004年9月2日，新化瓷厂经县人民法院裁定宣告正式破产。直至2007年因破产改制最后关门①。这期间分别担任副厂长的有：刘支光（当年）、李松青（到2000年）、刘助良（到2000年）、罗艳山（从1999年起至2007年）、卢玉厚（从1999年起至2007年）、刘正修（从2001年起至2007年）等。

2007年私有化后，新华瓷厂更名为新化县华洋瓷业有限公司。2010年左右，创艺瓷业有限公司因经营不善倒闭关门。

图3-299　新化创艺瓷业　　　　图3-300　新化华洋瓷业有限公司

四、原材料

1949年前，华新瓷业公司生产所需原料主要为瓷泥、瓷釉、松柴、彩料等几种。

瓷泥：取自本县茅坪、麻罗。

瓷釉：由瓷泥、长石、滑石、石英、瓷粉等自己配制而成。材料需外购。

松柴：就近选购。

彩料：外购。

---

① 破产改制自2004年6月启动，12月完成破产程序，2005年下半年进入资产处置，2007年基本完成改制任务，职工工龄计算到当年7月31日止。至2008年年底，企业破产改制任务全面完成。

1949年后，初期同前。

1959年后，柴窑改煤窑后，选自本县马鞍山的烟煤。20世纪80年代后，随着用煤量的增加，扩充到桥头河、牛马司、恩口、辰溪等煤矿，其中马鞍山煤仍占一半，辰溪煤次之。

1961年，在本县大田公社开辟杨家山瓷泥矿后，主要取自该地，但因该矿可塑性较差，从1964年起，采用本省新宁县瓷土与广西资源县瓷土搭配拌和的方法来解决使用；1972年起，又引进本省衡山县瓷土搭配使用。

长石粉：1964—1967年，采用广西资源县长石，1968年后，改用本省平江县长石粉。

滑石：1949年后，一直用本县化溪滑石配釉，1970年改用本省花垣县滑石，1983年后，改用攸县滑石。

石英：采用本县水车与本省隆回县司门前的石英，1972年后，改用本省汨罗县石英粉。

石膏粉：原分别用过本省邵东县、湖北应城县、河南三门峡、甘肃兰州等地的原料，通过质量比较，后改用山西霍县、襄汾县的石膏粉。

耐火泥（或矾土）：一般用本县北渡土，有时用河南巩县、密县与贵州清镇县、织金县的矾土。

花纸：1949前与1949年后的早期，纹饰一般都为手工彩绘或印花、印花加彩绘等；随着产量的增加与出口的需要，1964年改人工彩绘为贴花加工工艺；所需花纸由外贸分配，主要从长沙、济南花纸厂供应，也用过广西梧州与江西景德镇花纸厂的一部分。

金银水：包括黄金水与白金水（即钯金水，又俗称银水）。主要由国家分配，从醴陵陶瓷研究所限额购买。1964—1984年，一般年用量为1000瓶左右（每瓶50克）。1986年后，因日用瓷相对减少，艺术瓷大增，金银水用量逐步减少，1987年全年只购进金水377瓶，银水128瓶。

各种模具：

图 3 - 301　各种模具(图片：刘国忠供)

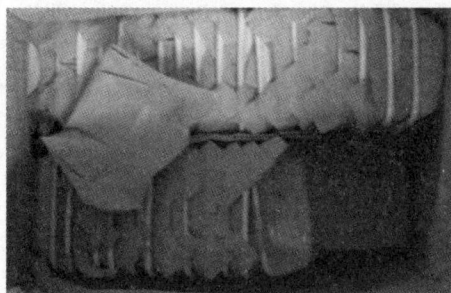

图 3 - 302　传统出口纸质隔离包装方式

图 3 - 303　传统内销的早期藤条捆扎方式

五、新化瓷厂常见款识

常见款识有"新化""新化瓷厂""湖南新化""中国新化""中国制造""MADE IN CHINA""湖南省新化瓷厂"以及作者题款与各种外文款等；一般以印款为主，刻印刻画或标款为辅。常见施款方法有花纸烧印、盖印、素戳印、手写等；用色有蓝彩、红彩、绿彩、墨彩、金彩、釉彩、多色套用彩等。时间为 1968 年 3 月—2007 年前。

1. 常见标准款识

图 3 - 304　常见款识

2. 外文款识

图 3-305 外文款识

3. 作者款识

一般是从 20 世纪 70 年代中期(1976 年)烧制大桥瓷板时开始出现的。偶有较早的个别出现,一般为私做之物,公物并不支持的。

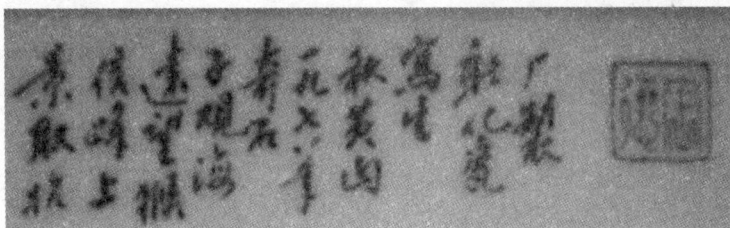

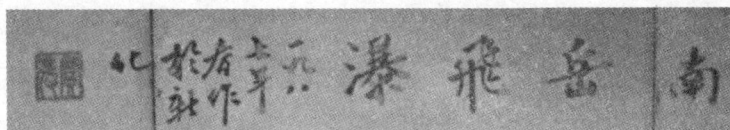

图 3-306 邹宝德瓷器款识

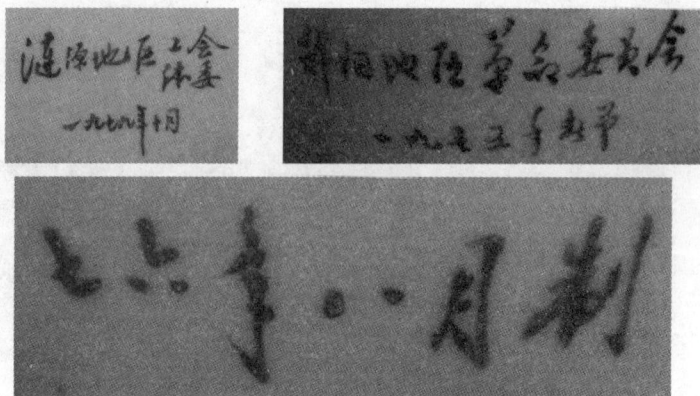

图 3 - 307　邹惕予瓷器题款

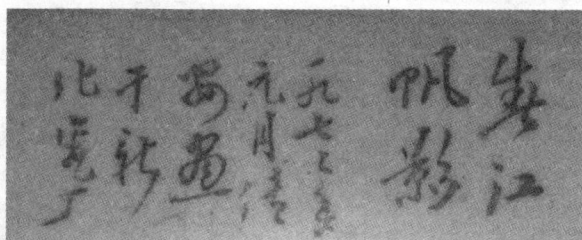

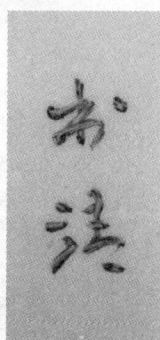

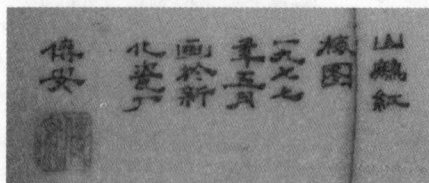

图 3 - 308　邹传安瓷器款识

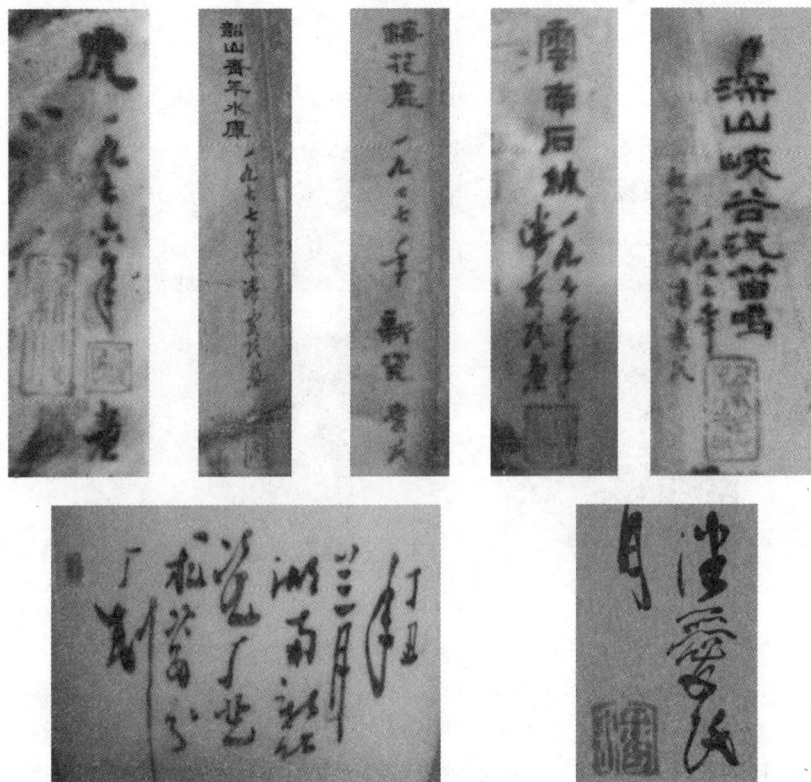

图 3 - 309　潘爱民瓷器款识

4. 置办款识

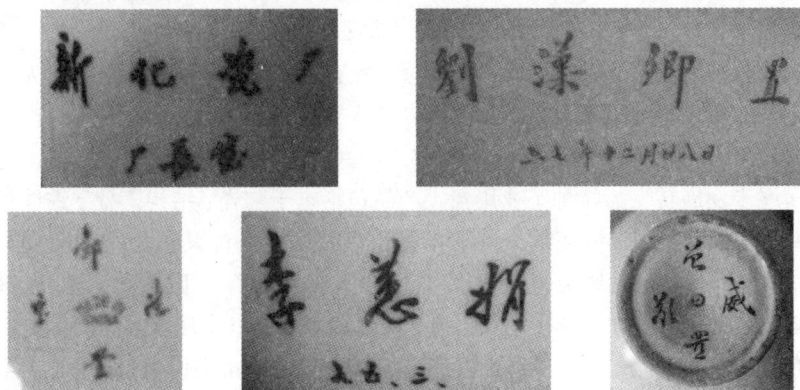

图 3 - 310　置办款识

5. 敬赠款识

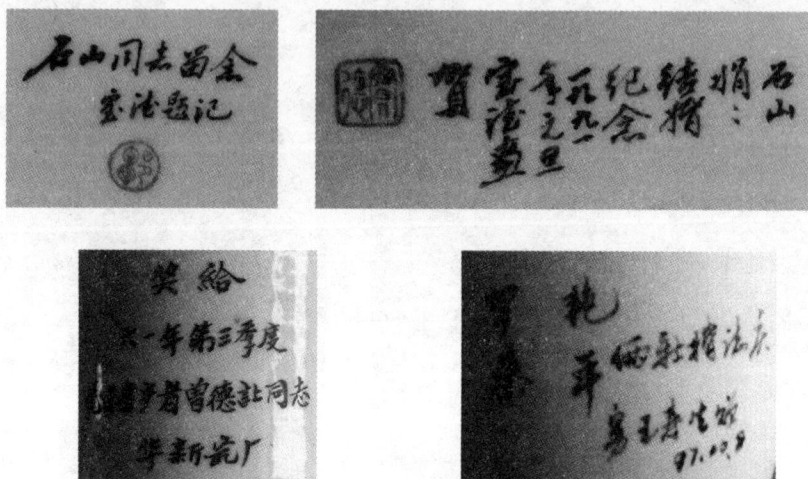

图 3 - 311　敬赠款识

华新瓷业公司、洋溪瓷业革新公司、华新瓷厂、新化瓷厂革命委员会、新化瓷厂，这个由邹承休于民国四年(1915)创建，几易其名的华新瓷业，历时92年终于走完了她的全程，那堂熊熊的火焰熄灭了；她曾闪耀的光焰照射过五洲，她曾创造的辉煌给梅山人民带来过骄傲与希望；这是华新的遗憾，也是历史的必然，瓜熟蒂落，亘古不变。

邹承休——蚩尤故里的新化蛮，近现代梅山腹地的瓷业开拓者。他精明强干，为人慷慨，处事果敢，顾全大局；一贯遵循湖南瓷业学堂提倡的实业救国，创办企业振兴国家的理念，一生为了华新瓷业的发展；他为新化瓷业所做出的无私贡献永远值得新化人民传播与称颂。

今天的上梅洋溪瓷业，已从原来的主要生产日用瓷、出口瓷、艺术瓷而逐步发展转变为特种工业用瓷。产品包括电子陶瓷、结构陶瓷、磁性材料等三大系列，已成为继全国艺术瓷出口基地之后的又一个特种陶瓷出口基地，产品已远销美国、英国、德国、日本、韩国、法国及港、澳、台等国家和地区，部分产品在运载火箭、神舟宇宙飞船以及月球探测工程上都有它的身影。其中：温控器瓷件占全国80%以上的市场份额，放电管用金属化瓷管、保险管瓷管在全国占有70%以上的市场份额，水阀片系列占有国内市场份额的90%以上。2014年，特种陶瓷工业总产值已达22亿元。

近几年来，新化特种陶瓷产业申请专利360件，获得授权280件，通过省级科技成果鉴定的有10个项目，与大专院校签订产学研合作合同20余个项目；申报科技部中小企业创新基金立项6个，申报省科技厅重点项目4个。特种陶瓷已发展成为上梅地区又一个重要的支柱产业，并为娄底市"十二五"期间优先培育发展的十大产业集群之一。

今天，随着特种陶瓷应用范围的不断扩大，特种陶瓷产品在国内外的市场前景广阔，这必将给上梅新化特种陶瓷产业带来新一轮的腾飞。

第四章　瓷艺名家

第一节　民国名家

梅山陶瓷艺术，从宋代开始就已形成一定影响，已知有陈、刘两姓在此制瓷，还可能有唐、蒋两姓等。后经元、明、清、民国到当代新化瓷厂，已发展得相当成熟，并形成三波高峰（筱溪、洋溪、县城南郊）而在梅山地区独领风骚。从传统的单一青瓷釉彩到褐彩、酱彩、墨彩，扩展至青花、粉彩、新彩、釉下彩、色釉、结晶釉、金星釉及瓷雕作品等。到民国时，除洋溪其他公司与瓷厂外，光华新瓷业公司就已形成了以谢仕善、杨光甫、张四发、韩文波、廖安吉、邹国休、邹武汉、黄修之、黄嘉之、邹家侃、欧家寿，瓷塑好手谢师傅等一批瓷画瓷艺专家；就连画家杨伯民、金石篆刻高手邹泽长等也都积极参与其中。遗憾的是，这些人的生平事迹、绘瓷历史及经历，因历史的原因，大多无文字记载，今天我们也只能通过个别老者的口述，特别是留存下来的少量瓷器、画稿作品及实物等才可窥探一斑。

杨伯民，有说为杨伯铭，晚清民国初画师，为新化名家之一。曾有作品《百蝶图》在世博会上获得一等奖金奖（也有称参加国际评比获金奖）而名噪一时。

杨伯民为邹承休三弟邹福休夫人的祖父。该获奖作品《百蝶图》在1945年日军进驻洋溪后，因不懂此画背景，被日本军人用马刀劈砍成数段。现湖南省博物馆应存有绢本撒金《百蝶图》碎片一块，为1953年在新化征集收藏。杨伯民后因连续两次吃药打虫过量，不慎中毒逝世，年龄大概在五十岁。杨伯民，邹用吾曾写成"杨伯明"，后核实邹声启时告知为"杨伯民"，邹用吾无异议。

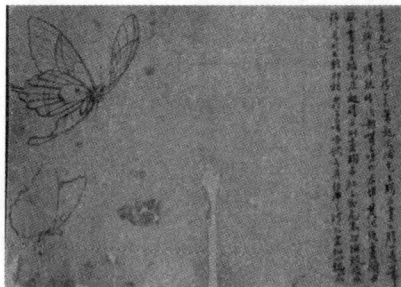

图 4 - 1　素描蝴蝶

图 4 - 2　素描花卉

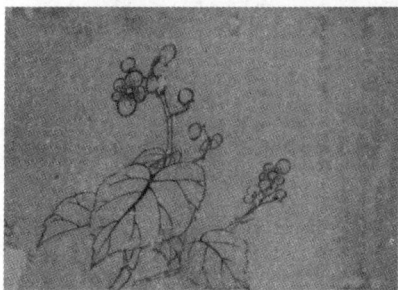

图 4 - 3　素描花卉

图 4 - 4　素描花鸟

图 4 - 5　素描鱼

图 4 - 6　素描老鼠葡萄

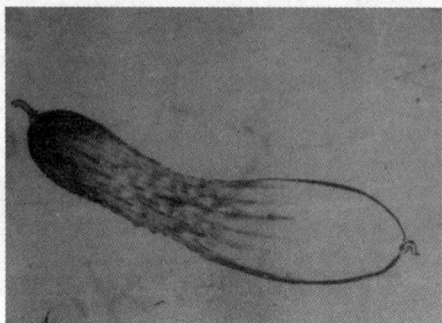

图4-7　素描黄瓜

图4-1～图4-7　以上为当年杨伯民给孙女亲绘的示范素描教材画册的部分资料
（图片：邹声启供）

图4-8　杨伯民所画青花鱼藻纹渣斗

图4-9　杨伯民所画民国十年(1921)左右釉下五彩九子盘

图4-10～图4-11为一组釉下五彩小碟，许多藏家可能把它看成醴陵釉下彩瓷，其实它是出自洋溪华新瓷业公司高手邹国休等，时间为民国十四年（1925年）左右。特别之处是上面錾刻有"风休"二字，"风休"为邹承休兄弟中排行老二的邹风休，为邹承休的大弟；此套釉下五彩小碟曾为邹风休所有。

图4-10 釉下五彩碟子

图4-11 釉下五彩碟子
局部图

图4-12、图4-13为一把梨形执壶，用途为酒具，酒壶上的纹饰为邹武汉所画的牡丹花卉，上题"玉楼人醉杏花天"。

图4-12 民国十四年（1925）釉下
彩牡丹花卉纹酒壶

图4-13 民国十四年（1925）釉下
彩牡丹花卉纹酒壶背面

图4-14 民国十四年(1925)釉下
彩牡丹花卉纹茶杯

图4-15 民国十四年(1925)釉下
彩牡丹花卉纹茶杯背面

上面这一只马蹄形茶杯，为民国十四年(1925)冬邹承休等兄弟为父亲邹学富七十大寿而特制。杯上釉下彩牡丹花卉纹饰为邹学富的小儿子邹国休所画，上题"七旬纪念 乙丑冬华新制"，题字为邹道畴所写。

图4-16 松鹤香炉上题"邹序宦办"

图4-17 山水人物香炉
上题"邹介园谨供"

图4-18 博古纹香炉上题"香篆平安"

图4-19 文字香炉 上题"馨香永继"

上面这一组民国青花香炉，是梅山人民祈福烧香的供器。我们从上面香炉的装饰纹样就可看出，当年的创作题材还是比较丰富的，如花鸟松鹤、山水人物、博古清供、题铭文字等，遗憾的是许多作品一时很难搞清楚绘制的作者。

图4-20　青花牡丹花卉纹香炉

图4-21　青花牡丹花卉纹香炉(上部)

图4-20、图4-21所示香炉高13.5 cm，口径16 cm；器形端庄，通景画牡丹花卉，与我们常见的香炉又有不同，器身全无一字，唯香炉口沿錾刻文字一排："景山庚午秋九月置"，錾刻的文字应为制后再加。景山，即戴景山，为省立一师国文老师袁吉六的妻侄，香炉为戴景山在华新瓷厂定烧置办，时间为民国十九年(1930)秋。牡丹花卉纹为邹武汉所画，寓意花开富贵，家庭兴旺。

在洋溪瓷业中，客串作品也出现不少。如图4-22、图4-23这只筷子筒。

图4-22　民国三十五年(1946)釉下
彩竹筒形花鸟纹筷子筒

图4-23　民国三十五年(1946)釉下
彩竹筒形花鸟纹筷子筒(背面)

筒上题有："四百汉家凭一借"。文字部分为邹承休所书，纹饰部分为邹承休儿子邹用吾所画。两人干的虽都是瓷业，但绘瓷书画都不属于本行，所以才放入客串作品之列。虽然不是本行，筷子筒却绘制得有模有样，毕竟是自家瓷厂，怎么干都行。该筷子筒因用彩较淡，施釉较薄，在长年累月的油盐浸泡与擦拭清洗中成了今天这个样子；看来釉下彩用狠了也不是能永葆青春艳丽的。

图 4 – 24   民国三十六年(1947)釉下彩花蝶纹大酒壶

图 4 – 24 中壶上题"迪光先生惠存 萧理甫识赠"，为萧理甫赠送迪光先生的礼品酒壶，画面为邹用吾所画。

图 4 – 25   1949 年永利公司
青花踏雪寻梅图墨池钵

图 4 – 26   墨池钵(底部)

据杨德湘称，此墨池钵为本人在永利公司所作，上题诗文及款识终为本人所写："生来本坚白，中年染黑墨，纸笔真知己，为文心乃雪。悟误氏

书 桐凤山人杨山伯画"。因当年他的一个同学在此公司，所以有机会绘制此墨池钵。"悟误氏"与"桐凤山人杨山伯"均为杨德湘自取的别名。"骑驴过小桥"画面与"太极八卦"图案，都出自杨德湘之手。此时杨德湘应在20岁左右，如此诗文内容应不是本人原作，可匆匆之中又没弄清楚诗文原文出自谁人之手，自然也就留下了一个遗憾。

图 4-27 所示瓷算盘为民国福记公司（前身为"五美公司"）会计邹郁财所制并所用之物。每个算盘珠子都是自制，分有白釉类、青花类、题名类（"邹"、"郁"、"财"、"制"、"办"）三类珠子，并按算盘计算规律进行排序，因而使它不仅成为了一件用来计数的实用工具，也成了一件精致的瓷制组合艺术品，遗憾的是除珠子外，算盘的框、梁、档都不是瓷制的。

瓷器作画，不同于纸画，画家凭借自己的绘画功力，一般侧重的是画面本身的意境与内涵；瓷器绘制因多是立件，除了需要关注上面提到的外，还需要关注所绘画面及装

图 4-27　瓷算盘

饰纹样与器形的完美结合，因而对各式器形要有掌控和审美，对黄金分割点（黄金比率）的考量比纸画家更多。这些经验的掌握，除了师傅的传授外，更多的是要通过长期的实践。所以，我们今天面对这些梅山瓷艺作品，确实能深深地感觉到，一个彩绘陶工，如果没有十年八载的实践修炼，技艺不可能如此纯熟。我们从客串的作品里就能看出其中的差距。今天能见到并得到梅山这些独有的瓷艺作品，也是很珍贵和难得的。

第二节　当代名家

1949 年后，新生的政府要求有反映新面貌的作品，而从事彩绘专职的

瓷画师傅都是民国时期的原画师，大多很难一时改变画法，另外因合营、兼并等原因也造成一些画师流失。这一时期华新瓷厂的彩绘人员主要是：龚佰卿（又名龚柏青）、邹家寿、朱翼（又名朱亿、朱一）、彭省吾、赵寅午、孙耀先以及他们带的一批学徒，如伍水容（女）、李玉贞（女）、谭良容（女）、李福英（女）、刘日强（女）、晏华助（女）等。当时的彩绘组长为龚柏青，后分成两个组；朱亿为彩绘1组组长，彭省吾为彩绘2组组长；到20世纪60年代初才逐步增加了邹传安、李慧娟（时间不长）、袁古松（彩绘、雕塑）、邹惕予（文字）、林鹿鸣（时间不长）、邹宝德、潘爱民（瓷雕）等。

图4-28、图4-29中这只手绘釉上新彩碗为彭省吾所绘，上题"曾睦生1957.11.1"为朱亿所写。

图4-28 手绘釉上新彩花卉纹碗　图4-29 手绘釉上新彩花卉纹碗（背面）

图4-30~图4-36所示，这些产品都为当时老一辈师傅的作品。由于历史的原因，进入计划经济后，强调的是集体主义精神，决不提倡突出个人，所以在这一时期几乎见不到个人署名的作品；偶有（私货）也只能放在家中，拿不上台前桌面。

图4-30　红彩描金松鹤延年纹碗　右图背面上题"鼓足干劲"

图4-31 新彩城乡交流纹碗 右图背面上题"鼓足干劲 一九五八年八一华新制"

图4-32 粉彩宝相花纹碗 右图上题"鼓足干劲"

图4-33 粉彩虫草花卉纹碗

图4-34 红彩描金花卉纹开光题词碗一对 上题"鼓足干劲,力争上游"

图 4 - 35　新彩五星梅花纹碗

图 4 - 36　新彩紫红地花卉纹碗

图 4 - 37　印花花卉纹碗

图 4 - 37 这只印花碗，上题"一九六二年九月质展纪念 一级产品 刘日强印花"。刘日强，女，当年 34 岁，为本厂彩绘组职工。因为是质展评比制作的参赛样品，所以留有个人名字。

以上这些，多少都带有很重的民国遗风，真正代表华新一个新时代的工艺装饰艺术风格水平的关键人物主要有以下 6 位，其中 4 位已离我们而去，两位仍然宝刀不老。

一、华新艺术前辈——袁古松

图 4 - 38　袁古松像（图片：袁又琦供）

　　袁古松，1924 年 3 月 16 日①出生于古邑上梅汝溪②，逝世于 2010 年 3 月 14 日，享年 86 岁。古松自小天资聪颖、文静，喜爱画画、写字，最喜看有插图的小说及画谱，常常对着各种书中绣像插图及画谱随兴临摹；十岁已能替本村乡亲书写大副对联而闻名乡里、受到称赞。小学的经历就是在这种画画、写字的随意氛围中不知不觉完成。1939 年 9 月就读于新化"上梅中学"，毕业后，1942 年就读于"湖南楚怡高级工业学校"③。

　　1946 年 9 月，远赴他乡浙江，以优异的成绩考入杭州"国立艺专"④，就读工艺美术专业。在校期间，因学习刻苦，成绩显著而发展成为"三青团员"⑤。在杭州学习期间，认识了同样在杭州就读女子师范学校的同乡

---

　　① 此出生时间为身份证时间。据温塘中学的档案材料登记为 1925 年 6 月 28 日，另据袁古松 1988 年所签发的退休证为 1924 年 3 月。据袁又琦先生讲述：1924 年 3 月是对的。身份证时间为 1924 年 3 月 16 日。另见有新化一中百周年校庆筹委会办公室编《湖南省新化县第一中学校友名录（1898—1998）》第 6 页记为 1923 年。

　　② 原新化燎原区汝溪公社温水大队第十生产队，今科头乡汝溪管区温水村。

　　③ "湖南楚怡（高级）工业学校"为湖南省教育家陈润霖于 1914 年在长沙稻谷仓创办。该校曾开有机械、矿冶、土木三科，学制三年。民国二十七年（1938）因日军进逼长沙，8 月，"楚怡工业学校"内迁新化游家镇白沙洲重建，并于 1939 年正式复课。1942 年袁古松考入该校矿冶科 21 班，1945 年上期毕业。

　　④ 该校 1928 年为"国立艺术院"，1929 年后为"国立杭州艺术专科学校"，1938 年后为"国立艺术专科学校"，1950 年后为"中央美术学院华东分院"，1958 年后为"浙江美术学院"，1993 年后为"中国美术学院"。"国立艺专"为"国立艺术专科学校"的简称。

　　⑤ "三青团"为"三民主义青年团"的简称，是由中国国民党领导的青年组织。三青团于 1938 年 7 月 9 日在武昌正式成立，首任团长为蒋介石，陈诚任书记长。1947 年 9 月，中国国民党中央委员会召开六届四中全会暨中央党团联席会议，决定实行党团合并统一，将三青团并入国民党，规定三青团员一律登记为中国国民党党员，并在中国国民党中央执行委员会之下设置青年部。

女学子吴国议女士，对艺术的热爱使两人走在了一起，并很快确定了恋爱关系。1948 年年底，在父老乡亲的一片祝福声中两人在寒假期间结婚。

图 4 - 39　在杭州国立艺专学习期间与同学合影

（图片：右 4 为袁古松）

　　1949 年，婚后准备北上返校时，恰逢解放大军准备渡江南下，因道路受阻，而未能去复课；三年制"国立艺专"的工艺美术学习，读了两年半（五个学期）而成肄业。

　　滞留家乡后的两人先后在本地教书，其中吴国议女士在新化县"平福乡双梓平底小学"教书，袁古松任教于新化"上梅中学"，并随后参加了当时新化文化界的地下组织"呼呼社"的活动。在"呼呼社"的活动期间，积极投入迎接解放军的进城，并利用自己所学专长书写标语、口号，绘制各种宣传画的工作。

　　中华人民共和国成立后，从 1949 年 9 月至 1951 年 6 月先任教于"上梅中学"，并最终认定为 1949 年 12 月正式参加工作。1952 年 7 月被分配在新化一中担任美术教师，因工作认真积极，教学管理专业，因而还担任了班主任工作及教研组组长、工会委员。

　　1957 年，随着"反右"运动的扩大化，夫人吴国议女士因敢说真话得罪了部分人而被打成了"右派"，停了工作，并进而下放农村当了农民。更想不到的是，随着形势的发展，尖锐的现实问题又摆在了袁古松的面前；一个妻子有着一顶"右派"帽子身份的人，怎么能当老师呢？后在组织的

图 4 - 40　1953 年新化一中美术小组人员合影

（图片：前面左起第 5 人为袁古松）

图 4 - 41　1955 年一中七〇班全体团员合影

（图片：右起二排第 4 人为袁古松）

多次谈话帮助下，两人为了幼小的四个孩子的抚养，只得无奈地离了婚。从此他们小心谨慎，开始了最艰难的一段岁月。一个在农村以工分养活老二、老四，一个在县城教书，养育老大、老三，生活的艰难与精神的考验可想而知。中间吴国议的领导也曾找她谈过一次话，强调只要承认自己的错误，就可以出来教书，可她硬是坚持不认错。就这样，"右派"的帽子一戴就是 20 多年，直到 1978 年才彻底平反、复职、恢复名誉。后于 1986 年去世。

图 4－42　1957 年七十八班同学离别纪念合影

（前二排右起第 5 位为袁古松）

袁古松作为一名人民教师，他深知自身的责任和义务，看着眼前一个个生龙活虎又似花儿苗壮成长的男女少年，个人的不幸与遭遇不但没有使自己消沉，反而更加鼓起了他工作的干劲。他把满腔的热血献给了这批可爱的孩子，把身心和智慧全部融入这小小的三尺讲台，并从辅导学生学会欣赏，学会创造艺术的点滴成就里获得自我满足。作为班主任，他的管理严爱相济，又善于与同学沟通交流，所以能赢得学生的信赖，能走进孩子们的心灵，使他所培育的这块沃土上的花儿能苗壮成长，并能竞相绽放。同时，由于自己的专业特长，在完成好自己课堂的本职教学工作外，还积极组织课外美术小组的活动；并常被抽调策划设计各级政府组织的大型庆典及艺术展览活动，每次都能出色地完成任务而获得好评。

图4-43　发表作品：砌制火坑温床(图片：袁又琦供)

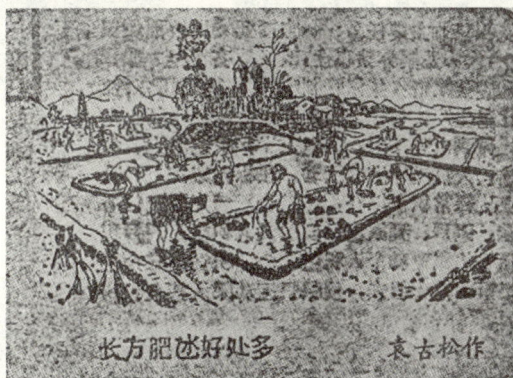

图4-44　发表作品：长方肥氹好处多(图片：袁又琦供)

图4-45、图4-46　宣传画作(分别在1960、1961年发表于《湖南日报》《资江报》)

图4-47 雕塑小木工（获湖南首届美展三等铜质奖章，并于1957年发表于《群众文艺》）

图4-48 雕塑作品少先队员（图片：袁又琦供）

图4-49 1959年组织国庆社会主义建设展览会时留影
（前左1为袁古松）

图 4 - 50　担任总设计的袁古松老师与参加此次活动的有关人员合影
（前左 4 为袁古松）

1960 年 9 月，袁古松被调新化上梅中学（后为新化八中），主要担任初一、初二班级的美术老师和一个班的班主任（如 116 班），并兼教导处教导员的工作；同时还积极帮助学校做各种宣传教育活动的具体工作，如刻钢板、制图、绘制宣传画等。因长期的超负荷工作，身体每况愈下，终于在 1963 年 8 月 25 日这一天病倒不起而住院。袁古松老师从教 14 年，时间不能算很长，却始终保持旺盛的工作激情，始终以爱心、耐心、责任心坦荡育人。古松老师特别注意因材施教，培养学生的高尚情操，即使只有萤火之光也始终想着照亮学生。

1964 年 4 月，因省里要求的出口艺术瓷与开发韶山瓷的需要，古松老师又听从组织安排从上梅中学调入新化华新瓷厂，专门从事器形及花样图案的美术设计工作。这在常人的眼里是不好接受的，一个是学校，一个是工厂，一个是教师，一个是工人，可古松老师欣然地接受了。随后创作设计的 20 余件作品及劲松牌底印款识等，得到省内同行好评。

1967 年，以瓷厂工会主席罗福初为首编写出《瓷工血泪》，在有关领导的指示下，决定创作一组泥塑作品，用形象逼真的艺术手段来再现《瓷

图4-51　当年设计制作的15头立鹤茶具(瓷厂档案资料)

工血泪》的丰富内容。1968年年底，瓷厂安排袁古松负责此项任务，并腾出了一栋600平方米的厂房作为创作与展览室；后组织潘爱民、肖砚田(模特)以及袁胜初、孙雪冰(帮工)等人开始集体创作这组系列雕塑作品，最终分三批次共泥塑出一百多个真人大小的人物雕塑群像，形象地再现了《瓷工血泪》的丰富内容。那一个个正面与反面的形体造型，有的身材魁梧、有的弓腰驼背、有的骨瘦如柴……那一双双大大小小的眼睛，有的眼射怒火、有的怒目圆睁、有的獐头鼠目、有的愁眉紧锁……个个神态逼真、活灵活现，观者无不为之动容，因而得到省地县的高度重视以及美术界的好评。

1973年，这一组大型泥塑作品，后来在湖南省美协常务副主席、秘书长王金星老师的帮助下，与新化瓷厂工会主席罗福初一起，将袁古松老师为首创作的《瓷工血泪》大型雕塑群像拍成了15幅摄影作品，一次性于1974年在《工农兵文艺》上刊发，影响全省乃至全国，并获广泛好评(图4-52)。

袁古松老师还曾设计创作了一尊三米多高的毛主席招手大立像及一批小型主席像，这批主席像在"文化大革命"中曾被革命群众用汽车装着，用人抬着进行大游行。游行的队伍前面是汽车拉着的三米多高的招手大立像，后面是人抬的八抬小主席像，其场面之壮观，立像之雄伟，引得县城内万人空巷，并成为当时新化人民的一个骄傲。这样高大的毛主席招手大立像，在当时的中国也是少有的。后来的锡矿山"忆苦窿"展览馆的大型泥塑作品，也来自省美协画家、雕塑家贺元起与袁古松、袁胜初等集体创作。

图 4-52　《瓷工血泪》部分作品(图片摘自 1974 年第 5 期《工农兵文艺》)

图4-53　毛主席执笔小立像

图4-54　浮雕毛主席去安源
（图片：袁又琦供）

　　此时的袁古松老师一心扑在工作上，当他看到外厂搞出的艺术瓷时很是欣赏，立志要为厂里开拓艺术瓷。为此，古松老师找来当时爱好美术的青工潘爱民商量，爱民欣然同意，随后师徒一道开始研发、试制。从此，瓷厂艺术瓷从无到有，从低到高，试制、创新、生产蒸蒸日上，并最终受到外商欢迎，得到领导重视。

　　图4-55～图4-56所示，这组瓷塑组合作品，原件共有男女运动员四人，陈设摆放时，男女运动员混搭两人一组分列两边，中间还有乒乓球桌；该图为今见的两张单个照片所合成，因而看不出全套作品的状态风采。该组作品后被湖南省陶瓷馆收藏。

图4-55　陈设瓷乒乓球男女混合双打
瓷雕组合作品之一（图片：袁又琦供）

图4-56　陈设瓷乒乓球男女混合双打
瓷雕组合作品之二（图片：袁又琦供）

图 4 - 57　陈设瓷颂歌献给北京城　　图 4 - 58　实用艺术瓷结晶釉长颈鹿台灯座

图 4 - 59 为罗景炘、袁古松、潘爱民等一起在新化瓷厂 90 立方米的大型圆窑炉内创作"雷锋""欧阳海""罗盛教"等大型雕塑作品时的场景，前面"欧阳海"作品四周左边为罗景炘，中间面向前者为袁古松，站得最高者为潘爱民。照片见到的"欧阳海"后面的一尊作品为"雷锋"，作品制作全都在窑炉内完成，每件都有 1.1 米高。该组作品代表当时湖南大型艺术雕塑瓷器的最高水平，也是遵照省里的指示为进京参展而创作。

图 4 - 59　创作现场（图片：潘爱民供）

1972 年后，袁古松分别创作红色娘子军"吴青华""嫦娥奔月"台灯①、凤壶等作品。其中红色娘子军"吴青华"瓷塑立像，在 1974 年第二届全国工艺品展览会上展出，被拍成影像资料在全国放映，为新化瓷厂及我省第一件入选瓷雕作品。另一件瓷雕作品"碧玉绣花"，后为省陶瓷馆收藏。

图 4-60　陈设瓷吴青华

图 4-61　实用艺术瓷嫦娥奔月台灯座

图 4-62　陈设艺术瓷碧玉绣花(又名绣花姑娘)(图片：刘天卓摄)

---

①　该作品于 1978 年曾被选中参加出国展览。

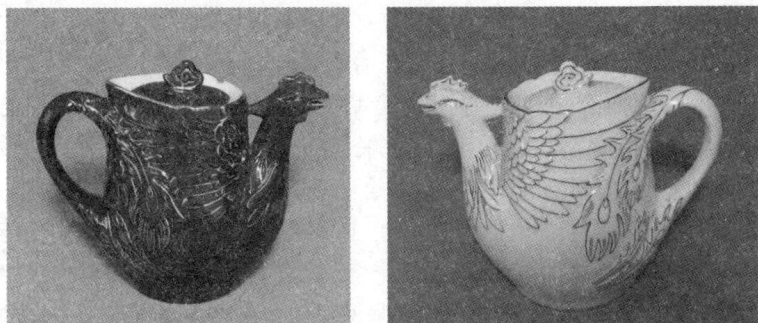

图 4 - 63　实用艺术瓷色釉描金凤壶

图 4 - 64　实用艺术瓷结晶釉象壶

图 4 - 65　20 世纪 70 年代参加广州春交会留影(图片：袁胜初供)

袁古松老师于 1979 年 6 月退休，为弥补自己的遭遇给家庭带来的不幸，他让小儿子顶职而将自己的户口对换迁入了老家农村。

古松老师一般创作严谨，平时说话谨慎，自爱人打成"右派"后，更是处处小心，不敢"乱说乱动"。1966 年后，特别是 1967 年后，除单位指定创作任务及指导培养新人创作外，一般自己不敢再独立动手创作。一位才华横溢的艺术家，本应为国家、为社会、为梅山人民创作出更多更好的艺术作品时，却停止了主动创作的冲动，因而在瓷厂作品较少。我们仍能从早期画作及"瓷工血泪""碧玉绣花""嫦娥奔月"等雕塑、瓷塑作品中看出 20 世纪 50 年代到 70 年代古松老师深厚的艺术功力与深层而丰富的思绪情感。

1979 年 7 月，没有任何头衔的古松老师在退休不到一个月里又被原厂返聘为设计室美术顾问，负责艺术瓷产品的设计、指导工作和初级设计人员的指导工作。并签有聘用合同书，享受在职职工一切劳保福利和奖金，并每月补助 41.5 元的奖励。古松老师的返聘，为稳定当时的设计队伍，帮助培养陶瓷雕塑设计人员起到了重要作用，为后来艺术陶瓷的突飞猛进发展打下了坚实基础。从瓷厂结束返聘后，古松老师渐渐地心灵得到平静，开始寄情家乡山水，常喜赋诗以寄亲人、朋友。并将自己的土砖陋室起名为"醒斋"，并题室联《醒斋吟》一副，旗帜鲜明地表达出一位真正艺术家心灵应该存有的价值理念："书香满室贫犹富；铜臭盈堂富亦贫"。此后，曾先后被邀参与省内外部分诗社活动，如新化茛江诗社、新邵白云诗社、江西联友学社、重庆诗画研究会、湖北炎黄诗词学会等活动。

下为袁古松老师的部分诗词：

梅花

疏影横斜处士裁，嫌蜂厌蝶入冬开；
春花秋卉俱摇落，骚客寻幽踏雪来。

梦亡卿归

夜半卿卿突返乡，清橱理箧兴泱泱。
柔声责我衣何垢，诺许勤归濯被裳。

中秋看月

看月到前坪，清光照我身；
料知今夜月，也照梦乡人。

长儿胜初画作入选亚运会美展

展厅入选报佳音，万幅图中筛一帧；
萨马兰奇亲剪彩，环球观众竞夸称。
体坛夺冠光华夏，画苑里辉耀亚村；
记取登峰凭苦练，挥毫脱颖贵翻新。

苦热

电风无力驱狂热，堤柳丛中且避灾；
满树蝉鸣悲切切，声声只为唤风来。

谢著名画家周觉钧挚友绘赠山水图

谁引清音入画山，松风习习水潺潺；
千锤炼就神工笔，描得山欢水亦欢。

悯求神问卜者

西服翩翩客，买签卜去从；
腾飞当自力，何尔问痴聋。

试新锄

银锄落地动山川，掘出粮棉万万千。
知否农民皆铁汉，敢将宇宙换新颜。

七绝一首

谭仁贤契。系知名画家兼出色企业家；应邀将赴日本东京及法国巴黎举行个人画展。月前自长沙远道来舍，以巨幅立轴国画相赠，价逾千元。尊师重道，感人至深，激动之余，喜赋一首。

亲临赠画意殷殷，皓首聱翁喜欲惊；
逸品千金情万仞，花妍未负育花人。

将军情

龚谷成将军，中共中央候补委员，原广州军区副司令员，中将军衔，就读新化一中时，我任班主任，此次因公返梓，邀我赴宴，席间殷殷为我敬酒，尊师重道，感人至深，激动之余，赋此留念。

壮苗勃勃喜成荫，未负园丁浇灌情。

一酌亲呈心恳恳，千金难买意殷殷。

尊师重道高型范，纬武经文大将风。

细读精研诸理论，和平年代建新勋。

其中诗作《庐山》，获 1989 年重庆"苏东坡"杯国际诗赛佳作奖。

图 4 – 66 袁古松为建新瓷厂设计制作的雷锋半身组合像

卧室内贴在墙上的那副字（图 4 – 68），是袁国栋为晚年父亲居住的土砖房书写的原父亲所作的诗词，这短短的 20 个字，很好地诠释了古松老师的品德与心态："土屋洁无尘，清茶润客心；兴衰荣辱事，尽付笑谈中"。读后使人肃然起敬，确有君子之风。

图 4 – 67 袁古松老师直至生命的
终结所居住的简陋土砖房

图 4 – 68 袁古松老师直至生命的
终结所居住的简陋卧室

2010 年 3 月 14 日，古松老师走完了他教书育人与艺术创作的人生之路。除各界亲朋好友外，原新化瓷厂书记邹联洪、厂长邹斌代表瓷厂组织了追悼大会，并由书记致悼词。

图 4 - 69　龚谷成将军(左)与袁古松老师(右)共叙师生友情
(图片：袁国栋摄)

图 4 - 70　袁胜初雕塑的父亲像

这位任劳任怨、勤勤恳恳的新化美术界及雕塑界的前辈，同时也是新中国成立后教育界的前辈之一的古松老师，三十年来，培养出了一批具有良好综合素质的各行各业专业人才，其中军政界的龚谷成①就是其中的典型代表，原瓷厂潘爱民也是在古松老师早期的无私帮带指导下，走上了瓷塑艺术道路，并最终成为首批省级瓷塑大师；自己的儿子们②，也在其殷殷教导下崭露头角。

古松老师一生坎坷，却一直坚持艺术的摸索而充实。在20世纪五六十年代，曾多次被评为优秀教师，出席过邵阳专区优秀中学教师代表大会。70年代，常被借调县、专区、省里参加各种展览会的设计工作，其中邵阳专区、邵阳军分区与县里的各种展览都是担任负责总设计。忙碌的工作之余还曾出版有《艺术字写法》，著有《醒斋吟》等手稿，有30余件创作作品分别在国内出版发表或国内外展览或获奖，有"雀翎""柳燕""山水"等花纸图案经省陶瓷馆及陶瓷研究所集体鉴定评比而选中付印，并为外商选用订货，受到欢迎；设计的劲松牌底印款识家喻户晓(图3-71)。

图4-71 袁古松雕塑作品款识

古松老师德才兼备，艺术全面贯通，不论在教书育人，还是创作各种版画、油画、人物画、山水画、陶瓷设计、雕塑艺术等方面都达到一定高度。他是我们梅山的无冕大师，为新化的教育和艺术事业所做出的贡献不可磨灭，是我们新化人民应该记住的一位德艺双馨且不可多得的艺术前辈。

---

① 龚谷成：湖南省新化县白溪镇人，1940年12月生。1955年就读于新化一中，并在该校完成了初高中的学业；1960年7月参军入军事学院，后授中国人民解放军中将军衔，原广州军区副司令员；2003年当选十届全国政协常委。龚谷成就读新化一中时，袁古松曾为他的班主任老师。

② 如大儿子袁胜初创作的《我们学校的运动场》等8件作品，1958年参加国际儿童画评比，获优秀奖，并在印度、日本、墨西哥、澳大利亚等10个国家展出。三儿子袁又琦，中国美术家协会会员，娄底市美协副主席，山水画家，有10多幅作品参加省、全国美术展览，曾获得铜奖、金奖。

二、华新山水画大师——孙耀先

图 4 - 72　孙耀先像（图片：邹宝德供）

　　孙耀先，原名孙松林，生于 1906 年 9 月 21 日①，江西丰城县枫林乡人，高小文化。早年思想活跃，向往革命，积极参与地下斗争。1922 年参加农民协会，并入自卫军（还曾当过赤卫队大队长）。后入九江振新瓷业公司学徒三年，出师后分别在上海豫章与南京博存瓷业公司帮工。青年时，见多识广，为人耿直。1926 年 11 月参加丰城县农民协会，任执行委员。1927 年南昌起义后，农民协会遭破坏，1928 年因遭通缉而出走丰城②，后参加第四军③；在转战至吉水县时突发急病，行至吉安时病势更加严重，后经总部张主任与邹浩指导员劝说去上海治病④。到上海后，意外得到上海卫戍部队司令的庇护⑤，后寄住孙松林父亲的同乡好友李量才与

---

　　① 1960 年孙耀先在填写的一份履历表中记载出生日期为："1906 年 8 月 2 日"。按当年常规传统习惯，月份和日期一般是指农历。后据孙耀先大儿子孙新水陈述"父亲生日是八月初四的"，依此推算应是 1906 年 9 月 21 日，即 1906 年（丙午）八月初四日。

　　② 据孙耀先向组织填写的"历史上个人重大事件之经过"一栏中陈述："1928 年 9 月，蒋介石通电，该后方基层工作人员一律是共产党，均需从严惩处，因此，江西的通缉有我的名字，我由丰城走出，即随第四军打回老家去……"

　　③ 在中共战史里，独立组织的军队中有多个第四军；孙耀先参加的是哪个第四军，没有找到相关具体档案材料。从时间与活动区域看，此第四军应为朱毛的第（红）四军。另一说法：据瓷厂多位老同志讲，为方志敏的部队。具体详情无考。

　　④ 据孙耀先向组织填写的"历史上个人重大事件之经过"一栏中陈述："…（第四军）总部张主任和邹浩指导员说我病重不能随军走，现在一律是山路，你去上海医好了病，可由广东韶关来找队伍。"不知什么原因后来没有去找队伍。并有传说他曾是地下党。具体详情无考。

　　⑤ 据说是因孙松林（即孙耀先原名）父亲曾救过该司令的孙子。

李贤才兄弟俩开办的丽华瓷业公司瓷器店(上海老闸区南京东路四百四十一号)①，得到很好的看护与帮助。没想到的是，此时的丰城豪绅都云集在此(上海南京路)，孙松林父亲得知后怕儿子身份暴露，立即劝他动身走人；因而跑回了景德镇，改名为孙耀先，避险于同乡开的瓷器店，②并在此帮工。1929年10月后，分别在景德镇振丰与王大屏瓷号店帮工。

1933年10月带徒弟孙根生(族人侄儿辈)等开办"耀先画室"，转入自主经营，以画瓷、瓷器加彩、烤花等为业。1938年年底和他人入股兼做上海洋装行商生意，1942年做醴陵行商生意；后在天工瓷号帮忙加工做瓷，并经营花纸、金水等业务。随后，孙细根(弟弟)、孙新水(儿子)及家人等也来到醴陵。1945年在萍乡上埠镇开办"天生瓷号"。1946年"天生瓷号"转入醴陵经营，直到新中国成立。1949年后，一直从事陶瓷彩绘生产，后在醴陵陶瓷馆(陶画合作社的对面)。1954年3月参加联营，进醴陵永信联营处工作；11月进土产公司，1955年11月进陶瓷研究所。后因直言得罪领导而遭排斥，1957年调醴陵瓷器公司的醴陵瓷厂工作了三个月。

孙老半生坎坷，历经战火、商场，最终还是与瓷艺结缘。他先后与王步(同乡好友)、王大屏(帮工关系)、徐协和(朋友关系)、吴寿祺、林家湖、邓文科、李丕雄(工作关系)等一起从事彩绘交流与带徒传艺工作，有些还常在一起切磋绘瓷技艺。他特别了解同乡好友王步的青花技巧及特点，对釉上、釉下及彩料、金水与烤花等技艺都烂熟于心。当年易春宣(国光瓷厂)、易炳宣(群力瓷厂)、刘佳仁(力生瓷厂)等均是他的学生(徒弟)。孙耀先进陶研所时正当开始恢复试验釉下五彩，先从单彩、多彩，向釉下五彩发展，孙老也是从此时起才真正了解掌握釉下五彩绘画技艺及工艺制作，并最终能创造性地将传统粉彩绘画技艺融入釉下五彩绘画之中。

1957年5月左右，为了多快好省地发展湖南瓷业，孙耀先作为掌握多种工艺技术与娴熟绘画技能的人才，听从组织安排，被借调湖南四大出口瓷厂之一的华新瓷厂(新化瓷厂的前身)，省公司主要考虑的是带徒传艺。华新瓷厂抱着极大的热情欢迎了他，从新化县城到洋溪华新瓷厂，30多里

---

① 见《鲁楼医案诠解》：李贤才血压高至二百二十度一案

李贤才君，年五十五岁，为江西省丰城县人。与乃兄量才经营丽华瓷业股份有限公司于上海市老闸区南京东路四百四十一号。家住武进路三八三号。……

② 该瓷器店记载名称为"景德镇袁(允昌)和瓷号"，其中(允昌)之"允"字形模糊，无法识读确定。

的山路，据说都是用轿子抬着回去的，其受热情欢迎的程度可想而知。

此时，弟弟孙细根进了星火瓷厂，孙根生（侄儿辈）进了艺术瓷厂，儿子孙新水先后供职于醴陵第一出口瓷厂、国光瓷厂，后随堂兄孙根生到了群力瓷厂。孙家三人（孙根生、孙细根、孙新水）师法孙老，虽一脉相承，后来师徒风格却有大的变化，孙老以画山水闻名，而三孙尤其擅画花鸟走兽，并凭此坚实基础，加之醴陵独厚的环境与自身刻苦努力，三人最终成为陶瓷釉下彩界鼎鼎有名的"醴陵三孙"，并被藏界尊称为"孙家军"，其作品深受藏家青睐。

到新化后，孙耀先作为支援技术人才，为华新瓷厂的发展做出了很大贡献。他先传授粉彩，后专事釉下彩。在邹传安、李慧娟等共同参与努力下，很快将华新瓷厂开创人邹承休所传承保留下来的釉下五彩技术全面转向釉下贴花工艺。为华新瓷厂出口瓷，特别是韶山旅游瓷、礼品瓷等釉彩（都是自己配制）添置了新的品种。

图4-73　20世纪60年代中晚期高档薄胎韶山旅游礼品酒壶

图4-74　20世纪60年代中晚期高档薄胎韶山旅游礼品酒壶

图 4 - 75　高档薄胎釉下彩玉壶春瓶

图 4 - 76　高档薄胎釉下彩玉壶春瓶款识

图 4 - 77　墨彩茶壶

图 4 - 78　釉下彩小茶杯

图 4 – 79　釉下彩通景花瓶

图 4 – 80　粉彩雪景赏盘(中间破裂)

图 4 – 81　釉下彩通景花瓶

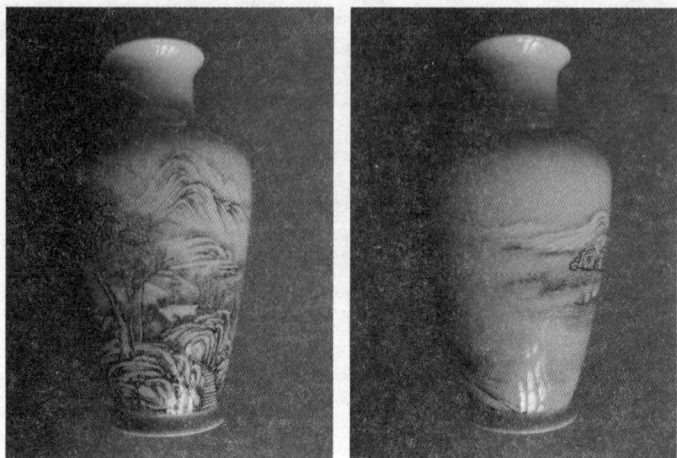

图 4-82　粉彩雪景花瓶

图 4-83　釉下彩山水纹小碟

图 4-84　20 世纪 60 年代后期釉下彩山水纹新玉壶（图片：刘志平摄）

图 4 - 85 20 世纪 60 年代釉下彩莲子盅

图 4 - 86 釉下彩胜利杯
（图片：刘志平摄）

图 4 - 87 釉下彩通景山水纹茶壶（图片：秦立国摄）

图 4 - 88 釉下彩山水纹贯耳食盒

图 4 - 89 釉下彩山水纹贯耳食盒款识

图4-90　釉下五彩通景山水纹小酒壶

图4-91　釉下彩薄胎碗

图4-92　釉下彩薄胎碗款识

图4-93　釉下彩茶叶罐

图 4 - 94　釉下彩茶具

　　1966 年 10 月 30 日，新化县人民委员会批复孙耀先请求退休的要求，时间从 1966 年 11 月份算起，但因工作需要后又被返聘。至 70 年代初，新化瓷厂已全面推广釉上釉下五彩，这都和孙老的支持与帮助分不开。

图 4 - 95　孙耀先纸画素描稿

图4-96　孙耀先纸画四条屏

图4-97　孙耀先彩画作品稿

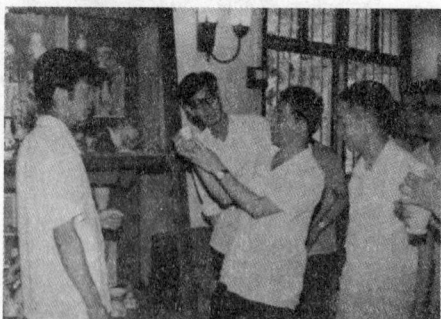

图4-98　孙耀先绘制的薄胎酒具引得老领导刘夫生仔细端详

（图片：瓷厂档案资料）

"劝千岁杀字休出口，老臣与主说从头。刘备本是那中山靖王的后，汉景帝玄孙一脉留。……"这是孙老唱西皮原板《甘露寺》时的一段京剧唱词，这是孙老原来的一个习惯，喜欢在绘瓷工作的间隙或休息的时候时不时地唱上几句，吊吊嗓子，内容都是传统唱段，而且唱得字正腔圆，有板有眼，有滋有味；画得得意时是这样，画得疲劳时也是这样。一般人只知是他爽朗快活，实际是他的一套舒缓神经、调理气血的保健方法。他认为这对长期曲腰闭气工作，运动较少的手艺人很有好处。久而久之，身心所需，习惯也就成自然了。

孙老为人耿直、忠厚，待人无私、热情，对后辈人才关怀备至。他有三个儿子，在新化瓷厂时曾带了小儿子孙雪冰（外号小毛）很长时间，本希望这位悟性与外貌酷似父亲的小儿子也能接他的班从事陶瓷彩画事业，可终因指标问题而受阻于地方行政；后服从了组织安排，下放去了鄞县，后招进湘乡铝厂。当时新化瓷厂彩绘设计人员的综合实力都很强，但各有侧重：山水的孙耀先、邹宝德，花鸟的邹传安，瓷塑的袁古松、潘爱民，题款书法的邬惕予等，已成瓷厂的共识。

孙老擅长山水，技法娴熟，传统功力深厚，所绘作品构图奇巧，笔法细腻流畅。一件器皿在手，习惯地翻转一周，查看一下釉面，然后随手起笔一气呵成，豪爽痛快；通景山水都是应势而走，气韵生动；一圈下来两端浑然契合，胎面上偶有的瑕疵缺陷，如黑点、擦伤、烟熏、火刺等，都会在他成竹于心的运笔之中天衣无缝地处理得自然而干净，妙自天成，透出一种劲道，尽显画者功力，而且画得很快。

1975年，接近古稀之年的孙老在返聘第9个年头后从新化瓷厂退休，要走时还念念不忘培养发现人才。他曾多次向上级领导推荐他看好的山水瓷画新手邹宝德进花面设计岗位，直到领导圆了他的最后一个愿望后，带着每月60多元的退休金，离开了他为之付出一生的彩绘事业岗位。

此时的时代，已不讲师承关系，想的都是为国家多做贡献。正是在他们这样一批老师傅的无私指导帮带下，以及各届领导的关怀下，新化瓷厂最终成长出彩绘花鸟名家邹传安、山水名家邹宝德、瓷塑名家潘爱民等三位瓷艺高手，为以后新化瓷厂的发展储备了全能的后续艺术人才。

孙耀先是一位传奇式的人物，不管在景德镇、在醴陵、在新化都有他耀眼的身影，却又看不清他的全貌。我们很难想象，如果他一直在景德镇（与王步及珠山八友等），如果他一直在参加革命（当红军），如果他一直在醴陵（与吴寿祺、林家湖、邓文科等），如果他一直在新化，今天会是什么样？这样一位默默奉献不计个人得失，永远服从组织安排的长者，没有任何职称却身怀绝技的真正人民工艺美术家，难道不值得景德镇瓷人记住，醴陵瓷人怀念，特别是梅山新化人民的感激？

孙耀先与夫人有三子二女：

大儿子孙新水，高级工艺美术师、中国陶瓷艺术大师（群力艺术陶瓷公司）。二儿子孙学同（鄱县农场）。三儿子孙雪冰（湘乡铝厂）。大女儿孙新兰（景德镇为民瓷厂）。小女儿孙水兰（景德镇宇宙瓷厂）。

图 4-99　孙耀先退休后晚年像
（图片：孙新水供）

图 4-100　孙新水像
（图片：孙新水供）

长孙孙建成，高级工艺美术师，2008 年评为湖南省工艺美术大师，2017 年评为中国工美艺术大师。

图 4-101　服务于金煌瓷艺时的孙建成在工作室创作

孙老退休回家后定居醴陵，除偶尔应朋友之请绘制一两件瓷器外，主要精力都放在了长孙孙建成身上。孙老对他要求极严，除学习作业外，每天都要求他画一两张画，不管什么，一棵树、一座房，或是一条鱼都可，画得好可以奖励一块肉吃。其他孙儿孙女都没有。从此举可以看出孙老对长孙孙建成的期盼。

1981 年 10 月 13 日（农历九月十六日）孙老因脑出血中风后病逝，默默地走完了艰难曲折而磊落执着的瓷艺人生。厂里还专程派邹斌（工会干部，后来的厂长）代表全厂干部职工赶去醴陵吊唁。

图 4－102 为孙耀先退休后于 1978 年 7 月应朋友之请在醴陵绘制的新彩山水大瓶。三年后孙老去世，有可能该作品已成为孙老瓷画艺术的绝笔。

图 4－102　新彩山水大瓶

他是从景德镇开始瓷艺生涯的，到醴陵带出了"孙家军"，到新化又关心扶持了后来被公认的邹传安、邹宝德、潘爱民这套新化瓷厂的"三驾马车"。今天的藏界多数人知道"孙家军"，却很少有人知道新化瓷厂曾有一套"三驾马车"，而装备全这套三驾马车的关键人物就是孙耀先。

三、华新瓷艺高手——邹宝德

邹宝德，生于 1940 年 12 月 21 日，新化县洋溪镇半边街人。因从小爱

图 4 - 103　邹宝德像

画，渐渐地就画什么像什么了。1956 年中学毕业后（新化五中），因有绘画的特长被招进供销社瓷器门市部，从事瓷器彩绘。1958 年，华新瓷厂因出口瓷的彩绘需要被招入厂，并很快被分到彩绘组。从此，他一边从事彩绘工作，一边刻苦钻研，虚心向前辈师傅、师兄学习，很快掌握了彩绘全套工艺技术。由于工作的认真负责，1968 年 8 月，还担任了彩绘一组的核算员。特别是后来利用与师傅孙耀先同住一寝室的机会，得到了师傅多方指点与帮助。在业余时间努力学习山水、人物、花鸟的临摹与创作，孜孜不倦钻研中国古代传统的绘画理论、技巧与手法，自觉地潜心学习中国古代优秀的绘画作品。十多年的基本功训练，最终练就了一副抓型的好手，所绘山水写实大气，花鸟工写兼容，人物精细传神。

图 4 - 104　孙耀先（中）与邹宝德（左）、朱庆云（右）师徒合影照
（图片：邹宝德供）

1975年，在师傅孙耀先的多次推荐下，厂领导安排他走上了花面专职设计岗位。并安排去了省里组织的到山东菏泽写生。参加这次活动的人员中不乏后来的诸多名家，如陈扬龙、熊声贵、李人中、杜伟、孙恒林（长沙市花纸印刷厂总工程师）等。由于他有了十多年扎实的基本功训练，写生起来得心应手，面对前辈他认真观摩、虚心学习，因而获益良多，自己也创作了不少写生画稿。在省里汇报展出时，人生第一次写生的花卉作品得到了省公司领导和同行们的高度评价。

图4-105 一九七五年山东菏泽写生作品之一、二

这一年，独立走上设计岗位并第一次设计的两个花面——"桂林象鼻山"风景与一个花边设计稿被省里评审选中，并印成陶瓷贴花纸被多家兄弟陶瓷厂家采用。

其中编号1122#边花装饰的宽脚杯、碟，被加拿大外商看中，首批订货就达10万多件。后订货总计150万件。

图 4 - 106　桂林象鼻山设计图（图片：邹宝德供）

图 4 - 107　桂林象鼻山设计图产品茶具

图 4－108　1979 年设计的编号 1122#花面(图片：邹宝德供)

图 4－109　山水纹茶具(图片：杨文凯供)

图 4 – 110　山水纹茶托

　　图 4 – 109 为邹宝德设计绘制的山水纹茶具，上题："敬录毛主席诗词七律到韶山 别梦依稀咒逝川，故园三十二年前。红旗卷起农奴戟，黑手高悬霸主鞭。为有牺牲多壮志，敢教日月换新天。喜看稻菽千重浪，遍地英雄下夕烟。""为人民服务"。

　　多年来他默默工作、勤奋创作，设计了不少新花面；其中多个花面在省新产品新花面设计评比中获奖，许多花面被外商看中。一个绘有紫罗兰为主的花面，美商一次订货 300 万件。

图4-111　邹宝德(右)与副厂长曾敬威(左)在探讨结晶釉(图片:曾敬威供)

图4-112　邹宝德在创作之中(图片:邹宝德供)

图4-113　1637#设计图样产品

图4-114　1591#设计图样产品

(图片:邹宝德供)

图 4 – 115　1893#设计花面碗

图 4 – 116　设计的部分花卉图纸样(图片：邹宝德供)

图4-117 设计的部分山水挂盘纸样（图片：邹宝德供）

　　1975年，根据湖南省委指示，并在省陶玻公司及省陶瓷研究所的具体牵头下，湖南陶瓷工作者准备创作赶制一批送京参展的艺术瓷，来向党中央和首都人民汇报，其中瓷板画的创作安排在了永胜瓷厂。

　　邹宝德应省公司及研究所之请，赶赴醴陵永胜瓷厂绘制了两件送京展览的瓷板画，画面内容一块为山水，一块为黄洋界。瓷板尺寸：103 cm×56 cm，厚度1.2~1.5 cm，全部大型瓷板共烧制了10多块，为当时全国大型瓷板画之一。为创作好此批作品，还专门成立了科研小组，瓷板全部采用吊烧及双面釉工艺，绘制为釉下五彩；全省调集参与制作与绘画的组成单位及人员有陶研所、永胜瓷厂、群力瓷厂、国光瓷厂、资江瓷厂、力生瓷厂、株洲瓷厂、新化瓷厂等；人员有邓文科、李小年、邓景渊、肖禾、邓鸣亮、汤清海、刘佳仁、邹宝德等。图4-118、图4-119所示为邹宝德绘制的两块瓷板画。

同年创作的成瓷釉下彩山水瓷板画"黄山送客松",发表于《湖南陶瓷》1977年第4期。其他山水瓷板画曾多次在省及全国陶瓷展览会展出。

1975年新化开始修建资江大桥(现在的一大桥),4月,"省革委"批准列入基建计划,同年6月正式动工;1977年9月25日大桥竣工通车。大桥两边护栏装饰的瓷板画就是邹宝德、潘爱民、邹传安、邹惕予、曾敬威等创作绘制,其中结晶釉瓷板为曾敬威制作,大桥题字瓷板"新化资江大桥 一九七六年 新化县革命委员会"与毛主席诗词、语录等为邹惕予所写。其中邹宝德在1976年年底至1977年中期采用成瓷釉下彩工艺所画大桥瓷板画共计50多块。

图4-118 邹宝德绘制的送京参展的瓷板画之一(图片:陈志强供)

图4-119 邹宝德绘制的送京参展的瓷板画之二(图片:陈志强供)

图4-120 大桥瓷板画 上题"延安颂 一九七六年于新化瓷厂"红印"宝德"

图 4-121　大桥瓷板画 上题"白云生处有人家 一九七七年画于新瓷 宝德"红印"宝德"

图 4-122　大桥瓷板画 上题"勘测水源 一九七六年十二月于新化瓷厂"

红印"宝德"

图 4-123　大桥瓷板画上题"爱晚亭 一九七七年于新瓷 邹宝德画"红印"宝德"

图4-124 大桥瓷板画 上题"八哥 一九七七年画于新瓷"红印"宝德"

图4-125 大桥瓷板画 上题"猩猩 一九七七年画于新化瓷厂 宝德"红印"宝德"

　　图4-126中所示为四位参与大桥瓷板书画绘制的主要创作者在探讨创作经验(左起:潘爱民、邹传安、邬惕予、邹宝德)。

　　此后绘制的釉中彩漓江风光新东15头茶具选送24个国家展览。

　　1980年,邹宝德所绘"张家界"山水挂盘,于1981年被省科委、省人大选送为赴日访问的礼品瓷。并曾为省科委创作张家界山水纸画两幅赠送日本访湘代表团。山水挂盘还曾多次选送香港、美国展览。"黄山奇观"山水挂盘曾在省工艺美术展览会上展出,获优胜奖。1983年,"桂林风光"挂盘获轻工部优秀新产品奖,原盘获奖后没有拿回。

图4-126 四位主要参与大桥瓷板书画绘制的创作者(图片:潘爱民供)

图4-127 桂林风光系列挂盘之一

日本友人佐藤良二曾赋诗评价邹宝德的山水画瓷盘:"千山万水盘中出,笔底烟霞五洲飘,千姿万态惹人醉,名扬天下气势豪。""漓江烟雨""千峰竞翠""南山积雪图"⋯⋯他的山水挂盘已畅销欧美、东南亚的十四个国家与地区。

当年9月,县政府通知,授予邹宝德助理工程师技术职称。同年成为省陶瓷美术设计中心人员,和高延芳、肖禾、雍起林、李人中、肖霁红等一起去西安交流学习。

图4-128中前排左1邹宝德,左2雍起林(铜官美陶厂厂长),左3肖禾(株洲大学美术系主任),左4高延芳(湖南陶瓷美协主席);后排左

起二位女士应为长沙花纸厂主要设计人员，左3不详，左4李人中(醴陵群力瓷厂工程师)，左5不详。

图4-129中前排左1不详，左2为肖霁红(雕塑)，左3、4应为长沙花纸厂主要设计人员；后排左1邹宝德、左2雍起林、左3李人中、左4高延芳。

图4-128　西安交流学习合影照
（图片：邹宝德供）

图4-129　西安交流学习合影照
（图片：邹宝德供）

图4-130　15头黛玉葬花纹饰茶具，此套茶具只画了二套参展（图片：邹宝德供）

邹宝德所绘制的山水挂盘与人物瓷画像，还曾多次作为各级地方政府的贺寿贺礼，如赠送在京的李聚奎将军、陈正湘将军，香港的彭立珊夫妇等。

图 4-131　1985 年 漓江春色组合瓷板画

1986 年设计的编号 1637#新花面，被美商选为专利花面经营，首次订货就达 200 多万元，并被美国艾克逊公司作为专销花样经销数年之久；编号为 1637#与 1591#等新花面还为全国许多大型出口瓷厂所采用，并连续多年订货，订货量达数千万件，行销全球五大洲，取得良好的经济效益。

20 世纪 80 年代是邹宝德的黄金年代。1988 年，自学成才的邹宝德被授予"工艺美术师"职称，并负责厂研究所的工作。研究所自 1980 年成立，第一任所长为吴根（功）迪，第二任为邹善吾，第三任为刘支光，1985 年刘支光调任技术副厂长后，邹宝德于 1988 年开始主管负责研究所的工作①。

他的山水挂盘与国画曾在省国画馆、省博物馆等艺术家画廊展示，得到海内外人士的喜爱与收藏。长沙晚报、湖南日报、羊城晚报、海峡之声、湖南人民广播电台等报社、电台曾多次撰文对其人其艺做专题介绍。

正如省公司领导罗平章（省陶瓷玻璃公司副经理）向省记者介绍的："邹宝德创作的挂盘富有神韵，格调高雅，意境清新，不愧是我省陶瓷艺苑中一枝艳丽的鲜花。"他的办公室里就以装饰摆放着邹宝德的山水挂盘而骄傲。

---

① 据调查，1984 年以后，陶瓷研究所由刘支光任所长，1986 年，刘支光调任技术副厂长，两年后，邹宝德实际接任所长，主管研究所试制、开发工作。

图 4-132 春节联欢晚会中邹宝德即兴为职工作画(图片:瓷厂档案资料)

图 4-133 邹宝德赠送的礼品瓷小碟

图 4-134 1987 年绘制的南岳飞瀑组合瓷板画

图4-135 所示的大型组合瓷板画，为1993年受武冈县建筑工程公司之请，特为武冈县委机关大门前的装饰而设计绘制。

图4-135　1993年绘制的《法相岩公园》大型组合瓷板画

邹宝德是在瓷艺方面全面掌握技术的高手，不管在山水、花鸟、人物等方面都达到一定的高度，还进行过瓷塑创作，作品不多，但也见天赋与功力。

图4-136　读书　　　　　　图4-137　温习(米色无光釉瓷塑)

1998年，邹宝德妻子突发脑出血中风，生活难以自理，此后他一边工作，一边照顾妻子。生活的困难从没有使他低头，创作的宗旨与热情也从没有改变和减少，直至2001年退休。正像他自己所说的："作品以广大人民喜爱为目标，为企业创造效益为目的，……"他不但是这么说的，也是这样做的。

邹老有一子一女。在他的言传身教下，儿子邹健最终以优异的成绩考入广州美术学院雕塑系，1999年毕业任教于合肥工业大学建筑与艺术学院，当年邹健的作品《沈从文》被广州美术学院美术馆收藏，该作品于2000年获得"希望之星"中国高等美术院校雕塑毕业作品选拔展，2003年发表于《雕塑》杂志第36期。从2001年起分别有《历程》《静》《喜闻乐见》《过年》等多件作品获省、国家及国际大展。这位崭露头角的青年艺术家不幸于2009年1月3日因突发脑出血而英年早逝，留给世人无限的遗憾。

图4-138　邹健创作的《沈从文》(图片：邹宝德供)

女儿邹慧，在新化瓷厂从事彩绘工作，直到改制下岗。现在家默默地相夫教子，照看家人。

邹老一生淡泊名利，心平性直，语实行敦。退休后，主要是操持家务，服侍半身不遂的妻子，如能挤出时间仍会投入他钟爱一生的写生与绘画创作之中。

图 4 - 139　威震山河挂盘

图 4 - 140　狗年大吉挂盘

图 4 - 141　花鸟系列挂盘
（图片：邹宝德供）

图 4 - 142　花鸟系列挂盘
（图片：邹宝德供）

图 4 - 143　熊山秀色系列挂盘（图片：邹宝德供）

图4－144　南岳胜景系列挂盘(图片：邹宝德供)

图4－145　张家界风光系列挂盘(图片：邹宝德供)

图4－146　桂林山水系列挂盘

图4-147 黄山奇观系列挂盘(图片:邹宝德供)

图4-148 华山奇观系列挂盘(图片:邹宝德供)

图4-149 四季组图挂盘——春、夏(图片:邹宝德供)

图4-150　四季组图挂盘——秋、冬(图片：邹宝德供)

图4-151　邹宝德自画像挂盘
（图片：邹宝德供）

图4-152　邹宝德给妻子莉清画的挂盘
（图片：邹宝德供）

图4-153　邹承休二女婿人物像挂盘
（图片：邹宝德供）

图4-154　邹承休二女儿人物像挂盘
（图片：邹宝德供）

图 4 - 155　纸画作品(图片:邹松清供)

图 4 - 156　纸画作品(图片:邹松清供)

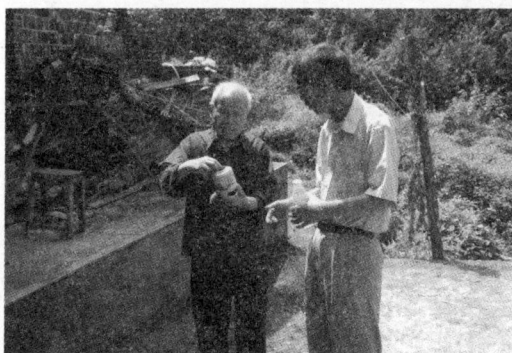

图 4 - 157　故地重游

(与老艺人邹用吾一起在洋溪华新瓷厂原址探讨瓷艺,拜访老友)

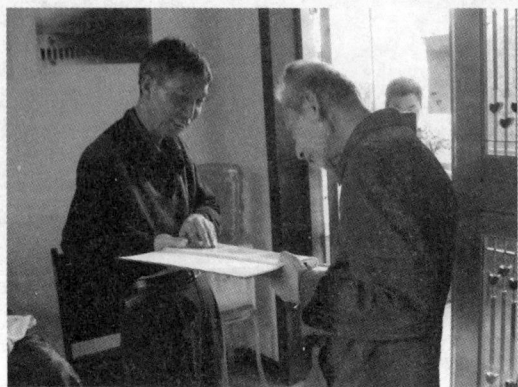

图 4 – 158 拜访师傅孙耀先家人时与孙新水探讨瓷艺

图 4 – 159 拜访老朋友李人中

图 4 – 160 拜访陈扬龙大师

图 4 – 161　拜访老师邓文科

图 4 – 162 为邹宝德(左四)在醴陵与金煌瓷艺总经理陈志强(左三), 中国陶瓷艺术大师孙新水(左二)等畅谈华新瓷艺与醴陵釉下五彩。

图 4 – 162　邹宝德在醴陵(图片:陈斌摄)

邹宝德退休后,照顾好妻子成了他的主要工作。从此,绘画创作的时间少了,护理与家务多了,但创作的热情永远在心中激荡。他一直抱着"以绘画取愉悦,以绘画来养生"的信念来支撑着自己看护着爱妻的生活。

2012 年 12 月 5 日,妻子中风再度突发,经抢救暂缓恶化,面对昏睡卧床不起的妻子，邹老额蹙心痛，这突如其来的再次突变，搅乱了他的平静，使他的身心再次遭受打击。2012年12月21日，终因为爱妻操劳、焦虑与心灵的伤痛，致使邹老突发脑出血，经抢救无效不省人事，于2013年1月1日于洋溪老家去世，享年73岁。不久，爱妻也随他而去。

邹老一生淡泊名利，为华新瓷业的发展贡献了一生，他的人品、瓷艺有目共睹，被大家亲切地称为"宝德师傅"。正像李人中所讲："你应该早到醴陵来，你评省级大师是没有任何问题的……"邓文科看了宝德的作品后评说："不错，很全面，多才多艺。"邹老这样乐观向上、不畏困苦、率直为人、知恩图报且敬老爱妻的长者，值得人们尊敬。

四、华新书法名家——邬惕予

图4-163　邬惕予像（图片：邬江弯供）

邬惕予，本名邬迪于，字朝吉，笔名惕予，号西江樵子，自署莫江一怪①。生于1929年12月23日（农历十一月二十三日），新化县桑梓镇西江湾村人。惕予天资聪颖，四岁临池学书，进邬氏祠堂读私塾，先生为邬第洪；六岁后入民智小学读书，八岁因父亲去世而断绝经济供给，十二岁小学毕业后经邬干于介绍到兰田"公益书局"学徒，因人小不用而回家。1942年10月因家贫以孤儿身经邬乐知推荐介绍进新化救济院，后被推荐

---

①　因出生于资水河畔一个叫西江湾村李子坳的小山村，故又号西江樵子；还有自署的莫江一怪，这是因资江新化与安化的一段古称茉莫江，简称莫江而得来。

到《新化民报》①学印刷。从此后，方正的楷书留给了他深深的印象，随之开始初涉临摹。

1948年8月被招入国民党宪兵教导第三团第十一队当宪兵二等学兵（驻江西河口镇），同年11月转入第十队；1949年4月加入国民党，解放军过江后，退守湖南；1949年6月退守至邵阳后升宪兵一等学兵，同年8月至10月退守芷江进行训练，训练没毕业又经贵州退守云南；同年12月调入队部任警务宪兵（仍是一等学兵）。最后在退逃天生关向缅甸逃亡时，被解放军包抄而投诚。

1950年1月在贵阳经过诉苦运动学习后，参加中国人民解放军二野五兵团十七军五〇师一四九团二营机炮连（五连）当战士，随后参加贵州剿匪。1951年在贵州天柱参加民主运动学习并入团，随后担任见习文教。1952年元月参加"三反"运动学习后，6月复原回新化原籍，后任二区坪底乡民兵中队部指导员；同年九月被分派二区（鹧鸪乡）洪圣小学任教，四年的拿枪经历从此画上了句号。

1953年9月被组织保送入邵阳师范学校初师十一班学习三年，其间多次被评为优秀学生。1956年9月毕业后分配在新化县田坪区温塘完小任教。当年5月，县里举办了首届美术作品展，共展出作品150幅，后遴选出60件参加省展出，其中邬惕予创作的雕塑作品"女青年"头像，在湖南省第一次（届）青年美展中评为三等奖。

"公益书局"、《新化民报》、见习文教、教师等，都与文字分不开，似乎冥冥之中早已注定，今生必与文字有缘。虽与书法有缘，字也写得端正漂亮，此时书法纯是爱好还不是自己选定的最终目标。

1957年，经人介绍与本村小他9岁的姑娘结婚。夫人李清云，生于1938年4月12日，相亲时惕予身着破棉袄，连棉花都翻露于外；且婚后拜年，仍是穿着这件破棉袄，可见邬老当时生活的拮据与艰辛。衣虽是破的，心却是热的、诚的，从此与夫人相伴同心，互敬互爱。邬老一生俭朴，

---

① 《新化民报》，为1931年改名创刊，前身为新化县《新新周报》。《新化民报》为石印四开周报，1932年改为铅印，为县内报刊铅印之始。该报由国民党县党部主办，期发行量1200份。1936年改为旬刊。同年，新化县的《新化民报》《钟报》《资江报》合并为《新化日报》正式出版发行。社址在县城西正街彬彬堂。1942年，该报因揭露县长胡瀚贪污行为，被迫停刊，报社收归县有。收归县有后，国民党县党部再度以《新化民报》名义于1942年7月出版。1948年，国民党省党部饬令各县凡民报经费困难者，可招商合办。是年6月，国民党新化县党部将《新化民报》产权出让一半，更名《明报》，7月出刊发行。1949年8月，新化解放后停办。

踏实为人，后养育儿女四人，个个坚强不息，并对弘扬邬体书法成绩斐然。

由于教学工作的出色表现，1958 年被评为先进生产者，并选派出席县第二届先进生产者代表大会。1959 年 7 月邬惕予调新化十一中任教，1961 年 9 月调田坪区温塘小学任教。由于写得一手漂亮的字，1964 年 3 月正式调入新化华新瓷厂，并被分到彩绘组，主要担任瓷器上的描金与书写题字工作。

从此，瓷厂大量的杯、盘、碗、碟，瓶、盆、钵、罐上的题词、署款任务成了他每天的工作。天天写、月月写、年年写，周而复始，瓷器成了练习书法的宣纸，从爱好而成了一位专门写字的书家，并最终成就了自己书法的专业之路。

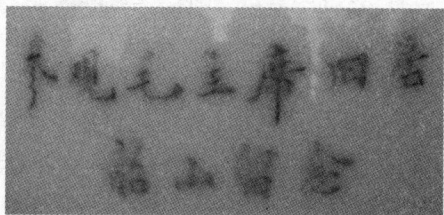

图 4-164　邬惕予在酒壶上题写的"参观毛主席旧居韶山留念"

图 4-165、图 4-166 所示，该品锅上所题文字，为 1967 年年底邬惕予给本厂职工刘汉卿所写，上面敬录有毛主席诗词《卜算子·咏梅》："风雨送春归，飞雪迎春到。已是悬崖百丈冰，犹有花枝俏。俏也不争春，只把春来报。待到山花烂漫时，她在丛中笑。"梅花是中国古代文人墨客千年吟咏不绝的主题，惕予自然是喜欢的。

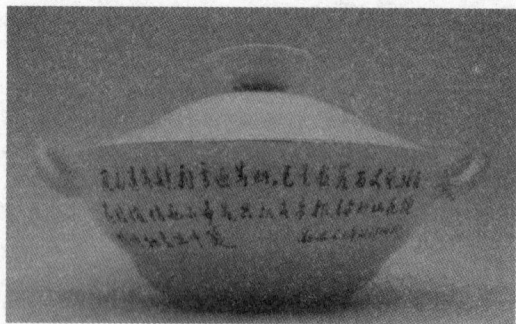

图 4-165　邬惕予题写的"刘汉卿置"品锅

图4-166 邬惕予题写的"刘汉卿置"品锅

茶叶罐一边题写有毛泽东《卜算子·咏梅》词的上阕后两句:"已是悬崖百丈冰,犹有花枝俏。七四年元月敬录",另一边题有"惕予 一九七四年元月于新化"。

图4-167 毛泽东诗词茶叶罐

图4-168 毛泽东诗词茶叶罐

图4-169中所示壶上文字为邬惕予所写,上题:"慰问援外人员家属纪念 胸怀祖国 放眼世界 邵阳地区革命委员会 一九七五年春节"。

图4-170中所示盘中文字为邬惕予所写,上题:"暮色苍茫看劲松,乱云飞渡仍从容。天生一个仙人洞,无限风光在险峰。七六年五月敬录"。

图4-171墨池钵是由擂钵改成的,为邬惕予鼓励本厂老职工的孙子好好学习而专门题写,上题:"好好学习 天天向上 七六年八月制"。

图4-169　邵阳地区慰问援外人员家属礼品新丰茶壶

图4-170　毛主席诗词盘(图片:刘国忠供)

图4-171　墨池钵(图片:刘志平摄)

图4-172　墨池钵(图片:刘志平摄)

图 4 - 173　糖、茶罐一对(图片：曾韶峰摄)

图 4 - 174　糖、茶罐一对
(图片：曾韶峰摄)

　　两罐一面分别题有"风华正茂""飒爽英姿"，另一面分别题有"毛健""小慧"，为邬老给邹宝德的儿子邹健、女儿邹慧所题写。

图 4 - 175　1976 年冬大桥通车纪念品锅

图 4 - 176　1979 年涟源地区
职工篮球运动会奖盘

　　邬惕予在瓷厂专职写字，看似工作简单，可每天除了要完成瓷器上的书写工作任务外，厂里的各种宣传、标语、报表、手册、报刊等也都是他的工作内容，几乎都是出自他一人之手。

图 4 - 177 刻印的技术资料

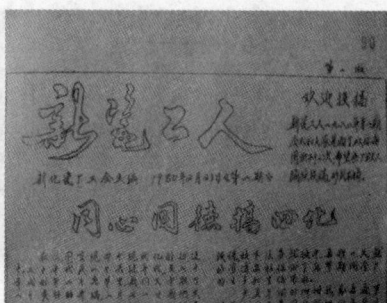

图 4 - 178 刻印的厂报

图 4 - 179 瓷厂的刻字钢板

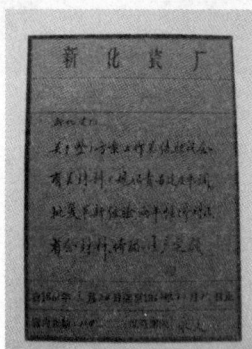

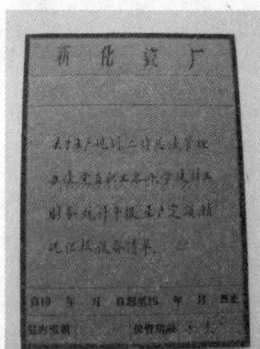

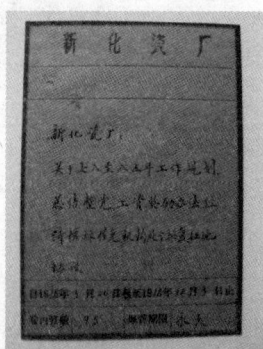

图 4 - 180 手书的新化瓷厂厂部归档资料

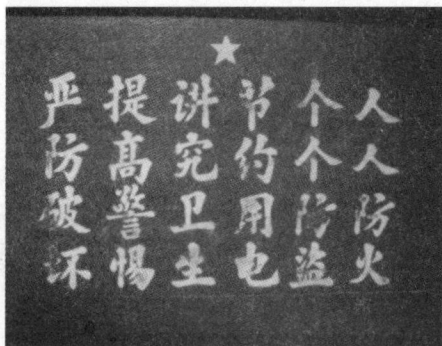

图 4 - 181　瓷厂宿舍门上的警示标语

由于工作的认真细致，有求必应，邬老曾被评为先进生产者与宣传积极分子。

图 4 - 182　邬老在瓷厂工作照（图片：罗福初供）

邬老于1979年退休，从此闲住老家竹蕉书屋，每天练字写字，耕田种菜，生活平静无忧。就连自己用的家具上面的装饰都是邬老亲自绘制。

如我们见到的邬老亲自装饰的老式朱漆五屉柜，上面的书画就是邬老的手笔，上题毛主席语录"自己动手，丰衣足食"，表达了邬老豁达而充实的内在精神；柜门上的两棵蓬勃向上的花枝，一荷一菊，反映的是出污泥而不染、淡雅清润的品格与气质。这既可视为自身的勉力与追求，也可看成是对后辈的企盼，同时也是当时生活的一种真实写照与家居装饰时尚。

图4-183　邬惕予先生放水归来(图片：邬江弯供)

结束了繁杂的被动书写工作后，邬老一心扑在了书法艺术上。1985年，获得湖湘书法大赛一等奖。1988年，获"中意杯"龙年国际书法大赛银牌奖。1992年，在湖南文艺出版社出版了《老子道德经楷书字帖》。1995年，邬老迁居新化县城。1997年，不幸在家中摔断股骨头，后经多次治疗，终归没能再站立起来，从此与轮椅为伴。2005年，曾在长沙、郴州举办过书法展，深受书坛好评。2006年，上海古籍出版社出版《邬惕予楷书千字文》。2007年，出版《邬惕予书法》。岳麓书院、常德碑廊、广东四国碑林都存有书碑等。

邬老擅长楷书，所书楷书字字精严险劲，而又端正典雅，真的是"字如美人"；行草苍劲舒展，也成梅山一绝。七十余年笔耕不辍，广而博采众长，源于古人而别于古人，最终成就一格"邬体"。这都源于"宁为卧沟顽石，不做过眼烟云"的信念与坚守。

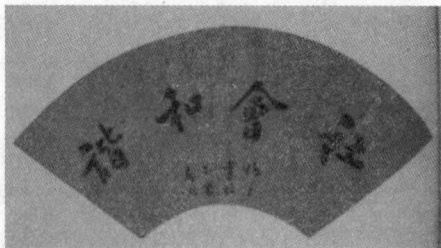

图4-184　社会和谐(图片：摘自《邬惕予书法艺术展名家题赠集》)

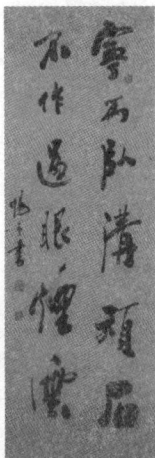

图 4 – 185　宁为卧沟顽石，不做过眼烟云
（图片：摘自《邬惕予书法艺术展名家题赠集》）

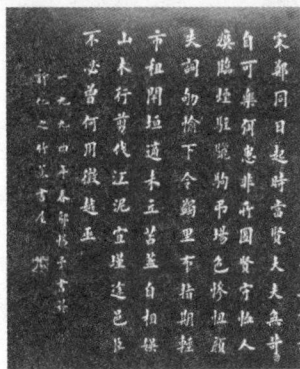

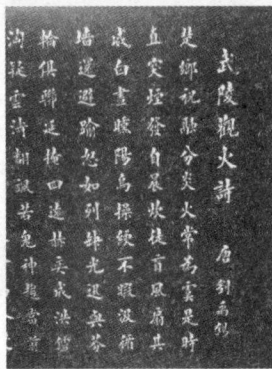

图 4 – 186　常德诗墙碑拓
（图片：摘自《邬惕予书法艺术展名家题赠集》）

邹惕予先生晚年因伤残而卧床十多年，但仍笔耕不辍，最终于2009年12月23日在家中病逝，享年80岁。他一生谨慎，平易近人，在瓷厂不管谁要他写字他都满口应允，决不推辞，且从不计报酬；接了求字者敬的一根烟，已是满心欢喜状如老顽童。一生处世、为人、写字，新化、冷江一带人民有口皆碑，正如孔小平先生贺联所言："书堪为范，人可为师"，当之无愧。

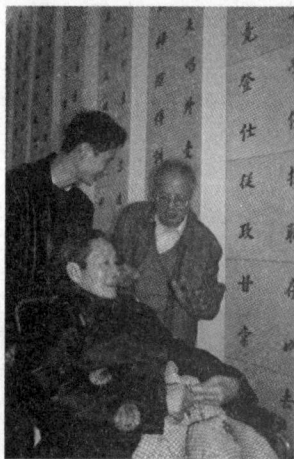

图4-187　邹惕予先生晚年生活照(图片：邹江弯供)

五、华新花鸟画大家——邹传安

图4-188　邹传安像(图片：摘自《尘程心证》)

邹传安，字书靖，斋号知止，自署知止斋主人。1940年12月出生，湖南省新化县水车镇水车村人。传安三岁丧母，幼年全凭祖母罗氏呵护。

1947 年入本乡"锡田小学"读书①，1954 年毕业于"水车完小"。传安小时候是在偶有家藏字画的环境中成长，从小耳闻目睹，又性好涂鸦，自然所画之物也就有模有样；凡能见到的书中插图、插画，他都要临摹学习；渐渐地也就有名乡里了，偶尔还会被乡邻夸赞画得好。

1956 年，就读于新化七中，初中二年级时，因家境窘困而辍学。次年夏，为生活而报考华新瓷厂，当场画瓷数件，表现较好，当时主持招考的为瓷厂党支部书记曾子清等。后经表姐夫杨南山帮助联系，于 1958 年夏才进华新瓷厂当学徒，并于当年下半年（即 1958 年 10 月左右）②，在瓷厂的关怀下，推荐派遣他与李蕙娟（女）去醴陵陶瓷研究所进修学习。

当时，在醴陵陶瓷研究所参与进修学习的除有新化华新瓷厂的学员外，还有其他地方的学员，包括越南学员等。两人都曾受业于林家湖等前辈老师学工笔白描与釉下彩。一年多的学习，仅专门勾勒白描就用了半年有余，随后的时间仍坚持不懈，为此打下了坚实的线描功底，并初知工笔花鸟画为何物。

图 4-189 中照片为 1960 年 1 月 1 日邹传安（后排中）与林家湖（前排中）等老师、同学的合影留念照（后排左一为李惠娟同学）。上题："我们跟老师永远在一起 60 元旦"。

图 4-189 邹传安与老师林家湖等合影（图片：曾敬威供）

---

① 见邹老工作简历自述为"8 岁起就读于水车小学""水车完小"。同时，又曾称"四七年六岁，就读于老家水车乡锡田小学"等记载。锡田小学与水车小学（或水车完小）两者是否是同一学校，或是分属的学校，对此作者暂无考证。

② 曾见邹老两个时间的陈述记录，1978 年记述为"59 年"，1981 年记述为"58 年下半年……"根据李惠娟所留存的资料，以及曾敬威反映的情况，本文采信后一种记述，即在醴陵学习的时间应为 1958 年 10 月至 1960 年 3 月前。

下面摘取李惠娟在醴陵陶瓷研究所学习时期的部分手稿习作及资料，借此可了解当年邹传安的基本学习内容与大概情况。

动物习作：

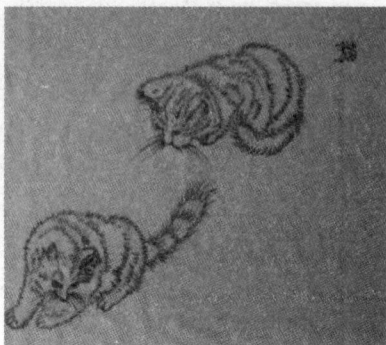

图4－190　小猫

虫草习作：

图4－191　蝉

图4－192　花与蜜 1959 年 11 月 7 日画

花卉习作：

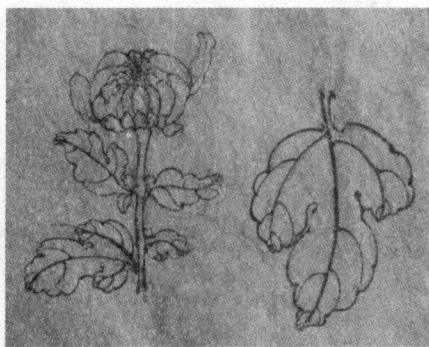

图 4-193　牵牛花 1959 年元月 4 日画　图 4-194　花苞与叶 1959 年 7 月 5 日写生

图 4-195　美人蕉小花瓶稿
1959 年 12 月画

图 4-196　牡丹水仙花小瓶稿
1959 年 12 月画

翎毛习作:

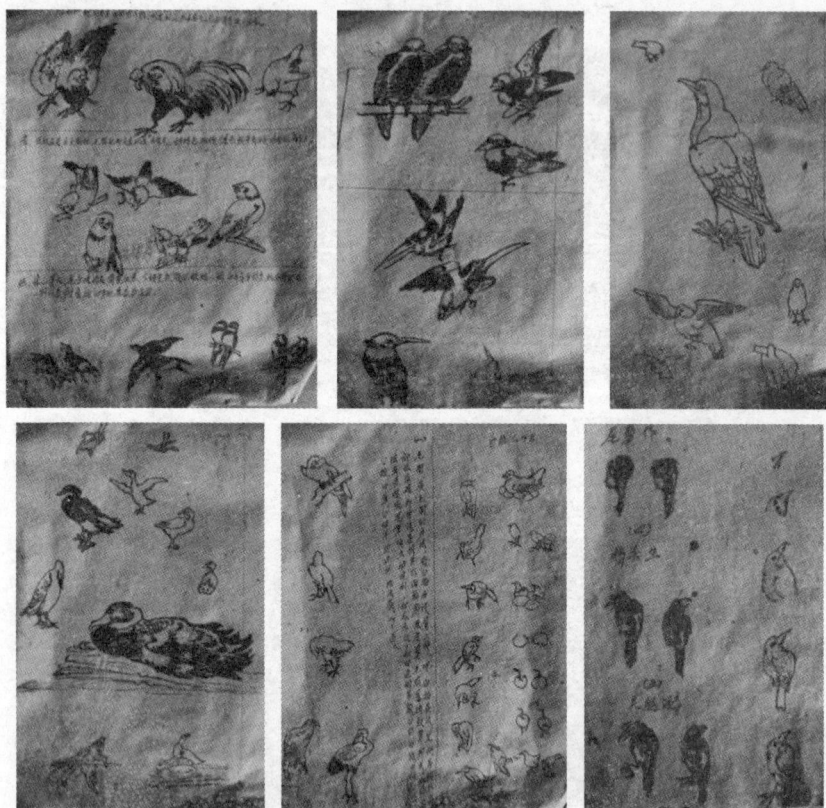

图 4 - 197　部分翎毛作品

图 4 - 198　当年李惠娟学习资料的一部分

图4-199所示奖状上题："李惠娟同志：一年来，积极响应了党的号召，当好了党的助手，在各项工作中取得了显著的成绩，特颁发奖状，以资鼓励。共青团陶瓷研究所支部委员会赠 一九五九年十二月"。

图4-199　李惠娟在醴陵陶瓷研究所学习期间所获奖状

图4-200所示贺卡上题："谨祝李惠娟同志新春快乐，身体健康，学习进步！邓文科特贺 六〇年春节"。

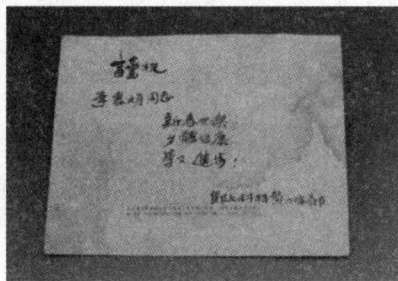

图4-200　邓文科赠送李惠娟的贺卡

图4-201所示贺卡为20世纪60年代初醴陵陶瓷研究所团支部寄给李惠娟与邹传安的贺卡，贺卡上题："李惠娟 邹传安两位同志 祝你们在新的一年里获得更大成绩，乘胜前进。共青团陶研所支部 60.元.25."特别之处是左侧的一幅画，是用铅笔手绘的洗漱用品，遗憾的是暂不知出自何人之手。

当年，在醴陵学习期间，也是国家奋发图强时期，大家都是为了一个共同目标，想的都是为国家多做贡献。社会崇尚的是敬业、奉献，个人追

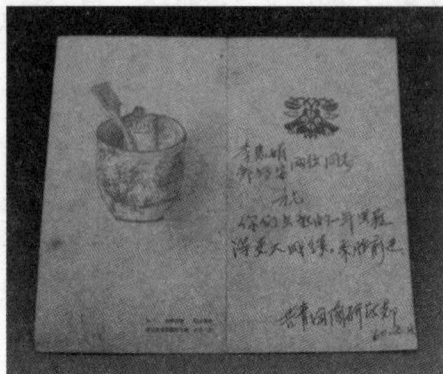

图 4 - 201　陶研所团支部寄给李惠娟与邹传安的贺卡

求的是贡献、友谊。当时的人们普遍都有一种担当精神，都耐得住寂寞，守得住清贫，不急功近利，更不会过分贪图名利，人人追求的是一种无私的给予与帮助的朴实精神。因此他俩得到了许多前辈，如林家湖、汤清海、邓文科、温月斌等一批陶研所老师的指导和帮助。我们从温月斌给李惠娟所写的信及寄的专业书刊就可看出这一点，而且交往的时间之长、无私的友谊之深，是那个时代人的总体精神风范。来往的贺卡、信件中，偶尔还会精心插画一些小图案，如小花，如前面看到的洗漱用品等，随手即来，美观而时尚。

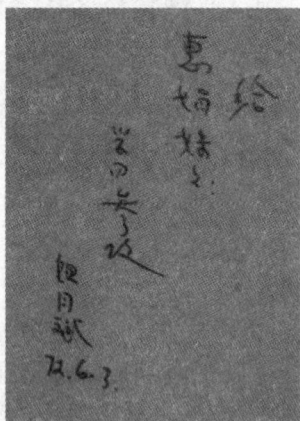

图 4 - 202　1972 年 6 月 3 日温月斌大姐寄给李惠娟的
《醴陵釉下彩》参考资料

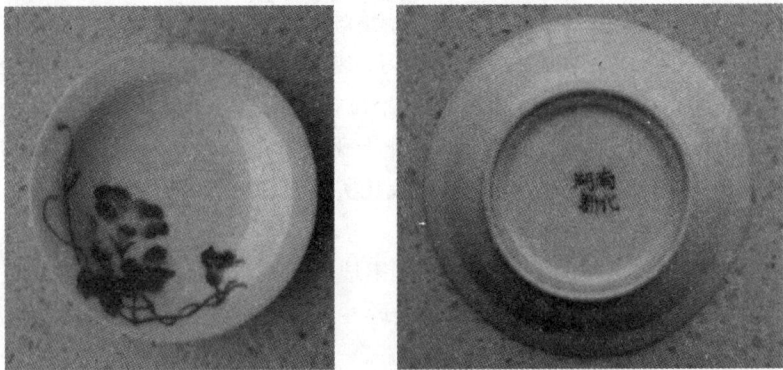

图 4-203 20 世纪 60 年代小碟，这种牵牛花是当年李惠娟最喜欢画的

1960 年 3 月后，邹传安与李惠娟学成返厂。从此给华新瓷厂的彩绘队伍增添了新的力量，一改以原来传统的粉彩、新彩等釉上彩为主的基本格局与绘画风格。邹传安也从此脱离了生产大车间而直接进了瓷厂试制组，当年就参与了国瓷——甘肃厅釉下彩茶具的创作设计任务①，这可以说是他绘画生涯的第一个重要拐点。同年，就有工笔画《牡丹》参加了县美展。

1962 年，新化县在国庆期间组织了一场美术展览，在征集作品时，邹传安的花鸟作品因不符合国庆选题需要而没选上，心里一直郁闷，想起过去曾有过的类似经历，心中久久不能平静。当时，同在一起工作的一位彩绘师傅赵寅午看此情景后安慰他，叫他把作品寄给郭沫若，并为他草起了一封信稿，并鼓励说："郭沫若最喜欢画了。"

22 岁血气方刚的邹传安于 10 月 1 日给郭沫若去信一封，并附寄了自己的绘画习作两幅，其中一幅为"美人蕉"。次年（1963 年）7 月，收到郭老回信，回信中说："如果你继续努力，将来是会有成就的。"因而大受鼓舞，郭老的回信不久也挂上了他的工作室。从此，他除了完成瓷厂的基本工作外，全部精力与时间都自觉地投入到了绘画创作的实践之中，并随后开始有作品在当地问世，当年就有《翠竹图》工笔画作品参加了邵阳地区

---

① 邹老自述为"六一年"，本文作者考证实物为"1960 年"。是否曾做过两批，即 1960 年一批，1961 年一批，而邹老参与的是后一批，或存档记录有错或是邹老记述有误，本文作者无考。现采用实物资料为准。

的美术作品展。

　　他是从临摹书本封面、插图开始绘画起步的，后通过醴陵陶瓷研究所近一年半的工笔花鸟画的专修与学习，后又自觉地进而研讨古今画论，同时还钻研诗词曲赋。厂里提供给每个设计人员独立单间工作室等宽松环境，他有了能长年累月如痴如醉耕作于砚田纸墨之中的条件。此时的传安一提笔构图作画，就忘却一切，传统扎实的功底与艺术的修养就是在这慢慢的积累与勤奋中得来的。

　　1964年有画作"枇杷图"参加邵阳地区美展。从此以后，他一边工作设计、绘瓷，一边努力学习创作、绘画。凡能见到的工笔花鸟书籍、杂志，书中画页、插图，他总要设法弄来临摹、研究学习，并抓住一切机会外出写生。他还曾养花喂鸟，意在观察花的生长开谢、捕捉各种禽鸟的姿态精神。1965年，参与为韶山商店绘制韶山专用纪念品。1966年，首次设计冰梅图案获得成功，并于该年在春交会上被外商选中成交。同年创作设计的"樱粟花"[①]，后于1968年二月在醴陵陶瓷研究所召开的春交画面鉴定会上，以28票中选，名列第二，"冰梅"图案名列第六。1969年，创作的"睡莲"图案[②]，后经手绘成咖啡具送广交会订货，为某国代表选中，最终手绘近百套交货。

　　1970年，绘制的银黑边竹节咖啡具为英商选中订货。

　　下为自制的口号诗词茶具，带有鲜明的时代精神与特点，很是难见。

　　图4-204中壶一边书写："全世界革命人民心中的红太阳毛主席万岁万岁万万岁！书靖"，一边为毛泽东诗词："红军不怕远征难，万水千山只等闲。五岭逶迤腾细浪，乌蒙磅礴走泥丸。金沙水拍云崖暖，大渡桥横铁索寒。更喜岷山千里雪，三军过后尽开颜。"口号、诗词为原作，"书靖"题款为邹老受朋友之请于2010年10月初后加，再复烧。

　　图4-205茶具的一面写有："毛主席万岁"，另一面写有毛泽东诗词："七律 别梦依稀咒逝川，故园三十二年前。红旗卷起农奴戟，黑手高悬霸主鞭。为有牺牲多壮志，敢教日月换新天。喜看稻菽千重浪，遍地英雄下夕烟。一九五九年六月"。

---

　　① "樱粟图案"设计时间有两种说法，一说"六六年创作'樱粟花图案'"，另一说为"68年设计'樱粟图案'"。本文采信前一种说法。

　　② 也有称"66年设计睡莲图案。于该年春交会为澳大利亚政府代表团选中成交。

图 4－204　口号、诗词壶

图 4－205　口号、诗词咖啡茶具

图 4－206 中茶、糖罐上的一面写有："伟大的领袖毛主席万岁 万岁 万万岁！"另一面为毛主席诗词："七绝·为李进同志题所摄庐山仙人洞照 暮色苍茫看劲松，乱云飞渡仍从容。天生一个仙人洞，无限风光在险峰。 一九六八年十一月十七日"。

图 4－206　茶、糖罐

图4－207中毛主席诗词杯，一面题写口号"毛主席万岁"，另一面题有毛主席诗词："七绝·为女民兵题照 飒爽英姿五尺枪，曙光初照演兵场。中华儿女多奇志，不爱红装爱武装。一九六一年二月"。

图4－207　毛主席诗词杯

诗词盘内容："七律 钟山风雨起苍黄，百万雄师过大江。虎踞龙盘今胜昔，天翻地覆慨而慷。宜将剩勇追穷寇，不可沽名学霸王。天若有情天亦老，人间正道是沧桑。一九四九年四月"。

图4－208　毛主席诗词盘内容

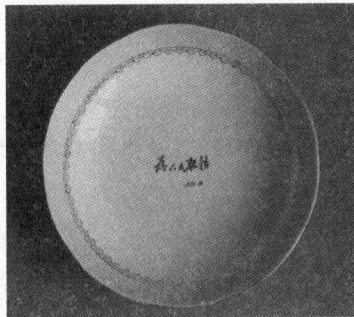

图 4 - 209　传安装饰的色釉小碟、小盘(小盘上题"为人民服务 1971.4")

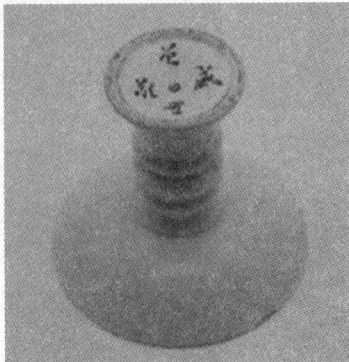

图 4 - 210　为本厂曾敬戚题写的"曾敬戚置"高足碟

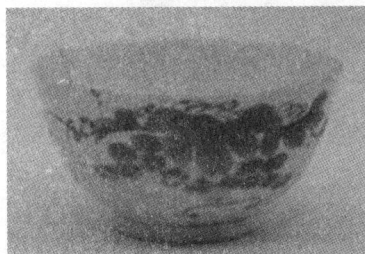

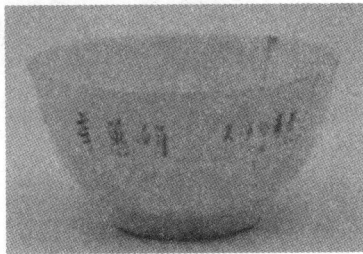

图 4 - 211　为本厂李惠娟题写的碗

1972 年，设计成功 CH101#①黑线描转藻（或卷藻）图案，为湖南第一个高端瓷图案。后分别投产于本省界牌、建湘等厂。后改印为纯白色，编号为 CH102#，投产于本厂，为美国鲍姆公司订购。后 CH101#原色图案还由日籍美商订为专利花色产品销售。1973 年 7 月，醴陵陶研所主编的《工艺美术参考资料》第二辑发表有"梨花""大丽花"写生白描稿两幅，分别见于第 10 页与第 34 页。同年创作的"孔雀图"参加了省美展。设计的"小月季"边花在省鉴定会上中选。并为本厂设计底款图案"双凰"牌商标款识一个。

图 4-212 为一套使用"双凰"款识的茶具，图案设计为邹传安，上题的"书靖"，为邹老受朋友之请于 2010 年 10 月初后加，再复烧。

图 4-212　茶具——上题："书靖"

---

① 据邹老曾经做过的解释，编号（代号）CH101 的意思是：CH：是"高端瓷产品"的英文缩写，"1"是部定湖南贴花纸编码代号的第一个数字，如：山东是"2"、广东是"3"、江西是"4"……"01"即是第一个的意思。此编号 CH101 花纸产品，是经省陶瓷玻璃公司巢丰鑫经理主持鉴定确定。自然是湖南第一个高端瓷图案。此图案设计时间有两个，1971 年，1972 年，本文采用第二个时间，即 1972 年。

1974 年，设计"辛夷"花、"双凰"边花、"洋玉兰"图案；其中"双凰"边花在省鉴定会上中选，"辛夷"花于次年订货成交。当年，终于有绘画作品"松鹰"图入选省美展。1975 年，设计有"蝴蝶"图案，后在省鉴定会上选中，编号为 C1073#，并于次年春交会上订货成交，投产于本厂及省内各瓷厂。同时，为建新瓷厂设计"白兰"牌商标底款。

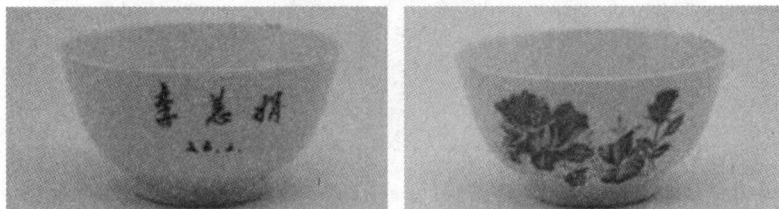

图 4－213　1975 年为本厂李惠娟题写的碗

1976 年，设计"芙蓉"图案、兰底开窗"洋莲"边花，釉中彩贴花图案等；其中前两项在省鉴定会中被选，后一项还与长沙美术印刷厂一起研试成功釉中彩贴花新工艺，并于当年秋交会成交投产。《澳门日报》为此还著文赞誉："纹样新颖，色彩雅致。"此为国内第一个正式成交投产的釉下成瓷贴花图案。当年，有作品《芙蓉》获省美展优秀奖。1977 年，为参加全国工艺美展，曾绘制"牡丹""梅雀"釉下彩瓷板各一块。设计"玫瑰"朵花图案于次年春交投产，生产于醴陵各厂及新化建新瓷厂。当年有《根深叶茂，繁花满枝》与《新颖、美观、适用》两篇专文发表于《湖南陶瓷》第四期。1976 年年底至 1977 年年中，共画有成瓷釉下彩大桥瓷板画十多块。

图 4－214　大桥瓷板画 上题"锦鸡梨花图" 红方印："传安"

图4-215　大桥瓷板画 上题"国色天香 一九七七年四月作于新化瓷厂 传安"红印"画"

图4-216　大桥瓷板画 上题"玉泉秀色 七七年四月画于新化瓷厂 传安"

图4-217　大桥瓷板画 上题"春江帆影 一九七七年元月传安画于新化瓷厂"

1978 年，设计的"辛夷"图案在新化瓷厂有少量成交。当年，写有《釉下成瓷贴花装饰》一文，发表于《湖南陶瓷》当年第二期。同年创作完成的《茶花鹌鹑图》，于省美展展出。设计的"玫瑰花"朵花、"小玫瑰"边花于 1978 年 12 月 25 日至 29 日在长沙召开的瓷用贴花纸新花面鉴定会上选中，并获奖状。当年绘制有三套 22 头釉上刷花黑地描金"金鱼"图案茶具。其中最好的一套于 1979 年选送参加于上海举办的全国陶瓷展览，上海摄影社还专门摄成幻灯片出售；较次的一套供北京陶瓷商店展销，再次的一套留样。

1979 年，绘制釉上"云鹤"茶具，在本年召开的省老艺人会议上评为优秀产品，并发给奖状。设计 C1207#"小玫瑰"边花图案、C1208#"墨菊"图案、C1210#"绿菊"图案，都于次年秋交会订货成交，其中 C1207#销往伊朗，C1208#销往巴基斯坦，C1210#销往中国香港等地区，都投产于新化瓷厂。同年底，设计"新华""新丽"茶具器型各一套。省陶玻公司主编的《工作参考》第十二期著文评说："造型均衡，谐调，美观大方。设计者敢于跳出老框，在湖南的确是一个突破。"次年，此套器型在春交会上成交投产。同年，当选为省陶瓷美术工作者协会理事，并任本厂陶瓷研究所副所长。

图 4－218　蝶恋花纹茶壶

图 4-219　花卉纹茶壶

图 4-220　墨彩熊猫纹茶杯与碟

图 4-221　花卉纹碟　　　　图 4-222　花卉纹茶杯与碟

　　1980 年元月，邹传安加入美术家协会湖南分会。当年设计有 3417#"野蔷薇"与 3418#"玫瑰花"图案。其中先期设计的 3417#"野蔷薇"于当年春交会订货，成交于加拿大，生产于新化瓷厂，得到有关方面好评。省陶玻公司主编的《工作参考》中曾著文评说："新化瓷厂 3417#新画面，以野花为素材，打破传统的画面组织形式，纹样奔放自由，色彩单纯和谐，明朗雅致，富有装饰性，尤其与器形结合得体，相得益彰。"另外，还设计有"紫芸""满天星""波斯菊"边花、"波斯菊"朵花、"白菊"边花等图案。创作的"松鹰"图参加了省第一届山水花鸟展览，巡展于长沙、岳阳等地。此图后藏于省美协，并曾悬挂于美协办公室。当年，邹传安在省陶瓷美术工作者协会成立大会上当选为理事。

1981 年，设计有丝漏"白菊"图案、"绕枝莲"图案、"福寿如意"图案、"野菊"图案等。其中原设计的编号 1864#图案，10 月份美国鲍姆公司董事长来厂看货时订货成交。创作的"芙蓉"图参加了省美协主办的"纪念中国共产党成立 60 周年美术展览会"，并获二等奖。后被省印刷公司选印作为 1982、1983 年年历画；《文艺生活》杂志选作本年第十期封三图画；《涟水》杂志选作本年第四期封面画。曾创作的"牡丹蝴蝶"图、"月夜柳鹦"图、"令箭荷花"图三幅，参加了本年"湖南省第一届陶瓷美术展览会"的展出，三幅都被评上，其"令箭荷花"图评选为一等奖。10 月 21 日《长沙晚报》第三版予以印发。5 月 29 日，《湖南广播电视报》第一版，载有《未入科班也成材——记新化瓷厂科研所副所长邹传安》的文章。7 月，写作《我对出口日用瓷装饰工作的看法》一文，第一部分用《区别情况，投其所好》发表于《陶瓷》杂志本年第三期增刊。其余部分后冠以《艺海拾贝——从事陶瓷美术设计二十年的感受》发表于本年《陶瓷》杂志的《工艺美术》栏目。8 月 3 日，《湖南日报》载有陈立权的专访，《未入科班也成材——记新化瓷厂邹传安刻苦自学成为画家》。同年，有两篇专业文章发表于《湖南陶瓷》第四期。

图 4-223 设计制作的边花椭圆盘

图 4-224 金彩竹叶纹茶叶罐

图 4 - 225　梨花素描草图
（图片：杨文凯供）

图 4 - 226　梅花素描草图（图片：杨文凯供）

　　1981 年 4 月，邹传安的"牡丹"被涟源地区工会与文化馆选送地区"七·一"展出。1982 年 6 月，设计的 1868# 花纸画面，获全国陶瓷美术设计三等奖。当年曾应邀给省轻工业专科学校授工笔花鸟课，参加省美协于南岳举办的创作班，并受命作工笔花鸟画技法讲座。1983 年参加省美协组织的工笔画创作。4 月，经地区考核评定，晋升为工程师。同年有作品"梨花纹鸠""清荫""芙蓉"参加湖南省首届工笔画展（在中国美术馆展出）并被中国美术馆收藏。其中"梨花纹鸠"获中国美协、省美协颁发的优秀作品奖。这一年被评为陶瓷工艺美术师。并在地区《涟水》第二期发表杂文一篇。

　　1984 年，参加湖南省美协在天子山举办的创作班，并作工笔花鸟画技法讲座；同时，应邀为广州美术学院国画系、湖南轻工业专科学校与湖南工艺美术职工大学授工笔花鸟课。其中"樱花鹦鹉"图，后为《中国画》杂志社采用发表，并为北京出版社采用为当年挂历。"花有清香月有阴"入选第六届全国美展，获省文化厅、省美协颁发的二等奖。当年有作品"野逸"入选北京、湖南工笔画联展。同年离开瓷厂。邹传安在瓷厂工作 26 年，共设计出口日用瓷图案约 60 件，成交投产 13 件；设计器型 2 种，投产 1 种。先后有 100 余件（套）手绘（包括勾、填、描、喷、刷、印、雕、腐蚀、混水等工艺）釉上釉下产品参加过省以上展览。撰写陶瓷专业论文 5 篇。

　　1985 年，调入湖南省娄底地区文联，并任美协主席。从此，开始职业创作生涯，并加入中国美术家协会。走入专业绘画发展道路的邹传安，如鱼得水，创作更为勤奋，佳作频频。继娄底地区美协主席后，1992 年任娄底地区文联副主席，1994 年晋职一级美术师，1995 年任娄底地区文联名誉主席，兼美协主席、画院院长，1996 年受聘湖南省文史研究馆馆员，1998 年从娄底地区文联退休。后应湖南师范大学美术系邀请，受聘为湖南师范大学美术系客座教授专授工笔画。2000 年开始客居深圳，也常回家乡娄底居住。其中在工笔花鸟画创作方面，有"清荫""芙蓉""梨花纹鸠""秋韵"等佳作被中央美术馆收藏。并出版工笔花鸟专业及文献书籍十几种。

　　图 4-227 所示作品上题："兰为国香 生彼幽荒 贞心内积 芳华外扬 如彼高士 栖止绝岗 长啸天地 风露翕张 神清骨健 地久天长 乙酉季春 知止斋主人画。"

图 4-227　赠邹惕予书法艺术展作品
（图片：摘自《邹惕予书法艺术展名家题赠集》）

　　继 2010 年 9 月 29 日至 10 月 29 日以"居深履厚——邹传安从艺五十年回顾展"在关山月美术馆展出后，2010 年 11 月，"居深履厚——邹传安从艺五十年回顾展"又分别在北京中国美术馆（有代表作品 70 余幅）与湖南省博物馆（有包括写生稿、草图、书法、诗稿等作品 129 幅）展出。2013 年 8 月 12 日捐赠 799 件作品于湖南省博物馆，圆了邹老的心愿："我一直想找个恰当的地方保存我的作品，作为自己生命的一种延续。"

邹传安是从家乡新化走出来的，新化瓷厂是他的最初工作地，也是他的福地。26年的新化瓷厂生活与工作、探索与奋斗，走上专业工笔花鸟道路上的两次机遇都是在瓷厂发生的：第一次得到瓷厂的关怀保送醴陵，得师林家湖等，初识工笔花鸟画；第二次遇到瓷厂老师傅关心、帮助，受到郭沫若鼓励，得到了强劲的原动力。机遇总是给有准备的人，正像原新化瓷厂研究所所长邹宝德说的："他那种创作精神，不是一般人能做到的，二十多平方米的屋子里，大热的天，打着赤膊画，这是要毅力的。"邹老《自嘲》也说："天许终身一平民，雕龙铸鸟老瓷工。"这就是新化人的特点，新化人的韧性与蛮劲。

六、华新瓷塑大师——潘爱民

图4-228　潘爱民

潘爱民，1942年11月生，原湖南省新化县冷水江镇人。1950年7月，就读于新化县冷水江镇小学（后为冷水江市五一小学），1956年7月就读于新化枫林中学（后为新化县九中），1959年7月，就读于邵阳市一中。少时天资颖慧，禀赋不凡，从小酷爱美术，后因家中兄弟较多，为减轻家庭负担，1960年10月高中没毕业就进了新化机械厂当学徒，1962年8月又进冷水江照相馆当学徒。1963年12月被招进新化瓷厂，并根据其爱好特长，被分配在了彩绘车间从事彩绘工作，从此开始了工艺美术的学习与实践。初进厂时，光打金边（即给瓷器的口沿、把子、嘴子、盖子等部件上描画装饰性金银边）就干了多年。工作之余他爱好广泛，曾在剪纸、木刻、粉画、连环画、摄影和乐器等方面都有过学习与实践。

1966 年，县里的各种宣传展览活动增多，有时人手不够时，常被文化馆等单位抽出，参与帮助绘制各种宣传画、连环画、木刻等艺术创作的实际工作。1968 年，因形势的需要，厂里决定以厂史为题材，采用泥塑的表现形式，配合当时的政治需要创办一个阶级教育展览馆，并取名为《瓷工血泪》，意在控诉旧社会的苦难，宣传今天新社会的甘甜。承担设计这项主要任务的责任派在了老艺术家袁古松老师身上。潘爱民知道后，主动要求参加创作组，最终领导同意了他的请求。从此，半年多全新的工作与学习，汗水与努力，几十吨泥巴，一百多个真人大小的泥塑雕像，分三批次最终在袁古松老师与潘爱民等多人的共同努力下栩栩如生地创作了出来。从主题设计、人物定型、模特选择、穿戴与搭配，以及成型造像，潘爱民始终帮助于袁老师左右，学习于袁老师左右。人生第一次真正感觉到雕塑艺术的神奇与魅力，艺术的真谛与追求在潘爱民的心中有了答案。从此，他更加刻苦钻研，努力学习，雕塑艺术的大门就这样在不知不觉中自然地向他打开了。从此后，他的宿舍里多了一坨坨的瓷泥巴，一有时间他就会对着瓷泥雕、刻、凿、挖、捏、捺……常会弄得通宵达旦，彻夜不眠。同时，他还努力寻找一切有关的作品资料学习；可当时的雕塑作品很少见，专业书籍更是没有，他就从各种报纸、杂志、书籍封面与插图中收集学习，如痴如醉。

1972 年，他的宣传画《胸怀祖国，放眼世界》发表在《工农兵文艺》上。1973 年，他独立完成的第一件瓷雕作品《猎》（后更名为《藏族女民兵》），成功得到认可和好评，从此开始走上了专业瓷塑艺术的创作道路。

几年下来，厂里看他技术全面，又爱厂敬业，就把他调到了试制组。功夫不负有心人，多年学习与汗水终于有了成绩。1975 年，省里准备组织一批反映本省各个行业及陶瓷艺术主要成就的作品赴京展览，其中陶瓷瓷塑作品的创作安排在了新化瓷厂，并随后在新化瓷厂组织了一期全省瓷塑创作培训班，全省各陶瓷行业有近 30 个单位派人参加。省内各瓷塑高手都云集新化，意在把新中国湖南不同时期的典型英雄人物用瓷塑的艺术手法把他们表现出来，最终创作了"雷锋""欧阳海""罗盛教"等英雄人物。参加创作的主要人员有罗景炘、袁古松、潘爱民等，醴陵陶瓷研究所在制作工艺、釉色、泥料配方、烧成工艺等方面都给予了全面技术支持。此时的潘爱民既是老师又是学生，有幸参与全省雕塑高手们的创作全过程，这是他的福气。对瓷塑创作培训班的指导教学，除新化瓷厂的袁古松、潘爱民外，省里安排来厂的指导老师有郭玢、罗景炘、王留仙等，另

图 4 - 229　猎(图片：孙文佳摄)

外还有醴陵雕塑加彩、制模等方面的指导师傅。

图 4 - 230　创作培训班时期的泥塑作品(图片：潘爱民供)

　　其中，潘爱民独立创作的"剑舞"(又名"飒爽英姿""闻鸡起舞")也最终参加了赴京汇报展览，得到好评，电视台还专门拍摄成纪录片。

图 4 - 231　创作之中的剑舞(图片：潘爱民供)

　　1975 年新化开始修建资江大桥，两边护栏装饰的瓷板画就是潘爱民、邹宝德、邹传安、邬惕予、曾敬威等绘制与工艺制作。当年厂里安排的瓷板绘制人员主要是邹宝德、邹传安、邬惕予等，因时间紧，瓷板数量多，为赶任务后才安排潘爱民参加，从这也可看出他所涉及的艺术门类之广。最终潘爱民共绘制有新化资江大桥成瓷釉下彩瓷板画 40 多块。

图 4 - 232　大桥瓷板画 上题："新化北塔长堤 一九七六年 潘爱民画"红印"新瓷"

图4-233　大桥瓷板画 上题："层层梯田层层绿 一九七七年 爱民"红印"新瓷"

图4-234　大桥瓷板画 上题："梅花鹿 一九七七年 新瓷 爱民"

图4-235　大桥瓷板画 上题："深山峡谷汽笛鸣 一九七七年 新化瓷厂 潘爱民"红印"新瓷"

图 4 - 236　大桥瓷板画 上题："云南石林 一九七七年 潘爱民画"红印"新化"

图 4 - 237　大桥瓷板画 上题："山地行军 一九七七年 新瓷 潘爱民"红印"新瓷"

　　1978 年 7 月，"黎家渔女"台灯获省轻工厅"三新竞赛奖"。1979 年，获湖南省"工艺美术技术人员"称号。同年 6 月参加湖南省工艺美术技艺创作设计人员代表大会，并授奖状。奖状上题："潘爱民同志：为加速社会主义现代化建设，努力钻研技艺，不断创新，对工艺美术事业做出了优异成绩，特授此状，以资鼓励。湖南省革命委员会 一九七九年六月"。同年，加入中国美术家协会湖南分会为会员。并于 1975、1977、1978、1979

年在《湖南陶瓷》杂志上分别发表了《剑舞》《黎家渔女》《鹿》《孔雀舞》《三奔马》《罗盛教》等瓷塑作品。

至20世纪80年代初，共组织设计与试制艺术瓷新样品80多件（套），出口订货达数十万件。有6件（套）作品被评为省、地获奖作品和地方名牌产品。他创作的《凝思》，1980年10月5日发表于《湖南日报》第四版。代表作《精卫填海》曾刊登在《陶瓷》杂志1981年第1期封面，后分别转载于《湖南日报》1981年2月11日3版，《湖南文艺》1981年第5期，《湖南画报》1982年第1期等报纸杂志。

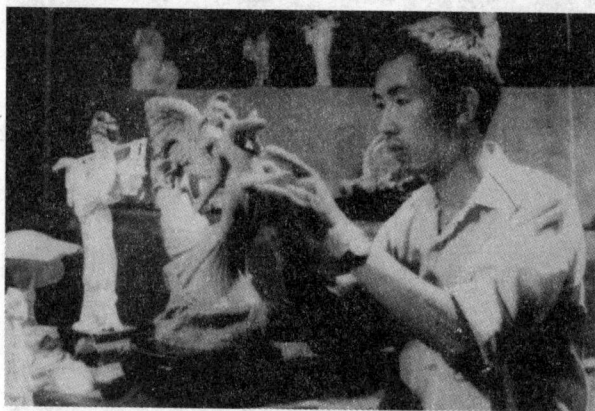

图4-238　创作之中的《精卫填海》（图片：潘爱民供）

1981年10月"下山豹"获省轻工厅三等奖，并发表于1981年《陶瓷》杂志第四期封二。《巫山神女》发表于1981年第5期《湖南文艺》。当年创作的"剑舞"还被涟源地区工会与文化馆选送地区"七·一"展出。1982年11月，"大狼狗"被评为省轻工局优秀新产品奖。1984年获得省陶玻公司优秀新产品二等奖。1985年3月，"大狼狗"系列产品还被评为娄底地区地方名牌产品，该作品后分别于1986年7月在全省陶瓷产品质量行业评比中荣获二等奖，1986年12月被评为省优质产品，1988年还获得轻工业部出口产品铜质奖。

图 4 - 239　醉僧

图 4 - 240　李白问学

1983 年，湖南省首届青年美术工作者陶瓷雕塑、书画展览在长沙举行，共展出各单位选送的字画作品及陶瓷雕塑作品数百余件。其中潘爱民的《醉僧》《李白问学》《笛声鹤舞》获得省陶玻公司雕塑作品一等奖。1983 年 1 月 8 日，《醉僧》发表于《长沙晚报》二版。《笛声鹤舞》《李白问学》还分别发表于 1984 年《中国陶瓷》第 1 期与第 2 期。

图 4 - 241　《笛声鹤舞》系列之一

图 4 - 242　《笛声鹤舞》系列之二

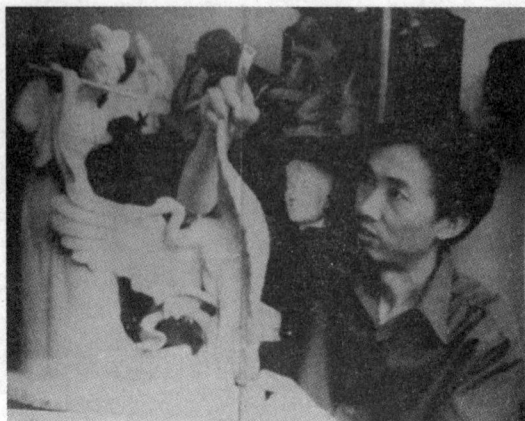

图 4-243　创作之中的《笛声鹤舞》(图片：潘爱民供)

　　20 世纪 70 年代末创作的《寿星》发表于 1983 年《陶瓷》杂志第六期封面。

图 4-244　寿星

　　1983 年 6 月，瓷塑作品《鹰》，被评为全国陈设瓷质量优胜产品奖，并获轻工部奖状。该系列作品后分别于 1984 年获得省陶玻公司优秀新产品奖，1985 年 3 月被评为娄底地区地方名牌产品，1986 年 6 月被评为省优质产品。1983 年 9 月，授予潘爱民助理工程师技术职称。

图 4 - 245　起点(图片：潘爱民供)

图 4 - 246　《鹰》系列作品之一

图 4 - 247　创作之中的《鹰》系列之一(图片：潘爱民供)

1984 年，"抚琴"台灯、"大白鹤"等分别获得省经委、轻工厅、省陶玻公司二、三等奖；其中"大白鹤"还获得省陶玻公司四新产品一等奖，1985 年 10 月还获得省轻工厅二等奖。

陶瓷瓷塑作品的制作，一般都需要经过构思小稿、泥塑正稿、制模分块、划线、制种模、制注浆模、注浆、粘接、洗坯、烘干、施釉、施彩、装坯、烧成、出窑、检验等多个工序，有些还需要加彩再烧成。加彩也有釉上彩、釉中彩、釉下彩、喷彩、结晶釉、腐蚀金等多种加彩方式。潘爱民样样都学，行行都干。产品生产到哪个工序，他就跟着工人师傅干到哪个工序，不懂就问，长期坚持，因而大多都能亲自操作，是厂内少有的几个全面掌握瓷塑全套工艺技术的人员。

1985年，瓷厂成立了专门的艺术瓷车间。为了扩大生产，增大出口，提高经济效益，此时身为车间支部书记的潘爱民担负起了全厂开发艺术瓷新产品的任务。根据当时市场需求，走的是"日用瓷艺术化，艺术瓷日用化"的道路。当年，艺术瓷车间就创作出了69个日用艺术瓷。其中除生产了不同系列的应客户要求来样制作的实用艺术瓷，如花插系列、动物系列产品外；也创作了不少自主产品，如双猫花插、动物花插、几何异形花插、筷具，各种狗系列动物杯、生肖杯、圣诞茶具，以及蜡台、艺术台灯等系列产品，后大批量出口非洲、欧洲等地区。

由于潘爱民自身的努力，以及产品、产量与销售的成绩，1986年6月，获得（评为）全省职工自学成才奖。9月，参加了中国工艺美术协会（会员）。当年瓷厂共开发日用艺术瓷280个。从此后，湖南艺术瓷出口创汇由原来的全国第六而跃居全国第一，新化瓷厂成为全国艺术瓷出口创汇的重点生产基地。

1986年7月，"天鹅花插"系列之一，在全省陶瓷产品质量行业评比中荣获二等奖；12月，被评为省优质产品。1987年11月，"海螺"花插系列产品被评为省优质产品，并获得省陶玻公司一等奖。1988年，"天鹅""螺"花插系列获得轻工业部优秀出口产品银质奖。

1987年2月，潘爱民担任新化县六届政协委员。3月，参加省外贸组织的赴欧洲艺术瓷考察小组，分别对德国、荷兰、法国等国考察学习。在西德法兰克福世界博览会上，分别有不同国家的6个展柜同时参展了新化瓷厂生产的多个"天鹅"花插系列及"鹰""狼狗""六角吊盆""醉"等十几个代表作品，得到观众的喜爱、赞赏。11月，"长发女"花插系列产品获新品种二等奖。该作品于1988年还获得轻工业部出口产品铜质奖。12月，作品《醉》获得省轻工业厅新产品一等奖，新设计三等奖。陈设艺术瓷系列，在全省轻工四新产品评比展览表彰会上荣获优秀新产品特别奖。仿声陶瓷系列产品获新品种二等奖。同年，瓷塑作品《韵》，刊登在《湖南画报》第6期。同年，任省陶瓷美协理事。

1988年4月，参加在北京举办的第三届全国工艺美术专业技术人员大会，得到总理李鹏，副总理姚依林、田纪云等党政领导的接见并合影，并被评为优秀工艺美术专业技术人员。5月获省轻工厅劳动模范称号。同年，仿生陶瓷及"鹦鹉"花插获得轻工业部出口产品铜质奖。1989年，《变态舞》作品获首届北京国际博览会银奖。

图4-248中照片自下到上第三排左二为潘爱民，左三为湘绣厂邵春林，左四为邵阳竹雕工艺美术师喻文，第四排左起分别是杜伟、李小年、高延芳、邓文科等。

图4-248 合影局部图（图片：潘爱民供）

图4-249 青春风采（图片：潘爱民供）

图4-250　羲之爱鹅　　　图4-251　烟斗烟灰缸(图片：潘爱民供)

1990年6月，潘爱民被授予湖南省工艺美术大师荣誉称号。同年10月，"春姿""双人舞""新潮"组合茶具被评为省新产品一等奖。11月，开发的适应国际花卉市场流行的艺术瓷技术获得湖南星火奖(二等)，娄底地区星火科技一等奖。"青春风采"组塑，获得景德镇国际陶瓷精品大奖赛三等奖。次年9月，新潮茶具又获湖南国际烟花节一等奖。1991年4月，花插器皿、艺术瓷系列荣获第二届北京国际博览会银奖。12月，开发的装饰与种花兼用的艺术瓷技术获得国家星火奖(四等)。同年，潘爱民任县人大代表。1993年7月，潘爱民由国家轻工业部、人事部授予全国轻工系统劳动模范称号。

图4-252　孙悟空大闹天宫酒具(图片：潘爱民供)

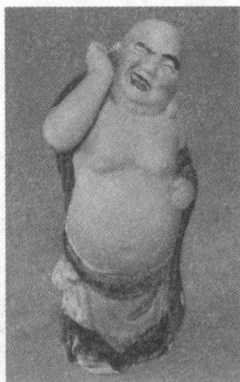

图 4 - 253　罗汉

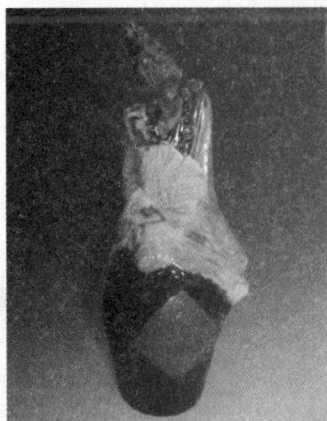

图 4 - 254　济公系列作品(右图：潘爱民供)

图 4 - 255　济公系列产品创作之中(图片：潘爱民供)

图 4-256　三个和尚（图片：刘志平摄）

　　至 20 世纪 90 年代初，潘爱民共组织设计与创作了 400 多套件的作品，其中有 64 件作品分别在全国和省地获奖，作品在中央电视台、湖南电视台及《中国陶瓷》《陶瓷》《湖南画报》等电视台及刊物上介绍。

图 4-257　1997 年手绘花鸟杯

　　1998 年 9 月至 2000 年 6 月，参加轻工部的援建项目，赴非洲突尼斯陶瓷公司从事工艺美术设计工作。在突尼斯期间，援建人员得到唐家璇等领导的集体接见。

　　2004 年国画作品《嬉戏自然》被编入《纪念中国人民抗日战争胜利 60 周年中华名家翰墨精品集》，并荣获荣誉金奖。

图 4 - 258 蚩尤教耕壁挂式浮雕作品(图片:潘爱民供)

图 4 - 259 "嬉戏自然"纸画作品(图片:潘爱民供)

新化瓷厂破产改制后,2005 年潘爱民正式退休,后主要从事园林绿化设计创作,同时还大量进行书画创作实践。潘爱民在艺术的追求上是多方面的,书画就是其中之一。

图 4 - 260 创作设计中的"乾隆寻祖"
小件(图片:潘爱民供)

图 4 - 261 创作设计中的"假日"
(图片:潘爱民供)

图4-262 城市雕塑《米芾拜石》(图片：潘爱民供)

图4-263 清风(图片：潘爱民供)

图4-264 高瞻远瞩(图片：潘爱民供)

图4-265 篱边竹下土鸡欢(图片：潘爱民供)

图4-266　熊山云起山更深
（图片：潘爱民供）

图4-267　千年银杏醉游人

图4-268　上山眺望云天外（图片：潘爱民供）

图4-269　钟馗雄威（图片：潘爱民供）

图4-270　战神蚩尤（图片：潘爱民供）

图 4 - 271　蒲松龄先生造像
（图片：潘爱民供）

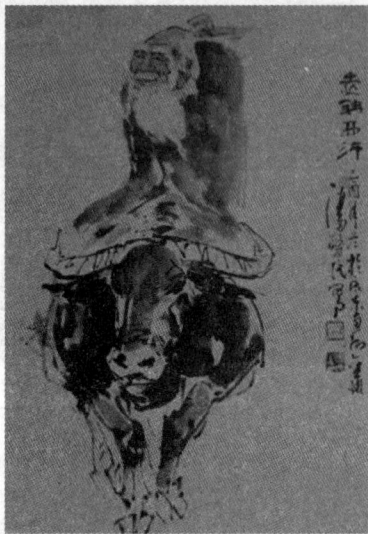

图 4 - 272　老聃西行

　　潘爱民从瓷塑作品《猎》开始正式涉足瓷塑艺术的创作已 40 多个年头，历年累计设计制作艺术瓷品种数百件（套），获奖与发表作品都分别有 60 多件次。曾为新化瓷业的发展以及湖南瓷雕艺术领域做出过很大的贡献，并一度使新化瓷厂成为湖南省最大的艺术瓷生产基地，成为全国艺术瓷出口的最大厂家。作品远销欧、美、东南亚的几十个国家，其中实用艺术瓷还被列为国家星火计划。这些都跟新化瓷厂全体职工以及潘爱民所付出的辛勤汗水和智慧是分不开的。

第五章　陶器

第一节　主要窑场

元代后筱溪窑里陈家窑及窑头山窑址瓷业戛然而止，不知终止于何因何时。随之市面多以江田窑瓷、羊舞岭瓷甚至还有景德镇瓷等零星产品来填补瓷器市场的空白。随着筱溪窑里陈家窑以及窑头山两个陶瓷业的消失，换来的是久违的梅山陶器坛坛罐罐①的兴旺，以及本土砂锅的发展与完善，并随之成为梅山本地手工业与商品交易的大宗产品之一。

现初步调查知道，新化及周边陶器的主要生产窑场有张家窑里陶器、江田窑陶器、青龙陶器、烟竹山陶器、邓家陶器、温塘陶器、高桥陶器、董家桥陶器、新邵浒溪陶器、隆回窑厂界上陶器、安化天光坳陶器、化溪陶瓷厂、株木山陶器厂、新民陶瓷厂、资新陶器厂、毛易陶器厂、光华陶瓷厂等。至于《新化县志》记载的何家坪陶器（图 5 - 1、图 5 - 2）、印双村陶器②，这些应属遗址文化层的遗物，不能用来指明此地为生产窑址。印双

---

①　对于坛坛罐罐的解释，现在一般的已延伸解释为旧有的条条框框或规矩等，这主要是对毛泽东《中国革命战争的战略问题》一文的学习所得，文中是有这层意思。但该词的本义就是对民众长期赖以生产生活的各种日常坛子、罐子的一个总称；它既包括陶器，也包括瓷器、砂器等。在梅山新化，口语用得最多的还是叫"坛子亚壶"。亚，即夜，新化方言读 yà；壶，新化方言读 bù。坛子亚壶，为梅山新化对各种陶瓷及砂器的一种常见俗称。

②　见《新化县情》106 页记载："白溪镇何思一带，……民间于宋代便就地取材，用以制造缸、钵、坛、瓮、罐等日用品。生产工艺世代相传，产品除供应本地外，还远销益阳、岳阳、武汉等地。"《新化县志》940 页记载，发现的陶器存在于宋代龙通乡印双村白蚁田凼遗址的文化堆积层中，发现"有泥质红陶、泥质白陶及泥质灰陶残片，器形有碗、缸、钵等"。这些记载，只见文字，没有实物标本，唯有白溪镇何思乡何家坪村新化旧县城遗址内，我们见到了县文馆所保存的陶瓷标本照片。以上这些都属遗址文化层遗物，不能指明此地为窑址。

村陶器，县文馆所也没有标本，是瓷器还是陶器也不清楚。从何家坪出土的少量标本照片及地理位置与时间上分析，上述所称的宋代陶器，应为宋代窑头山或筱溪窑里陈家窑所烧制的陶瓷，不属于我们今天所认同的陶器范畴。《新化县情》记载的宋代"白溪镇何思一带"陶器，因没有见到明确的证据，也只能看成是一种推断。

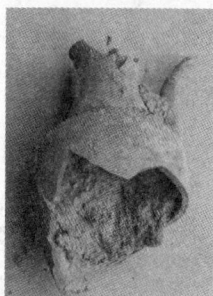

图 5-1　何家坪旧县城遗址里的陶瓷执壶

图 5-2　何家坪旧县城遗址里的陶瓷碗

当陶器的生产发展进程推进到 1952 年 10 月（土改后），何思乡大观村、青实乡青龙村还组成了新化全县最早的手工业合作社——青龙、大观陶器生产合作社，还有青山湾合作社等新兴的生产经营模式的合作社。

原大观陶器手工业合作社原址，就在今大源村四组，社办就设在合作社主任张先熟家中，社办老屋现已拆除，而且上面已另盖了房子。当年陶器手工业合作社下有多个生产工区，其中向氏祠堂门前几丈远处就是一个生产工区。当年的祠堂为木质结构，后面有一座木板桥，今桥已重建成水泥桥，祠堂也成了砖瓦结构，生产工区现已变成了稻田，再不见当年忙碌的生产场景。

1958 年，合作社下放为社办企业，分别扩为白溪陶瓷厂、青实陶器厂等。同年 9 月，有何思大观、青实青龙两个陶器厂及三个石灰厂一同迁移化溪，组合成立了地方国营新化陶瓷厂，当时该厂有员工七八百人。

随后的 1977—1981 年间，温塘、何思、太阳、青实、邓家相继创办了乡办陶器厂，然后大同（此时属新邵县）等乡又创办了 6 家村办陶器厂。至 1989 年全县仅存 12 家陶器厂，到 1998 年全县还剩有 3 家集体性质的陶器厂。此时私人创办的陶器厂却此消彼长，窑火不断。它们都是为满足

图 5-3　向氏祠堂及当年陶器生产工区之一

梅山地区传统日用陶器的主要供货来源。

一、张家窑里陶器

张家窑里，位于新化县白溪（原名"沛溪"）镇何思乡大源村。据调查，能清晰传承考证的烧陶历史，起码在清道光年间已有烧造，窑址多为张氏一族所传承，该地最早的陶器生产发源于大源龙巴山（音名）上①。

据调查采访得知，大源村烧陶源于贵州过来的一户金姓人家所传授，此姓后人最终落户本地油溪乡江田窑村。从此陶瓷在此生根发芽，并逐步向外发展。

1952 年后，还成立了"手工业陶器生产合作社"。此处张氏一族始祖张添升，为明洪武二十年（1387）从江西吉州随祖父张万全（带三子七孙）奉编还籍，至新化白溪时，见此处山清水秀，植被群落茂盛，随即卜居于白溪石子湾槐花井畔（今石子湾村张家祠堂附近），椒衍爪绵至今繁衍 600多年。约明代成化年间，石子湾槐花井畔张氏一支张思荣徒居石碑冲（今张家窑里庙王附近）下手江边水口择地定居，至今 500 多年。随后在此农耕渔猎，逐步开始制作陶瓷，最终使陶器制作成为当地张氏的主要生存技能之一。陶器制作起始的具体时间因年深日久无法准确考证。而金氏一族来此传艺，本是制作陶瓷，什么时候转变成陶器，也是一个不解之谜。

---

① 龙巴山，是否为"泥巴山"的新化方言谐音，待考。

今能见到的窑址在白溪镇何思乡大源村四组，当地村民张先秋屋后左侧十多米处。附近另有一座新窑，为私人在20世纪80年代左右所建，后因老板身体欠佳，加之市场疲软，销路不好而停烧废弃。老窑历史距今124年，为当地俗称的"流沙窑"。所用陶土为就近挖取，也有从青实获得。工艺为全手工制作，自配土釉，装饰为模印各种简式图案花纹，制陶工具全为自制。器形都为民间日用产品，以坛、壶、缸、钵、罐、盆等为最常见，产品种类及式样前后发展有几十种之多。

图5-4　老窑窑址起点地基

图5-5　老窑窑门洞口

据张家窑里老陶工张人信（82岁）介绍，张先秋屋后老流沙窑的开窑烧陶时间与张老师（张人俊）的父亲张先楠的出生时间为同一天。张先楠比儿子张人俊大26岁。查族谱得知张先楠出生时间，据此推算，该窑应为光绪十八年（1892）十月初三开窑烧陶。

新化白溪更早的烧陶窑址，据96岁的张人俊老师（现已耳背，听力较差）口述："新化白溪烧陶，发源于大源龙巴山上。"他记得的是，清道光皇帝时期就已有窑，其他人谁也说不清是从什么时候开始烧陶的。据此，我们暂时只能得出这样的结论：新化白溪张家窑里烧陶，最晚在清道光年间就开始有窑烧陶。

据老陶工张人信讲：过去做过两种窑，老一点的叫流沙窑，窑炉型式与铜官窑相同，工艺技术来源于四川（实为贵州之误）的金师傅。我们在张人信老人家里发现花印模工具锤两套，一套曾为自己使用，上有纪年款；另一套为张老孙子使用，上有题款："张武"。"张武"为"张人信"的孙子。

图5-6、图5-7　白溪老窑早期产品之一的盖罐

图5-8　窑工基本工具(图片：刘志平摄)

新化白溪烧制这种陶器的工艺技术，是从贵州传过来的，师傅是一位姓金的师傅。"四川(实为贵州)人来了，白溪张家窑里就开始烧陶了。"这是张家窑里人人知道的事情，只是一直误传成四川来的金师傅。此后除传至新化油溪、青实、白溪外，还传至怀化、安化、冷水江及周边各县市。所以现在一说起制陶的白溪师傅，在梅山新化、安化及周边县市还是很有名的。

今天，我们知道原白溪出现最早的陶瓷为何思乡何家坪村，距今起码有945年以上，而改为烧制陶器的时间一直不详，烧陶的遗址有青石的高桥、何思的檀山村、青山湾、大源村、民主村等，传说距今有500年了，也就是明弘治年间就开始烧陶了。今天，张家窑里已停烧陶器30多年，我们还能看到村民自家的菜地里仍有用破损的坛坛罐罐做成垒护菜地的围栏，可想当年的陶器生产是何等的红火。这使我又想起当地流传的一句

"要想活，卖瓦货!"的口头禅，这"活"字怎么解，是生死之"活"，还是活范、灵活之"活"？生活在梅山的山民，活命的本领自不会比他人要差；白溪山清水秀，河里游着鱼，山里跑着兽，林中飞着鸟，树上挂着果，地上还长着各种野菜、蘑菇。我想这"活"，不是生死之"活"，应是"宽裕""宽松""活泛"之意。

我们在老窑工张光怡的带领下，来到传说中的龙巴山（音名，疑为新化梅山方言泥巴山）柿子坡找寻白溪更遥远历史的窑址。可茂密的山岭中荆棘叠嶂难觅踪迹，人进去两米就看不到身影。我们找了一两个小时，总算找到了一些罐、钵残器，却始终没找到窑址的踪迹。从找到的少量残器所呈现的器形、胎质、制作工艺来看，年代更加久远，时间必在清道光之前。我们通过此处地形地势及人迹罕至的荆棘丛林中却仍有堆砌的羊肠小道（石路）与四周散落的陶片来判断，这里应有制陶、烧陶场所。

图 5-9　龙（泥）巴山柿子坡找到的陶罐、陶钵残器标本

二、青龙陶器

青龙为油溪乡青龙村，据初步调查，今天能调查清楚的最老窑址位于青龙村的罐子山，即今之青龙五组伍石平的自家地里。据四代都为制陶师傅的肖本章（78 岁）讲述：他爷爷肖显龙就曾跟着贵州来的金家后人在此窑做工，该窑为 9 孔（音 kòng，即空间）的罐子窑，存在时间起码有 200 多年，现已找不到任何踪迹。附近随后发现烧陶的窑址多个，相隔距离都不远。历史更久远的窑址有，但谁也说不清楚。

老陶工肖本章还为我们指认了青龙村罐子山他所知道最早的老窑址所在地的位置，为今该村五组刘胜桃（女，67岁）弟弟的承包地上。

青龙村烧陶一直窑火不断。1953年左右，组成了青龙陶器生产合作社，采用传统技术制陶，位置在青龙村三组，后转入化溪，组成了"湖南新化县陶瓷厂"。此后虽然本地陶器生产有所减弱，但烧陶窑火并没终止，现又在原来陶器生产合作社原址建起了新窑。

图5-10 废弃的老窑炉

图5-11 废弃的新工场

另外，青龙老虎塘陶器作坊位于青龙村五组，离"晨光水库"不远，为私人纯手工制作作坊，老板为伍玉保，50岁，自己做老板当师傅，没有固定员工，生产都是根据预约与订单来安排制作，闲时做原料准备，忙时也可请一两个师傅，并按计件付费，绝无人员过剩，因而极具生存能力。一年能烧几窑，全凭市场需要，产品多样灵活，可看成过去散户古法制陶与经营模式的活化石。私人作坊看似规模较小，产品却远销新化横阳、安化坪口乃至怀化、隆回等地，现仍在继续生产。

三、窑厂界上陶器

窑厂界上陶器，位于今水车镇大同管区崇阳村七组。现有私人制陶厂一处，老板是从梅山龙宫过来的陈善丁（音名），在此办厂已有十多年。据该厂的一位师傅介绍，这附近周边曾有七八处制陶厂，最早为明朝开始烧制，老板都是本地的，而真正制陶的师傅都是从白溪何思过来的。现在虽只留下陈善丁的这个厂，但陶器的生产一直连续不断地发展到现在。我们在陈善丁的陶器厂附近不远处确实发现有老窑遗迹一处，并从该处的一个山坡断面里抠挖出裸露的陶器残片十几片，没有再做进一步的标本采集与调查。另据当地村民介绍，从20世纪初到20世纪70年代，该地就有罗教新、伍先炳等在此制陶。因时间与考察能力的限制，我们很难再做进一步的采集与调查研究，只能就现在了解到的基本情况做如下简单呈现，对老窑的历史也还有待做进一步的调查与了解。

图5-12　现仍在生产的窑厂界上私人陶器厂窑炉

图5-13　老窑之地坡面裸露的陶器残片

图5－14　老窑采集到的器皿　　　图5－15　老窑采集到的器皿底部

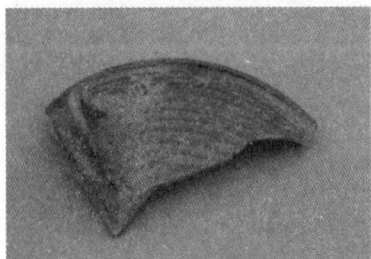 

图5－16　擂钵

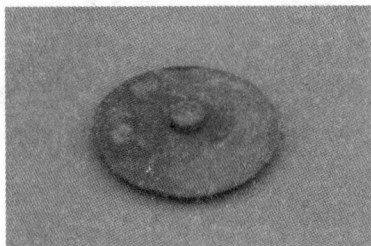 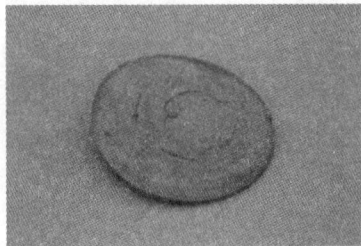

图5－17　器盖

图5－18　器物口沿残片　　　　图5－19　器底1

图 5 – 20　器底 2

　　从现有掌握的陶器残片标本来看，很难准确认定为明代产品。只有等待更进一步的考察，掌握更多且全面的标本之后，才能再做判断。

四、烟竹山陶器

　　烟竹山陶器窑址，位于今油溪乡（当地也称邓家乡）烟竹山村一组（挨着二组）位置，该窑创建于民国三十六年（1947），为 17 孔罐子窑，由十多位制陶师傅入股集资共同创办，采取的是分作搭烧的方式，即分别由各户制陶师傅单独办厂或多个一起合伙办厂制坯，统一在一个窑炉里烧制。当年共办有七个以上的制陶厂子。据该窑原制陶师傅伍明升（83 岁）回忆：当年创建该窑的股东老板有伍先仁、伍继贤、肖祥玉、伍先贵、伍先富、伍广顺、伍凡顺、肖明主、罗贞奇、伍龙顺、伍玉贵等十多人，陶器的制作主要是请师傅，自己还要洗泥帮工等做杂活，主要生产烧制坛、钵、缸、品碗等。

　　1949 年后，陶器一直在生产，随后组建青龙陶器生产合作社。至 1958 年成立公社后，青龙大办钢铁时停烧了几年，厂子人员后转入化溪组成了"湖南新化县陶瓷厂"，其中部分人员没有去化溪的，等后来政策允许时仍然在当地继续烧窑制陶。

　　据后来买了此窑厂基地的伍佑山（70 岁）讲述：当时为集体大队所办企业，先是大队办了几年，后又分到生产队办，至 20 世纪 70 年代中后期他和支书承包了该厂，支书为厂长，伍佑山为会计；到 20 世纪 80 年代中后期，乡政府实行"三三一"分红管理模式，即利润分配为乡政府一份、村里一份、制陶工人一份；随着市场经济的进一步灵活，中间又进行了多次承包。最后由该村村支书与伍佑山又承包了该厂，支书仍为厂长，伍佑山为会计。大约于2002年该窑停烧，场地设备随后卖给了个人，现已盖成了各自的住宅。

五、化溪陶瓷厂

化溪陶瓷厂，全名"湖南新化县陶瓷厂"（曾短时并入"华新瓷厂"，名称为"华新第二分厂"），厂址位于原燎原区化溪管区（今石冲口镇化溪乡化溪村四、五、八组结合之地），创建于1958年，由原新化青龙、大观、青山湾等多个陶器社与石灰厂等经济实体所组成，党支部书记为朱成山，工会主席为曾立华（工人）。当时建有21孔的阶级龙窑三座，食堂两个，人员800多人，全部采用手工制作，主要生产各种日用陶器，制陶原料为就地取材，主要取自化溪严塘村。1959年11月，袁铁芝为厂长。经调整改造，随后人员也开始陆续被外调安置（如冷水江耐火材料厂等相关厂矿）。三年困难时期，还有部分人员回了家，至1964年有职工700多人。

20世纪70年代中期前，陶器制作还是采用传统的手工制作，传统工艺保存完整；后逐步推广模具制作，并建了推板窑，产量大幅提高，并曾短暂生产过瓷碗、工艺陶瓷（如陶瓷雕塑的龙、狗等装饰摆件）等。产品主要销往新化、冷水江本地及周边邵阳、邵东、新邵等地，还远销湖北。

20世纪80年代，松柴杂木紧张，窑炉一度改烧煤炭，不到一年，因烧制技术难以提高，产品质量不理想而放弃。随后陶器市场逐步萎缩，原料木材价格逐年提高，所生产的产品价格只能按政府指令价格，由日杂公司统一收购，因而到了亏本的状况。最终于1991年1月县政府49号文件通知，关闭新化县陶瓷厂，此时，仅有职工55人；到1996年，厂子停产，职工工资靠政府救济维持；三年后，完全停烧。其间，为了自救，陶瓷厂也曾由白溪师傅承包，没被吸收进厂的职工有一部分自谋生路，有一部分被配调华新瓷厂，如刘益保（烧窑）、潘家风（烧窑）、刘光学（成型）、邹运华（女，成型）、高兴（成型）等十多人。后因在华新的工资待遇偏低，有的又陆续退了出来（据刘益保讲，在化溪陶瓷厂他的基本工资是104元，到华新瓷厂后降至66元，直到退休后才补回）。

化溪陶瓷厂最后一任厂长为蔡夕田，到2008年瓷厂还有30多人，当年改制完成，国家给每人交了养老保险，人员能退休的退休，瓷厂宣布破产倒闭，并留有三人守厂，后厂房土地作价40万交给了镇政府，然后逐步变卖给了私人，现多为私人住宅地，再也看不到原厂原貌。

化溪私人陶瓷厂（私人作坊）于1986年由张宗友等合伙在化溪村五组地界创建（紧靠"湖南新化县陶瓷厂"），1987年正式投产，有12孔阶级窑一座，厂房数间，请了十多个师傅，副工两个；主要生产坛、钵、缸、壶等，至2014年完全停产废弃。产品主要销往新化、冷水江、新邵等地。

六、株木山陶器厂

株木山陶器厂位于今冷水江市南矿株木山三组，原有十多栋厂房，建于20世纪60年代（1963年开始），为锡矿山办事处创办，人员最多时有20多人，窑炉为阶级窑，窑工俗称"仓子窑"。到20世纪90年代中期陶器厂由私人承包，至2005年左右完全废弃。

图5-21　株木山陶器厂原址　　图5-22　原陶器厂仅存的仓库

七、新民陶瓷厂

新民陶瓷厂建于20世纪70年代初，由新化县田坪区主持创办，后转入温塘镇管理。当时厂里的生产管理人员有几十个人，主要生产当地民众所需的生活必需品，厂长分别有崔云滚，还有康建宜（音名）等。改革开放后，取消了人民公社集体经济，改由私人承包，其中李传再承包了七八年，人员减至十余人。2002年左右因市场疲软而彻底停产废弃。

306

图 5 - 23　今新民陶瓷厂废墟厂房的断垣残壁

八、资新陶器厂

资新陶器厂位于新化县油溪乡资源村二组（挨着一组），创建于 1978 年，为社办企业。1978 年至 1984 年由原石灰厂的罗光杰（音名）负责，当时窑炉只有几孔，规模较小，全部采用手工制作，上釉为草木灰釉（俗称地灰釉）；后因经营困难、难以维持而改为承包。1984 年至 1996 年由谌明修承包，每年交承包费 1600～1800 元给乡政府。制陶师傅多来自命田、青龙山、青荆等地，先后请有师傅 20 多人。仍然采用手工制坯，釉料后改用江苏宜兴的化学釉料。窑炉鼎盛时期曾增加到 16 孔。主要生产坛子、扒酒缸（音名，即酿酒、装酒的缸子）、钵子等。产品除满足当地外，主要销往邵阳、新邵、益阳、湖北洪湖等地。在 1996 年后，由一专做陶器销售的人员承包了两年，后转入本厂一位制陶师傅承包一年，最后由青实村支书承包到 2013 年完全停产而废弃。

图 5 - 24　资新陶器厂窑炉

九、毛易陶器厂

毛易陶器厂位于冷水江市毛易镇长铺村四五六组交会处的五组，创办于 20 世纪 80 年代末 90 年代初（1989—1990），为村办集体企业，最初是从矿山请的刘师傅主持，后为杨益吾师傅当厂长，瓷土主要来自新化白溪，至 2013 年前后停烧关闭。

十、温塘彭关村陶瓷厂

彭关村陶瓷厂坐落于新化县温塘镇游溪彭关村二组，跟山羊村搭界，该厂为新办的私人陶瓷厂，创办之初就瞄准了市场，选择好了产品方向，产销对路。厂里原来也烧过陶器日用品，后来根据市场需求，主要以烧工业与民用陶瓦为主，还生产八角炉所用的烟筒直角接头等其他民用产品。经营状况较好，现仍在扩大生产。

十一、光华陶瓷厂

光华陶瓷厂坐落于新化县田坪镇光华村紧临三组地面的村管土地之上，该厂所占土地原属村里所有，陶瓷厂也属光华村村办企业，位置在现在的二三组交界的马路对面。陶瓷厂为 20 世纪 70 年代创办，生产到 90 年代后承包个人，到 2003 年左右停办。厂子停办后，2006 年左右该地被光华村六组村民康孟春等所购买，2007 年康孟春在此地面上盖了新屋。据 72 岁的康孟春介绍，除这个村办陶瓷厂外，后来还有两家陶瓷厂，都属私人承办，一个在六组，另一个在三组与二组两户村民住房边上的位置。光华村陶瓷厂当年请的师傅都来自新化白溪，有陈、伍两位师傅。

十二、安化乐安陶瓷厂

乐安天光坳是安化县靠近新化最早开办陶瓷厂的地方之一，师傅多来自新化白溪，清中晚期就已出现专门的作坊。今日天光坳陶瓷厂，每年产值约 200 万元以上，主要生产工业陶瓷、日用陶瓷、建筑陶瓷、艺术陶瓷等 130 多个品种。产品除满足本地区需要外，还远销江西、内蒙古、安徽等地。现全乡陶瓷企业已发展至15家，其中年产值较大的有5家，每年可接纳劳动力400多人，年创税收60万元。

安化陶器制作技术的发展主要来自新化白溪师傅的传承，白溪师傅先落户天光坳，再逐步向外发展。据安化乐安"湘安陶瓷厂"刘师傅介绍：新化白溪师傅最早在乐安的老城制陶，当时看到乐安这里的土质好，而且泥土丰富，就开始到这里做陶器，到现在已有一二百年的历史。天光坳在1976年建的还只是9孔的爬坡窑（即俗称的"流沙窑"），当年只有26个师傅做活，现在发展到5个厂数百人，我的师傅就是新化来的张先满。当时来的师傅有向正山、李传学、张光山（以上皆为音名）等，他们过来后传给我师傅，再传给我。

当时新化师傅对于陶瓷技术采取的是秘不外传，对内也是传崽不传孙的保守原则，所以技术都被新化白溪师傅所垄断，本地人员除了帮工，很难自己有所发展。当地人想学了自己办厂，但总是因为掌握不了关键技术而无法独立发展。后来，肖氏家族的肖满棠（音名）将自己的姑娘给了新化来的师傅向传孝（音名）做堂客（妻子），后来向家又将女儿给了肖家做媳妇，肖家采取这种联姻的方法，使这个女子在不知不觉中将技术逐步地告诉丈夫，再由这个丈夫把技术传给他的那些亲戚，最终一步一步地将技术传了过去，才有了今日安化乐安的陶器发展。

今日安化县湘安陶瓷厂，坐落于乐安镇（原称柳林堡），现有员工30多人，所用原料为本地泥土。据该厂师傅蒋国辉介绍，乐安现有陶瓷厂5家，都是生产陶器，技术都是源自新化白溪。

十三、新邵浒溪村窑里陶器

该窑址位于新邵县巨口铺浒溪村窑里七组村民吴二妹木板老屋的左侧（面对老屋看）30米左右，窑址现已不存，看不到半点遗迹。该地原属新化县永固镇镇南乡一保。据浒溪村老陶工刘庆甫等多人讲述：浒溪窑里开窑，最先由外来的张姓师傅张树冲（音名）开始带徒开窑，后来本地人也开始在张师傅的帮助下学着烧窑，久之张师傅与本地人发生了冲突，也就是俗称的"教出徒弟打了师傅"，张师傅一气就把一整窑货封了后跑了，从此这里再也烧不出窑来，时间大约在明末。

此后，本地人开始在今浒溪村窑里九组开始重新烧窑，并将此处称为老窑里，时间到了清代。当时人员主要为彭、刘、周、黄、吴、袁等姓，多系明代从江西迁来此地,以刘姓人员烧陶为最多,前后共开有三座窑炉,最大的曾开有 16 孔俗称的"龙窑";技术仍然源自张师傅的传统,泥料为就近挖取,前后 300 余年窑火不熄,烧制的陶器主要销售新化、宝庆一带,品种主要有坛、钵、瓮、壶等十余种。据当地人讲,张师傅张树冲(音名)"不是来自白溪就是邵东"。据我们考证的陶器发展脉络看,源于新化白溪的可能性最大。

图 5-25 窑里张师傅的老窑位置之一　　图 5-26 窑里七组村民吴二妹木板老屋

据本村村民吴成勖(78 岁)讲述,当地人在老窑里烧陶的另外两处窑址,一处在浒溪村七组彭忠后(音名)与吴成易(音名)两户房屋之间,开有 12 孔"龙窑"。从吴成勖的祖父、父亲到他儿子四代都曾在此制陶,开窑时间不详;30 年前停烧,现已没有任何踪迹。

另一处在该村九组刘荣伍老木板房后面的新房地基下。当年窑炉最大时有 16 孔。据刘荣伍讲述,该窑从他先祖父时就有了,他本人也曾烧陶,该窑在 20 年前才停烧。

随着现代生产力的提高,经济的转型升级,以及廉价塑料制品的冲击,陶器所占市场份额逐年减少,如今国营及集体性质的陶器厂纷纷关闭,各地私人所办的陶器厂由于市场萎缩,厂子也越来越少,特别是纯手工制作的陶器厂更少,整个陶器业已到难以为继的境地。

第二节　制作设备与工艺

制作陶器,最基础的任务是选择适合的制陶原料——黏土。适合制作陶瓷的黏土主要是陶土和瓷土。瓷土,主要是指高岭土,因其氧化铝含量较高,熔点也较高,所以瓷土烧结成形需要的温度也较高,它是制瓷的主要原料。陶土，顾名思义就是可以用来制作陶器的一种黏土，其特点是具有良好可塑性，熔点较低，而陶土烧结成形需要的温度较低，所以制陶主要用陶土。有了原料还要有窑炉，接下来就是制作与烧制了。

梅山新化制陶一般都是手工制作，自配土釉，装饰为模印各种简式图案花纹，制陶工具全为自制。器形都为民间日用产品，以坛、壶、缸、钵、罐、盆等最为常见，产品种类及式样前后发展有数十种之多。

一、设备

1. 窑炉

一般为两种基本窑炉型式，早期的叫流沙窑，有的叫爬坡窑（应为"龙窑"的结构型式）；另一种俗称"仓仔窑"或"罐罐窑"，应为阶级窑，与德化窑一脉相承。

图 5 - 27　阶级窑炉外观全貌

图 5 - 28　阶级窑局部

图 5 - 29　窑炉侧面内部 1

图 5 - 30　窑炉侧面内部 2

2. 工具

梅山窑工制陶的基本工具主要有车（新化方言 chuā）。车又称轮车、陶车、辘轳等，是用来拉坯的轮制设备，由旋轮、轮轴、车圈、顶头、盘车棒等所组成；另外还有撞锤、剃板、大锤（又叫拍锤）、解板（即大而薄些的拍锤，用于平整器物，修复印花表面）、花印（印花锤）、利丝（过去为细麻绳、棉绳，后为钢丝绳）和模具等主要工具。除剃板、利丝为竹木、棉麻质或铁质外，其他都为陶制，都是本地制作的。

图 5 - 31　车 1

图 5 - 32　车 2

图 5 - 33　制坯工具

图 5 - 34　制坯模具

图 5 - 35　各种成型模具

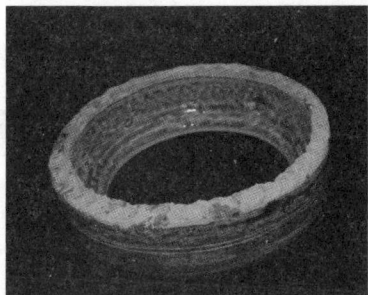

图 5 – 36　车圈

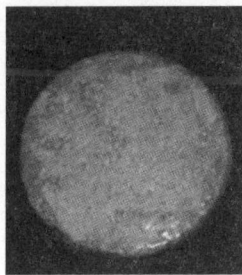

图 5 – 37　顶头（又称瓦顶）

图 5 – 38　撞锤

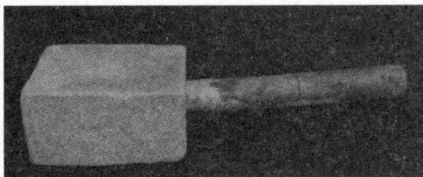

图 5 – 39　剃板

图 5 – 40　大锤 1

（也称拍锤，必要时也可做解板用）

图5-41　大锤2　　　　　　　　　图5-42　印花锤

二、制陶基本工序流程

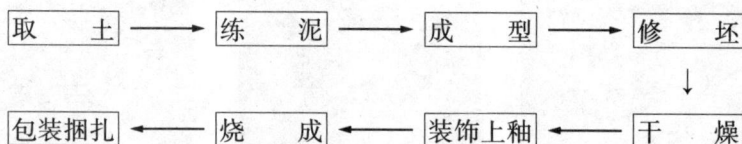

取　土 ⟶ 练　泥 ⟶ 成　型 ⟶ 修　坯
　　　　　　　　　　　　　　　　　　　↓
包装捆扎 ⟵ 烧　成 ⟵ 装饰上釉 ⟵ 干　燥

1. 取土

取土，即采集挖取黏性较好的黏土。黏土遍地都是，新化黏土丰富，特别是地名带溪的乡镇更为丰富，如白溪、油溪、化溪等。不是所有的黏土都适合用来制作陶器的，而是要找可塑性较好的，这样可以塑成任何形状，而且能够很好地保持其所塑成的形状不会轻易改变。在自然界，一次性不可能有这么多理想的黏土，所以有时还要用两种或两种以上的黏土进行搭配使用；如含硅的沙质多的黏土，因其可塑性较差，就必须加入可塑性较强的黏土等。在采集时，有时就要采集多种黏土来进行配比试验，直到找到最理想的配比配方为止。如果黏土中所含杂质、杂物较多，还需要进行清除、淘洗、沉淀，去除粗砂、杂物等。

2. 练泥

练泥的主要目的就是改进可塑性，使其泥料揉练至合适的可塑程度。陶工将挖取并去除了杂质的黏土（或多种黏土）倒入专用的泥料池，将大块敲碎拌匀，加水浸泡，水不可太多，充分湿透就可，然后用锄头把它翻动成堆，再用脚反复踩踏拌匀。踩泥也是讲究步伐的，这就是俗称的"踩莲花墩"。最后将泥料垒堆，盖上塑料薄膜，避免水分流失，使其充分陈腐（古称养土），也就是使泥料中的有机物充分腐朽烂掉，时间至少在两三天(时间长点更好)。陈腐去性的泥料还需要进一步踩练，就是将泥料反复踩踏翻转再踩踏，大多是手脚并用，使泥料糅合，充分排除泥料内的气体，为下一步制坯打好基础。

3.制坯成型

制坯成型过程就是思维、想象物化的过程，就是将想象中的物体借用泥巴的可塑性再现出来。

作法有多种，基本方法有以下三种：

第一种是大件器皿(如大水缸、大米缸、大酒坛、大油坛等)及方形器皿等，一般采用泥条盘筑法及泥片贴筑法两种。

第二种是中小件器皿(如壶、坛、钵、罐等)，多采用轮制拉坯成型法。

第三种是不规则或多棱角的器皿(如香炉、油盐罐等，以及器皿的耳、錾等附件部分)，多采用捏制加雕塑法。

另外，还有模具成型法等。不管用什么方法成型，陶工都要做到眼准手稳，手引泥走，泥随手变，能准确控制坯体，以达到理想的坯体大小及形状。

图 5-43　手动制坯泥条盘筑成型　　图 5-44　现在的半自动机械制胚成型

图 5-45~图 5-52 为老陶工采用传统拉坯成型法制作陶罐的全过程：

图 5 – 45　盘车

图 5 – 46　拔柱

图 5 – 47　开孔、作底

图 5 – 48　拉坯

图 5 – 49　继续拉坯

图 5 – 50　成型修整

图 5 - 51　开口

图 5 - 52　完成

4.装饰

装饰就是装点、修饰之意，即在物体的表面附加修饰美化作用的东西。梅山陶器装饰的主要手段有釉色装饰、模印装饰、泥塑装饰与少量的錾刻装饰（如图 5—56（2）常见纹饰中的第 15 图）等。

（1）釉色装饰

釉色装饰即通过各种釉料作为着色剂来装饰器物，以达到美化与强化陶器表面的目的（图 5 - 53）。

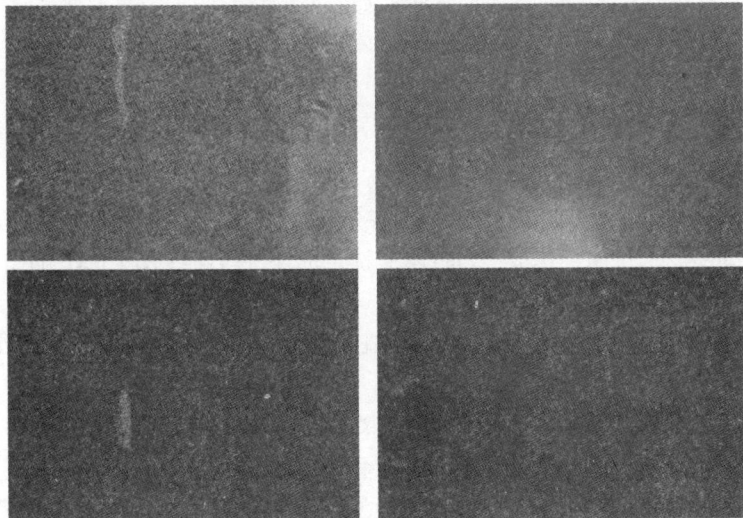

图 5 - 53(1)　各种釉色装饰

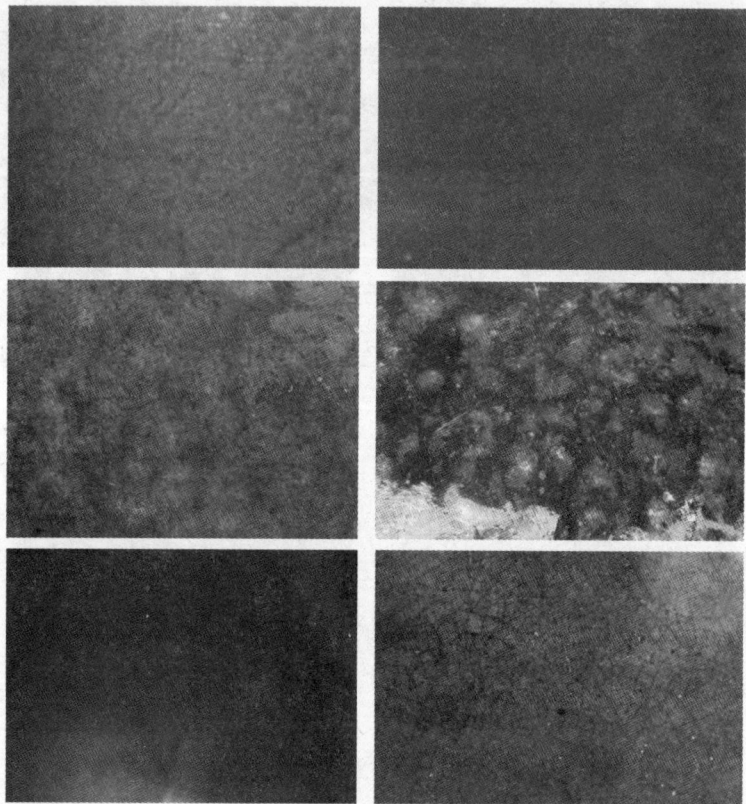

图 5 –53(2)　各种釉色装饰

（2）模印装饰

模印装饰是以刻有花纹的印模在成型半干后的坯体上压印，使花纹印到坯体上，待施釉烧成后，胎体上就会呈现所印花纹在釉层下的图案，这种装饰技法就称"模印"。

具体操作工艺流程是：右手执"花印锤"工具敲击陶器表面需要花纹装饰的外壁，左手握住"顶头"工具同步同位配合顶击陶器内壁，均衡、准确、平稳地根据设计设想，来一圈一圈地敲打出外壁所需要的花纹图案。随后再用解板将花印表面拍平，使之平整、光滑、自然。如图 5 –54 所示，图中左边图案为陶器上的印花花纹，右边图案为相对应的花印锤。陶器上的各种花纹图案都是由各种花印锤敲打拍印而成。

图 5 - 54　左为陶器上的印花纹饰，右为相对应的花印锤(图片：刘志平摄)

图 5 - 55　各种花印锤(图片：刘志平摄)

图 5 - 56 为常见模印纹饰。

图 5 - 56(1)　常见纹饰

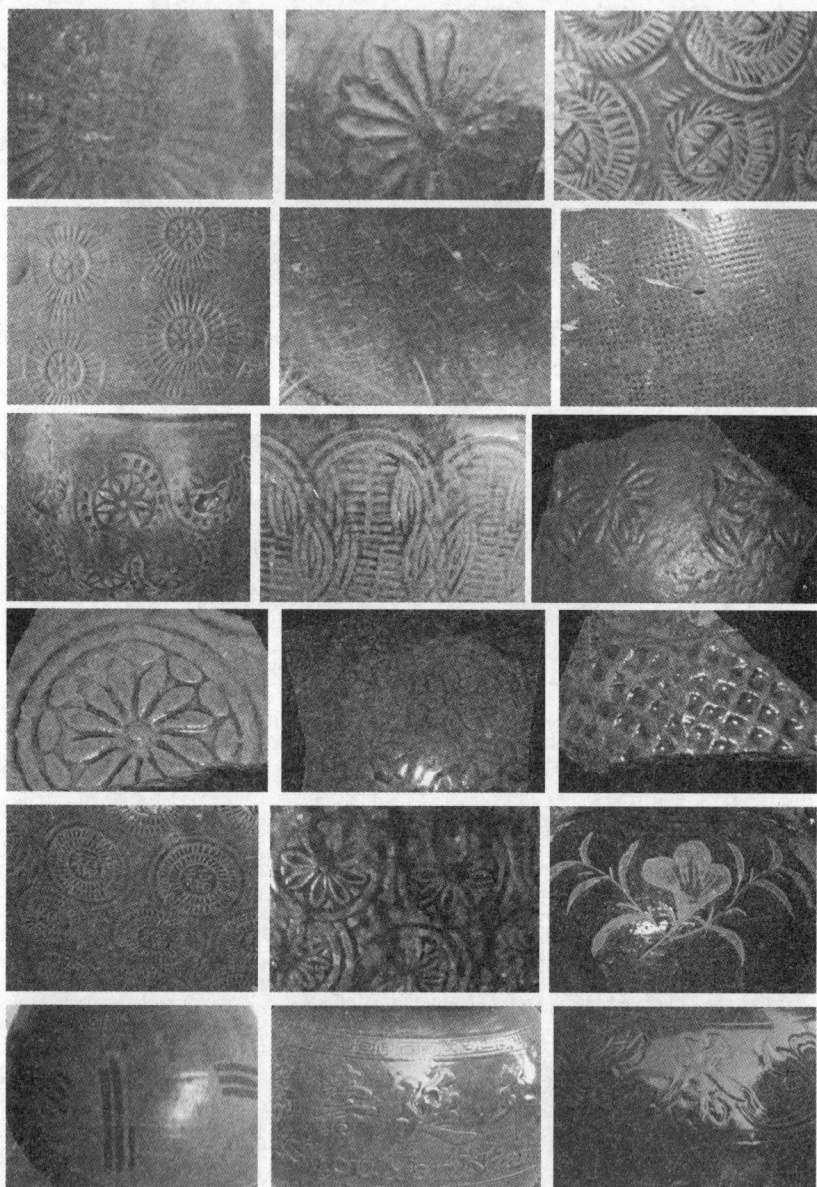

图 5 – 56(2)　常见纹饰

（3）雕塑装饰

图5-57中的产品是民国时期的"柏木筒大茶壶"，为油溪江田窑村老支书周仕齐家所留存，壶体流嘴的上部堆塑有一只可爱的小猴，遗憾的是小猴的上部分已被打掉，今天已看不出活泼机灵的神态。据说此种"柏木筒大茶壶"还有塑"青蛙"的造型。

另一件为单个动物陶塑（图5-58），为原株木山陶器厂师傅所制作。

图5-57 民国时期的柏木筒大茶壶

图5-58 动物陶塑

5. 凉坯干燥

坯体干燥的目的是防止坯体及釉面在烧制时出现开裂、膨胀或脱落现象。如果坯体残留水分过大，坯体中的水分就会在烧制过程中急剧汽化成蒸汽而引起膨胀或破裂。干燥时坯体要放在阴凉通风处，避免坯体干湿不匀而受伤开裂；同时，干燥后的坯体也便于搬运。

图 5 –59 凉坯干燥中的半产品

6. 配釉、上釉

（1）配釉

配釉就是将矿物原料或化工原料按一定比例配合研磨后加水溶解搅拌均匀后制成釉浆，以便施釉之用。过去都是自配的草木灰釉，配方也很简单，就是用纯净的黄土 35% ~ 40%，加地灰（即木炭灰，以杉木、松木烧出的最好）60% ~ 65%，溶解于水中后充分搅拌均匀，去除上面的漂浮物及下面的沉积物，就成可待用的釉料浆了；釉色的深浅，颜色的变化，除需要添加不同的原料外，也和配比成分、烧制时的温度与时间有很大关系。如前面民国盖罐的釉色（图 5 –6、图 5 –7），就是加糯米粉和铜粉而成。而金属铜用于釉彩早在唐代就已实现，如长沙窑就见有成熟的使用。这种釉色的出现，应跟古代先民烧陶与冶炼实践密不可分。铜红铜绿的出现，为以后彩瓷的发展奠定了基础。现在用釉多采用直接外购，按说明将原料配水就成。

（2）上釉

上釉就是将釉浆均匀有效地覆盖在坯体表面。方法有多种，如淋釉法、浸釉法、荡釉法、涂釉法、喷釉法等。陶器坯体通过上釉高温烧制后能使陶器表面附着一层玻璃质釉层，这能美化器物，增加机械强度，不被尘土侵蚀，同时也便于擦拭清洗。

施釉时，中、小件及器身较深的坯体多采用荡釉法、浸釉法，如罐、壶、钵、盆等。操作时把一定量的釉浆倒入坯体内部晃荡，使内部上下左右均匀上釉，再将多余的釉浆倒出即成，这叫荡内釉。然后再将坯体的外表直接浸入釉池内上釉，这叫浸外釉。晃、浸的时间长短，直接决定着釉层的厚薄。

大件坯体由于搬动困难，大多采用淋釉法、涂釉法或喷釉法等。如器皿内部用涂釉法刷釉，然后再将坯体反转口朝下摆放，用勺舀釉从上往下浇，这叫淋外釉。也可用喷釉壶采用吹气的方法将釉料雾化后喷到坯体的内外表面，这叫喷釉法（也叫吹釉法）。陶器制作中一般不上底釉，现在随着人们生活水平的提高，居家环境的改善，小件陶器上都上了底釉。如梅山人民喜欢的传统坛子菜，霉豆腐、剁辣椒、辣椒酱等，现都用陶器小坛小罐封装进了超市，如果不上底釉，粗糙的坛底就会磨损光亮的桌面，给民众带来不便。

7.烧制

陶器烧制分有以下几个基本步骤，即装窑、烧窑、冷却、开窑。

（1）装窑

装窑凭的是丰富的实践经验，要考虑到火路，要知道火焰在窑炉里燃烧散布的均匀程度，根据坯件大小、厚薄及烧成温度等要求，充分利用好窑炉的不同断面、坡度、抽力等情况，从而合理安排码放坯件。如窑位安排不合理，将导致烧制时提温不匀，既延长烧制时间，也耗费燃料，严重时很容易产生过火变形与生烧，造成次品率增加。晾干上釉后的陶器坯件装窑时都不用匣钵而裸烧，过去的龙窑（俗称流沙窑）窑底要铺一层砂子，现在的仓子窑铺有一层窑砖，坯件就摆放在砂子或窑砖上，同器物两个一组扣合往上码装，直到近窑顶为止，不能码装的可合理搭配散装摆放或隔层摆放。上釉的坯件与坯件间用支丁隔垫，无釉的部分可不用隔垫。装窑的基本顺序是从窑尾开始装起，按投柴孔的距离，分段分行往下装，要求装得正直，不歪不斜，保持火路均匀，装到窑头为止。大件装中间，小件装两端，这样一排排，一孔孔（即一空间一空间）装满为止。

（2）烧窑

烧窑，即烧制陶器。从窑头开始点火烧起，先预热烧制，然后一孔一孔往上烧。烧窑的原料一般以松木最好，其他杂木也行。随着时间的推移，火势不断增强，温度不断提高；待坯体内的水分彻底释放后，应即时加大火势，让窑温快速提高，以达到预想的烧制温度。以9孔窑为例，窑头烧制的时间要长些，一般要烧近10个小时，随后的各孔一般要烧5个

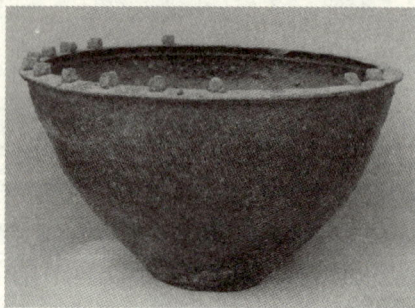

图 5－60 同器扣合码装时口沿接合处的支丁

小时左右,越往窑尾烧制的时间越短。其间要掌握观察火势火焰,通过呈现出的火焰色泽变化来判断温度,以调整火势控制陶器的烧成。烧成温度视所烧物品的原料而定,温度一般可达1000℃左右,待看到每孔器物上釉后,就可即时封窑。

(3)冷却

烧到预想温度,经过15~16个小时的温火后,转入自然冷却(这凭的是经验),此时陶器烧制完毕。

(4)开窑

待陶器冷却到能上手时就可撬开窑门,取出陶器。取货顺序是从窑头开始,到窑尾结束,正好和装窑相反。

这看似简单传统的烧窑背后,不知蕴藏着陶工们心中多少忍耐、等待和希望,可能很难用一两句话说清楚。

8.产品

图 5－61 白溪张家窑里大酒壶

图 5－62 浒溪窑里大酒壶

图 5 - 63　茶壶　　　　　　　　图 5 - 64　茶壶

图 5 - 65　碟

图 5 - 66　磨碟

图 5 - 67 钵子

图 5 - 68 坛子

图 5 - 69 钵

图 5 - 70 大型盖缸，盖带双耳，中央有塌陷抓手

图 5 - 71 大型盖缸，高 65 cm，口径 30 cm，足径 28 cm

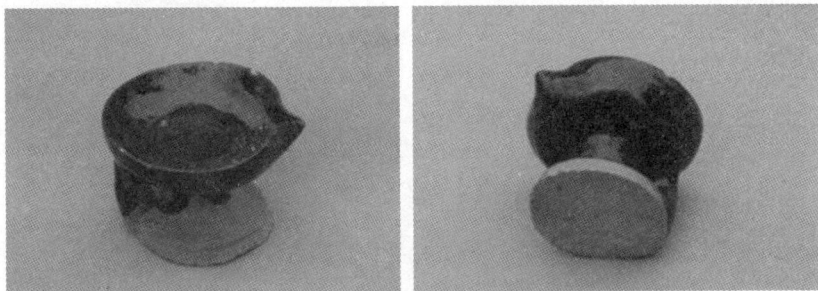

图 5 - 72　小油灯（又称神灯，为梅山敬神敬祖之用）

9. 检验捆扎

陶器成品出来后还需要逐个进行检查，并按标准进行分类。对于完好的正品要进行清点捆扎后登记入库，对于残次品要做分级处理，直至打碎销毁。

图 5 - 73　入库成品

第六章　砂器

第一节　主要烧制场

　　梅山砂器是一种胎质含夹有较粗颗粒、表面粗糙乌亮的一种器皿，它是既不属于瓷器，也没归入陶器的一个独立行业。因它与煤炭、冶炼息息相关，又是伴随着烧陶的过程自然而然地被发现而发明，因而与陶器也是一脉相承，历史也很悠久。具体什么时候发明创造出砂器，一直没有公论，很少见专文论述。同时，砂器因历史时代与地域的不同，它的胎体材质、造型款式、工艺制作、名称叫法等也都不尽相同。

　　一般知道较有名的砂器有山西平定砂锅、兰州砂锅、四川荥经砂器等，这也是今天一般人的认识。山西平定砂锅自称源于秦、记于唐、兴于宋、盛于明清、辉煌于20世纪六七十年代。特别是郭兰英的一曲民歌《夸特产》："平遥的牛肉太谷的饼……平定的砂锅亮晶晶……"唱得大江南北的人们都知道了平定砂锅。兰州砂锅也自称有数千年的历史。四川荥经砂器也称起源于战国时代，制作历史推测有两千多年。湖南砂锅、砂罐各地都有，具体到梅山地区更是普遍使用，但是是什么时候开始有的，一般没人能说清楚。

　　四川荥经砂锅不但自称起源于战国，制作历史推测有两千多年，还有民间传说。相传，一位朝廷大官南巡经过古城坪时，口渴要喝开水，而百姓太穷，拿不出烧开水的器具。当地有一户人家在情急之下，急匆匆跑到外面随手抠了一坨泥巴，捏成窝窝形状，放在柴火上面烧出了开水。当朝廷大官最终喝到这种用灰泥巴捏成窝窝形状的器皿烧出的开水时，连声说好，好喝。就这样，大官走后，当地人也就依照此法用各种泥巴做成各式各样的锅，放到柴火上烧，最终就烧出了传承至今的砂锅。

有趣的是，新化制陶业也有一个传说牵扯到砂器。据多位新化白溪制陶师傅讲："烧陶罐是从楚舜（音名）皇帝时开始的。那时，有了砂罐，还没有陶罐。一次，皇帝的娘娘病了，用砂罐熬药吃，却一直不见好。后来有人用当地的一种泥土烧制了一个陶罐子，用这个罐子熬药给娘娘吃，没想到这个陶罐显灵了，用这个罐子熬的药，娘娘一吃，病就好了。从此，就开始烧制这种陶罐，并把这种窑称为'罐罐窑'，后来所有烧这种陶器的窑都称为'罐罐窑'或'罐子窑'了。"

这恐怕是世上第一次有陶器行业的说砂器早于陶器，而且是被新化白溪师傅所传承认可了的。"楚舜皇帝"指的是古时哪朝哪代的皇帝，白溪制陶师傅又都说不清楚，自然也就不能准确认定。

更有趣的是，在新化柳溪砂锅业也留有一个传说，而且最为具体。据67岁的制砂师傅王修利口述，他从14岁开始就学制砂锅，师傅口传，砂锅起源于梁武帝时期，说当年，有一位母亲有三个儿子，大儿子制坛，二儿子制碗，三儿子制砂罐。一次，母亲病重，大儿子用坛子煎药给母亲吃，药还没煎好，坛子就炸开了，汤药流了一地。二儿子见状忙用自己制的碗煎药给母亲吃，药还没煎好，碗也炸裂了，留下一小碗药汤给娘吃，也没有治好。最后三儿子用砂罐煎药，一罐药浓浓地熬成一小碗，母亲一吃病就有了起色，一天三服（副）汤药，母亲的病就好转了。病好后，三个儿子都去讨母亲的口封（意为"都想去听母亲的夸奖好话"），母亲问他们：你们是要富还是要贵？三儿子最后一个对母亲说：三个兄弟中，我的条件最差，投入最少，可我是"上午栽树，下午遮阴"（意思是自己虽条件最差，投入最少，但效率最快，可以上午做，下午烧，当天就可以将砂锅卖钱）。三儿子虽然没有正面回答是我做的砂罐煎的药治好了母亲的病，其实是以"上午栽树，下午遮阴"来暗示母亲，病还是我的砂罐子煎的药治好的；同时也是在提醒母亲，我的条件最差，可我的效率最好最快，意在不可小看我烧制的砂罐。这个传说开宗明义就说砂锅起源于梁武帝时期，但内容说的全是砂锅比陶器的优越，除了告诉我们在梁武帝时期就知道了砂锅用于煎熬中药的好处，并没具体说明砂锅的起源与经过，所以"砂锅起源于梁武帝时期"也只是一个传说。

新化陶器与砂器行的两个传说，世代师徒口口相传，这明显是相互矛盾，却各自坚守自己的说法，相互间不冲突，和谐共存。这些传说，难免牵强附会，有失真实，自然不能看作是砂锅的真实烧制历史，却也似乎感觉到梅山砂器制造的久远。久远到何时，查无历史记载，考古暂时也不见踪影。

古之唐诗宋词，描写陶瓷的不多，专写砂锅的好像没有。唯见宋代黄庭坚的《拙轩颂》里有"打破沙盆一问，狂子因此眼开"的句子，虽写的是"沙盆"，也总算是砂器，至少可以考虑在宋代是有了砂器，但是否就是我们今天知道的这种砂器也是一个问题。

直至元代，杂剧名人吴昌龄在《东坡梦》里有"葛藤接断老婆禅；打破砂锅璺到底"的话，终于见了"砂锅"。看来这是一种最容易被打破的器皿。原来"打破砂锅璺到底"的俗语口头禅源自宋、元人对砂锅的研究，只是后来这个"璺"字，被谐音为"问"字了。

后偶见一词《沁园春·渔》，作者不祥，有说王玠，也说是元代人。查阅王玠，元、明都有同名，因不懂自然不敢乱套。词是好词："不种田园，投闲江海，远绝尘踪。保一家性命，扁舟为屋，随机应舵，逐浪乘风。九曲江头，三元潭里，直把银钩堕水中。波深底，把金鳞钓出，回棹孤峰。三男三女同。向砂锅净洗热炉烘。或敲冰煮茗，渴饮一碗，得鱼换酒，共酌三钟。蓑衣解开，箬笠放下，醉唱升平月满篷。江天阔，看一篙点处，粉碎虚空。"

看来写的是秀丽水乡风光景致，寄托的是盼自由、求和平、爱自然的情怀，最主要的是见了"砂锅"，而且是用来煮茶的一种器皿，这总算是让貌不惊人的土砂锅登了一次文人雅士唱和诗词的大雅之堂。

自古梅山地区盛产木材与煤炭，用木、煤炊煮、取暖以及制陶、冶炼得天独厚，联想到玉蟾岩一万年前的陶器，梅山法术与道教炼丹而成的冶炼，蚩尤被后人尊为战神的先进部族，烧制砂器完全有可能的，自然这只是一种推想。根据砂锅的原料组成与要求较高的烧制温度推测，砂器应是伴随着烧陶与冶炼的经验交流与总结而产生，自然砂器的出现，不应早于制陶与冶炼的制作。

据初步调查，在上梅地区，曾经生产砂器较有名的有沙塘湾砂锅、岩口槐花坪砂锅、温塘鹅梨棒①砂锅、毛易长铺砂锅、柳溪陈家冲砂锅、金

---

① 鹅梨棒：为新化温塘镇祥星村三组里的一个地名。在新化，"鹅梨"就是"梨子"，"梨"音发第四声(lì)，"棒"就是突出的部分。"鹅梨棒"就是地理形状名字在新化的通俗叫法。

竹山寨下村砂锅、涟溪桥砂锅、油溪青龙砂锅、高桥砂锅、韭菜坪砂锅、坪上虎寨王家砂锅、九都肖家砂锅、灰溪龙家(原为合兴村,后改为灰溪村)砂锅等主要烧制场,涉及的县市有新化县、安化县、新邵县、冷水江市等,它们是满足新化、安化及周边地区日用砂器的主要供货来源。就连本省浏阳的砂锅都是梅山的张姓师傅所传承,最晚在民国时就已生产;外省湖北汉口的砂锅烧制技术,也是原新化沙塘湾砚塘冲的师傅在20世纪60年代传授过去。

一、沙塘湾砂锅

沙塘湾始称"塘坑",后观地形地貌改称"沙塘湾",为新化(现为冷水江市)重要的水运码头之一,也是上梅新化在清末民国砂业兴旺时随煤炭、生铁及土产外销出县出省的重要集散地。图6-1所示我们今天见到的沿江这一段就曾建有六个码头,整个沙塘湾前后共有十多个大小商业转运码头。

图6-1　沙塘湾沿江风光带

据沙塘湾最早的黄、范两姓族谱记载,黄氏先民为江西迁徙而来,时间为元延祐七年(1320)左右,距今已近700年。范姓一族源于福建罗源县常熟乡,续谱称为范仲淹的后裔,南宋时范氏祖上天贡公以邵阳令移任邵邑洪庙,至明中晚期范志听公从邵邑(今邵阳市隆回县雨山铺镇长扶乡白茅垅村)迁至沙塘湾。遗憾的是范氏族谱无明确时间及人数记载,有范氏族人称"时间为明万历七年(1579)八月",又有人称"为明嘉靖年间"。范氏族人先前农时种田务农,闲时打猎。后定居"木斗口(今太坪村5组的木香溪)见人山"开始烧制砂锅,最早也是明末的事。据制砂师傅范国武口述:在木斗口见人山制砂,时间大致在清道光时期,因人丁发展以及砂锅原料的需要,后从木斗口迁至烟垴冲(也有人叫烟闹冲,为今太坪村6组)继续做砂锅。因当时落户之地有一口塘,塘中有一块圆石,形似砚池,因而又有人把该地叫为砚池冲。后不知什么时候起,池塘中的那块砚池圆石被塘水淹没后不见了踪迹,久之就叫成今天的砚塘冲了。这是今天我们知道的沙塘湾黄、范两姓的基本情况,一个来得早,一个砂锅做得好。

随后范氏一族基本没有再行迁移,农时种田,闲时多以做砂锅砂罐为业。当时人员仅有几十户,制砂锅的也就几十人。所用原料是就近挖取的糯黄土与煤矸石,产品为各式大小不同的鏛(新化方言:diǎng)、罐、镬(即锅,新化方言:ò)、壶等,多为满足本地需要。后来为便利外销,范姓曾在沙塘湾陀树、向阳、石井湾等地江边搭棚储货,以利装船外销。沙塘湾砂货因资江的便利,曾上销宝庆、武冈、洞口,下销安化、益阳、常德、洞庭湖区及汉口等地。所以,黄、范两姓应为沙塘湾开启商业转运码头的开阜鼻祖。

图6-2 当年各码头的石板路

后来,范姓的范昌浩抢先在沙塘湾河边上街经营,并盖有木板房商铺八扇,用以做砂罐生意。随后黄姓人员也在此建房经营,兼做砂锅生意。一时间各地有识商家纷至沓来,经营煤炭、生铁、砂锅、土产等,渐渐地自然发展形成了一批专职经营人员,并以外销转运为主。民国时,范昌浩凭借经营砂货、煤炭等而一度成为本地首富,有商号"乾福盛",并兼做生铁生意。除此之外，张前瑾的"东升店"、黄孝柄的"元裕祥"等，也是民国时期沙塘湾有名的经营砂货的商号之一。随着水路转运经济的发展，沙塘湾也就成了新化又一个重要的转运码头。

图6-3 靠作砂锅、煤炭等生意赚了钱的大小码头老板在民国时所住房屋

在新化地区一直流传这样的口头禅，如果哪家的孕妇生了小孩，特别是生了个小子（男孩），主人自然是喜笑颜开甚是欢喜；如果是生个姑娘，或是连续生的是姑娘时，自然有些不悦；特别是当别人关心地询问时，总能听到这样的对白："你的崽养了吗？养了（即生了）。养个么给（意为养个什么，是男孩还是女孩）？养个么给！还要到沙塘湾粘（梅山新化方言 diāng）把把（音 bà bà，即把子，器物上突出的部分）。"意思是指生的是个没有"屌仔"的姑娘。由此可见沙塘湾砂锅在当地的名气。可这名气里除了木香溪、砚塘冲的砂锅外，也包括沙塘湾周边各地需要外销的砂锅，如岩口槐花坪砂锅、毛易砂锅、温塘砂锅、珠溪砂锅、涟溪桥砂锅等。各地砂锅聚集于沙塘湾码头，议价还价，谈妥装船，上下水路销售，时间一长，谁是谁的砂锅，外地人员一时难以记住弄清，而沙塘湾之名却被铭记，久之也就懒得分清，都称沙塘湾砂锅了。当年民众口中有顺口溜："砚塘冲，白土做米舂；做成砂罐货，一船砂货运洞庭，运回多船稻谷来。"从中就可证明这一点。因为"砚塘冲"是沙塘湾主要制作砂锅的地点，它制作砂锅的主要原料是糯黄土，而"白土做米舂"是岩口槐花坪的制作工艺原料，两者混为一谈，近百年无人过问澄清，其结果自然是提升了沙塘湾砂锅的名气。

可沙塘湾砂锅制作的历史除零星口传外，鲜见文字记载，整个沙塘湾可考的历史最早的也只有沙塘湾黄、范两姓族谱。据多位沙塘湾以外的制砂老师傅讲："原先沙塘湾砂锅远销武汉""汉口的砂锅都是湖南的"。可又无翔实资料可考，它的历史传承与背景又是很难说清。

沙塘湾一面临水，三面倚山，山上松木、杉木参天，山下周边煤炭资源丰富，又紧贴一湾清澈的资水，优良的地理位置、发达的水路交通，自然推进了包括砂器业在内的各业发展。沙塘湾本地砂货主要有早期的木香溪，后来的砚塘冲等地，其他冠名沙塘湾砂货的都是来自周边地区。它的鼎盛辉煌时期，正如顺口溜所言："做成砂罐货，一船砂货运洞庭，运回多船稻谷来"。据砚塘冲村民范嗣中讲：当年"在汉口买一口砂镀（发音：ò）比买一口铁鏪（发音近似于第二声的 diáng）还要贵"。

看来沙塘湾砂锅有准确清晰历史依据的，也就在 200 年以内，生产时间为晚清、民国时期至 20 世纪 70 年代最为可信，烧制地点多集中在今日太坪村六组、五组。最早线索模糊，证据暂且不足。到 20 世纪 60 年代后，开始有砚塘冲的师傅去汉口作砂锅，人员有范华超、范华松、范华清、范嗣德、范国武、段季财（音名）等十多人。到 70 年代末继木香溪之后，砚塘冲也完全停止了砂锅制作，部分能工巧匠都外出传艺。武汉今日砂锅的存在，与来自沙塘湾技术的外输传承都分不开。今湖北汉阳黄陵镇制作砂锅的师傅，其技术多源于今湖南冷水江市沙塘湾砚塘冲的师傅所传授。

二、槐花坪砂锅

槐花坪砂锅主要生产于新化县岩口的槐花坪（今为冷水江市岩口镇槐花村）。据初步调查及结合族谱记载，能找出较为可信的传承砂锅烧制的历史可到清代嘉庆。当地传说最早的砂锅烧制始于宋代，地点在槐花村七组的里山。烧制技术由柏梧（即苏柏梧）老倌子所传授，而具体详情无考。槐花村烧制的砂锅因产品质量好，经久耐用，到民国时发展到鼎盛。据槐花村村民老砂工苏业柏讲述：槐花坪烧制砂锅有名的厂有最老的里山厂（槐花村七组，相传始于宋代），清代的有岩里（山）厂（槐花村十组，老板苏周朝、苏周监）、振美祥（槐花村六组，老板苏兆信）、六里冲（塘冲村五组，老板苏周朝），民国的有民国元年的合计厂（槐花村十组）、万仁和（槐花村六组，老板苏先震）等六家烧制。制作厂（场）地先后有十几个；其中民国元年创办的合计厂规模最大，地点为今日苏业功（80 岁，槐花村十组）家所住房子。当年股东老板有苏传相（当年 30 岁）、苏传植（当年 34 岁）、苏传椒（当年 30 岁）等，因是多位老板合伙创办，所以称为"合计厂"。产品主要销售当地及周边地区，还专供锡矿山、禾青球溪、涟源安平铁厂①等厂矿的工业用砂器。当时专供厂矿用的砂器名称叫法有锡矿坛子、黑筒罐子、红煮坛等，实际都应为坩埚（也可写成矸锅）性质的砂器。锡矿山的用于烧炼锑矿，球溪的用于炼红矾，安平铁厂用于烧锯木灰（即锯木头时留下的碎木屑，经闷烧碳化后作为工业电池内的添加剂），所以生产、销售两旺。据苏峥嵘介绍，"合计厂"一度还发行过票子，专供方圆百几十里之内的百姓使用。我们在苏业功家采集到当年为锡矿山制作的砂器（坩埚）一个，可为生产工业砂器的证据。其实，槐花坪只是岩口砂锅业的一个较为集中的代表，周边村里也有烧制的。

当年砂锅业为何如此红火，我们听当地村民常挂在口中的一句话就可知道原因："担（dān）一担（dàn）砂锅，摔（方言读 bàn）烂一头（即一担的一头），还赚一头。"从这一句话可知，当年烧制砂锅的利润有多高。

据苏峥嵘介绍，苏先银（男，86 岁，槐花村十组村民）曾夸过槐花坪的砂锅："那个时候（指民国）大家只买沙禄餐不买铁禄餐，蓝田街上都买大沙禄餐十五全煮纱的，说比铁禄餐煮的纱要白得多。"②现如今，该村村民家里留下的剩余砂锅使用时间最少都有 40 年左右的历史，还将继续使用，确实经久耐用。

另据苏峥嵘调查苏先银夫妇（现均 80 余岁）口传下来的分娩孕妇避邪典故，即产妇门前挂秤的来历，典故中说到做师公的苏公法盟，这个人为明朝万历时人，里面就说到用砂锅，其真实性无考。

槐花村制作砂锅的主要原料是在附近塘冲石子岭挖取的白土，和当地炼铁用的沙煤所烧后的炉渣灰两种。而原料配比，据老制砂工苏业柏介绍：为一筬箕沙煤烧后的炉渣灰，加一筬箕半的白土两种，即 1∶1.5 的比

① 为"民国"二十二年（1933），由毕业于南京兵工学校的吴鉴光在"民国"三十年（1941）所创办，为当时省内私营铁厂之冠。吴鉴光，字子舟，生于民国元年（1912），去世于1989 年，涟源市安平镇人。

② 禄餐，此为梅山涟源方言。是对砂镥的一种称呼，同样的砂器，在新化叫"砂镥"，在涟源叫"禄餐"。在新化地区，"镥"又不叫"镥"，叫声似于第二声的"diáng"。涟源称的"沙禄餐""铁禄餐"，就是新化叫的"砂镥""铁镥"。

十五全，即器皿大小型号单位，也可写为"十五同"。"镥"一般有大中小三种型号，现一般称 1 号、2 号、3 号镥等，1 号最大，3 号最小；过去称十五全、十全、七全，相当于现在的1、2、3 号。十五全大小相当于 40 cm 左右口径的"砂镥"，十全相当于 32 cm 左右口径，七全相当于 28 cm 左右口径。在梅山新化，罐的最大型号是七全（28 cm 左右），从大到小依次还有五全、四全、三全等，数字越大，器皿越大。其中，七全里还有小七全，三全里还有小三全等型号。而在新邵最大的罐有十全。

例。釉眼封釉的主要材料是杉树、松树的枝叶，其中杉树枝叶用得最多，效果也最好。

经销影响的范围南向经隆回、邵阳、武冈销永州、郴州；北向经益阳、常德销入长江流域；东向经湘乡、宁乡达江西；西向经溆浦、辰溪至贵州，技术传到了四川。据苏峥嵘先生的考察，梅山苏氏祖先，在宋朝开梅前，就制造出了砂锅，地点就是今冷水江市岩口镇的槐花村，曰之"槐花坪砂锅"。他们还将火功技艺、砂锅技艺用之于冶炼钢铁……并进一步推断可延至老祖宗蚩尤时代。

上述论述，似有找到根脉的感觉，认真辨别，除清代历史段可信外，其他暂无翔实资料及物证可考。虽如此，确仍让人怀古思幽，这似乎是探寻神秘梅山砂锅发展脉络的一条待考线索。

图6-4　当年用来粉碎原料的石春与安装脚踏板转轴的青石支架

三、金竹山砂锅

金竹山砂锅主要在冷水江市金竹山镇寨下村，他们那里没有白土，都是用黄土作为原材料。正如俗话说的"养女莫嫁寨下村，黄土当作白米春"，从这民间谚语俗话可看出做砂锅的艰苦。金竹山制作的砂锅，原来也多通过沙塘湾码头外运，自然外界都会把它视为沙塘湾砂锅了。

四、温塘砂锅

温塘的砂锅烧制，主要集中在新化县温塘镇祥星村陈家岭（原来称珠溪杉山）一个叫"鹅梨棒"的周边地区。相传烧制砂锅的历史最晚也在清乾隆早中期就有，距今已有 260 多年，作坊有多处。据祥星村村民刘丰康（20 多岁开始做砂锅，今年 80 岁）口述：当年师傅刘业掌就曾告诉过他，砂锅烧制最先在白岩（今祥星村十一组）烧制，后来名气大了，引来强盗抢劫；没办法，后转至刘家（今祥星村九组）烧制，一度生意很好，窑炉旺盛，烧起来哼哼作响，一片红火景象。久而久之，当地有人开始说话，说是这会把当地的龙脉烧坏，因而开始阻止，后来不准做了。到清末民国时砂锅烧制迁移到了'鹅梨棒'（今祥星村四组）。

据初步调查，祥星村三组在民国时期有刘业掌、刘业木、龙开益三家烧砂锅的炉场；而最早烧制砂锅的为刘业掌、刘业木，随后才有龙开益开办的砂锅场。龙本喜的父亲龙开益距今（至 2015 年）已有 104 年，龙姓一家来自今新邵县坪上镇灰溪村（该村原名竹半村，后为魁溪，人民公社时期与灰溪合并为合兴大队，后改为灰溪村）。灰溪龙家原来也是一处砂锅制作地，年代与温塘同期。查龙氏族谱，鼻祖在五代时由江西吉安永新县迁居茶陵，宋建隆元年（960），祖上通方公由茶陵迁湘潭继迁湘乡，雾公居安化，兴公迁新化，至景福公时已居竹半村，派衍福仁公、福升公居塔业魁溪，即为今之灰溪村。据龙显藻介绍，他祖上都是做砂锅的，灰溪村他记得的前后就有 9 处烧制砂锅的地方，除自己九组外，六组就有龙开胜、龙况中父子烧制砂锅。他所记得的最早烧制砂锅的是龙显修、龙芳贡的炉灶。产品主要销售隆回、新邵、新化。今新邵县除灰溪龙家外，龙溪铺十字路塘边村㞭宝塘原也有做砂锅的。

新化坪上镇（今为新邵县）俗有"文化之乡"的美誉。坪上民众送子女读书不遗余力，至今仍流传有"卖江山，当土地；卖砂罐，打豆腐，也要送子女上大同（坪上镇古称大同镇）"的歌谣，"大同文化"源远流长，文化底蕴深厚，百年名校新邵二中就坐落在此。龙开益因家庭变故，父亲龙显武给他找了个后娘，因后娘厉害，其爷爷龙方凤怕他吃亏，于"民国"七年（1918）左右就带着七岁多的孙子龙开益来到今新化温塘祥星村此地，并从此以做砂锅为业抚养孙儿。龙开益从小聪明伶俐，很讨人喜欢，后拜当地村民刘业海（刘丰康的父亲）的娘为干娘，长大后在干娘的帮助下开办了自己的砂锅厂；不久，在"鹅梨棒"与刘业掌、刘业木的砂锅厂已成三足鼎立之势，当年产品除满足本地外，还销往益阳、常德、芷江等地。

龙开益读书不多，但性格开朗，为人友善，思路开阔又极肯帮助他人；他家就住在"鹅梨棒"坡上，一般人上了那个坡就要在那里歇歇脚，天南地北的事都会在这里会集、融合，久之自然见多识广。所以龙开益不但砂锅做得好，"管怕蛙（新化方言 guǎn pà wā，即讲故事）"也很在行，且懂梅山风水及巫术，并曾留有手抄本心得体会，可惜其没能保存。砂锅制作也很有心得，常跟徒弟谈及砂锅烧制要领，从不保留，能将"三才之道"的天、地、人有机地贯穿于砂锅制作之中。这是梅山人民乐于与天地合一，与自然和谐共存精神的普遍表现。砂锅烧制，离不开天、地、人三者的有机统一，缺一不可。天，指天气季节；砂锅制作，一年四季，春夏秋冬，季季有改变、月月有不同、天天有变化；雨天不能烧炉，二八月，空气中湿度较大，露水较重，罐子出炉易受潮气露水影响，所以必须眼明手快。地，指面对不同的原料土质、煤炭、柴火，必须知道调整相应的配方，使之达到最理想的效果。人，制砂之人，如果身体不好，没有两斤力，吃不得亏，就做不得砂锅；同时，人不聪明，心手不巧，就做不出漂亮的好砂锅。总结有理，教徒有法，真是实践出真知，勤奋长才智。在温塘镇祥星村龙姓家族里，制作砂锅的还有龙方竹（音名）、龙玉山（音名）等，另有姚命田、姚命初等。

据调查，其中祥星村三组女村民 75 岁的刘求英（音名）家附近就有两处，一处为民国时烧砂锅的地方，现在上面盖了房子；相隔 10 多米处另一个点为新中国成立后王正侃（音名）师傅制砂锅的地方，王正侃师傅来自沙塘湾，一生做砂锅，做了几十年，现已去世十多年。

1949 年后做砂锅的还有王志贤（音名）、刘离方（音名）、孟老子、喜老子等，都是制作砂锅的行家里手。

现温塘镇仍在烧制砂锅的只有刘初星，为该镇祥星村三组村民，生于1956 年，6 岁开始学制砂锅，今年 59 岁，从他爷爷刘德怡算起，祖孙三代都曾烧制过砂锅。刘初星，20 世纪 60 年代曾在当地王志贤（音名）、龙开益、刘理方（音名）等三家私人作坊里学做砂锅，20 世纪 70 年代正式进入集体性质的砂锅厂生产。1976 年后集体经济开始解散，1980 年刘初星在现在居住的地方盖房，1982 年正式开始创办自己的砂锅烧制作坊，直至今日仍在坚持制作。

今刘初星的砂锅烧制原料为就近取得，主要原料为石炭烧后的煤渣和黄土两种，不用煤矸石；所烧煤炭为本地白煤（又称石炭），烧后的炉渣中残存的一种硬质小颗粒就可为原料。炉渣（当地制砂师傅又称回用砂）与黄土的体积比例一般为53∶47。过去原料配比小活、粗活各有各的原料配方，而且各种器物的具体配方又有少许差异。如罐子，底部用料为黄土、炉渣、煤灰三样原料，比例按三股份，其中黄土占二股，煤渣与煤灰合占一股；而上部用料只用黄土和炉渣，比例是对半1∶1。而现在砂锅用料只用黄土与炉渣，比例是对半1∶1，没有上下用料之分。为什么会这样，老师傅两句话，道出商家"利益最大化"这个永恒的主题："做得不牢没人买，做得太牢卖不脱（即卖不掉）"。

现在都为一种配方比例，黄土与炉渣的比例是：大货40∶60，中货50∶50，小货60∶40。而一灶砂锅的持续烧制时间一般为12～15分钟完成整个烧制过程。生产的器形有鏪、罐、锅、钵、壶等几种。

图6-5 刘初星的炉灶

图6-6 刘初星的制坯成型房

1949年前，温塘砂锅经营生产利润分配模式是（以利润100元计）：

制作砂锅的师傅占50%，即每100元，得50元；

投资老板①占20%，即每100元，得20元；

做泥巴的占20%，即每100元，得20元；

烧砂锅的占10%，即每100元，得10元。

其实这也是过去上梅地区砂锅生产的基本利润分配模式。

---

① 老板还需负责煤、材的供应，当年煤炭一角钱一担。

五、毛易砂锅

毛易烧制砂锅的技术源于沙塘湾的"木斗口"（今为太坪村五组的木香溪，即大唐华银金竹山发电厂旁边）。最先进驻柳溪村，时间可追溯到清代，直至20世纪中后期，柳溪村仍请有八位师傅做砂锅；后扩展到今日的东站加油站地段，现在只剩下长铺村还在坚持生产。长铺村最早烧制砂锅的历史可达清末，人员为王修浩的老爷爷王成瑞，地点为长铺村十四组（原来的老一组）小溪边的山棒棒（即高层突出的部分）上，距今有一百五六十年。王修浩其爷爷王本达当年就在此烧砂锅，因烧砂锅而小有积攒，至大旱之年，人家卖儿卖女卖田，他家买田，家中因有田，到他父亲这一辈时已没有再做砂锅，而是改种田了。今日其重孙王修浩又重操旧业烧制起了砂锅。

其他如涟溪桥砂锅、新化油溪青山砂锅、安化韭菜坪砂锅及新邵坪上黄家、肖家、龙家砂锅厂等，都因地域关系而所采用的主要原料及配比也稍有不同，但基本都是以糯黄土，再分别加煤矸石、石炭烧过的炭渣等做原料，而其制作烧制的基本设施、操作的过程、方法等都基本相同。

六、小结

纵观梅山砂器现状，各地确有烧造，使用也是较多的。砂器从外观看，质地粗糙，通身内外所呈现的细小沙砾有如烧焦的锅巴，形象拙劣，新的带有银灰的金属光泽，使用后被柴火炭火烘烤与燃烧后浑身定会成黝黑，似乎难登大雅之堂。因它硬度强、耐高温、韧性好、不炸不裂，且价廉的优势，比陶瓷更实用，特别是用它煮出的肉食原汁原味，味香可口；即使在炎热的夏季放置十二小时也不会变质、变味。另外，用砂罐熬出的中药汤剂，因药性不会轻易改变，这也是现今的一般金属器具所难以替代的。

过去城镇里的梅山人都喜欢在有限的房前屋后、窗台甚至于房顶瓦上栽种一些常见植物，如食用的葱、蒜、紫苏，药用的菊花、三七、打不死等，利用的都是自家破损的陶器、砂器。花草难养，难在根部要透气、水量要适度，自然是透气性、渗水性都要好。这样看来，瓷器不如陶器，陶器不如砂器，特别是破底纹的砂器更好，因为它是培养花卉、草药的佳器。有如此之多的好处，在过去这个相对封闭，经济自给自足的梅山地区，自然会被民众青睐和广泛使用。

以前，很多人家都用砂锅、砂罐的，也没有难登大雅之堂的顾虑。记得有一次，冬天去新化农村同事家做客，我们去得突然，主人毫无准备，进门寒暄问候之后围坐火灶桌前，主人拿出一个乌黑似盆的砂锅进来，掀起半边火桌桌板（即桌面），把它坐在火灶上，锅里装有小半灰黑的细小砂石，只见主人往砂石里浇注了几滴桐油，用一个竹板铲勺就翻炒起来；不一会儿，砂温升高，砂色开始变得乌黑放亮，接着放入落花生。主人一边和我们寒暄，一边翻炒着落花生，不一会儿，房间弥漫着微微的桐油香味，砂里的花生也在不停翻炒中变得金黄而好看。看来花生要炒好了，只见主人端起砂锅一边颠簸一边往外走，很快用一个棱形的枣红色木盘装着满满的一盘花生递到我们的面前。我却在疑惑，这拌有桐油的砂子炒出的花生它不沾手？我小心地拣起一棵花生，表皮光滑而干净，并没有沾黏的感觉，剥开花生轻搓去皮，白胖的花生仁不老不嫩，嚼在嘴里酥脆香甜。接着是炒南瓜子。我在想，这砂锅里是否还会放桐油？我一边看着主人炒瓜子，一边等待着结果，不一会儿主人又端起砂锅一边颠簸一边往外走。我心想，这么快就好了，桐油还没放呢！很快一盘瓜子又呈现在我们的面前。我又迟疑了一会儿，拣起一粒瓜子放在齿间，轻轻一嗑，瓜子壳裂开，用舌尖一顶，在牙齿与舌尖的帮助下，瓜仁顺利脱壳而出，捏在手里的瓜子壳像盛开的金色花瓣，矫健、优美而完整，不像炒得过深或过浅的瓜子，要么一嗑就碎，或是一嗑不开而滑入口中左右为难。主人对炒瓜子花生的火候掌控是何等的精准。这黑不溜秋的砂锅也使我对它刮目相看。

中午我们吃的主菜是砂罐炖鸡，外加有名的白溪豆腐炒肉，和自家地里的时令蔬菜，还有坛子里拿出的酸刀豆、萝卜条与霉豆腐。这炖鸡除了加放有食盐与生姜片外，什么也没放，却炖得鲜美可口，鸡肉吃在嘴里也很有劲道。主人一个劲地劝大家吃鸡、夹菜，同时活泼的小妹绯红着脸拿着一个砂罐给大伙碗中使劲地倒着蛋花米糟甜酒。大家围坐在一起，吃得全身暖暖的。丑陋的砂罐能炖出如此鲜美的菜肴，成了我一次充满温馨的记忆。

原来梅山人对砂锅的使用历史悠久，对砂锅的依赖情有独钟，对砂锅性能的掌控真可以称得上是得心应手。砂锅与梅山人那种紧密关系，正如那首新化山歌《小小画眉小小莺》里所唱的："小小画眉小小莺，小小姣莲爱陶情，哪个十七、十八咯少年哥哥看得起，今夜冒闩上房门。炉锅煮起白米饭，罐子焖起个猪房心，瓦罐子煎起个蜂糖酒，厨房里办起十样荤。铜锅装起洗脚水，坐起个屋里等郎来。"砂器早已融入梅山人的日常生活里。

新化曾有个传统习俗，即男女新婚的第二天早上，女人为了体现自己的温柔和持家的本领，会给新婚的男人做一道菜，那就是山歌里唱的"罐子焖起个猪房心（即猪心）"，借此表达女人从此以后把自己的身心全部交给了新婚的男人，同时也暗示要求男人以后也要把自己放在心上，切莫辜负她。原来我还不知道"罐子焖猪房心"这道菜还有这样一层意思。

今天，砂锅、砂罐因"长相不好"，又面临生活节奏加快的现实，市场越来越小。我想，随着人们对生活质量的追求，只要能将外观美化，款式设计新颖，还是能够使大众接受的，加之还有中国传统的中医存在，砂罐，特别是熬药的砂罐，恐怕是在较长的时间里是难以消失的了。

那悠久的梅山砂器究竟产生于什么时候，在没有充分证据的情况下，我们还需要进一步考察和等待。下面，以毛易长铺村仍在坚持传承梅山砂器制作的三位王姓师傅的亲历过程，来全面展现一下梅山砂器的制作与工艺。

第二节　砂器制作

一、原料、配比与练泥

1.原料

制作砂器的原料比较简单，主要是煤矸石、黄土（或白土）、炉渣等。烧制原料为小块煤（即无烟煤，又俗称石炭、白煤）。封釉原料主要是松、杉、杂木枝叶以及其他植物性材料等。

（1）煤矸石：是2亿多年前的二叠纪成煤过程中与煤层伴生的一种含碳量较低、比煤坚硬的黑灰色岩石。其主要成分是硅、铝、钙、镁、铁的氧化物和某些稀有金属。在砂器制作与烧制中主要起增加强度的作用。

（2）黄土：是距今约200万年的第四纪形成的一种土状堆积物。一般为黄灰色或棕黄色的尘土和粉沙细粒组成，质地均一，含多量钙质或黄土结核，多孔隙，有显著的垂直肌理；在干燥时较坚硬，被水浸湿后，容易剥落和侵蚀，富有黏延性，是制作砂器中不可缺失的主要成分之一。梅山地区所用的黄土又有所区别，主要是一种更黏的糯黄土，在砂器坯体成型过程中主要起黏合剂的作用。

图6-7 煤矸石 　　　　　　图6-8 从山里挖取的糯黄土

（3）白土：其实就是瓷土，也叫高岭土，属铝硅酸盐黏土矿物，多由各种岩石经风化作用而形成，其主要成分为二氧化硅、氧化铝等。白土外观无光泽，因成因不同可呈现松散土状及块状，质纯时显白色，含有杂质时呈现灰、黄、褐色等。相对质纯的白土，新化地区一般俗称为"观音土"，年长者知道，曾经过苦日子时，有人用它拌野菜作粑粑吃而胀死人。新化用白土作砂锅原料的只有岩口槐花村，因为那里存有这种矿藏。民国初年，华新瓷业公司开创人邹承休帮助同学邹连元办瓷时，就是用的此处瓷土。

（4）炉渣：是煤炭烧制过程中生成的以氧化物为主的熔体，在砂器制坯中主要利用的是炉渣中那些烧结的硬化小颗粒，把它粉碎后主要起中和作用。它即能节省煤矸石与黄土、白土的使用量，减少原材料成本，同时它也有像煤矸石那样的性能作用，增加砂锅、砂罐的材质强度。烧制砂器的过程中炉渣里就留有它的存在，可回收利用，所以有的地方又俗称为"回用砂"，但原料的来源主要还是取自金属冶炼时的炉渣灰中。

（5）块煤：即无烟煤，俗称白煤，在新化一般叫石炭，也叫炭仔。该块煤外观黑亮坚硬，有金属光泽，碳含量高，硬度大，燃点高。一般为大块状，烧制砂锅前要敲打成较为均匀的小块煤，以利充分燃烧。

图 6-9　未粉碎的炉渣颗粒　　　　图 6-10　敲碎了的小块煤

（6）封釉原料：主要是各种树木枝叶，如干燥的松树、杉树的枝叶（即梅山新化地区俗称的松毛胡子、杉毛胡子）等，这是最好的，如主要原料没有的话，其他杂材与毛草、锯木灰等都行。

2. 选料粉碎

梅山地区，砂器的原料一般都是就近采取，如糯黄土，都是人力肩膀担回，取回的原料要进行初步的挑选，去除夹杂的杂质，主要的是杂草、枯枝败叶、夹杂的石头异物等，然后进行晾晒，使之干燥，在晾晒的过程中仍可挑选，使之基本纯净，一切工作都是人力肩担手捡来完成，劳动强度较大。煤矸石与炉渣还要进行粉碎。过去，老辈师傅一般都是用脚踏碓舂粉碎，现在一般都用上了电动粉碎机，然后根据产品精细程度的不同分别用不同的筛子过筛粗细原料，并各自独立分装备用。至于什么样的产品，需要多么粗细的粉料，选择多少目的筛子，作为一个长期从事砂锅制作的老师傅来说，是早已烂熟于心了。

图 6-11　密度大小不同的竹编筛子

3.配比与练泥

梅山自古相对封闭，自给自足、勤俭节约早已深入人心，普遍存在于各行各业之中。我们从砂器的原料配比中就可见一斑。当你还不了解砂器的制作工艺过程时，很难相信，我们平常所使用的一个个炖鸡熬药的砂锅、砂罐，它的通身材料配比还有不同，这在陶瓷与紫砂业都是不多见的。可见梅山人的勤俭节约与聪明才智。

（1）锅底原料

锅底因直接承载重量，接触炉灶，自然受力最大，所受温度最高；因而要求砂器的底部硬度最强，能承受一定的重压与高温，防止使用中碰撞破损与高温熔化炸裂。所以砂器底部所用原料配比中煤矸石的分量是加大了的，采用的是 2∶1 的比例，即二份煤矸石加一份黄土。为了描述的方便，我们把锅底原料称为 A 料。

（2）口沿锅身原料

口沿锅身（器皿上部）因承受力量与温度相对要小，因而原料配比采用的是 1∶1∶1 的比例，即一份煤矸石加一份炉渣与一份黄土。同上理由，我们把口沿锅身原料称为 B 料。

（3）锅盖、耳、錾附件原料

因锅盖、耳子、錾子属附件，没有过高的温度承受，所以上面二种原料配比，即 A、B 两种原料都可使用，但考虑到耳、錾的局部强度承受较大，往往在选用原料时多选择第一种配方 A 料比较多。

（4）练泥

练泥的第一步就是和泥，将不同的原料（即经过了粉碎、过筛等工序后的原料）按比例混合后加水，用铁质的耙子、木质犁泥棒等工具反复翻转翻动，或用脚踩等使之充分匀和，看上去就像过去做蜂窝煤时的和炭巴。在一般情况下，原料和好后都要分别堆起，放置一二天陈腐去性使之烂熟，这样处置后的泥料就成了练好的最佳坯泥，随时可以取去成型做砂锅的坯体了。如果泥料较长时间不用，可在泥料上放置一个装满水的破损裂纹的砂罐子，使罐内之水慢慢沁出湿润泥料；同时，外面还要包一层塑料薄膜，防止泥料水分挥发过快而干燥。

图 6 - 12　和泥料

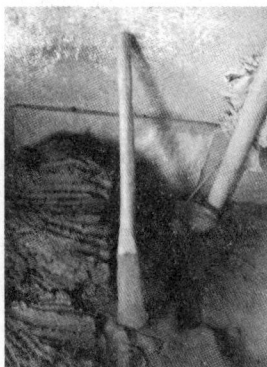

图 6 - 13　木质犁泥棒

图 6 - 14　陈腐去性后练好的待用坯泥料

图 6 - 15　防止泥料水分挥发过快的简单方法

二、砂锅制坯

梅山砂锅原为纯手工用泥条盘塑、手捏、拍打而成，后来发展到在车上盘塑。近代后，受工业意识的影响，早已有了进步，器皿底部的器形与大小主要改由模具成型，车也从原来的石盘车改进成了水泥盘车，但仍然采用人力驱动。坯体的厚薄、器形的好坏还是纯粹决定于师傅成熟的经验与手感技术，绝不是数日之功所能达到的。一个经验丰富的师傅，辛苦一天也只能做砂锅或砂罐40至50个。

1. 制作工具

砂锅制作的工具比较简单，主要有车、木拍板、剃板（有竹片、铁片等）、水笔、坐盆、水盆等（见图6-16～图6-21）。

图6-16 车

图6-17 木拍板

图6-18 铁片剃板

图6-19 水笔

图 6-20 坐盆

图 6-21 水盆

2. 模具准备

模具是一种有一定形状与尺寸的型腔工具，是借用它来成型砂器的坯体形状。主要是依赖它使泥坯外观物理状态能在外力作用下，迫使泥料成为有特定形状与大小的坯体。模具的形状和大小，都是根据需要预先决定了的，一个模具定型一个产品。在砂锅制作中，有几种大小形状的产品，就有相应的几种大小形状的模具。早期先辈的砂锅制作是没有模具的，凭的是丰富的经验与娴熟的操作手感。

图 6-22～图 6-24 为各种器形大小形状不同的模具。

图 6-22 大小罐模

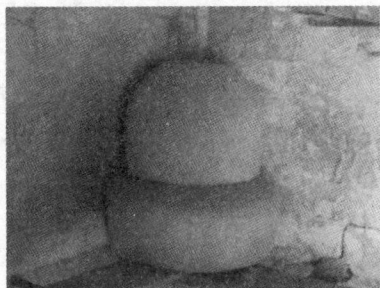

图6-23　鍑模

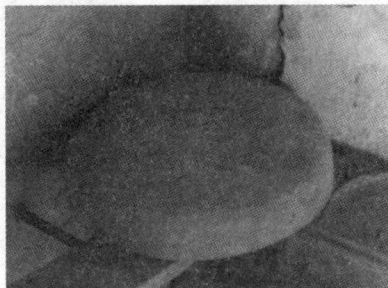

图6-24　镜(即锅)模

3. 制坯成型

（1）炊罐罐体制作

步骤是：先在车轮上撒泼一层粉碎的炉渣灰，取定量 A 料，将它拍打成泥饼形状后拍压在车轮的中心，然后用双手将泥料在车轮上拍打成中心稍厚四周稍薄的有一定大小的圆饼形。注意圆的大小决定于罐的大小（图6-25、图6-26）。

图6-25　准备炊罐泥料

图6-26　将泥料拍打展开

泥饼拍好后拿起，并将早已选定好大小的罐体模具口朝下扑扣在车轮的中心，再将泥饼扑扣在模具上（图6-27、图6-28）。

然后双手拍打泥饼使之紧紧附着在模具上，并在手盘快轮车的作用下，用木拍板拍平底足、磨制平整罐体（图6-29、图6-30）。

图 6 – 27　选择放置模具

图 6 – 28　扑扣放置泥饼

图 6 – 29　拍制罐体成型

图 6 – 30　快轮磨制平整罐体

　　然后将修好底部及底足的砂罐坯体连同模具从车轮上拿开，取一个装有炉渣灰的坐盆放在车轮的中心，再次盘旋车轮，并用手插入盆内炉渣灰中，借车轮旋转的力量使炉渣灰中心旋空一定大小（注意根据坯体大小来决定旋空的大小），随后再将砂罐坯体底朝下连同模具一起放入其中，上面接口处要留出一节，便于接下来的盘筑接口，然后填充夯实好罐体坯四周的炉渣灰使之严实稳定（见图 6 – 31、图 6 – 32）。

图 6 – 31　旋空中央炉渣

图 6 – 32　放置好坯体模具

在快轮旋转的状态下，先借用剃板削去模具坯体上面多余的毛边部分。完毕后，取出罐体坯内的模具，再快轮盘正好脱模后的罐体及接口（图6-33～图6-36）。

图6-33　削去模具上面多余的毛边部分

图6-34　修整切面

图6-35　取出坯体内模具

图6-36　盘正罐体及接口

再取定量B料搓揉成长条形后叠加在接口口沿上，一边用脚盘转车轮，一边将泥料揉捏盘筑接口；并修整好罐的连接部，使之厚薄一致、过渡自然、器皿规整，然后用水笔湿润口沿，并借用水笔一边湿润软化泥料一边旋刮出罐与盖的子母口（图6-37～图6-42）。

图6-37　搓揉成条形后叠加在接口口沿上

图6-38　将泥料揉捏盘筑接口

图 6-39　揉捏修整罐的连接部

图 6-40　快轮修整，使之厚薄一致

图 6-41　水笔湿润口沿

图 6-42　旋刮出罐体的子母口

最后双手捏口、定型，开出口子后罐体完成（图 6-43、图 6-44）。

图 6-43　双手捏口、定型

图 6-44　罐体完成

（2）酒罐、药罐罐体制作

制罐前，先要在车上撒泼一层粉碎的炉渣灰，目的是防止粘连。取定量 A 泥料，将它拍打成泥饼后拍压在车上继续拍平拍薄到理想大小，然后将泥片扑盖在罐模上继续拍打，拍打的方法是从上至下，意在挤压泥料紧贴模具使之成型（图 6 - 45、图 6 - 46）。

图 6 - 45　扑盖在模具上

图 6 - 46　拍打成型

再用木拍板拍平底足，在快轮作用下磨刮平整罐体后放置一边（图 6 - 47、图 6 - 48）。

图 6 - 47　拍平底足

图 6 - 48　磨刮平整罐体

取一坐盆放在车轮中央，根据器形大小旋空坐盆中间的炉渣灰，使之能放入带模坯体，再将带模具的坯体放入旋空的炉渣灰中，填充夯实好罐体坯四周的炉渣灰使之严实稳定（图 6 - 49、图 6 - 50）。

图 6 - 49　旋空中央

图 6 - 50　安置坯体

　　填充夯实坯体四周后，手动快速旋转车轮，借坯体旋转的扭力削刮平整模具上面多余的毛边部分(图 6 - 51、图 6 - 52)。

图 6 - 51　夯实坯体，旋转车轮

图 6 - 52　削刮毛边

　　然后取出模具修整接口边缘，再取定量 B 泥料搓揉成圆柱形后盘筑接口口沿(图 6 - 53、图 6 - 54)。

图 6 - 53　取出模具

图 6 - 54　盘筑口沿

　　一边盘旋一边揉捏，盘筑接口口沿一周后，将多余的泥料去掉（图6-55），然后揉捏压平压实接口，再快轮修正成型(图6-56)。

图6-55　盘筑口沿

图6-56　快轮修正

　　再利用水笔湿润泥料成型，并借用金属剃板角度的挤压作用，使罐的坯体口沿逐渐定型(图6-57、图6-58)。

图6-57　水笔湿润成型

图6-58　剃板挤压定型

　　待罐体修整完成后捏口定型，口子成型后罐体完成(图6-59、图6-60)。

图6-59　双手捏口定型

图6-60　罐体完成

（3）砂锅制作

先根据器皿大小取适量 A 泥料，将它拍打成中心稍厚四周稍薄的大饼状，然后将泥片扑扣在选定的砂锅模具上。

双手拍打拍实成型，在快轮作用下用木拍板拍圆底足，磨刮平整锅体后拿开（图6-61、图6-62）。

图6-61　拍打成型　　　　　　　图6-62　磨刮平整锅体

取坐盆一只放在车轮上，手动快速旋转车轮，借旋转的力量将坐盆中心的炉渣灰旋空，放置模具坯体后，再旋转车轮。

用竹片剃板切削修整接口后，取出模具。修整定型接口，用水笔润湿接口泥料，为下一步粘接口沿做准备（图6-63、图6-64）。

图6-63　定型接口　　　　　　　图6-64　润湿接口

下一步，取 B 泥料搓泥成条后，沿接口口沿捏拿盘筑，借用水笔湿润软化口沿成型（图6-65～图6-70）。

图6-65　搓泥成条

图6-66　捏拿盘泥

图6-67　盘塑口沿

图6-68　修整口沿

图6-69　快轮修整

图6-70　湿润口沿成型

最后，利用水笔持续湿润泥料的作用下定型修整口沿后，砂锅锅体完成（图6-71、图6-72）。

图6－71　水笔湿润定型修整口沿　　　图6－72　砂锅锅体完成

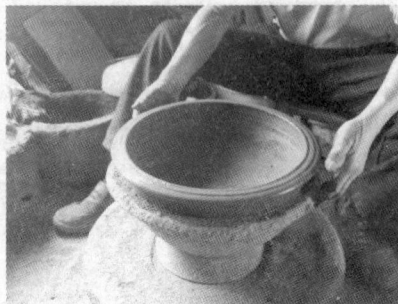

（4）配件制作

一个砂器，除主体器身外，还有器耳、器錾、器盖等多种配件部分需要制作，这些配件都是整个砂器的一个组成部分，具有同等重要的作用。在制作或黏合各配件的过程中同样要认真对待，把握好时机。如坯体与配件部分注意采用同一坯料，避免色差变化。在黏合时不得太湿也不得太干，使之有效结合。黏合连接时要充分压紧抹平，使之自然流畅。

A. 配件制作准备

各配件虽然所受温度不高，但一般受力较大，所以工匠们为了整体质量考虑的话，一般都选择A料来做原料。

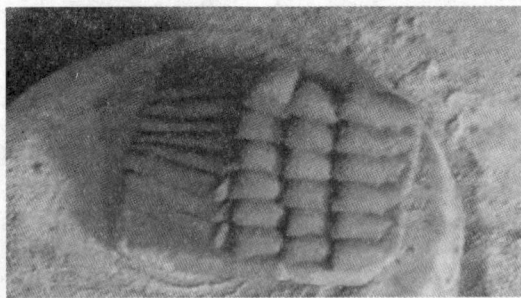

图6－73　左侧条状形泥料为制錾原料，右侧馒头形泥料为制耳原料

B. 錾子制作成型

如砂罐，先看准砂罐口子，找准口子对面錾子的位置，此处口沿以下

就是黏合錾子的地方，然后将要粘贴的地方用水充分润湿，目的是有利于錾子与坯体的完全接合（图6-74）。

图6-74　先用水润湿黏合錾子的位置

将制錾原料的粗端（即长条泥料的粗端）按压在润湿的坯体口沿以下，随后一边捏扁泥条一边往下弯曲成弧形（图6-75）。

图6-75　黏錾好上端后向下弯曲成弧形

接着将细端按压上坯体，基本形状就成了。左手扶住錾子口沿内侧，右手捏拿修饰，沾水抚摩平整表面后錾子做成。要注意的是，錾子上端的弧形高度一般不要超过口沿（图6-76、图6-77）。

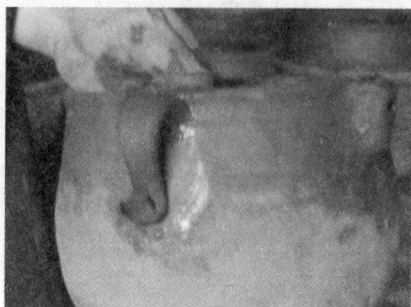

图 6 - 76　定型基本形状

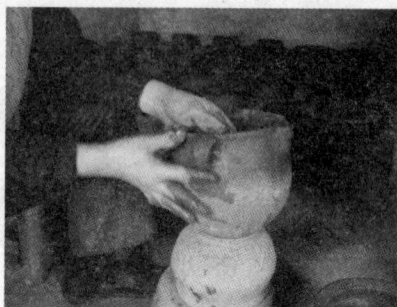

图 6 - 77　抚摩平整后錾子完成

C. 耳子制作成型

a. 罐耳制作

先在口子与錾子之间找准两端耳子位置，将选定好左右两个耳子位置的地方用水充分润湿局部。左手将一端钻有孔洞的竹片辅助工具贴在已选定并湿润了坯体的部位上，右手捏拿着制耳原料（即小馒头形状的泥料）包压住竹片紧贴砂罐坯体（图 6 - 78）。

图 6 - 78　用制耳泥料包压住竹片

压实成型，润水抚摩定型（图 6 - 79、图 6 - 80）。

再用一根竹棍沾水从外向内穿通罐耳与竹片孔洞及坯体，旋转抽出竹棍后孔洞完整成型（图 6 - 81、图 6 - 82）。

图6-79 压实成型

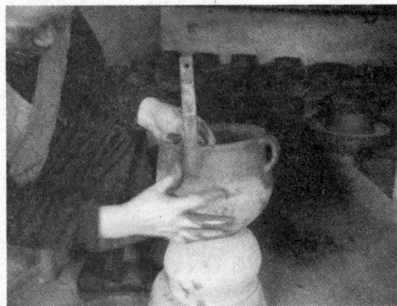

图6-80 抚摩定型

图6-81 竹棍沾水穿孔

图6-82 抽出竹棍后罐耳孔洞成型

　　用穿孔的竹棍靠着竹片压住耳子上端口沿，左手轻轻摇晃竹片取出后一边的耳子做成。再用同样方法与步骤做另一边耳子，两边耳子做成后，罐体完成(图6-83、图6-84)。

图6-83 用竹棍靠着竹片压住耳沿

图6-84 竹片取出后一边耳子做成

至于装备砂罐的提手，一般是客户买回家后自己配制，也有店家已安装好的。如需自己配制，方法是取一节竹片削平刮光，长度根据罐的大小及自己喜欢的习惯高度决定。先将竹片两端削刮成能插入耳内的大小(不要太松)，并分别将两端完全插入耳眼内(注意竹篾表皮向上)，通过罐耳孔洞给竹片两端做好标记，然后取出竹片，在竹片两端做有标记的点上钻出与耳眼相等大小的孔眼。从竹筒上劈取一根方形竹棍来做棍栓，棍的粗细大小应稍大于竹片的孔眼，并将竹棍的前头削尖，使之栓头能顺利通过竹片，再将带眼的用作提手的竹片两端重新插入罐耳内，将竹棍栓分别插入砂罐两端耳眼与竹片眼中，敲紧竹棍栓，使之牢靠。最后裁剪掉罐耳两端伸出的多余竹棍栓部分，砂罐提手就做成了。另外，也可用细竹篾穿过耳眼捆绑而成。做好的竹片"提手"，在梅山地区一般不叫"提手"，而叫"起"。

图 6-85　竹棍栓内侧示意图

b. 镶耳制作

镶耳制作较简单，抾一小坨 A 泥料直接黏在砂镶边沿，压紧抚平沾水润光成月牙形后，一边耳子做好，转过来对角重复一次，两边耳子就做好了(图 6-86 ~ 图 6-88)。

图 6-86　直接黏接镶耳于砂镶边沿，压紧抚平

图 6-87　沾水润光成型

图6-88　对角重复制作一耳后两耳完成

D. 盖子制作成型

取定量 B 料搓圆成泥饼后拍在车轮之上，根据盖的大小，拍平泥料达一定大小。再将拍好的泥片放在模具上用双手拍打成型，步骤和前面的其他器形制作方法相同。成型后湿润盖坯，黏接盖錾，再用泥条盘塑盖沿（图6-89~图6-96）。

图6-89　泥饼扣在模具上用双手拍打成型

图6-90　湿润盖坯

图6-91　粘接盖錾

图6-92　盖錾成型

图 6 - 93　修整定型

图 6 - 94　搓一根泥条盘筑盖沿

图 6 - 95　揉捏盘筑盖沿

图 6 - 96　修整盖沿

　　在水笔湿润的帮助下修整盖沿，并借用铁片（或竹片）修平盖沿，并旋出盖面台阶而完成（图 6 - 97 ~ 图 6 - 100）。

图 6 - 97　湿润修整盖沿

图 6 - 98　旋出盖面台阶

图6-99　用铁片切除盖沿下面多余部分　　图6-100　修理完切口后盖子完成

三、晾坯干燥

砂器制作成型全部完成后(包括附件)，要经过数日晾晒干透后才能开始烧制。晾坯干燥的目的，一是避免坯体水分过多而在烧制中产生热应力作用而变形；二是使坯体硬化，便利搬运，同时也是为了加快烧制过程，减少燃料成本。

四、烧制与设备

烧制是整个砂器制作生产中最关键的环节，要看好火候，控制好温度，掌握好时间，这都全凭丰富的经验。如果掌控不好，可能一炉都出不了几个好锅、好罐。火候、温度、时间的把握，又都决定于不同的原料配比、气候、季节变化与人为操作熟练程度等因素，这都需要经验的积累。烧制出来的好的砂锅、砂罐，必然是器形规整、厚薄均匀、色泽乌亮统一，不变形、不穿孔、不渗水、经久耐用。

1. 主要设备与工具

烧制砂器的基本设备与工具主要有：炉灶、保温罩盖、吊盖杠杆、通风设备(风箱或鼓风机)、釉眼地窖、釉钩(装取钩)杆等主要设施设备。

(1)炉灶

砂器烧制，炉灶比较特别，即一个炉上左右各有一个灶；看其形，炉灶平地而起，一般长9尺、宽6尺、高1.8尺为基本样式，所以称之为一炉两灶式，亦算名副其实。炉灶后端台面上砌有挡火矮墙，墙外下底部安有通风设备。一炉两灶的烧制方式，主要是便于交替操作，充分利用时间，提高生产效率。如果要扩大烧制规模，除可将炉灶增大外，也可依次并列增加炉灶。

图 6 – 101　炉灶

（2）保温罩盖

保温罩盖，是以炉渣加黄土与煤中的黑浆泥等为材料烧制成型的半圆坯体，直径 120 cm，厚度有 3~4 cm，内加隔热瓦片以做支撑，周围以铁箍箍紧瓦片成一体，形状如半圆大铁锅。铁箍两端连接两组大铁耳紧贴盖子，最后用短铁棍（或扁铁）弯曲成弧钩住两耳顶端成起錾于中心盖顶而成。因烧制砂器的温度过高，所以铁质部分都不直接接近火源，为的是延长其使用寿命。烧炉时盖上，起炉时移开，利用的是杠杆原理，自然可轻松挪动。保温罩盖的主要作用是防止热量损失，在保温较好的前提下，使炉灶内的温度能持续上升，加快砂锅烧制所需要的持续高温。

图 6 – 102　保温罩盖

(3)起吊杠杆

炉灶罩盖因重量重，周边温度高，人员不能近距离操纵而只能采用杠杆撬动原理远距离操作。通常采用的是一根粗约10厘米，长四五米的大木棒来做撬动杠杆，它的前部架在支架上起杠杆支点及旋转作用的部位包有铁皮，以减小长期使用对它的摩擦损耗。前端挑起罩盖起錾吊挂的部分，虽然磨损大、温度高，但为增大摩擦力，防止挑起时滑落，不但不包铁皮，反而要挖去一小部分，使之能增大接触面积与加大摩擦系数，防止滑落。

图6-103　起吊保温罩盖的杠杆

(4)通风设备

原来在没有电力设备时，鼓风都是靠手拉风箱来完成的，就像我们花鼓戏里唱的："手拉风箱，呼呼地响，火炉烧得红旺旺……"烧砂锅也要用风箱，原理还是传统的手动风箱原理，只是没有了风箱外壳，而是在低于炉子一米左右的地面向下斜挖一个方形空洞作为风箱外壳，空洞口固定一个四周封闭严实的木框子，木框立柱两端内侧开有能安装轴头支架的孔洞。另用木头钉一个边长66 cm左右的四方框子(四方框子的外框尺寸大小正好和空洞木框内侧尺寸大小相当)，四方框子上端横木两头加工成外伸一定长度的轴头，在四方框子里面钉上一张皮子(或竹垫子)作为风叶片，并在风叶片下端位置开一到两个长方小孔，在小孔内侧钉一块小皮子(只钉上端，使皮子的下端可自由活动开闭)。作风叶片用的四方框子就做好了，然后将四方框子上端两头的轴头，直接安插入空洞木框立柱两端作为支撑架的孔洞里，使作为风叶片使用的框子，能随转轴轴头在轴洞里自由转动。再将一块一定大小的皮子卷成方形桶状，一端包裹装钉在风叶木框上，另一端包裹装钉在洞口固定的木框子上，使风叶片框子与洞口固定的木框子间形成一个完整的封闭空间，皮子所形成的方形桶状长度要充分满足风叶木框在运动中的最大行程而不会受阻。最后在风叶片框子的外面固定一根拉杆，拉杆顶端手执端再安一个成"卜"形的小横把手，风箱就做成了。当作为风叶片用的框子拉出时，在外空气的作用下，钉在风叶片上的小孔皮子会自动打开，空气进入。推进时，钉在风叶片上的小孔皮子在内空气的挤压下自动紧贴风叶片封闭缝隙，迫使空气通过挖掘的通道进入左右炉内而起到鼓风旺火的作用。鼓风的大小，决定于拉动风叶片的弧度与频率，推拉行程越大，频率越高，鼓风的力量就越大越多，反之就越小越少。

图 6 - 104　炉灶后面安装的电动鼓风机

（5）釉眼地窖

釉眼地窖，也就是上釉的地窖，也称釉坑，一般安置在炉灶前的两侧地下。釉眼地窖口小肚大，内壁用耐火砖砌成，一般最少有四个，炉灶的两边各两个。炉灶左边烧制的砂锅放入左边釉眼地窖里封釉，炉灶右边烧制的砂锅放入右边釉眼地窖里封釉。这种布置有利于快速交替操作，既便于保温、降温，也节省时间，能较好地保证封釉质量。

（6）钩杆（也称釉钩）

钩杆一般有两种，一种为大钩，钩头较长成90度弯曲，主要用于钩取较大的砂器，钩长可有效防止滑落；一种是短钩，钩头弯曲较小较短，便于钩取盖子及小件砂器等。钩杆因直接接触炽热砂器，传热快，使用久了

图6-105　前面一个盖了铁盖子的釉眼正在封釉，后一个敞开的待用

烫手，所以后端手持部分都要套装一节木棍，整个钩杆全长为3米左右。

图6-106　大小钩杆前端

2.砂器烧制

烧制砂器前先点火，方法与一般煤炉点火没什么不同，先铺好炉内左右两灶炉床，放好柴火就可以点火，待火烧起后逐步添加左右两灶的煤炭（小子块煤）；同时，开启鼓风机，使煤炭迅速燃烧。此时，敞开的火炉里呼呼作响，橘红的火苗扑扑外蹿。待煤炭完全燃起后，再逐步添加煤炭直至一定厚度；一切准备就绪后，就可开始烧制砂器了。烧制砂器一般从凌晨三四点（即03:00—04:00）就开始了，到下午五六点（即17:00—18:00）

才结束,一天下来十多个小时,一炉两灶,一天要烧几十灶。

砂器烧制的基本步骤是:先将干透好的砂器坯子一个一个直接罩扣在炉灶内的煤炭上。为了有效利用炉灶空间,降低成本,也可采用大套小的方法进行套装。一般原则是十五仝罩住十仝,十仝罩住七仝,七仝罩住五仝;放满后罩上保温罩盖,开启鼓风机,使炉灶内迅速升温,砂器在炉灶内很快被烧得通亮而进入烧制烧结状态。初烧一般时间较长些,前后需20分钟左右才能将砂锅烧成(过去烧制因通风条件的限制,需要时间更长)。利用这段烧制的时间,应将另一边的炉灶内码放好待烧的砂器坯子,准备下次的交替烧制;同时,这也能给待烧砂器坯体起到预热的作用。

图 6-107　师傅在用钩杆倒扣码装放置砂罐

图 6-108　砂器在炉灶内被烧得遍体通红并最终软化

砂器烧好后，用起吊杠杆挑住保温罩盖，以两灶中间能旋转的叉头做支点，挑起盖子转入右边炉灶上盖起，进行另一炉灶的继续烧制。

图 6 – 109　砂器烧制完成后起盖

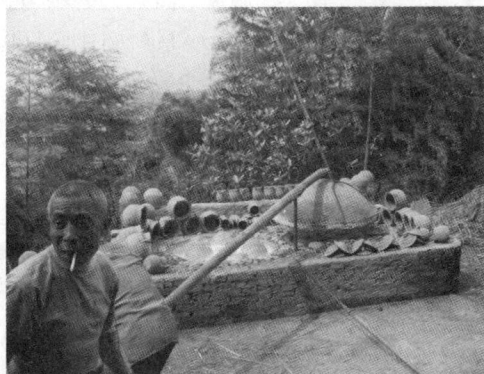

图 6 – 110　将盖移至另一装好砂器坯的炉灶上盖好，开始另一灶的烧制

3. 封釉

当左边的砂器烧好后，由两人以上分别用大小长钩杆将烧好的各类砂器及盖子等迅速地一个一个全部挑出，放入釉眼地窖。地窖里预先放入了杉枝等材料（或松枝、杂材、锯末、干毛草等都可，但一般以杉枝、松枝等为最好）。先钩出上面的砂罐盖（一次可钩 5 ~ 6 个）放入釉眼里，放入的瞬间火焰即起（图 6 – 111、图 6 – 112）。

图 6 - 111　先钩出上面的砂罐盖　　　图 6 - 112　罐盖放入釉眼的瞬间火焰即起

　　随着接二连三钩出炉灶上的各种罐子放入釉眼地窖，使得腾空而起的火焰，在一次次欢快的燃烧中尽展妖娆美姿，场面甚是热烈而壮观。

　　待一炉灶砂器全部放入釉眼地窖后，再向釉眼地窖里填一把松枝或杉枝，并迅速盖住盖子进行密闭，让高温、高热的砂罐与杉枝、杂木燃料等产生"闷燃"，通过"闷燃"过程而发生一系列的化学反应，使胎体表面的氧化层转色，并任其自然降温而完成整个封闭转釉过程。随后就是给刚腾空出来的炉灶内添加一层小块煤补充燃料，准备下一轮的烧制（图 6 - 113、图 6 - 114）。

图 6 - 113　迅速盖住盖子，　　　　图 6 - 114　添加小块煤准备下一轮的烧制
　　　　开始进行封闭封釉

　　空出的灶内加煤后，就可重装新的砂器待烧，同时还要及时在炉灶的周边摆放好砂器坯子，以便于下次的就近装炉。这既节省时间，同时也起

到初步预热的作用(图6-115、图6-116)。

图6-115 灶内已加新煤

图6-116 装完待烧的砂罐后在炉灶
的周边摆放砂罐坯预热

干完这一切，右边炉灶的砂罐已烧好，初烧时间要长些，随后每灶烧制用时在12分钟左右，算上一炉两灶交替配合烧制，平均每炉灶用时在20分钟左右。待右边一灶砂器烧好后，起盖再盖住装好砂器坯子的左边炉灶继续下一轮的烧制；同时右灶砂器封釉过程也就开始了(图6-117~图6-120)。

图6-117 右灶烧好后起盖

图6-118 盖住左灶继续烧制

在砂器的烧制过程中，因温度过高，砂器早已软化，难免有个别砂锅、砂罐变形失圆。碰到这种情况，师傅要眼明手快，在其还没硬化之前，迅速将其挑至灶边，利用钩杆，对变形失圆的砂锅、砂罐施以外力挤压作用，使之恢复原型原样(图6-121、图6-122)。

图6-119、图6-120 将烧好的砂罐挑入右边釉眼地窖

图6-121 师傅在用钩杆挤压恢复
变形失圆的砂罐

图6-122 将修正好的砂罐挑入
釉眼地窖

待烧好的砂器全部放入釉眼地窖后,再添加一把松枝或杉枝,迅速盖住釉眼铁盖封釉开始。然后就是给空出的炉灶内添加小块煤以补充燃烧原料,再装砂罐,准备下一轮次的烧制(图6-123~图6-126)。

图6-123 盖盖封釉开始

图6-124 添加补充燃烧原料

图 6 - 125 补充原料后再装砂罐

图 6 - 126 周边摆放好待烧砂罐预热

砂器烧制，在没有大小套装码放的情况下，一般一灶烧 13 个炊罐及盖子，和 2 个药罐或酒罐即满。一灶烧制的多少决定于炉灶与砂器的大小及大小套装的多少。烧制时间的快慢决定于器物原料的组成，器物的大小、多少、厚薄，燃料质量，通风条件及操作熟练程度等诸多因素。就这样左右炉灶互换交替进行，待左右两边釉眼的第二个釉眼装入砂器封釉后，最先一个地窖的砂器已封釉降温完毕，并要及时钩出，为下次的砂器封釉腾出地方，并根据需要适当添加封釉原材料(图 6 - 127、图 6 - 128)。

图 6 - 127、图 6 - 128 师傅在钩出已封好釉的砂锅，为下次的封釉腾出地方

五、检验捆扎

砂器的质量是由多项指标决定的，好的砂器必须原料纯正，配比准

确，火候适当，封釉材料好；同时，器形端正，厚薄均匀，不开裂、不透光、不浸水，外表银光乌亮。检验是找出残次破损，保证合格质量。为便利装卸运输与清点销售，砂器还要进行捆扎，而捆扎用的材料是棕树叶；师傅一般是一边检查质量，一边进行捆扎。如炆罐四个一组，药罐七个一组，盖子八个一组进行捆扎（图6-129、图6-130）。

图6-129 师傅在验收

图6-130 师傅在捆扎

检验合格后，将捆扎好的砂锅、砂罐及盖子等码放一起，等待清点入库或直接外销。这些看似外表粗糙、乌灰银亮的砂锅、砂罐，却真切地承载着梅山厚重的历史，传承着人类的智慧，弘扬着自强的民族精神。

图6-131 验收合格捆扎完后等待外销的砂器

正像我们担心的，原来釉眼地窖里封釉用的是松枝、杉枝，最起码也是杂柴，而现在毛易乡长铺村只有干枯的毛草可用了，釉质乌亮的砂锅、砂罐也渐渐变成了"乌涩"，远没有过去的漂亮。

第三节 常见器形

综合上梅地区各地情况，砂器常见器形有：鏣、罐、镂、壶、炉、钵、坛、瓢及其他杂件等九大类，大小器皿共几十种。

一、鏣

俗称砂鏣。器形为上部筒状，底部圆收的器物，有些地区又叫禄餐（梅山地区方言）等。按器形大小分有 7 仝、10 仝、15 仝、老 15 仝等。种类有炆鏣、温鏣、隔鏣等。

1. 炆鏣

炆鏣有大小之分，一般用来泡潲（煮猪食）、烧水，大型聚集会餐时，也可炆汤、炖肉。

图 6 - 132　砂鏣，左边的有耳，右边的无耳
高：33 cm，口径：48 cm，底径：17 cm

2. 温鏣

温鏣，就是安置在炉灶边用于温水的器具。主要供日常的热水之用，特别是冬季的早晚洗脸洗脚，很方便的。过去上梅地区家家都有，一般为铁器，偶有砂器的，现在基本不用。图 6 - 133 为难得一见的王修浩师傅制砂房里的火炉、温鏣与坯料缸，它们一字排列，借用火来温水，再以水温来温热坯料，可有效解决冬春两季制作砂锅时的寒冷，避免长久制坯时冷水冷料对手指的刺激而麻木难受。

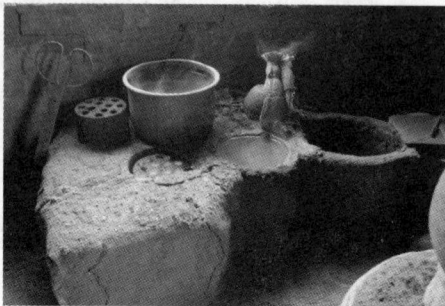

图 6 - 133　制砂房温水的温鏞

（中间为温鏞，左边为火炉，右边为坯料缸）

3. 隔鏞

隔鏞是过去货郎小吃担子用来经营卖馄饨的专门器具，外观形状似温鏞，但里面是隔开的，就像现在常见的鸳鸯火锅，只是隔鏞要大些，而且鏞身也深些，隔开的目的是一边用来煮馄饨，一边用来炆猪骨头汤。

在梅山地区，过去的货郎担很盛行，时常能听到他们的吆喝声或手执的响器发出的声音，如拨浪鼓、惊闺叶等，有时"叮咚……叮咚……"及吆喝声交相呼应，甚是好听。常见的行当有补锅、锔瓷、修锁、磨剪、剃头等涉及百姓生活的方方面面，而最受欢迎的可能是杂货担了。往往是拨浪鼓一响，货郎担子一放，定会围上一群妇人和孩子，或现金交易，或以物兑换，小到鸡毛(包括鸡肫内皮)、鸭毛、牙膏壳子，大到废铜烂铁，破锅烂盆，尽可兑换敲糖①或兑换针线、皮箍、发卡、纽扣、木梳、小镜等日用品。正如《货郎担》诗云："鼗(táo)鼓街头摇叮咚，无须竭力叫卖声。莫道双肩难负重，乾坤尽在一担中。"当年那些走村串户的货郎总是一副笑容满面的样子，个个能说会道，那种千方百计想把货物卖出去的敬业精神使人记忆犹新，他们虽读书不多，却受传统文化影响较深，交易中老少无欺，常常是小孩高兴，大人满意。他们常年走街串巷，因而见多识广，常会将各地趣闻故事传说四方，面对大伙偶尔还会开一两句玩笑，乡音乡亲，常常引得大姑娘小媳妇们豁然而笑。

---

①　一种本地的红薯糖，因为糖都是熬成的一大块，所以要用铁器把糖敲下来，所以称"敲糖"。

馄饨也是梅山的美食之一。在梅山，馄饨有取"混沌""浑囤"之意，传说盘古开天辟地，使"气之轻清上浮者为天，气之重浊下凝者为地"，因而结束了混沌状态，才有了宇宙四方。同时又取"浑囤"的谐意，意思是粮食满囤，五谷丰登。从历史上看，馄饨早于饺子，梅山新化原本只有馄饨，饺子是后来的。

图6-134　隔鍋

二、鑊

即锅，一种大口浅腹圜底型的器皿。

1. 砂鑊

砂鑊一般用来炒瓜子、花生的，早期主要还是用来煎炒菜肴之类的。

图6-135　砂鑊 高：11 cm，口径：30 cm，底径：10 cm

2. 烤鑊

烤鑊又称砂炕，一种用于烤制的专用器。它口小肚大，鑊身较矮，鑊底全为蜂窝状的孔洞，上有盖子。过去多用来烧烤红薯、洋芋（马铃薯）、芋头等，烤熟之后可直接食用，这是很先进的设备了。在没有这烤镬时，梅山人都是将这些食物直接塞入柴火灰中闷烧，熟后扒出，拍拍灰后剥皮就可吃，也是别有风味与风情。

图6-136　烤镬

三、罐

罐的形状多样，除共有一个小平底外，根据其用途的不同，器形变化较大。按器形大小分，有2仝（也有叫双仝、小3仝）、3仝、4仝、5仝、小7仝、7仝、10仝、15仝、老15仝等；按用途分主要有烧酒罐、药罐、油盐罐（分别装油盐的罐子）、炆罐、饭罐等。

1.酒罐

一种专门用来烧糯米糟酒（俗称甜酒）的罐子，也叫烧酒罐、糟酒罐。它的基本特征是口沿开口，有双系耳，罐高14 cm左右。

图6-137　岩口槐花村烧酒罐

图6-138　灰溪龙家烧酒罐

2. 药罐

一种专门用来煎中草药的罐子。药罐的基本特征是口沿微敞，有开口，虽无耳无盖但一定有錾，罐高 18 cm 左右。有时也用它做烧酒罐用。

图 6 – 139　药罐

3. 炊罐

一般用来炖鸡、炖肉、炊汤的罐子，大的也可用于其他，如烧水，给小猪仔煮潲等。炊罐的基本特征是口沿较大，有盖，有耳（大型的炊罐还有三系耳），罐底为平底，有的还有錾子、开口。罐高多在 20 ~ 25 cm 左右。

图 6 – 140　温塘鹅梨棒炊罐

图 6 – 141 岩口槐花坪炊罐

图 6 – 142　岩口槐花坪三系炊罐

4. 饭罐

一种专给老人、小孩煮饭的器皿。饭罐的基本特征是口沿无开口，并有盖，罐底为平底，高在 15～20 cm。

图 6 – 143　饭罐

5. 汤罐

用于熬汤的罐子，它与药罐的区别是带盖，也可作酒罐、药罐用，罐高一般在 18 cm 左右。

图 6 – 144　汤罐

四、钵

钵主要有饭钵、蒸钵、火钵等。最使人想起的恐怕是冬天用的烤火钵了。烤火钵有大有小，小的放置在单人用的火箱、火桶里，大的多放置在多人用的火桶里。火桶都为木制，有方形、圆形与椭圆形等多种。本人曾见过大到长2米，宽、高都有1米多的长方火箱，火箱的底部就是放的一个木炭火钵，火钵上面装有可活动的隔火木栅，上面盖一床棉被，全家人都可以坐在里面取暖，暖烘烘的。最使人怀念的是一种外观用竹篾编织或木箱钉制的火箱，它的里面都装有一个砂钵，钵里放着燃烧的木炭，既可烤手又可烤脚，最关键的是可以惬意地拎着它到处走动。20世纪80年代还有人使用，那时候在学校读书的很多学生都带着这样的火熜、火箱取暖，是当时的时尚，现在基本没有了。

烤火钵因地域的不同，以及承载烤火钵体的材质与造型的不同，名称叫法上又有不同，如火桶、火箱、火笼、火箪等。这种小的在梅山地域大多是用竹子编制成的圆筒形作为火钵的承载体，也用木材制成方形盒子为载体的，这种一般称火箱。中国是世界上用竹最早，也是最善于使用竹器的国家。这种"不刚不柔，非草非木"的竹子，因梅山所处地域的丰富，早已和人们的衣食住行密不可分。

五、壶

一种有嘴（流）带鋬（手执），平底的器具。有5仝、7仝、10仝大茶壶等多种大小型号。主要有茶壶，即泡茶用的壶；酒壶有烫酒壶、装酒壶；还有夜壶、鸳鸯壶等。

1.茶壶

专门用于烧泡茶水的壶。

图 6 - 145　茶壶

图 6 - 146　三系大茶壶

2. 酒壶

专门用来装酒的壶。

图 6 - 147　酒壶

3. 夜壶

一种专供男人在夜间接小便的器具。

4. 鸳鸯壶

一种外观无特殊之处，壶内分有隔层机关，能同时装好酒与毒酒两种酒的壶，所以称鸳鸯壶。这种壶多生产于民国及以前，一般也不公开销售，多为私下订制。1949年后逐渐绝迹。今天，已经很难见到了。

图6-148　鸳鸯壶

六、炉

1. 香炉

香炉源自古代的"鼎"，历来为梅山人祈福烧香的供器。今天，受多元文化影响其作用开始弱化，却仍在各种宗教、祭祀活动中必不可少。在梅山地区，香炉的材质除陶瓷、金属（铜、铁、锡）等外，砂器占有很大比例。这种乌黑砂器香炉为什么在今天的梅山仍有市场？除因廉价易得外，也可能跟颜色有很大关系。因为黑色显示稳重、神秘、暗藏有力量，同时又有一种难以言状的哀悼之气氛，所以直到今天仍然可以在一些家庭见到。

2. 车炉子

相当于现在的火锅。

图 6 - 149　香炉

七、坛

坛多为工业用具，如锡矿坛子、红煮坛等。

八、瓢

一种有圆筒手把并配有盖子的半圆形器皿。梅山多称砂瓢，又称汤瓢。主要是给婴儿少奶时与断奶前煮米糊粑粑用的器具。

图 6 - 150　砂瓢

九、其他

一般都是根据特殊需要而制作的一类器皿。如烟婆、坩埚(也写成矸锅)、娘娘罐、涵筒、囱架及各种儿童砂塑玩具如猴、马、鸡、狗等。

图6-151所示是一件器形构造很特别的器具，说是驱蚊子用的，叫烟婆。说起蚊子，实在讨厌，人类和它早已成了生命不息、战斗不止的相互关系。一到夏天，蚊子常常是得意扬扬漫天飞舞，"嗡嗡"之声搅得你不得安宁，特别是雌蚊，因为它吸血，并传播多种疾病(如登革热、疟疾、黄热病、丝虫病等)而成了伤害人类的罪魁祸首，可以说人类想尽了办法对付它。如蚊香、电蚊香、喷雾杀虫剂、防蚊液(又称驱蚊剂)、驱蚊花露水、电蚊拍、灭蚊灯等，都是用来对付它们的，但总消灭不了。梅山地区，民众生活艰苦，早年根本没有上述驱除蚊子的东西，扇子、烟婆、滚筒蚊香等就是主要的驱蚊工具。可这器物"烟婆"，你看了半天也没弄清怎么驱蚊。原来在制砂行业中对这"驱蚊"的器物有四句话可形象生动地概括它的构造、原理与用途，那就是："四脚落地，一耳朝天；屁眼点火，口里冒烟。"原来是用烟雾来驱蚊的。

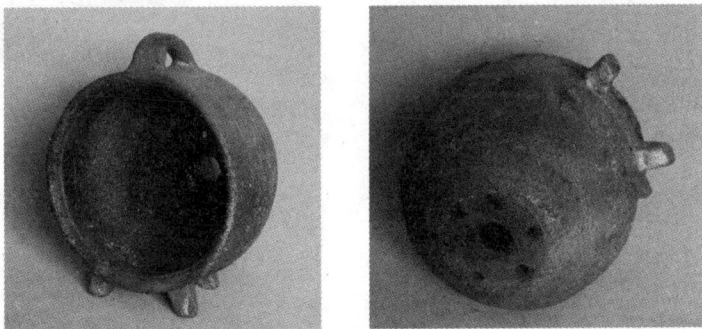

图6-151　烟婆(熏蚊子的器具)　通高：26 cm，口径：20 cm

下面简单介绍一下烟婆的使用方法与驱蚊效果。

准备的材料很简单，主要是各种干枯的茅草，加新鲜的蒿草(包括青蒿、白蒿等)、黄荆叶、艾草等都可。操作也很简单，即先在烟婆里放入引火的干枯茅草，再在干枯茅草的外面塞入新鲜的蒿草等；然后将干枯茅草从烟婆后面的屁眼里扯出一小部分点燃，让点燃的火源引入烟婆里面燃烧就成。也可在干枯的茅草里放入火仔引火，火仔即烧红的小块木炭、煤炭等(图6-152~图6-157)。

图6-152 干枯的茅草

图6-153 新鲜的黄荆叶

图6-154 先塞入引火的干枯茅草

图6-155 再塞入新鲜的蒿草

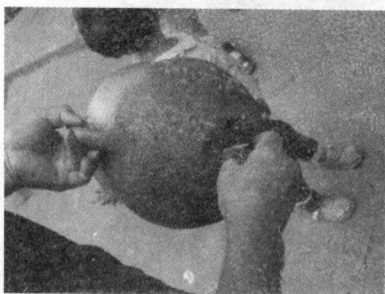

图6-156 从烟婆"屁眼"里扯出一小部分干茅草

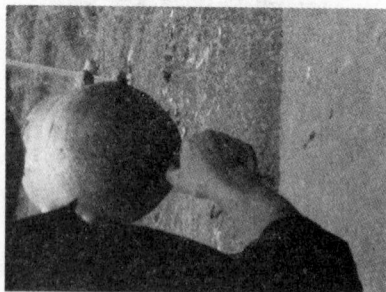

图6-157 点火将火源引入烟婆里面燃烧

随后左手提着烟婆朝天的一耳，右手拿把蒲扇摇扇生风，并绕着自己所站位置慢慢转动。一周360°后，烟婆口里飘出的淡淡蒿草青香将弥漫四周。随着烟婆内枯草的持续燃烧，迷漫的烟雾能定向飘荡十多米，能达到方圆直径20米范围之内蚊虫尽遁，几个小时蚊虫不敢再来，很适合较小范围内的驱蚊(图6-158~图6-160)。

图6-158　烟熏驱蚊效果图1

图6-159　烟熏驱蚊效果图2

图6-160　烟熏驱蚊效果图3

另一种比较特别的是矸锅(也写成坩埚)，一种深腹圜底的筒状器皿，属手工业器具(也有工业器具)，主要是熔化金属和加热烧制固体原料的反应容器。矸锅的制作原料，一般分为三大类：一是结晶质的天然石墨，二是可塑性的耐火黏土，三是经过煅烧的硬质高岭土类等。现在还有耐高温的合成材料，如碳化硅、氧化铝、金刚砂及硅铁等。新化当年那些走街窜巷挑着风箱火炉的铜匠、补锅匠担子上的火炉里就有一个小矸锅，用于熔化铜、铁。最初的制作原料多为可塑性的耐火黏土与硬质的高岭土类。

传说金属冶炼就源于梅山老祖宗——蚩尤。各种古籍如《世本》《管子》《龙鱼河图》里都有明确记载：说蚩尤"以金作兵器""剑铠矛戟""铜头铁额""造立兵杖刀戟大弩威振天下"等语。所以说，蚩尤部落有可能不仅是金属兵器制造的最早发明部落，同时也可能是中国掌握金属冶炼技术的最早部落之一。今天，我们能真正看到实证的中国冶炼技术，主要是商代的湖北大冶的铜绿山与夏商的山西绛县西吴壁两个规模较大的遗址。但我们相信，随着中国考古的进一步全面深入，在中国大地上，必将发现更加久远的冶炼与制作遗存。冶炼业的出现具有划时代意义，它标志着社会生产力的一次新的飞跃。

图6-161、图6-162　槐花坪生产的工业用大矸锅　高：23 cm，口径：13 cm

还有一种祭祀器具，梅山人一般叫它娘娘罐或娘娘坛子，也有叫烧香罐、香茶罐的，不同的地区叫法有区别。就是请师公做法事时插香烛、封存钱米敬神、庆娘娘等用的神器，型号为小三全。

图6-163　毛易香茶罐 高：10 cm，口径：9 cm，底径：6.5 cm

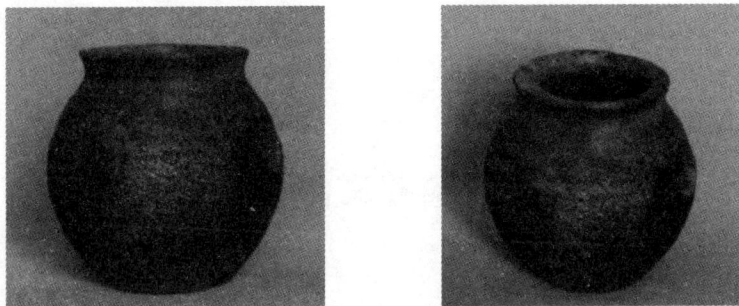

图 6-164 温塘娘娘罐

图 6-165 使用中的娘娘罐 高：10 cm，口径：9 cm，底径：6.5 cm

（罐里封装有大米、钱币等）

　　现在毛易乡还能做砂锅的只有三家私人作坊，分别为长铺村二组的王修利、十四组（原为老一组）的王修浩、三组的王利强三位师傅所主持，他们都是从青少年时候开始拜师学艺做起，做了几十年。他们无人接班传承，二十年后三人都将是八十多岁的老人，传承久远的梅山砂锅业是否还会存在于毛易，恐怕是个未知数。不只毛易，其他地方也是如此。想不到的是，本文还没完稿，三人中的王修利师傅因身体原因已决定不再制作砂锅了。

参考文献

［1］新化县志编纂委员会.新化县志.长沙：湖南出版社，1996.

［2］湖南安化县地方志编纂委员会.安化县志.北京：方志出版社，2005.

［3］洪江市志编纂委员会.洪江市志.北京：生活·读书·新知三联书店出版，1994 年 6 月.

［4］新邵县志编纂委员会.新邵县志.北京：人民出版社，1994.

［5］田申.醴陵瓷.长沙：湖南美术出版社，2010.

［6］罗磊光.醴陵釉下五彩瓷选集.武汉：湖北美术出版社，2004.

［7］李新吾，李志勇，李新民.梅山蚩尤：南楚根脉，湖湘精魂.长沙：湖南文艺出版社，2012.

后 记

　　《大梅山研究·第二辑·中卷·上梅瓷脉》初稿即将付梓。多年磨砺，踏遍省内，广联四方，终于集成小册，心中却诚惶诚恐。梅山作为一个历史地域名称，梅山峒蛮在历史上作为一个相对独立的联盟集团，就像一棵苍天大树，曾有过枝繁叶茂、花团锦簇的身影，因而必然在物质与精神两个层面有她自己独特的文化艺术展现。作为渔猎与农耕稻作文化的民族，陶瓷艺术割舍不去。人类自定居渔猎农耕开始，和泥制陶就伴随而生。历史悠久的梅山文化，陶瓷艺术是从什么时候开始，有哪些窑址，生产哪些器物、作品，辐射、流通哪些地区，与中原文化有何联系与异同，对当地生产、生活有何贡献……这都现实地摆在了梅山人民的面前。

　　今天，梅山这棵大树已在历史的尘沙中经历了数千年沉默蜕变，就有如沙漠中死去千年的枯树，除能见到参差错乱的一堆枯株朽木，早已面貌全非。面对这样厚重的历史，因时间的限制、知识的有限，加之本文针对的只是这一堆中的一枝——上梅陶瓷做初步的踏勘、考察、探讨、归纳，从陶瓷发展的历史规律来看自然是局限的，也是不全面的。在具体的窑址断代、器形器物的掌握、工艺技术的分析以及作品价值取向等诸多方面，也难免有失偏颇，很多问题仍将是问题，缺失与遗憾是明摆着的，加之我们不是陶瓷专业人士，虽自觉努力，错谬还是难免。庆幸的是，自发现并弄清楚窑里陈家窑系后，本课题组又首次发现江田窑、半山杉木坳窑，终于探寻出上梅瓷业自宋以来连续发展的历史轨迹和脉络。更可喜的是，梅山人民自己艰苦卓绝创造出来的这朵瓷艺之花，现已被越来越多的爱好者赏识与珍爱。这是最值得欣慰的。她将会吸引越来越多的人去发现、收集、挖掘、整理，进而可能展现出真实、全面的上梅瓷韵。作为梅山人，这是我们的责任，也是我们的骄傲。

在此，特别感谢无私提供实物与资料，并给予各方面帮助、指导的个人与机构：新化原华新瓷厂与建新瓷厂的 邹宝德 、邹用吾、邹斌、罗福初、曾敬威、潘爱民、杨文凯、邹郁财等；新化县、冷水江市、新邵县、洞口县相关人士余桂生、杨德湘、邹声启、黄慧湘以及梅研会李新吾的指导、鼓励与信任；醴陵瓷艺界的邓文科、 陈扬龙 、李人中、 孙新水 、孙建成，收藏与企业界的陈志强先生等，以及社会与收藏界的诸多提供实物、资料、信息、意见并给予了很多无私帮助的朋友。希望大家继续给予支持与帮助，以利于将来予以补遗和匡正，真正挖掘整理出全面系统的上梅陶瓷历史与丰富多采的陶瓷艺术作品。

孙平

2016 年 6 月 19 日于冷水江

梅山文化研究基金會
The Meishan Culture Research Foundation

基金会宗旨与业务范围

梅山文化研究基金会是在各级政府各级领导的关怀下，由梅山籍知名企业家发起成立的一家公益慈善类非公募基金会。基金会接受民政部门的业务指导和监督，旨在通过基金会的努力，资助梅山文化的研究、传承与创新，推动区域经济的发展，助推和培养梅山籍优秀人才；首期捐赠资金为 200 万元人民币，由长沙景嘉微电子股份有限公司、上海跃度投资中心等企业捐赠。

基金会发起人与首届理事会成员：

吴光权　基金会发起人、深圳工业总会会长

龚蜀雄　理事长，中国建设银行湖南省分行原行长

曾万辉　副理事长，长沙景嘉微电子股份有限公司董事长

刘健灵　理事，中机国际设计研究院原院长

罗教仁　理事，新化县佛教协会会长助理

李绍龙　理事、秘书长，中南沛心教育管理有限公司副总经理

易鸿彬　监事，爱善集团有限公司执行董事

基金会可持续运营模式

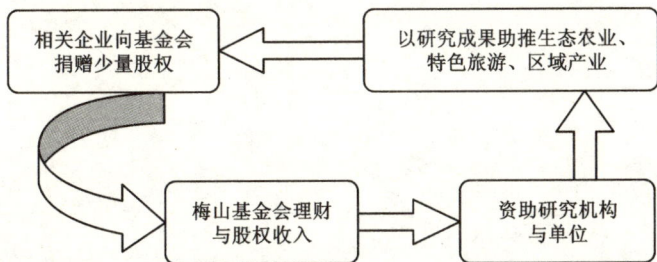